Springer-Lehrbuch

Andreas Musil • Sören Kirchner

Das Recht der Berliner Verwaltung

Unter Berücksichtigung
kommunalrechtlicher Bezüge

5. Auflage

 Springer

Andreas Musil
Ehem. Lehrstuhl für Öffentliches Recht
insbesondere Verwaltungs- und Steuerrecht
Universität Potsdam
Potsdam, Deutschland

Sören Kirchner
Leitender Senatsrat bei der
Senatsverwaltung für Justiz,
Vielfalt und Antidiskriminierung
Berlin, Deutschland

ISSN 0937-7433   ISSN 2512-5214 (electronic)
Springer-Lehrbuch
ISBN 978-3-662-65500-9   ISBN 978-3-662-65501-6 (eBook)
https://doi.org/10.1007/978-3-662-65501-6

Die Deutsche Nationalbibliothek verzeichnet diese Publikation in der Deutschen Nationalbibliografie;
detaillierte bibliografische Daten sind im Internet über http://dnb.d-nb.de abrufbar.

Springer

Springer ist ein Imprint der eingetragenen Gesellschaft Springer-Verlag GmbH, DE und ist ein Teil von
Springer Nature.
Die Anschrift der Gesellschaft ist: Heidelberger Platz 3, 14197 Berlin, Germany

Vorwort zur 5. Auflage

Das „Recht der Berliner Verwaltung" liegt nun bereits in der 5. Auflage vor. Zahlreiche Gesetzesänderungen haben umfangreiche Überarbeitungen notwendig gemacht. Auch der Fallteil wurde grundlegend überarbeitet. Das Buch hat sich mittlerweile auf dem Berliner Markt etabliert, auch für die Arbeit von Verwaltungen und Gerichten ist es eine feste Größe geworden. Das freut uns sehr. Auch die vorliegende Auflage setzt den von Beginn an beschrittenen Weg fort und richtet sich an Studierende, Rechtsreferendare und Praktiker.

Viele Rechtsprobleme, die in den Flächenländern unter dem Stichwort „Kommunalrecht" behandelt werden, treten auch im Stadtstaat Berlin auf. Zwar gibt es in Berlin kein Kommunalrecht im eigentlichen Sinne, da dieses rechtlich selbstständige Kommunen voraussetzt. Die Berliner Bezirke sind hingegen Verwaltungsuntergliederungen der Stadt Berlin ohne Rechtspersönlichkeit. Dennoch sind die Rechtsbeziehungen der Bezirke zur Gesamtstadt oft in Anlehnung an das Kommunalrecht der Flächenländer geregelt. Andere Rechtsmaterien, etwa die Einnahmewirtschaft, haben in Berlin eine gegenüber den Flächenländern vollständig abweichende Regelung erfahren.

Das Buch gibt in jedem Kapitel zunächst einen kurzen Überblick über das Kommunalrecht der Flächenländer, um im Anschluss, gewissermaßen daran gespiegelt, die Berliner Rechtslage darstellen zu können. Der Vertiefung dienen dreizehn an passender Stelle eingefügte Fälle, die zum Teil auf der Rechtsprechung Berliner Gerichte basieren.

Danken wollen wir diesmal Frau Nadine Steglich für die intensive Mitarbeit und die umsichtige Betreuung des Manuskripts.

Potsdam, Deutschland   Andreas Musil
Berlin, Deutschland   Sören Kirchner
April 2022

Nachtrag zum Vorwort

Leider muss das Vorwort von Ende April 2022 ergänzt werden: Andreas Musil ist für uns alle unfassbar am 17. Juni 2022 wenige Tage nach Abschluss der Arbeiten für die vorliegende 5. Auflage unseres Werkes verstorben. Bis zu seinem viel zu frühen Tod – er war erst 50 Jahre alt – lag Prof. Musil dieses Werk, „seines Lieblingsbuches", wie er es nannte, sehr am Herzen. Es ist mir ein Trost, dass er gewiss sein konnte, dass das Erscheinen der 5. Auflage durch sein Engagement sichergestellt war.

Er war es, von dem die Initiative für ein juristisches Fachbuch über das Recht der Berliner Verwaltung ausging. Ihm war als Referendar beim Kammergericht und wissenschaftlicher Mitarbeiter an der Freie Universität Berlin aufgefallen, dass es kaum aktuelle Literatur zum „Kommunalrecht Berlins" gab. Diese Lücke wollte er schließen. Er konnte mich schnell davon überzeugen, ihm für sein Projekt als Co-Autor zur Seite zu stehen. In wenigen Monaten war das Manuskript erstellt und er konnte den Springer-Verlag dafür gewinnen, das Buch 2002 zu verlegen.

Mit dem Werk hat Prof. Musil den Grundstein für eine steile wissenschaftliche Karriere gelegt, die ihn von der FU auf seine Professur an der Universität Potsdam führte. Obwohl nunmehr Brandenburger, blieb er wissenschaftlich Berlin verbunden und stand vielen als Ratgeber für Fragen des Berliner Landesrechts zur Verfügung. Dieser Rat wird nun fehlen, gerade jetzt, wo Fragen der Organisation des Landes Berlin und der Verteilung der Zuständigkeiten auf die Haupt- und Bezirksverwaltung wieder verstärkt in den politischen Fokus geraten sind.

Prof. Musil war aber nicht nur ein angesehener Wissenschaftler mit zahlreichen Veröffentlichungen insbesondere zum Steuerrecht, welches sich zu seinem Arbeitsschwerpunkt entwickelt hatte. Ihm war wichtig, Wissenschaft und Praxis miteinander ins Gespräch zu bringen, wozu er 2007 das Potsdamer Steuerforum initiierte. Von 2011 bis 2020 war er zudem Richter am Oberverwaltungsgericht Berlin-Brandenburg im Nebenamt und konnte seine wissenschaftliche Expertise in die Rechtsprechungspraxis einbringen.

Zentrales Anliegen war Prof. Musil stets, sein Wissen dem juristischen Nachwuchs weiterzugeben und für gute Ausbildungsbedingungen in der Juristischen Fakultät der Universität Potsdam zu sorgen. „Seine" Studentinnen und Studenten waren ihm sehr wichtig. Er förderte viele von Ihnen und initiierte erfolgreiche

Masterstudiengänge zum Unternehmens- und Steuerrecht. Dass er 2012 zum Vizepräsidenten der Universität Potsdam für Lehre und Studium gewählt wurde, war eine logische Folge seines Engagements zur Sicherung des Fortbestandes der Juristischen Fakultät und seines Strebens für gute Ausbildungsbedingungen.

Sein Wissen und sein Enthusiasmus lassen sich nicht ersetzen. Ich bin aber gewillt, unser Werk zu seinem Gedenken fortzusetzen. Die 5. Auflage widme ich diesem Gedenken sowie seiner Ehefrau und den beiden Söhnen.

Sören Kirchner
Juli 2022

Inhaltsverzeichnis

Abkürzungsverzeichnis

a. A.	anderer Auffassung
Abghs-Drs.	Abgeordnetenhaus-Drucksache
ABl.	Amtsblatt
AblEU	Amtsblatt der Europäischen Union
Abs.	Absatz
AGBauGB	Ausführungsgesetz zum Baugesetzbuch
AGKJHG	Ausführungsgesetz zum Kinder- und Jugendhilfegesetz
AGVwGO	Ausführungsgesetz zur Verwaltungsgerichtsordnung
allg.	allgemein
AO	Abgabenordnung
AOAnwG	Gesetz über die Anwendung der Abgabenordnung
Art.	Artikel
ASOG	Allgemeines Sicherheits- und Ordnungsgesetz
Aufl.	Auflage
AV	Ausführungsvorschriften
AVBWasserVO	Verordnung über allgemeine Bedingungen für die Versorgung mit Wasser
AZG	Allgemeines Zuständigkeitsgesetz
BAMG	Bezirksamtsmitgliedergesetz
BauGB	Baugesetzbuch
BauO(Bln)	Bauordnung Berlin
BayGO	Gemeindeordnung des Freistaates Bayern
BbgKV	Kommunalverfassung des Landes Brandenburg
BbgVerf.	Verfassung des Landes Brandenburg
Bd.	Band
BDSG	Bundesdatenschutzgesetz
BEHALA	Berliner Hafen- und Lagerhausbetriebe
BerlBetrG	Berliner Betriebe-Gesetz
BerlHG	Berliner Hochschulgesetz
BerlStrG	Berliner Straßengesetz
BerlVerfGH	Berliner Verfassungsgerichtshof
Beschl.	Beschluss
BezVG	Bezirksverwaltungsgesetz
BFHE	Amtliche Sammlung der Entscheidungen des Bundesfinanzhofs

BGB	Bürgerliches Gesetzbuch
BGBl.	Bundesgesetzblatt
BGH	Bundesgerichtshof
BGHZ	Amtliche Sammlung der Entscheidungen des Bundesgerichtshofs in Zivilsachen
BlnDSG	Berliner Datenschutzgesetz
BSR	Berliner Stadtreinigungsbetriebe
Buchst.	Buchstabe
BVerfG	Bundesverfassungsgericht
BVerfGE	Amtliche Sammlung der Entscheidungen des Bundesverfassungsgerichts
BVerwG	Bundesverwaltungsgericht
BVerwGE	Amtliche Sammlung der Entscheidungen des Bundesverwaltungsgerichts
BVG	Berliner Verkehrsbetriebe
BW	Baden-Württemberg
BWB	Berliner Wasserbetriebe
CDU	Christlich Demokratische Union
DBl.	Dienstblatt
ders.	derselbe
dies.	dieselbe
DÖV	Die Öffentliche Verwaltung
DVBl.	Deutsches Verwaltungsblatt
DVO-AZG	Verordnung zur Durchführung des Allgemeinen Zuständigkeitsgesetzes
EG	Vertrag über die Gründung der Europäischen Gemeinschaften
EigG	Eigenbetriebsgesetz
Einf.	Einführung
EinVertr	Einigungsvertrag
EnWG	Energiewirtschaftsgesetz
Erl.	Erläuterung
f.	folgende (eine Seite)
ff.	folgende (mehrere Seiten)
FGO	Finanzgerichtsordnung
Fn.	Fußnote
G.	Gesetz
GebBeitrG	Gesetz über Gebühren und Beiträge
gem.	gemäß
GewO	Gewerbeordnung
GEWOBAG	Gemeinnützige Wohnungsbau-Aktiengesellschaft Berlin
GewArch	Gewerbearchiv
GewStG	Gewerbesteuergesetz
GG	Grundgesetz
ggf.	gegebenenfalls
GGO	Gemeinsame Geschäftsordnung der Berliner Verwaltung
GmbH	Gesellschaft mit beschränkter Haftung

GOAbghs	Geschäftsordnung des Abgeordnetenhauses
GORdB	Geschäftsordnung des Rates der Bürgermeister
GrStG	Grundsteuergesetz
GVG	Gerichtsverfassungsgesetz
GVBl.	Gesetz- und Verordnungsblatt
GWB	Gesetz gegen Wettbewerbsbeschränkungen
HGrG	Haushaltsgrundsätzegesetz
HkWP	Handbuch der kommunalen Wissenschaft und Praxis
h. M.	herrschende Meinung
HRG	Hochschulrahmengesetz
i. d. F. v.	in der Fassung vom
IFG	Informationsfreiheitsgesetz
insbes.	insbesondere
i. V. m.	in Verbindung mit
JAG	Gesetz über die Juristenausbildung im Land Berlin
JR	Juristische Rundschau
Jura	Juristische Ausbildung
JuS	Juristische Schulung
JZ	Juristenzeitung
KAG	Kommunalabgabengesetz
KG	Kommanditgesellschaft
KGaA	Kommanditgesellschaft auf Aktien
KGSt	Kommunale Gemeinschaftsstelle für Verwaltungsvereinfachung
KVBbg	Kommunalverfassung für das Land Brandenburg
LAPlaStV	Landesplanungsvertrag
LBG	Landesbeamtengesetz
LHO	Landeshaushaltsordnung
LKV	Landes- und Kommunalverwaltung
LV	Landesverfassung
LVerfGE	Amtliche Sammlung der Entscheidungen der Verfassungsgerichte der Länder
LWahlO	Landeswahlordnung
MV	Mecklenburg-Vorpommern
m. w. N.	mit weiteren Nachweisen
NJW	Neue Juristische Wochenschrift
Nr.	Nummer
NVwZ	Neue Zeitschrift für Verwaltungsrecht
NVwZ-RR	Rechtsprechungsreport der Neuen Zeitschrift für Verwaltungsrecht
(n.) n. v.	(noch) nicht veröffentlicht
NV	Neugliederungs-Vertrag
NW	Nordrhein-Westfalen
NWVBl.	Nordrhein-Westfälische Verwaltungsblätter
NZA	Neue Zeitschrift für Arbeitsrecht
OLG	Oberlandesgericht
OVG	Oberverwaltungsgericht

OVGE	Amtliche Entscheidungssammlung des Oberverwaltungsgerichts
OWiG	Ordnungswidrigkeitengesetz
OWi-ZustV	Ordnungswidrigkeiten Zuständigkeitsverordnung
PartG	Parteiengesetz
PBefG	Personenbeförderungsgesetz
Rz.	Randziffer
S.	Seite
SenG	Senatorengesetz
SFB	Sender Freies Berlin
SGB	Sozialgesetzbuch
sog.	sogenannt
SPD	Sozialdemokratische Partei Deutschlands
StabG	Stabilitätsgesetz
StGB	Strafgesetzbuch
StPO	Strafprozessordnung
Urt.	Urteil
UWG	Gesetz gegen den unlauteren Wettbewerb
UZwGBln	Gesetz über die Anwendung des unmittelbaren Zwangs
v.	vom
VerfGH	Verfassungsgerichtshof
VerfGHG	Gesetz über den Verfassungsgerichtshof
VerwArch	Verwaltungsarchiv
VG	Verwaltungsgericht
VGG	Verwaltungsreform-Grundsätze-Gesetz
VGH	Verwaltungsgerichtshof
vgl.	vergleiche
VO	Verordnung
VOB	Verdingungsordnung für Bauleistungen
VOBl.	Verordnungsblatt
VOL	Verdingungsordnung für Leistungen
VvB	Verfassung von Berlin
VVDStRL	Veröffentlichungen der Vereinigung der Deutschen Staatsrechtslehrer
VwGO	Verwaltungsgerichtsordnung
VwVfG	Verwaltungsverfahrensgesetz des Bundes
VwVfGBln	Gesetz über das Verfahren der Berliner Verwaltung
VwVG	Verwaltungsvollstreckungsgesetz
VwZG	Verwaltungszustellungsgesetz
WBM	Wohnungsbaugesellschaft Mitte
WIP	Wohnungsbaugesellschaft Prenzlauer Berg
z. B.	zum Beispiel
zul. geänd. d.	zuletzt geändert durch
ZustKatAZG	Allgemeiner Zuständigkeitskatalog
ZustKatOrd	Zuständigkeitskatalog Ordnungsaufgaben

Fallverzeichnis

1 Grundlagen des Stadtstaates Berlin

I. Einleitung

1 Schon 1924 hat *Hans J. Wolff* in seiner Dissertation „Die Grundlagen der Organisation der Metropole" nachgewiesen, dass sich die Aufgaben, die mit der Organisation von sogenannten „Riesenstädten"[1] zu bewältigen sind, grundlegend von denjenigen „normaler" Kommunen unterscheiden. Auf der einen Seite muss eine große Zahl von Menschen mit unterschiedlichsten Interessen und Bedürfnissen organisatorisch zusammengefasst werden. Es ist für leistungsfähige Verkehrssysteme, Entsorgungssysteme, eine sinnvolle überörtliche Planung und vieles mehr zu sorgen. Auf der anderen Seite dürfen aber auch diejenigen Bedürfnisse, die örtlich begrenzt sind, nicht vernachlässigt werden. In zahlenmäßig überschaubaren Kommunen kann eine einheitliche Verwaltung all diese Interessen bewältigen. Das gilt für Riesenstädte nicht. Wolff hat zur juristischen Erfassung der Riesenstadt den *Rechtsbegriff der Metropole* geprägt, worunter er eine mit direkter Herrschaftsgewalt ausgestattete, öffentlich-rechtliche, städtische Gebietskörperschaft mit lokal dezentralisierter Verwaltung versteht.[2]

2 Berlin als Metropole im Sinne dieser Definition ist in den Staatsaufbau der Bundesrepublik dergestalt eingeordnet, dass es sowohl ein Bundesland als auch eine Stadt ist (vgl. Art. 1 Abs. 1 VvB[3]). Als sogenannter *Stadtstaat* ist Berlin sowohl städtische Gebietskörperschaft als auch Staat.[4] Diese Doppelstellung führt dazu, dass alle Organe Berlins sowohl genuin staatliche Aufgaben als auch üblicherweise den Kommunen zugeordnete nichtstaatliche Aufgaben zu erfüllen haben. In § 1 des Allgemeinen Zuständigkeitsgesetzes (AZG)[5] ist dementsprechend normiert, dass gemeindliche und staatliche Aufgaben nicht getrennt werden.

---

[1] *Wolff*, Die Grundlagen der Organisation der Metropole, S. 21 ff.

[2] *Wolff* (Fn. 1), S. 128.

[3] Verfassung von Berlin (VvB) vom 23.11.1995, GVBl. S. 779, zul. geänd. d.G.v. 17.05.2021, GVBl. S. 502.

[4] Hierzu *Driehaus* in ders., VvB, Art. 1, Rz. 4.

[5] Allgemeines Zuständigkeitsgesetz (AZG) i. d. F. v. 22. Juli 1996, GVBl. 302, 472, zul. geänd. d.G.v. 12.05.2022, GVBl. S. 191.

© Springer-Verlag GmbH Deutschland, ein Teil von Springer Nature 2022
A. Musil, S. Kirchner, *Das Recht der Berliner Verwaltung*, Springer-Lehrbuch,
https://doi.org/10.1007/978-3-662-65501-6_1

Von besonderer Bedeutung für die vorliegende Darstellung ist weiterhin die Erkenntnis Wolffs, die dem zweiten Teil seiner Metropolen-Definition zugrundeliegt. Die Metropole bedarf, um funktionieren zu können, im Unterschied zu sonstigen Städten oder Gemeinden ihrerseits der *Dezentralisation*. Sie muss auf lokaler Ebene mehr oder weniger eigenständige organisatorische Strukturen aufweisen, die es den örtlichen Interessen erlauben, innerhalb der Gesamtstadt zur Geltung zu kommen. Zur Erreichung dieses Zwecks stehen verschiedene Möglichkeiten zur Verfügung. Von Wolff werden für Metropolen, die als Selbstverwaltungsverband organisiert sind, die *Einheitsgemeinde*, die *Gesamtgemeinde* und das *Zweckverbands-System* genannt.[6] Während in der Einheitsgemeinde die lokalen Untergliederungen organisatorisch fest in die Gesamtstadt eingebunden sind, bezieht sich beim Gegenpol, dem Zweckverband, der organisatorische Zusammenschluss nur auf bestimmte Aufgaben.

3

Entsprechend der Heterogenität der aufgezeigten Organisationsvarianten sind auch in der Praxis die Binnenstrukturen der Metropolen der Welt sehr verschieden. In Berlin hat man sich bereits 1920 für das Modell der Einheitsgemeinde entschieden.[7] Die *Bezirke* als örtliche Ebene der Berliner Verwaltung sind seit jeher nicht mit Rechtspersönlichkeit ausgestattet, sondern der Gemeinde „Berlin" ein- und untergeordnet. Entsprechend den beiden gegenläufigen Polen, die von lokalen und überörtlichen Interessen gebildet werden, muss innerhalb der Einheitsgemeinde eine sachgerechte Machtbalance gefunden werden. Diese Ausbalancierung im Einzelnen hat im Lauf der Geschichte vielfache Wandlungen erfahren. Bei der Lektüre der folgenden Kapitel sei es angeraten, immer das dargestellte Spannungsverhältnis im Auge zu behalten, da sich damit die Möglichkeit eröffnet, manche Detailregelung besser zu verstehen oder auch kritisch zu hinterfragen.

4

II. Die Stellung Berlins im Staatsaufbau

1. Berlin als Land der Bundesrepublik Deutschland

Zu den grundlegenden Strukturprinzipien des Staatsaufbaus der Bundesrepublik Deutschland zählt die Gliederung in Länder. Sie unterliegt der Ewigkeitsgarantie des Art. 79 Abs. 3 GG.[8] Derzeit gibt es 16 Bundesländer, die in der Präambel des Grundgesetzes namentlich genannt werden. Zu ihnen gehört auch Berlin. Durch die Erwähnung in der Präambel ist der Länderstatus Berlins verfassungsrechtlich abgesichert.[9] Durch den neuen Art. 22 Abs. 1 S. 1 GG wird darüber hinaus die Stellung Berlins als Hauptstadt der Bundesrepublik festgeschrieben.[10]

5

---

[6] *Wolff* (Fn. 1), S. 134.

[7] Siehe Rz. 20.

[8] Ausführlich *Hain* in vMangoldt/Klein/Starck, GG, Art. 79, Rz. 119 ff.

[9] *Huber* in Sachs, GG, Präambel, Rz. 34.

[10] Hierzu *Heintzen*, Die Hauptstadt Berlin im Bonner Grundgesetz, LKV 2007, S. 49 ff.

2. Vorgaben aus Art. 28 GG für die innere Organisation der Länder

6 Für die innere Gliederung der Bundesländer enthält Art. 28 GG grundlegende Vorgaben. So bestimmt Art. 28 Abs. 1 S. 1 GG, dass die Länderverfassungen den Grundsätzen des republikanischen, demokratischen und sozialen Rechtsstaats entsprechen müssen. Art. 28 Abs. 1 S. 2 GG sichert die demokratische Wahl von Volksvertretungen auf Länder-, Kreis- und Gemeindeebene. Durch Art. 28 Abs. 2 GG wird den Gemeinden und Gemeindeverbänden das *Recht auf Selbstverwaltung* verbürgt. Aus Art. 28 Abs. 1 S. 2 und Abs. 2 GG lässt sich ableiten, dass neben der Landesebene auch die kommunale Ebene verfassungsrechtlich vorgegeben ist. Gemeinden und Kreise lassen sich nicht ohne Änderung des Art. 28 GG gänzlich abschaffen.[11] Diese Vorgaben haben den Charakter von ausfüllungsbedürftigen *Mindestgarantien*.[12] Dementsprechend kommt den Bundesländern bei der Ausgestaltung ihrer inneren Struktur ein weiter Spielraum zu.

3. Unterscheidung zwischen Flächenländern und Stadtstaaten

7 Im Allgemeinen wird zwischen sogenannten *Flächenländern* und *Stadtstaaten* unterschieden. Zu den Flächenländern zählen alle Länder mit Ausnahme von *Bremen, Berlin* und *Hamburg*. Flächenländer sind dadurch geprägt, dass sie über eine kommunale Ebene verfügen, also in sogenannte Gebietskörperschaften untergliedert sind, die gegenüber der Landesebene eine weitgehende organisatorische und kompetenzielle Selbstständigkeit besitzen. Diese Selbstständigkeit wird in den Länderverfassungen und den darauf beruhenden Gemeindeordnungen normativ abgesichert. Das Charakteristische von Stadtstaaten wird demgegenüber darin gesehen, dass sie selbst eine ungeteilte Gebietskörperschaft darstellen. Ihre Landesparlamente besitzen eine Doppelnatur als *Landes- und Kommunalparlamente*.[13] Die Landesverwaltung ist zugleich Stadtverwaltung. Legt man freilich dieses Begriffsverständnis zugrunde, so lassen sich lediglich Berlin und Hamburg zweifelsfrei als Stadtstaaten einordnen. Bremen, das traditionell aus den Städten Bremen und Bremerhaven zusammengesetzt ist,[14] wird denn auch von einem Teil der Lehre konsequenterweise als *„Städtestaat"* bezeichnet.[15]

---

[11] Zu den Vorgaben aus Art. 28 GG im Einzelnen *Schwarz* in vMangoldt/Klein/Starck, GG, Art. 28, Rz. 1 ff.

[12] *Schwarz* (Fn. 11), Rz. 4.

[13] *Deutelmoser*, Die Rechtsstellung der Bezirke in den Stadtstaaten Berlin und Hamburg, S. 27.

[14] Zur Binnenstruktur Bremens *Gern/Brüning*, Deutsches Kommunalrecht, Rz. 201 ff.; *Schmidt*, Kommunalrecht, Rz. 210.

[15] So *Thieme*, DÖV 1993, S. 361 ff., 363.

III. Berlin als Stadtstaat

1. Begriffsbestimmung

Die bereits an diesem Beispiel deutlich werdenden Unschärfen des Begriffs des   8
Stadtstaats haben ihre Ursache in der geschichtlichen Entwicklung. Der Begriff
Stadtstaat wurde zuerst in der staatsrechtlichen Literatur des Deutschen Reiches
von 1871 gebraucht, und zwar für die *Hansestädte Lübeck, Bremen* und *Hamburg.*
Als charakteristisch für Stadtstaaten wurde angesehen, dass deren Staatsgebiet auf
das Stadtgebiet beschränkt war. Auf das Verhältnis von Staats- und kommunaler
Ebene kam es nicht an. Die Wurzel dieses Begriffsverständnisses liegt in den *Freien
Reichsstädten des Heiligen Römischen Reiches,* die eine sogenannte Reichsunmit-
telbarkeit besaßen. Bremen und Hamburg fußen als ehemalige freie Reichsstädte
und Hansestädte auf dieser stadtstaatlichen Tradition. Berlin hingegen war nie freie
Reichsstadt und kam erst nach 1945 zum Kreis der Stadtstaaten hinzu.[16]

Im Unterschied zu diesem hergebrachten Begriffsverständnis wird der Begriff   9
des Stadtstaates von einem großen Teil der Lehre mittlerweile aus der Binnenstruktur dieses Staates abgeleitet. Wie bereits oben angedeutet, ist wesentliches Merkmal
eines Stadtstaates nach diesem Verständnis das Vorliegen einer ungeteilten Gebietskörperschaft, in der das Landesparlament eine Doppelrolle als staatliche und kommunale Volksvertretung einnimmt.[17]

Die dargestellten Begriffsbestimmungen schließen sich nicht aus. Vielmehr zei-   10
gen sie nur zwei Möglichkeiten auf, wie man das Phänomen „Stadtstaat" mit unterschiedlicher Akzentuierung umschreiben kann. Mit *Deutelmoser*[18] lässt sich das
zuerst dargestellte Begriffsverständnis mit dem Terminus *„Stadtstaaten im weiteren
Sinne"* und das letztgenannte mit *„Stadtstaaten im engeren Sinne"* charakterisieren.

2. Berlin als Stadtstaat im weiteren und im engeren Sinne

Danach ist Berlin ein Stadtstaat im weiteren Sinne, da sich sein Staatsgebiet auf sein   11
Stadtgebiet beschränkt. Dies ergibt sich unmittelbar aus der Verfassung von Berlin:

Art. 1 Abs. 1 VvB:
„Berlin ist ein deutsches Land und zugleich eine Stadt. "

Auch der Charakter Berlins als Stadtstaat im engeren Sinne lässt sich aus der   12
Verfassung von Berlin ableiten. Mit der Formulierung in Art. 1 Abs. 1 VvB, dass
Berlin ein Land und eine Stadt sei, wird gleichzeitig ausgedrückt, dass es innerhalb

---

[16] Zu diesen Hintergründen ausführlich *Deutelmoser* (Fn. 13), S. 25 ff.

[17] *Sendler*, JR 1985, S. 441 ff., 442 f.; *Deutelmoser* (Fn. 13), S. 27 f. m. w. N.

[18] *Deutelmoser* (Fn. 13), S. 23 ff.

der „Stadt" Berlin keine weiteren, von dieser unterscheidbare Gemeinden geben kann.[19] Dieses Ergebnis wird von Art. 3 Abs. 2 VvB gestützt:

Art. 3 Abs. 2 VvB:
„ Volksvertretung, Regierung und Verwaltung einschließlich der Bezirksverwaltungen nehmen die Aufgaben Berlins als Gemeinde, Gemeindeverband und Land wahr. "

13   Aus der Tatsache, dass Volksvertretung, Regierung und Verwaltung nebeneinander staatliche und kommunale Aufgaben wahrnehmen, lässt sich ableiten, dass diese Aufgaben ein und derselben Gebietskörperschaft, nämlich der Einheitsgemeinde Berlin, obliegen. Zu diesem Ergebnis gelangt auch der *Berliner Verfassungsgerichtshof* in einer seiner ersten Entscheidungen, in der er das Prinzip der Einheitsgemeinde zu den tragenden Säulen der Verfassung von Berlin erklärt hat.[20] Das Bundesverwaltungsgericht hat sich dieser Bewertung angeschlossen.[21]

3. Verwirklichung der Vorgaben des Art. 28 GG in Berlin

14   Die oben dargestellten Vorgaben des Art. 28 GG sind in Berlin somit dergestalt verwirklicht, dass das Abgeordnetenhaus sowohl die Aufgaben eines Landesparlaments als auch einer kommunalen Volksvertretung übernimmt.[22] Gemeinde im Sinne von Art. 28 Abs. 1 S. 2 und Abs. 2 GG ist die Stadt Berlin.[23] Damit ist die Stadt Berlin in ihrer Gesamtheit auch Trägerin der Garantie der kommunalen Selbstverwaltung aus Art. 28 Abs. 2 GG.[24]

IV. Die Stellung der Bezirke im Stadtstaat Berlin

1. Konstituierung der Bezirksebene durch die Verfassung von Berlin

15   Nun ist man sich, wie bereits dargestellt,[25] einig, dass „Einheitsgemeinde" nicht bedeuten soll, dass die Verwaltungsaufgaben von einer zentralistisch organisierten Stadtverwaltung erledigt werden. Vielmehr ist es unerlässlich, neben einer zentra-

---

[19] Ebenso *Driehaus* in ders. (Hrsg.), Verfassung von Berlin, Art. 1, Rz. 4.

[20] BerlVerfGH, Urt. v. 19.10.1992 – VerfGH 36/92, LVerfGE 1, 33, 37.

[21] BVerwG, Urt. v. 10.10.2012 – 9 A 10.11, NVwZ 2013, S. 662.

[22] *Pfennig* in Pfennig/Neumann, Verfassung von Berlin, Art. 3, Rz. 9.

[23] Siehe ausführlich *Remmert*, LKV 2004, S. 341 ff.

[24] So ausdrücklich BerlVerfGH (Fn. 20), S. 37; auch BVerwG, Urt. v. 10.10.2012 – 9 A 10.11, NVwZ 2013, S. 662.

[25] Siehe Rz. 1 ff.

len Ebene auch lokale Untergliederungen vorzusehen, die mit einer mehr oder weniger weitgehenden Selbstständigkeit ausgestattet sind. Diese örtliche Ebene ist in
der Lage, die vor Ort auftretenden Probleme sachgerecht zu lösen.[26] In Berlin re-
präsentieren die Bezirke diese Ebene. Verfassungsrechtlich werden sie zunächst in
dem bereits erwähnten Art. 3 Abs. 2 VvB genannt. Art. 4 Abs. 1 S. 1 VvB bestimmt, dass sich Berlin in *12 Bezirke* gliedert. Deren Gebiet wird in der Aufzählung des Art. 4 Abs. 1 S. 2 VvB umschrieben. Damit garantiert die Verfassung von
Berlin sowohl die *Existenz einer Bezirksebene* als auch deren *konkrete räumliche
Untergliederung.*[27]

2. Aufgaben der Bezirke und Selbstständigkeit der Aufgabenerledigung

Fraglich ist jedoch, welche Aufgaben dieser Bezirksebene zukommen sollen und   **16**
mit welchem Grad an Selbstständigkeit die Bezirke ihre Aufgaben erfüllen können.
Hier hat das Berliner Landesrecht vielfältige Wandlungen erfahren. In den folgenden Kapiteln wird das Verhältnis der Bezirke zur Gesamtstadt im Einzelnen dargestellt. Allgemein lässt sich sagen, dass die Organisation der bezirklichen Ebene immer im Spannungsfeld zwischen zwei Prämissen steht. Zum einen darf das *Prinzip
der Einheitsgemeinde* nicht verletzt werden. Zum anderen ist es aber auch einer *effektiven Aufgabenerfüllung* abträglich, wenn ein so großer und vielschichtiger Or-
ganismus wie Berlin zu zentralistisch organisiert ist. Diesem Spannungsverhältnis
trägt die Verfassung von Berlin Rechnung, indem sie den Bezirken eine Zwitterstellung verleiht:

Art. 66 Abs. 2 VvB:
*„Die Bezirke erfüllen ihre Aufgaben nach den Grundsätzen der Selbstverwaltung.
Sie nehmen regelmäßig die örtlichen Verwaltungsaufgaben wahr. "*

Die Bezirke sind danach zwar keine eigenständigen Gemeinden, sie erfüllen aber   **17**
ihre Aufgaben nach den Grundsätzen der Selbstverwaltung und nehmen in der Regel die örtlichen Aufgaben wahr. Das Bundesverwaltungsgericht hat die Vorschrift
unter Verweis auf die Rechtsprechung des Verfassungsgerichtshofes des Landes
Berlin[28] wie folgt skizziert: Diese Vorschrift betrifft die Art und Weise der Wahrnehmung der den Bezirken nach anderen Bestimmungen übertragenen Aufgaben und
begründet insofern ein für den Landesgesetzgeber verbindliches Organisationsprinzip der Berliner Verwaltung, sie gewährleistet den Bezirken aber kein eigenständi-

---

[26] Ausführlich *Wolff* (Fn. 1), S. 1 ff.; Problemaufriss bei *Deutelmoser* (Fn. 13), S. 31 ff.
[27] Siehe Rz. 48 f. und Rz. 88 f.
[28] BerlVerfGH a. a.O. (Fn. 20) und BerlVerfGH, Beschl. v. 15.6.2000 – VerfGH 47/99, LVerfGE
11, 62, 65.

ges Recht auf Selbstverwaltung.[29] Einfachgesetzlich hat diese verfassungsrechtliche Ausgangslage in die Definition der Bezirke in § 2 Abs. 1 BezVG[30] Eingang gefunden:

§ 2 Abs. 1 BezVG:
„Die Bezirke sind Selbstverwaltungseinheiten Berlins ohne Rechtspersönlichkeit."

18   Diese Verbindung von rechtlicher Unselbstständigkeit und Selbstverwaltung hat in der Literatur Kritik erfahren. Es wird bemängelt, dass Selbstverwaltung denknotwendig rechtliche Selbstständigkeit voraussetze.[31] Ungeachtet dessen gehört diese Konstruktion zur verfassungsrechtlichen Realität in Berlin und ließe sich nur im Rahmen einer weitreichenden Verfassungsänderung beseitigen. Es wird sich im Weiteren zeigen, dass sie meist zu sachgerechten Ergebnissen führt und einen Ausgleich der widerstreitenden Interessen ermöglicht.[32]

V. Die Berliner Verwaltung im geschichtlichen Überblick

1. Zweckverband und Groß-Berlin

19   Mit der Gründung des Deutschen Reiches 1871 nahm die neue Hauptstadt Berlin eine rasante wirtschaftliche Entwicklung. Gleichzeitig wuchs die Bevölkerung des Großraums Berlin auf ein Vielfaches. Bald wurde deutlich, dass die bestehenden Verwaltungsstrukturen die gewachsenen Aufgaben nicht mehr bewältigen konnten. Neben Berlin gab es im Großraum mehrere größere Städte wie Charlottenburg und Schöneberg und eine Vielzahl kleinerer Gemeinden. Die Notwendigkeit einer Koordinierung wurde deutlich. Jedoch konnte man sich nicht auf die Schaffung einer einheitlichen Stadt Berlin einigen. Zu groß waren die Ressentiments gegen die Hauptstadt. Diese kommen in dem bekannten Ausspruch zum Ausdruck: *„Mög schützen uns des Kaisers Hand vor Groß-Berlin und Zweckverband."*[33]

20   Nach schweren politischen Auseinandersetzungen einigte man sich 1911 doch auf die Schaffung eines *Zweckverbandes*. Es handelte sich um einen äußerst losen Zusammenschluss, der lediglich für die Vereinheitlichung des Verkehrsnetzes, die Koordinierung von Bebauungsplänen sowie die Sicherung von Erholungsflächen zuständig war.[34] Wegen dieser geringen Kompetenzen wurde das

---

[29] BVerwG v. 10.10.2012 – 9 A 10.11, NVwZ 2013, S. 662.

[30] Bezirksverwaltungsgesetz i. d. F. v. 10.11.2011, GVBl. S. 692, zul. geänd. d.G.v. 10.11.2021, GVBl. S. 1239.

[31] So *Sendler*, JR 1985, S. 441 ff., 446.

[32] Zu den Problemen im Einzelnen siehe ausführlich *Fock*, Die Berliner Verwaltungsorganisationsreform, S. 1 ff.; sowie *Musil*, Probleme und Perspektiven bezirklicher Selbstverwaltung, in: Baßeler/Heintzen/Kruschwitz (Hrsg.), Berlin – Finanzierung und Organisation einer Metropole, S. 185 ff.

[33] Zitiert nach *Sendler*, DÖV 1987, S. 366 ff., 369.

[34] *Zivier*, Verfassung und Verwaltung von Berlin, Rz. 4.

Zweckverbandsgesetz[35] scharf kritisiert. Es sollte sich im Ersten Weltkrieg zeigen, dass die Kritik gerechtfertigt war, da die Verwaltungsstrukturen den Anforderungen des Krieges nicht annähernd gewachsen waren. So kam es zur Verabschiedung des *„Gesetzes über die Bildung einer neuen Stadtgemeinde Berlin"* vom 27. April 1920.[36] Das war die Geburtsstunde von *Groß-Berlin*. Sein Gebiet umfasste die Städte Berlin, Charlottenburg, Wilmersdorf, Schöneberg, Neukölln, Lichtenberg, Köpenick und Spandau sowie 59 Landgemeinden und 27 Gutsbezirke. Die Verwaltung Berlins war schon damals zweistufig organisiert. Es wurde eine „bezirkliche Selbstverwaltung" festgeschrieben, die in den Grundzügen bis heute besteht.[37] Durch eine Verwaltungsreform 1931 wurden diese Selbstverwaltungsrechte jedoch wieder eingeschränkt.[38]

2. Nationalsozialismus

Während der Zeit des Nationalsozialismus kam es zu einer weiteren Zurücknahme   21
der bezirklichen Selbstverwaltung. Die Entwicklung mündete in einer vollständigen
Verwirklichung des *Führerprinzips*. Es kam zwar nicht zu einer Abschaffung der
Bezirksebene, aber die Bezirksbürgermeister wurden dem Oberbürgermeister vollständig untergeordnet.[39]

3. Entwicklung nach 1945 – Entstehung des Stadtstaats Berlin

Die *Vorläufige Verfassung von Groß-Berlin*, die am 13. August 1946 ohne Mitwir-   22
kung deutscher Stellen von der Alliierten Kommandantur erlassen wurde,[40] verband
Elemente einer Landesverfassung mit Elementen der Städteordnung Preußens von
1853. Als nun durch Gesetz Nr. 46 des Alliierten Kontrollrats vom 25. Februar
1947[41] der Staat Preußen aufgelöst wurde, kam es gewissermaßen automatisch zur
Gründung des Stadtstaats Berlin. Dadurch nämlich, dass die übergeordnete staatliche Ebene wegfiel, konnte Berlin bruchlos in diese staatsorganisationsrechtliche
Lücke aufrücken.[42] Teilweise wird die Entstehung des Stadtstaats Berlin deshalb als
„zufällig" bezeichnet.[43] Da die Vorläufige Verfassung auch am Prinzip der Einheitsgemeinde mit einem Abgeordnetenhaus als Einkammer-Parlament festhielt, entstand gleichzeitig mit dem Stadtstaat im weiteren Sinne auch der im engeren Sinne.

---

[35] Zweckverbandsgesetz für Groß-Berlin v. 19.7.1911, Preußische Gesetzessammlung, S. 123.

[36] Preußische Gesetzessammlung, S. 123.

[37] Ausführlich *Zivier* (Fn. 34), Rz. 6.1 ff.

[38] *Zivier* (Fn. 34), Rz. 7.1 ff.

[39] *Deutelmoser* (Fn. 13), S. 65, *Zivier* (Fn. 34), Rz. 8.1 f.

[40] Vorläufige Verfassung von Groß-Berlin vom 13.8.1946, VOBl. S. 295.

[41] VOBl. S. 68.

[42] Zur Entwicklung *Sendler*, JR 1985, S. 441 ff., 442.

[43] So *Deutelmoser* (Fn. 13), S. 67.

23 Für *Ost-Berlin* galt dieser Status indes nur bis Ende 1948, als dort der Magistrat für abgesetzt erklärt und ein neuer Magistrat gewählt wurde.[44] In der Folgezeit erlangte der Ostteil Berlins den Status eines *Bezirks der DDR*.

24 Die *Verfassung von Berlin* vom 1. September 1950,[45] die de facto nur im Westteil galt, behielt die grundlegenden Strukturen der Vorläufigen Verfassung bei. Zwar war im Vorfeld über die Einführung von Gemeinden diskutiert worden, diese Auffassung fand letztlich aber keine Mehrheit. Es blieb beim Prinzip der Einheitsgemeinde mit begrenzt eigenständigen Bezirken.[46]

4. Verwaltungsreformen

25 Bereits 1958 wurde eine erste Verwaltungsreform notwendig, da man es zunächst versäumt hatte, eine handhabbare Zuständigkeitsabgrenzung zwischen Hauptverwaltung und Bezirksverwaltung vorzusehen. So wurden das Allgemeine Zuständigkeitsgesetz (AZG),[47] das Bezirksverwaltungsgesetz (BezVG)[48] und das Polizeizuständigkeitsgesetz[49] verabschiedet. Die Bezirksverwaltung wurde auf drei Organe verteilt: die *Bezirksverordnetenversammlung*, das *Bezirksamt* und die *Deputationen*.[50] Diese Dreiteilung war in der Folgezeit heftiger Kritik ausgesetzt, da sie die Bezirksverwaltung unübersichtlich und schwerfällig machte.[51]

26 Daher wurde sie in einer zweiten Reform von 1971 wieder aufgehoben.[52] Die Deputationen wurden wieder abgeschafft. Aber auch diese Reform führte zu Widersprüchlichkeiten und löste vor allem das Grundproblem der Berliner Verwaltung nicht: Zwischen Haupt- und Bezirksverwaltungen gab es zu viele Mehrfachzuständigkeiten, sodass jeder einzelne Vorgang äußerst lange Bearbeitungszeiten beanspruchte. So kam denn auch der Bericht der vom Abgeordnetenhaus eingesetzten Enquete-Kommission zur Verwaltungsreform 1984 zur Feststellung erheblichen Reformbedarfs.[53] Dieser wurde erst mit den *Verwaltungs- und Verfassungsreformen*

---

[44] *Zivier* (Fn. 34), Rz. 13.1 ff.

[45] Verfassung von Berlin vom 1.9.1950, VOBl. I S. 433, in Kraft getreten am 1.10.1950.

[46] *Sendler* (Fn. 42), S. 443 f.

[47] Allgemeines Zuständigkeitsgesetz – AZG – vom 2.10.1958, GVBl. S. 947, 1020, mit Verordnung zur Durchführung des Allgemeinen Zuständigkeitsgesetzes (DVO-AZG) v. 7.10.1958, GVBl. S. 974, 1028.

[48] Bezirksverwaltungsgesetz v. 30.1.1958, GVBl. S. 126.

[49] Polizeizuständigkeitsgesetz v. 2.10.1958, GVBl. S. 959.

[50] Ausführlich *Sendler* (Fn. 42), S. 444 f.

[51] Vgl. *Deutelmoser* (Fn. 13), S. 69 m. w. N.

[52] Fünfzehntes Gesetz zur Änderung der Verfassung von Berlin v. 24.6.1971, GVBl. S. 1060, Bezirksverwaltungsgesetz i. d. F. v. 5.7.1971, GVBl. S. 1169; ausführlich *Sendler* (Fn. 42), S. 445 f.

[53] Schlussbericht der Enquete-Kommission zur Verwaltungsreform v. 30.5.1984, Abghs-Drs. 9/1829; zusammenfassend *Deutelmoser* (Fn. 13), S. 77 ff.

von 1994[54] *bzw. 1998*[55] weitgehend umgesetzt. Darüber hinaus trat *1995* die *neue Verfassung von Berlin*[56] in Kraft. Kernpunkte der Reformen waren eine striktere Aufgabenabgrenzung und eine Stärkung der bezirklichen Ebene.[57] Die bezirkliche Stellung wurde vor allem durch die Gewährung der bauplanungsrechtlichen Rechtssetzungsbefugnis, partieller organisatorischer Selbstständigkeit, Einräumung beschränkter finanzieller Spielräume durch Zuweisung von Globalsummen, Aufgabenverlagerung in die Bezirke und die Einführung eines Normenkontrollverfahrens zur Zuständigkeitsabgrenzung gestärkt.[58] In jüngerer Zeit gibt es wieder verstärkt Bemühungen zur Reform der Berliner Verwaltung. So haben die Regierungsparteien im derzeit gültigen Koalitionsvertrag das Ziel einer Neuordnung der Zuständigkeitsverteilung zwischen Bezirken und Hauptverwaltung festgeschrieben.[59] Es bleibt abzuwarten, ob und inwieweit es zu einer Umsetzung der verabredeten Maßnahmen kommt.

VI. Berlin und Brandenburg

1. Gescheiterte Fusionsbemühungen

Die geplante Fusion der Länder Berlin und Brandenburg ist zunächst gescheitert.   27
Bei den am 5. Mai 1996 durchgeführten Volksabstimmungen haben die Brandenburger Abstimmungsberechtigten im Gegensatz zu den Berlinern mehrheitlich gegen den *Neugliederungs-Vertrag*[60] votiert, dem zuvor beide Landesparlamente mit der notwendigen Zwei-Drittel-Mehrheit zugestimmt hatten.[61] Nach wie vor steht jedoch die Fusion beider Länder latent auf der politischen Tagesordnung.[62]

Im Bundesstaat ist für eine Länderneugliederung eine bundesverfassungsrechtli-   28
che Rechtsgrundlage erforderlich. Für die Fusion von Berlin und Brandenburg ist dies Art. 118a GG. Danach kann die Fusion in Abweichung von den Vorschriften des

---

[54] Achtundzwanzigstes Gesetz zur Änderung der Verfassung von Berlin v. 6.7.1994, GVBl. S. 217; Verwaltungsreformgesetz v. 19.7.1994, GVBl. S. 241.

[55] Zweites Gesetz zur Änderung der Verfassung von Berlin v. 3.4.1998, GVBl. S. 82; Zweites Verwaltungsreformgesetz v. 25.6.1998, GVBl. S. 177.

[56] Verfassung von Berlin vom 23. November 1995, GVBl. S. 779, zul. geänd. siehe Fn. 3.

[57] Ausführlich und kritisch *Fock* (Fn. 32), S. 1 ff.; hierzu *Musil*, LKV 2005, S. 114.

[58] Zu diesen Punkten ausführlich Rz. 47 ff.; zum Vergleich der Bezirke in Berlin und Paris siehe *Kuhlmann*, Stellung der Bezirke in europäischen Hauptstädten: Berlin und Paris im Vergleich, LKV 2005, S. 493 ff.

[59] Siehe den Koalitionsvertrag, S. 125 ff., abrufbar unter: https://www.berlin.de/rbmskzl/regierende-buergermeisterin/senat/koalitionsvertrag/.

[60] Neugliederungs-Vertrag vom 27.4.1995, GVBl. S. 490.

[61] *Pfennig* in Pfennig/Neumann, VvB, Art. 97, Rz. 3; *Zivier* (Fn. 34), Rz. 22.3; siehe auch *Gärtner*, NJW 1996, S. 88 ff.

[62] Dazu *Wieland*, Kein Land in Sicht, oder die hohe Kunst der Verschleppung einer notwendigen Fusion von Berlin und Brandenburg, in: Baßeler/Heintzen/Kruschwitz (Hrsg.), Berlin – Finanzierung und Organisation einer Metropole, S. 117 ff.

Art. 29 GG durch Vereinbarung beider Länder unter Beteiligung ihrer Wahlberechtigten erfolgen. Die landesverfassungsrechtlichen Rechtsgrundlagen finden sich in Art. 97 VvB und Art. 116 BbgVerf. Demnach bedarf die Fusion beider Länder eines Staatsvertrags, dem eine Mehrheit von zwei Dritteln der Mitglieder der Landesparlamente zustimmen muss und der einer Zustimmung durch Volksabstimmung bedarf.

29   Berlin wäre in einem vereinigten Land eine *kreisfreie Stadt*. In dem nicht in Kraft getretenen Neugliederungs-Vertrag (NV) war festgeschrieben, dass Berlin eine in rechtlich unselbstständige Stadtbezirke gegliederte Einheitsgemeinde bleiben sollte und die Stadtbezirke an der Verwaltung nach den Grundsätzen der Selbstverwaltung beteiligt sein sollten (Art. 21 Abs. 1 NV). Damit hätte die Grundstruktur des Verwaltungsaufbaus Berlins auch in einem neuen Bundesland fortbestanden. Dies gilt auch für die Aufgabenabgrenzung zwischen Gesamtstadt und Bezirken (Art. 21 Abs. 2 NV).

2. Zusammenarbeit von Berlin und Brandenburg

30   Unabhängig von einer Fusion haben beide Bundesländer durch zahlreiche *Staatsverträge* und *Verwaltungsvereinbarungen*[63] gemeinsame Behörden errichtet und eine enge Zusammenarbeit auf verschiedenen Ebenen und in unterschiedlichen Bereichen der Verwaltung vereinbart. Die Regierungen beider Länder treffen sich zu gemeinsamen Kabinettssitzungen. Ferner gibt es einen aus Mitgliedern der Landesregierungen gebildeten *Koordinierungsrat*, der der Abstimmung beider Bundesländer dient und Empfehlungen an die Landesregierungen richten kann. Auch zwischen den Berliner Bezirken und Brandenburger Kommunen gibt es auf verschiedenen bezirklichen Aufgabenfeldern eine Kooperation. Dies betrifft insbesondere die Bereiche Regionalplanung, Umwelt- und Naturschutz, Kultur und Tourismus.

31   Gemeinsame Behörden sind zum Beispiel das *Gemeinsame Juristische Prüfungsamt* mit Sitz in Berlin[64] sowie das gemeinsame *Landesamt für Mess- und Eichwesen* mit Sitz in Kleinmachnow.[65] In beiden Behörden wurden die jeweiligen Aufgaben der Länder organisatorisch zusammengeführt, und sie nehmen jeweils die Hoheitsgewalt des Landes wahr, für das sie tätig werden. Der praktisch besonders wichtige Bereich der gemeinsamen *Landesplanung* beider Länder wird weiter unten noch ausführlich dargestellt.[66]

32   Im *Landwirtschaftsstaatsvertrag*[67] hat sich Berlin seiner Aufgaben im Bereich der Landwirtschaftsverwaltung weitgehend entledigt und diese auf Brandenburg übertragen. Damit ist die jeweilige Brandenburger Behörde zuständig und befugt, in Berlin Amtshandlungen als Ausübung Brandenburger Hoheitsgewalt vorzunehmen.

---

[63] Siehe die allerdings nicht vollständige Übersicht unter www.berlin.de/rbmskzl/berlin-brandenburg/index.html.

[64] Staatsvertrag über die Errichtung eines Gemeinsamen Juristischen Prüfungsamtes der Länder Berlin und Brandenburg vom 2. April 2004, GVBl. S. 278.

[65] Mess- und Eichwesen-Staatsvertrag vom 11. März 2004, GVBl. S. 238.

[66] Siehe Rz. 149 ff.

[67] Landwirtschaftsstaatsvertrag vom 12. September 2020, GVBl. S. 736.

Im Staatsvertrag über die Errichtung eines *Amtes für Statistik Berlin-Brandenburg* wurde eine gemeinsame rechtsfähige Anstalt des öffentlichen Rechts errichtet.[68] Im Staatsvertrag über die Errichtung *gemeinsamer Fachobergerichte* der Länder Berlin und Brandenburg wurden zum 1. Juli 2005 ein gemeinsames Oberverwaltungsgericht mit Sitz in Berlin und ein gemeinsames Landessozialgericht mit Sitz in Potsdam sowie zum 1. Januar 2007 ein gemeinsames Finanzgericht mit Sitz in Cottbus und ein gemeinsames Landesarbeitsgericht mit Sitz in Berlin errichtet.[69]

Fall 1: Sperrklausel

Bei der Wahl zum Abgeordnetenhaus und zu den Bezirksverordnetenversammlungen im September 2021 hat auch die rechtsextreme Bürgerpartei (B) teilgenommen. Im Bezirk X entfallen auf sie 2,6 % der Stimmen. Unter Hinweis auf Art. 70 Abs. 2 S. 2 VvB werden ihr keine Sitze in der Bezirksverordnetenversammlung (BVV) des Bezirks X zuerkannt. Die B und ihre Wähler sind empört. Die Sperrklausel von 3 % auf Bezirksebene führe zu einer nicht gerechtfertigten Diskriminierung kleinerer Parteien und sei deshalb verfassungswidrig. In anderen Bundesländern gebe es auf kommunaler Ebene zu Recht keine Sperrklausel mehr. Die B und einige ihrer Wähler wenden sich mit entsprechenden Anträgen fristgerecht an den Verfassungsgerichtshof des Landes Berlin.

33

Die Prozessvertreter des Landes führen in der mündlichen Verhandlung aus, die Anträge seien bereits unzulässig, da sich die Sperrklausel aus der Verfassung selbst ergebe. Jedenfalls seien sie aber unbegründet, weil sich die Klausel zum Schutze der Arbeitsfähigkeit der BVVen rechtfertigen lasse.

Haben die Anträge Aussicht auf Erfolg? ◄

Abwandlung

Nach einer Fusion der Länder Berlin und Brandenburg erhält Berlin den Status einer kreisfreien Stadt und das Abgeordnetenhaus die Funktion einer Stadtverordnetenversammlung. Die Befugnisse der Stadt Berlin sind vergleichbar mit denen sonstiger kreisfreier Städte. Die Bezirke behalten weitgehend ihre jetzigen Befugnisse, müssen aber einige Kompetenzen an die Gesamtstadt abtreten.

Könnte in der Gemeindeordnung des Landes Berlin-Brandenburg für die Wahl der Bezirksverordnetenversammlungen eine 3 %-Klausel beibehalten werden? Wenden Sie mit Ausnahme von Art. 70 Abs. 2 S. 2 VvB das derzeit geltende Verfassungsrecht Berlins an.

---

[68] Staatsvertrag über die Errichtung eines Amtes für Statistik Berlin-Brandenburg vom 13. Dezember 2005, GVBl. S. 300, 302.

[69] Staatsvertrag über die Errichtung gemeinsamer Fachobergerichte der Länder Berlin und Brandenburg vom 26. April 2004, GVBl. S. 380; siehe hierzu *Kipp*, LKV 2005, S. 281 ff.; *Pestalozza*, LKV 2004, S. 396 ff.

Lösungsvorschlag

Die Anträge haben Aussicht auf Erfolg, wenn sie zulässig und begründet sind. Bei der Zulässigkeit ist zu differenzieren zwischen dem Antrag der B und dem ihrer Wähler.

I. Zulässigkeit

1. Der Antrag der B

a) Zuständigkeit

Für die B kommt ein Einspruch gegen die Gültigkeit der Wahlen in Betracht. Hierfür ist der Verfassungsgerichtshof gem. Art. 84 Abs. 2 Nr. 6 VvB, §§ 14 Nr. 2, 40 ff. VerfGHG zuständig.

b) Einspruchsberechtigung, Beteiligte

Die B müsste beteiligtenfähig sein. Die Beteiligtenfähigkeit hängt von den geltend gemachten Einspruchsgründen im Sinne des § 40 Abs. 2 VerfGHG ab. Hier wird geltend gemacht, die 3 %-Klausel sei verfassungswidrig. Da es folglich um einen Einspruch im Sinne von § 40 Abs. 2 Nr. 8 VerfGHG geht, müsste B als betroffene Partei gem. § 40 Abs. 3 Nr. 3 VerfGHG anzusehen sein. Hierfür reicht im Rahmen der Beteiligtenfähigkeit aus, dass eine Entscheidung gegen sie ergangen ist. Diese liegt hier in der Nichtzuerkennung von Sitzen, sodass B beteiligtenfähig ist. Die sonstigen Beteiligten ergeben sich aus § 41 VerfGHG.

c) Streitgegenstand

Vorliegend wendet sich die B gegen die Nichtzuerkennung von Sitzen in der BVV. Dies ist ein im Rahmen von § 40 Abs. 2 Nr. 8 VerfGHG zulässiger Streitgegenstand.

d) Einspruchsbefugnis

Bei der Wahlprüfung im Rahmen des Einspruchs handelt es sich um ein objektives Verfahren, das dem Schutz des objektiven Wahlrechts dient.[70] Für die Einlegung ist also nicht erforderlich, dass die Verletzung eines subjektiven Rechts behauptet wird. Das Erfordernis in § 40 Abs. 3 Nr. 3 VerfGHG, wonach eine Partei durch eine Entscheidung betroffen sein müsse, bezieht sich lediglich auf ihre Adressateneigenschaft, nicht auf eine etwaige Rechtsbetroffenheit. Einer Einspruchsbefugnis bedarf es folglich nicht.

e) Ergebnis

Da der Einspruch fristgerecht eingelegt wurde und hinsichtlich der Form keine Bedenken bestehen, ist er zulässig.

---

[70] St. Rspr., vgl. nur BerlVerfGH, Urt. v. 17.3.1997 – VerfGH 90/85, 87/95, LVerfGE 6, 32, 38.

2. Der Antrag der Wahlberechtigten

a) Verfahrensart, Zuständigkeit

Anders als bei der Bundestagswahl steht einzelnen Wahlberechtigten in Berlin das Instrument der Wahlprüfungsbeschwerde nicht zur Verfügung.[71] Sie sind in § 40 VerfGHG nicht als Beteiligte genannt. In Betracht kommt lediglich eine Verfassungsbeschwerde. Für diese ist der Verfassungsgerichtshof gem. Art. 84 Abs. 2 Nr. 5 VvB, §§ 14 Nr. 6, 49 ff. VerfGHG zuständig.

Fraglich ist, ob die Verfassungsbeschwerde statthaft ist, wenn mit ihr die Verletzung des Wahlrechts durch Wahlfehler gerügt wird. Für die Bundestagswahl hat das Bundesverfassungsgericht eine entsprechende Verfassungsbeschwerde ausgeschlossen, da das in Art. 41 GG geregelte Wahlprüfungsverfahren vorrangig und abschließend sei.[72] Demgegenüber hat der Berliner Verfassungsgerichtshof die Statthaftigkeit der Verfassungsbeschwerde auch im Rahmen der Wahlprüfung bejaht.[73] Das folge aus der unterschiedlichen Ausgestaltung der entsprechenden Verfahrensregelungen auf Bundes- und auf Landesebene. Im Unterschied zur Bundesebene stehe dem Wähler in Berlin kein Verfahren zur Verfügung, mittels dessen er die Verletzung seiner subjektiven Rechte im Rahmen des Wahlverfahrens rügen könne. Es bedürfe deshalb der Verfassungsbeschwerde, um diesen Rechten gerecht werden zu können.[74] Dem ist zuzustimmen. Mithin ist vorliegend die Verfassungsbeschwerde gem. Art. 84 Abs. 2 Nr. 5 VvB, §§ 14 Nr. 6, 49 ff. VerfGHG statthaft.

b) Beschwerdefähigkeit

Die Wahlberechtigten sind wie „jedermann" im Sinne von § 49 Abs. 1 VerfGHG beschwerdefähig.

c) Beschwerdegegenstand

Die Nichtzuerkennung von Sitzen an die gewählte B-Partei ist ein Akt der öffentlichen Gewalt Berlins und damit gem. § 49 Abs. 1 VerfGHG zulässiger Beschwerdegegenstand.

d) Beschwerdebefugnis

Fraglich ist, ob die Beschwerdeführer behaupten können, durch die Nichtzuerkennung in einem ihrer in der Verfassung von Berlin enthaltenen Rechte verletzt zu sein. Eine solche Verletzung müsste möglich erscheinen. In Betracht

---

[71] Ausnahme ist der Sonderfall des hier nicht einschlägigen § 40 Abs. 3 Nr. 2 i. V. m. § 40 Abs. 2 Nr. 7 VerfGHG.

[72] BVerfG, Beschl. v. 25.7.1967 – 2 BvC 4/62, BVerfGE 22, 277, 281; Urt. v. 14.3.1984 – 2 BvC 1/84, BVerfGE 66, 232, 234.

[73] BerlVerfGH, Beschl. v. 23.11.2000 – VerfGH 117/99, LVerfGE 11, 68.

[74] BerlVerfGH, Beschl. v. 23.11.2000 – VerfGH 117/99, LVerfGE 11, 68, 72 ff.

kommt vorliegend das Wahlrecht gem. Art. 39 VvB. Insbesondere die Wahlrechtsgleichheit wird durch eine Sperrklausel beeinträchtigt. Problematisch ist allerdings, dass die Sperrklausel vorliegend in der Verfassung selbst, nämlich in Art. 70 Abs. 2 S. 2 VvB, verankert ist. Es stellt sich die Frage nach der Möglichkeit von verfassungswidrigem Verfassungsrecht. Auf dem Boden des Grundgesetzes wird eine Prüfung von Verfassungsrecht am Maßstab von Art. 79 Abs. 3 GG für möglich gehalten.[75] Eine vergleichbare Ewigkeitsgarantie enthält aber die Berliner Verfassung nicht.[76] Somit ist anzunehmen, dass das Wahlrecht in Art. 39 VvB durch Art. 70 Abs. 2 S. 2 VvB dahingehend modifiziert wird, dass unterhalb von 3 % kein Anspruch auf einen Sitz besteht.

Denkbar erscheint es allenfalls, dass Art. 70 Abs. 2 S. 2 VvB gegen Bestimmungen des Grundgesetzes, insbesondere das Homogenitätsprinzip des Art. 28 Abs. 1 GG, verstößt. Dies kann im Rahmen der Landesverfassungsbeschwerde aber nicht gerügt werden. Mithin fehlt den Wählern vorliegend die Beschwerdebefugnis.

e) Ergebnis

Die Verfassungsbeschwerde ist unzulässig.

II. Begründetheit

Der Einspruch ist begründet, sofern die 3 %-Sperrklausel tatsächlich gegen höherrangiges Recht verstößt. Im Rahmen eines Einspruchs kann auch das der konkret gerügten Entscheidung zugrunde liegende Recht inzidenter geprüft werden. Ausweislich der Formulierung in § 40 Abs. 2 Nr. 8 VerfGHG ist die Prüfung hier nicht auf die Verfassung von Berlin beschränkt, sondern kann auch Normen des Grundgesetzes umfassen.

Wie oben gesehen, kommt eine Verletzung von Landesverfassungsrecht vorliegend nicht in Betracht. Die VvB kennt keine Ewigkeitsgarantie. Fraglich ist, ob ein Verstoß gegen Normen des Grundgesetzes vorliegt. In Betracht kommt ein Verstoß gegen das Homogenitätsprinzip gem. Art. 28 Abs. 1 GG. Dieses verlangt in Satz 2 ausdrücklich, dass auch in den Ländern dem Grundsatz der Wahlrechtsgleichheit genüge getan werden muss. Sperrklauseln schränken die Erfolgswertgleichheit von denjenigen Stimmen ein, denen keine Sitze in der Volksvertretung entsprechen. Allerdings wird man dem Homogenitätsprinzip insoweit keine festen Vorgaben für die konkrete Höhe der zulässigen Sperrklausel entnehmen können. Man wird lediglich sagen können, dass Klauseln ab 5 % bedenklich sind.[77] Zu der Frage, ob auf kommunaler Ebene eine 3 %-Klausel oder ein niedrigerer Wert zulässig ist, dürfte Art. 28 Abs. 1 S. 2 GG keine

---

[75] Vgl. nur BVerfG, Urt. v. 3.3.2004 – 1 BvR 2378/98, 1 BvR 1084/99, BVerfGE 109, 279, 309.

[76] Siehe Art. 100 VvB, dazu *Driehaus* in ders., VvB, Art. 100, Rz. 5.

[77] Vgl. *Schwarz* in vMangoldt/Klein/Starck, GG, Art. 28, Rz. 89.

Vorgaben enthalten, da zwischen den Bundesländern hier keine Einigkeit besteht. Mithin liegt kein Verstoß gegen Art. 28 Abs. 1 S. 2 GG vor. Würde man einen solchen annehmen, so müsste der Verfassungsgerichtshof das Verfahren aussetzen und dem Bundesverfassungsgericht nach Art. 100 Abs. 1 GG die Frage zur Entscheidung vorlegen.[78]

III. Endergebnis

Art. 70 Abs. 2 S. 2 VvB verstößt nicht gegen höherrangiges Verfassungsrecht. Der Einspruch ist mangels Rechtsverstoßes der Entscheidung unbegründet.

Abwandlung

Die einfachgesetzliche 3 %-Klausel könnte gegen den Grundsatz der Gleichheit der Wahl gem. Art. 70 Abs. 1 S. 1 VvB verstoßen.

I. Ungleichbehandlung

Nach ständiger Rechtsprechung des Bundesverfassungsgerichts[79] und des Berliner Verfassungsgerichtshofs[80] verlangt das Prinzip der Wahlrechtsgleichheit eine strenge formale Gleichheit. Im Rahmen des auch in Berlin geltenden Verhältniswahlrechts muss grundsätzlich nicht nur der Zählwert, sondern auch der Erfolgswert aller Stimmen übereinstimmen.[81] Während eine Sperrklausel den Zählwert unberührt lässt, mindert sie den Erfolgswert derjenigen Stimmen, die nicht zu Sitzen in dem entsprechenden Vertretungsorgan führen.

II. Verfassungsrechtliche Rechtfertigung

Diese Beeinträchtigung der Wahlrechtsgleichheit muss sich verfassungsrechtlich rechtfertigen lassen. Einer solchen Rechtfertigung steht noch nicht entgegen, dass die Sperrklausel im fiktiven Abwandlungsfall nicht in der Verfassung des Landes Berlin-Brandenburg verankert ist.[82] Allerdings bedürfen Abweichungen von der formalen Wahlrechtsgleichheit zu ihrer Rechtfertigung nicht nur eines sachlichen, sondern eines zwingenden Grundes.[83]

Grundsätzlich kommt als zwingender Grund die Funktionsfähigkeit der BVV in Betracht. Der Verfassungsgerichtshof hat in seinem grundlegenden Urteil aus dem Jahre 1997 zur Sperrklausel auf Bezirksebene ausgeführt, die Frage nach

---

[78] Der BerlVerfGH geht demgegenüber von einer Verfassungskonformität der Regelung in Art. 70 Abs. 2 S. 2 VvB aus, siehe BerlVerfGH, Beschl. v. 24.1.2012 – VerfGH 150/11, LKV 2012, S. 219; siehe zum Überblick der Rechtsprechung *Michaelis/Rind* in Driehaus, VvB, Art. 84 Rz. 65.

[79] BVerfG, Beschl. v. 11.10.1972 – 2 BvR 912/71, BVerfGE 34, 81, 99; Beschl. v. 6.10.1981 – 2 BvR 384/81, 58, 177, 190.

[80] BerlVerfGH, Urt. v. 17.3.1997 – VerfGH 90/85, 87/95, LVerfGE 6, 32, 39.

[81] BerlVerfGH, Urt. v. 17.3.1997 – VerfGH 90/85, 87/95, LVerfGE 6, 32, 39.

[82] BerlVerfGH, Urt. v. 17.3.1997 – VerfGH 90/85, 87/95, LVerfGE 6, 32, 40.

[83] St. Rspr. von BVerfG und BerlVerfGH, vgl. BerlVerfGH, Urt. v. 17.3.1997 – VerfGH 90/85, 87/95, LVerfGE 6, 32, 40 m. w. N.

zwingenden Gründen könne nicht abstrakt beantwortet werden, vielmehr seien die konkreten Umstände im Land Berlin im Entscheidungszeitpunkt maßgeblich.[84] Es komme darauf an, ob die Arbeitsfähigkeit ohne eine Sperrklausel konkret gefährdet sei.

Als Maßstab der Beurteilung zieht der Verfassungsgerichtshof vor allem die Kompetenzen der Bezirke im Allgemeinen und diejenigen der BVV im Besonderen heran. Zunächst führt er aus, dass die Bezirke nicht Träger kommunaler Selbstverwaltung im Sinne von Art. 28 Abs. 2 GG seien. Auf diese Garantie könne sich vielmehr Berlin in seiner Gesamtheit berufen. Dementsprechend stehe auch der BVV als Organ des Bezirks ein Selbstverwaltungsrecht nicht zu. Betrachte man sich die Kompetenzen der BVV im Einzelnen, so seien diese im Vergleich mit denjenigen der Gemeindevertretungen in den Flächenländern begrenzt. Vor diesem Hintergrund sei nicht ersichtlich, warum eine Sperrklausel für das Funktionieren der BVV erforderlich wäre.[85]

Diesen Ausführungen widerspricht das Sondervotum dreier Richter.[86] Sie führen aus, der von der Senatsmehrheit zugrunde gelegte konkrete Prognosemaßstab sei verfehlt. Es komme nicht darauf an, dass sich im Falle des Fehlens einer Sperrklausel eine konkrete Beeinträchtigung der Funktionsfähigkeit feststellen lasse. Vielmehr reiche es aus, dass eine solche Beeinträchtigung aufgrund einer abstrakten Betrachtung möglich erscheine.

Dem Sondervotum ist nicht zu folgen. Angesichts des hohen Stellenwerts der Wahlrechtsgleichheit für die Demokratie bedarf es besonders gewichtiger Gründe, um ihre Einschränkung zu rechtfertigen. Vor diesem Hintergrund ist die Gefährdung der Funktionsfähigkeit hinreichend konkret darzulegen. Die bloß abstrakt bestehende Möglichkeit genügt nicht. Bei der derzeitigen kompetenziellen Lage in den Bezirken ist eine Funktionsbeeinträchtigung nicht ersichtlich. Hinzu kommt, dass in einem gemeinsamen Bundesland Berlin-Brandenburg die Zuständigkeiten der Bezirke gegenüber dem heutigen Rechtszustand tendenziell eher noch abnehmen werden. Im Ergebnis ist die 3 %-Klausel nicht zwingend, um die Arbeitsfähigkeit der BVV zu sichern.

III. Ergebnis

Da ein zwingender Grund für die Abweichung von der Erfolgswertgleichheit nicht gegeben ist, wäre ein Beibehalten der 3 %-Klausel in der Gemeindeordnung verfassungswidrig.

---

[84] BerlVerfGH, Urt. v. 17.3.1997 – VerfGH 90/85, 87/95, LVerfGE 6, 32, 41.

[85] BerlVerfGH, Urt. v. 17.3.1997 – VerfGH 90/85, 87/95, LVerfGE 6, 32, 43.

[86] Sondervotum der Richter *Finkelnburg, Driehaus* und *Töpfer* in BerlVerfGH, Urt. v. 17.3.1997 – VerfGH 90/85, 87/95, LVerfGE 6, 32, 47.

2 Die Rechtsstellung der Bezirke

I. Keine Garantie der kommunalen Selbstverwaltung

1. Die Unanwendbarkeit von Art. 28 Abs. 2 GG auf die Bezirke

34   Art. 28 Abs. 2 GG gewährleistet den Gemeinden und Gemeindeverbänden das *Recht auf kommunale Selbstverwaltung.* Es handelt sich hierbei um eine Mindestgarantie,[1] die durch die Verfassungen der Länder in unterschiedlicher Weise ausgestaltet und erweitert wird.[2] Schon der Wortlaut von Art. 28 Abs. 2 GG zeigt, dass die Garantie der kommunalen Selbstverwaltung auf die Berliner Bezirke *nicht* anwendbar sein kann.[3] Art. 28 Abs. 2 S. 1 GG spricht nämlich von Gemeinden, Satz 2 bezieht sich auf Gemeindeverbände. Um Gemeinden handelt es sich bei den Berliner Bezirken aber gerade nicht. Vielmehr ist Berlin als Ganzes gleichzeitig Gemeinde und Bundesland (vgl. Art. 1 Abs. 1, Art. 3 Abs. 2 VvB). Bei den Bezirken handelt es sich lediglich um *„Selbstverwaltungseinheiten Berlins ohne Rechtspersönlichkeit"* (vgl. § 2 Abs. 1 BezVG). Sie sind Bestandteile der staatsunmittelbaren Verwaltungsuntergliederung und *keine unterstaatlichen Gebietskörperschaften.* Damit ist die Gesamtstadt Berlin Trägerin der von Art. 28 Abs. 2 GG normierten kommunalen Selbstverwaltungsgarantie, nicht ihre Untergliederungen.[4]

---

[1] *Ernst* in vMünch/Kunig, GG, Art. 28, Rz. 68.

[2] Vgl. Art. 71 LV BW; 83 Bay; 144 Brem; 137 Hess; 57 Nds; 78 NW; 49 RhPf; 11 Saarl; 48 S-H; 97 Bbg; 72 MV; 82 Abs. 2 Sachsen; 87 Abs. 1 S-Anhalt; 91 Thür.

[3] So auch BVerwG, Urt. v. 10.10.2012 – 9 A 10.11, NVwZ 2013, S. 662.

[4] Allg. Meinung, vgl. nur BerlVerfGH, LVerfGE 1, 33, 37; *Driehaus* in ders., VvB, Art. 1, Rz. 4; *Neumann* in Pfennig/Neumann, VvB, Art. 66, 67, Rz. 10; zur rechtlichen Relevanz des Art. 28 Abs. 2 Satz 1 GG im Land Berlin s. a. *Remmert*, LKV 2004, S. 341.

© Springer-Verlag GmbH Deutschland, ein Teil von Springer Nature 2022
A. Musil, S. Kirchner, *Das Recht der Berliner Verwaltung*, Springer-Lehrbuch,
https://doi.org/10.1007/978-3-662-65501-6_2

2. Recht auf bezirkliche Selbstverwaltung?

Nun ist aber in Art. 66 Abs. 2 VvB zu lesen, die Bezirke erfüllten ihre Aufgaben 　35 *nach den Grundsätzen der Selbstverwaltung*. In Art. 72 VvB ist darüber hinaus davon die Rede, die Bezirksverordnetenversammlung sei Organ der bezirklichen Selbstverwaltung. Die Berliner Verfassung ordnet den Bezirken also den Begriff der „Selbstverwaltung" zu. Die Bedeutung dieser Zuordnung ist in Anbetracht des fehlenden Körperschaftsstatus der Bezirke umstritten. Im Kern geht es um die Frage, ob den Bezirken durch die Verfassung von Berlin ein *„Recht auf bezirkliche Selbstverwaltung"* verbürgt wird und damit eine wehrfähige, der kommunalen Selbstverwaltungsgarantie nach Art. 28 Abs. 2 GG vergleichbare subjektive Rechtsposition.

Der *Berliner Verfassungsgerichtshof* hat in einer seiner ersten Entscheidungen 　36 festgestellt, dass es *kein verfassungskräftiges Recht* auf bezirkliche Selbstverwaltung gebe.[5] Der *Grundsatz der Einheitsgemeinde*, der zu den tragenden Wesensmerkmalen der Verfassung von Berlin gehöre, schließe dies aus. Die Verfassung stelle mit der Bezugnahme auf die Grundsätze der Selbstverwaltung lediglich ein für den Gesetzgeber verbindliches Organisationsprinzip der Berliner Verwaltung auf. Auch nach der ersten Verfassungs- und Verwaltungsreform 1994[6] hat der Verfassungsgerichtshof seine Auffassung bestätigt,[7] obwohl seitdem die Bezirksverwaltungen in Art. 3 Abs. 2 VvB ausdrücklich genannt sind. Der Verfassungsgerichtshof hat auch nicht zu erkennen gegeben, dass er nach der zweiten Verfassungs- und Verwaltungsreform 1998[8] von seiner Rechtsauffassung abweichen will.[9] Erst im Rahmen dieser Reform wurde die heutige Fassung von Art. 66 Abs. 2 VvB eingefügt. Offen bleibt, ob der Verfassungsgerichtshof mit seinen Entscheidungen *subjektiv-öffentliche Rechte der Bezirke* generell ausschließen wollte. Das Bundesverwaltungsgericht äußert sich in einer jüngeren Entscheidung zur Existenz eines eigenständigen Rechts auf Selbstverwaltung generell ablehnend.[10] Zu beachten ist insoweit, dass mit der *Normenkontrolle der Zuständigkeitsabgrenzung* nach Art. 84 Abs. 2 Nr. 3 VvB den Bezirken zumindest ein Antragsverfahren vor dem Verfassungsgerichtshof offen steht. Darüber hinaus haben auch die Verwaltungsgerichte Klagen von Bezirken gegen sie beeinträchtigende Maßnahmen des Senats für zulässig gehalten.[11] Dies zeigt, dass den Bezirken zumindest partiell wehrfähige subjektiv-öffentliche Rechte zugebilligt werden.

---

[5] BerlVerfGH, Urt. v. 19.10.1992 – VerfGH 36/92, LVerfGE 1, 33, 37.

[6] Siehe Rz. 26.

[7] BerlVerfGH, Urt. v. 17.3.1997 – VerfGH 90/85, 87/95, LVerfGE 6, 32, 41.

[8] Siehe Rz. 26.

[9] Beschl. v. 15.6.2000, VerfGH 47/99, n. v., S. 5.

[10] BVerwG, Urt. v. 10.10.2012 – 9 A 10.11, NVwZ 2013, S. 662; dazu noch näher Rz. 414.

[11] Siehe OVG Berlin, Urt. v. 31.8.1999 – 2 B 13.99, LKV 2000, S. 453 ff.; vgl. auch VG Berlin, Urt. v. 23.11.2005, VG 1 A 216.02, n. v., S. 6; siehe zum Rechtsschutz Rz. 380 ff.

37   In der *Literatur* wurde deshalb zum Teil ein verfassungskräftiges Recht der Bezirke auf Selbstverwaltung bejaht.[12] Vor allem seit der Verfassungs- und Verwaltungsreform von 1994 stünden den Bezirken weitgehende Selbstverwaltungsrechte zu. *Haaß* spricht sogar davon, die bezirkliche Selbstverwaltung erreiche zuweilen annähernd den Umfang der kommunalen Selbstverwaltung im Sinne von Art. 28 Abs. 2 GG.[13] In einem Sondervotum zur oben genannten ersten Entscheidung des Verfassungsgerichtshofs hat die abweichend votierende Richterin dargelegt, das Prinzip der Einheitsgemeinde stehe einer diesen Grundsatz respektierenden und damit relativierten subjektiven Rechtsposition der Bezirke nicht entgegen.[14] Das Prinzip erfordere kein vollständiges, sondern nur ein verhältnismäßiges Zurücktreten der bezirklichen Eigenständigkeit. Allerdings beziehe sich die landesverfassungsrechtliche Rechtsposition nur auf einen *Grundbestand an Eigenverantwortlichkeit* bei der Erledigung örtlicher Angelegenheiten.

38   Diese Argumentation deutet zutreffend darauf hin, dass bei der Frage subjektiv-öffentlicher Rechte der Bezirke differenziert werden muss. Dem VerfGH ist zuzustimmen, wenn er nicht nur die Anwendung des in Art. 28 Abs. 2 GG enthaltenen Rechts auf kommunale Selbstverwaltung auf die Bezirke, sondern auch ein mit der Wehrfähigkeit des Art. 28 Abs. 2 GG vergleichbares „Recht auf bezirkliche Selbstverwaltung" ablehnt. Die Verfassung von Berlin kennt ein solches abstraktes und umfassendes Recht, das gegen beschränkende Maßnahmen des Senats oder des Gesetzgebers umfassend Rechtsschutz bieten könnte, nicht. Mangels Rechtsfähigkeit und im Interesse der Einheitsgemeinde sind die Bezirke als Organe des Landes Berlin in die Verwaltungshierarchie eingebunden. Eine Selbstverwaltung der Bezirke kann deshalb weder vom Umfang her noch insbesondere im Hinblick auf die Wehrfähigkeit mit der Selbstverwaltungsgarantie nach Art. 28 Abs. 2 GG vergleichbar sein. Von einem „Recht auf bezirkliche Selbstverwaltung" sollte deshalb nicht gesprochen werden. Gleichwohl schließt dies nicht aus, dass den Bezirken in einzelnen Teilbereichen ihrer durch die Verfassung organisationsrechtlich zugewiesenen Aufgaben und Zuständigkeiten bereits eine subjektive Rechtsposition verliehen wird und sie sich so gegen Übergriffe anderer Organe zur Wehr setzen können.[15]

39   Auch wenn somit bereits klargestellt ist, dass die Rechtsstellung der Bezirke mit derjenigen der Gemeinden vom Ansatz her nicht vergleichbar ist, erscheint es zum besseren Verständnis der bezirklichen Rechtsstellung angezeigt, zunächst die Stellung der Gemeinden in den Flächenländern aufgrund der Garantie der kommunalen Selbstverwaltung gem. Art. 28 Abs. 2 GG darzustellen, um dann an diesem Maßstab die verfassungsrechtliche Stellung der Berliner Bezirke zu verdeutlichen.

---

[12] Vor allem *Haaß*, LKV 1996, S. 84; *Deutelmoser*, LKV 1999, S. 350 f.; *Neumann* in Pfennig/ Neumann, VvB, Art. 66/67, Rz. 8 ff., insbes. Rz. 17; auch schon *Machalet*, Die Berliner Bezirksverwaltung, S. 56; anders *Sendler*, ABl. 1979, S. 509 ff., 511.

[13] *Haaß* (Fn. 12), S. 86.

[14] Sondervotum der Richterin am Verfassungsgerichtshof *Citron-Piorkowski*, BerlVerfGH, Urt. v. 19.10.1992 – VerfGH 36/92, LVerfGE 1, 33, 38 ff.

[15] Siehe Rz. 411 ff.

II. Die Garantie der kommunalen Selbstverwaltung

1. Allgemeines

Die kommunale Selbstverwaltung in Art. 28 Abs. 2 GG ist als *institutionelle Garan-*   **40**
tie ausgestaltet. Das bedeutet, es handelt sich nicht nur um eine *objektivrechtliche
Verbürgung*, aber auch nicht um eine etwa den *Grundrechten vergleichbare subjektive Berechtigung*. Die institutionelle Garantie steht gleichsam zwischen beiden Ge-
währleistungsformen. Die Garantie der kommunalen Selbstverwaltung lässt sich in
drei Elemente gliedern[16]:

*   eine *institutionelle Rechtssubjektsgarantie* der Gemeinden und Gemeindever-
    bände
*   eine *objektive Rechtsinstitutionsgarantie* der kommunalen Selbstverwaltung
*   eine *subjektive Rechtsstellungsgarantie* bei Angriffen auf Rechtssubjekts- und
    Rechtsinstitutionsgarantie.

2. Die institutionelle Rechtssubjektsgarantie

Im Einzelnen bedeutet institutionelle Rechtssubjektsgarantie, dass die Gemeinden   **41**
einen Anspruch darauf haben, als dezentrale Verwaltungsebene existent zu sein.[17]
Dabei impliziert der Begriff „Rechtssubjektsgarantie" bereits, dass diese Verwaltungsebene mit *Rechtssubjektsqualität* ausgestattet sein muss. Die Gemeinden sind
aber nicht als einzelne Rechtssubjekte vor Veränderung geschützt, vielmehr ist es
die Institution „Gemeinde", die bestehen bleiben muss.[18] Art. 28 Abs. 2 GG steht
also etwa *Gemeindegebietsreformen* nicht entgegen. Will der Landesgesetzgeber
allerdings eine Gemeinde auflösen oder ihre Grenzen ändern, so darf er dies nur aus
Gründen des öffentlichen Wohls tun.[19] Wichtige Veränderungen stehen zudem unter
einem *institutionellen Gesetzesvorbehalt*.[20]

3. Die objektive Rechtsinstitutionsgarantie

Die objektive Rechtsinstitutionsgarantie beinhaltet zum einen die Garantie, örtliche   **42**
Angelegenheiten auf lokaler Ebene wahrnehmen und regeln zu dürfen, und zum

---

[16] Nach *Stern*, Staatsrecht I, S. 409, ihm folgend ein Großteil der Literatur, siehe nur *Ernst* (Fn. 1),
Rz. 80; *Engels* in Sachs, GG, Art. 28, Rz. 39 ff.; *Mehde* in Dürig/Herzog/Scholz, GG, Art. 28
Abs. 2, Rz. 39 ff.

[17] *Engels* (Fn. 16), Rz. 41.

[18] *Stern* (Fn. 16), S. 409 f.

[19] BVerfG, Beschl. v. 12.5.1992 – 2 BvR 470/90, 2 BvR 650/90, 2 BvR 707/90, BVerfGE 86, 90;
vgl. im Einzelnen *Stern* (Fn. 16), S. 411.

[20] *Engels* (Fn. 16), Rz. 59 ff.

anderen die Garantie der Eigenverantwortlichkeit.[21] Im Rahmen dieser beiden Garantien ist nach der Rechtsprechung des Bundesverfassungsgerichts zwischen dem sogenannten *Kernbereich* der Gewährleistung und dem *Randbereich* zu unterscheiden.[22] Während gesetzgeberische Eingriffe in den Kernbereich (oder auch Wesensgehalt) generell unzulässig sind, darf der Gesetzgeber im Randbereich unter bestimmten Voraussetzungen derartige Eingriffe vornehmen.[23]

a) „alle Angelegenheiten der örtlichen Gemeinschaft"

43   Angelegenheiten der örtlichen Gemeinschaft im Sinne von Art. 28 Abs. 2 GG sind diejenigen Bedürfnisse und Interessen, die in der örtlichen Gemeinschaft wurzeln oder auf sie einen spezifischen Bezug haben.[24] Welche Aufgabenbereiche im Einzelnen unter diese Definition fallen, lässt sich nicht abschließend sagen. Vielmehr ist der Zuständigkeitsbereich variabel und der Erweiterung bzw. Verengung zugänglich.[25] Dieser Umstand ist auch der Grund dafür, dass der Schutz der gemeindlichen Aufgabenerledigung im Einzelfall Schwierigkeiten bereitet. Man ist sich zwar darin einig, dass den Gemeinden aufgrund von Art. 28 Abs. 2 GG ein *Kernbereich von Aufgaben* zur eigenverantwortlichen Entscheidung verbleiben muss. Lässt sich dieser Kernbestand aber nicht gegenständlich benennen, so besteht die Gefahr, dass er im Wege der staatlichen Gesetzgebung durch die Zuweisung von Aufgaben an andere Verwaltungsträger nach und nach ausgehöhlt wird. In der Vergangenheit ist es bereits zu derartigen *Aufgabenwanderungsprozessen* gekommen.[26] Das hiergegen in Stellung gebrachte sogenannte *„Aushöhlungsverbot"* wird in der Regel zu spät eingreifen, nämlich erst dann, wenn es schon zu einer signifikanten Minimierung der Aufgaben gekommen ist.[27] Die Rechtsprechung behilft sich bei der Zuordnung einer Aufgabe zum örtlichen Wirkungskreis mit Indizien wie der geschichtlichen Entwicklung oder der Größe und Struktur der Gemeinde.[28]

44   Weiterhin sichert Art. 28 Abs. 2 GG mit dem Verweis auf „alle" Angelegenheiten die *Universalität des gemeindlichen Wirkungskreises*, auch Allzuständigkeit genannt. Unter *Allzuständigkeit* versteht man die Befugnis, Angelegenheiten der örtlichen Gemeinschaft aufzugreifen, die nicht schon einem anderen Aufgabenträger

---

[21] BVerfG, Beschl. v. 24.6.1969 – 2 BvR 446/64, BVerfGE 26, 228, 237; Beschl. v. 23.11.1988 – 2 BvR 1619/83, 2 BvR 1628/83, BVerfGE 79, 127, 143.

[22] BVerfG, Beschl. v. 23.11.1988 – 2 BvR 1619/83, 2 BvR 1628/83, BVerfGE 79, 127; *Mehde* in Dürig/Herzog/Scholz, GG, Art. 28 Abs. 2, Rz. 42, kritisch zur Kernbereichslehre *Schmidt*, Kommunalrecht, Rz. 83 f.

[23] *Stern* (Fn. 16), S. 416.

[24] BVerfG, Beschl. v. 23.11.1988 – 2 BvR 1619/83, 2 BvR 1628/83, BVerfGE 79, 127, 151.

[25] *Schmidt*, Kommunalrecht, Rz. 63 ff.

[26] *Schwarz* in vMangoldt/Klein/Starck, GG, Art. 28, Rz. 168 ff.; zu dem umgekehrten Fall einer zu starken Aufgabenbelastung siehe *Musil* in Büchner/Musil (Hrsg.), Die Stadtverordnetenversammlung von Potsdam im Wandel der Zeit, S. 15.

[27] Darauf weist auch *Engels* (Fn. 16), Rz. 64, hin; vgl. zum Aushöhlungsverbot BVerfG, Beschl. v. 23.11.1988 – 2 BvR 1619/83, 2 BvR 1628/83, BVerfGE 79, 127, 148.

[28] Vgl. *Gern/Brüning*, Deutsches Kommunalrecht, Rz. 80, 82.

zugewiesen sind.[29] Im Unterschied zu anderen Verwaltungsträgern bedürfen die Gemeinden im Rahmen des örtlichen Bereiches keines speziellen Kompetenztitels, also insbesondere keiner gesetzlichen Zuständigkeitsregelung, um sich mit einer Aufgabe zu befassen und diese zu erledigen. Damit ist es den Gemeinden insbesondere möglich, auch vollkommen neuartige, bisher ungeregelte Materien aufzugreifen.[30] In der Praxis entstehen aber dann Probleme, wenn eine Gemeinde sich mit genuin staatlichen Aufgaben befasst, sich etwa zur atomwaffenfreien Zone erklärt.[31]

b) Eigenverantwortlichkeit

Die *Garantie der Eigenverantwortlichkeit* umfasst die *Gestaltungs-, Ermessens-* 45
und Weisungsfreiheit. Dies bedeutet insbesondere, dass den Kommunen in den Aufgabenbereichen, die ihnen zur eigenverantwortlichen Erledigung zugewiesen sind, von der Aufsichtsbehörde keine über die bloße Rechtskontrolle hinausgehenden Vorgaben gemacht werden können.[32] Herkömmlicherweise wird die Garantie der Eigenverantwortlichkeit in eine Mehrzahl von Einzelgewährleistungen aufgegliedert. So umfasst sie

- die *Gebietshoheit* als Befugnis, im Gemeindegebiet Hoheitsgewalt auszuüben,
- die *Personalhoheit*, die neben der Dienstherreneigenschaft die Befugnis umfasst, das Personal auszuwählen, anzustellen, zu befördern und zu entlassen,
- die *Organisationshoheit*, die sich auf die innere Ausgestaltung der Gemeindeverwaltung erstreckt,
- die *Planungshoheit* als Befugnis zu eigenverantwortlicher Ordnung und Gestaltung des Gemeindegebietes,
- die *Rechtssetzungshoheit*, insbesondere die Satzungsautonomie,
- die *Finanzhoheit* als Befugnis zu einer eigenverantwortlichen Einnahme- und Ausgabenwirtschaft; sie umfasst auch die Abgabenhoheit, die der Gemeinde erlaubt, ihre Einwohner zu den durch die Aufgabenerfüllung entstehenden Lasten heranzuziehen.[33]

4. Die subjektive Rechtsstellungsgarantie

Die subjektive Rechtsstellungsgarantie gewährleistet *Rechtsschutz* gegen Verletzun- 46
gen der beiden zuvor dargestellten Garantien. Dieser Rechtsschutz wird zunächst

---

[29] BVerfG, Beschl. v. 23.11.1988 – 2 BvR 1619/83, 2 BvR 1628/83, BVerfGE 79, 127, 146 f.

[30] Sog. Recht der Spontaneität, vgl. *Erichsen*, Kommunalrecht des Landes Nordrhein-Westfalen, S. 49.

[31] Weitere Beispiele bei *Gern/Brüning*, Deutsches Kommunalrecht, Rz. 87 ff.; siehe auch *Schwarz* (Fn. 26), Rz. 172 ff.

[32] Ausführlich *Ernst* (Fn. 1), Rz. 118 ff.

[33] Einteilung in Anlehnung an *Stern* (Fn. 16), S. 413 ff. mit Ausnahme des Finanzwesens, siehe hierzu *Erichsen* (Fn. 30), S. 50; ausführlich auch *Mehde* in Dürig/Herzog/Scholz, GG, Art. 28 Abs. 2, Rz. 57 ff.

im Wege der *kommunalen Verfassungsbeschwerde* gem. Art. 93 Abs. 1 Nr. 4 b GG, § 91 BVerfGG gewährt. Hinzu kommen die gemeindlichen Möglichkeiten, etwa gegen Aufsichtsmaßnahmen verwaltungsgerichtlichen Rechtsschutz zu erlangen.[34]

5. Die Gewährleistung demokratischer Legitimation

47 Aus Art. 28 Abs. 1 S. 2 GG ergibt sich, dass das Volk auch auf Gemeindeebene eine nach demokratischen Grundsätzen gewählte Vertretung haben muss. Diese Funktion erfüllt im Allgemeinen die sogenannte *Gemeindevertretung* oder *Stadtverordnetenversammlung*. Die Frage, ob auch *Ausländern* auf kommunaler Ebene ein Wahlrecht eingeräumt werden kann,[35] hat Art. 28 Abs. 1 S. 3 GG aufgrund europarechtlicher Vorgaben dahingehend gelöst, dass EU-Ausländern ein solches Wahlrecht zusteht, sonstigen Ausländern aber nicht.

III. Die Rechtsstellung der Bezirke im Einzelnen

Nachdem die Garantie kommunaler Selbstverwaltung in ihre einzelnen Gewährleistungselemente aufgefächert worden ist, kann nun die bezirkliche Rechtsstellung daran gemessen werden. Hierbei werden bezirkliche Zuständigkeiten, Befugnisse sowie deren Einschränkungen grob dargestellt. Zu deren Voraussetzungen im Einzelnen wird auf die folgenden Kapitel verwiesen.

1. Institutionelle Rechtssubjektsgarantie und Bezirke

48 Die Berliner Verfassung nimmt zunächst in Art. 3 Abs. 2 wörtlich auf die Bezirksverwaltungen Bezug und benennt sie als *konstitutiven Bestandteil der Berliner Verwaltung*. In Art. 4 Abs. 1 S. 1 VvB wird die Untergliederung Berlins in Bezirke und deren Zahl auf 12 festgeschrieben. In Art. 4 Abs. 1 S. 2 VvB werden die zwölf Bezirke in ihren jeweiligen Ausmaßen festgelegt. Art. 4 Abs. 2 S. 2 VvB unterstellt die Änderung der bezirklichen Grenzen grundsätzlich einem Gesetzesvorbehalt. Nur mit Zustimmung der betroffenen Bezirke ist bei Grenzänderungen von geringer Bedeutung eine Ausnahme möglich (Art. 4 Abs. 2 S. 3 VvB, § 1 Abs. 2 S. 2 BezVG[36]). Eine Änderung durch einfaches Gesetz darf jedoch die Gebietsbeschreibung in Art. 4 Abs. 1 S. 2 VvB in ihrem Kern nicht antasten. Darüber hinaus wird in Abschnitt VI der Verfassung die Ausgestaltung der Bezirksverwaltung im Einzelnen geregelt.

---

[34] *Engels* (Fn. 16), Rz. 45.

[35] Dies verneinend noch BVerfG, Urt. v. 31.10.1991 – 2 BvF 2/89, 2 BvF 6/89, BVerfGE 83, 37; Urt. v. 31.10.1991 – 2 BvF 3/89, BVerfGE 83, 60.

[36] Bezirksverwaltungsgesetz (BezVG) i. d. F. v. 10.11.2011, GVBl. S. 692; zul. geänd. d.G.v. 10.11.2021, GVBl. S. 1239.

Die Berliner Bezirke genießen somit ebenso wie die Gemeinden eine verfas-   **49**
sungsrechtlich abgesicherte *Bestandsgarantie*. Durch die Regelungen in Art.
3 und 4 VvB sowie in Abschnitt VI ist die grundsätzliche Gliederung Berlins in Bezirke
verfassungsrechtlich festgeschrieben. Der Gesetzesvorbehalt für Grenzänderungen
entspricht weitgehend der Rechtslage unter Geltung von Art. 28 Abs. 2 GG. Über
den Gewährleistungsgehalt von Art. 28 Abs. 2 GG hinausgehend ist auch die konkrete Gliederung in bestimmte Bezirke durch Art. 4 Abs. 1 VvB gesichert, und auch
die Änderung der Zahl der Bezirke bedarf einer Verfassungsänderung.[37] Allerdings
folgt aus dieser Bestandsgarantie *keine Rechtssubjektsgarantie*, da die Bezirke
keine juristischen Personen und damit keine Rechtssubjekte sind.

2. Objektive Rechtsinstitutionsgarantie und Bezirke

a) Fehlende Allzuständigkeit der Bezirke

Weiterhin ist fraglich, ob den Bezirken eine den Gemeinden vergleichbare Allzu-   **50**
ständigkeit für Angelegenheiten der örtlichen Gemeinschaft verfassungsrechtlich
verbürgt ist. Anzusetzen ist hier bei den Art. 66, 67 VvB. Nach Art. 66 Abs. 2 S. 2
VvB nehmen die Bezirke regelmäßig die örtlichen Verwaltungsaufgaben wahr. In
Art. 67 VvB wird dieser Grundsatz durch eine positive Beschreibung der dem Senat
und der Hauptverwaltung obliegenden Aufgaben und eine *generelle Auffangzuständigkeit* der Bezirke bekräftigt. Nach Art. 67 Abs. 1 S. 1 VvB nimmt der Senat durch
die Hauptverwaltung die Aufgaben von *gesamtstädtischer Bedeutung* wahr. Abgesehen von bestimmten in Art. 67 Abs. 1 S. 2 Nr. 1 VvB genannten Leitungsaufgaben
müssen diese Aufgaben gesetzlich bestimmt werden (Art. 67 Abs. 3 S. 1 VvB). Die
Bezirke nehmen nach Art. 67 Abs. 2 S. 1 VvB alle anderen Aufgaben wahr.[38]

Der Berliner Verfassungsgerichtshof hat die Zuständigkeitsabgrenzung zwischen   **51**
Hauptverwaltung und Bezirken in seiner Entscheidung zum *Landesschulamt* grundlegend dahingehend konkretisiert, dass die Aufgabenwahrnehmung durch die Bezirke
die Regel sei, wohingegen die Aufgabenwahrnehmung durch die Hauptverwaltung
der besonderen Rechtfertigung bedürfe.[39] Die Bezirke könnten sich aufgrund der vor-
genommenen Aufgabenverteilung darauf berufen, dass die Verfassung ihnen eigene
Rechte zur Wahrnehmung von Aufgaben innerhalb Berlins gewährleiste.[40] Die so konkretisierte Aufgabenverteilung zwischen Bezirks- und Hauptverwaltung wird in der

---

[37] *Mudra*, VvB, S. 30; § 1 Abs. 2 BezVG bedarf deshalb noch einer Anpassung an die Verfassung,
soweit hierin auch für eine Änderung der Zahl der Bezirke eine gesetzliche Regelung als ausreichend angesehen wird.

[38] Siehe Rz. 119 ff.

[39] BerlVerfGH, Urt. v. 10.5.1995 – VerfGH 14/95, LVerfGE 3, 28, 32; das Landesschulamt wurde
zwischenzeitlich in die für Schulwesen zuständige Senatsverwaltung eingegliedert und damit als
selbstständige Behörde aufgelöst, siehe Landesschulamts-Eingliederungsgesetz vom 19.7.2002
(GVBl. S. 199, 208).

[40] BerlVerfGH (Fn. 39), S. 33.

Literatur teilweise dahingehend gedeutet, dass sie weitgehend der Garantie der gemeindlichen Allzuständigkeit entspreche; andere sind insoweit vorsichtiger.[41]

52 Die Einschätzung, dass die bezirkliche der gemeindlichen Allzuständigkeit entspreche, erweist sich bei näherer Betrachtung als nicht haltbar. Zwar ist es grundsätzlich richtig, dass Art. 67 VvB zu einer *Subsidiarität der Aufgabenwahrnehmung durch den Senat* führt.[42] Jedoch ist diese Subsidiarität nicht so weitgehend wie vor dem Hintergrund von Art. 28 Abs. 2 GG. Art. 66 Abs. 2 S. 2 VvB spricht davon, die Bezirke erledigten „regelmäßig" die örtlichen Aufgaben. Der Begriff der örtlichen Aufgaben in Art. 66 Abs. 2 S. 2 VvB entspricht hierbei dem Begriff der Angelegenheiten der örtlichen Gemeinschaft in Art. 28 Abs. 2 GG. Die Bezirke sollen in der Regel die Aufgaben, die den Gemeinden als örtliche Aufgaben obliegen, wahrnehmen. Im Einzelfall kann aber eine solche Aufgabe gesamtstädtische Bedeutung haben, sodass sie gem. Art. 67 Abs. 1 VvB der Hauptverwaltung zuzuweisen ist. Die Wendung „regelmäßig" ermöglicht also eine Abweichung von der bezirklichen Zuständigkeit für die örtlichen Aufgaben. Hierin liegt ein wesentlicher Unterschied zu den Gemeinden, denen die Zuständigkeit erst dann entzogen werden kann, wenn eine Aufgabe nicht mehr als örtlich zu qualifizieren ist.

53 Noch aus einem anderen Grund kann nicht von einer bezirklichen Allzuständigkeit gesprochen werden. Als wesentliches Merkmal der Allzuständigkeit wurde das Recht der Gemeinden charakterisiert, neuartige Aufgabenbereiche aufgreifen zu dürfen (sog. *Recht der Spontaneität*).[43] Dieses Recht besteht für die Bezirke nur eingeschränkt. Zwar sind sie grundsätzlich für Aufgaben zuständig, für die nicht die Hauptverwaltung zuständig ist. Jedoch besitzen sie *keine Satzungsgewalt*. Bringt eine neue Aufgabe das Erfordernis mit sich, rechtssetzend tätig zu werden, so können die Bezirke nicht handeln. Dieser Fall tritt etwa dann ein, wenn die Erledigung einer Aufgabe Eingriffe in die Rechtssphäre der Bürger erfordert und damit den Gesetzesvorbehalt tangiert.

b) Fehlende Eigenverantwortlichkeit der Bezirke

54 Eigenverantwortlichkeit im Allgemeinen heißt Gestaltungsfreiheit, Ermessens- und Weisungsfreiheit. Aus der Gewährleistung der Eigenverantwortlichkeit für die Gemeinden wird gefolgert, dass die Aufsicht über die Aufgabenerfüllung im Bereich der örtlichen Angelegenheiten nur eine Rechtsaufsicht sein dürfe.[44] Dementsprechend ist die bezirkliche Eigenverantwortlichkeit bei der Aufgabenerfüllung von vornherein durch das in Art. 67 Abs. 1 S. 4 VvB i. V. m. § 13 a AZG normierte *Eingriffsrecht* in Frage gestellt.[45] Eingriffsrecht bedeutet, dass dem zuständigen Senatsmitglied in der betreffenden bezirklichen Angelegenheit unter bestimmten

---

[41] In diesem Sinne *Haaß*, LKV 1996, S. 84 f.; *Deutelmoser*, LKV 1999, S. 350, 351; vorsichtiger *Michaelis/Krammerbauer* in Driehaus (Hrsg.), VvB, Art. 66, Rz. 2; *Neumann* (Fn. 12), Rz. 11 f.

[42] Ebenso *Uerpmann*, LKV 1996, S. 225 ff.; *Neumann* (Fn. 12), Rz. 11.

[43] Siehe Rz. 44.

[44] *Gern/Brüning*, Deutsches Kommunalrecht, Rz. 100.

[45] Unentschieden *Deutelmoser*, Die Rechtsstellung der Bezirke in den Stadtstaaten Berlin und Hamburg, S. 100 ff.; anders *dies.*, LKV 1999, S. 350, 351.

Voraussetzungen ein umfassendes *Informations-, Weisungs- und Selbsteintrittsrecht* zusteht (vgl. § 8 Abs. 3 AZG).[46] Derartige Rechte entsprechen den Mitteln der Fachaufsicht. Da sich das Eingriffsrecht auf alle Bezirksaufgaben bezieht, kann der Bezirk in keinem Aufgabengebiet sicher sein, alle Entscheidungen eigenverantwortlich treffen zu können.

Hierin liegt ein wesentlicher Unterschied zur gemeindlichen Zuständigkeit in   **55**
örtlichen Angelegenheiten. Ist eine Angelegenheit als örtlich definiert, so unterliegt sie nur noch der Rechtsaufsicht der Aufsichtsbehörde, während nur sogenannte übertragene Aufgaben auch der Fachaufsicht zugänglich sind. Eine Neudefinition einer Aufgabe ist nur durch Gesetz möglich.[47] Diese früher auch in Berlin geltende Abgrenzung wurde mit der Einführung des Eingriffsrechts aufgegeben, auch wenn dieses nur von Fall zu Fall zum Tragen kommt und dringende Gesamtinteressen voraussetzt. Dabei kommt es nicht so sehr darauf an, wie man den unbestimmten Rechtsbegriff der *„dringenden Gesamtinteressen Berlins"* auslegt.[48] Rechtsprechung zu diesem Begriff fehlt bisher. Allein die Tatsache, dass grundsätzlich in allen bezirklichen Angelegenheiten vom handelnden Senatsmitglied ohne vorherige gesetzliche Zuweisung eingegriffen werden kann, macht deutlich, dass die Verfassung den Bezirken keine Selbstverwaltung bei der Wahrnehmung ihrer Aufgaben zuweist, wie sie den Gemeinden für die örtlichen Angelegenheiten durch das Grundgesetz zugewiesen ist. Zwar sieht die Verfassung das Eingriffsrecht nicht zwingend vor. Schon die Ermächtigung an den Gesetzgeber, dieses einzuführen, zeigt jedoch, dass die Verfassung von dieser relativierten Rechtsstellung der Bezirke bei der Aufgabenwahrnehmung ausgeht. Diese wird auch dadurch deutlich, dass der Senat nach Art. 67 Abs. 2 S. 2 VvB für die Tätigkeit der Bezirke bestimmte *Verwaltungsvorschriften* erlassen kann.[49] Auch durch diese Befugnis kann er Einfluss auf die bezirkliche Aufgabenwahrnehmung ausüben. Diese Einflussmöglichkeit durch Verwaltungsvorschriften besteht gegenüber den Gemeinden in dem gegebenen Umfang nicht. Ferner ist zu beachten, dass, wenn auch nur in Ausnahmefällen, Senatsverwaltungen Widerspruchsbehörde bei Widersprüchen gegen bezirkliche Verwaltungsakte sind.[50] In diesen Fällen entscheiden die Senatsverwaltungen in bezirklichen Angelegenheiten, und zwar auch in solchen, die bei Gemeinden zu den Selbstverwaltungsangelegenheiten gehören.[51]

Im Ergebnis wird man daher sagen müssen, dass die bezirkliche Zuständigkeit   **56**
nicht mit der gemeindlichen Allzuständigkeit und Eigenverantwortlichkeit vergleichbar ist.[52] Es besteht zwar eine weitgehende Aufgabenzuweisung an die Bezirke, diese steht aber unter dem Vorbehalt des Eingriffsrechts. Letztlich ist diese

---

[46] Zum Eingriffsrecht siehe Rz. 247 ff.

[47] Art. 28 Abs. 2 S. 1 GG: „im Rahmen der Gesetze"; vgl. *Schwarz* (Fn. 26), Rz. 185 ff.

[48] Siehe Rz. 255 ff.

[49] Siehe Rz. 169 ff.

[50] Siehe Rz. 157, vgl. auch Rz. 239 a. E.

[51] § 73 Abs. 1 Nr. 3 VwGO sieht hier grundsätzlich eine Zuständigkeit der Selbstverwaltungsbehörde vor.

[52] Anders *Haaß* (Fn. 41), S. 84 f., allerdings vor Einführung des Eingriffsrechts.

Form der Zuständigkeitsabgrenzung wiederum Ausfluss der fehlenden Rechtspersönlichkeit der Bezirke. Sie sind in starkem Maße in das Gesamtgefüge „Berlin" eingebunden und müssen Eingriffe der Hauptverwaltung dulden.[53]

c) Die bezirkliche Rechtsstellung am Maßstab der Gemeindehoheiten

57 Dennoch sind den Bezirken viele Aufgaben zur – lässt man das Eingriffsrecht und die Bindung an Verwaltungsvorschriften außer Betracht – eigenverantwortlichen Erledigung übertragen worden. Im Folgenden soll anhand der oben aufgezählten Gemeindehoheiten[54] überblicksartig dargestellt werden, wie stark die bezirkliche Verselbstständigung im Einzelnen ausgeprägt ist. Dabei ist darauf hinzuweisen, dass Träger von „Hoheiten" nur ein selbstständiges Rechtssubjekt sein kann. Die Bezirke können also mangels rechtlicher Selbstständigkeit immer nur den Gemeindehoheiten angenäherte Teilbefugnisse besitzen, die vom Land Berlin abgeleitet sind.

58 Unter *Gebietshoheit* versteht man die Befugnis, in einem bestimmten räumlich abgegrenzten Bereich originär Hoheitsgewalt auszuüben.[55] Aufgrund der fehlenden Rechtspersönlichkeit der Bezirke kann die Gebietshoheit nicht ihnen, sondern nur dem Land Berlin selbst zustehen. Die Bezirke sind organisatorisch vollständig in den Verwaltungsaufbau Berlins eingegliedert[56] und besitzen insoweit keine den Gemeinden vergleichbare Stellung.

59 Die *Personalhoheit* umfasst zunächst die *Dienstherrenfähigkeit.*[57] Diese kann den Bezirken aufgrund fehlender Rechtsfähigkeit nicht zustehen.[58] Dienstherr aller Bediensteten ist das Land Berlin. Weiterhin beinhaltet die Personalhoheit die freie *Auswahl, Beförderung und Entlassung von Bediensteten* sowie das Recht auf eigenverantwortliche *Ausgestaltung des Personalwesens.*[59] Art. 77 VvB gesteht den Bezirken bestimmte Elemente der Personalhoheit zu. Gem. Art. 77 Abs. 1 S. 2 VvB haben die Bezirksämter das Recht zur Entscheidung über Einstellungen, Versetzungen und Entlassungen. Neben den in § 77 Abs. 1 VvB genannten Personalentscheidungen sind auch Ernennungen, Beförderungen, Höhergruppierungen und Versetzung in den Ruhestand umfasst.[60] Der Hauptverwaltung stehen – von den Befugnissen der Obersten Dienstbehörde[61] sowie der Bezirksaufsicht abgesehen – keine Ein- und Mitwirkungsmöglichkeiten bei Personaleinzelentscheidungen der

---

[53] Im Ergebnis ebenso BerlVerfGH (Fn. 39), S. 32 f.

[54] Siehe Rz. 45.

[55] *Mehde* in Dürig/Herzog/Scholz, Art. 28, Rz. 58; *Engels* (Fn. 16), Rz. 53.

[56] Siehe Rz. 15 ff.

[57] *Stern* (Fn. 16), S. 413.

[58] Ebenso *Haaß* (Fn. 41), S. 85.

[59] *Mehde* in Dürig/Herzog/Scholz, GG, Art. 28 Abs. 2, Rz. 90; *Vogelgesang/Lübking/Ulbrich,* Kommunale Selbstverwaltung, Rz. 36 ff.

[60] *Michaelis/Krammerbauer* in Driehaus (Hrsg.), VvB, Art. 77, Rz. 1.

[61] Siehe § 3 Abs. 1 LBG sowie die vergleichbare zentrale Arbeitgeberfunktion für Arbeiter und Angestellte (vgl. Nr. 4 Abs. 1 ZustKatAZG).

Bezirke zu.[62] Ausnahmen stellen einzelne der Hauptverwaltung vorbehaltene Zuständigkeiten in Nr. 4 Abs. 3 und 4 ZustKatAZG dar. Für die Senatsverwaltung für Inneres besteht z. B. eine Zuständigkeit für beamten- und arbeitsrechtliche Rechtsstreitigkeiten der Bezirke, wenn diese von grundsätzlicher oder übergeordneter Bedeutung sind (s. Nr. 4 Abs. 4 ZustKatAZG). Das Personalwesen an sich wird – hierin unterscheiden sich die Bezirke nicht von den Gemeinden – im Wesentlichen durch das *öffentliche Dienstrecht* bestimmt. Darüber hinaus können der Senat bzw. die für das Dienstrecht zuständige Senatsverwaltung durch *Verwaltungsvorschriften* dienstrechtliche Festlegungen treffen, die für die Bezirke bindend sind.[63] Ferner besteht eine Bindung an den vom Abgeordnetenhaus festgelegten *Stellenrahmen*. Die für die Stellenwirtschaft zuständige Senatsverwaltung kann insoweit auch gegenüber den Bezirken besondere Maßnahmen ergreifen.[64] Darüber hinaus besteht nach Art. 77 Abs. 2 VvB eine Zuständigkeit des Senats für bestimmte *Versetzungen über Bezirksgrenzen* hinaus.[65] Die bezirklichen Zuständigkeiten im Bereich des Personalwesens sind somit neben den gesetzlichen Vorgaben des öffentlichen Dienstrechts in ein Netz von dienstrechtlichen und personalwirtschaftlichen Festlegungen eingebettet.

Die *Organisationshoheit* beinhaltet die Befugnis der Gemeinden, ihre innere Organisation selbst zu ordnen.[66] Die Verfassung von Berlin führt hierzu in Art. 75 Abs. 1 lediglich aus, die Organisation der Bezirksverwaltung werde durch Gesetz geregelt. Nach der Verfassungsreform 1994 waren den Bezirken zunächst weitreichende Organisationsbefugnisse eingeräumt worden.[67] Das Bezirksverwaltungsgesetz, das den von Art. 75 Abs. 1 VvB normierten Vorbehalt ausfüllt, gab nur noch eine Vorgabe zur Gliederung in fünf Abteilungen und verpflichtete im Wege einer Soll-Vorschrift zur Orientierung an der Organisationsstruktur der Hauptverwaltung (vgl. § 37 Abs. 1 BezVG a. F.). Nach verschiedenen Änderungen von § 37 BezVG[68] werden nunmehr unter den Gesichtspunkten der Einheitlichkeit der Verwaltungsorganisation und der Bürgerorientierung wieder mehr Vorgaben gemacht. Seit dem Achten Gesetz zur Änderung des Bezirksverwaltungsgesetzes aus dem Jahre 2008[69] enthält die Anlage zu § 37 Abs. 1 Satz 1 BezVG detaillierte Vorgaben für die Gliederung der Bezirksverwaltung. In weiten Teilen ist somit die den Bezirken zunächst gewährte Organisationsfreiheit wieder eingeschränkt worden. Nur noch in engem Rahmen verbleibt ein Spielraum zu eigenverantwortlicher Organisation. Von einer Organisationshoheit der Bezirke kann keine Rede mehr sein.

60

---

[62] *Machalet*, Die Berliner Bezirksverwaltung, S. 89.

[63] Vgl. § 6 Abs. 2 Buchst. d AZG, § 114 LBG.

[64] Vgl. § 41 Abs. 2 der Landeshaushaltsordnung (LHO) i. d. F. v. 30.1.2009, GVBl. S. 31, 486, zul. geänd. d.G.v. 17.12.2020, GVBl. S. 1482.

[65] *Neumann* (Fn. 12), Art. 77, Rz. 14 f.

[66] Engels (Fn. 16), Rz. 53.

[67] *Haaß* (Fn. 41), S. 85.

[68] § 37 des Bezirksverwaltungsgesetzes (BezVG) i. d. F. v. 10.11.2021, GVBl. S. 692, geänd. d.G.v. 27.08.2021, GVBl. S. 982.

[69] Achtes Gesetz zur Änderung des Bezirksverwaltungsgesetzes vom 22.10.2008, GVBl. S. 292.

61   Die Verfassung ermöglicht in einem wichtigen Bereich die Übertragung von Elementen der *Planungshoheit* auf die Bezirke.[70] Gem. Art. 64 Abs. 2 VvB können die Bezirke zur *Festsetzung von Bebauungsplänen und Landschaftsplänen* ermächtigt werden, Rechtsverordnungen zu erlassen. Dies ist für den Bauplanungsbereich in dem Ausführungsgesetz zum Baugesetzbuch (AGBauGB)[71] geschehen, für die Landschaftspläne in den §§ 12 ff. NatSchGBln.[72] Allerdings handelt es sich bei Art. 64 Abs. 2 VvB nur um eine Befugnis für den Gesetzgeber, sodass er den Bezirken die genannten Befugnisse auch wieder entziehen oder sie modifizieren kann. Die Vorschrift begründet keine originäre Trägerschaft der Bezirke für die Regelung der Bodennutzung in ihrem Gebiet.[73] Weiterhin steht den Bezirken das Planungsrecht nicht für *Gebiete mit außergewöhnlicher stadtpolitischer Bedeutung* zu. Für solche Fälle kann die Hauptverwaltung gem. § 9 i. V. m. § 8 AGBauGB selbst den Bebauungsplan als Rechtsverordnung erlassen. Gleiches gilt gem. § 8 AGBauGB, wenn *Erfordernisse der Verfassungsorgane des Bundes* tangiert sind. Hinzu kommt gem. § 7 AGBauGB das Recht des zuständigen Senatsmitglieds, im Falle einer Beeinträchtigung dringender Gesamtinteressen Berlins einen *Eingriff* gem. § 13a AZG vorzunehmen. Für Landschaftspläne gilt Entsprechendes. Die bezirkliche Planungsbefugnis in den genannten Bereichen ist also vielfachen Einschränkungen unterworfen. Die Bezirke nehmen die Aufgabe der Bauleitplanung somit nur aus von der Planungshoheit der Einheitsgemeinde Berlinabgeleitetem Recht auf der Grundlage organisationsrechtlich zugewiesener Kompetenzen wahr.[74]

62   Im Zusammenhang mit dem zuletzt behandelten Sachbereich steht die Feststellung, dass den Bezirken grundsätzlich keine Rechtssetzungskompetenz zukommt, die der gemeindlichen *Rechtssetzungshoheit* vergleichbar wäre. Mangels Rechtspersönlichkeit und damit einer den öffentlich-rechtlichen Körperschaften vergleichbaren Autonomie können sie keine Satzungen erlassen. Lediglich im Bereich der Bauleitplanung und der Landschaftspläne haben sie das Recht zum *Erlass von Rechtsverordnungen*. Rechtsverordnungen bedürfen keiner Autonomie, denn ihr Erlass folgt nicht wie bei der Satzungsgewalt aus eigenem Recht. Sie werden in Ausübung einer vom Gesetzgeber delegierten staatlichen Rechtssetzungsgewalt erlassen.[75]

63   Unter *Finanzhoheit* versteht man die Befugnis zu einer eigenverantwortlichen Einnahme- und Ausgabenwirtschaft.[76] Bestimmte Elemente dieser Befugnis sind den Bezirken durch die Verwaltungsreform 1994 in begrenztem Umfang zugestanden worden.[77] Insbesondere betrifft dies Elemente der Haushaltshoheit als Teil der

---

[70] Siehe zur Bauleitplanung in Berlin Rz. 175 ff.

[71] AGBauGB i. d. F. v. 7.11.1999, GVBl. S. 578, zul. geänd. d.G.v. 27.09.2021, GVBl. S. 1119.

[72] NatSchGBln vom 29. Mai 2013, GVBl. S. 140; zul. geänd. d.G.v. 27.09.2021, GVBL. S. 1166.

[73] BVerwG, Urt. v. 10.10.2012 – 9 A 10.11, NVwZ 2013, S. 662, Rz. 12.

[74] BVerwG, Urt. v. 10.10.2012 – 9 A 10.11, NVwZ 2013, S. 662, Rz. 12.

[75] Zur Satzungsautonomie allgemein BVerfG, Beschl. v. 9.5.1972 – 1 BvR 518/62, 1 BvR 308/64, BVerfGE 33, 125, 156.

[76] *Erichsen* (Fn. 30), S. 50; *Stern* (Fn. 16), S. 413.

[77] *Zivier*, Verfassung und Verwaltung von Berlin, Rz. 69.3.2.

Finanzhoheit.[78] Gem. Art. 85 Abs. 2 VvB wird jedem Bezirk eine *Globalsumme* zugewiesen, die er grundsätzlich nach eigener Prioritätensetzung zur Erfüllung seiner Aufgaben verwenden kann. In Ergänzung hierzu sind die Bezirksverordnetenversammlungen nach Art. 72 VvB dafür zuständig, den *Bezirkshaushaltsplan* zu beschließen. Allerdings liegt die Letztentscheidung beim Haushaltsgesetzgeber, dem Abgeordnetenhaus.[79]

Jedoch fehlen den Bezirken nach wie vor wichtige Elemente einer finanziellen Selbstständigkeit. Insbesondere im Rahmen der Einnahmewirtschaft sind sie weitgehend vom Land Berlin abhängig. So besitzen sie, abgesehen von dem Recht zur Vereinnahmung von Verwaltungsgebühren (vgl. § 11 des Gesetzes über Gebühren und Beiträge), keine der gemeindlichen *Abgabenhoheit* vergleichbaren Befugnisse. Das den Gemeinden üblicherweise zustehende Besteuerungsrecht wird in Berlin durch das Land ausgeübt (vgl. etwa das Hundesteuergesetz[80]). Die *Ertragshoheit* als Recht zur Vereinnahmung zugewiesener Abgabenerträge liegt ebenfalls – mit Ausnahme bestimmter Gebühren und Beiträge – ausschließlich beim Land. Den Bezirken kommt damit im Ergebnis auch keine *Finanzautonomie* zu, da sie von der Finanzzuweisung durch das Abgeordnetenhaus, den Globalsummen, abhängig sind.[81]

64

3. Subjektive Rechtsstellungsgarantie und Bezirke

Die Bezirke können keine kommunale Verfassungsbeschwerde gem. Art. 93 Abs. 1 Nr. 4 b GG erheben. Einen vergleichbaren Rechtsbehelf gibt es in der Berliner Verfassung nicht. Jedoch bestimmt Art. 84 Abs. 2 Nr. 3 VvB, dass bei Meinungsverschiedenheiten oder Zweifeln über die Verfassungsmäßigkeit der gesetzlichen Zuständigkeitsabgrenzung die Bezirke einen Normenkontrollantrag zum Verfassungsgerichtshof stellen können. Damit ist den Bezirken in einem wichtigen Teilbereich der Rechtsweg zum Verfassungsgerichtshof eröffnet worden.[82] Darüber hinaus wird mittlerweile von den Berliner Verwaltungsgerichten (OVG und VG) in bestimmten Fällen die Möglichkeit eines Rechtsschutzes gegen Rechtsverletzungen durch die Hauptverwaltung bejaht.[83] Entsprechend dem oben Gesagten kann das Klagerecht der Bezirke jedoch kein umfassendes sein. Ihnen steht kein wehrfähiges, abstraktes Recht auf Selbstverwaltung zu. Daher ist in jedem Einzelfall zu entscheiden, ob die jeweils verletzte Position eine Aufwertung im Sinne eines subjektiv-öffentlichen Rechts erfahren kann. Im Ergebnis besteht eine subjektive Rechtsstellungsgarantie für die Bezirke nur punktuell.[84]

65

---

[78] Zu den einzelnen Elementen der Finanzhoheit siehe ausführlich Rz. 434 ff.

[79] Siehe Rz. 479 ff.

[80] Siehe Rz. 449.

[81] *Neumann* (Fn. 12), Rz. 15.

[82] Ausführlich *Musil*, LKV 2003, S. 262; *Neumann* (Fn. 12), Rz. 21 ff.

[83] Siehe Rz. 413.

[84] Siehe Rz. 416 ff.

4. Gewährleistung demokratischer Legitimation auf Bezirksebene

66   Was die demokratische Legitimation der bezirklichen Organe angeht, besteht eine weitgehende Vergleichbarkeit mit den Gemeinden. In den Art. 69 ff. VvB ist sichergestellt, dass in allen Bezirken eine demokratisch gewählte Bezirksverordnetenversammlung besteht (vgl. Art. 70 Abs. 1 VvB). Diese wählt wiederum das Bezirksamt (vgl. Art. 69 S. 2 VvB). Insoweit gewährleistet die Berliner Verfassung eine Art. 28 Abs. 1 S. 2 GG vergleichbare Legitimation.[85] Zur Bezirksverordnetenversammlung wahlberechtigt und wählbar sind auch EU-Ausländer (vgl. Art. 70 Abs. 1 S. 3 VvB).

IV. Zusammenfassung

67   Die Bestandsaufnahme zeigt, dass die *bezirkliche Selbstverwaltung* der kommunalen Selbstverwaltung kaum vergleichbar ist. Die Bezirke besitzen die den Gemeinden zustehenden Befugnisse nur in Teilbereichen, und dann auch nicht ohne Einschränkung. Insbesondere das Eingriffsrecht stellt eine Einschränkung bezirklicher Eigenverantwortung dar. Viele der Einschränkungen bezirklicher Selbstverwaltung haben mit deren *fehlender Rechtspersönlichkeit* zu tun. Ein nicht Rechtsfähiger kann eben auch nicht Steuergläubiger oder Satzungsgeber sein. Art. 66 Abs. 2 S. 1 VvB drückt die *Zwitterstellung* treffend durch die Formulierung aus, dass die Bezirke nur nach den „Grundsätzen der Selbstverwaltung" handeln können. Es ist zu weitgehend, wenn man den Bezirken eine den Gemeinden angenäherte Stellung zusprechen wollte.[86] Dazu fehlen ihnen zu viele der für deren Selbstverwaltungsrecht charakteristische Befugnisse. Insoweit deckt sich die hier vertretene Auffassung mit der Rechtsprechung des Berliner Verfassungsgerichtshofs.[87] Subjektive Rechtspositionen der Bezirke bestehen nur punktuell. Sie lassen sich nicht durch ein „Recht auf bezirkliche Selbstverwaltung" zusammenfassen. Es gibt nur einen *Grundbestand an Eigenverantwortlichkeit*. Für jeden Aufgabenbereich muss jeweils gesondert festgestellt werden, ob und in welchem Umfang eine subjektivrechtliche und damit wehrfähige Position besteht. Es handelt sich mithin bei der bezirklichen Selbstverwaltung um eine *besondere Selbstverwaltung unselbstständiger Verwaltungsuntergliederungen*, die nur punktuell kommunaler Selbstverwaltung entspricht.

Fall 2: Namensstreit

68   Nachdem sich die Berliner Stadtpolitik nun endlich auf Augenhöhe mit den anderen Metropolen dieser Welt sieht, möchte man auch bei der Benennung der Berliner Bezirke internationales Niveau erreichen. Die durch die Bezirksfusion

---

[85] Ebenso *Haaß* (Fn. 41), S. 85 f.; zur Wahl im Einzelnen siehe Rz. 292 ff.

[86] So aber *Haaß* (Fn. 41), S. 84 ff., *Deutelmoser* (Fn. 41), S. 350 f.

[87] BerlVerfGH, Urt. v. 19.10.1992 – VerfGH 36/92, LVerfGE 1, 33; siehe auch BerlVerfGH, Beschl. v. 15.6.2000 – VerfGH47/99, LVerfGE 11, 62.

entstandenen Bezirksnamen seien – vor allem wenn es sich um Doppelnamen handele – viel zu lang und führten bei auswärtigen bzw. ausländischen Besuchern zu Verwirrung. Deshalb verabschiedet das Abgeordnetenhaus ein Gesetz, das die Frage der Namensgebung abschließend regelt. Anstelle der bisherigen Eigennamen wird für alle Bezirke ein Nummernsystem eingeführt. Die Bezirke erhalten die Nummern 1 bis 12 zugeordnet. Der Bezirk Mitte ist also nunmehr der „1. Bezirk".

Gegen dieses Gesetz regt sich Widerstand in den Bezirken. Viele Bezirksverordnete sind der Auffassung, das Gesetz verstoße gegen das Selbstverwaltungsrecht der Bezirke aus Art. 28 Abs. 2 GG und der Verfassung von Berlin. Es werden deshalb Möglichkeiten gesucht, das Gesetz gerichtlich anzugreifen. Klären sie folgende Fragen:

1. Ist das Gesetz verfassungsmäßig?
2. Kann ein Bezirk gerichtlich direkt gegen das Gesetz vorgehen?
3. Würde sich an der rechtlichen Beurteilung etwas ändern, wenn die Bezirksnamen in einem Senatsbeschluss abschließend geregelt worden wären? ◄

Lösungsvorschlag
Frage 1

I. Formelle Verfassungsmäßigkeit

Im Rahmen der formellen Verfassungsmäßigkeit ist zunächst nach der Gesetzgebungskompetenz des Landes Berlin für die Bezirksnamen zu fragen. Diese ergibt sich aus Art. 30, 70 Abs. 1 GG, da die Kompetenz nicht dem Bund zusteht. Demgegenüber kommt es an dieser Stelle noch nicht darauf an, ob nicht den Bezirken das Recht der Namensgebung zusteht. Dies ist eine Frage der materiellen Verfassungsmäßigkeit. Formell ist nicht zweifelhaft, dass innerhalb des Landes Berlin das Abgeordnetenhaus das richtige Organ zum Erlass formeller Landesgesetze ist (Art. 60 Abs. 1 VvB).

Hinsichtlich des Gesetzgebungsverfahrens gibt der Sachverhalt zu keinen Bedenken Anlass. Mithin ist das Gesetz formell verfassungsgemäß.

II. Materielle Verfassungsmäßigkeit

Jedoch könnte das Gesetz materiell verfassungswidrig sein. Dies wäre dann der Fall, wenn es gegen eine Verfassungsnorm, sei es des Grundgesetzes, sei es der Verfassung von Berlin, verstößt.

1. Verstoß gegen Art. 28 Abs. 2 GG

Die Bezirksverordneten rügen einen Verstoß gegen Art. 28 Abs. 2 GG. Dann müsste diese Vorschrift auf die Bezirke überhaupt anwendbar sein. Sie müssten als „Gemeinden" anzusehen sein. Gem. Art. 1 Abs. 1 VvB ist Berlin als Ganzes zugleich ein Land und eine Stadt. Dieser Grundsatz der Einheitsgemeinde stellt nach der Rechtsprechung des Berliner Verfassungsgerichtshofs eine tragende

Säule der VvB dar.[88] Er führt dazu, dass nur der Stadt Berlin in ihrer Gesamtheit und nicht den Bezirken die Gemeindeeigenschaft und damit auch das Selbstverwaltungsrecht aus Art. 28 Abs. 2 GG zustehen kann. Einfachgesetzlich wird die unselbstständige Lage der Bezirke durch § 2 Abs. 1 BezVG normiert, wonach die Bezirke Selbstverwaltungseinheiten Berlins ohne Rechtspersönlichkeit sind. Demzufolge stehen nur der Stadt Berlin und nicht den Bezirken die Rechte aus Art. 28 Abs. 2 GG zu. Ein Verstoß gegen die Norm scheidet schon aus diesem Grunde aus.

2. Verstoß gegen ein Recht auf bezirkliche Selbstverwaltung

Möglicherweise gibt es aber auf der Ebene der Verfassung von Berlin ein Selbstverwaltungsrecht der Bezirke, dessen Verletzung diese vor dem Verfassungsgerichtshof geltend machen könnten. Für die Existenz eines solchen, der kommunalen Selbstverwaltungsgarantie vergleichbaren Rechts spricht möglicherweise die Formulierung in Art. 66 Abs. 2 S. 1 VvB, wonach die Bezirke ihre Aufgaben nach den Grundsätzen der Selbstverwaltung erfüllen.

Gerade nach den Verwaltungsreformen der 90er-Jahre mit ihrer Stärkung der Bezirksebene ging ein Teil der Literatur davon aus, diese Vorschrift statuiere ein verfassungsgerichtlich wehrfähiges Selbstverwaltungsrecht der Bezirke.[89] Die Stellung der Bezirke sei derjenigen der Gemeinden so weit angenähert worden, dass man von einer bezirklichen Selbstverwaltung sprechen müsse.

Der Verfassungsgerichtshof hat demgegenüber festgestellt, der Grundsatz der Einheitsgemeinde aus Art. 1 Abs. 1 VvB stehe der Annahme eines verfassungskräftigen Selbstverwaltungsrechts entgegen.[90] Dem ist mit Blick auf die weitgehende Einbindung der Bezirke in die Verwaltungshierarchie zuzustimmen.[91] Es kann nur punktuell wehrfähige Rechte der Bezirke geben. Diese Rechte sind abgesehen von dem Verfahren nach Art. 84 Abs. 2 Nr. 3 VvB auch nicht vor dem Verfassungsgerichtshof rügefähig, sondern können lediglich vor dem Verwaltungsgericht geltend gemacht werden.[92] Vorliegend führt dies dazu, dass auch unter dem Aspekt eines bezirklichen Selbstverwaltungsrechts kein Verfassungsverstoß angenommen werden kann.

Aber selbst wenn man mit der Literatur ein wehrfähiges Recht auf bezirkliche Selbstverwaltung annimmt, gelangt man zu keinem anderen Ergebnis. Wäre ein solches Recht anzuerkennen, so würde es nicht weiterreichen als die Selbstverwaltungsrechte der Kommunen in den Flächenländern. Deren Namensrecht ist zwar von Art. 28 Abs. 2 GG geschützt, jedoch nimmt es nicht am

---

[88] BerlVerfGH, Urt. v. 19.10.1992 – VerfGH 36/92, LVerfGE 1, 33.

[89] *Haaß*, LKV 1996, S. 84; *Deutelmoser*, LKV 1999, S. 350 f.; *Neumann* in Pfennig/Neumann, VvB, Art. 66/67, Rz. 8 ff., insbes. Rz. 17.

[90] BerlVerfGH, Urt. v. 19.10.1992 – VerfGH 36/92, LVerfGE 1, 33.

[91] Siehe Rz. 67.

[92] Siehe Rz. 416 ff.

Kernbereichsschutz teil. Der Gesetzgeber darf also den Namen einer Gemeinde ändern, soweit er dafür Gründe des öffentlichen Wohls vorbringen kann.[93] Solche wären vorliegend gegeben, da ein öffentliches Interesse daran besteht, dass die Bezirke nach einem einheitlichen System benannt werden. Es darf nicht zu Verwirrungen z. B. für auswärtige Besucher kommen, die sich in der Stadt nicht zurechtfinden.

3. Verstoß gegen Art. 67 Abs. 2 S. 1 VvB

In Betracht kommt schließlich ein Verstoß gegen Art. 67 Abs. 2 S. 1 VvB. Danach nehmen die Bezirke alle Aufgaben der Verwaltung wahr, die nicht der Hauptverwaltung durch eine Art. 67 Abs. 1 VvB entsprechende gesetzliche Regelung zugewiesen sind. Aber auch hinsichtlich dieser Norm stellt sich die Frage, ob sie auf die vorliegende Konstellation anwendbar ist. Art. 67 VvB betrifft die Abgrenzung der Verwaltungsaufgaben zwischen der Hauptverwaltung und den Bezirken. Vorliegend hat aber das Abgeordnetenhaus gar keine Aufgabenabgrenzung vorgenommen, sondern die Bezirksnamen selbst festgelegt. Dieser Fall wird von Art. 67 VvB nicht erfasst. Ein Verstoß gegen ein bezirkliches Namensrecht durch das Abgeordnetenhaus könnte nur im Rahmen eines bezirklichen Selbstverwaltungsrechts geltend gemacht werden, das aber bereits abgelehnt wurde. Art. 67 VvB wäre nur dann einschlägig, wenn in dem Gesetz die Zuständigkeit für die Festlegung der Bezirksnamen der Hauptverwaltung zugewiesen würde.

III. Ergebnis

Mithin stellt sich das Gesetz als sowohl formell als auch materiell verfassungsgemäß dar.

Frage 2

Die Bezirke können ihre Bedenken gerichtlich geltend machen, wenn ein zulässiges Verfahren existiert, in dem der Namensstreit behandelt werden könnte.

I. Verfassungsgerichtlicher Rechtsschutz

In Betracht kommt nur ein Verfahren vor dem Verfassungsgerichtshof. Zu denken ist an die Verfassungsbeschwerde gem. Art. 84 Abs. 2 Nr. 5 VvB und die Normenkontrolle der Zuständigkeitsabgrenzung gem. Art. 84 Abs. 2 Nr. 3 VvB. Die abstrakte Normenkontrolle scheidet mangels Antragsberechtigung der Bezirke von vornherein aus. Gleiches gilt für das Organstreitverfahren, da die Bezirke keine Verfassungsorgane oder diesen gleichgestellt sind.[94]

---

[93] Vgl. *Schwarz* in vMangoldt/Klein/Starck, GG, Art. 28, Rz. 159, m. w. N.
[94] Siehe Rz. 394.

1. Verfassungsbeschwerde

Die Verfassungsbeschwerde ist nicht von vornherein ausgeschlossen, weil sie nach dem Wortlaut der Verfassung von Berlin nicht auf den Bereich der Grundrechte beschränkt ist. Jedoch ergibt sich diese Beschränkung daraus, dass die Verfassungsbeschwerde nach Berliner Landesrecht dem Bundesrecht nachgebildet ist und somit den gleichen Voraussetzungen unterliegen muss.[95] Daher können die Bezirke als Teil der öffentlichen Verwaltung nicht Partei eines Verfassungsbeschwerdeverfahrens sein.[96] Die Verfassungsbeschwerde gem. Art. 84 Abs. 2 Nr. 5 VvB scheidet mithin aus.[97]

2. Normenkontrolle der Zuständigkeitsabgrenzung

In Betracht kommt aber noch eine Normenkontrolle der Zuständigkeitsabgrenzung gem. Art. 84 Abs. 2 Nr. 3 VvB. Diese scheitert jedoch bereits daran, dass es vorliegend gar nicht um die Zuständigkeitsabgrenzung zwischen Hauptverwaltung und Bezirken geht.

II. Verwaltungsgerichtlicher Rechtsschutz

Verwaltungsgerichtlicher Rechtsschutz direkt gegen das Gesetz kann von den Bezirken wegen des Verwerfungsmonopols der Verfassungsgerichte (vgl. Art. 100 Abs. 1 GG) nicht erlangt werden. Lediglich inzidenter könnte das Gegenstand eines verwaltungsgerichtlichen Verfahrens werden, wenn sich ein Bezirk gegen etwaige Aufsichtsmaßnahmen des Senats zur Wehr setzen würde. Eine solche Aufsichtsmaßnahme ist aber nicht ergangen.

III. Ergebnis

Im Ergebnis steht den Bezirken keine Rechtsschutzmöglichkeit unmittelbar gegen das Gesetz zu.

Frage 3

Im Unterschied zu Frage 1 kann nunmehr möglicherweise Art. 67 VvB und die entsprechende Zuständigkeitsabgrenzung in den §§ 3 und 4 AZG als Maßstab für die materielle Rechtmäßigkeit der Namensgebung in Betracht kommen, da der Senat und nicht das Abgeordnetenhaus gehandelt hat. Der Senat müsste also zuständig sein.

I. Verstoß gegen § 4 Abs. 1 S. 2 AZG

Es könnte ein Verstoß gegen § 4 Abs. 1 S. 2 AZG vorliegen, wenn der Senat nicht zuständig war. Nach § 4 Abs. 1 S. 2 AZG sind alle allgemeinen Verwaltungsaufgaben außerhalb der Leitungsaufgaben Bezirksaufgaben, wenn sie nicht durch den Allgemeinen Zuständigkeitskatalog (ZustKatAZG) der Hauptverwaltung zuge-

---

[95] Ebenso vier Richter in BerlVerfGH, Beschl. v. 15.6.2000, VerfGH 47/99, n. v., S. 8.
[96] So die ganz h. M., vgl. *Michaelis/Rind* in Driehaus (Hrsg.), VvB, Art. 84, Rz. 39.
[97] Siehe Rz. 390 ff.

wiesen wurden. Bei der Namensgebung handelt es sich nicht um Leitungsaufgaben, die schon in Art. 67 Abs. 1 S. 2 Nr. 1 VvB mit Planung, Grundsatzangelegenheiten, Steuerung und Aufsicht umschrieben werden. Maßgebend ist der ZustKat-AZG, da es nicht um eine Ordnungsaufgabe geht. Hierin findet sich jedoch keine Regelung über die Namensgebung. Mithin sind nach § 4 Abs. 1 S. 2 AZG die Bezirke zuständig. Der Senat besitzt für die Namensgebung keine Zuständigkeit.

II. Ergebnis

Ein Senatsbeschluss, der die Namensgebung abschließend regeln würde, wäre wegen Verstoßes gegen § 4 Abs. 1 S. 2 AZG rechtswidrig. Auf die weitergehende Frage, ob die Namensgebung eine Aufgabe von gesamtstädtischer Bedeutung im Sinne von Art. 67 Abs. 1 VvB, § 3 Abs. 1 AZG ist, kommt es nicht an. Dieses Problem käme nur zum Tragen, wenn das Abgeordnetenhaus dem Senat durch Gesetz die Zuständigkeit für die Namensgebung zuordnen wollte.

3 Der Aufbau der Berliner Verwaltung

69 Der Aufbau der Berliner Verwaltung unterscheidet sich erheblich von dem Verwaltungsaufbau der Flächenländer. So fehlt es in Berlin insbesondere an einer von der Gesamtstadt zu trennenden kommunalen Ebene. Dennoch fußt das *Verwaltungsorganisationsrecht* in allen Bundesländern (und im Übrigen auch im Bund selbst) auf den gleichen Grundlagen, sodass diese zunächst zu behandeln sind. Im Anschluss wird die Verwaltungsorganisation der Flächenländer kurz skizziert, um dann den Aufbau der Berliner Verwaltung eingehend darstellen zu können.

I. Grundlagen – Verwaltungsträger

1. Unmittelbare und mittelbare Staatsverwaltung

Träger der öffentlichen Verwaltung sind die *juristischen Personen des öffentlichen Rechts*. Das sind zunächst der *Bund* und die *Bundesländer*. Sie bilden die staatliche Ebene. Handeln sie durch eigene Organe, das heißt Behörden, üben diese *unmittelbare Staatsverwaltung* aus. *Mittelbare Staatsverwaltung* liegt vor, wenn zur Durchführung von Verwaltungsaufgaben unterstaatliche juristische Personen gegründet bzw. herangezogen werden, die durch ihre eigenen Organe handeln.[1] Solche unterstaatlichen juristischen Personen sind die *Körperschaften des öffentlichen Rechts, die rechtsfähigen Anstalten sowie die öffentlich-rechtlichen Stiftungen*. Sie werden durch Gesetz oder aufgrund eines Gesetzes gegründet und sind mit Hoheitsgewalt ausgestattet.

---

[1] In Ausnahmefällen können auch Rechtssubjekte des Privatrechts für Verwaltungsaufgaben herangezogen werden; man spricht dann von Beliehenen, *Maurer/Waldhoff*, Allgemeines Verwaltungsrecht, § 23, Rz. 58 ff.

© Springer-Verlag GmbH Deutschland, ein Teil von Springer Nature 2022
A. Musil, S. Kirchner, *Das Recht der Berliner Verwaltung*, Springer-Lehrbuch,
https://doi.org/10.1007/978-3-662-65501-6_3

2. Die Körperschaften des öffentlichen Rechts

Körperschaften des öffentlichen Rechts[2] sind *mitgliedschaftlich* organisiert. Sie   **70**
nehmen Selbstverwaltungsaufgaben wahr. Ihnen können aber auch zusätzlich staatliche Aufgaben übertragen werden. Folgt die Mitgliedschaft dem Wohnsitz, dann
handelt es sich um eine *Gebietskörperschaft*. Das sind auf der unterstaatlichen
Ebene die Gemeinden und Gemeindeverbände. Bei so genannten *Personalkörperschaften* knüpft die Mitgliedschaft an eine bestimmte Eigenschaft des Betroffenen,
insbesondere seinen Beruf an. Zu nennen sind insoweit z. B. die Berufskammern
und die Universitäten.

3. Die Anstalten des öffentlichen Rechts

Bei den rechtsfähigen Anstalten[3] steht die *Entlastung der allgemeinen Verwaltung*   **71**
im Vordergrund. Zu einem bestimmten öffentlichen Zweck werden personelle und
sächliche Mittel aus der allgemeinen Verwaltung ausgegliedert und zur Nutzung
durch die Bürger rechtlich selbstständig zusammengefasst. Die Anstalt hat also
keine Mitglieder, sondern *Nutzer.* Das Nutzungsverhältnis kann öffentlich-rechtlich
oder privatrechtlich ausgestaltet sein. Beispiele für rechtsfähige Anstalten sind die
öffentlich-rechtlichen Rundfunkanstalten und die Anstalten für Aufgaben der öffentlichen Daseinsvorsorge (z. B. öffentlicher Personennahverkehr). Auch Gemeinden und Gemeindeverbände können rechtsfähige Anstalten gründen, soweit eine
entsprechende gesetzliche Ermächtigung besteht.[4]

4. Die öffentlich-rechtlichen Stiftungen

Öffentlich-rechtliche Stiftungen sind juristische Personen des öffentlichen Rechts, de-   **72**
nen ein *Kapital- oder Sachbestand* zur Verfügung gestellt wird, um ihn im Sinne des
Stiftungszwecks einzusetzen.[5] Der Stiftungszweck muss im öffentlichen Interesse liegen. Beispielhaft zu nennen ist die Stiftung Preußische Schlösser und Gärten Berlin-Brandenburg, deren öffentlicher Stiftungszweck darin liegt, die der Stiftung „über-
gebenen Kulturgüter zu bewahren, unter Berücksichtigung historischer, kunst- und
gartenhistorischer denkmalpflegerischer Belange zu pflegen, [...] der Öffentlichkeit
zugänglich zu machen und die Auswertung dieses Kulturbesitzes für die Interessen
der Allgemeinheit, insbesondere in Wissenschaft und Bildung, zu ermöglichen".[6]

---

[2] Hierzu im Einzelnen *Peine/Siegel*, Allgemeines Verwaltungsrecht, § 5, Rz. 140 ff.; *Maurer/Wald-
hoff* (Fn. 1), § 23, Rz. 31 ff.

[3] *Peine/Siegel* (Fn. 2), § 5, Rz. 145 ff.; *Maurer/Waldhoff* (Fn. 1), § 23, Rz. 48 ff.

[4] *Maurer/Waldhoff* (Fn. 1), § 23, Rz. 55.

[5] *Peine/Siegel* (Fn. 2), § 5, Rz. 150; *Maurer/Waldhoff* (Fn. 1), § 23, Rz. 57.

[6] § 1 Abs. 1 Satzung der Stiftung Preußische Schlösser und Gärten Berlin-Brandenburg vom 18.
Februar 1998.

II. Der Verwaltungsaufbau in den Flächenstaaten

1. Die unmittelbare Landesverwaltung

3 Die Organisation der unmittelbaren Staatsverwaltung auf Ebene der Bundesländer – also der *unmittelbaren Landesverwaltung* – ist unterschiedlich ausgestaltet, denn den Ländern steht für die von ihnen durchzuführenden Verwaltungsaufgaben die alleinige Organisationsgewalt zu.[7] Lediglich für den Vollzug von Bundesgesetzen im Auftrag des Bundes können mit Zustimmung des Bundesrates Bundesregelungen über die *Einrichtung* der Behörden getroffen werden (Art. 85 Abs. 1 GG, s. a. Art. 84 Abs. 1 Satz 2 GG). In den Flächenstaaten bestand früher überwiegend ein dreistufiger Verwaltungsaufbau: *Oberstufe – Mittelstufe – Unterstufe*. Mittlerweile befinden sich die Länder, die noch eine Mittelstufe im klassischen Sinne unterhalten, in der Minderzahl.[8] In den übrigen Bundesländern wird auf die Mittelstufe verzichtet.

a) Die Oberstufe

4 Zur Oberstufe gehören die obersten Landesbehörden, also die Behörden mit Verfassungsrang, insbesondere die *Ministerien*, deren Minister die Behördenleiter sind. Ferner sind die *Landesoberbehörden* der Oberstufe zugehörig. Sie unterstehen einem Ministerium, ihre örtliche Zuständigkeit erstreckt sich auf das ganze Land. Sie werden häufig als Landesamt bezeichnet. Da sie jeweils für spezielle Verwaltungsaufgaben zuständig sind, sind sie *Sonderbehörden*.[9]

b) Die Mittelstufe

5 Soweit eine Mittelstufe besteht, wird diese durch so genannte *Regierungspräsidenten*[10] oder *Bezirksregierungen*[11] wahrgenommen. Nach dem *Prinzip der horizontalen Konzentration* werden hier für das Gebiet eines Regierungsbezirks Verwaltungsaufgaben aus den Geschäftsbereichen aller obersten Landesbehörden gebündelt, soweit keine Sonderbehörden auf dieser Stufe bestehen. Die Funktion der Mittelinstanz liegt im Wesentlichen in der Koordinierung zwischen Ober- und Unterstufe. Gegenüber der Unterstufe wird eine Aufsichtsfunktion wahrgenommen.[12]

c) Die Unterstufe

6 Die Unterstufe der allgemeinen staatlichen Verwaltung wird von den *Landräten*, also dem Selbstverwaltungsorgan der Landkreise, oder den entsprechenden Organen der *kreisfreien Städte* wahrgenommen.[13] Die örtliche Zuständigkeit erstreckt

---

[7] *Maurer/Waldhoff* (Fn. 1), § 21, Rz. 60; siehe für den Vollzug von Bundesrecht in landeseigener Verwaltung Art. 84 Abs. 1 GG.

[8] So noch Baden-Württemberg, Bayern, Hessen, Nordrhein-Westfalen.

[9] *Bull/Mehde*, Allgemeines Verwaltungsrecht, Rz. 116.

[10] So die Bezeichnung z. B. in Hessen.

[11] So die Bezeichnung z. B. in Bayern.

[12] *Bull/Mehde* (Fn. 9), Rz. 117 f.

[13] *Maurer/Waldhoff* (Fn. 1), § 22, Rz. 21 ff.

sich jeweils auf das Gebiet des Kreises bzw. der jeweiligen Stadt. Der Landrat hat insofern eine *Doppelstellung*. Zum einen nimmt er Selbstverwaltungsaufgaben wahr und handelt für den Kreis. Soweit andererseits das Land ihn für staatliche Aufgaben heranzieht, handelt er als staatliche Behörde unmittelbar für das Land. Durch die so genannte *Organleihe* werden auf der Kreisebene Staatsverwaltung und Selbstverwaltung und damit die jeweiligen Interessen miteinander verknüpft. Für die kreisfreien Städte gilt teilweise etwas Anderes. Ihr Selbstverwaltungsorgan, in der Regel der Bürgermeister, wird nicht in Organleihe unmittelbar für das Land tätig, sondern handelt wie die Organe der übrigen Gemeinden lediglich im Auftrag des Landes. Dann liegt aber keine unmittelbare, sondern mittelbare Landesverwaltung vor.[14] Daneben gibt es für den Bereich der Sonderverwaltung auch noch besondere Behörden, die staatliche Aufgaben auf der untersten Ebene wahrnehmen (z. B. Forstämter, Bergämter).[15]

2. Die mittelbare Landesverwaltung

Die mittelbare Landesverwaltung in den Flächenländern[16] wird entsprechend der   77
oben skizzierten Einteilung durch Körperschaften, rechtsfähige Anstalten und Stiftungen des öffentlichen Rechts ausgeübt. Dabei stellen die *Gemeinden und Gemeindeverbände* den wichtigsten Anwendungsfall von Körperschaften des öffentlichen Rechts dar. Sofern die Gemeinden staatliche Aufgaben übernehmen, handeln sie nicht wie die Landräte in Organleihe unmittelbar für das Land, sondern nehmen *mittelbare Staatsverwaltung im Wege der Auftragsverwaltung* wahr. Neben den staatlichen Aufgaben erledigen die Gemeinden die ihnen durch Art. 28 Abs. 2 GG verbürgten *Selbstverwaltungsaufgaben*.[17]

III. Der Verwaltungsaufbau in Berlin

1. Überblick

Wie auch in den Flächenstaaten muss in Berlin zwischen der unmittelbaren und der   78
mittelbaren Landesverwaltung unterschieden werden. Bei der unmittelbaren Landesverwaltung ist das Land Berlin Verwaltungsträger, bei der mittelbaren Landesverwaltung jeweils die unterstaatliche juristische Person. *Unmittelbare Landesverwaltung* ist die in § 2 Abs. 1 AZG als „Berliner Verwaltung" bezeichnete Verwaltung. Diese umfasst zwei Stufen: den *Senat* mit der *Hauptverwaltung* und die *Bezirksverwaltungen*.

---

[14] Zur Stellung der kreisfreien Städte *Maurer/Waldhoff* (Fn. 1), § 22, Rz. 25 ff.

[15] *Bull/Mehde* (Fn. 8), Rz. 120.

[16] Ausführlich *Maurer/Waldhoff* (Fn. 1), § 23.

[17] Siehe Rz. 114 ff.

9   Eine Sonderstellung nehmen der Berliner Beauftragte für Datenschutz und Informationsfreiheit[18] und der Rechnungshof[19] ein. Diese besonderen Kontroll- bzw. Prüforgane sind als oberste Landesbehörden eingerichtet,[20] gehören aber nicht zur „Berliner Verwaltung" im Sinne des § 2 Abs. 1 AZG.[21] Sie sind unabhängig, d. h. weisungsfrei und nur dem Gesetz unterworfen.[22] Dasselbe gilt für den Landesbeauftragten zur Aufarbeitung der Unterlagen des Staatssicherheitsdienstes der ehemaligen DDR im Land Berlin und den neuen Bürger- und Polizeibeauftragten.[23]

0   Zur *mittelbaren Landesverwaltung* gehören die *landesunmittelbaren Körperschaften, rechtsfähigen Anstalten und die Stiftungen des öffentlichen Rechts*, die auf Berliner Landesrecht beruhen oder zumindest der Aufsicht einer Senatsverwaltung oder eines Bezirksamts unterstellt sind (siehe § 28 Abs. 2 und 4 AZG). Unterstaatliche Gebietskörperschaften gibt es in Anbetracht des Charakters Berlins als Einheitsgemeinde und der fehlenden Rechtsfähigkeit der Bezirke nicht.

Wenn es in Art. 3 Abs. 1 Satz 2 VvB heißt, die vollziehende Gewalt liege in den Händen der Regierung und der Verwaltung, dann ist damit einerseits der Senat, andererseits die gesamte unmittelbare und mittelbare Landesverwaltung gemeint.[24]

2. Zweistufiger Aufbau der unmittelbaren Landesverwaltung

1   Ein dem herkömmlichen Behördenaufbau der unmittelbaren Landesverwaltung in den Flächenstaaten entsprechender Verwaltungsaufbau ist für Berlin als Stadtstaat

---

[18] Siehe Art. 47 VvB, §§ 7 ff. des Berliner Datenschutzgesetzes (BlnDSG) i. d. F. v. 17.12.1990, GVBl. 1991 S. 16, 54, zul. geänd. d.G.v. 27.09.2021, GVBl. S. 1121. und § 18 Abs. 1 des Informationsfreiheitsgesetzes (IFG) vom 15.10.1999, GVBl. S. 561, zul. geänd. d.G.v 12.10.2020, GVBl. S. 807.

[19] Siehe Art. 95 Abs. 1 VvB, § 1 des Rechnungshofgesetzes i. d. F. vom 1.1.1980, GVBl. S. 2, zul. geänd. d.G.v. 31.08.2020, GVBl. S. 675 und § 33 Abs. 3 AZG.

[20] Siehe § 7 des Berliner Datenschutzgesetzes und § 1 des Rechnungshofgesetzes.

[21] Siehe aber die Begründung zum Achten Gesetz zur Änderung der Verfassung von Berlin vom 25. Mai 2006, GVBl. S. 446 – Abghs-Drs. 15/5038: In der Begründung zum neuen Akteneinsichtsrecht für Abgeordnete nach Artikel 45 Abs. 2 VvB werden sowohl der Rechungshof als auch der Berliner Beauftragte für Datenschutz und Informationsfreiheit der Verwaltung zugerechnet, vgl. Kap. 5 Fn. 35; siehe BbgVerfG, Beschl. v. 20.11.1997 – 12/97, NVwZ-RR 1998, S. 209: selbstständige Stellung *zwischen* Legislative und Exekutive.

[22] Der Berliner Beauftragte für Datenschutz und Informationsfreiheit und der Präsident des Rechnungshofs unterliegen lediglich der Dienstaufsicht des Präsidenten des Abgeordnetenhauses; vgl. Art. 47 Abs. 1, 95 Abs. 2 VvB.

[23] § 4 des Berliner Aufarbeitungsbeauftragtengesetzes vom 10.10.2017, GVBl. S. 510; §§ 1, 3 Absatz 2 des Berliner Bürger- und Polizeibeauftragtengesetzes vom 2.12.2020, GVBl. S. 1435.

[24] *Pfennig* in Pfennig/Neumann, VvB, Art. 3, Rz. 5 f. Der Verfassungsgesetzgeber hat in der seit dem 28. Gesetz zur Änderung der Verfassung vom 6.7.1994 neu gefassten Formulierung des Art. 3 VvB die Bedeutung insbesondere der Bezirksverwaltung gegenüber dem Senat stärker betont, indem gegenüber dem früheren Wortlaut nicht mehr von der „der Regierung nachgeordneten Verwaltung" die Rede ist.

weder erforderlich noch zweckmäßig. Die Berliner Verwaltung ist deshalb *zweistufig* aufgebaut, eine Mittelstufe gibt es nicht.[25]

Oberstufe für die zentral wahrzunehmenden Aufgaben[26] ist die Hauptverwaltung. Als Unterstufe fungieren die Bezirksverwaltungen, in denen regelmäßig die örtlichen[27] und die sonstigen dezentral wahrzunehmenden Aufgaben durchgeführt werden. Zieht man einen Vergleich mit den Flächenländern, so ist festzustellen, dass auf Bezirksebene – zumindest in organisatorischer Hinsicht – die untere Stufe der staatlichen Verwaltung und die Kommunalebene verschmolzen sind.

a) Die Hauptverwaltung

Als *Landesregierung und Exekutivspitze* fungiert in Berlin der *Senat* (Art. 55 Abs. 1 VvB).[28] Er ist das politisch leitende Kollegialorgan, das aus dem *Regierenden Bürgermeister* und *bis* zu *zehn* weiteren *Senatsmitgliedern* besteht.[29] Die Senatsmitglieder leiten entsprechend dem in Art. 58 Abs. 5 Satz 1 VvB festgeschriebenen Ressortprinzip selbstständig und eigenverantwortlich die ihrem Geschäftsbereich entsprechenden *Senatsverwaltungen*. Diese sind oberste Landesbehörden.

82

Die Hauptverwaltung umfasst die *Senatsverwaltungen* und die ihnen *nachgeordneten Behörden und nicht rechtsfähigen Anstalten* sowie die unter ihrer Aufsicht stehenden *Eigenbetriebe* (§ 2 Abs. 2 AZG). Damit ist die Oberstufe der Berliner Verwaltung ihrerseits zweistufig aufgebaut. Leitungsorgane sind die Senatsverwaltungen. Ihre Anzahl und fachliche Zuständigkeit (Geschäftsbereich) wird durch den Regierenden Bürgermeister bestimmt (Art. 56 Abs. 2 VvB). Den Senatsverwaltungen unterstehen – in hierarchischer Abhängigkeit mit voller Weisungsgebundenheit – die nachgeordneten Behörden und nicht rechtsfähigen Anstalten mit einer Zuständigkeit für das gesamte Stadtgebiet. In § 2 Abs. 2 AZG genannte Eigenbetriebe können nach dem Eigenbetriebsgesetz[30] gegründet werden.[31] Auf Ebene der Hauptverwaltung gibt es den Eigenbetrieb von Berlin, Berlin Energie.

83

Die den Senatsverwaltungen nachgeordneten Behörden sind *Landesoberbehörden,*[32] denn ihr Zuständigkeitsbereich umfasst das gesamte Stadtgebiet.[33] Es sind *Sonderbehörden*, da sie jeweils Sonderverwaltungsaufgaben erfüllen. Sie üben keine

84

---

[25] Eine Art Mittelfunktion kommt allerdings dem für das gesamte Stadtgebiet zuständigen Landesamt für Bürger- und Ordnungsangelegenheiten hinsichtlich der bezirklichen Aufgaben des Einwohnerwesens zu (§ 9 Abs. 4 ASOG).

[26] Siehe zur Aufgabenabgrenzung Rz. 119 ff.

[27] Siehe Art. 66 Abs. 2 S. 2 VvB.

[28] Siehe Rz. 92 ff.

[29] Siehe Art. 55 Abs. 2 VvB.

[30] Eigenbetriebsgesetz vom 13.7.1999, GVBl. S. 374; vgl. Art. 92 S. 1 VvB.

[31] Es gibt noch zusätzlich vergleichbare „Betriebe nach § 26 LHO" (sog. Landesbetriebe, z. B. den Landesbetrieb „Krematorium Berlin" in der Rechtsform der nicht rechtsfähigen Anstalt, s. Rz. 86); zu Eigenbetrieben auf Bezirksebene Rz. 88.

[32] Siehe Rz. 74.

[33] Ausnahme sind die der Senatsverwaltung für Finanzen nachgeordneten Finanzämter mit regionalen Zuständigkeiten, s. Finanzämter-Zuständigkeitsverordnung v. 08.12.2021, GVBl. S. 1310, vgl. auch Fn. 35.

Aufsichtsfunktion gegenüber den Bezirken aus.[34] Wichtige nachgeordnete Behörden sind: Der Polizeipräsident in Berlin, das Landesamt für Bürger- und Ordnungsangelegenheiten, die Berliner Feuerwehr, das Landesamt für Gesundheit und Soziales Berlin, das Landesdenkmalamt Berlin und das Landesverwaltungsamt Berlin.

5   Die Einrichtung von solchen Sonderbehörden dient insbesondere der Entlastung der Ministerialebene. So erfüllen sie etwa bestimmte nach Art. 67 Abs. 1 VvB von der Hauptverwaltung durchzuführende Aufgaben mit Vollzugscharakter (z. B. Polizei, Feuerwehr). Ein weiteres Beispiel bilden Aufgaben im bürgerbezogenen oder verwaltungsinternen Servicebereich, mit denen oft ein Massengeschäft einhergeht (z. B. Landesamt für Bürger- und Ordnungsangelegenheiten, Landesverwaltungsamt). Weitere Untergliederungen haben die genannten Sonderbehörden nicht.[35]

6   Die *nicht rechtsfähigen Anstalten* werden zu einem bestimmten öffentlichen Zweck zur Nutzung durch die Bevölkerung errichtet und aus der allgemeinen Verwaltung organisatorisch ausgegliedert. Sie bleiben in der Verselbstständigung hinter den *Eigenbetrieben* zurück, die als Sondervermögen eine weitergehende haushaltsrechtliche Eigenständigkeit besitzen.[36] Die Gründung nicht rechtsfähiger Anstalten dient dem Zweck, die mit dem Nutzungsverhältnis in Zusammenhang stehenden Verwaltungsabläufe durch kurze Entscheidungswege zu effektivieren und die Senatsverwaltungen hiervon zu entlasten. Beispiele für nicht rechtsfähige Anstalten auf Ebene der Hauptverwaltung sind die Landeszentrale für politische Bildungsarbeit, das Landesarchiv sowie der Landesbetrieb „Krematorium Berlin".

7   Hinsichtlich der Notwendigkeit einer *gesetzlichen Grundlage* für die Errichtung solcher nachgeordneter Behörden oder nicht rechtsfähiger Anstalten gilt Folgendes[37]: Art. 59 Abs. 1 VvB enthält den Grundsatz, dass im Verhältnis zwischen Staat und Bürger alle wesentlichen Entscheidungen vom Gesetzgeber zu treffen sind.[38] Einen allgemeinen Parlamentsvorbehalt für grundlegende Entscheidungen jedweder Art, der über den genannten, die grundrechtliche Freiheitssphäre schützenden Gesetzesvorbehalt hinausginge, enthält die Berliner Verfassung nicht.[39] Soweit in der Verfassung nichts anderes geregelt ist,[40] bedürfen somit rein organisatorische Entscheidungen des Senats nicht notwendig einer Mitwirkung des Abgeordnetenhauses. Hierfür ist dessen so genannte Organisationsgewalt ausreichend. Eine gesetzliche

---

[34] Siehe allerdings Fußnote 25.

[35] Die früher angeführte Ausnahme der Oberfinanzdirektion ist entfallen, da die Landesabteilung der OFD Berlin am 1.1.2005 aufgelöst wurde und die OFD nur noch als Bundesbehörde fungiert.

[36] *Pfennig* (Fn. 24), Art. 92, Rz. 3; allerdings sind diese nicht rechtsfähigen Anstalten in der Regel als Betriebe nach § 26 Abs. 1 LHO (Landesbetrieb) eingerichtet und haben einen Wirtschaftsplan aufzustellen, vgl. Fußnote 31.

[37] Für Berlin *Zivier*, Verfassung und Verwaltung von Berlin, Rz. 82.2.

[38] BerlVerfGH, Beschl. v. 6.12.1994 – VerfGH 65/93, LVerfGE 1, 131, 136 unter Hinweis auf BVerfG, Beschl. v. 26.6.1991 – 1 BvR 779/85, BVerfGE 84, 212, 226.

[39] BerlVerfGH (Fn. 36), S. 136.

[40] Siehe insoweit die Parlamentsvorbehalte z. B. in Art. 58 Abs. 2 und Art. 93 Abs. 1 VvB; die Notwendigkeit einer Beteiligung des Abgeordnetenhauses kann sich auch aus haushaltsmäßigen Auswirkungen einer Organisationsentscheidung ergeben, die einer Umsetzung im Haushaltsgesetz bedürfen.

Grundlage ist aber erforderlich, wenn und soweit das Verhältnis zum Bürger berührt wird. Dies betrifft im Rahmen der Errichtung von Behörden, zumindest im Bereich der Eingriffsverwaltung, insbesondere deren Zuständigkeiten und Befugnisse. Die Errichtung durch Gesetz wird darüber hinaus auch deshalb gewählt, um der neuen Behörde Personal kraft Gesetzes zuzuweisen, ohne dass hierfür Einzelpersonalmaßnahmen mit einer Beteiligung der Personalvertretung erforderlich sind.[41] Hinsichtlich der den Senatsverwaltungen nachgeordneten Behörden und nicht rechtsfähigen Anstalten finden sich deshalb nicht immer umfassende gesetzliche Regelungen, in denen auch die Errichtung geregelt ist.[42] Allerdings müssen die Rechtsverhältnisse von Eigenbetrieben Berlins nach Art. 92 S. 1 VvB durch Gesetz geregelt werden, was im Eigenbetriebsgesetz erfolgt ist. Für Einrichtungen ohne hoheitliche Entscheidungsbefugnis gibt es teilweise gar keine gesetzlichen Regelungen. Wenn Behörden gemeinsam mit dem Land Brandenburg errichtet werden oder Aufgaben auf Brandenburger Behörden übertragen werden, ist stets ein Staatsvertrag erforderlich, der Gesetzesrang hat.[43] In diesen Fällen bedarf es einer Verbindlichmachung der Vereinbarung mit Brandenburg und der sich ergebenden Zuständigkeitsregelung für den Bürger.

b) Die Bezirksverwaltung

Die Bezirksverwaltung umfasst neben dem *Bezirksamt* und *der Bezirksverordneten-*   **88**
versammlung (siehe § 2 Abs. 2 BezVG)[44] auch nicht rechtsfähige Anstalten und unter der Aufsicht des Bezirksamtes stehende Eigenbetriebe, jeweils mit Zuständigkeit nur für den Bezirk (§ 2 Abs. 3 AZG). Nicht rechtsfähige Anstalten auf Bezirksebene sind z. B. die Schulen und Volkshochschulen. In bezirklichen Eigenbetrieben zusammengefasst sind die landeseigenen Kindertagesstätten.[45]

Da Berlin in zwölf Bezirke gegliedert ist (Art. 4 Abs. 1 VvB), gibt es *zwölf Be-*   **89**
zirksverwaltungen. Vor dem 1. Januar 2001, dem Zeitpunkt der Bezirksfusion, gab es 23 Bezirksverwaltungen. Um die Bezirksverwaltung zu effektivieren und durch den Fortfall von Leitungspersonal Haushaltsmittel einzusparen, wurde die Zahl der Bezirke verringert. Mit der Anzahl zwölf sollten in etwa gleich große und leistungsstarke Bezirke geschaffen werden. Als Maßstab für die Beurteilung der Vergleichbarkeit diente nicht die Größe des Gebiets, sondern die *Einwohnerzahl*. Diese diffe-

---

[41] S. z.B. Gesetz zur Errichtung eines Landesamtes für Flüchtlingsangelegenheiten und zur Anpassung betroffener Gesetze v. 14.3.2016, GVBl. S. 93.

[42] Beispiele für Errichtung *durch* Gesetz: Landesamt für Gesundheit und Soziales sowie Landesamt für Arbeitsschutz, Gesundheitsschutz und technische Sicherheit Berlin im Errichtungsgesetz vom 12.11.1997, GVBl. S. 596, geänd. d.G.v. 14.09.2021, GVBl. S. 1073; Beispiel für Errichtung *ohne* Gesetz: Landesbetrieb „Krematorium Berlin", errichtet durch Senatsbeschluss vom 4. April 2006, sowie Sonderbehörde „Verkehrslenkung Berlin", errichtet durch Senatsbeschluss vom 27. April 2004 (ihre Zuständigkeiten sind in Nr. 35 ZustKatOrd geregelt).

[43] Art. 50 Abs. 1 VvB; zu gemeinsamen Behörden mit Brandenburg siehe Rz. 30, zu Staatsverträgen siehe Rz. 163.

[44] Siehe Rz. 290 ff.

[45] § 20 Abs. 1 des Kindertagesförderungsgesetzes vom 23. Juni 2005, GVBl. S. 322, zuletzt geänd. d.G.v. 27.08.2021, GVBl. S. 995; es müssen jeweils mindestens zwei Bezirke beteiligt sein; siehe ebenfalls *Hundt*, LKV 2009, S. 17 ff.

rierte vor der Fusion zwischen 74.084 (Weißensee) und 307.113 (Neukölln). Nach der Bezirksfusion bildet nunmehr der Bezirk Pankow mit ca. 410.000 Einwohnern den größten, Spandau mit ca. 250.000 Einwohnern den kleinsten Bezirk.[46] Die immer noch bestehende nicht unerhebliche Abweichung folgt aus der politischen Prämisse, im Rahmen der Bezirksfusion nur bestehende Bezirke zusammenzulegen, nicht aber Bezirksgrenzen zu verändern. Die *Grenzen* der sich aus der Gebietsbeschreibung in Art. 4 Abs. 1 VvB ergebenden Bezirke sind im Gesetz- und Verordnungsblatt bekannt gemacht worden.[47] Die Bezirksnamen sind von den Bezirken durch Beschlüsse der bezirklichen Organe bestimmt worden.[48] Teilweise finden sich Doppelnamen (z. B. Steglitz-Zehlendorf), die die alten Bezirksnamen aufgreifen, teilweise hat man sich auf einen einzigen Bezirksnamen geeinigt (z. B. Mitte für die früheren Bezirke Tiergarten, Wedding und Mitte).

3. Mittelbare Landesverwaltung

90 Die unterstaatliche Verwaltungsebene wird in Berlin durch zahlreiche *landesunmittelbare Personalkörperschaften* und *rechtsfähige Anstalten* gebildet. Hinzu kommen *öffentlich-rechtliche Stiftungen* insbesondere im Bereich der Kultur. Beispiele für Körperschaften des öffentlichen Rechts sind insbesondere die Universitäten (z. B. Freie Universität, Technische Universität, Humboldt-Universität)[49] und die Berufskammern (z. B. Ärztekammer, Apothekerkammer).[50] Rechtsfähige Anstalten sind z. B. das IT-Dienstleistungszentrum Berlin (ITDZ)[51] und das Studentenwerk.[52] Seit der Eigenbetriebsreform von 1993 sind auch die früheren Eigenbetriebe für Aufgaben der öffentlichen Daseinsvorsorge rechtsfähige Anstalten. Es handelt sich um die Berliner Stadtreinigungsbetriebe – BSR –, die Berliner Verkehrsbetriebe – BVG – und die Berliner Wasserbetriebe – BWB.[53] Als rechtsfähige Anstalt neu gegründet

---

[46] Zahlen entnommen aus dem Kommunalatlas des Statistischen Landesamtes: https://instantatlas. statistik-berlin-brandenburg.de/instantatlas/interaktivekarten/kommunalatlas/atlas.html, Stand 2019; Pankow besteht aus den ehemaligen Bezirken Pankow, Weißensee und Prenzlauer Berg.

[47] GVBl. 2001, S. 103.

[48] Verbindlich ist der jeweilige Bezirksamtsbeschluss, vgl. auch Fall 2.

[49] § 1 Abs. 2 des Berliner Hochschulgesetzes (BerlHG) i. d. F. v. 26.7.2011, GVBl. S. 378, zul. geänd. d.G.v. 14.09.2021, GVBl. S. 226; die Hochschulen werden als existent vorausgesetzt, die jeweiligen Gründungsgesetze wurden zwischenzeitlich aufgehoben; z. B. Gesetz über die Technische Universität vom 12.7.1956, GVBl. S. 916; Satzung der Freien Universität vom 4.11.1948; zu organisatorischen Fragen der Berliner Hochschulmedizin siehe *Heintzen*, LKV 2005, S. 438 ff.

[50] Berliner Heilberufekammergesetz (BerlHKG) i. d. F. v. 02.11.2018, GVBl. S. 622, zul. geänd. d.G.v. 17.05.2021, GVBl. S. 503.

[51] Gesetz über die Anstalt des öffentlichen Rechts IT-Dienstleistungszentrum Berlin vom 19. November 2004, GVBl. S. 459, zul. geänd. d.G.v. 17.12.2019, GVBl. S. 795.

[52] Studentenwerksgesetz vom 18.12.2004, GVBl. S. 521, zul. geänd. d. Art. 1 d.G.v. 25.02.2016, GVBl. S. 58.

[53] S. § 1 Abs. 1 d. Berliner Betriebe-Gesetzes vom 14.7.2006, GVBl. S. 827, zul. geänd. d.G.v. 02.12.2020, GVBl. S. 1114.

wurden 1995 die Berliner Bäderbetriebe.[54] Eine Sonderstellung nehmen die Berliner Sparkasse[55] und die Berliner Wasserbetriebe[56] ein. Diese sind zwar öffentlich-rechtliche Anstalten. Sie sind jedoch beide in privatrechtliche Konzerne eingebunden.[57] Öffentlich-rechtliche Stiftungen sind z. B. die Stiftung Berliner Philharmoniker[58] sowie die Stiftung Preußische Schlösser und Gärten,[59] die zusammen mit dem Land Brandenburg errichtet wurde. Die Errichtung verschiedener Stiftungen, deren Zweck der Betrieb von Museen oder Ausstellungen ist (z. B. Stiftung Stadtmuseum Berlin), erfolgte durch das Museumsstiftungsgesetz.[60] In § 2 Abs. 3 dieses Gesetzes wird der Senat ermächtigt, durch Rechtsverordnung, die der Zustimmung des Abgeordnetenhauses bedarf, weitere Stiftungen zu errichten.[61]

Körperschaften des öffentlichen Rechts, rechtsfähige Anstalten und öffentlich-rechtliche Stiftungen unterstehen der *Staatsaufsicht* (§ 28 Abs. 1 AZG).[62] Soweit eine entsprechende Ermächtigung besteht, können sie ihre Angelegenheiten durch Satzungen regeln.[63]   **91**

IV. Insbesondere: Der Senat

1. Die Rechtsstellung des Senats und seine Befugnisse

Der Senat von Berlin ist die *Landesregierung* (Art. 55 Abs. 1 VvB). Er besteht aus   **92**
dem Regierenden Bürgermeister und bis zu zehn Senatoren, insgesamt also höchstens aus elf Mitgliedern (Art. 55 Abs. 2 VvB). Zwei Senatoren werden zugleich zu Bürgermeistern ernannt, die den Regierenden Bürgermeister insbesondere bei Repräsentationsaufgaben vertreten (Art. 56 Abs. 2 Satz 2 VvB). Im Gegensatz zum Bezirksamt, welches Kollegialbehörde ist,[64] ist der Senat selbst *keine Behörde*.[65] Behörden sind die Senatsverwaltungen, die von den Senatsmitgliedern innerhalb

---

[54] Bäder-Anstaltsgesetz vom 25.9.1995, GVBl. 617, zuletzt geänd. d.G.v. 14.09.2021, GVBl. S. 1072.

[55] Berliner Sparkassengesetz vom 28. Juni 2005, GVBl. S. 346, die Sparkasse ist teilrechtsfähig und die Landesbank Berlin AG ist mit der Trägerschaft beliehen.

[56] § 1 Abs. 1 Nr. 3, § 2 d. Berliner Betriebe-Gesetzes, siehe Fn. 53.

[57] Siehe Rz. 510 f., diese Konstruktion ist im Hinblick auf das Demokratieprinzip nicht unproblematisch.

[58] Gesetz über die Stiftung Berliner Philharmoniker v. 12.7.2001, GVBl. S. 252, geänd. d. Nr. 56 d. Anl. z. G. v. 21.06.2018, GVBl. S. 250.

[59] Gesetz zum Staatsvertrag über die Errichtung einer „Stiftung Preußische Schlösser und Gärten Berlin-Brandenburg" vom 21.12.1994, GVBl. S. 515.

[60] Museumsstiftungsgesetz i. d. F. v. 27.2.2005, GVBl. S. 128, zul. geänd. d.G.v. 02.02.2018, GVBl. S. 160.

[61] Siehe z. B. die Verordnung über die Errichtung der Stiftung „Deutsches Technikmuseum Berlin" vom 18.12.2000, GVBl. S. 562, zul. geänd. d. G. v. 24.6.2016, GVBl. S. 382.

[62] Siehe hierzu Rz. 273 ff.

[63] Siehe z. B. § 2 Abs. 1 BerlHG, §§ 2 u. 7 Abs. 8 BerlHKG; § 8 d. Studentenwerksgesetzes.

[64] Siehe Rz. 337.

[65] *Neumann* in Pfennig/Neumann, Verfassung von Berlin, Art. 55, Rz. 1.

der Richtlinien der Regierungspolitik eigenverantwortlich geleitet werden (Ressortprinzip, Art. 58 Abs. 5 VvB). Die Senatsmitglieder tragen die parlamentarische Verantwortlichkeit für das Handeln der Hauptverwaltung einerseits und das Handeln der Bezirksverwaltung sowie der mittelbaren Landesverwaltung im Rahmen ihrer Aufsichtsrechte andererseits.[66]

93   *Entscheidungen des Senats* sind erforderlich bei Meinungsverschiedenheiten zwischen Senatsmitgliedern oder auf Antrag des Regierenden Bürgermeisters (Art. 58 Abs. 5 S. 2 VvB) sowie in den Fällen, in denen in der Verfassung, in einem Gesetz oder in der Geschäftsordnung des Senats[67] ein *Senatsbeschluss* vorgesehen ist. Dies betrifft beispielsweise die Einbringung von Gesetzesvorlagen in das Abgeordnetenhaus (Art. 59 Abs. 2 VvB), den Erlass von Rechtsverordnungen, soweit die Ermächtigung sich nicht auf einzelne Senatsmitglieder bezieht (Art. 64 Abs. 1 VvB), die Ernennung von Beamten der Hauptverwaltung, soweit diese Befugnis nicht den Dienstbehörden übertragen ist (Art. 77 Abs. 1 VvB i. V. m. § 12 Abs. 1 S. 1 LBG),[68] Begnadigungen (Art. 81 S. 1 VvB), den Erlass von Verwaltungsvorschriften nach § 6 Abs. 1 AZG sowie Maßnahmen der Bezirksaufsicht nach den §§ 11 bis 13 AZG. Darüber hinaus kann jedes Senatsmitglied dem Senat Angelegenheiten wegen ihrer politischen Bedeutung vorlegen.

2. Der Regierende Bürgermeister

94   Die Stellung des Regierenden Bürgermeisters, der Berlin nach außen vertritt,[69] ist durch das Achte Gesetz zur Änderung der Verfassung von Berlin[70] gestärkt worden. Bis dahin war die im Vergleich zu anderen Ministerpräsidenten *schwache Stellung* oft kritisiert worden.[71]

95   Der Regierende Bürgermeister wird vom Abgeordnetenhaus gewählt (Art. 56 Abs. 1 VvB). Alle weiteren Senatsmitglieder werden von ihm ernannt (Art. 56 Abs. 2 VvB). Er bestimmt die *Geschäftsbereiche der Senatsmitglieder.* Mangels entgegenstehender Regelungen besteht kraft seiner *Organisationsgewalt* dabei auch die Möglichkeit, Senatsmitglieder ohne Geschäftsbereich zu ernennen, und er kann selbst darauf verzichten, einen Geschäftsbereich zu übernehmen, sodass der üblicherweise vom Regierenden Bürgermeister geführte Geschäftsbereich der Senatskanzlei von einem anderen Senatsmitglied geführt werden kann. Die Geschäftsverteilung unter

---

[66] *Zivier*, Verfassung und Verwaltung von Berlin, Rz. 43.2 f.

[67] GO des Senats. v. 26.9.2006, ABl. S. 3830, zuletzt geändert am 23. Dezember 2021.

[68] Siehe hierzu die Anordnung des Senats über die Auswahl und die Ernennung der Richterinnen und Richter und der Beamtinnen und Beamten der Hauptverwaltung vom 9.6.2015, ABl. S. 1302; zur Einbringung von Gesetzesvorlagen in das Abgeordnetenhaus und das Gesetzgebungsverfahren: Tölle, Gesetzgebung und Rechtssetzung im Land Berlin, S. 85 ff.

[69] Siehe Rz. 163.

[70] Vom 25. Mai 2006, GVBl. S. 446.

[71] Vgl. Bericht der Kommission zur Überprüfung der Regierungsstrukturen in den Stadtstaaten Berlin, Bremen und Hamburg – Stadtstaaten-Kommission – vom 1.3.1988, in: Berlin – Bremen – Hamburg, Zur Regierungsstruktur in den Stadtstaaten, S. 76 ff.

den Senatsmitgliedern im Einzelnen ergibt sich aus der *Geschäftsverteilung des Senats*,[72] die der Regierende Bürgermeister bestimmt.

Der Regierende Bürgermeister leitet die Senatssitzungen; bei Abstimmungen **96** gibt im Falle von Stimmengleichheit seine Stimme den Ausschlag (Art. 58 Abs. 1 VvB). Er überwacht die Einhaltung der Richtlinien der Regierungspolitik, kann über die Amtsgeschäfte der übrigen Senatsmitglieder Auskunft verlangen und hat das Recht, Senatsentscheidungen zu beantragen (Art. 58 Abs. 3 und 5 S. 2 VvB). Wegen des *Ressortprinzips* kann der Regierende Bürgermeister aber nicht Ressortentscheidungen an sich ziehen. Er kann nur die Entscheidung des Senats als Kollegialorgans erreichen. Dies gilt auch für den Fall, dass er einen Verstoß gegen die Richtlinien der Regierungspolitik sieht, deren Einhaltung er nur überwacht, er aber selbst nicht erzwingen kann.[73] Allerdings kann er Senatsmitglieder jederzeit ohne Angabe von Gründen entlassen (Art. 56 Abs. 2 VvB).

Der Regierende Bürgermeister bestimmt ferner die *Richtlinien der Regierungspo-* **97** *litik*. Diese bedürfen aber im Gegensatz zu den Richtlinien des Bundeskanzlers (Art. 65 GG) der Billigung des Parlaments also des Abgeordnetenhauses von Berlin (Art. 58 Abs. 2 Satz 2 VvB).[74] Die Richtlinien umreißen den allgemeinen politischen Rahmen und die Ziele der Regierungsarbeit während der jeweiligen Legislaturperiode. Sie sind für die Senatsmitglieder verbindlich und von ihnen in ihren Geschäftsbereichen eigenverantwortlich zu verwirklichen. Der Regierende Bürgermeister überwacht ihre Einhaltung und kann hierzu jederzeit Auskunft von den übrigen Senatsmitgliedern verlangen (Art. 58 Abs. 3 VvB). Die Billigung durch das Abgeordnetenhaus ist eher ein Formalakt und keine politische Hürde, da der gerade gewählte Regierende Bürgermeister sich einer Mehrheit gewiss sein und gegebenenfalls politisch umstrittene Themen aussparen kann. Eine rechtliche Bindung des Senats gegenüber dem Abgeordnetenhaus an die gebilligten Richtlinien der Regierungspolitik besteht nach der Auffassung des Berliner Verfassungsgerichtshofs[75] nicht. Der Senat kann deshalb auch ohne Zustimmung des Parlaments von ihnen abweichen.

3. Die Wahl des Regierenden Bürgermeisters und die Ernennung der übrigen Senatsmitglieder

Nach einer Neuwahl des Abgeordnetenhauses und dem Beginn der neuen Wahlpe- **98** riode (Art. 54 Abs. 1 Satz 2 VvB) erfolgt nach der Staatspraxis stets eine Neuwahl des Regierenden Bürgermeisters. Die Wahl erfolgt ohne Aussprache mit verdeckten Stimmzetteln. Zum Regierenden Bürgermeister wird im ersten oder zweiten Wahlgang nur derjenige Kandidat gewählt, der die absolute Mehrheit, also die Zustim-

---

[72] Geschäftsverteilung des Senats vom 10. Januar 2012, ABl. S. 1062; zul. geänd. d. Senatsbeschluss v. 23. August 2016, ABl. S. 2418, siehe auch Rz. 133.

[73] vgl. *Driehaus* in ders., VvB, Art. 58, Rz. 8, 11

[74] Ein Einvernehmen mit den übrigen Senatsmitgliedern über die Richtlinien, die früher in Art. 58 Abs. 2 VvB vorgesehen war, ist nicht mehr erforderlich.

[75] BerlVerfGH, Beschl. v. 6.12.1994 – VerfGH 65/93, LVerfGE 1, 131, 137f.

mung der Mehrheit der Mitglieder des Abgeordnetenhauses erreicht (Art. 56 Abs. 1 Satz 1 und 2 VvB).[76] Im dritten Wahlgang reicht die einfache Mehrheit (Art. 56 Abs. 1 Satz 3 VvB). Durch das abgesenkte Mehrheitserfordernis im dritten Wahlgang soll sichergestellt werden, dass möglichst ein Regierender Bürgermeister gewählt wird. Die Regelung ist Art. 63 Abs. 4 GG nachempfunden.

99 Nach seiner Wahl wird der Regierende Bürgermeister vor dem Abgeordnetenhaus vereidigt und erhält vom Präsidenten des Abgeordnetenhauses seine Ernennungsurkunde. Anschließend erhalten die übrigen Senatsmitglieder vom Regierenden Bürgermeister ihre Ernennungsurkunden, in denen auch der jeweilige Geschäftsbereich bezeichnet ist. Auch die Senatoren werden vor dem Abgeordnetenhaus vereidigt.[77] Es ist nicht zwingend, dass die Wahl des Regierenden Bürgermeisters und die Ernennung sowie die anschließende Vereidigung der übrigen Senatsmitglieder in der selben Abgeordnetenhaussitzung erfolgen.

4. Die Amtszeit der Senatsmitglieder und der Misstrauensantrag

100 Das Amt des Regierenden Bürgermeisters beginnt mit der Annahme der Wahl, es darf jedoch erst nach der Vereidigung ausgeübt werden.[78] Die Ämter der übrigen Senatsmitglieder beginnen mit ihrer Ernennung, das Amt darf jedoch ebenfalls erst nach der Vereidigung ausgeübt werden.[79] Die Mitglieder des Senats stehen in einem besonderen öffentlich-rechtlichen Amtsverhältnis zum Land Berlin. Die beamtenrechtlichen Grundsätze finden sinngemäße Anwendung, soweit im Senatorengesetz oder sonst nichts anderes geregelt ist und die Anwendung dem Wesen des Amtsverhältnisses entspricht.[80] Eine Mitgliedschaft im Abgeordnetenhaus ist nicht ausgeschlossen.[81]

101 Die Wahl und Ernennung des Regierenden Bürgermeisters und die Ernennung der übrigen Senatsmitglieder erfolgt nicht für eine bestimmte *Amtszeit*.[82] Die Amtszeit endet also *nicht* mit dem Ende der Wahlperiode des Abgeordnetenhauses. Das Amt des Regierenden Bürgermeisters endet mit dem Amtsantritt eines Nachfolgers oder seinem Tod.[83] Im Fall des *Rücktritts*, welcher für jedes Senatsmitglied jederzeit möglich ist (Art. 56 Abs 3 S. 1 VvB), endet zwar die Amtszeit, der Regierende Bür-

---

[76] Siehe hierzu §§ 74 und 75 GOAbghs i. d. F. v. 27.10.2016, GVBl. S. 841, geänd. d. Bek. v. 04.11.2021, GVBl. S. 1253.

[77] Siehe §§ 2 ff. des Senatorengesetzes i. d. F. v. 6.1.2000, GVBl. S. 221, zuletzt geänd. d. G. v. 17.6.2016, GVBl. S. 334.

[78] Siehe § 2 des Senatorengesetzes.

[79] Siehe § 3 Abs. 2 des Senatorengesetzes.

[80] §§ 1 und 21 Abs. 3 des Senatorengesetzes.

[81] § 26 Abs. 1 und 2 LWahlG.

[82] *Driehaus* in ders., VvB, Art. 56, Rz. 6; *Neumann* (Fn. 65), Art. 56, Rz. 2 jeweils zur alten Rechtslage bis zum Beginn der 16. Wahlperiode, die jedoch insoweit nicht geändert wurde; zur Vereinbarkeit einer solchen Verfassungsregelung mit Art. 28 Abs. 1 S. 1 GG vgl. BVerfG, Urt. v. 22.7.1969 – 2 BvK 1/67, BVerfGE 27, 44, 56.

[83] § 14 S. 1 und 3 Senatorengesetz.

germeister ist jedoch kraft Verfassung verpflichtet, die Amtsgeschäfte bis zum Amtsantritt des Nachfolgers fortzuführen.[84] Das Amt der *übrigen Senatsmitglieder* endet durch ihre Entlassung, ihren Rücktritt, ihren Tod oder durch jede Beendigung des Amtes des Regierenden Bürgermeisters, also den Amtsantritt eines Nachfolgers, den Tod oder den Rücktritt des Regierenden Bürgermeisters.[85] Der Regierende Bürgermeister oder ggf. der ihn vertretende Bürgermeister kann die Weiterführung der Geschäfte bis zum Amtsantritt des jeweiligen Nachfolgers verlangen.[86]

Da die Amtszeit nicht befristet ist, bleibt der Senat mit allen Rechten und Pflich- 102 ten auch im Amt, wenn ein *neues Abgeordnetenhaus* gewählt wurde. Die Verfassung verfolgt das Ziel, eine *„senatslose" Zeit*, die nach einer Neuwahl des Abgeordnetenhauses mit unklaren Mehrheitsverhältnissen einige Zeit andauern könnte, zu verhindern. Gleichwohl besteht, auch ohne dass es zuvor eines Rücktritts des „alten" Regierenden Bürgermeisters bedarf, das Recht und die Pflicht für das neu gewählte Abgeordnetenhaus, eine *Neuwahl* durchzuführen. Das heißt auch, es kann nicht einfach den alten Senat unbegrenzt im Amt belassen, wenn es denselben Regierenden Bürgermeister unterstützt.[87] Dies entspricht der Staatspraxis und dem Grundsatz, dass jeder Regierende Bürgermeister einer demokratischen Legitimation durch das amtierende Abgeordnetenhaus bedarf. In Art. 57 Abs. 1 VvB heißt es überdies, dass der Regierende Bürgermeister des Vertrauens des Abgeordnetenhauses bedarf. Dieses Vertrauen wird ihm durch die Wahl erteilt.

Ist der Regierende Bürgermeister gewählt, kann allerdings vom gleichen Abge- 103 ordnetenhaus, also in der selben Legislaturperiode, nicht ohne weiteres ein anderer Regierender Bürgermeister gewählt werden. Zuvor muss es dem amtierenden Regierenden Bürgermeister das Vertrauen entziehen. Hierzu bedarf es eines *Misstrauensantrages* nach Art. 57 Abs. 2 VvB. Die Möglichkeit einer Vertrauensfrage wie im Bund (Art. 68 Abs. 1 GG) ist in der Verfassung von Berlin nicht vorgesehen.

Ein Misstrauensantrag bedarf zu seiner Annahme der Zustimmung der *Mehrheit* 104 *der gewählten Mitglieder* des Abgeordnetenhauses (Art. 57 Abs. 3 S. 1 VvB). Die Abstimmung darf erst *48 Stunden nach der Bekanntgabe des Misstrauensantrags* im Abgeordnetenhaus erfolgen (Art. 57 Abs. 2 S. 2 VvB). Die Abstimmung erfolgt *namentlich*, d. h. mit namentlich gekennzeichneten Abstimmungskarten,[88] also

---

[84]Art. 56 Abs. 3 S. 3 VvB, eines Verlangens des Präsidenten des Abgeordnetenhauses bedarf es nicht mehr. Sollte der Regierende Bürgermeister nicht mehr amtsfähig sein oder aus anderen Gründen keine Geschäftsführung in Betracht kommen, ist eine Vertretung durch einen Bürgermeister notwendig, vgl. auch § 14 Satz 3 Senatorengesetz. Es kann keinen Zweifel geben, dass nach dem Rücktritt die Amtszeit endet, auch wenn in § 14 S. 1 Senatorengesetz der Rücktritt nicht genannt ist, da anderenfalls die Regelung über die Fortführung der Geschäfte in Art. 56 Abs. 3 S. 3 VvB überflüssig wäre.

[85]§ 14 S. 2 Senatorengesetz, Art. 56 Abs. 3 S. 2 VvB.

[86]Art. 56 Abs. 3 S. 3 VvB; wird das Verlangen nicht gestellt, erfolgt eine Vertretung durch ein anderes Senatsmitglied nach der geltenden Vertretungsregelung.

[87]So auch *Driehaus* (Fn 82), Art. 56, Rz. 7; ähnlich *Zivier* (Fn. 66), Rz. 44.2; siehe auch *Körting*, Die Regierungsbildung im Land Berlin, S. 27 ff.

[88]Siehe Art. 57 Abs. 2 S. 1 VvB, § 71 Abs. 2 GOAbghs.

nicht geheim wie die Wahl des Regierenden Bürgermeisters.[89] Durch die Wartefrist und die namentliche Abstimmung sollen übereilte Beschlüsse und Zufallsmehrheiten vermieden werden.[90]

05   Hat der *Misstrauensantrag Erfolg*, muss der Regierende Bürgermeister zurücktreten, ist aber verpflichtet, die Geschäfte bis zum Amtsantritt eines Nachfolgers weiterführen (Art. 57 Abs. 3 S. 2, Art. 56 Abs. 3 S. 3 VvB). Ein *geschäftsführender Regierender Bürgermeister* unterliegt rechtlich keinen Beschränkungen,[91] in der Staatspraxis beschränkt sich ein geschäftsführender Senat jedoch auf ein bloßes Verwalten der laufenden Geschäfte, ohne dass politische Initiativen ergriffen werden. Nach dem zwingenden Rücktritt des Regierenden Bürgermeisters scheiden auch die übrigen Senatsmitglieder aus dem Amt und sind auf sein Ersuchen hin nur noch geschäftsführend im Amt.[92]

06   Wird allerdings *nicht innerhalb von 21 Tagen* ein neuer Regierender Bürgermeister gewählt, verliert das Misstrauensvotum seine Wirksamkeit (Art. 57 Abs. 3 S. 3 VvB). Der zuvor als „suspendiert" zu betrachtende Regierende Bürgermeister ist dann wieder im Amt.[93] Da für das „Schicksal" der übrigen Senatsmitglieder keine Regelung getroffen worden ist, kann aus Gründen der Rechtssicherheit nicht davon ausgegangen werden, dass diese auch wieder automatisch in ihr Amt gelangen. Eine erneute Ernennung ist deshalb erforderlich.[94]

07   Die Regelung des Misstrauensvotums ist *nicht gelungen*, da die 21 Tage – Frist Rechtsunsicherheit schafft. Die Einführung eines konstruktiven Misstrauensvotums wie im Bund (Art. 76 Abs. 1 GG) wäre zweckmäßig.

08   Gegen die *übrigen Senatsmitglieder* kann das Abgeordnetenhaus nur *Missbilligungen* aussprechen, die jedoch nur politische Bedeutung, aber keine unmittelbare Rechtsfolge haben. Sie sollen bewirken, dass die betroffenen Senatsmitglieder zurücktreten oder der Regierende Bürgermeister sie entlässt.

---

[89] § 75 Abs. 1 GOAbghs.

[90] *Zivier* (Fn. 66), Rz. 44.4.

[91] *Körting* (Fn. 87), S. 31; *Zivier* (Fn. 66), Rz. 44.4.

[92] Art. 56 Abs. 3 Satz 2 VvB; vgl. oben Rz. 101.

[93] *Driehaus* (Fn. 82), Art. 57, Rz. 7, *Neumann* (Fn. 65), Art. 57, Rz. 15.

[94] In der früheren Fassung des § 14 des Senatorengesetzes, die bis zum 25.10.2006 galt, war für diesen Fall in Absatz 2 eine fiktive Nichtbeendigung des Amtes ausdrücklich vorgesehen.

4 Die Aufgabenverteilung

I. Die Aufgabenverteilung in den Flächenländern

1. Grundlagen

109 Die oben[1] beschriebene Zweiteilung in eine staatliche und eine unterstaatliche Ebene der Verwaltung in den Flächenländern zieht eine entsprechende Unterscheidung in nichtstaatliche und staatliche Aufgaben nach sich.

Zu den *nichtstaatlichen Aufgaben* gehören die örtlichen Angelegenheiten, die durch Art. 28 Abs. 2 GG den Gemeinden als *Selbstverwaltungsaufgaben* zugewiesen sind, und die diese im Rahmen ihrer Allzuständigkeit[2] wahrnehmen können, ohne dass es eines besonderen Kompetenztitels bedarf. Es gibt allerdings keinen gegenständlich bestimmten oder nach feststehenden Merkmalen bestimmbaren Aufgabenkatalog der örtlichen Angelegenheiten.[3] Der Gesetzgeber kann deshalb unter Beachtung von Art. 28 Abs. 2 GG zumindest mittelbar durch die Zuweisung von Aufgaben an andere Verwaltungsträger auch die Aufgabenausstattung der Gemeinden regeln. Bei der Einschätzung der örtlichen Bezüge einer Aufgabe und ihres Gewichts kommt dem Gesetzgeber ein *Beurteilungsspielraum* zu.[4]

110 Zu den nichtstaatlichen Aufgaben gehören ferner die Angelegenheiten, die den *Gemeindeverbänden*, also insbesondere den *Kreisen*, als Selbstverwaltungsaufgabe zugewiesen werden. Für diese besteht *keine Aufgabengarantie*. Die Zuweisung eines Aufgabenbereichs obliegt vielmehr ausschließlich dem Gesetzgeber.[5] Solche Aufgaben haben einen überörtlichen, aber auf den Gemeindeverband beschränkten

---

[1] Siehe Rz. 73 ff.

[2] Siehe Rz. 44.

[3] BVerfG, Beschl. v. 23.11.1988 – 2 BvR 1619/83, 2 BvR 1628/83, BVerfGE 79, 127, 146; siehe Rz. 43.

[4] BVerfGE (Fn. 3), S. 153; Beschl. v. 7.2.1991 – 2 BvL 24/84, BVerfGE 83, 363, 382.

[5] BVerfG, Beschl. v. 7.2.1991 – 2 BvL 24/84, BVerfGE 83, 363, 383.

© Springer-Verlag GmbH Deutschland, ein Teil von Springer Nature 2022
A. Musil, S. Kirchner, *Das Recht der Berliner Verwaltung*, Springer-Lehrbuch,
https://doi.org/10.1007/978-3-662-65501-6_4

Charakter.[6] Auch insoweit kommt ein Beurteilungsspielraum des Gesetzgebers
zum Zuge.[7]

Nichtstaatliche Aufgaben sind ferner die den sonstigen *unterstaatlichen juristi-*   **111**
schen Personen des öffentlichen Rechts durch Gesetz zugewiesenen und als solche
bezeichneten Selbstverwaltungsaufgaben, z. B. im Bereich der Berufs- und Stan-
desangelegenheiten.[8]

Staatliche Aufgaben sind dagegen überörtlicher Natur. Ihre Wahrnehmung hat   **112**
Bedeutung über die Grenzen der Gemeinden und der Gemeindeverbände hinaus.
Sie werden grundsätzlich von den staatlichen Behörden durchgeführt. Bestimmte
staatliche Aufgaben können jedoch den Gemeinden und Gemeindeverbänden sowie
den sonstigen öffentlich-rechtlichen Körperschaften und den rechtsfähigen Anstalten zur Durchführung übertragen werden.

Von den Gemeinden werden also Selbstverwaltungsaufgaben und übertragene   **113**
staatliche Angelegenheiten durchgeführt. Man spricht insoweit auch vom *eigenen*
und vom *übertragenen Wirkungskreis*[9] und bezeichnet die übertragenen Aufgaben
als *Auftragsangelegenheiten.* Diese unterliegen einer umfassenden *Fachaufsicht.*[10]
In einigen Bundesländern ist jedoch selbst bei bestimmten übertragenen Aufgaben
das staatliche Weisungsrecht gegenüber den Gemeinden beschränkt.[11] Insoweit
werden die übertragenen Aufgaben *Pflichtaufgaben zur Erfüllung nach Weisung*
genannt, wobei der Umfang bzw. die Voraussetzungen des Weisungsrechts aufga-
benspezifisch durch Gesetz festgelegt sind.[12] In bestimmten Fällen werden staatliche Aufgaben hier sogar wie Selbstverwaltungsaufgaben weitgehend eigenverantwortlich wahrgenommen.[13]

2. Selbstverwaltungsaufgaben der Gemeinden

Selbstverwaltungsaufgaben der Gemeinden sind diejenigen Aufgaben, die der All-   **114**
zuständigkeit für die örtlichen Angelegenheiten unterliegen und eigenverantwortlich wahrgenommen werden. Dabei werden *freiwillige* und *pflichtige Selbstverwal-*
tungsaufgaben unterschieden.

---

[6] VerfGH NW, Urt. v. 22.9.1992 – 3/91, DVBl. 1993, S. 197 ff., 198.

[7] BVerfG (Fn. 5), S. 383.

[8] *Bull/Mehde,* Allgemeines Verwaltungsrecht, Rz. 99.

[9] *Schmidt,* Kommunalrecht, Rz. 228.

[10] Siehe Rz. 228 ff.

[11] S. etwa § 2 Abs. 4 der Kommunalverfassung des Landes Brandenburg v. 18.12.2007, GVBl. S
286, geänd. d. Art. 4 d.G.v. 23.06.2021, GVBl. I Nr. 21.

[12] *Schmidt,* Kommunalrecht, Rz. 235 ff.

[13] *Maurer/Waldhoff,* Allgemeines Verwaltungsrecht, § 23, Rz. 13 ff. Das Brandenburger Verfassungsgericht hat die Pflichtaufgaben zur Erfüllung nach Weisung als Selbstverwaltungsaufgaben
belastet mit dem staatlichen Weisungsrecht bezeichnet, wenn es sich um eine Aufgabe der örtlichen Gemeinschaft handelt, Urt. v. 17.10.1996 – 5/95, LVerfGE 5, 79 ff.

15   Bei den freiwilligen Selbstverwaltungsaufgaben entscheiden die Gemeinden eigenverantwortlich, ob und wie sie die Aufgabe wahrnehmen wollen. Wenn sie die Aufgabe wahrnehmen, sind sie nur an die allgemeinen Gesetze gebunden (z. B. Haushalts- und Bauvorschriften). Einzelheiten können sie aufgrund der allgemeinen Ermächtigung zum Erlass von Satzungen in den Gemeindesatzungen regeln. Beispiele für solche Aufgaben sind im Bereich der *gemeindlichen Kulturarbeit* die Einrichtung und der Betrieb von Theatern, Museen, Büchereien, Volkshochschulen und Gemeindearchiven. Im Bereich der *Jugend- und Sportförderung* sind es die Einrichtung von Jugendheimen, der Bau und die Unterhaltung von Sportplätzen, Schwimmbädern sowie Eissportanlagen und die Förderung von Sportvereinen. Hierzu gehört auch die *kommunale Wirtschaftsförderung*, also beispielsweise die Unterstützung von Gewerbeansiedlungen durch die Schaffung entsprechender Infrastruktur, sowie der Betrieb kommunaler Verkehrseinrichtungen.[14]

16   Zur Wahrnehmung der pflichtigen Selbstverwaltungsaufgaben sind die Gemeinden gesetzlich verpflichtet. Nur hinsichtlich der Art und Weise der Durchführung besteht Eigenverantwortlichkeit. Teilweise finden sich in den gesetzlichen Regelungen jedoch auch Vorschriften, die die Organisation oder Durchführung betreffen. Diese dürfen jedoch nie so weit gehen, dass die kommunale Gestaltungsfreiheit für die jeweilige örtliche Aufgabe derart eingeschränkt ist, dass die Selbstverwaltungsgarantie nach Art. 28 Abs. 2 GG verletzt wird.[15] Soweit erforderlich, können (ergänzende) normative Regelungen durch Satzung getroffen werden. Pflichtige Selbstverwaltungsaufgaben sind z. B. die Straßenbaulast für Orts-, Gemeindeverbindungs- und Ortsdurchfahrtsstraßen, die Sozial- und Jugendhilfe, die Bauleitplanung sowie die städtebauliche Sanierung.[16]

3. Aufgaben im übertragenen Wirkungskreis

17   Als Ausgleich dafür, dass den Gemeinden staatliche Aufgaben übertragen werden, behält sich das Land eine *umfassende Fachaufsicht* bzw. je nach gesetzlicher Regelung ein *Weisungsrecht* vor.[17] Die Gemeinden handeln also nicht eigenverantwortlich. Folglich bestehen Mitwirkungsrechte der Gemeindevertretung in der Regel nicht. Satzungen können nur in Ausnahmefällen erlassen werden, wenn eine spezielle gesetzliche Ermächtigung vorliegt.[18]

18   Übertragene Aufgaben sind insbesondere *Ordnungsaufgaben* in den Bereichen des Gewerbe-, Verkehrs-, Rettungs-, Wege- und Wasserwesens, ferner die Aufgaben der Gesundheits- und Veterinärämter sowie die Melde-, Pass-, Staatsangehörigkeits- und Personenstandsangelegenheiten.[19]

---

[14] *Vogelgesang/Lübking/Ulbrich*, Kommunale Selbstverwaltung, Rz. 47 ff.

[15] BVerfG, Beschl. v. 7.2.1991 – 2 BvL 24/84, BVerfGE 83, 363, 382 ff.

[16] *Vogelgesang/Lübking/Ulbrich* (Fn. 14), Rz. 51.

[17] Siehe Rz. 228 ff.

[18] *Maurer/Waldhoff* (Fn. 13), § 23, Rz. 14 f.

[19] *Schmidt*, Kommunalrecht, Rz. 233.

II. Die Aufgabenverteilung in Berlin

1. Verfassungsrechtliche Grundlagen

In Anbetracht des Stadtstaatenstatus von Berlin kann die Zuordnung von Verwal-   **119**
tungsaufgaben auf die einzelnen Ebenen der Verwaltung im Land Berlin nicht nach
den für die Flächenländer geltenden Kriterien erfolgen. Von vornherein scheidet eine
Unterteilung in staatliche und nichtstaatliche Aufgaben aus. Die vom Land Berlin
wahrzunehmenden Aufgaben gehören einem *einheitlichen Aufgabenkreis* an, in dem
staatliche und kommunale Aufgaben zusammengefasst sind. Für die Berliner Verwaltung[20] stellt § 1 AZG deshalb fest: *„In Berlin werden staatliche und gemeindliche
Tätigkeit nicht getrennt."* Das heißt auch, dass alle Verwaltungsstellen Berlins grundsätzlich in gleichem Maße berufen sind, Aufgaben dieses einheitlichen Aufgaben-
kreises wahrzunehmen. Art. 3 Abs. 2 VvB verdeutlicht dies, indem er davon spricht,
dass Regierung und Verwaltung einschließlich der Bezirksverwaltungen die Aufgaben Berlins als Gemeinde, Gemeindeverband und Land wahrnehmen.

Das maßgebliche Kriterium für die Aufgabenzuordnung ist die *gesamtstädtische*   **120**
Bedeutung einer Aufgabe. Solche Aufgaben sind nach Art. 67 Abs. 1 VvB dem Senat und der Hauptverwaltung vorbehalten. Alle anderen Aufgaben der Verwaltung
nehmen die Bezirke wahr (Art. 67 Abs. 2 S. 1 VvB). Aus dieser Regelung kann eine
Regelvermutung für eine bezirkliche Zuständigkeit geschlossen werden, die nur dadurch widerlegt wird, dass der Aufgabe eine gesamtstädtische Bedeutung zukommt.
Die Feststellung dieser Bedeutung und damit die Abgrenzung der Aufgaben obliegt
nach Art. 67 Abs. 3 S. 1 VvB dem *Gesetzgeber.*[21]

Anzumerken ist hierbei allerdings, dass diese Verfassungsregelung sich nur auf   **121**
die *unmittelbare Landesverwaltung* bezieht und somit auf die Abgrenzung der Aufgaben der Hauptverwaltung und der Bezirksverwaltung. Auch die Körperschaften
sowie die rechtsfähigen Anstalten und Stiftungen nehmen gesamtstädtische Aufgaben wahr (z. B. Öffentlicher Personennahverkehr durch die BVG). Vom Gesetzgeber können also unabhängig von Art. 67 Abs. 1 VvB Aufgaben Einrichtungen der
mittelbaren Landesverwaltung zugeordnet werden. Solche Aufgaben kommen aber
für eine bezirkliche Wahrnehmung ohnehin nicht in Betracht.

Es fragt sich, wann eine Aufgabe von gesamtstädtischer Bedeutung ist. Art. 67   **122**
Abs. 1 S. 2 Nr. 1 bis 3 VvB benennt als solche Aufgaben *ministerielle Leitungsaufga-*
ben wie Planung, Grundsatzangelegenheiten, Steuerung und Aufsicht (Nr. 1) sowie
die *Polizei-, Justiz- und Steuerverwaltung* (Nr. 2). Ferner sollen weitere Aufgabenbe-

---

[20] Siehe Rz. 78.

[21] Es kann allerdings im Einzelfall im Zusammenhang mit der Ausführung von Bundesrecht eine
bundesrechtliche Ermächtigung an die Landesregierung, also den Senat, geben, eine Zuständigkeit
durch Verordnung oder sogar durch Verwaltungsvorschrift zu regeln. Dann ist der Senat befugt, die
Aufgabe einer Behörde zuzuweisen, da über Art. 31 GG die landesorganisationsrechtliche Beschränkung verdrängt wird, vgl. z. B. die Bestimmung der zuständigen Behörde für Maßnahmen
der Vollstreckung nach dem Parteiengesetz vom 15.8.2016, ABl. S. 2050, 2182.

reiche gesamtstädtische Bedeutung haben, wenn sie wegen ihrer Eigenart *zwingend einer Durchführung in unmittelbarer Regierungsverantwortung* bedürfen (Nr. 3).

23 Fraglich ist zunächst, ob die Aufzählung in Art. 67 Abs. 1 S. 2 Nr. 1 bis 3 VvB abschließend ist. Dies ist wegen der Formulierung „Dazu gehören ... " zweifelhaft. Schon im Gesetzgebungsverfahren wurden hierzu unterschiedliche Auffassungen vertreten.[22] Richtigerweise ist von einer *abschließenden Aufzählung* auszugehen.[23] Anderenfalls würden die in Art. 67 Abs. 1 S. 2 Nr. 3 VvB genannten engen Kriterien leerlaufen und es käme für die Frage der gesamtstädtischen Bedeutung gar nicht darauf an, ob eine Aufgabe „zwingend" einer Durchführung in unmittelbarer Regierungsverantwortung bedarf. Dies liefe dem Zweck der damaligen Verwaltungsreform, die Bezirke zu stärken und ihren Aufgabenkreis zu erweitern, entgegen. Art. 67 Abs. 1 S. 2 Nr. 1 und 2 VvB benennt also konkrete Aufgabenbereiche als gesamtstädtisch. Weitere Aufgaben sind nur dann von gesamtstädtischer Bedeutung, wenn sie die Tatbestandsvoraussetzungen von Art. 67 Abs. 1 S. 2 Nr. 3 VvB erfüllen.

24 Wann eine Aufgabe wegen ihrer Eigenart *zwingend* einer Durchführung in unmittelbarer Regierungsverantwortung bedarf und damit gesamtstädtische Bedeutung hat, kann nicht abstrakt nach allgemeinen Kriterien bestimmt werden. Die Bestimmung kann nur konkret aufgabenbezogen erfolgen. Begründungselemente können etwa die Wirkung der Aufgabenwahrnehmung *über die Grenzen mehrerer Bezirke hinweg* sein oder die *unmittelbare Betroffenheit der Gesamtstadt.* Auch die Sicherung der *Einheitlichkeit der Lebensverhältnisse* in der Gesamtstadt kann für die Zuständigkeit der Hauptverwaltung sprechen. Ferner kann die *Verwaltungs- oder Finanzkraft der Bezirke* für die Wahrnehmung bestimmter Aufgaben nicht ausreichen. Schließlich sind *bundesrechtliche Vorgaben* zu beachten. Alleine Wirtschaftlichkeitskriterien können eine Zentralisierung von Aufgaben bei der Hauptverwaltung allerdings nicht rechtfertigen. Dezentralisierung und Bürgernähe können im Einzelfall kostenträchtiger sein, was hinzunehmen ist. Zu beachten ist ferner, dass nach Art. 66 Abs. 2 S. 2 VvB die örtlichen Verwaltungsaufgaben, also diejenigen, die nach Art. 28 Abs. 2 GG den Gemeinden als Selbstverwaltungsaufgabe vorbehalten sind, regelmäßig von den Bezirken wahrzunehmen sind, in der Regel also keine gesamtstädtische Bedeutung haben. Insofern lässt die Wahrnehmung einer Aufgabe in den Flächenstaaten durch die Gemeinden als Selbstverwaltungsaufgabe in der Regel den Schluss zu, dass diese Aufgabe in Berlin von den Bezirken durchzuführen ist.

25 Dass die Aufgabe einer Durchführung in unmittelbarer Regierungsverantwortung bedarf, bedeutet nicht, dass der Senat oder eine Senatsverwaltung diese selbst wahrnehmen muss. Die Aufgabe kann auch durch eine nachgeordnete Sonderbehörde oder nicht rechtsfähige Anstalt wahrgenommen werden. Die „Regierungsverantwortung", also die politische und administrative Leitungsverantwortung des Senats,

---

[22] So sagte z. B. der damalige Innensenator Schönbohm am 26.3.1998 vor dem Abgeordnetenhaus (Protokoll der 43. Sitzung S. 3325): „Die Aufgabenaufzählung ist nicht abschließend zu verstehen." Anders der Abgeordnete Lorenz am 16.3.1998 vor dem Rechtsausschuss (Protokoll der 28. Sitzung, 13/28, S. 20).

[23] Anders *Neumann* in Pfennig/Neumann, VvB, Art. 66, 67, Rz. 11.

kann in diesen Fällen auch durch die weitgehenden Aufsichtsbefugnisse geltend gemacht werden. Der Begriff „unmittelbare Regierungsverantwortung" ist insofern irreführend. Es kommt auf die zwingende Notwendigkeit einer Durchführung durch die Hauptverwaltung an.

Ebenso wie der Gesetzgeber in den Flächenstaaten bei der Aufgabenzuordnung[24]   **126**
hat auch der Berliner Gesetzgeber bei der Beurteilung, ob eine Aufgabe zwingend einer Durchführung in unmittelbarer Regierungsverantwortung bedarf und damit eine gesamtstädtische Bedeutung gegeben ist, einen *Beurteilungsspielraum*. Insoweit kommt der früheren Rechtsprechung des Verfassungsgerichtshofs weiterhin Bedeutung zu. Dieser hatte, wenn auch zur Formulierung vor der Verfassungsänderung 1998,[25] in der aber auch der Begriff der „gesamtstädtischen Bedeutung" enthalten war, festgestellt, dass die Beurteilung des Gesetzgebers bei der Zuordnung einer Aufgabe lediglich dahingehend überprüfbar sei, dass sie *nachvollziehbar und vertretbar* ist.[26] Dem Gesetzgeber obliege allerdings eine *Darlegungslast*. Der Beurteilungsspielraum folge aus der Notwendigkeit einer Bewertung und politischen Gewichtung der Verwaltungsaufgaben sowie einer prognostischen Einschätzung von Entwicklungen. Wie weit der Gesetzgeber die Verfassung insoweit auslegt, spiegelt das geltende Zuständigkeitsrecht wieder, in dem die Verwaltung einzelner Sportanlagen der Hauptverwaltung vorbehalten wird.[27]

Die vom Gesetzgeber vorgenommene Zuständigkeitsabgrenzung kann nach Art. 84 Abs. 2 Nr. 3 VvB in Verbindung mit § 57 VerfGHG von den Bezirken vor dem Verfassungsgerichtshof gerügt werden.[28]

Keiner gesetzlichen Regelung bedarf es für die schon nach der Verfassungsrege-   **127**
lung in Art. 67 Abs. 1 S. 2 Nr. 1 und 2 VvB der Hauptverwaltung vorbehaltenen Aufgaben, also der Leitungsaufgaben sowie der Aufgaben der Polizei-, Justiz- und Steuerverwaltung.

2. Die Zuständigkeitsgesetze

Grundnorm für die nach der Verfassung notwendige *einfachgesetzliche Zuständig-*   **128**
keitsregelung ist das Allgemeine Zuständigkeitsgesetz (AZG).[29] Die hierin getroffenen Regelungen gelten für alle Aufgabenbereiche, soweit keine besonderen Vorschriften bestehen.

§ 3 Abs. 1 und 2 AZG wiederholt zunächst die Grundregelung aus Art. 67   **129**
VvB. Für die nach Art. 67 Abs. 3 S. 1 VvB erforderliche gesetzliche Bestimmung der Aufgaben der Hauptverwaltung mit Ausnahme der Leitungsaufgaben im zusam-

---

[24] Siehe Rz. 109.

[25] Siehe Rz. 26.

[26] BerlVerfGH, Urt. v. 10.5.1995 – VerfGH 14/95, LKV 1995, S. 366 ff., 367 = LVerfGE 3, 28, 31 ff.

[27] Siehe Nr. 15 Abs. 5 ZustKatAZG, vgl. auch Rz. 157 zur Zuständigkeit der Hauptverwaltung in Widerspruchsverfahren gegen bezirkliche Verwaltungsakte.

[28] Siehe Rz. 395 ff.

[29] Siehe Kap. 1, Fn. 5.

menfassenden Zuständigkeitskatalog gilt Folgendes: § 4 Abs. 2 AZG verweist für die Polizei- und Ordnungsaufgaben auf das Allgemeine Sicherheits- und Ordnungsgesetz (ASOG)[30] und den Zuständigkeitskatalog für Ordnungsaufgaben. Das AZG selbst trifft Zuständigkeitsregelungen somit nur für die übrigen – sogenannten allgemeinen – Verwaltungsaufgaben. Nach § 4 Abs. 1 AZG werden die allgemeinen Verwaltungsaufgaben der Hauptverwaltung durch die Anlage zum AZG, den ZustKatAZG, bestimmt.

30 Es gibt also *zwei zusammenfassende Zuständigkeitskataloge*, einen für Ordnungsaufgaben und einen für allgemeine Verwaltungsaufgaben. Hinzu kommen schon kraft der Verfassungsregelung in Art. 67 Abs. 1 S. 2 Nr. 1 und 2 VvB die ministeriellen Leitungsaufgaben sowie die Polizei-, Justiz- und Steuerverwaltung als Aufgaben der Hauptverwaltung.[31]

31 Trotz der Regelung in den Zuständigkeitskatalogen finden sich auch in zahlreichen Fachgesetzen Zuständigkeitsregelungen.[32] Diese *spezialgesetzlichen Regelungen* sind überwiegend differenzierter als die die Zuständigkeiten zusammenfassenden Zuständigkeitskataloge und benennen bestimmte Behörden. Dabei ist zu berücksichtigen, dass durch die Zuständigkeitskataloge nach Art. 67 Abs. 3 S. 1 VvB die Aufgaben der Hauptverwaltung von denen der Bezirke abgegrenzt werden sollen. Von Verfassungs wegen muss sich aus den Zuständigkeitskatalogen nicht zwingend ergeben, welche Behörde auf der Ebene der Hauptverwaltung zuständig ist.[33] Im Übrigen schließt die Verfassungsvorschrift eine parallele gleichlautende Zuständigkeitsregelung in einem Spezialgesetz nicht aus. Durch pauschale Formulierungen oder schlagwortartige Zusammenfassungen sind die Zuständigkeitskataloge für den Laien im Übrigen oft nicht verständlich. Erst durch das Fachgesetz lassen sich die Zuständigkeiten feststellen. Es entspricht aber nicht Art. 67 VvB, wenn für bestimmte Fachaufgaben der Hauptverwaltung die Zuständigkeiten nur spezialgesetzlich geregelt werden. Jede spezialgesetzliche Zuständigkeitsregelung für die Hauptverwaltung muss sich auch in einem der Zuständigkeitskataloge wiederfinden, zumindest zusammenfassend und schlagwortartig.

---

[30] Allgemeines Sicherheits- und Ordnungsgesetz (ASOG) in der Fassung vom 11.10.2006, GVBl. S. 930, zul. geänd. d.G.v. 27.09.2021, GVBl. S. 1117.

[31] Da die „Justizverwaltung" auch in § 3 Abs. 1 Nr. 2 AZG ausdrücklich genannt ist und in Nummer 2 ZustKatAZG Aufgaben der Justizverwaltung angesprochen sind, kann sich die Einschränkung des Anwendungsbereichs des AZG in § 33 Abs. 2 Nr. 1 AZG nicht auf die für Justiz zuständige Senatsverwaltung beziehen; ausgenommen sind lediglich Aufgaben, die sie als „Justizbehörde" in einem justizförmigen nicht dem VwVfG unterliegenden Verfahren durchführt, insbesondere durch Justizverwaltungsakte nach § 23 EGGVG.

[32] S. z. B. § 6 Abs. 6 des Grünanlagengesetzes v. 24.11.1997, GVBl. S. 612, zul. geänd. d.G.v. 27.09.2021, GVBl. S. 1124; diese Zuständigkeitsregelung wird allerdings dem verfassungsrechtlichen Auftrag nicht gerecht, da sie keine klare Abgrenzung trifft, wann eine Genehmigung gesamtstädtische Bedeutung hat und wer damit zuständig ist.

[33] Innerhalb der Hauptverwaltung können deshalb Aufgaben auch durch Verwaltungsvorschriften z. B. auf nachgeordnete Behörden übertragen werden, es sei denn eine gesetzliche Regelung steht dem entgegen, vgl. Rz. 133.

Im *Vorgriff auf eine Katalogänderung*, mit der Aufgaben auf die Bezirke übertragen werden sollen, kann der Senat, soweit keine spezialgesetzliche Zuständigkeitsregelung entgegensteht, die Aufgaben durch *Rechtsverordnung* den Bezirken zuweisen (Art. 67 Abs. 3 S. 2 VvB i. V. m. § 4 Abs. 1 S. 3 AZG und § 2 Abs. 4 S. 2 ASOG).

a) Der allgemeine Zuständigkeitskatalog (ZustKatAZG)

Im allgemeinen Zuständigkeitskatalog, auf den § 4 Abs. 1 S. 1 AZG verweist, wer-   **132**
den die allgemeinen Verwaltungsaufgaben der Hauptverwaltung bestimmt. Alle darin nicht aufgeführten *allgemeinen Verwaltungsaufgaben* sind Bezirksaufgaben (§ 4 Abs. 1 S. 2 AZG). Der Zuständigkeitskatalog hat als Anlage zum Gesetz Gesetzesrang. Er ist in 17 Nummern eingeteilt. Nr. 1 bezieht sich unter der Überschrift „Allgemeines" auf verwaltungsinterne Aufgaben. Die übrigen Nummern haben – jeweils zusammengefasst nach bestimmten Sachgebieten – die Fachaufgaben zum Gegenstand.

Da im allgemeinen Zuständigkeitskatalog nicht nach den einzelnen Senatsver-   **133**
waltungen und nachgeordneten Behörden unterschieden wird, kann hieraus die jeweils zuständige Behörde nicht ohne weiteres entnommen werden. Dies ist, wie bereits ausgeführt, mit Art. 67 Abs. 3 S. 1 VvB vereinbar, da hierin nur die gesetzliche Abgrenzung der Aufgaben der Hauptverwaltung von der Bezirksverwaltung durch einen zusammenfassenden Zuständigkeitskatalog vorgeschrieben ist. Die Verteilung innerhalb der Hauptverwaltung kann deshalb gesondert erfolgen. Teilweise wird sie in Spezialgesetzen vorgenommen. Dies gilt z. B. für Sonderbehörden.[34] Teilweise folgt sie aber auch nur aus verwaltungsinternen Verfügungen der Senatsmitglieder im Rahmen ihrer Organisationsgewalt. Die Abgrenzung der Aufgaben zwischen den einzelnen Senatsverwaltungen folgt aus der *Geschäftsverteilung des Senats* (§ 4a Abs. 1 AZG).[35]

Die *Schulaufsicht* ist nach Nr. 16 Abs. 1 ZustKatAZG Angelegenheit der Haupt-   **134**
verwaltung. Sie wird von der für das Schulwesen zuständigen Senatsverwaltung mit eigenen Dienstkräften wahrgenommen, nachdem das Landesschulamt aufgelöst worden ist. Früher wurden für die Schulaufsicht Beamte der Bezirksverwaltungen herangezogen. Mit dieser Art *unechter Organleihe* war der Grundsatz durchbrochen worden, dass das Personal stets derjenigen Behörde angehörig ist, die für die jeweilige Aufgabe zuständig ist. Die hierfür in der Verfassung vorgesehene Ausnahmeregelung wurde in Art. 67 Abs. 4 VvB als Option beibehalten.

b) Der Zuständigkeitskatalog Ordnungsaufgaben (ZustKatOrd)

Ordnungsaufgaben dienen der *Gefahrenabwehr*, also der Abwehr von Gefahren für   **135**
die öffentliche Sicherheit und Ordnung. Nach § 2 Abs. 4 ASOG werden die Zuständigkeiten der Ordnungsbehörden im Einzelnen durch die Anlage zum Gesetz, also den Zuständigkeitskatalog Ordnungsaufgaben bestimmt. Ordnungsbehörden sind

---

[34] Siehe z. B. Gesetz über die Errichtung eines Landesamtes für Gesundheit und Soziales Berlin und eines Landesamtes für Arbeitsschutz, Gesundheitsschutz und technische Sicherheit Berlin vom 12. November 1997, GVBl. S. 596, zul. geänd. d.G.v. 14.09.2021, GVBl. S. 1073.

[35] Geschäftsverteilung des Senats, siehe Rz. 95.

sowohl die Senatsverwaltungen wie die Bezirksämter und verschiedene nachgeordnete Sonderbehörden (§ 2 Abs. 2, 3 ASOG).[36] Da bei der Eingriffsverwaltung die Anforderungen an die gesetzliche Regelung der Zuständigkeiten strenger sind, sind im Zuständigkeitskatalog Ordnungsaufgaben die Zuständigkeiten von vornherein den einzelnen Ordnungsbehörden zugeordnet. Im ersten Abschnitt sind die Ordnungsaufgaben der Senatsverwaltungen geregelt, im zweiten Abschnitt diejenigen der Bezirksämter und im dritten Abschnitt diejenigen der nachgeordneten Sonderbehörden, die auch Ordnungsbehörden sind. Wie in § 4 Abs. 1 S. 2 AZG ist in Nr. 37 Abs. 2 2. Hs. ZustKatOrd eine generelle Auffangzuständigkeit für die Bezirksämter vorgesehen, falls eine Aufgabe nicht ausdrücklich zugeordnet ist.

36   Die *Senatsverwaltungen* können nach § 2 Abs. 5 ASOG neben den ihnen zugewiesenen eigenen Zuständigkeiten in Ordnungsangelegenheiten und ihrer Aufsichtsfunktion gegenüber den übrigen Ordnungsbehörden bei *Gefahr im Verzug* die Befugnisse der ihnen nachgeordneten Ordnungsbehörden wahrnehmen. Dieses besondere *Eintrittsrecht* gilt aber nicht gegenüber den Bezirksämtern, denn diese sind keine „nachgeordneten" Ordnungsbehörden (siehe § 2 Abs. 2, 3 ASOG).

37   Der *Polizeipräsident* ist nachgeordnete Ordnungsbehörde im Sinne von § 2 Abs. 3 ASOG, soweit ihm durch den Zuständigkeitskatalog Ordnungsaufgaben zugewiesen sind.[37] Er ist z. B. Waffen- und Versammlungsbehörde. Daneben ist er noch im Bereich präventiven Verwaltungshandelns nach § 1 Abs. 3 ASOG für die *vorbeugende Bekämpfung von Straftaten (Verhütung und Vorsorge)* zuständig sowie, wie alle Ordnungsbehörden, nach § 1 Abs. 1 S. 2 ASOG für die *Vorbereitung von Gefahrenabwehrmaßnahmen.* Ansonsten besteht für die Gefahrenabwehr eine originäre Zuständigkeit der übrigen Ordnungsbehörden, wobei die Polizei allerdings ergänzende *Vollzugshilfe* zu leisten hat (§ 1 Abs. 5 ASOG).[38]

38   Der *originäre Aufgabenkreis der Polizei* wird jedoch durch § 4 Abs. 1 ASOG erheblich erweitert. Es besteht nämlich stets neben der Zuständigkeit der speziellen Ordnungsbehörde eine Zuständigkeit der Polizei, wenn die Abwehr einer Gefahr durch eine andere Behörde nicht oder nicht rechtzeitig möglich erscheint. Diese *subsidiäre Eilzuständigkeit* der Polizei liegt z. B. vor, wenn aus personellen oder organisatorischen Gründen die spezielle Ordnungsbehörde nicht rechtzeitig handeln kann.[39] Hinzu kommt die generelle Zuständigkeit der Polizei zur *Erforschung von Ordnungswidrigkeiten* nach § 53 Abs. 1 OWiG, die stets neben der originären Zuständigkeit der speziellen Verwaltungsbehörde zur Verfolgung und Ahndung von Ordnungswidrigkeiten nach § 36 Abs. 1 OWiG bzw. der Ordnungswidrigkeiten-Zuständigkeitsverordnung – OWi-ZustV[40] besteht.

---

[36] Zu Problemen der Kompetenzabgrenzung beim Katastrophenschutz siehe *Walus*, LKV 2010, S. 152 ff.

[37] Siehe Nr. 23 ZustKatOrd.

[38] Für bestimmte Standardmaßnahmen der Gefahrenabwehr ist aber eine ausschließliche *Befugnis* der Polizei vorgesehen z. B. § 30 ASOG: Ingewahrsamnahme; vgl. *Knape/Schönrock*, Allgemeines Polizei- und Ordnungsrecht für Berlin, § 1, Rz. 112.

[39] *Knape/Schönrock* (Fn. 38), § 4, Rz. 18; *Siegel/Waldhoff*, Öffentliches Recht in Berlin, § 2, Rz. 33.

[40] Siehe Rz. 141.

Durch die Einrichtung *bezirklicher Ordnungsämter*[41] für bestimmte bezirkliche   **139**
Aufgaben insbesondere im Bereich der Ordnung des öffentliches Raums (einschließlich verhaltensbedingten Lärms und Parkraumbewirtschaftung und -überwa-
chung), sowie Veterinär- und Lebensmittelaufsicht[42] verfügen die Bezirke über
einen eigenen patrouillierenden und kontrollierenden Außendienst insbesondere für
die Ordnung im öffentlichen Raum. Die Aufgaben und Befugnisse der Ordnungs-
amtsmitarbeiter werden durch die Ordnungsdienstverordnung[43] einheitlich geregelt.
Die Befugnisse und zulässigen Zwangsmittel sind gegenüber denjenigen der Polizei, aber auch gegenüber denjenigen sonstiger bezirklicher Ämter mit Zuständigkeiten für Ordnungsaufgaben beschränkt, sodass die Bezeichnung „Kiezpolizei" zu
weitgehend ist.[44]

Mit dem Land Brandenburg gibt es für bestimmte Aufgaben, deren Wahrneh-   **140**
mung im Land Berlin durch eigene Berliner Behörden wegen geringer Fallzahlen
oder nur weniger einschlägiger Sachverhalte unwirtschaftlich wäre, eine enge Zusammenarbeit. Teilweise wurden mit Brandenburg gemeinsame Behörden errichtet,
die für beide Länder zuständig sind, so z. B. *das Landesamt für Mess- und Eichwesen*.[45] Für die Aufgaben im Bereich der Luftaufsicht und der Luftsicherheit wurde
mit Brandenburg eine Gemeinsame Obere Luftfahrtbehörde Berlin-Brandenburg
errichtet.[46] Ferner wurde die Zuständigkeit verschiedener Brandenburger Behörden
auf das Land Berlin ausgedehnt und so z. B. die Zuständigkeit des Landesamtes für
Bergbau, Geologie und Rohstoffe Brandenburg in Cottbus auf das Land Berlin erstreckt.[47] Im Landwirtschaftsstaatsvertrag[48] wurden bestimmte Ordnungsaufgaben
im Bereich der Landwirtschaft auf Brandenburger Behörden übertragen, sodass
sich deren Zuständigkeit ebenfalls auf das Land Berlin erstreckt.

c) Die Zuständigkeit für Ordnungswidrigkeiten (OWi-ZustV)

Für die Verfolgung und Ahndung von Ordnungswidrigkeiten sieht Nr. 1 Abs.3 Zust-   **141**
KatAZG eine *Zuständigkeit der Hauptverwaltung* vor, soweit es um Verfahren in
Zusammenhang mit eigenen Aufgaben geht (Annexkompetenz). Aufgrund der Er-
mächtigung in § 36 Abs. 2 Satz 1 OWiG sind die Zuständigkeiten der nachgeordneten
Behörden wie auch der Bezirksämter im Einzelnen in der Ordnungswidrigkeiten-

---

[41] Gesetz zur Errichtung bezirklicher Ordnungsämter v. 24.6.2004, GVBl. S. 253.

[42] S. für die Aufgaben III. Anlage zu § 37 Abs. 1 S. 1 BezVG.

[43] Ordnungsdienstverordnung v. 1.9.2004, GVBl. S. 364, zuletzt geänd. d. VO v. 17.12.2021,
GVBl. S. 14.

[44] Siehe im einzelnen *Knape/Schönrock* (Fn. 38), § 2, Rz. 24.

[45] Nr. 26 ZustKatOrd; Staatsvertrag über die Errichtung des Landesamtes für Mess- und Eichwesen
Berlin-Brandenburg vom 11.3.2004, GVBl. S. 238.

[46] Nr. 35 ZustKatOrd; Luftfahrtstaatsvertrag v. 4.5.2006, GVBl. S. 750.

[47] Nr. 30 ZustKatOrd; Staatsvertrag zwischen dem Land Berlin und dem Land Brandenburg über
die Bergbehörde und energieaufsichtliche Zuständigkeiten vom 17.3./23.3.2006, GVBl. S. 880.

[48] Landwirtschaftsstaatsvertrag vom 12. September 2020, GVBl. S. 736.

Zuständigkeitsverordnung – OWi-ZustV[49] geregelt. Ohne diese Regelungen wären nach § 36 Abs. 1 Nr. 2 Buchst. a OWiG die Senatsverwaltungen stets und nicht nur in den von ihnen geführten Verwaltungsverfahren zuständig. Bundesrecht fordert also eine spezialgesetzliche Regelung, die über die Abgrenzung im ZustKatAZG hinausgeht. Vereinzelt sind die Zuständigkeiten für Bußgeldverfahren aber auch spezialgesetzlich geregelt.[50]

d) Neue bundesrechtliche Aufgaben (§ 5 AZG)

42 § 5 AZG ist eine weitgehend überholte Vorschrift, die folgende Regelung enthält: Sind in Bundesgesetzen für *neue* von den Ländern auszuführende Verwaltungsaufgaben zuständigkeitsrechtliche Vorgaben enthalten, werden diese nach § 5 Abs. 1 Buchst. a AZG von den Bezirken wahrgenommen, wenn sie als Selbstverwaltungsaufgaben der Gemeinden oder Gemeindeverbände oder als von der allgemeinen unteren Verwaltungsbehörde oder der Gemeindebehörde wahrzunehmende staatliche Aufgaben bezeichnet werden. Ansonsten ist für als staatlich bezeichnete Aufgaben die Hauptverwaltung zuständig (§ 5 Abs. 1 Buchst. b AZG). Durch diese Regelung sollte verhindert werden, dass für neue bundesrechtliche Verwaltungsaufgaben, für die im Land Berlin noch keine Zuständigkeitsregelung getroffen wurde, wegen der Regelvermutung für die Bezirke stets diese zuständig sind, obwohl dies den bundesrechtlichen Vorgaben nicht entspricht. Nach der Neufassung des Art. 84 Abs. 1 GG im Rahmen der sogenannten Föderalismusreform läuft die Vorschrift weitgehend leer, da nur in Ausnahmefällen im Bundesgesetz überhaupt verbindliche Zuständigkeitsregelungen für die Länder enthalten sein können und eine Übertragung auf Gemeinden und Gemeindeverbände ausdrücklich ausgeschlossen ist (Art. 84 Abs. 6 GG). § 5 AZG trifft im Übrigen nur eine vorläufige Regelung. Eine ausdrückliche gesetzliche Regelung ist in den Zuständigkeitskatalogen, soweit erforderlich, nachzuholen.

43 Enthält das Bundesrecht keine Zuständigkeitsbestimmung, so findet nach § 5 Abs. 2 AZG die Vorschrift des § 4 AZG Anwendung. Damit gelten die allgemeinen Regeln, und die Bezirke sind zuständig, soweit keine Regelung in einem Zuständigkeitskatalog getroffen wird. Die Regelung in § 5 Abs. 1 AZG gilt für allgemeine Aufgaben und Ordnungsaufgaben.

e) Wahrnehmung von Aufgaben weggefallener Behörden

44 Im Land Berlin gelten noch immer einzelne Vorschriften des *Reichsrechts* und des *preußischen Rechts*. Hinzu kommen noch geltende *Ortssatzungen* der Stadt Berlin.[51] Soweit hierin Zuständigkeiten für weggefallene Behörden vorgesehen sind,

---

[49] Vom 29.2.2000, GVBl. S. 249, zul. geänd. d. VO v. 01. 03. 2022, GVBl. S. 92.

[50] Z. B. § 4 Abs. 3 des Investitionsbankgesetzes vom 07. Juni 2021, GVBl. S. 624.

[51] Siehe Sammlung des in Berlin geltenden preußischen Rechts, GVBl. Sonderband I, sowie des geltenden Reichsrechts und der geltenden ehemaligen Ortssatzungen, GVBl. Sonderband III; siehe auch § 31 AZG.

werden Zuständigkeitsregelungen von § 32 AZG[52] für allgemeine Verwaltungsaufgaben und Nr. 37 Abs. 1, Abs. 2 1. Hs. ZustKatOrd für Ordnungsaufgaben getroffen. Ansonsten wäre stets der Senat zuständig (siehe Art. 65 Abs. 2 VvB).

3. Regionalisierung

Ist eine Aufgabe der Bezirksebene zugewiesen, wird sie grundsätzlich von jedem   145
Bezirksamt wahrgenommen. Art. 67 Abs. 5 VvB i. V. m. § 3 Abs. 3 AZG sieht jedoch die Möglichkeit vor, von diesem Grundsatz abzuweichen. Aufgaben der Bezirke können durch einen oder mehrere Bezirke für die übrigen Bezirke wahrgenommen werden. Hierzu ist eine im Einvernehmen mit den Bezirken zu erlassende Rechtsverordnung des Senats erforderlich, in der die abweichenden örtlichen Zuständigkeiten festgelegt werden. Es handelt sich um eine *Konzentration der örtlichen Zuständigkeit* bei einem oder mehreren Bezirksämtern. Diese werden auch für die der Konzentration unterfallenden Bezirke zuständig. In der Berliner Praxis wird dies als „*Regionalisierung*" bezeichnet. Die Ermächtigung in § 3 Abs. 3 AZG gilt sowohl für allgemeine Verwaltungsaufgaben als auch für Ordnungsaufgaben.

Das für den Verordnungserlass vorgesehene Einvernehmen der Bezirke erfordert   146
stets die *Zustimmung aller zwölf Bezirke*.[53] Der Wortlaut der Verfassungsvorschrift ist insoweit eindeutig. Sie spricht nicht von „betroffenen" Bezirken, was auch folgerichtig ist, da sich jede Regionalisierung zumindest mittelbar auf alle Bezirke auswirken kann, z. B. durch veränderte Antragszahlen oder den haushaltsmäßigen Druck, sich ebenfalls an einer Regionalisierung zu beteiligen. Dies betrifft auch *Änderungsverordnungen,* mit denen bereits vorgenommene Regionalisierungen verändert werden. Nicht ausreichend ist eine *Zustimmung des Rats der Bürgermeister.*[54] Das gilt schon deshalb, weil dieser Mehrheitsbeschlüsse fassen kann. Das Zustimmungserfordernis ist nicht nur eine Formvorschrift für entsprechende Verordnungen, sondern eine *materiell-rechtliche Wirksamkeitsvoraussetzung*, die das Recht der Bezirke gegenüber dem Senat schützt, grundsätzlich bezirkliche Aufgaben durch die eigene Bezirksverwaltung auszuführen.

Die Möglichkeit der Konzentration wurde deshalb vorgesehen, weil die   147
Wahrnehmung bestimmter sachaufwendiger oder bezogen auf die Fallzahlen unbedeutender Aufgaben durch alle Bezirke unwirtschaftlich sein kann. Alleine die Unwirtschaftlichkeit kann aber in der Regel keine Begründung für eine Zuständig-

---

[52] Es handelt sich um eine „völlig subsidiäre Auffangvorschrift für im Gesetzesdickicht untergegangene Einzelzuständigkeiten heute weggefallener Behörden", siehe Amtliche Begründung zum Entwurf des AZG in Abghs-Drs. 2/1572 vom 14.3.1958, S. 23.

[53] Vgl. Rundschreiben SenInnSport I Nr. 16/2014 über (die Herstellung von Einvernehmen zur) Wahrnehmung bezirklicher Aufgaben durch einen oder mehrere Bezirke nach Art. 67 Abs. 5 VvB und § 3 Abs. 3 AZG vom 17. Oktober 2014, veröffentlicht auf: https://www.berlin.de/politik-und-verwaltung/rundschreiben/; vgl. *Ottenberg/Wolf,* BezVG, § 3, Rz. 8 ff.

[54] Siehe Rz. 369 ff.

keit der Hauptverwaltung sein. Von der Möglichkeit einer Regionalisierung wurde bereits verschiedentlich Gebrauch gemacht.[55]

48   Die rechtliche Möglichkeit der Regionalisierung belegt im Übrigen auch, dass nicht jede überbezirkliche Aufgabe von gesamtstädtischer Bedeutung ist. Bei der Beurteilung der Frage, ob eine Aufgabe zwingend einer Durchführung in unmittelbarer Regierungsverantwortung bedarf, muss eine mögliche Regionalisierung in die Überlegungen mit einbezogen werden. Oft wird eine Verlagerung von Aufgaben auf die Bezirksebene mit der Begründung abgelehnt, sie bedürften des Einsatzes besonders ausgebildeten Personals oder besonderer Verwaltungseinrichtungen und müssten deshalb zentralwahrgenommen werden. Wegen der Möglichkeit der Zuständigkeitskonzentration ist diese Argumentation nicht immer überzeugend.

4. Zusammenarbeit Berlin-Brandenburg bei der Raumordnung

49   Besonderheiten hinsichtlich der Aufgabenverteilung ergeben sich aus der Zusammenarbeit der Länder Berlin und Brandenburg. Von besonderer Bedeutung ist die *Raumordnung*. Berlin und Brandenburg haben zu diesem Zweck den *Landesplanungsvertrag (LAPlaStV)*[56] geschlossen, der eine gemeinsame Raumordnung vorsieht. Berlin und Brandenburg sind also ein *gemeinsamer Planungsraum*. Die Grundsätze und Ziele der Raumordnung wurden in einem als Staatsvertrag vereinbarten *Landesentwicklungsprogramm*[57] festgelegt (Art. 7 LAPlaStV). Durch gleichlautende parallele Rechtsverordnungen der beiden Landesregierungen wurden *Landesentwicklungspläne* erlassen, die weitere Grundsätze und Ziele der Raumordnung festlegen (Art. 8 LAPlaStV). Bedeutsam für Berlin ist der gemeinsame *Landesentwicklungsplan Hauptstadtregion Berlin-Brandenburg (LEP HR)*.[58] Dieser betrifft das Gesamtgebiet Berlin-Brandenburg. Er trifft Aussagen zu raumbedeutsamen Planungen, Vorhaben und sonstigen Maßnahmen, durch die Raum in Anspruch genommen oder die räumliche Entwicklung oder Funktion eines Gebietes beeinflusst wird. Adressaten des Landesentwicklungsplanes sind alle Planungsträger. Die Regelungen des Planes enthalten *verbindliche Vorgaben* in Form von räumlich und sachlich bestimmten oder bestimmbaren letztabgewogenen Festlegungen als *beachtenspflichtige Ziele* der Raumordnung, die einer Überwindung im Rahmen der Abwä-

---

[55] Verordnung über die Zuständigkeit für die Wahrnehmung von einzelnen Bezirksaufgaben durch einen Bezirk oder mehrere Bezirke im Bereich Aufstiegsfortbildungsförderung, der Sozialhilfe, der Unterhaltssicherung sowie der Grundsicherung vom 18.3.2003, GVBl. S. 147, zul. geänd. d. VO v. 02.07.2019, GVBl. S. 475; Ausbildungsförderungs-Zuständigkeitsverordnung vom 11.2.1997, GVBl. S. 47, zul geänd. durch Art. I d. VO v. 3.12.2013, GVBl. S. 894; Verordnung über die Zuständigkeit für einzelne Bezirksaufgaben vom 5.12.2000, GVBl. S. 513, zul. geänd. d. VO v. 27.09.2021, GVBl. S. 1114.

[56] Landesplanungsvertrag i. d. F. vom 1.11.2011, GVBl. 2012 S. 3.

[57] Landesentwicklungsprogramm v. 15.12.2007, GVBl. S. 629.

[58] Siehe für Berlin Verordnung vom 29. April 2019, GVBl. S. 294; zur Rechtmäßigkeit der Vorläufernormierung, dem LEP B-B, siehe OVG Berlin-Brandenburg, Urt. v. 10.4.2019 – OVG 10 A 10/15, OVG 10 A 4/16, OVG 10 A 6/16, jew. juris; ausf. dazu *Baumert*, LKV 2019, 534 ff.

gung nicht zugänglich sind, und *allgemeine Aussagen* zur Entwicklung, Ordnung und Sicherung des Raumes als *berücksichtigungspflichtige Grundsätze* der Raumordnung für nachfolgende Abwägungs- oder Ermessensentscheidungen (vgl. § 4 Abs. 1 ROG[59]). Insbesondere sind im Land Berlin der Flächennutzungsplan und die Bebauungspläne den Zielen anzupassen (vgl. Art. 13 Abs. 1 LAPlaStV). Die als Rechtsverordnungen erlassenen Landesentwicklungspläne unterliegen der *Normenkontrolle* nach § 47 VwGO (Art. 3 Abs. 2 LAPlaStV).

Für die Aufgaben nach dem ROG und dem Landesplanungsvertrag haben beide   **150**
Länder eine *gemeinsame Landesplanungsabteilung* eingerichtet, die ihren Sitz in Potsdam hat (Art. 2 LAPlaStV).[60] Diese Abteilung ist Teil der für Raumordnung zuständigen obersten Landesbehörden beider Länder, die damit partiell eine gemeinsame Behörde sind. Verfassungsrechtliche Grundlage hierfür ist Art. 96 S. 3 VvB. Das fachliche Weisungsrecht gegenüber der gemeinsamen Landesplanungsabteilung wird von beiden Ministern gemeinsam und einvernehmlich ausgeübt (Art. 4 Abs. 1 S. 1 LAPlaStV). Für Streitigkeiten im Aufgabenbereich der Landesplanungsabteilung ist das VG Potsdam zuständig (Art. 3 Abs. 3 LAPlaStV).

Zur Abstimmung und Vorbereitung von Regierungsentscheidungen auf dem Ge-   **151**
biet der Raumordnung wurde eine *Gemeinsame Landesplanungskonferenz* eingerichtet, in der Regierungsmitglieder beider Länder vertreten sind (Art. 6 LAPlaStV).[61] Die gegenseitige Beteiligung und Abstimmung in regionalplanerischen Angelegenheiten erfolgt in einer *Regionalplanungskonferenz*, in der auch zwei Vertreter der Berliner Bezirke vertreten sind (Art. 11 Abs. 1 LAPlaStV).

5. Die Zuständigkeiten für Widerspruchsbescheide

Mit Blick auf die Zulässigkeit eines Widerspruchs verweisen § 26 Abs. 1 S. 1 AZG   **152**
für die unmittelbare Landesverwaltung und § 30 Abs. 1 S. 1 AZG für die mittelbare Landesverwaltung auf die §§ 68 ff. VwGO. Die Notwendigkeit eines Vorverfahrens ergibt sich indes bereits unmittelbar aus § 68 VwGO.

a) Entbehrlichkeit eines Vorverfahrens
Allerdings sieht § 68 Abs. 1 S. 2 1. Alt. VwGO vor, dass durch Gesetz ein an sich   **153**
erforderliches Vorverfahren ausgeschlossen werden kann. Dies ist auch durch den Landesgesetzgeber möglich.[62] In Berlin wurde von dieser Möglichkeit z. B. für *Hochschulangelegenheiten* (§§ 26 Abs. 2 S. 1, 30 Abs. 1 S. 2 AZG, § 16 Abs. 3 BerlHG), für bestimmte Entscheidungen nach dem *Aufenthaltsgesetz* (§ 63 Abs. 2 JustG Bln[63]), für bestimmte *beamtenrechtliche Entscheidungen* (§ 93 Abs. 1 LBG,

---

[59] Raumordnungsgesetz vom 22.12.2008, BGBl. I S. 2986, zul. geänd. d.G.v. 03.12.2020, BGBl. I S. 2694.

[60] Siehe a. *Neumann* (Fn. 23), Art. 96, Rz. 7.

[61] Siehe hierzu *Wimmer*, LKV 1998, S. 127 ff., 128.

[62] *Pietzner/Ronellenfitsch*, Das Assessorexamen im Öffentlichen Recht Rz. 539 ff, 1091.

[63] Justizgesetz Berlin v. 22.1.21, GVBl. S 75, geänd. d.G.v. 14.9.21, GVBl. S. 1076.

§ 42 DiszG[64]) und für Entscheidungen der *Medienanstalt*[65] Gebrauch gemacht. Auch gegen die Entscheidung des Bezirksamtes nach § 45 Abs. 11 BezVG über die *Unzulässigkeit eines Bürgerbegehrens* kann ohne Vorverfahren Klage erhoben werden.[66] Ferner sieht § 26 Abs. 3 AZG den Ausschluss eines Vorverfahrens für anfechtbare *Entscheidungen der Bezirksverordnetenversammlungen und des Bezirksverordnetenvorstehers* in eigenen Angelegenheiten vor. Der Ausschluss gilt auch für Verwaltungsakte der Bezirksämter, die sich als Vollzug einer verbindlichen Einzelentscheidung der Bezirksverordnetenversammlung darstellen.[67] Hintergrund dieser Regelung ist, dass es nicht dem bezirksverfassungsrechtlichen Verhältnis der Bezirksorgane entspräche, wenn das Bezirksamt über einen Widerspruch gegen anfechtbare Entscheidungen der Bezirksverordnetenversammlung entscheiden müsste. Eine weitere Ausnahme besteht für Angelegenheiten der Rechtsanwälte und Notare, z. B. bei Streitigkeiten über deren Zulassung, nach § 26 Abs. 5 und 6 sowie § 30 Abs. 1 Satz 2 AZG.

54 Bei *Verwaltungsakten einer Senatsverwaltung* ist nach § 68 Abs. 1 Nr. 1 VwGO ein Vorverfahren nicht erforderlich, da sie oberste Landesbehörden sind. Allerdings kann durch Gesetz Abweichendes geregelt werden. Eine Ausnahme besteht beispielsweise nach § 26 Abs. 1 S. 2 AZG für *Prüfungsentscheidungen,* um Vorgaben des Bundesverfassungsgerichts gerecht zu werden.[68] Wegen des den Prüfern in der Regel zugebilligten Beurteilungsspielraums muss durch ein Verfahren auf Verwaltungsebene sichergestellt sein, dass der Prüfling Einwendungen gegen das Prüfungsverfahren und die Bewertung erheben kann. Dies gilt auch, wenn die Prüfung durch eine Senatsverwaltung bzw. einen Prüfungsausschuss bei einer Senatsverwaltung durchgeführt wird.[69] Eine weitere Ausnahme betrifft das Informationsfreiheitsgesetz.[70] Auch bei *Ablehnung eines Informationsantrags* durch eine Senatsverwaltung ist stets ein Vorverfahren erforderlich (§ 14 Abs. 3 IFG). Grundsätzlich ist auch in beamtenrechtlichen Streitigkeiten immer ein Vorverfahren erforderlich (§ 54 Abs. 2 BeamStG), also auch wenn eine Senatsverwaltung gehandelt hat, die Ausnahmen nach § 93 LBG sind allerdings zu beachten. Auch bei Verwaltungsakten der für Verkehr zuständigen Senatsverwaltung als Straßenverkehrsbehörde ist stets ein Vorverfahren erforderlich (§ 67 Abs. 2 ASOG).

---

[64] Siehe Landesbeamtengesetz vom 19.3.2009, GVBl. S. 70, zul. geänd. d.G.v. 14.09.2021, GVBl. S. 1039; Disziplinargesetz vom 29.6.2004, GVBl. S. 263, zul. geänd. d. Art. XII Nr. 18 d.G.v. 12.10.2020, GVBl. S. 807.

[65] § 7 Abs. 3 des Staatsvertrags über die Zusammenarbeit zwischen Berlin und Brandenburg im Bereich des Rundfunks in der Fassung vom 1.1.1999, GVBl. S 130, geändert durch Staatsvertrag vom vom 26.3./4.4.2019, GVBl. S. 536.

[66] VG Berlin, Urt. v. 24.2.2011 – 2 K 77.10, juris, Rz. 14.

[67] Siehe Rz. 328 ff.

[68] Vgl. BVerfG, Beschl. v. 17.4.1991 – 1 BvR 419/81, 1 BvR 213/83, BVerfGE 84, 34, 46 ff.; BVerwG, Urt. v. 24.2.1993 – 6 C 35/92, NVwZ 1993, S. 681 ff. und BVerwG, Urt. v. 24.2.1993 – 6 C 38/92, NVwZ 1993, S. 686 ff.

[69] Siehe auch § 22 des Berliner Juristenausbildungsgesetzes vom 23.6.2003, GVBl. S. 232, zul. geänd. d.G.v. 14.09.2021, GVBl. S. 1077, für Prüfungen beim Justizprüfungsamt.

[70] Siehe Rz. 201 ff.

b) Zuständigkeiten

Die Zuständigkeit zum *Erlass eines Widerspruchsbescheides* liegt im Land Berlin   **155**
grundsätzlich bei der *Ausgangsbehörde*. Für allgemeine Verwaltungsaufgaben ergeben sich die Zuständigkeiten aus § 27 Abs. 1 AZG, für Ordnungsaufgaben aus
§ 67 ASOG. Für die mittelbare Landesverwaltung gilt § 30 Abs. 2 AZG. Die Zuständigkeit der Ausgangsbehörde entspricht der Regelung in § 73 Abs. 1 Nr. 2
VwGO, denn als nächsthöhere Behörden wären ansonsten Senatsverwaltungen,
also oberste Landesbehörden, zuständig. Von der mit einer Widerspruchsentscheidung einhergehenden Einzelfallbearbeitung will man die Senatsverwaltungen entlasten.

§ 27 Abs. 1 Buchst. a AZG sowie § 67 S. 1 ASOG sehen eine Widerspruchszuständigkeit des Leiters einer Sonderbehörde oder nicht rechtsfähigen Anstalt
bzw. einer ihm unmittelbar zugeordneten Stelle für Verwaltungsakte seiner Behörde vor.

Wenn sich der Widerspruch gegen einen Verwaltungsakt einer Bezirksverwal-   **156**
tung richtet, besteht nach § 27 Abs. 1 Buchst. b AZG sowie § 67 S. 2 ASOG grundsätzlich eine Widerspruchszuständigkeit des *Bezirksamtes als Kollegialorgan* oder
eines vom Bezirksamt bestimmten *Bezirksamtsmitglieds*, soweit dieses – in Person[71] – den Verwaltungsakt nicht selbst erlassen hat. Wegen des auch auf der Ebene
des Bezirksamts geltenden *Ressortprinzips*[72] muss es sich bei dem bestimmten um
das fachlich zuständige Bezirksamtsmitglied handeln. Es darf also nicht ein fach-
fremdes Bezirksamtsmitglied über Widersprüche gegen Verwaltungsakte anderer
Bezirksamtsmitglieder entscheiden. Lediglich die Vorbereitung der Widerspruchsentscheidung kann in einer anderen Abteilung liegen (z. B. beim Rechtsamt). Ein
Verstoß gegen das Ressortprinzip macht indes einen Außenrechtsakt, etwa einen
Verwaltungsakt, *nicht rechtswidrig*, da in dem Verstoß nicht gleichzeitig ein Verstoß gegen die sachliche Zuständigkeitsverteilung liegt. Sachlich zuständig ist das
Bezirksamt insgesamt. Das Ressortprinzip hat mithin nur für den Innenbereich des
Bezirksamts Bedeutung.[73] Soll einem Widerspruch in Sozialhilfeangelegenheiten
nicht abgeholfen werden, muss zuvor ein für jeden Bezirk zu bildender Beirat ge-
hört werden (§ 34 AZG).

Bei Entscheidungen einer Senatsverwaltung, die einem Vorverfahren unterliegen, entscheidet diese (vgl. § 27 Abs. 1 Buchst. c AZG für Prüfungsentscheidungen).

Von dem Grundsatz der Zuständigkeit der Ausgangsbehörde bestehen wichtige *Aus*-   **157**
nahmen, die spezialgesetzlich geregelt sind. Nach § 185 Abs. 2 VwGO kann im Land
Berlin von § 73 Abs. 1 Nr. 2 VwGO abgewichen werden. Statt der Bezirksämter sind
die jeweils zuständigen Senatsverwaltungen Widerspruchsbehörde bei bestimmten

---

[71] Durch sog. Schlusszeichnung, sonstige Billigung vor Abgang oder Anweisung im Einzelfall.
[72] Art. 75 Abs. 2 S. 3 VvB, siehe Rz. 337.
[73] Ebenso *Neumann* (Fn. 23), Art. 74, Rz. 1.

Verwaltungsakten im Straßenrecht[74] (siehe § 26 Abs. 2 BerlStrG[75]) sowie im Baurecht (siehe § 88 BauO, § 35 AGBauGB[76]).

58 Es gilt ferner § 54 Abs. 3 Satz 1 des Beamtenstatusgesetzes[77] (§ 26 Abs. 4 AZG). Somit besteht für die in beamtenrechtlichen Streitigkeiten grundsätzlich erforderlichen Vorverfahren eine Zuständigkeit der obersten Dienstbehörde und damit bei Beamten der Hauptverwaltung der jeweiligen Senatsverwaltung (§ 3 Abs. 1 Nr. 1 LBG). Allerdings kann diese ihre Zuständigkeiten, soweit sie die beamtenrechtliche Entscheidung nicht selbst getroffen hat, nach § 54 Abs. 3 Satz 1 des Beamtenstatusgesetzes auf andere Behörden, also auch die Ausgangsbehörde übertragen. Hiervon wurde in weitem Umfang Gebrauch gemacht.[78]

59 Für den Fall einer *Beleihung Privater mit der Gewährung von Zuwendungen* in den Handlungsformen des öffentlichen Rechts ordnet § 44 Abs. 3 Satz 3 LHO die Widerspruchszuständigkeit der für die Aufgabe zuständigen Dienststelle zu. Diese kann auch eine Senatsverwaltung sein.

60 Für die *mittelbare Landesverwaltung* sieht § 30 Abs. 2 Buchst. a AZG eine Widerspruchszuständigkeit der Aufsichtsbehörde in solchen Angelegenheiten vor, die der Fachaufsicht unterliegen. In den übrigen Angelegenheiten besteht eine Zuständigkeit des durch Rechtsvorschrift bestimmten Organs der Einrichtung, hilfsweise des Vorstandes (§ 30 Abs. 2 Buchst. b AZG).

61 Im Zusammenhang mit den Vorschriften für Widerspruchsverfahren auf Landesebene ist noch zu beachten, dass nach § 63 Abs. 1 JustG Bln Rechtsbehelfe gegen Maßnahmen der *Verwaltungsvollstreckung keine aufschiebende Wirkung* haben. Dies gilt auch für Rechtsbehelfe gegen bestimmte beamtenrechtliche Entscheidungen (§ 93 Abs. 2 LBG) sowie bei Drittanfechtungen bestimmter straßenrechtlicher Verwaltungsakte bzw. Anfechtungen von straßenrechtlichen Leistungsbescheiden (§ 9 Abs. 2, § 11 Abs. 13, § 15 Abs. 1 BerlStrG). Auch in § 55 Abs. 4 SchulG, § 10 Abs. 3 LADG, § 6 Abs. 1 ZwVbG, § 23 Abs. 12, § 25 Abs. 6 sowie § 27 Abs. 4 WTG und § 16 Abs. 3 und § 17 Abs. 5 KatSG finden sich entsprechende Regelungen.

---

[74] Siehe den Klausurfall bei *Platter*, Fälle zum Verwaltungsrecht, S. 31 ff.

[75] Berliner Straßengesetz vom 13.7.1999, GVBl. S. 380, zul. geänd. d.G.v. 27.09.20021, GVBl. S. 1117, vgl. Rz. 239 zur daraus folgenden Zuständigkeitsproblematik.

[76] Bauordnung für Berlin vom 29.9.2005, GVBl. S. 495, zul. geänd d.G.v. 12.10.2020, GVBl. S. 807; Gesetz zur Ausführung des Baugesetzbuchs i. d. F. v. 7.11.1999, GVBl. S. 578, zul. geänd. d.G.v. 27.09.2021, GVBl. S. 1119; zur Vereinbarkeit der Regelung des § 74a BauO a. F. mit der Verfassung von Berlin siehe VG Berlin, Urt. v. 21.5.2003 – 19 A 442.02, LKV 2003, S. 568 f., 569.

[77] Beamtenstatusgesetz v. 17.6.2008, BGBl. I S. 1010, geänd. d. Art. 15 Abs. 16 d.G.v. 28.06.2021, BGBl. I S. 2250.

[78] S. z. B. Nr. 2 der Anordnung zur Übertragung von Zuständigkeiten der Senatsverwaltung für Inneres und Sport als oberste Dienstbehörde auf den Polizeipräsidenten in Berlin, die Berliner Feuerwehr und das Landesamt für Bürger- und Ordnungsangelegenheiten vom 20. April 2009, ABl. S. 1037.

Mit dem Gesetz über die Neuorganisation des Bauwesens und die Errichtung   **162**
eines Landesbauamtes in Berlin vom 1. Februar 2022 wird zum 1. April 2022 ein
Landesbauamt als nachgeordnete Einrichtung der für das Bauwesen zuständigen
Senatsverwaltung errichtet. Mit seiner Errichtung wird das Landesbauamt zentral für die Bauaufsicht nach der BauOBln und insbesondere auch für die Durchführung aller Baugenehmigungsverfahren im Land Berlin zuständig.

Bis zum Inkrafttreten des Gesetzes waren im Wesentlichen die Bezirksämter
als Bauaufsichtsbehörden für die Durchführung von Baugenehmigungsverfahren zuständig. In der Gesetzesbegründung heißt es, die Zentralisierung der Baugenehmigungsverfahren bei einer Behörde führe zu erheblichen Kostenerspar-
nissen für den Landeshaushalt. Überdies werde sich die Bearbeitungszeit für
Bauanträge erheblich verkürzen, was auch dem Standort Berlin im überregiona-
len Wettbewerb nütze.

Die Bezirke, die über die Beschneidung ihrer Kompetenzen empört sind und
die neue Zuständigkeitsabgrenzung für nichtig halten, möchten gegen das Gesetz
gerichtlich vorgehen. Können sie dies im April 2022 mit Aussicht auf Erfolg tun? ◄

Lösungsvorschlag
Die Bezirke können mit Aussicht auf Erfolg gegen das Gesetz gerichtlich
vorgehen, wenn ein entsprechender Antrag zulässig und begründet ist. In Betracht kommt die Anrufung des Berliner Verfassungsgerichtshofs. Dessen
Zuständigkeiten sind enumerativ in Art. 84 Abs. 2 VvB aufgeführt. Zu denken ist
an eine Normenkontrolle der Zuständigkeitsabgrenzung gem. Art. 84 Abs. 2
Nr. 3 VvB, §§ 14 Nr. 9, 57 VerfGHG.

I. Zulässigkeit

1. Beteiligtenfähigkeit

Gemäß § 57 Abs. 1 VerfGHG sind die Bezirke als Antragsteller beteiligtenfähig.

2. Streitgegenstand

Zulässiger Streitgegenstand ist gemäß § 57 Abs. 1 VerfGHG ein förmliches
Landesgesetz, das die Zuständigkeitsverteilung zwischen Haupt- und Bezirksverwaltung regelt. Vorliegend stellt das Gesetz über die Zuständigkeit eines
neuen Landesbauamts einen solchen Gegenstand dar.

3. Antragsbefugnis

Im Regelfall handelt es sich bei verfassungsrechtlichen Normenkontrollen um
objektive Beanstandungsverfahren, für die keine spezielle Antragsbefugnis
erforderlich ist. Demgegenüber bestimmt § 57 Abs. 1 VerfGHG, dass ein Bezirk
von der Zuständigkeitsregelung betroffen sein müsse und dass er geltend machen
müsse, dadurch in seinen Rechten aus Art. 67 VvB verletzt zu sein. Somit muss

es nach dem eindeutigen Wortlaut von § 57 Abs. 1 VerfGHG möglich erscheinen, dass der Bezirk in seinen Rechten verletzt ist. Zwar ist diese einengende Voraussetzung nicht ausdrücklich in der zugrunde liegenden Verfassungsnorm des Art. 84 Abs. 2 Nr. 3 VvB enthalten. Jedoch folgt dieses Erfordernis daraus, dass nach Sinn und Zweck der Vorschrift nur Zuständigkeitsregelungen zu Lasten der Bezirke Gegenstand der Normenkontrolle sein sollen.[79] Es handelt sich bei der Normenkontrolle gem. Art. 84 Abs. 2 Nr. 3 VvB mithin um ein subjektives Rechtsschutzverfahren der Bezirke.

Der Verfassungsgerichtshof hat in seiner Landesschulamts-Entscheidung[80] ausgeführt, Prüfungsmaßstab seien Art. 67 (damals Art. 51) VvB und, im Rahmen dieser Verfassungsvorschrift, sonstige Bestimmungen der Verfassung von Berlin, soweit sie ihrem Inhalt nach die in Art. 67 VvB geregelte Aufgabenverteilung mitbestimmten. Dementsprechend muss die Verletzung entweder von Art. 67 VvB oder sonstiger diese Vorschrift ausgestaltender Normen der Verfassung möglich erscheinen. In Betracht kommt insbesondere Art. 66 Abs. 2 VvB.

Es erscheint möglich, dass die Bezirke durch die Verlagerung der bisher von ihnen wahrgenommenen Aufgaben im Bereich der Bauverwaltung in Ihrem Recht aus Art. 67 Abs. 2 S. 1 VvB verletzt sind, alle Verwaltungsaufgaben wahrzunehmen, die keine gesamtstädtische Bedeutung haben (vgl. Art. 67 Abs. 1 VvB). Diese Feststellung reicht zur Bejahung der Antragsbefugnis aus.

4. Klarstellungsinteresse

Zusätzlich zur Antragsbefugnis ist nach dem Wortlaut von § 57 Abs. 1 VerfGHG erforderlich, dass ein Bezirk die angegriffene gesetzliche Regelung für verfassungswidrig hält (sog. Klarstellungsinteresse). Dies ist laut Sachverhalt der Fall, sodass vorliegend offenbleiben kann, ob die Wortlautabweichung zu Art. 84 Abs. 2 Nr. 3 VvB, der nur von Meinungsverschiedenheiten oder Zweifeln spricht, zu einer verfassungskonformen Auslegung führen muss.

5. Form und Frist

Mangels gegenteiliger Angaben im Sachverhalt ist davon auszugehen, dass die Formvorschriften aus § 21 Abs. 1 VerfGHG eingehalten wurden. Die Frist aus § 57 Abs. 2 VerfGHG zur Einreichung des Antrags ist im April 2022 noch gewahrt.

6. Ergebnis

Der Antrag ist zulässig.

---

[79] Siehe Rz. 395.
[80] BerlVerfGH, Urt. v. 10.5.1995 – VerfGH 14/95, LVerfGE 3, 28, 31.

II. Begründetheit

Der Antrag ist begründet, wenn die neue Zuständigkeitsabgrenzung das Landesbauamt betreffend wegen Verstoßes gegen Art. 67 VvB oder eine zu seiner Konkretisierung dienende Norm verfassungswidrig und nichtig ist und die Bezirke hierdurch in ihren Rechten aus den genannten Normen verletzt sind.

Art. 66 Abs. 2. S. 2 VvB können die Bezirke vorliegend nicht nutzbar machen, da die Aufgaben der Bauaufsicht, verglichen mit den Flächenländern, nicht zu den „örtlichen Verwaltungsaufgaben" zählen und mithin auch nicht zu den gemeindlichen Selbstverwaltungsaufgaben. Es kommt daher darauf an, ob die Zuweisung der Bauaufsicht inklusive aller Baugenehmigungsverfahren an das Landesbauamt mit der allgemeinen Zuständigkeitsverteilung in Art. 67 Abs. 1 und 2 VvB vereinbar ist. Insbesondere muss die Aufgabe gem. Art. 67 Abs. 1 VvB von gesamtstädtischer Bedeutung sein. Der Begriff der gesamtstädtischen Bedeutung wird in Art. 67 Abs. 1 S. 2 Nr. 1 bis 3 VvB näher ausgestaltet. Da weder Nr. 1 noch Nr. 2 einschlägig sind, kann sich eine Zuständigkeit der Hauptverwaltung nur ergeben, wenn die Aufgabe gem. Art. 67 Abs. 1 S. 2 Nr. 3 VvB zwingend einer Durchführung in unmittelbarer Regierungsverantwortung bedarf. Der Verfassungsgerichtshof hat zu der alten Fassung der Vorschrift, die die Formulierung noch nicht enthielt, entschieden, bei der Beurteilung der gesamtstädtischen Bedeutung komme dem Abgeordnetenhaus ein weiter, nur bedingt überprüfbarer Beurteilungsspielraum zu.[81] Die Beurteilung des Gesetzgebers sei nur dahingehend überprüfbar, dass sie nachvollziehbar und vertretbar ist.

Fraglich ist nun, ob dieser weite Spielraum auch hinsichtlich der geltenden Fassung von Art. 67 Abs. 1 VvB besteht. Hiergegen könnte man einwenden, dass der Begriff der gesamtstädtischen Bedeutung durch die Formulierung der Nr. 1 bis 3 konkretisiert werden sollte. Damit könnte eine Einengung des gesetzgeberischen Spielraums einhergehen. Außerdem könnte der Begriff „zwingend" für eine Begrenzung gesetzgeberischer Entscheidungsfreiheit sprechen. Indes macht auch die Frage, ob eine Aufgabe zwingend einer Durchführung in unmittelbarer Regierungsverantwortung bedarf, komplizierte fachliche, aber auch politische Wertungen erforderlich. Diese vorzunehmen, ist in einer Demokratie ureigenste Aufgabe der Volksvertretung. Insoweit haben sich die Verfassungsgerichte bei der Einengung gesetzgeberischer Entscheidungsprärogativen immer zurückgehalten. So muss es auch vorliegend sein. Da Nr. 3 eine Ausgestaltung des Merkmals „gesamtstädtische Bedeutung" darstellt, muss man auch bei der Anwendung dieser Alternative einen Beurteilungsspielraum zugrunde legen. Der Beurteilungsspielraum beinhaltet aber gleichzeitig – wie bisher – eine Darlegungslast des Gesetzgebers, die durch die Neuformulierung verschärft ist. Es muss nachvollziehbar und vertretbar erscheinen, dass die Aufgabe zwingend einer Durchführung in unmittelbarer Regierungsverantwortung bedarf.

---

[81] BerlVerfGH (Fn. 80), S. 31 f.

Der Gesetzentwurf führt für die Bündelung der Bauaufsicht zunächst Kostenargumente an. Ließe man solche Argumente für die Begründung einer Aufgabenverlagerung genügen, so liefe die Begrenzungsfunktion des Art. 67 Abs. 1 VvB für die Zuständigkeiten der Hauptverwaltung weitgehend leer. Eine zentrale Aufgabenwahrnehmung wird in der Regel billiger sein als die dezentrale in den Bezirken. Durch die Neufassung von Art. 67 Abs. 1 VvB hat der Verfassungsgeber aber deutlich gemacht, dass er den Aufgabenentzug gegenüber den Bezirken an engere Voraussetzungen geknüpft wissen wollte. Vor diesem Hintergrund ist die Bündelung von Aufgaben nicht schon dann „zwingend", wenn sich eine Kostenersparnis realisieren lässt. Es müssen noch andere Aspekte angeführt werden können, die eine Verlagerung rechtfertigen. Dies lässt die Gesetzesbegründung vermissen. Insbesondere erscheint die pauschale Behauptung, eine Aufgabenbündelung werde generell zu einer Beschleunigung von Genehmigungsverfahren führen, als nicht schlüssig. Es ist nicht nachvollziehbar, warum alleine eine Zentralisation den nach wie vor den gleichen Vorschriften unterliegenden Entscheidungsprozess im Zusammenhang mit einem Bauantrag beschleunigen sollte. Im Gegenteil ist eher mit Verfahrensverzögerungen zu rechnen, da im Baugenehmigungsverfahren verschiedene andere bezirkliche Fachämter wie das Stadtplanungsamt, das Wohnungsamt und das Tiefbauamt zu beteiligen sind. Durch ein zentrales Bauamt ist diese Beteiligung zeitaufwendiger als durch ein bezirkliches Bauamt.

Der Gesetzgeber hat somit seinen Beurteilungsspielraum überschritten. Die Zentralisierung der Bauaufsicht verstößt gegen Art. 67 Abs. 2 S. 1 und Abs. 1 Nr. 3 VvB. Das Gesetz ist verfassungswidrig und damit nach § 57 Abs. 3 i. V. m. § 45 S. 1 VerfGHG nichtig.

III. Ergebnis

Die Normenkontrolle der Zuständigkeitsabgrenzung der Bezirke hat Aussicht auf Erfolg, da sie zulässig und begründet ist.

III. Die Vertretung des Landes Berlin

163 Zu unterscheiden ist die Vertretung des Landes Berlin in öffentlich-rechtlichen Angelegenheiten einerseits und bürgerlich-rechtlichen Angelegenheiten andererseits.

1. Die Vertretung in öffentlich-rechtlichen Angelegenheiten

Art. 58 Abs. 1 S. 1 VvB i. V. m. § 20 Abs. 1 S. 1 AZG bestimmt, dass die *staatsrechtliche Vertretung* durch den Regierenden Bürgermeister erfolgt. Die staatsrechtliche Vertretung kommt insbesondere bei Abschluss von *Staatsverträgen* zum Tragen. Staatsverträge sind öffentlich-rechtliche Vereinbarungen, die das Land mit dem Bund, anderen Bundesländern oder anderen öffentlich-rechtlichen Körperschaften,

z. B. den Kirchen, trifft und die sich auf Gegenstände der Gesetzgebung beziehen oder die politischen Beziehungen des Landes regeln.[82] Auf Gegenstände der Gesetzgebung bezieht sich die Vereinbarung insbesondere dann, wenn sie Rechte und Pflichten der Bürger berührt und deshalb der innerstaatlichen Verbindlichmachung und ggf. Durchführung durch Gesetz bedarf. Staatsverträge bedürfen nach Art. 50 Abs. 1 S. 4 VvB stets der Zustimmung des Abgeordnetenhauses, die in Form eines *Zustimmungsgesetzes* erfolgt. Die staatsrechtliche Vertretung des Landes Berlin durch den Regierenden Bürgermeister dokumentiert sich durch die von ihm vorzunehmende *Ratifikationserklärung* gegenüber dem anderen Vertragspartner, also die verbindliche Bestätigung des Staatsvertrages nach Zustimmung des Abgeordnetenhauses.[83]

So genannte *Verwaltungsvereinbarungen* betreffen hingegen nicht die Gesetz-   **164** gebung und haben kein besonderes politisches Gewicht.[84] Sie binden nur die beteiligten Regierungen, haben nur verwaltungsinterne Bedeutung und betreffen Gegenstände, die durch Verwaltungsvorschriften regelbar sind. Für Verwaltungsvereinbarungen von Behörden Berlins mit Behörden des Bundes oder anderer Bundesländer sieht § 20 Abs. 2 Satz 1 AZG eine Vertretung durch die jeweils für den Aufgabenbereich zuständige Senatsverwaltung vor. Eine Zustimmung des Senats ist nach § 20 Abs. 2 Satz 2 AZG dann erforderlich, wenn nur dieser für die jeweilige Regelungsmaterie zum Erlass von Verwaltungsvorschriften zuständig ist (§ 6 Abs. 1 AZG).[85] Die jeweilige Senatsverwaltung kann also eine Verwaltungsvereinbarung ohne Zustimmung des Senats abschließen, wenn sie die sich aus der Vereinbarung ergebenden Pflichten verwaltungsintern durch Verwaltungsvorschriften regeln könnte. Hierfür ist § 6 Abs. 2 AZG maßgebend, wobei es in der Regel darum geht, dass nur der eigene Geschäftsbereich betroffen ist. Zu beachten sind dabei aber stets haushaltsmäßige Auswirkungen, die sich auch auf zukünftige Haushaltspläne auswirken können. Dann muss die Senatsverwaltung für Finanzen beteiligt werden und ggf. sogar das Abgeordnetenhaus zustimmen. Für Verwaltungsvereinbarungen mit fremden Staaten oder anderen öffentlich-rechtlichen Organisationen bzw. deren Organen sind die genannten Regelungen unter Beachtung von Art. 32 GG entsprechend anzuwenden.[86]

Für jede andere öffentlich-rechtliche Angelegenheit, insbesondere die Vertretung   **165** in reinen *Verwaltungsangelegenheiten* wie dem Erlass von Verwaltungsakten, vertritt jeweils die Behörde das Land Berlin, die für die Sachaufgabe zuständig ist.[87]

---

[82] *Zivier*, Verfassung und Verwaltung von Berlin, Rz. 74.1.2; *Neumann* (Fn. 23), Rz. 4; *Lemmer* in Pfennig/Neumann, VvB, Art. 50, Rz. 3.

[83] *Lemmer* (Fn. 82), Rz. 4; *Neumann* (Fn. 23), Art. 58, Rz. 5; § 20 Abs. 1 S. 2 AZG läuft leer, nachdem in Art. 50 VvB die Zustimmung des Abgeordnetenhauses zu Staatsverträgen ausdrücklich vorgesehen ist.

[84] *Lemmer* (Fn. 82), Rz. 3; *Zivier* (Fn. 82), Rz. 74.1.2.

[85] Siehe Rz. 171 ff.

[86] *Zivier* (Fn. 82), Rz. 74.1.2.

[87] *Zivier* (Fn. 82), Rz. 74.2; *Stelkens* in Stelkens/Bonk/Sachs, VwVfG, § 35, Rz. 53, sieht im Erlass eines VA einen Fall rechtsgeschäftlicher Vertretung.

Für bezirkliche Angelegenheiten stellt Art. 74 Abs. 2 VvB die Vertretungsbefugnis des Bezirksamtes ausdrücklich fest. Für andere Behörden folgt sie aus ihrer Organstellung. Innerhalb der Behörde ergibt sich die Zeichnungsbefugnis aus der *Gemeinsamen Geschäftsordnung der Berliner Verwaltung*[88] sowie innerbehördlichen Organisationsakten.

2. Die Vertretung in zivilrechtlichen Angelegenheiten

166   Für die Vertretung in zivilrechtlichen Angelegenheiten, also z. B. für den Abschluss zivilrechtlicher Verträge, finden sich Regelungen in den §§ 21 ff. AZG. Demnach ist zur so genannten *rechtsgeschäftlichen Vertretung* Berlins gemäß § 21 AZG jeweils das Senatsmitglied für seinen Geschäftsbereich und der Leiter einer nachgeordneten Behörde oder Anstalt für deren Zuständigkeitsbereich sowie in Angelegenheiten der Bezirksverwaltung nach § 25 Abs. 1 AZG das zuständige Bezirksamtsmitglied berufen. Für die genannten Vertretungsberechtigten, deren Vertretungsmacht aus ihrer Organstellung folgt, können nach § 22 Abs. 1 AZG auch ihre allgemeinen Vertreter handeln, also z. B. der Staatssekretär für das Senatsmitglied. Darüber hinaus können die Vertretungsberechtigten Mitarbeitern ihrer Verwaltung schriftlich die Befugnis zur rechtsgeschäftlichen Vertretung Berlins übertragen (§ 22 Abs. 2 AZG). Abgesehen von so genannten *laufenden Geschäften* (siehe § 24 AZG) bedürfen Berlin verpflichtende Willenserklärungen nach § 23 AZG der *Schriftform*. Sie müssen ferner die Behörde oder Anstalt bezeichnen, in deren Geschäftsbereich sie abgegeben werden, müssen mit der Amts- oder Dienstbezeichnung des Unterzeichners versehen und von der jeweils vertretungsberechtigten Person unterschrieben sein sowie das Dienstsiegel tragen. Diese Regelungen dienen der Sicherung des Rechtsverkehrs nach außen. Ein Bürger, der mit der Berliner Verwaltung rechtsgeschäftliche Beziehungen aufnimmt, soll Klarheit über den Kreis der vertretungsberechtigten Personen erlangen.[89] Die Regelungen sollen allerdings auch das Land Berlin vor unbedachten Vertragsschlüssen schützen.[90]

167   Die dargestellten Vertretungsregeln entsprechen im Wesentlichen den für die Gemeinden in den Flächenländern geltenden Vorschriften. Allerdings gelten dort die in § 23 AZG für rechtsgeschäftliche Verpflichtungserklärungen vorgesehenen besonderen Regelungen auch für öffentlich-rechtliche Verpflichtungserklärungen, z. B. bei öffentlich-rechtlichen Verträgen.[91] Ein Verstoß gegen die Regelungen in § 23 AZG führt *nicht* nach § 125 BGB zur Nichtigkeit des Rechtsgeschäfts, da ihnen mangels Gesetzgebungskompetenz des Landes nicht die Bedeutung von Formvorschriften

---

[88] GGO I vom 18.10.2011, siehe dort § 49; die GGO I ist einsehbar unter https://www.berlin.de/sen/inneres/buerger-und-staat/verfassungs-und-verwaltungsrecht/geschaeftsordnung-der-berliner-verwaltung/ggo-i/artikel.30098.php

[89] Siehe die Amtliche Begründung zum Entwurf des AZG (Kap. 1, Fn. 5), S. 20.

[90] *Gundlach*, Die Außenvertretung der Gemeinde – unter besonderer Berücksichtigung des § 70 SachsAnhGO, LKV 2001, S. 385 ff., 387.

[91] *Gern/Brüning*, Deutsches Kommunalrecht, Rz. 456.

zukommt.[92] Sie beschränken vielmehr die *Vertretungsmacht*, sodass der Vertretungsberechtigte nur unter den geregelten Bedingungen vertretungsberechtigt ist. Bei Verstößen gelten also die Vorschriften der §§ 177 ff. BGB über die Vertretung ohne Vertretungsmacht.[93] Nur im Ausnahmefall kann nach § 242 BGB ein Verstoß unbeachtlich sein.[94] Das aufgrund eines Verstoßes gegen § 23 AZG nicht vertretungsberechtigte Organ kann nach Auffassung des BGH nicht aufgrund von § 179 Abs. 1 BGB für den entstandenen Schaden haftbar gemacht werden.[95]

3. Die Vertretung der mittelbaren Landesverwaltung

Die rechtsgeschäftliche Vertretung der landesunmittelbaren juristischen Personen   **168**
des öffentlichen Rechts obliegt – soweit nichts Anderes geregelt ist – dem hierzu durch Satzung bestimmten Organ; die §§ 22 bis 24 AZG gelten entsprechend (§ 29 AZG). Auch die Vertretung in öffentlich-rechtlichen Angelegenheiten liegt beim entsprechenden Vertretungsorgan. § 20 Abs. 2 AZG gilt für die mittelbare Landesverwaltung nicht, weshalb die juristischen Personen selbst auch Verwaltungsvereinbarungen mit auswärtigen Einrichtungen abschließen können.[96]

IV. Der Erlass von Verwaltungsvorschriften

1. Allgemeines

Verwaltungsvorschriften sind keine Außenrechtsnormen, sondern enthalten verwal   **169**
tungsintern verbindliche Festlegungen. Nur in Ausnahmefällen können sie über Ansprüche aus dem Gleichbehandlungsgrundsatz oder aus Vertrauensschutz eine so genannte mittelbare Außenwirkung entfalten.[97] Mit ihnen werden insbesondere die Organisation von Behörden, Verwaltungsabläufe und interne Zuständigkeiten geregelt sowie das sachliche Verwaltungshandeln, insbesondere das Verwaltungsermessen, gesteuert. Die Befugnis der Exekutive zum Erlass solcher Verwaltungsvorschriften liegt in ihrer Organisations- und Weisungsgewalt.[98] Jedes Organ ist im Rahmen seiner Zuständigkeiten und seiner verwaltungsinternen *Direktionsgewalt*, deren Umfang sich aus der Stellung im Behördenaufbau ergibt, zu deren Erlass befugt, soweit keine gesetzlichen Festlegungen entgegenstehen. Grundsätzlich kann also jedes Lei

---

[92] BGH, Urt. v. 15.6.1960 – V ZR 191/58, BGHZ 32, 375, 380 f.; BGH, Urt. v. 16.11.1978 – III ZR 81/77, NJW 1980, S. 117 f., 118.

[93] BGH (Fn. 92), S. 380 f.; BGH, Urt. v. 10.5.2001 – III ZR 111/99, NJW 2001, S. 2626; *Gern/ Brüning* (Fn. 91), Rz. 370; *Gundlach* (Fn. 90), S. 387; vgl. *Sensburg*, NVwZ 2002, S. 179 f.

[94] BGH (Fn. 92), S. 118.

[95] BGH, Urt. v. 10.5.2001 – III ZR 111/99, NJW 2001, S. 2626.

[96] *Zivier* (Fn. 82), Rz. 74.2.

[97] *Maurer/Waldhoff*, Allgemeines Verwaltungsrecht, § 24, Rz. 21 ff.

[98] *Maurer/Waldhoff*, (Fn. 97), § 24, Rz. 1.

tungsorgan einer Berliner Behörde für seine Behörde und ggf. seiner Direktionsgewalt unterstehende nachgeordnete Behörden Verwaltungsvorschriften erlassen.

Das Thema „Verwaltungsvorschriften" ist im Land Berlin von besonderer Bedeutung, weil über diese die Aufgabenwahrnehmung der Bezirke gesteuert werden kann.[99] Verstöße durch die Bezirke können im Wege der Bezirksaufsicht geahndet werden.[100]

70   Zu unterscheiden sind *gesetzesausführende* Verwaltungsvorschriften und sonstige, so genannte *gesetzesunabhängige* Verwaltungsvorschriften. Gesetzesausführende Verwaltungsvorschriften treffen Regelungen zur Anwendung und Ausführung eines Gesetzes, insbesondere hinsichtlich der Verwaltungsabläufe, der Auslegung unbestimmter Rechtsbegriffe und der Ausübung des Verwaltungsermessens.[101] Gesetzesunabhängige Verwaltungsvorschriften betreffen gesetzlich nicht geregelte Aufgabenbereiche sowie Fragen der Organisation und Zuständigkeit sowie des allgemeinen Dienstbetriebs.[102] Verwaltungsvorschriften werden als Erlass, Verfügung, Dienstanweisung, Richtlinie oder Anordnung bezeichnet.[103] „Rundschreiben" sind dagegen im Land Berlin keine Verwaltungsvorschriften und enthalten nur Empfehlungen oder Mitteilungen.[104]

2. Die Befugnis zum Erlass von Verwaltungsvorschriften

71   Eine Befugnis des Senats zum Erlass von Verwaltungsvorschriften für die Hauptverwaltung besteht ohne weiteres, denn die Behörden der Hauptverwaltung unterstehen seiner Direktionsgewalt. Hinsichtlich der Bezirke gibt Art. 67 Abs. 2 S. 2 VvB dem Senat die Befugnis, für deren Tätigkeit *Grundsätze und allgemeine Verwaltungsvorschriften* zu erlassen. Dies können Ausführungsvorschriften oder gesetzesunabhängige Verwaltungsvorschriften sein. Die Abgrenzung von Grundsätzen und allgemeinen Verwaltungsvorschriften ist nicht eindeutig.[105] Jedenfalls dürfen die Vorschriften nicht den Charakter von Einzelfallregelungen oder sogar Einzelfallweisungen haben, sondern müssen sich auf eine *abstrakte Vielheit von Sachverhalten* beziehen.[106] In § 6 Abs. 4 AZG ist deshalb festgelegt, dass beim Erlass von

---

[99] Siehe Rz. 171.

[100] Siehe Rz. 234 ff.

[101] Siehe z. B. die Ausführungsvorschriften zu § 5 des Berliner Straßengesetzes vom 1.2.2017, ABl. S. 763; Ausführungsvorschriften zum Gesetz über Hoheitszeichen des Landes Berlin v. 12.12.2007, ABl. S. 3393; Ausführungsvorschriften zur Landeshaushaltsordnung i. d. F. v. 19.4.2011, www. berlin.de/sen/finanzen/.

[102] Siehe z. B. die Verwaltungsvorschriften über Werbung, Handel, Sammlungen und politische Betätigung in und mit Einrichtungen des Landes Berlin v. 11.1.2011, ABl. S. 126.

[103] Für die Berliner Verwaltung s. II des Anhangs 1 zur GGO II.

[104] S. § 54 Abs. 2 GGO II.

[105] *Zivier* (Fn. 82), Rz. 76.1.2. Die in den Fn. 101 und 102 aufgeführten Verwaltungsvorschriften gelten jedenfalls auch für die Bezirke, obwohl sie teilweise Detailregelungen enthalten.

[106] Siehe zum Begriff der allgemeinen Verwaltungsvorschriften in Art. 84 Abs. 2 GG *Kirchhof* in Dürig/Herzog/Scholz, GG, Art. 84, Rz. 187 ff.

Verwaltungsvorschriften mit Wirkung auf die Bezirke die verfassungsmäßig ge-
währleistete Mitwirkung der Bezirke an der Verwaltung gefördert und geschützt
werden muss und die Entschlusskraft und Verantwortungsfreudigkeit der bezirklichen Organe nicht beeinträchtigt werden darf.[107] Verwaltungsvorschriften über die
Erhebung von Einnahmen oder die Leistung von Ausgaben sollen für die Bezirke
nach § 6 Abs. 6 AZG nur Bandbreiten vorgeben. Ferner sind nach § 6 Abs. 3 AZG
Verwaltungsvorschriften generell ohnehin auf das zwingend gebotene Mindestmaß
zu beschränken und sollen nur erlassen werden, soweit sich die Beteiligten nicht auf
den wesentlichen Regelungsgehalt verständigen können. Dementsprechend ist die
Zahl der Verwaltungsvorschriften des Senats in den letzten Jahren durch die Aufhebung von Verwaltungsvorschriften[108] und durch die Zurückhaltung beim Neuerlass
erheblich gesenkt worden. Darüber hinaus ist ihre Geltungsdauer stets befristet (§ 6
Abs. 5 AZG).[109] Es steht aber außer Frage, dass der Senat für eine landesweite einheitliche Verwaltungsausübung grundsätzlich auch den Bezirken durch Verwaltungsvorschriften Vorgaben machen kann. Die Verfassung bringt durch die Regelung in Art. 67 Abs. 2 S. 2 VvB eine Gesamtverantwortung des Senats für die Stadt
zum Ausdruck, die der Einheitlichkeit der Lebensbedingungen in allen Bezirken dient.

Trotz dieser Einschränkungen und der Zurückhaltung beim Neuerlass macht die   **172**
Befugnis des Senats aus Art. 67 Abs. 2 S. 2 VvB wiederum die gegenüber den Gemeinden eingeschränkte Rechtsstellung der Bezirke deutlich.[110] Für Gemeinden in
den Flächenländern besteht bei Selbstverwaltungsangelegenheiten eine solche umfassende Bindung insbesondere an gesetzesunabhängige Verwaltungsvorschriften
nicht. Die Kommunalaufsicht kann nur bei Rechtsverstößen einschreiten, die Bezirksaufsicht dagegen grundsätzlich auch bei Verstößen gegen Verwaltungsvorschriften (§§ 7 Abs. 1, 9 Abs. 3 AZG).[111]

Für *Verwaltungsvorschriften des Senats* trifft § 6 AZG Zuständigkeitsregelun-   **173**
gen, wobei es um die Abgrenzung zwischen dem Senat als Kollegialorgan und der
Zuständigkeit einzelner Senatsverwaltungen geht. Grundsätzlich liegt die Zuständigkeit nach § 6 Abs. 1 AZG beim Senat als *Kollegialorgan*. Die zuständige Senatsverwaltung kann Ausführungsvorschriften erlassen, wenn sie hierzu in dem auszu-

---

[107] Neumann (Fn. 23), Art. 55, Rz. 7; s. als Beispiel für Verwaltungsvorschriften des Senats für
bezirkliche Aufgaben: VV Monitoring und Steuerung Bürgerdienste vom 20. November 2018,
ABl. S. 995, diese geben in Teil B recht weitgehende Vorgaben für die Bürgerämter, s. ebenso AV
zu § 27 Absatz 2 WoFG v. 13. Juni 2017, ABl. S. 3023.

[108] Siehe Allgemeine Anweisung über das Außerkrafttreten von Verwaltungsvorschriften des Senats zum 31.12.1996 vom 4.4.1997, DBl. I S. 111, für die geltenden Verwaltungsvorschriften der
Hauptverwaltung s. Abg-Drs. 15/4147 (Stand 30.4.05).

[109] Da das AZG nach § 33 Abs. 2 Nr. 1 AZG nicht für die Behörden der Justizverwaltung und die
Verwaltung der Gerichtszweige gilt, können Verwaltungsvorschriften der für Justiz zuständigen
Senatsverwaltung für funktional der Justiz zugehörige Aufgaben insbesondere der Gerichte unbe-
fristet erlassen werden.

[110] *Machalet*, Die Berliner Bezirksverwaltung, S. 77.

[111] Siehe Rz. 234.

führenden (formellen) Gesetz ermächtigt ist (§ 6 Abs. 2 Buchst. a AZG).[112] Die Ausführungsvorschriften binden alle Behörden, für die das Gesetz gilt, also ggf. auch die Bezirksverwaltungen.[113] Andere allgemeine Verwaltungsvorschriften kann die zuständige Senatsverwaltung erlassen, wenn diese nur für ihr nachgeordnete Behörden der Hauptverwaltung gelten (§ 6 Abs. 2 Buchst. b AZG) oder, wenn diese auch für die Bezirksverwaltungen gelten sollen, sofern diese im Wesentlichen nur Verfahrensabläufe oder technische Einzelheiten regeln (§ 6 Abs. 2 Buchst. c AZG). In Personalangelegenheiten und zur Gewährleistung der inneren Sicherheit kann ferner die zuständige Senatsverwaltung Verwaltungsvorschriften für die gesamte Berliner Verwaltung erlassen (§ 6 Abs. 2 Buchst. d und e AZG). Für den Bereich der Ordnungsaufgaben sieht § 9 Abs. 3 ASOG vor, dass die jeweiligen Aufsichtsbehörden, also die Senatsverwaltungen, für ihren Zuständigkeitsbereich Verwaltungsvorschriften erlassen können. Dies gilt auch gegenüber den Bezirken. § 9 Abs. 3 ASOG geht, was die Bezirke betrifft, für den Bereich der Ordnungsangelegenheiten und damit also für die Aufgaben der Gefahrenabwehr über § 6 Abs. 2 Buchst. c AZG hinaus. Gleichwohl gelten auch für Verwaltungsvorschriften für die bezirklichen Ordnungsangelegenheiten die einschränkenden Regelungen in § 6 Abs. 3 bis 6 AZG, die insoweit nicht verdrängt werden.

74   Mit Geltung für die *mittelbare Landesverwaltung* kann der Senat nur dann Verwaltungsvorschriften erlassen, wenn es sich um Ausführungsvorschriften für ein Gesetz handelt, welches auch für die mittelbare Landesverwaltung gilt, oder wenn er hierzu spezialgesetzlich ermächtigt ist, wie z. B. in § 6 Abs. 2 Buchst. e AZG.[114]

Die *Bezirksämter* können für ihre Bezirksverwaltung Verwaltungsvorschriften erlassen, allerdings nur insoweit, als keine gesetzlichen Regelungen oder Verwaltungsvorschriften des Senats bzw. einer Senatsverwaltung entgegenstehen.[115]

V. Insbesondere: Die Bauleitplanung nach dem AGBauGB

75   Die Zuständigkeiten und das Verfahren für die Bauleitplanung nach dem Baugesetzbuch sind im *Gesetz zur Ausführung des Baugesetzbuchs(AGBauGB)*[116] besonders geregelt worden. Da es sich um einen prüfungsrelevanten Regelungskomplex handelt, wird er im Folgenden in seinen Grundzügen gesondert dargestellt.

---

[112] Siehe z. B. § 68 ASOG für die Senatsverwaltung für Inneres und Sport, § 86 Abs. 9 BauO für die für das Bauwesen zuständige Senatsverwaltung.

[113] *Zivier* (Fn. 82), Rz. 76.2.6.

[114] *Zivier* (Fn. 82), Rz. 76.2.6.

[115] Vgl. z. B. § 5 Abs. 1 S. 3 LHO.

[116] In der Fassung vom 7. November 1999, GVBl. S. 578, zul. geänd. d.G.v. 27.09.2021, GVBl. S. 1119; die Zuständigkeiten ergeben sich auch aus Nr. 8 Abs. 2 ZustKatAZG.

1. Grundzüge der Regelung in den Flächenländern

Die Bauleitplanung gehört seit jeher zum Kernbereich des Selbstverwaltungsrechts der Gemeinden. Dementsprechend bestimmt § 2 Abs. 1 S. 1 BauGB: *„Die Bauleitpläne sind von der Gemeinde in eigener Verantwortung aufzustellen."* Mit Bauleitplänen sind gem. § 1 Abs. 2 BauGB der Flächennutzungsplan als vorbereitender Bauleitplan und der Bebauungsplan als verbindlicher Bauleitplan gemeint. Die Bebauungspläne werden gem. § 10 Abs. 1 BauGB von den Gemeinden in der Form der *Satzung* erlassen. Eine Genehmigung durch die Aufsichtsbehörde ist nur in den in § 10 Abs. 2 BauGB vorgesehenen Ausnahmefällen erforderlich. Hingegen bedarf gem. § 6 Abs. 1 BauGB der Flächennutzungsplan immer der Genehmigung der höheren Verwaltungsbehörde. Prüfungsmaßstab der Aufsichtsbehörde ist in jedem Fall jedoch nur die Rechtmäßigkeit des jeweiligen Plans.

2. Zuständigkeiten für die Bauleitplanung in Berlin

Während § 246 Abs. 2 BauGB dem Land Berlin Abweichungen in der Rechtsetzungsform ermöglicht,[117] ermächtigt § 246 Abs. 4 BauGB das Land Berlin, die Vorschriften des Baugesetzbuches über die Behördenzuständigkeit den besonderen Bedürfnissen seines Verwaltungsaufbaus anzupassen. Dementsprechend bestimmt § 1 AGBauGB: **176**
„Angelegenheiten, für die nach dem Baugesetzbuch die Gemeinde zuständig ist, werden von den Bezirken wahrgenommen, soweit nichts anderes bestimmt ist."
Gleich in § 2 Abs. 3 AGBauGB wird für den *Flächennutzungsplan* eine abweichende Bestimmung dahingehend getroffen, dass dieser durch den Senat von Berlin beschlossen wird und der Zustimmung des Abgeordnetenhauses bedarf. Die Bezirke werden im Rahmen der Aufstellung des Entwurfs des Flächennutzungsplans lediglich verwaltungsintern beteiligt.

a) Der Grundsatz bezirklicher Zuständigkeit
Für die Aufstellung und Festsetzung von Bebauungsplänen sind hingegen nach § 6   **177**
Abs. 1 AGBauGB grundsätzlich die Bezirke zuständig.[118] Diese Regelung, die mit der Verwaltungsreform 1994[119] in das AGBauGB Eingang gefunden hat, billigt den Bezirken in einem wichtigen Aufgabenbereich ein gewisses Maß an Eigenverantwortlichkeit zu. Diese Eigenverantwortlichkeit ist aber zum einen dadurch begrenzt, dass in den §§ 8 und 9 AGBauGB der Hauptverwaltung Befugnisse zum Erlass bestimmter Bebauungspläne zugewiesen werden, zum anderen dadurch, dass auch im originären Bereich bezirklicher Zuständigkeit der Hauptverwaltung weitreichende Verfahrens- und Kontrollrechte zustehen, wenn eine Planung dringende Gesamtinteressen Berlins *berührt* (§ 6 Abs. 2 AGBauGB).

---

[117] Siehe Rz.190.
[118] Dazu ausführlich *Durinke/Zepf*, LKV 2011, S. 385 ff.
[119] Siehe Rz. 26.

b) Die Zuständigkeit der Hauptverwaltung in besonderen Fällen

178 Zunächst weist § 8 Abs. 1 AGBauGB der zuständigen Senatsverwaltung[120] die originäre Kompetenz zum Erlass solcher Bebauungspläne zu, die der Verwirklichung von *Erfordernissen der Verfassungsorgane des Bundes* zur Wahrnehmung ihrer Aufgaben dienen. Die Vorschrift trägt der Vorgabe aus § 247 Abs. 1 BauGB Rechnung, wonach die Erfordernisse des Hauptstadtstatus Berlins besonders zu berücksichtigen sind.

179 Gem. § 9 Abs. 1 AGBauGB kann der Senat ferner für ein bestimmtes Gebiet durch Beschluss im Benehmen mit dem Rat der Bürgermeister feststellen, dass dieses von *außergewöhnlicher stadtpolitischer Bedeutung oder für Industrie- und Gewerbeansiedlungen von derartiger Bedeutung wesentlich* ist. Dieser Beschluss bewirkt, dass die Zuständigkeit zum Erlass eines Bebauungsplanes originär auf die zuständige Senatsverwaltung übergeht (§§ 9 Abs. 3, 8 Abs. 1 AGBauGB). Der Rat der Bürgermeister kann dem Beschluss des Senats allerdings widersprechen. Dieser Widerspruch hat jedoch nur Bedeutung, wenn nicht nur die Mehrheit, sondern drei Viertel seiner Mitglieder widersprechen. Dann bedarf der Beschluss des Senats nach § 9 Abs. 1 S. 2 AGBauGB der Zustimmung des Abgeordnetenhauses.

180 Bei dem Terminus „außergewöhnliche stadtpolitische Bedeutung" handelt es sich um einen *unbestimmten Rechtsbegriff*, der bereits mehrfach Anlass gerichtlicher Auseinandersetzungen zwischen Haupt- und Bezirksverwaltung war.[121] Das OVG Berlin-Brandenburg erkennt dem Senat bei der Beurteilung der außergewöhnlichen stadtpolitischen Bedeutung einen *weiten Beurteilungsspielraum* zu. Dies folge daraus, dass ungeachtet der Stärkung der bezirklichen Rechtsstellung die Hauptverantwortung für die Entwicklung der Stadt als Ganzes bei der Hauptverwaltung verblieben sei. Die Weite des Spielraums werde noch durch den Verweis auf die „politische" Bedeutung eines Gebietes verdeutlicht. Denn die Bestimmung des Inhalts und der Ziele der Stadtpolitik sei allein der Hauptverwaltung möglich. Politische Entscheidungen seien naturgemäß dem Wandel unterworfen und könnten daher nur begrenzt gerichtlich überprüft werden. Eine Kontrolle durch das Gericht könne sich nur darauf erstrecken, ob der Senat willkürfrei eine stadtpolitische Bedeutung angenommen habe.

181 Bei der Beurteilung der *Außergewöhnlichkeit* der stadtpolitischen Bedeutung eines Vorhabens werde der Beurteilungsrahmen allerdings durch gesetzgeberische Wertungen eingegrenzt. So habe der Gesetzgeber im AGBauGB eine klare Rangfolge der Zuständigkeiten zum Erlass von Bebauungsplänen statuiert. Dies lasse den Schluss zu, dass die Außergewöhnlichkeit der stadtpolitischen Bedeutung darin liegen müsse, dass eine bestimmte Planung nicht nur gesamtstädtische oder überbezirkliche Auswirkungen habe, sondern eine über das übliche Maß hinausgehende, hervorgehobene Bedeutung für das Stadtganze aufweisen müsse, die der Senat mit nachvollziehbaren und vertretbaren Gründen zu belegen habe. Gleichzeitig tritt das

---

[120] Dies ist nach der Geschäftsverteilung des Senats derzeit die Senatsverwaltung für Stadtentwicklung, Bauen und Wohnen.

[121] Vor allem OVG Berlin, Urt. v. 31.8.1999 – 2 B 13.99, LKV 2000, S. 453 ff.; VG Berlin, Beschl. v. 20.9.1995 – 19 A 1766.95, LKV 1996, S. 106 f.

Gericht der Annahme entgegen, die Anwendung von § 9 Abs. 1 AGBauGB sei auf wenige und seltene Ausnahmekonstellationen beschränkt.[122]

Der Interpretation des Begriffs der außergewöhnlichen stadtpolitischen Bedeu-   **182** tung durch das OVG Berlin-Brandenburg ist in vollem Umfang zu folgen. Die Einräumung eines Beurteilungsspielraums erwächst aus der Erkenntnis, dass Entscheidungen mit überwiegend *prognostischem und wertendem Charakter* allein durch die Verwaltung selbst in sachgerechter Weise getroffen werden können.[123] Die Bindungen, die das Gericht aus dem Merkmal der Außergewöhnlichkeit herleitet, führen dazu, dass der Begriff praktikabel und justiziabel wird.

Schließlich normiert § 7 Abs. 1 AGBauGB die Befugnis des zuständigen Senats-   **183** mitglieds, bei bezirklicher Zuständigkeit im Falle der *Beeinträchtigung dringender Gesamtinteressen Berlins*[124] von seinem *Eingriffsrecht* gem. § 13 a AZG Gebrauch zu machen und modifiziert die Regelungen im AZG. § 7 Abs. 1 S. 3 AGBauGB konkretisiert den unbestimmten Rechtsbegriff, indem er bestimmte Fallgruppen enumerativ benennt, in denen dringende Gesamtinteressen bestehen können, allerdings nicht müssen. Die Aufzählung ist auch nicht abschließend.[125] Das Eingriffsrecht kann zum einen ausgeübt werden, wenn bereits ein bezirklicher Bebauungsplanentwurf besteht und dieser dringende Gesamtinteressen beeinträchtigt, zum anderen, wenn dringende Gesamtinteressen einen Bebauungsplan erforderlich machen. Mit der Ausübung des Eingriffsrechts entsteht die Befugnis des zuständigen Senatsmitglieds zur Ausübung weitreichender Informations- und Weisungsrechte (vgl. § 8 Abs. 3 AZG). Wird eine Einzelweisung nicht befolgt oder beschließt die betroffene Bezirksverordnetenversammlung den Planentwurf nicht rechtzeitig, so kann das Senatsmitglied die Aufstellung des Bebauungsplans auch selbst vornehmen (§ 7 Abs. 1 S. 4 AGBauGB). § 7 AGBauGB beinhaltet damit die Möglichkeit, dass die Sachkompetenz vollständig auf das zuständige Senatsmitglied übergeht. Der betroffene Bezirk verliert dann jegliche Befugnis.[126] Der Unterschied zu den Regelungen der §§ 8, 9 AGBauGB liegt darin, dass die Senatsverwaltung die Planungskompetenz nach den §§ 8, 9 AGBauGB originär besitzt, während die ursprünglich bezirkliche Kompetenz gem. § 7 AGBauGB erst durch einen Eingriff auf die Senatsverwaltung übergeht.[127]

---

[122] OVG Berlin (Fn. 121), S. 456.

[123] Ebenso VG Berlin (Fn. 121), S. 107.

[124] Siehe Rz. 250 ff.; zur Abgrenzung der „außergewöhnlichen stadtpolitischen Bedeutung" zu „dringenden Gesamtinteressen Berlins" s. *Siegel/Waldhoff*, Öffentliches Recht in Berlin, § 4, Rz. 40 ff.

[125] So auch *Schladebach*, Bauleitplanung in Berlin, LKV 2000, S. 433 ff., 434.

[126] Zu den Wirkungen des Eingriffsrechts siehe Rz. 265; zur Verfassungskonformität von § 7 AGBauGB s. *Siegel/Waldhoff* (Fn 124), § 4, Rz. 40 ff.

[127] Siehe auch *Durinke/Zepf* (Fn. 118), S. 391; so auch *Schladebach* (Fn. 125), S. 434.

3. Das Verfahren zum Erlass von Bebauungsplänen

a) Bezirkliche Bebauungspläne

184 Sind die Bezirke für den Erlass eines Bebauungsplanes zuständig, so haben sie ihre *Planungsabsicht* zunächst gem. § 5 S. 1 AGBauGB der zuständigen Senatsverwaltung mitzuteilen. Dieses Erfordernis dient der vorweggenommenen Prüfung, ob ein Bebauungsplan im Hinblick auf übergeordnete Planungen auf Bedenken stößt[128] oder dringende Gesamtinteressen nach § 7 AGBauGB *berührt*. Hat sich die Senatsverwaltung für Stadtentwicklung zu der Planungsabsicht geäußert oder ist die Frist des § 5 S. 2 AGBauGB verstrichen, so kann das eigentliche Verfahren des § 6 AG-BauGB beginnen. Die Mitteilung der Planungsabsicht hat in den Flächenländern keine Entsprechung. Sie ist, wie § 6 Abs. 1 AGBauGB zeigt, verfahrensmäßige Voraussetzung für die Durchführung des eigentlichen Planungsverfahrens. Indes ist der Bezirk nicht gehindert, ungeachtet der im Verfahren nach § 5 AGBauGB geäußerten Bedenken den Beschluss zur Aufstellung des Bebauungsplans gem. § 6 Abs. 1 AGBauGB zu fassen. Dies ergibt sich daraus, dass § 6 Abs. 1 AGBauGB nur die Durchführung des Verfahrens an sich, nicht aber seinen inhaltlichen Ausgang zur Voraussetzung für die Planung macht.

185 Anders ist es jedoch, wenn die Senatsverwaltung nach § 10 Abs. 4 AGBauGB die Aufstellung des Bebauungsplans *formell untersagt*, da zu befürchten ist, dass dieser einer bereits eingeleiteten Änderung oder Ergänzung des Flächennutzungsplans widerspricht. Zu beachten ist im Hinblick auf überörtliche Planungen auch, dass nach § 10 Abs. 1 und 2 AGBauGB die zuständige Senatsverwaltung verlangen kann, bereits festgesetzte Bebauungspläne anzupassen bzw. neue Bebauungspläne aufzustellen (Anpassungspflicht, Planungsgebot). Kommt der Bezirk dem nicht nach, kann die Senatsverwaltung von ihrem Eingriffsrecht Gebrauch machen (§ 10 Abs. 3 AGBauGB).

186 Das weitere Verfahren ergibt sich aus § 6 AGBauGB. Hierbei ist zu unterscheiden nach Entwürfen, die keine dringenden Gesamtinteressen Berlins berühren und solchen, die dies tun. Ist dies nicht der Fall, fasst das Bezirksamt gem. § 6 Abs. 1 S. 1 AGBauGB den *Beschluss zur Aufstellung* des Bebauungsplans. Es führt auch die weiteren durch das Baugesetzbuch vorgegebenen Verfahrensschritte durch, wie *Bürgerbeteiligung, Trägerbeteiligung und Abwägung der planungserheblichen Belange* (vgl. § 6 Abs. 1 AGBauGB). Für die *Beschlussfassung* und damit die Letztentscheidung ist die Bezirksverordnetenversammlung zuständig.

187 Hat die Senatsverwaltung im Rahmen des Verfahrens nach § 5 mitgeteilt, dass der Entwurf des Bebauungsplans dringende Gesamtinteressen Berlins nach § 7 Abs. 1 Satz 1 und 3 AGBauGB berührt (es ist nicht erforderlich, dass er die Gesamtinteressen beeinträchtigt!), ist er vor der Beschlussfassung durch die Bezirksverordnetenversammlung der Senatsverwaltung für Stadtentwicklung *anzuzeigen*. Diese prüft, ob der Bebauungsplan dringende Gesamtinteressen *beeinträchtigt*, ordnungsgemäß zustande gekommen ist und sich im Rahmen der geltenden Rechtsvorschriften hält. Sind dringende Gesamtinteressen Berlins beeinträchtigt, geht die

---

[128] *Schladebach* (Fn. 125), S. 434.

Senatsverwaltung nach § 7 AGBauGB vor (Eingriff, z. B. Erteilung einer Weisung). Bei Rechtsfehlern ergeht eine Beanstandung. Die Vorlage an die Bezirksverordnetenversammlung darf erst erfolgen, wenn die Senatsverwaltung erklärt, dass keine Beanstandungen (mehr) erhoben werden, oder wenn sie die Frist zur Beanstandung verstreichen lässt. In diesem Verfahren unterliegt der Bezirk also der Aufsicht der für die Bauleitplanung zuständigen Senatsverwaltung, die sowohl die Rechtsaufsicht führt, als auch, unabhängig von Rechtsverstößen, vom Eingriffsrecht nach § 7 AGBauGB Gebrauch machen kann.

Alle anderen bezirklichen Bebauungspläne (nach § 6 Abs. 1 AGBauGB) unterliegen nur der allgemeinen Bezirksaufsicht, ohne dass ein Anzeigeverfahren durchzuführen ist.[129]

b) Bebauungspläne der Hauptverwaltung

Stellt die zuständige Senatsverwaltung selbst den Bebauungsplan auf, so ist der   **188**
Verfahrensablauf prinzipiell gleich mit dem Unterschied, dass an die Stelle von Bezirksamt und Bezirksverordnetenversammlung die *Senatsverwaltung* und das *Abgeordnetenhaus* treten (vgl. § 8 Abs. 1 AGBauGB). In diesem Zusammenhang wird das Abgeordnetenhaus einmal nicht in seiner Funktion als Landesparlament, sondern als kommunale Vertretungskörperschaft tätig.[130] Aus der Parallelität der Verfahren folgt nach zutreffender Auffassung des OVG Berlin-Brandenburg auch, dass die von der zuständigen Senatsverwaltung vorzunehmende Abwägung abschließend vor der erforderlichen Zustimmung des Abgeordnetenhauses erfolgen muss. Eine Letztabwägungsbefugnis der Senatsverwaltung ist abzulehnen.[131]

Eine Besonderheit besteht noch hinsichtlich solcher Pläne, die Belange Berlins   **189**
als Hauptstadt Deutschlands oder Erfordernisse der Verfassungsorgane des Bundes berühren. Für einen solchen Fall sieht § 247 Abs. 2 BauGB die Erörterung in einem *Gemeinsamen Ausschuss* von Bund und Land vor.[132] Kommt es in diesem Ausschuss zu keiner Einigung, so entscheiden, wenn es um Verfassungsorgane des Bundes geht, die Verfassungsorgane über ihre Erfordernisse selbst (vgl. § 247 Abs. 3 BauGB). Die von der Senatsverwaltung für Stadtentwicklung aufzustellenden Bebauungspläne stellen sich nach der Regelung des § 247 Abs. 3 BauGB nur noch als Vollzug der Entscheidung des Bundes dar, da den Berliner Stellen kaum noch eigene Entscheidungsbefugnisse bleiben.[133] Man wird diesen *Eingriff in die Planungshoheit Berlins* wegen der besonderen Bedeutung der Verfassungsorgane des Bundes im Interesse des Gesamtstaats für zulässig halten müssen.[134]

---

[129] Siehe die amtliche Begründung des Vierten Gesetzes zur Änderung des Gesetzes zur Ausführung des Baugesetzbuchs, AbghsDrs. 17/2202, S. 7; siehe zur früheren Rechtslage OVG Berlin-Brandenburg, Urt. v. 11.10.2007 – OVG 2 A 7.06, juris, Rz. 35; Urt. v. 11.10.2007 – OVG 2 A 1.07, juris, Rz. 32.

[130] Siehe Rz. 7.

[131] OVG Berlin-Brandenburg, Urt. v. 11.10.2007 – OVG 2 A 7.06, juris, Rz. 37 ff.

[132] *Dürr/Korbmacher*, Baurecht für Berlin, Rz. 203 ff.

[133] So auch *Hoppe*, DVBl. 1993, S. 573 ff., 579; schwächer *Schladebach* (Fn. 125), S. 435.

[134] Ebenso *Hoppe* (Fn. 133), S. 582; *Schladebach* (Fn. 125), S. 435.

4. Die Rechtsform von Bebauungsplänen in Berlin

90 Von der Regelung in § 10 Abs. 1 BauGB, wonach Bebauungspläne als Satzungen erlassen werden, gestattet § 246 Abs. 2 S. 1 BauGB Abweichungen. Danach kann das Land Berlin selbst bestimmen, in welchen Rechtsformen es Bebauungspläne erlassen will. Bis zur Verwaltungsreform 1994 geschah dies in Form von Rechtsverordnungen des Senats. Nunmehr bestimmt Art. 64 Abs. 2 S. 1 VvB, dass die Bezirke durch Gesetz ermächtigt werden können, zur Festsetzung von Bebauungsplänen[135] *Rechtsverordnungen* zu erlassen.[136] Eine dementsprechende Ermächtigung enthält § 6 Abs. 3 S. 1 AGBauGB. Die Bezirke können keine eigenen Satzungen erlassen, da ihnen die hierfür nötige Satzungsautonomie fehlt. Eine derartige Autonomie kann nur rechtsfähigen Verwaltungsträgern zukommen.[137] Demgegenüber bedarf es zum Erlass von Rechtsverordnungen keiner Autonomie, sondern lediglich der gesetzlichen Ermächtigung.[138] Deshalb sind *Rechtsverordnungen* in Berlin auch die richtige Rechtsform, um den Bezirken eine gewisse Eigenverantwortlichkeit zu geben. Sobald also die Bezirksverordnetenversammlung den Bebauungsplan beschlossen hat, setzt ihn das Bezirksamt als Rechtsverordnung fest (§ 6 Abs. 3 AGBauGB). Der Bebauungsplan ist Bestandteil der Rechtsverordnung. Bebauungspläne der Hauptverwaltung werden demgegenüber nach der Zustimmung des Abgeordnetenhauses als Rechtsverordnungen der zuständigen Senatsverwaltung erlassen (§ 8 Abs. 1, § 9 Abs. 3, § 7 Abs. 2 AGBauGB).

5. Die Rechtsstellung und der Rechtsschutz der Bezirke

91 Zusammenfassend lässt sich sagen, dass die Bezirke im Bereich der Bauleitplanung eine verselbstständigte Stellung besitzen. Sie können im Regelfall Bebauungspläne als Rechtsverordnungen erlassen. Durchbrochen wird diese Kompetenz durch die Befugnis der Hauptverwaltung, in den Fällen der §§ 7 bis 9 AGBauGB fachaufsichtliche Mittel auszuüben und selbst Bebauungspläne zu erlassen. Die Rechtsstellung der Bezirke im Bauplanungsrecht ist damit zwar derjenigen der Gemeinden angenähert,[139] aber andererseits auch erheblichen Einschränkungen unterworfen. Dabei ist auch zu berücksichtigen, dass die Verfassung die Begründung einer bezirklichen Zuständigkeit für Bebauungspläne durch Gesetz *lediglich ermöglicht*, aber nicht zwingend vorsieht.[140] Auch dies macht deutlich, dass die Verfassung nicht von einem Recht der Bezirke auf Selbstverwaltung ausgeht. Der Gesetzgeber kann

---

[135] Dasselbe gilt auch für Landschaftspläne, siehe auch Rz. 58.

[136] Zur Verfassungsgemäßheit der Übertragung beschränkter Rechtssetzungsbefugnisse auf die Bezirke vgl. ausführlich *Neumann* (Fn. 23), Art. 64, Rz. 34 ff.

[137] Siehe Rz. 62.

[138] Anders *Neumann* (Fn. 23), Art. 66, 67, Rz. 14.

[139] So auch OVG Berlin (Fn. 121), S. 454.

[140] Siehe auch *Michaelis* in Driehaus, VvB, Art. 64, Rz. 11.

den Bezirken die Zuständigkeit für die verbindliche Bauleitplanung wieder entziehen oder modifizieren.[141]

Jedoch ist die bezirkliche Eigenverantwortlichkeit im Bereich der Bauleitplanung nach der geltenden Rechtslage bereits so weitgehend, dass man ihnen ein *Klagerecht vor dem Verwaltungsgericht* gegen Beeinträchtigungen ihrer Kompetenz durch die Hauptverwaltung zubilligen muss.[142] Die Annäherung der bezirklichen Rechtsstellung an diejenige der Gemeinden liefe weitgehend leer, könnten die Bezirke diese nicht gegen Eingriffe der Hauptverwaltung gerichtlich verteidigen. Nimmt der Senat zu Unrecht eine außergewöhnliche stadtpolitische Bedeutung nach den §§ 8 und 9 AGBauGB an, so können die Bezirke hiergegen klagen.[143] Gleiches gilt für Fälle eines Eingriffs gem. § 7 AGBauGB.[144] Schließlich können die Bezirke Rechtsfehler der Senatsverwaltung im Rahmen der Rechtskontrolle nach § 6 Abs. 2 AGBauGB oder im Rahmen der allgemeinen Bezirksaufsicht gerichtlich geltend machen.[145]

192

Fall 4: Wohnungsbau

Im Bezirk Tempelhof-Schöneberg beginnen die Planungen für den Bau von 150 Sozialwohnungen. Nachdem die ersten Ideen konkretisiert wurden, teilt das Bezirksamt der zuständigen Senatsverwaltung die Planungsabsichten mit Schreiben vom 3. August mit.

Als bis zum 15. September keine Einwendungen seitens der Senatsverwaltung erhoben werden, fasst das Bezirksamt Tempelhof-Schöneberg den Beschluss, einen entsprechenden Bebauungsplan aufzustellen, und veröffentlicht diesen Beschluss im Amtsblatt. Die Entwurfsphase für den Bebauungsplan erstreckt sich – unter Berücksichtigung der Stellungnahmen aus der Öffentlichkeit – über einen Zeitraum von mehreren Monaten.

Im Februar kommen tausende Flüchtlinge nach Berlin. Der bereits angespannte Wohnungsmarkt bietet nicht ausreichend Wohnraum zur Unterbringung dieser Flüchtlinge. Die zuständige Senatsverwaltung erinnert sich an das Bauvorhaben des Bezirksamtes Tempelhof-Schöneberg und vergewissert sich, dass der Bebauungsplan noch nicht von der Bezirksverordnetenversammlung beschlossen wurde. Um die planungsrechtliche Voraussetzung für den Bau von mehr Wohnungen zu schaffen, weist die Senatsverwaltung das Bezirksamt Tempelhof-Schöneberg an, den Bebauungsplan statt für 150 für 700 Wohneinheiten aufzustellen. Die Senatsverwaltung argumentiert damit, dass auf dem zu bebauenden Gebiet ausreichend Platz ist, 700 Wohneinheiten zu errichten. Das

193

---

[141] *Dürr/Korbmacher* (Fn. 132), Rz. 178.

[142] A. A. möglicherweise BVerwG, Urt. v. 10.10.2012 – 9 A 10.11, NVwZ 2013, S. 662; dazu näher Rz. 419.

[143] Vgl. Rz. 416, ebenso OVG Berlin (Fn. 121), S. 453; VG Berlin (Fn. 116), S. 106; siehe Fall 4, Rz. 193.

[144] Siehe hierzu im Einzelnen Rz. 183; zum Klagerecht siehe auch *Michaelis* in Driehaus, VvB, Art. 64, Rz. 11 f.; *Neumann* (Fn. 23), Art. 64, Rz. 48; *Dürr/Korbmacher* (Fn. 132), Rz. 189.

[145] Siehe Rz. 184.

Vorhaben berühre durch die veränderte Lage nunmehr dringende Gesamtinteressen Berlins und beeinträchtige diese, da die bezirkliche Planung nicht alle Möglichkeiten der Schaffung von Wohnraum ausschöpfe.

Das Bezirksamt, welches den Bebauungsplan mittlerweile fertig ausgearbeitet hat, lehnt das Ansinnen der Senatsverwaltung von vornherein ab und möchte die Arbeit nicht noch einmal von vorn beginnen. Sie leitet den Entwurf des Bebauungsplanes mit lediglich 150 Wohneinheiten zur Beschlussfassung an die Bezirksverordnetenversammlung.

Die Senatsverwaltung erkennt, dass der Bebauungsplan nicht mehr rückgängig gemacht werden kann, sobald er von der Bezirksverordnetenversammlung beschlossen wurde. Da ihre Weisung nicht befolgt wird, zieht sie die Bauleitplanung an sich, um einen Bebauungsplan für 700 Wohneinheiten aufzustellen.

Im Bezirksamt ist man der Meinung, dass die Senatsverwaltung in einem so späten Stadium in das Verfahren gar nicht mehr eingreifen kann. Außerdem habe die Senatsverwaltung im August bereits Gelegenheit gehabt zu erklären, dass die Planung dem dringenden Gesamtinteresse Berlins unterliegt. Jetzt könne sie ihre Meinung nicht mehr ändern. Daher reicht das Bezirksamt Tempelhof-Schöneberg vor dem Verwaltungsgericht Berlin einen Antrag auf Erlass einer einstweiligen Anordnung des Inhalts ein, der Senatsverwaltung zu untersagen, die Bauleitplanung an sich zu ziehen.

Hat der Antrag Aussicht auf Erfolg? ◄

Lösungsvorschlag

Der Antrag auf Erlass einer einstweiligen Anordnung hat Aussicht auf Erfolg, wenn er zulässig und begründet ist.

I. Zulässigkeit

1. Verwaltungsrechtsweg

Für das Eilverfahren ist der Verwaltungsrechtsweg eröffnet, wenn dies auch in der Hauptsache der Fall ist. Mangels aufdrängender Sonderzuweisung ist § 40 Abs. 1 VwGO anzuwenden, der eine öffentlich-rechtliche Streitigkeit nichtverfassungsrechtlicher Art voraussetzt. Im zugrunde liegenden Rechtsstreit geht es um die Zuständigkeit zum Erlass von Bebauungsplänen. Zuständigkeitsregelungen gehören stets dem Öffentlichen Recht an, sodass auch der Charakter der Streitigkeit öffentlich-rechtlich ist. Eine verfassungsrechtliche Streitigkeit liegt schon deshalb nicht vor, weil die Bezirke keine Verfassungsorgane sind. Eine abdrängende Sonderzuweisung ist nicht ersichtlich. Mithin ist der Verwaltungsrechtsweg gem. § 40 Abs. 1 VwGO eröffnet.

2. Sachliche und örtliche Zuständigkeit

Sachlich zuständig ist das Gericht der Hauptsache (§ 123 Abs. 2 VwGO). Dies ist gem. § 45 VwGO das Verwaltungsgericht. Örtlich ist gem. § 52 Nr. 1 VwGO das Verwaltungsgericht Berlin zuständig.

3. Statthaftigkeit des Antrags

Die einstweilige Anordnung gem. § 123 Abs. 1 VwGO kommt als verwaltungsgerichtliches Eilverfahren dann in Betracht, wenn es nicht um die Anordnung oder Wiederherstellung der aufschiebenden Wirkung eines Rechtsmittels gegen einen Verwaltungsakt gem. § 80 Abs. 5 VwGO geht (§ 123 Abs. 5 VwGO). Fraglich ist, ob der Beschluss der Senatsverwaltung ein Verwaltungsakt ist. Dies setzt gem. § 35 S. 1 VwVfG unter anderem voraus, dass ihm Außenwirkung zukommt. Eine Außenwirkung gegenüber dem betroffenen Bezirk scheidet schon deshalb aus, da die Bezirke gem. § 2 Abs. 1 BezVG keine Rechtspersönlichkeit besitzen und damit in die Berliner Verwaltung eingegliedert sind. Aber auch ansonsten ist die Ausübung des Eingriffsrechts nach § 7 AGBauGB iVm. § 13a AZG nicht auf die Erzielung von Rechtswirkungen nach außen gerichtet. Der Eingriff hat lediglich die Wirkung, eine originäre Kompetenz der Hauptverwaltung zum Erlass eines Bebauungsplans zu begründen. Eine darüber hinausgehende, den Bürger betreffende Wirkung nach außen ist nicht gewollt. Somit liegt kein Verwaltungsakt vor. Da kein Antrag nach § 80 Abs. 5 VwGO in Betracht kommt, ist die einstweilige Anordnung gem. § 123 Abs. 1 VwGO die statthafte Antragsart.

4. Antragsbefugnis

Besondere Sachentscheidungsvoraussetzungen sind für die einstweilige Anordnung im Gesetz nicht vorgesehen. Jedoch ist auch hier § 42 Abs. 2 VwGO anzuwenden, um Popularklagen zu verhindern. Es muss möglich erscheinen, dass der Bezirk Tempelhof-Schöneberg durch die Geltendmachung einer Senatskompetenz für den fraglichen Bebauungsplan in seinen Rechten verletzt sein kann.

Die Möglichkeit einer Rechtsverletzung ist nicht bereits deshalb ausgeschlossen, weil vorliegend ein nicht rechtsfähiger Bezirk die Verletzung seiner Zuständigkeit durch die Hauptverwaltung geltend macht, der Rechtsstreit also innerhalb der juristischen Person Berlin besteht und es sich um einen Insichprozess handelt. Zwar ist mit der Zuordnung einer Kompetenz an ein staatliches Organ in der Regel nicht auch die Zuweisung einer klagbaren Rechtsposition verbunden. Soll jedoch eine Kompetenzzuweisung nach dem geltenden Organisationsrecht nicht lediglich der Gewährleistung eines effektiven Funktionsablaufs innerhalb der Gesamtorganisation dienen, sondern vertraut die Kompetenznorm ausnahmsweise darüber hinausgehend einem bestimmten Funktionsträger als „Kontrastorgan" zum Zwecke einer sachgerechten Ausbalancierung innerkörperschaftlicher Interessen- und Machtgegensätze die eigenständige Bewältigung bestimmter Aufgabenbereiche an, so kann daraus auf die Übertragung einer klagbaren Wahrnehmungszuständigkeit geschlossen werden.[146]

---

[146] H. M., vgl. OVG Berlin, Urt. v. 31.8.1999 – 2 B 13.99, LKV 2000, S. 453; OVG Bautzen, Beschl. v. 15.8.1996 – 3 S 465/96, NVwZ 1997, S. 802 m. w. N.

Mithin müsste es sich bei der generellen Zuweisung der Zuständigkeit zum Erlass von Bebauungsplänen an die Bezirke gem. § 6 AGBauGB um eine solche klagbare Rechtsposition handeln, die vom Senat verletzt worden sein könnte. Zunächst ist festzuhalten, dass die Zuweisung den Bezirken nicht bereits deshalb ein Klagerecht verleiht, weil diese Zuweisung Ausdruck eines verfassungskräftigen Rechts der Bezirke auf bezirkliche Selbstverwaltung wäre. Ein solches Recht gibt es in Berlin nicht, da es dem Charakter Berlins als Einheitsgemeinde widerspräche.[147]

Diese Annahme schließt es indes nicht aus, den Bezirken in Teilbereichen ihrer Zuständigkeit eine klagbare Rechtsposition, die der Machtbalance innerhalb Berlins dient, zuzuerkennen. In diesem Zusammenhang ist von Bedeutung, dass mit Art. 64 Abs. 2 VvB eine Regelung geschaffen wurde, die die Übertragung eigener Rechtssetzungsbefugnisse auf die Bezirke ermöglicht. Von dieser Möglichkeit hat der Gesetzgeber in § 6 AGBauGB Gebrauch gemacht. Durch die Zuerkennung der Rechtssetzungsbefugnis ist die Stellung der Bezirke im Bereich der Bauleitplanung der Rechtsstellung der Gemeinden angenähert worden. Dies drückt sich auch in § 1 AGBauGB aus, der die gemeindlichen Aufgaben dem Grundsatz nach den Bezirken zuweist. Zwar kommt es durch die §§ 7 bis 9 AGBauGB zu einer Abschwächung der bezirklichen Eigenverantwortlichkeit. Dies ändert jedoch nichts daran, dass im Grundsatz die Bezirke im Bereich der Bauleitplanung eine den Gemeinden angenäherte und verselbstständigte Stellung erhalten sollten.[148] Insbesondere schließt die Zuweisung der Rechtssetzungshoheit auch das für die Eigenverantwortlichkeit entscheidende planerische Ermessen mit ein. Mithin ist davon auszugehen, dass die bezirkliche Zuständigkeit zum Erlass von Bebauungsplänen eine vor dem Verwaltungsgericht wehrfähige Rechtsposition vermittelt[149] Diese Rechtsposition hat der Senat möglicherweise verletzt, indem er die Zuständigkeit der Senatsverwaltung für Stadtentwicklung zum Erlass des Bebauungsplans feststellte. Die für die Annahme einer Antragsbefugnis analog § 42 Abs. 2 VwGO erforderliche Möglichkeit einer Rechtsverletzung besteht.

5. Allgemeines Rechtsschutzbedürfnis

Das allgemeine Rechtsschutzbedürfnis setzt nicht voraus, dass bereits Klage erhoben wurde (§ 123 Abs. 1 S. 1 VwGO). Es entfällt jedoch, wenn das Anordnungsbegehren auf eine Vorwegnahme der Hauptsache gerichtet ist. Vorliegend geht es dem Bezirk darum, weitere Planungen durch die Senatsverwaltung für Stadtentwicklung einstweilen zu verhindern. Darin liegt keine Vorwegnahme der Hauptsache.

---

[147] BerlVerfGH, Urt. v. 19.10.1992 – VerfGH36/92, LVerfGE 1, 33, 37; ausdrücklich offengelassen durch OVG Berlin, Urt. v. 31.8.1999 – 2 B 13.99, LKV 2000, S. 453.

[148] Vgl. Abghs-Drs. 12/3350, S. 8 zu Aa; 13/2537, S. 17 zu III; Plenarprotokoll der 63. Sitzung v. 10.3.1994, S. 5417 ff., 5420.

[149] Ebenso insbesondere OVG Berlin, Urt. v. 31.8.1999 – 2 B 13.99, LKV 2000, S. 453 ff., 454; VG Berlin, Beschl. v. 20.9.1995 – 19 A 1766.95, LKV 1996, S. 106; Haaß, LKV 1996, S. 84 ff., 86.

6. Beteiligte des Rechtsstreits

Der Bezirk ist zwar keine Vereinigung im Sinne von § 61 Nr. 2 VwGO, denn § 61 VwGO gilt nur für Außenrechtsbeziehungen unmittelbar. Jedoch muss er, um seine Rechte geltend machen zu können, analog § 61 Nr. 2 VwGO beteiligtenfähig sein können, soweit ihm ein Recht zustehen kann. Dies ist, wie gesehen, der Fall. Beklagter ist in Abweichung vom Rechtsträgerprinzip der Senat von Berlin, da ihm gegenüber die beanspruchte Innenrechtsposition bestehen soll. Er ist ebenfalls analog § 61 Nr. 2 VwGO beteiligtenfähig.

7. Ergebnis

Der Antrag auf Erlass einer einstweiligen Anordnung ist zulässig.

II. Begründetheit

Der Antrag ist begründet, wenn dem Bezirk Tempelhof-Schöneberg ein Anordnungsanspruch und ein Anordnungsgrund zustehen. Vorliegend möchte der Bezirk verhindern, dass durch weitere Planungen des Senats vollendete Tatsachen geschaffen werden und dadurch die Verwirklichung seiner Zuständigkeiten gefährdet wird. Er hat sein Begehren folglich in der Form der Sicherungsanordnung gem. § 123 Abs. 1 S. 1 VwGO zu verfolgen.

1. Anordnungsanspruch

Im Falle der Sicherungsanordnung liegt ein Anordnungsanspruch vor, wenn es um die Sicherung eines Rechts des Antragstellers geht. Das Vorliegen dieses Rechts muss glaubhaft gemacht werden.

a) Grundsätzliches Recht der Bezirke zur Aufstellung von Bebauungsplänen

Durch § 6 AGBauGB wird den Bezirken grundsätzlich die Zuständigkeit für die Aufstellung und Festsetzung von Bebauungsplänen zugewiesen. Entsprechend den obigen Ausführungen dient diese Zuweisung nicht nur der Kompetenzabgrenzung, sondern vermittelt den Bezirken eine klagbare Rechtsposition auf eigenverantwortliche Erledigung dieser Aufgabe.

b) Ausnahme nach § 7 AGBauGB, § 13a AZG

Jedoch könnte vorliegend ein Recht des Bezirks zu verneinen sein, wenn die Zuständigkeit zum Erlass eines Bebauungsplans nach Ausübung des Eingriffsrechts ausnahmsweise der Senatsverwaltung zusteht. Das könnte nach § 7 AGBauGB iVm. § 13 a AZG der Fall sein. Gem. § 7 Abs. 1 AGBauGB kann die zuständige Senatsverwaltung abweichend vom Verfahren nach § 6 AGBauGB einen Eingriff nach § 13a AZG vornehmen, wenn der Entwurf eines Bebauungsplans dringende Gesamtinteressen Berlins beeinträchtigt. § 13 a AZG verweist auf § 8 Abs. 3 AZG. Voraussetzung für die Zuständigkeit der Senatsverwaltung durch ein Ansichziehen ist das Vorliegen eines dringenden Gesamtinteresses Berlins, welches beeinträchtigt ist, und eine vorherige erfolglos erteilte Weisung an den Bezirk (§ 7 Abs. 1 Satz 4 AGBauGB i. V. m. § 8 Abs. 3 AZG).

aa) Präklusion durch Fristablauf nach § 5 AGBauGB?

Fraglich ist zunächst, ob eine Zuständigkeit der Hauptverwaltung hier nicht von vornherein dadurch ausgeschlossen ist, dass die Senatsverwaltung ihre gegen die bezirkliche Planung gerichteten Bedenken nicht innerhalb der in § 5 AGBauGB festgeschriebenen Monatsfrist geltend gemacht hat. Diese war mit dem Ablauf des 3. Septembers verstrichen.

Nach § 5 S. 2 AGBauGB konnte damit der Bezirk Tempelhof-Schöneberg davon ausgehen, dass Bedenken gegen seine Planung nicht bestehen, insbesondere dringende Gesamtinteressen nicht berührt sind. Fraglich ist, ob das Verschweigen der Senatsverwaltung dazu führt, dass sie nun nicht mehr ihre Zuständigkeit zum Erlass des Bebauungsplans durch einen Eingriff erlangen kann. Eine solche Annahme würde indes der Bedeutung von § 5 AGBauGB nicht gerecht. Er dient im Wesentlichen einem ökonomischen Verfahrensablauf, indem er sicherstellt, dass vorhandene Bedenken gegen bezirkliche Planungen schon im frühest-möglichen Stadium geäußert werden können. Eine Berücksichtigung erst später kann sehr aufwändig sein, da dann schon verschiedene Organe mit der Planung befasst waren. In diesem Zusammenhang dient die Frist des § 5 S. 2 AGBauGB der Sicherung der Bezirke dahingehend, dass die Hauptverwaltung ihre Planungen nicht über Gebühr verzögern kann und dass für ihn Planungssicherheit besteht. Eine weitergehende Bedeutung im Sinne einer Präklusion kommt der Frist aber nicht zu. Nicht ausgeschlossen ist es, nach § 7 AGBauGB vorzugehen, wenn sich im Laufe des Planungsverfahrens die Umstände ändern.

So war es hier. Bis zum 3. September bestand noch eine andere Situation. Der Flüchtlingsstrom war noch nicht in Berlin angekommen. Zum Zeitpunkt des Beginns der Bauleitplanung bestand deshalb seitens der Senatsverwaltung noch kein Anlass, dem Vorhaben eine besondere Bedeutung beizumessen. Durch die unvorhersehbar nach Berlin eingereisten Flüchtlinge, die vom Land unter-zubringen und in der Zukunft mit Wohnraum zu versorgen sind, liegt nunmehr eine andere Ausgangslage vor. Es würde dem Sinn der §§ 5 und 6 AGBauGB widersprechen, wenn die Senatsverwaltung nun daran gehindert wäre, Bedenken hinsichtlich einer Planung zu äußern. Die Senatsverwaltung hat frühest möglich nach veränderter Ausgangslage Bedenken hinsichtlich der Planung geäußert. Das war hier auch noch möglich, da der Bebauungsplan noch nicht von der Bezirksverordnetenversammlung beschlossen wurde.

Die Senatsverwaltung ist somit nicht durch das Verstreichen der Frist nach § 5 AGBauGB präkludiert.

bb) Vorliegen dringender Gesamtinteressen Berlins

Die Geltendmachung des Eingriffsrechts nach § 7 Abs. 1 AGBauGB, § 13a AZG (Weisung, Ansichziehen) setzt jedoch voraus, dass das Vorhaben des Bezirks nunmehr dringende Gesamtinteressen Berlins beeinträchtigt. § 7 Abs. 1 AGBauGB enthält dazu eine beispielhafte Aufzählung von dringenden Gesamtinteressen Berlins. Diese sind nicht abschließend. Das ergibt sich bereits aus dem Wortlaut der Norm („kann insbesondere vorliegen"). Unter die Aufzählung fallen auch Wohnungsbauvorhaben, die wegen ihrer Größe (ab 200 Wohneinheiten) von besonderer Bedeutung für den Berliner Wohnungsmarkt sind, § 7 Abs. 1 Nr. 5 AGBauGB. Zwar plant das Bezirksamt Tempelhof-Schöneberg ein Bauvorhaben mit lediglich 150 Wohneinheiten. Jedoch kann auch ein Vorhaben, welches unterhalb der Grenze des § 7 Abs. 1 Nr. 5 AGBauGB liegt, dringende Gesamtinteressen Berlins berühren, wenn es von besonderer Bedeutung für den Wohnungsmarkt Berlins ist. Dies ergibt sich daraus, dass die Aufzählung lediglich beispielhaft ist und stets am Einzelfall geprüft werden muss. Vorliegend bietet das zu bebauende Gebiet Platz für 700 Wohneinheiten. Aufgrund der angespannten Wohnungssituation und der besonderen Bedeutung des Flüchtlingszuzuges ist es daher geboten, dass Gelände mit mehr als 150 Wohneinheiten zu bebauen. Dringende Gesamtinteressen Berlins sind somit berührt und sogar beeinträchtigt, da der Bezirk von seinen Planungen nicht abweichen will, obwohl dies dringend geboten ist, um mehr Wohnraum zu schaffen.

cc) Nichtbefolgung einer Weisung

Die zuständige Senatsverwaltung müsste dem Bezirksamt Tempelhof-Schöneberg zur Ausübung des Eingriffsrechts erfolglos gem. § 8 Abs. 3 AZG eine Weisung erteilt haben. § 8 AZG ist aufgrund der Verweisung des § 13a Abs. 1 AZG anwendbar. Die Senatsverwaltung hat den Bezirk angewiesen, die Bauleitplanung erneut zu beginnen und einen Bebauungsplan für 700 statt 150 Wohneinheiten zu entwerfen. Das Bezirksamt Tempelhof-Schöneberg ist der Weisung nicht nachgekommen. Vielmehr hat es den unveränderten Bebauungsplan zur Beschlussfassung der Bezirksverordnetenversammlung zugeleitet. Sobald ein Bebauungsplan von der Bezirksverordnung beschlossen wird, setzt ihn das Bezirksamt als Rechtsverordnung fest. Die Festsetzung einer Rechtsverordnung kann nicht im Wege des Eingriffsrechts rückgängig gemacht werden. Ein neuer Bebauungsplan mit 700 Wohneinheiten hätte folglich nicht mehr erstellt werden können. Mithin hat das Bezirksamt die Weisung der Senatsverwaltung nicht befolgt und folglich konnte die Senatsverwaltung das Verfahren der Aufstellung und Festsetzung des Bebauungsplans an sich ziehen.

2. Endergebnis

Im Ergebnis ist nach der rechtmäßigen Ausübung des Eingriffsrechts nach § 7 Abs. 1 AGBauGB, §§ 8, 13a AZG (Weisung, Ansichziehen) nunmehr die Senatsverwaltung und nicht der Bezirk Tempelhof-Schöneberg für die Aufstellung und Festsetzung des Bebauungsplans zuständig. Dem Bezirk steht der behauptete Anordnungsanspruch nicht zu. Es muss nicht weiter geprüft werden, ob ein Anordnungsgrund besteht. Der Antrag auf Erlass einer einstweiligen Anordnung ist damit zwar zulässig, aber unbegründet.

5 Wichtige Verfahrensvorschriften

I. Das Gesetz über das Verfahren der Berliner Verwaltung

194 Für die öffentlich-rechtliche Verwaltungstätigkeit der Behörden der unmittelbaren und mittelbaren Landesverwaltung Berlins gilt das Gesetz über das Verfahren der Berliner Verwaltung (VwVfGBln).[1] Es handelt sich jedoch nicht um eine Vollregelung. In § 1 Abs. 1 VwVfGBln wird das *Verwaltungsverfahrensgesetz des Bundes*[2] für anwendbar erklärt, soweit in den §§ 2 bis 6 VwVfGBln nichts anderes bestimmt ist. Das Verfahrensgesetz gilt nicht, soweit dies in § 2 des Bundesgesetzes und darüber hinausgehend in § 2 des Landesgesetzes vorgesehen ist, also insbesondere nicht in Teilen des Bildungsbereichs und auch nicht für den Rundfunk Berlin-Brandenburg (RBB).[3]

Durch die Verweisung wird das Bundesgesetz in das Berliner Landesrecht inkorporiert und hat somit den Rang von Landesrecht. Die Verweisung bezieht sich auf die jeweils geltende Fassung des Bundesgesetzes. Es handelt sich also um eine so genannte *dynamische Verweisung*. Änderungen auf Bundesebene wirken sich unmittelbar im Landesbereich aus. Eine solche Verweisung ist unter rechtsstaatlichen und demokratischen Gesichtspunkten bedenklich, da der Landesgesetzgeber sich partiell seiner Gesetzgebungskompetenz begibt.[4] Gleichwohl wird diese Verweisungstechnik im Bereich des Verwaltungsverfahrensrechts überwiegend für zulässig gehalten, da die Verwaltungsverfahrensgesetze der Länder ohnehin von bundeseinheitlichen Grundsätzen ausgehen und auf inhaltliche Übereinstimmung angelegt sind.[5] Auch die Vollgesetze entsprechen weitgehend dem Verwaltungsverfahrensgesetz

---

[1] Vom 21.4.2016, GVBl. S. 218, zul. geänd. d.G.v. 27.09.2021, GVBl. S. 1117.

[2] I. d. F. v. 23.1.2003, BGBl. I S. 102, zul. geänd. d.G.v. 25.06.2021. BGBl. I S. 2154.

[3] Vgl. zum Bildungsbereich, S. 197 ff.

[4] BVerfGE 47, 285, 312; *Maurer/Waldhoff*, Allgemeines Verwaltungsrecht, § 5, Rz. 19; *Kopp/Ramsauer*, VwVfG, Einf., Rz. 9.

[5] *Maurer/Waldhoff* (Fn. 4), § 5, Rz. 19; *Kopp/Ramsauer* (Fn. 4), Einf., Rz. 9; vgl. § 137 Abs. 1 Nr. 2 VwGO.

© Springer-Verlag GmbH Deutschland, ein Teil von Springer Nature 2022
A. Musil, S. Kirchner, *Das Recht der Berliner Verwaltung*, Springer-Lehrbuch,
https://doi.org/10.1007/978-3-662-65501-6_5

des Bundes. Im Übrigen kann der Landesgesetzgeber jederzeit durch Änderung der Verweisung oder Normierung einer Teil- oder Vollregelung von seiner Gesetzgebungskompetenz Gebrauch machen.

Das Bundesrecht ergänzende bzw. modifizierende Regelungen finden sich in den §§ 2 bis 6 VwVfGBln. So gilt die Verpflichtung zur Erteilung von Rechtsbehelfsbelehrungen nicht für Verwaltungsakte im Bildungsbereich (s. § 2 Abs. 2 Satz 1 VwVfGBln i. V. m.§ 37 Abs. 6 VwVfGBund). In § 2 Abs. 5 VwVfG ist eine von § 41 Abs. 4 VwVfGBund abweichende Vorschrift zur Bekanntgabe von Allgemeinverfügungen in Eilfällen vorgesehen. Damit kann eine Allgemeinverfügung mit der Zugänglichmachung zum Beispiel im Internetauftritt des Landes Berlin als sofort bekannt gegeben gelten und unmittelbar Rechtswirkungen auslösen.   **195**

§ 4 VwVfGBln sieht vor, dass die *örtliche Zuständigkeit der Bezirksämter im Rahmen der bezirklichen Aufgaben des Einwohner- und Verkehrswesens* stets gegeben ist, wenn ein Antrag bei ihnen gestellt wird oder bei ihnen der *Anlass für eine Amtshandlung* entstanden ist. Es kommt also nicht auf den sonst maßgeblichen Wohnsitz bzw. Aufenthaltsort des Bürgers an (§ 3 Abs. 1 Nr. 3 Buchst. a VwVfGBund). Diese Regelung soll es ermöglichen, dass alle Bürger die Leistungen der Bürgerämter aller Bezirke in Anspruch nehmen können.   **196**

In § 5 VwVfGBln findet sich eine Verordnungsermächtigung zur Bestimmung derjenigen Verwaltungsangelegenheiten, die im *förmlichen Verfahren* nach den §§ 63 ff. VwVfGBund durchzuführen sind. Aufgrund dieser Ermächtigung wurde die Verordnung über das förmliche Verwaltungsverfahren (FörmVfVO)[6] erlassen. Vor der Anfechtung eines im förmlichen Verfahren erlassenen Verwaltungsaktes bedarf es nach § 70 VwVfGBund keines Vorverfahrens.   **197**

Modifiziert wird in § 6 VwVfGBln die Regelung des § 29 VwVfGBund über die *Akteneinsicht Beteiligter.* § 6 Abs. 1 S. 1 VwVfGBln erweitert den Einsichtsanspruch, da er sich auf alle Verfahrensakten bezieht. In § 29 Abs. 1 S. 1 VwVfG Bund ist demgegenüber eine Einsicht nur für Akten vorgesehen, deren Kenntnis zur Geltendmachung oder Verteidigung der rechtlichen Interessen des Beteiligten erforderlich ist. Ein bis zum Abschluss des Verwaltungsverfahrens geltender Ausschluss der Akteneinsicht für Entwürfe zu Entscheidungen und die Arbeiten zu ihrer unmittelbaren Vorbereitung ist in beiden Regelungen vorgesehen. Die weiteren Ausschlussgründe nach § 6 Abs. 2 VwVfGBln sind differenzierter als diejenigen in § 29 Abs. 2 VwVfGBund, da auf die Regelungen der §§ 5 bis 12 des *Berliner Informationsfreiheitsgesetzes* (IFG)[7] verwiesen wird. Auch Nichtbeteiligte haben einen Informationsanspruch; für diesen gilt das IFG (§ 6 Abs. 4 VwVfGBln). Schließlich ist in § 6 Abs. 5 VwVfGBln geregelt, dass in Planfeststellungsverfahren nach § 72 VwVfG-Bund im Land Berlin die Einsichtsrechte sich auch nach dem IFG bemessen und damit weiter sind als bei bundesrechtlichen Planfeststellungsverfahren.   **198**

Für das *Zustellungs- und Vollstreckungsverfahren* der Behörden Berlins sehen die §§ 7 und 8 VwVfGBln dynamische Verweisungen auf die jeweiligen Bundesgesetze   **199**

---

[6] Vom 14.5.1980, GVBl. S. 991, zul. geänd. d. Art.1 4 und 5 d.G.v. 04.05.2021, GVBl. S. 417.
[7] Siehe Rz 201.

vor. Auch das Verwaltungszustellungsgesetz (VwZG)[8] des Bundes und das Verwaltungsvollstreckungsgesetz (VwVG)[9] des Bundes werden also in das Berliner Landesrecht in ihrer jeweils geltenden Fassung inkorporiert. Der *Zwangsgeldrahmen* in § 11 Abs. 3 VwVG ist allerdings nach § 8 Abs. 1 S. 2 VwVfGBln auf bis zu fünfzigtausend Euro erweitert. Für die Art und Weise der Durchführung des unmittelbaren Zwangs nach § 12 VwVG gilt ergänzend das Gesetz über die Anwendung des unmittelbaren Zwangs bei der Ausübung öffentlicher Gewalt durch Vollzugsbeamte des Landes Berlin (UZwGBln).[10]

00   Für den Einsatz von *Informations- und Kommunikationstechnik* in der Berliner Verwaltung, insbesondere den elektronischen Zugang, wurde ein besonderes Gesetz erlassen, das E-Government-Gesetz Berlin (EGovG Bln).[11] Spätestens ab 1. Januar 2025 muss die Berliner Verwaltung ihre Akten elektronisch führen (§ 7 Abs. 1 EGovG Bln).

II. Das Berliner Informationsfreiheitsgesetz (IFG)

1. Der Informationsanspruch

01   In Berlin gilt wie in den meisten Bundesländern und dem Bund ein Informationsfreiheitsgesetz.[12] Dieses soll die demokratische Meinungs- und Willensbildung fördern und eine Kontrolle des staatlichen Handelns ermöglichen (§ 1 des Berliner Informationsfreiheitsgesetzes – IFG). Es besteht nach § 3 Abs. 1 Satz 1 IFG, soweit nicht ein in den §§ 6 bis 11 IFG geregelter Ausnahmetatbestand gegeben ist (§ 4 IFG), ein gesetzlicher Anspruch auf Einsicht in bzw. Auskunft über Akten der Verwaltung,[13] ohne dass es auf eine besondere Verfahrensstellung oder einen Grund für das Informationsinteresse ankommt. Der Anwendungsbereich des Informationsfreiheitsgesetzes umfasst die gesamte unmittelbare und mittelbare Verwaltung Berlins[14] und Private, die vom Land Berlin mit der Ausübung hoheitlicher Befugnisse betraut sind (§ 2 Abs. 1 IFG). Anspruchsberechtigt sind *jedermann*, das heißt jeder Mensch, und nach § 3 Abs. 1 Satz 2 IFG auch juristische Personen. Es kommt nicht auf einen

---

[8] Vom 12.8.2005, BGBl. I. S. 2354, zul. geänd. d.G.v. 10.08.2021, BGBl. I S. 3436.

[9] In der im Bundesgesetzblatt Teil III, Gliederungsnummer 201-4, veröffentlichten bereinigten Fassung, zul. geänd. d. Art. 1 d.G.v. 10.08.2021, BGBl. I S. 3436.

[10] Vom 22.6.1970, GVBl. S. 921, zul. geänd. d.G.v. 22.03.2021, GVBl. S. 318.

[11] E-Government-Gesetz Berlin – EGovG Bln vom 30.5.2016, GVBl. S. 282, zul. geänd. d.G.v. 27.09.2021, GVBl. 1122; s zur Digitalisierung des Verwaltungsverfahrens in Berlin: Siegel, LKV 2020, S. 529 ff.

[12] Berliner Informationsfreiheitsgesetz (IFG) vom 15.10.1999, GVBl. S. 561, zul. geänd. d.G.v. 12.10.2020, GVBl. S. 807; s. dazu *Husein*, LKV 2010, S. 337; *Stollwerck*, LKV 2016, S. 1.

[13] Siehe zum Aktenbegriff § 3 Abs. 2 IFG und OVG Berlin-Brandenburg, Urt. v. 14.12.2006 – 7 B 9.05, juris, Rz. 13 f., nicht darunter fällt demnach der Terminkalender des Regierenden Bürgermeisters; zur Wiederbeschaffungspflicht bereits weggegebener Akten s. OVG Berlin-Brandenburg, Urt. v. 18.3.2010 – 12 B 41.08, juris.

[14] Zur Informationspflicht der Berliner Industrie- und Handelskammer als öffentliche Stelle der mittelbaren Landesverwaltung Berlins, VG Berlin, Urt. v. 15.5.2013 – 2 K 8.13, juris.

Wohnsitz bzw. Firmensitz im Land Berlin an. Die Akteneinsicht bzw. Aktenauskunft ist gebührenpflichtig.[15] Die Gewährung des Informationszugangsdarf aber grundsätzlich nicht von der vorherigen ganzen oder teilweisen Entrichtung der dafür anfallenden Verwaltungsgebühren abhängig gemacht werden.[16] Auf Verlangen sind dem Antragsteller Ablichtungen der Akten zur Verfügung zu stellen (§ 13 Abs. 5 IFG). Betreffen die Ablehnungsgründe nur Teile von Akten, ist Einsicht in die übrigen Teile zu gewähren bzw. Auskunft hierüber zu erteilen (§ 12 IFG). Die Verweigerung oder Beschränkung der Akteneinsicht oder Aktenauskunft ist grundsätzlich schriftlich zu begründen (§ 15 Abs. 1 S. 1 IFG). Dabei hat die Behörde den Antragsteller, soweit möglich, über den Inhalt der vorenthaltenen Akten zu informieren (§ 15 Abs. 2 IFG). Vor Klageerhebung bedarf es stets eines Vorverfahrens (§ 14 Abs. 3 IFG).

Das IFG gilt nicht für Akten, für die spezialgesetzlich die Akteneinsicht oder – **202** auskunft durch Dritte unabhängig vom Beteiligtenstatus geregelt ist, also z. B. die Akten des Landesarchivs sowie des Gemeinsamen Juristischen Prüfungsamtes und die Personalakten der Beamten und Beamtinnen.[17] Für die Akten des Verfassungsschutzes ist das IFG nach § 32 Abs. 3 des Verfassungsschutzgesetzes nicht anzuwenden. Ist lediglich die Einsichtnahme durch Verfahrensbeteiligte oder Betroffene vorgesehen, spricht dies nicht gegen eine Anwendbarkeit des IFG. § 6 Abs. 2 VwVfGBln stellt die Anwendbarkeit des IFG neben den allgemeinen verwaltungsverfahrensrechtlichen Einsichtsrechten Verfahrensbeteiligter klar.[18] Sind die Einsichtsrechte Verfahrensbeteiligter spezialgesetzlich geregelt, muss ausgelegt werden, ob damit Einsichtsrechte unbeteiligter Dritter ausgeschlossen sind. Zu beachten sind stets bundesrechtlich geregelte Geheimhaltungspflichten (§ 17 Abs. 4 IFG). So scheidet z. B. die Anwendbarkeit des IFG auf Akten, die dem Sozialgesetzbuch X[19] unterliegen, aus. Die hierin zur Akteneinsicht Beteiligter (§ 25 SGB X) vorgesehenen Regelungen sind abschließend. Das bundesrechtlich geregelte *Sozialgeheimnis* (§ 35 SGB I[20]) lässt Einsichtnahmen oder Auskünfte in weiteren als den geregelten Fällen nicht zu.[21] Der presserechtliche Auskunftsanspruch steht neben dem Anspruch aus dem IFG. Sie sind inhaltlich nicht deckungsgleich. Es kommt darauf an,

---

[15] Tarifstelle 1004 der Verwaltungsgebührenordnung v. 24.11.2009, GVBl. S. 707, 894, zul. geänd. d. Art. 3 d.G.v. 18.03.2020, GVBl. S. 226.

[16] OVG Berlin-Brandenburg, Beschl. v. 26.5.2014 – 12 B 22.12, juris Rz. 2.

[17] Siehe § 9 Archivgesetz des Landes Berlin vom 14.3.2016, GVBl. S. 96; § 23 Abs. 2 Berliner Juristenausbildungsgesetz vom 23.6.2003, GVBl. S. 232, zul. geänd. d.G.v. 14.09.2021, GVBl. S. 251; § 88 des Landesbeamtengesetzes v. 19.3.2009, GVBl. S. 70, zul. geänd. d.G.v. 14.09.2021, GVBl. S. 1039; s. hierzu BVerwG, NVwZ 2013, S. 431,434.

[18] In laufenden Verwaltungsverfahren können aber die Ablehnungsgründe nach § 9 Abs. 1 und § 10 Abs. 1 IFG vorliegen.

[19] SGB X i. d. F. v. 18.1.2001, BGBl. I S. 130, zul. geänd. d.G.v. 20.08.2021, BGBl. I S. 3932.

[20] SGB I v. 11.12.1975, BGBl. S. 3015, zul. geänd. d.G.v. 20.08.2021, BGBl. I S. 3932.

[21] Zulässig ist jedoch eine Einsicht in Akten, die nicht einzelne Bürger betreffen, sondern generelle Festlegungen z. B. zum Verfahren oder zur Organisation der Bearbeitung von Anträgen enthalten.

ob der Anspruch als Presseangehöriger zu journalistischen Zwecken oder als „jedermann" gestellt wird. Die landesdatenschutzrechtlichen Betroffenenrechte in Kap. 3 (§§ 41–47) BlnDSG verdrängen den Informationszugangsanspruch nicht.[22]

2. Begrenzungen des Informationsanspruchs

03 Die *Ablehnungstatbestände*[23] betreffen insbesondere den Schutz *personenbezogener Daten* (§ 6 IFG) sowie von *Betriebs- und Geschäftsgeheimnissen* (§§ 7, 7a IFG).[24] Hierbei muss eine Abwägung des Informationsinteresses mit dem *Geheimhaltungsinteresse eines Betroffenen* erfolgen, wobei § 6 Abs. 2 IFG Fälle vorsieht, in denen der Datenschutz in der Regel zurückzustehen hat.[25] Der Datenschutz muss allerdings nach § 6 Abs. 1 S. 1 IFG nicht zurückstehen, wenn mit dem Antrag überwiegend Privatinteressen verfolgt werden.[26] Das ist z. B. der Fall, wenn er offensichtlich aus Neugier oder zur Verfolgung eigener Rechtsinteressen gestellt wird. Dabei ist der Zweck des Gesetzes, nämlich die demokratische Meinungs- und Willensbildung zu fördern und die Kontrolle des staatlichen Handelns zu ermöglichen (§ 1 IFG), zu beachten. Wenn auch im IFG eine Begründung von Anträgen nicht ausdrücklich vorgeschrieben ist, folgt aus den genannten Regelungen, dass die Verwaltung zumindest in Zweifelsfällen, wenn personenbezogene Daten Dritter oder Betriebs- und Geschäftsgeheimnisse betroffen sind, eine Begründung oder Substanziierung des Antrags fordern kann. Nur so kann sie das Informationsinteresse des Antragstellers feststellen, welches sie mit dem Geheimhaltungsinteresse des Dritten abzuwägen hat. Auch nur so ist festzustellen, ob der Antragsteller überwiegend Privatinteressen verfolgt.[27] Enthält eine Akte eine solche Vielzahl von personenbezogenen Daten, dass eine Trennung in zu schützende und zu veröffentlichende ausgeschlossen ist, kann eine Akteneinsicht vollständig verweigert werden.[28]

04 Hinsichtlich des Schutzes von Betriebs- und Geschäftsgeheimnissen ist in § 4 Abs. 2 IFG vorgesehen, dass das Land Berlin bei Vertragsschlüssen keine Regelungen treffen darf, die einer Veröffentlichung des Vertragstextes entgegenstehen. Hierdurch werden aber lediglich generelle Geheimhaltungsklauseln ausgeschlossen. Für Verträge mit Privaten, durch welche öffentliche Stellen Beteiligungen im Bereich

---

[22] OVG Berlin-Brandenburg, Urt. v. 1.12.2021 – 12 B 23/20, juris Rz. 28.

[23] Zur Darlegungslast für Ausschlussgründe s. VG Berlin, Urt. v. 25.8.2016 – 2 K 92.15, juris Rz. 32 ff.

[24] Vgl. hierzu OVG Berlin-Brandenburg, Urt. v. 2.10.2007 – 12 B 11.07, juris, dort Rz. 22 ff., *Stollwerck* (Fn. 12), S. 3.

[25] Vgl. hierzu OVG Berlin-Brandenburg, Urt. v. 27.1.2011 – 12 B 69.07, juris, Rz. 26 ff.; s. a. *Partsch*, LKV 2001, S. 98.

[26] S. hierzu OVG Berlin-Brandenburg, Urt. v. 14.7.2016 – 12 B 24.15, juris, Rz. 20 ff.; VG Berlin, Urt. v. 31.1.2020 – 2 K 182.19, juris 19 ff.

[27] So auch VG Berlin, Urt. v. 26.2.2002 – 23 A 202.00, NVwZ-RR 2002, S. 810 ff.: „Obliegenheit zur Offenlegung des Interesses".

[28] VG Berlin (Fn. 27), S. 810 ff.

der öffentlichen Daseinsvorsorge übertragen, gelten zusätzlich die Sonderregelungen in den §§ 7a und 17 Abs. 3 IFG.

Weitere Ablehnungstatbestände betreffen den Schutz der *Rechtsdurchsetzung und*   **205**
Strafverfolgung (§ 9 IFG) sowie den *Geheimschutz* (§ 11 IFG). Besonders normiert
wurde in § 9 Abs. 1 IFG der Fall, dass nachteilige Auswirkungen für das Land Berlin
in laufenden Gerichtsverfahren zu befürchten sind.[29] Hierdurch soll insbesondere für
Zivilprozesse vermieden werden, dass sich der Prozessgegner durch die Akteneinsicht einen Prozessvorteil verschaffen kann. In der Praxis von besonderer Bedeutung
sind die Ablehnungstatbestände nach § 10 IFG, die den Schutz des *behördlichen*
Entscheidungsprozesses betreffen. Nach § 10 Abs. 1 IFG besteht der Informationsanspruch bis zum Abschluss eines Verwaltungsverfahrens grundsätzlich nicht für Entwürfe zu Entscheidungen sowie für Arbeiten zu ihrer unmittelbaren Vorbereitung.
Die Akten zur Vorbereitung und Durchführung der Bauleitplanung sind erst einsehbar, sobald der Beschluss, einen Bauleitplan aufzustellen, gefasst ist (§ 10 Abs. 2
IFG). Darüber hinaus besteht kein Informationsanspruch, soweit sich Akten auf die
Beratungen des Senats und der Bezirksämter sowie deren Vorbereitung beziehen
(§ 10 Abs. 3 Nr. 1 IFG). Dieser Tatbestand fußt, zumindest was den Senat angeht, auf
dem Schutz des so genannten *Kernbereichs exekutiver Eigenverantwortung*, der im
Zusammenhang mit parlamentarischen Untersuchungsausschüssen aus dem Grundsatz der Gewaltenteilung abgeleitet wird.[30] Die Willensbildung innerhalb der Regierung soll sowohl hinsichtlich der Erörterungen im Kabinett als auch bei der Vorbereitung von Kabinetts- und Ressortentscheidungen von äußerer Beeinflussung und
Ausforschung frei bleiben. Wenn dieser Kernbereich schon für Untersuchungsausschüsse gilt, ist es konsequent, wenn der Berliner Gesetzgeber diesen auch für Informationsanträge von Bürgern berücksichtigt hat. In § 10 Abs. 4 IFG hat er ferner den
Willensbildungsprozess von und zwischen Behörden – überwiegend noch über den
Kernbereich exekutiver Eigenverantwortung hinausgehend – grundsätzlich vom Informations-anspruch ausgenommen. Die Akteneinsicht oder Aktenauskunft soll versagt werden, wenn sie sich auf diesen Willensbildungsprozess bezieht. Der Tatbestand ist eng auszulegen. Unter dem „Prozess der Willensbildung" ist ein Vorgang
des gemeinsamen Überlegens, Besprechens und Beratschlagens zu treffender Entscheidungen zu verstehen sowie die gründliche Prüfung und Abwägung aller für die
Entscheidungsfindung wichtigen Umstände. Nur Aktenteile, die dies dokumentieren,
fallen unter die Vorschrift. Würde man aber auch die dem Willensbildungsprozess
zugrunde liegenden Sachinformationen und Tatsachen sowie das Ergebnis des Willensbildungsprozesses dem Ausschlusstatbestand des § 10 Abs. 4 IFG unterwerfen,
liefe der grundlegende Zweck des umfassenden Einsichtsrechts der Öffentlichkeit
leer. Deshalb fallen die Grundlagen der Willensbildung ebenso wie das Ergebnis des
Willensbildungsprozesses nicht unter die Vorschrift.[31]

---

[29] S. dazu OVG Berlin-Brandenburg, Urt. v. 20.12.2017 – OVG 12 B 12.16, juris

[30] BVerfG, Urt. 17.7.1984 – 2 BvE 11/83, 2 BvE 15/83, BVerfGE 67, 100, 139; Beschl. v. 1.10. – 2
BvR 1178/86, 2 BvR 1179/86, 2 BvR 1191/86, BVerfGE 77, 1, 59; Beschl. v. 17.6.2009 – 2 BvE
3/07, BVerfGE 124, 78, 120; vgl. *Busse*, DÖV 1989, S. 45 ff., 46.

[31] VG Berlin, Urt. v. 4.5.2006 – 2 A 121.05, juris, Rz. 19.

06 Fraglich ist, ob die Ablehnungstatbestände nach § 10 Abs. 3 Nr. 1 und Abs. 4 IFG auch *nach Abschluss des jeweiligen Verfahrens* bzw. bei Vorliegen einer Endentscheidung Anwendung finden. Festzustellen ist, dass der Gesetzgeber im Gegensatz zu den Ablehnungstatbeständen in § 9 und § 10 Abs. 1 und 2 IFG insoweit keine verfahrensmäßige bzw. zeitliche Beschränkung normiert hat. Im Übrigen kann die Willensbildung im Senat, Bezirksamt oder innerhalb von und zwischen Behörden auch beeinträchtigt sein, wenn mit einer Veröffentlichung nach Abschluss eines Verfahrens zu rechnen ist. Dies spricht dafür, die genannten Ablehnungstatbestände auch *nach Verfahrensabschluss fortwirken* zu lassen.[32] Durch die Ermessensregelung in § 10 Abs. 4 IFG ist es der Verwaltung jedoch unbenommen, in unproblematischen Einzelfällen doch Akteneinsicht bzw. -auskunft zu gewähren. Soweit ein Recht auf Akteneinsicht besteht, können Behörden, die Akten elektronisch führen, Akteneinsicht in elektronischer Form gewähren (§ 9 EGovG Bln).

III. Das Akteneinsichtsrecht der Abgeordneten

07 *Für Abgeordnete* des Abgeordnetenhauses von Berlin sieht Artikel 45 Abs. 2 VvB ein *besonderes Einsichtsrecht in Akten und sonstige amtliche Unterlagen* der Verwaltung vor.[33] Die Einsichtnahme darf nur abgelehnt werden, soweit überwiegende öffentliche Interessen einschließlich des Kernbereichs exekutiver Eigenverantwortung oder überwiegende private Interessen an der Geheimhaltung dies *zwingend* erfordern.[34] Das Einsichtsrecht betrifft mit Ausnahme der Verfassungsschutzbehörde (Art. 45 Abs. 2 Satz 4 VvB) die gesamte unmittelbare und mittelbare Landesverwaltung.[35] Damit können Abgeordnete des Landesparlaments auch in Akten der Bezirksverwaltung Einsicht nehmen. Hierdurch wird auch die fehlende Selbstständigkeit der Bezirke[36] deutlich, denn die Kontrolle der Bezirksämter ist damit nicht auf die Bezirksverordneten beschränkt.[37] Amts- und Staatsanwaltschaft sind keine Verwaltung iSv Art 45 Abs 2 VvB, das parlamentarische Einsichtsrecht bezieht sich daher nicht auch auf strafrechtliche Ermittlungsakten dieser Behörden.[38] Im Rahmen repressiven Handelns gilt die Ausnahme auch für Akten der Polizei, da das

---

[32] Vgl. auch VG Berlin (Fn. 31), Rz. 19 m. w. N.

[33] Siehe hierzu die Regelung in § 17 der Geschäftsordnung für die Berliner Verwaltung – Allgemeiner Teil- (GGO I) vom 18.10.2011; siehe auch Rz. 165.

[34] Siehe zu den Ablehnungsgründen *Stollwerck*, LKV 2016, S. 298 ff., 300; s. zur Einsicht von Abgeordneten in das Grundbuch: Gmeiner, LKV 2020, S. 305.

[35] Siehe die Begründung des Gesetzesantrags zu Art. 45 Abs. 2 VvB, Abghs-Drs. 15/5038. Demnach soll auch der Rechnungshof vom Einsichtsrecht betroffen sein. Der Gesetzestext gibt hierfür jedoch nichts her, denn er spricht von „Verwaltung", wozu der Rechnungshof nicht gehört, vgl. Rz. 75. Im Übrigen widerspricht die Aussage in der Begründung ohne ausdrückliche Regelung Art. 95 Abs. 1 und 4 VvB; in der vergleichbaren Regelung in Art. 56 Abs. 3 BbgVerf ist der Brandenburger Rechnungshof ausdrücklich genannt und damit verpflichtet, hierzu BbgVerfG, Beschl. v. 20.11.1997 – 12/97, NVwZ-RR 1998, S. 209.

[36] Vgl. Rz. 48 ff.

[37] Vgl. Rz. 320 zum Akteneinsichtsrecht der Bezirksverordneten und der Ausschüsse.

[38] BerlVerfGH, Beschluss v. 20.5.2020 – 154/19, juris Rz. 26.

Handeln funktional dem Strafermittlungsverfahren zuzuordnen ist und damit für diese Akten nichts anderes gelten kann als für diejenigen der Amts- und Staatsanwaltschaft.

Der Berliner Verfassungsgerichtshof hat das Einsichtsrecht hinsichtlich der Ak-   **208** ten und Unterlagen des Senats bzw. der Senatsverwaltungen beschränkt, da er *Regierungsakten* vom Anwendungsbereich der Vorschrift ausgenommen hat.[39] Das Einsichtsrecht greift demnach nicht für Akten und Unterlagen, die bei der Regierungstätigkeit des Senats anfallen, nach Auffassung des Verfassungsgerichtshofs z. B. bei der Vorbereitung und Initiierung von Gesetzesvorhaben. Solche Regierungsakten sind somit nur von Vorlagerechten des Abgeordnetenhauses selbst insbesondere im Rahmen von Untersuchungsausschüssen nach Artikel 48 VvB umfasst. Ferner fordert der Verfassungsgerichtshof, dass vor einer Entscheidung über Einsichtsanträge alle für und gegen die Gewährung sprechenden Belange vollständig und zutreffend ermittelt, gewichtet und gegeneinander abgewogen werden. Dies ist in der Begründung der Entscheidung im Einzelnen nachvollziehbar darzulegen.[40]

Das Akteneinsichtsrecht steht nur dem Abgeordneten selbst zu, er kann sich also   **209** weder vertreten noch sein Recht durch die Beauftragung von anderen ausüben lassen.[41] Allerdings kann der Abgeordnete eigene Mitarbeiter zur fachkundigen Hilfe hinzuziehen.[42]

Im Gegensatz zu Rechtsstreitigkeiten nach dem IFG, für die die Verwaltungsge-   **210** richte zuständig sind, handelt es sich bei *Rechtsstreitigkeiten über das Akteneinsichtsrecht für Abgeordnete*, z. B. wenn ein Antrag abgelehnt wird, um verfassungsrechtliche Streitigkeiten, für die der Verfassungsgerichtshof des Landes Berlin zuständig ist (Organstreitigkeit nach Art. 84 Abs. 2 Nr. 1 VvB i. V. m. §§ 36 ff. VerfGHG). Die *verfassungsrechtliche Natur* des Rechtsstreits ergibt sich daraus, dass der Einsichtsanspruch und damit auch die Vorlagepflicht unmittelbar in der Verfassung geregelt sind und unmittelbar am Verfassungsleben Beteiligte betreffen.[43] Letzteres und damit auch die Beteiligtenfähigkeit für die Organstreitigkeit ist für den beteiligten Abgeordneten unzweifelhaft. Für die in Art. 45 Abs. 2 VvB genannte „Verwaltung" ist dies allerdings problematisch, da hierdurch im Gegensatz zum Senat und den einzelnen Senatsmitgliedern auch nachgeordnete Behörden, die Bezirke und Einrichtungen der mittelbaren Landesverwaltung betroffen sind, die keine Organstellung oder Stellung als anderer Beteiligter im Sinne des § 14 Nr. 1 VerfGHG haben und im Organstreitverfahren nicht beteiligungsfähig sind (§ 36 VerfGHG).[44] Der Einsichtsanspruch ist jedoch Bestandteil des vom Abgeordneten

---

[39] BerlVerfGH, Urt. v. 14.7.2010 – 57/08, juris, s. a. BerlVerfGH, Beschluss vom 12.6.2019 – 17/19, juris

[40] BerlVerfGH (Fn. 39); BerlVerfGH, Urt. v. 20.12.2011 – VerfGH 159/10, juris, Rz. 22.

[41] BerlVerfGH, Urt. v. 10.2.2016 – VerfGH 31/15, juris, Rz. 26.

[42] BerlVerfGH (Fn. 41) Rz. 21.

[43] Hieraus ergibt sich die nach der h. M. notwendige doppelte Verfassungsunmittelbarkeit, die nach § 40 VwGO den Verwaltungsrechtsweg ausschließt, vgl. *Kopp/Schenke*, VwGO, § 40, Rz. 32.

[44] Siehe für die fehlende Beteiligungsfähigkeit der Bezirke Rz. 394.

wahrgenommen verfassungskräftigen *parlamentarischen Kontrollrechts,*[45] das er jedoch unmittelbar nur gegenüber dem Senat und nur mittelbar über den Senat auch gegenüber der übrigen Verwaltung wahrnimmt. Parlamentarische Konsequenzen kann er nur gegenüber dem Senat ziehen. Letztlich ist es damit der Senat, der Anspruchsverpflichteter ist. Dieser ist damit auch Antragsgegner im Organstreitverfahren. Er muss bei den Bezirken und der mittelbaren Landesverwaltung, die im Gegensatz zu den Senatsverwaltungen und den übrigen Behörden der Hauptverwaltung nicht unmittelbar seiner Weisungsbefugnis unterliegen, im Wege der *Rechtsaufsicht*[46] dafür sorgen, dass diese Stellen nicht gegen Art. 45 Abs. 2 VvB verstoßen und ggf. im Rahmen dieser Rechtsaufsicht für deren Entscheidung über einen Akteneinsichtsantrag einstehen. Das Akteneinsichtsrecht bezieht sich somit zwar auf Akten und sonstige amtliche Unterlagen der gesamten Verwaltung, unmittelbar anspruchsverpflichtet ist jedoch der Senat.

IV. Direkte Demokratie

1. Allgemeines

11   Die gesetzgebende Gewalt wird in Berlin nach Art. 3 Abs.1 Satz 1 VvB nicht nur durch die Volksvertretung, also das Abgeordnetenhaus von Berlin, sondern auch vom Volk unmittelbar durch *Volksabstimmungen* und *Volksentscheide* ausgeübt. Volksentscheide und die hierfür als Vorstufe erforderlichen Volksbegehren gehen vom Volk aus und sind in den Art. 62 und 63 VvB geregelt. Volksabstimmungen als vom Land Berlin initiierte Referenden sind in Art. 97 Abs. 2 VvB für eine Länderfusion mit Brandenburg und in Art. 100 VvB für Änderungen der Artikel 62 und 63 VvB vorgesehen. Weiteres Instrument der direkten Demokratie, allerdings ohne Gesetzgebungscharakter, sondern nur mit einer Befassungspflicht[47] des Abgeordnetenhauses, sind die in Art. 61 VvB vorgesehenen *Volksinitiativen.* Die in der Praxis eher relevanten Volksbegehren und Volksentscheide sollen hier näher dargestellt werden.

2. Volksbegehren und Volksentscheid – Dreistufiges Verfahren

12   Volksbegehren und Volksentscheide bezwecken die *gesetzliche* Regelung von Sachfragen (Art. 62 Abs. 1 Satz 1 VvB), wobei auch Verfassungsänderungen Gegenstand sein können (Art. 63 Abs. 2 Satz 1 VvB). Daneben können sie statt auf Gesetze auch auf *schlichte Parlamentsbeschlüsse* gerichtet sein (Art. 62 Abs. 1 Satz 2 VvB), ha-

---

[45]Vgl. hierzu in diesem Zusammenhang BVerfG, Urt. v. 17.7.1984 – 2 BvE 11/83, 2 BvE 15/83, BVerfGE 67, 100, 128 f.

[46]Bezirks- und Staatsaufsicht, siehe Rz. 240 und 273; die Rechtsaufsicht umfasst im Übrigen für den Senat selbst ein Aktenvorlagerecht (§ 7 Abs. 2, §§ 10, 28 Abs. 4 AZG).

[47]*Michaelis* in Driehaus, VvB, Art. 61, Rz.1.

ben dann aber keine rechtliche Bindungswirkung,[48] sondern nur empfehlenden Charakter.[49] Als Sonderform können Volksbegehren und Volksentscheide die *vorzeitige Beendigung der Wahlperiode* des Abgeordnetenhauses zum Ziel haben (Art. 62 Abs. 6 VvB).

Volksbegehren und damit auch Volksentscheide zum Landeshaushaltsgesetz, zu   **213** Dienst- und Versorgungsbezügen, zu Abgaben, zu Tarifen der öffentlichen Unternehmen sowie zu Personalentscheidungen sind unzulässig (Art. 62 Abs. 2 VvB). Der *Haushaltsvorbehalt* des Art. 62 Abs. 2 VvB schließt nach der Rechtsprechung des *BerlVerfGH*[50] solche Volksbegehren aus, die die *formelle* Haushaltsgesetzgebung im Sinne der Art. 85 ff. VvB betreffen. Unzulässig sind danach nur Volksbegehren, die das Haushaltsgesetz und den in ihm festgestellten Haushaltsplan für das laufende Haushaltsjahr unmittelbar zum Gegenstand haben bzw. die in einen im Zeitpunkt des Zustandekommens des Volksgesetzes geltenden Haushaltsplan unmittelbar eingreifen werden. Demgegenüber machen jedoch alleine absehbare haushaltswirksame Auswirkungen in künftigen Haushaltsjahren ein Volksbegehren nicht unzulässig.[51] Das Verfahren sowie die notwendigen Quoren ergeben sich aus den Art. 62 und 63 VvB, dem Abstimmungsgesetz,[52] welches den Regelungsvorbehalt nach Art. 63 Abs. 4 VvB ausfüllt, sowie der Abstimmungsordnung.[53] Alle zum Abgeordnetenhaus von Berlin Wahlberechtigten sind stimmberechtigt. Trägerin eines Volksbegehrens können eine natürliche Person, eine Mehrheit von Personen, eine Personenvereinigung oder eine Partei sein. Jedem Volksbegehren geht eine Schätzung der Kosten, die sich aus der Verwirklichung des Volksbegehrens ergeben würden, durch den Senat voraus (*amtliche Kostenschätzung*, § 15 Abs. 1 Satz 1 AbstG).[54] Diese Kostenschätzung ist notwendiger Bestandteil der Unterschriftsbögen (§ 15 Abs. 1 Satz 2, § 22 Abs. 3 Nr. 2 AbstG) und dient neben dem beizufügenden konkreten Wortlaut des Vorschlages bzw. dessen wesentlichen Inhalts der Information der Bürger über die finanziellen Auswirkungen des Begehrens, wobei die Trägerin eine eigene Schätzung entgegenstellen kann (§ 15 Abs. 2 Satz 4 AbstG).

Das Verfahren bis zu einem Volksentscheid ist dreistufig: Antragsverfahren – Volksbegehren – Volksentscheid.

Der *Antrag* auf Einleitung eines Volksbegehrens bedarf zum Nachweis der Un-   **214** terstützung der Unterschrift von mindestens 20.000 Wahlberechtigten (Art. 63 Abs. 1 Satz 1 VvB), im Falle eines Volksbegehrens zur Änderung der Verfassung von Berlin oder zur vorzeitigen Beendigung der Wahlperiode des Abgeordnetenhauses der Unterschrift von mindestens 50.000 Wahlberechtigten (Art. 63 Abs. 2

---

[48] BerlVerfGH, Beschl. v. 27.10.2008 – VerfGH 86/08, juris Rz. 79.

[49] *Michaelis* in Driehaus, VvB, Art. 62, Rz. 3.

[50] BerlVerfGH, Urt. v. 6.10.2009 – VerfGH 143/08, juris, Rz.78ff.

[51] BerlVerfGH (Fn. 50), Rz. 78 ff.; kritisch: *Siegel/Waldhoff*, Öffentliches Recht in Berlin, S. 49 ff.

[52] Abstimmungsgesetz (AbstG) vom 11. Juni 1997, GVBl. S. 304, zul. geänd. d.G.v. 12.10.2020, GVBl. S. 787.

[53] Abstimmungsordnung (AbstO) vom 3. November 1997, GVBl. S. 583, zul. geänd. d.G.v. 03.08.2021, GVBl. S. 931.

[54] Siehe zur amtlichen Kostenschätzung BerlVerfGH, Beschl. v. 19.6.2013 – VerfGH 173/11, juris, Rz. 52 f., BerlVerfGH, Beschluss vom 16.8.2021 – 96 A/21, juris und *Wolf*, LKV 2014, S. 9.

Satz 1, Abs. 3 Satz 1 VvB). Die Unterschriftsleistung muss innerhalb der letzten sechs Monate vor dem Eingang des Antrages erfolgt sein. Richtet sich das Volksbegehren auf den Erlass, die Änderung oder die Aufhebung eines Gesetzes, so ist dem Antrag ein ausgearbeiteter, mit Gründen versehener Gesetzentwurf beizufügen.

15   Der Antrag auf Einleitung eines Volksbegehrens wird *vom Senat* sodann *geprüft* (§ 17 Abs. 2 AbstG). Dies umfasst die Gültigkeit der Unterschriften sowie die Einhaltung der formellen Vorschriften, der Ausschlusstatbestände und die Vereinbarkeit mit höherrangigem Recht (§§ 10 bis 16 AbstG). Ferner erfolgt eine politische Bewertung des Begehrens (§ 17 Abs. 7 AbstG). Ist das Begehren aus Sicht des Senats nach den §§ 11 und 12 AbstG materiell-rechtlich unzulässig, z. B. weil das Land keine Gesetzgebungskompetenz hat, das Begehren gegen Grundrechte verstößt oder das Landeshaushaltsgesetz betroffen ist, hat er den Antrag dem Verfassungsgerichtshof zur Entscheidung vorzulegen (§ 17 Abs. 9 Satz 1 AbstG).[55] Die Entscheidung über die formelle Unzulässigkeit des Antrags, also insbesondere bei Nichterreichung des Antragsquorums, trifft der Senat selbst (§ 17 Abs. 8 AbstG). Gegen eine solche Nichtzulassung aus formalen Gründen kann die Trägerin des Begehrens Einspruch beim Verfassungsgerichtshof erheben (§ 41 Abs. 1 AbstG, § 55 VerfGHG).

16   Ist der Antrag zulässig und hat das Abgeordnetenhaus nicht zwischenzeitlich das Begehren aufgegriffen, kann die Trägerin die *Durchführung des Volksbegehens* verlangen (§ 18 Abs. 1 Satz 1 AbstG). Das dann von der Landesabstimmungsleiterin bzw. dem Landesabstimmungsleiter durchzuführende Volksbegehren ist auf die Durchführung des Volksentscheides gerichtet. Die Eintragungsfrist beträgt vier Monate (§ 18 Abs. 3 AbstG). Ein Volksbegehren mit dem Ziel des Erlasses eines Gesetzes oder der Fassung eines sonstigen Beschlusses ist zustande gekommen, wenn ihm mindestens 7 % der Stimmberechtigten durch Unterschriftsleistung zugestimmt hat (Art. 63 Abs. 1 Satz 2 VvB, § 26 Abs. 1 AbstG). Ein Volksbegehren mit dem Ziel der Änderung der Verfassung von Berlin und ein Volksbegehren zur vorzeitigen Beendigung der Wahlperiode des Abgeordnetenhauses kommt zustande, wenn ihm mindestens 20 % der Stimmberechtigten durch Unterschriftsleistung zustimmen (Art. 63 Abs. 2 Satz 2, Abs. 3 Satz 2 VvB, § 26 Abs. 2 AbstG).

17   Ist ein Volksbegehren zustande gekommen und greift das Abgeordnetenhaus das Begehren weiterhin nicht auf, muss nach § 29 Abs. 1 AbstG innerhalb von vier Monaten nach Veröffentlichung des Gesamtergebnisses ein Volksentscheid herbeigeführt werden. Die Frist ist außer bei Volksbegehren über die vorzeitige Beendigung der Wahlperiode auf bis zu acht Monate verlängert, wenn dadurch der Volksentscheid gemeinsam mit Wahlen oder mit anderen Volksentscheiden durchgeführt werden kann. Dabei erfolgt eine Abstimmung über den Gesetzentwurf bzw. sonstigen Beschluss oder über die vorzeitige Beendigung der Wahlperiode durch die Abgabe von Ja- oder Neinstimmen an einem bestimmten Abstimmungstag. Das Abgeordnetenhaus von Berlin kann dabei einen eigenen Gesetzentwurf oder einen eigenen sonstigen Beschlussentwurf zur gleichzeitigen Abstimmung vorlegen (Art. 62 Abs. 4 Satz 3 VvB). Ein Gesetzentwurf oder ein sonstiger Beschlussent-

---

[55] Zur Unzulässigkeit einer Vorlage an den VerfGHG durch die Innenverwaltung wegen des Unterlassens eines Mängelbeseitigungsversuches s. BerlVerfGH, Beschl. v. 21. Oktober 2020 – 150/18, juris Rz 107ff.

wurf ist durch Volksentscheid angenommen, wenn die Mehrheit der Teilnehmer und zugleich mindestens ein Viertel der Stimmberechtigten zustimmt (Art. 63 Abs. 1 Satz 3 VvB, § 36 Abs. 1 AbstG). Ein Gesetzentwurf zur Änderung der Verfassung von Berlin bedarf der Zustimmung von mindestens zwei Dritteln der Teilnehmer und zugleich der Zustimmung von mindestens der Hälfte der Stimmberechtigten (Art. 63 Abs. 2 Satz 3 VvB, § 36 Abs. 2 AbstG). Ein Volksentscheid über die vorzeitige Beendigung der Wahlperiode des Abgeordnetenhauses hat Erfolg, wenn sich mindestens die Hälfte der Stimmberechtigten daran beteiligt und die Mehrheit der abgegebenen Stimmen für die vorzeitige Beendigung stimmt (Art. 63 Abs. 3 Satz 3 VvB, § 36 Abs. 4 AbstG).

Jede stimmberechtigte Person erhält für den Volksentscheid eine *amtliche Mittei-*   **218**
lung, in der der Wortlaut des Volksentscheids und des Gesetzentwurfs oder des sonstigen Beschlussentwurfs wiedergegeben wird. Dabei sind ferner jeweils im gleichen Umfang die Argumente der Trägerin einerseits sowie des Senats und des Abgeordnetenhauses andererseits darzulegen (§ 32 Abs. 4 AbstG). Bei der Darlegung ihrer Argumente sind Abgeordnetenhaus und Senat nicht verpflichtet, lediglich eine moderierende, sich eigener Wertungen enthaltende Haltung einzunehmen.[56] Der Staat unterliegt also nicht dem *Neutralitätsgebot*.[57] Die Grenze zur unzulässigen Einflussnahme im Vorfeld der Abstimmung ist erst dann überschritten, wenn nicht mehr die sachliche Information der Bürger, sondern die Beeinflussung der Stimmberechtigten in einer die Entscheidungsfreiheit missachtenden und gefährdenden Weise im Vordergrund steht.[58] Im neuen § 40d AbstG ist ausdrücklich geregelt, dass Senat und Abgeordnetenhaus unter Beachtung des *Gebots der Sachlichkeit* Öffentlichkeitsarbeit zu ihrer Haltung zum Begehren betreiben dürfen.[59]

Ist ein Gesetz durch Volksentscheid angenommen worden, so fertigt es der Präsi-   **219**
dent des Abgeordnetenhauses unverzüglich aus und es wird im Gesetz- und Verordnungsblatt für Berlin verkündet (Art. 62 Abs. 5 VvB, § 40 Abs. 1 AbstG).[60] Dem Abgeordnetenhaus ist es von Verfassung wegen nicht verwehrt, durch Volksentscheid in Kraft gesetzte Gesetze jederzeit ganz oder teilweise aufzuheben oder zu ändern, denn die Volksgesetzgebung steht gleichwertig neben der parlamentarischen Gesetzgebung.[61] Zumindest zeitnah nach dem Volksentscheid ist jedoch eine *politische Bindung* der Parlamentarier zu konstatieren, die wesentliche Änderungen oder gar die Aufhebung eines solchen Gesetzes in der Praxis erschwert. Allerdings ist das durch Volksentscheid beschlossene *Gesetz zum Erhalt des Tempelhofer Feldes* vom Abgeordnetenhaus etwa anderthalb Jahre nach dem Inkrafttreten geändert worden.[62]

---

[56] BerlVerfGH, Beschl. v. 27.10.2008 – VerfGH 86/08, juris, Rz. 63 f., BerlVerfGH, Beschl. v. 16.8.2021 – VerfGH 96 A/21, juris, Rz. 15 f.

[57] *Michaelis* in Driehaus, VvB, Art. 62, Rz. 22.

[58] BerlVerfGH, Beschl. v. 27.10.2008 – VerfGH 86/08, juris, Rz. 63.

[59] Zum Rechtsweg bei Streitigkeiten um die Öffentlichkeitsarbeit des Senats s. OVG Berlin-Brandenburg, Beschl. v. 7.9.2017 – OVG 3 S 76.17, juris

[60] S. z. B. das Gesetz zur Erhaltung des Tempelhofer Feldes vom 14.6.2014, GVBl. S. 190.

[61] BerlVerfGH, Urt. v. 6.10.2009 – VerfGH 143/08, juris, Rz. 108; *Siegel/Waldhoff*, Öffentliches Recht in Berlin, S. 47 ff.

[62] Gesetz zum Erhalt des Tempelhofer Feldes vom 14.6.2014, GVBl. S. 190, geänd. d.G.v. 02.02.2018, GVBl. S. 160.

6 Die Aufsicht

I. Die Aufsicht in den Flächenländern

1. Die Aufsicht über die Kommunen als Teil der staatlichen Aufsicht

220 Innerhalb der Verwaltungsorganisation der Bundesländer gibt es Aufsichtsverhältnisse auf verschiedenen Ebenen. Am weitestgehenden ist die Aufsicht naturgemäß innerhalb ein und desselben Verwaltungsträgers. So unterliegen die nachgeordneten Behörden der unmittelbaren Landesverwaltung einschließlich der Sonderbehörden und nicht rechtsfähigen Anstalten einer umfassenden Fachaufsicht mit weitreichenden Kontroll- und Weisungsbefugnissen der ihnen übergeordneten Stellen. Insoweit besteht auch eine Aufsicht über den Aufbau, die innere Ordnung, die allgemeine Geschäftsführung und die allgemeinen Personalangelegenheiten der nachgeordneten Einrichtungen, die als Dienstaufsicht bezeichnet wird.[1]

Die Aufsicht des Landes über die kommunalen Gebietskörperschaften wird im Folgenden näher dargestellt. Schließlich unterliegen auch die Verwaltungsträger der mittelbaren Landesverwaltung einer Aufsicht durch den Staat.

2. Die Unterscheidung von Rechts- und Fachaufsicht

221 Im Rahmen der Aufsicht über die Kommunen können zwei Arten von Aufsicht unterschieden werden: die *Rechtsaufsicht* und die *Fachaufsicht*.[2] Die Unterscheidung der beiden Aufsichtsarten korrespondiert mit der Aufteilung gemeindlicher Aufgabenwahrnehmung. Rechtsaufsicht findet im Falle der Selbstverwaltungsauf-

---

[1] *Zivier*, Verfassung und Verwaltung von Berlin, Rz. 82.5.2. Diese Aufsicht wird wegen ihres Bezuges zu Organisationsfragen auch als Organisationsaufsicht bezeichnet.

[2] Siehe z. B. § 111 der Sächsischen Gemeindeordnung i. d. F. v. 9. März 2018, SächsGVBl. S. 62, zul. geänd. d. Artikel 1 d.G.v. 9. Februar 2022, SächsGVBl. S. 134.

© Springer-Verlag GmbH Deutschland, ein Teil von Springer Nature 2022
A. Musil, S. Kirchner, *Das Recht der Berliner Verwaltung*, Springer-Lehrbuch,
https://doi.org/10.1007/978-3-662-65501-6_6

gaben statt, während die Fachaufsicht nur im Bereich übertragener staatlicher Aufgaben zum Zuge kommt.[3] Die Rechtsaufsicht beinhaltet eine reine *Rechtmäßigkeitskontrolle*, während die Fachaufsicht sich auch auf die *Zweckmäßigkeit* des Verwaltungshandelns bezieht und für eigene Erwägungen der Aufsichtsbehörde Raum lässt.

Die Rechtsaufsicht stellt das Gegenstück zur kommunalen Selbstverwaltung dar.   **222**
Da die Kommunen Teil der Verwaltung und damit auch den Zielen des Staatsganzen verpflichtet sind, muss es ein Instrument geben, das der in Art. 28 Abs. 2 GG verbrieften Eigenverantwortlichkeit Schranken setzt. Insoweit sind die Regelungen über die Aufsicht als Ausdruck des Gesetzesvorbehalts in Art. 28 Abs. 2 GG anzusehen.[4] Demgegenüber berührt die Fachaufsicht die kommunale Selbstverwaltung grundsätzlich nicht. Die Sachkompetenz zur Wahrnehmung der jeweiligen Aufgabe liegt allein beim Land. Ausnahmsweise können aber gemeindliche Rechtspositionen tangiert sein, wenn die Fachaufsicht rechtswidrig in den Bereich kommunaler Eigenverantwortung eindringt.[5]

Beide Aufsichtsarten können sowohl präventiv als auch repressiv ausgeübt werden.[6] Mittel der *präventiven Aufsicht* sind etwa die Beratung der Gemeinden oder   **223**
die Genehmigung gemeindlicher Vorhaben im Falle von Genehmigungsvorbehalten. Die präventive Aufsicht findet somit im Vorfeld der abschließenden Entscheidungsfindung statt. Demgegenüber richtet sich die *repressive Aufsicht* gegen bereits getroffene Entscheidungen. Instrumente der repressiven Aufsicht sind etwa das Informations-, Beanstandungs- und Aufhebungsrecht sowie die Weisung.

Grundsätzlich ist die Aufsicht so auszuüben, dass die *Entschlusskraft und Verantwortungsfreude der Gemeinden* nicht beeinträchtigt und die Selbstverwaltung   **224**
gefördert wird.[7] Weiterhin gilt der *Grundsatz des gemeindefreundlichen Verhaltens*.[8] Betroffene Dritte können ein Einschreiten der Aufsichtsbehörde nicht – auch nicht im Klagewege – erzwingen.[9] Die Aufsicht verfolgt generell den Zweck, die Erfüllung der gesetzlichen Pflichten durch die Gemeinde sicherzustellen. Die Aufsichtsbehörde nimmt dabei eine beratende bzw. betreuende Funktion ein. Ihre Kontroll- und Aufsichtstätigkeit kann als Schutzaufgabe für die Kommune verstanden werden.[10]

---

[3] *Schmidt*, Kommunalrecht, Rz. 230, 233; siehe Rz. 117 f.
[4] *Mehde* in Dürig/Herzog/Scholz, GG, Art. 28 Abs. 2, Rz. 108.
[5] *Schmidt*, Kommunalrecht, Rz. 753.
[6] Ausführlich *Burgi*, Kommunalrecht, § 8, Rz. 40 ff.
[7] Vgl. § 108 BbgKVerf.
[8] OVG NW, Entsch. v. 8.1.1964 – III A 1151/61, OVGE 19, 192.
[9] *Gern/Brüning*, Deutsches Kommunalrecht, Rz. 329.
[10] Ausführlich *Gern/Brüning*, Deutsches Kommunalrecht, Rz. 303; zur Haftung der aufsichtsführenden Körperschaft, wenn der Schutzfunktion der Aufsichtsmaßnahme nicht entsprochen wird siehe *Lange*, Kommunalrecht, S. 1122.

3. Die Rechtsaufsicht

225 Die Regelungen über die Rechtsaufsicht sind in den Gemeindeordnungen bzw. Kommunalverfassungen enthalten[11] und dienen einer reinen Gesetzmäßigkeitskontrolle. Die Aufsichtsbehörde prüft also, ob die Regeln über die Zuständigkeiten und das Verfahren sowie das materielle Recht eingehalten wurden. Dabei überprüft sie Ermessensentscheidungen der Gemeinde lediglich auf Ermessensfehler und achtet ggf. bestehende Beurteilungsspielräume. Etwaige Zweckmäßigkeitserwägungen darf die Aufsichtsbehörde nicht anstellen. Die Aufsicht wird je nach Landesrecht in der Regel vom Landratsamt oder dem Regierungspräsidium bzw. der Bezirksregierung geführt.

226 Die *Mittel der repressiven Rechtsaufsicht* sind:

- das Informationsrecht,
- das Beanstandungsrecht,
- das Aufhebungsrecht,
- das Anordnungsrecht,
- die Ersatzvornahme,
- die Bestellung eines Beauftragten,
- die Auflösung des Gemeinderats,
- die vorzeitige Beendigung der Amtszeit des Bürgermeisters.[12]

227 Das Ergreifen aufsichtlicher Mittel liegt im *Ermessen der Aufsichtsbehörde,*[13] die je nach Lage des Einzelfalls entscheiden kann, dabei aber das gemeindliche Interesse an Eigenverantwortlichkeit berücksichtigen muss. Aufsichtsmaßnahmen sollen grundsätzlich nur im öffentlichen Interesse ergriffen werden. Subjektiv-öffentliche Rechte betroffener Bürger müssen diese grundsätzlich selbst im Klagewege gegen die Gemeinde durchsetzen. Klagemöglichkeiten der Bürger haben also Vorrang vor einem aufsichtlichen Eingreifen, es sei denn, es besteht ein öffentliches Interesse an einer Aufsichtsmaßnahme.[14] Die unterschiedlich eingriffsintensiven Maßnahmen müssen von der Aufsichtsbehörde dosiert entsprechend dem Grundsatz der *Verhältnismäßigkeit* angewandt werden. So kann etwa die Bestellung eines Beauftragten als äußerst einschneidende Maßnahme nur eines der letzten Mittel sein, um rechtmäßige Zustände herzustellen. Gleiches gilt für die Auflösung des Gemeinderats und die Ablösung des Bürgermeisters. Die im Rahmen der Rechtsaufsicht getroffenen Maßnahmen sind in der Regel als Verwaltungsakte anzusehen, gegen die sich die Gemeinden mit der Anfechtungsklage vor den Verwaltungsgerichten zur Wehr setzen können.[15]

---

[11] Vgl. z. B. § 109 BbgKVerf.

[12] Im Einzelnen *Burgi*, Kommunalrecht, § 8, Rz. 47 f. *Schmidt*, Kommunalrecht, Rz. 708 ff.

[13] Ganz h. M., VGH BW, Urt. v. 25.4.1989 – 1 S 1635/88, NJW 1990, S. 136; *Schmidt*, Kommunalrecht, Rz. 737; *Erichsen*, Kommunalrecht des Landes Nordrhein-Westfalen, S. 350.

[14] *Gern/Brüning* (Fn. 9), Rz. 804; differenzierend *Vogelgesang/Lübking/Ulbrich*, Kommunale Selbstverwaltung, Rz. 309.

[15] Vgl. § 119 BbgKVerf; siehe Rz. 385.

4. Die Fachaufsicht

Die Regelungen über die Fachaufsicht finden sich nur teilweise in den Kommunalver- **228** fassungen.[16] Oft ist die Fachaufsicht samt der zuständigen Aufsichtsbehörde in den jeweiligen Fachgesetzen mitgeregelt. Die Fachaufsicht verfolgt das Ziel, die Gemeinden im Bereich der übertragenen staatlichen Aufgaben in die Staatsverwaltung einzubinden. Der Staat hat in diesem Bereich, der nicht der Selbstverwaltungsgarantie unterliegt, die Letztverantwortung für getroffene Entscheidungen. Dem korreliert die *Sachkompetenz*, die auch das Recht einschließt, Zweckmäßigkeitserwägungen in die Aufsichtsmaßnahme einfließen zu lassen. Die Fachaufsicht unterscheidet sich demnach zunächst hinsichtlich des Prüfungsmaßstabes von der Rechtsaufsicht. Es geht um Gesetz- und Zweckmäßigkeit des gemeindlichen Handelns, welches insoweit einheitlich von der Fachaufsichtsbehörde überprüft wird. Zweckmäßigkeitserwägungen kommen insbesondere bei Ermessensentscheidungen der Gemeinden zum Tragen.

In der Regel unterliegt die Fachaufsichtsbehörde bei ihren Zweckmäßigkeits- **229** überlegungen, die sie der Gemeinde vorgeben will, keinen Bindungen. Anders ist dies allerdings in Bundesländern, die so genannte *Pflichtaufgaben zur Erfüllung nach Weisung* kennen, da hier das Weisungsrecht je nach gesetzlicher Regelung auf bestimmte Fälle beschränkt ist. So kann z. B. nach § 121 Abs. 2 Nr. 3 BbgKVerf eine so genannte besondere Weisung unter anderem nur erteilt werden, wenn das Verhalten der Gemeinde überörtliche Interessen gefährden kann. Auch in Bayern ist die Fachaufsicht über die Gemeinden beschränkt. Nach Art. 109 Abs. 2 S. 2 BayGO sind Eingriffe in das Verwaltungsermessen auf die Fälle zu beschränken, in denen das Gemeinwohl oder öffentlich-rechtliche Ansprüche Einzelner eine Weisung oder Entscheidung erfordern oder die Bundesregierung nach Art. 84 Abs. 5 oder 85 Abs. 3 GG eine Weisung erteilt. Durch diese Einschränkungen besteht für die Fachaufsichtsbehörden ein *Rechtfertigungszwang*, denen Behörden mit unbeschränkter Fachaufsicht nicht unterliegen.

Die zuständige Fachaufsichtsbehörde lässt sich in der Regel dem jeweiligen Fachgesetz, das die Gemeinde auszuführen hat, entnehmen. In der Regel sind Rechtsaufsichtsbehörde und Fachaufsichtsbehörde nicht identisch.

Hauptinstrument der Fachaufsicht ist die *Weisung*, die sowohl präventiv als auch **230** repressiv erteilt werden kann. Daneben steht der Fachaufsichtsbehörde, damit sie ihr Weisungsrecht überhaupt ausüben kann, ein umfassendes *Informationsrecht* zu. Die im Rahmen der Rechtsaufsicht bestehenden übrigen Aufsichtsmittel stehen ihr hingegen in der Regel nicht zur Verfügung. Widersetzt sich die Gemeinde einer Weisung, so muss sich die Fachaufsichtsbehörde in der Regel an die zuständige Rechtsaufsichtsbehörde wenden, die, da die Nichtbefolgung einer Weisung einen Rechtsverstoß darstellt, nunmehr alle weiteren Maßnahmen zur Durchsetzung der Weisung treffen kann.[17] Maßnahmen der Fachaufsicht sind grundsätzlich nicht vor

---

[16] Vgl. § 78 Abs. 4 der Kommunalverfassung Mecklenburg-Vorpommerns.

[17] Zur Rechtslage in den verschiedenen Bundesländern *Schmidt*, Kommunalrecht, Rz. 754; in Brandenburg ist z. B. nach § 121 Abs. 3 BbgKVerf ein Selbsteintrittsrecht der Fachaufsichtsbehörde bei der Nichtbefolgung von Weisungen vorgesehen.

Gericht anfechtbar, da im übertragenen Aufgabenbereich subjektive Rechte der Gemeinden nicht berührt werden.[18] Eine Ausnahme besteht dann, wenn die Gemeinde geltend macht, dass die Maßnahme in ihr Selbstverwaltungsrecht übergreife.[19]

II. Die Aufsicht in Berlin

231 Hinsichtlich der Aufsichtsverhältnisse im Land Berlin ist zu unterscheiden zwischen der Aufsicht innerhalb der Hauptverwaltung und innerhalb der Bezirksverwaltung, der Aufsicht gegenüber den Bezirken und der Staatsaufsicht gegenüber den landesunmittelbaren Körperschaften, Anstalten und Stiftungen des öffentlichen Rechts.

Unabhängig von den Aufsichtsverhältnissen gelten zwischen allen Behörden der Berliner Verwaltung umfassende *Informationspflichten*. Nach § 3 Abs. 4 AZG unterrichten sich Senatsverwaltungen, Bezirksämter, Sonderbehörden und nichtrechtsfähige Anstalten gegenseitig von allen wichtigen Ereignissen, Entwicklungen und Vorhaben, die auch für die anderen Stellen Bedeutung haben. Für den Bereich der Ordnungsaufgaben statuiert § 10 Abs. 1 ASOG eine entsprechende Informationspflicht.

232   Im Verhältnis Senat – Bezirke sieht § 6a AZG im Übrigen vor, dass beide *Zielvereinbarungen* zu politischen Zielen und Handlungsfeldern von gesamtstädtischem Steuerungsinteresse abschließen können (politische Zielvereinbarungen). Darin sollen nicht nur die jeweiligen Ziele des bezirklichen Handelns festgelegt werden, sondern auch die jeweiligen Rahmenbedingungen, das heißt z. B. die finanziellen und personellen Ressourcen. Ziel dieses kooperativen Vorgehens ist, Zielkonflikte über das bezirkliche Handeln und damit Aufsichtsmaßnahmen zu vermeiden. Allerdings können Verstöße gegen solche Zielvereinbarungen in der Regel nicht sanktioniert werden, zumal sie oft nicht strikt abgefasst sind. Es ist daher seitens des Senats stets zu prüfen, ob eine Verfestigung von Vorgaben zur Steuerung des bezirklichen Handelns in Verwaltungsvorschriften, die mit den Mitteln der Bezirksaufsicht durchgesetzt werden können, nicht vorzugswürdig ist.

1. Die Aufsicht innerhalb von Haupt- und Bezirksverwaltung

233   Die Sonderbehörden und nicht rechtsfähigen Anstalten der Hauptverwaltung unterliegen nach § 8 Abs. 1 S. 1 AZG, § 9 Abs. 1 S. 1, Abs. 2 ASOG der Fachaufsicht der jeweils für die Fachaufgabe zuständigen Senatsverwaltung.[20] Für die nichtrechtsfä-

---

[18] So die Rechtsprechung, vgl. nur BVerwG, Urt. v. 14.12.1994 – 11 C 4/94, DVBl. 1995, S. 744; siehe ausführlich und m. w. N. *Burgi*, Kommunalrecht, § 9, Rz. 13 ff.; siehe Rz. 386 f.

[19] *Burgi*, Kommunalrecht, § 9, Rz. 14.

[20] Der Polizeipräsident und das Landesamt für Bürger- und Ordnungsangelegenheiten unterstehen somit der Fachaufsicht mehrerer Senatsverwaltungen je nachdem, welche Ordnungsaufgabe sie wahrnehmen.

higen Anstalten der Bezirksverwaltungen weist § 8 Abs. 1 S. 2 AZG die Fachaufsicht dem fachlich zuständigen Bezirksamtsmitglied zu. Die Fachaufsicht ermöglicht es, die Aufgabenwahrnehmung der beaufsichtigten Stelle bis in Einzelheiten
zu steuern, und unterstellt sie einem vollständig hierarchischen Weisungsverhältnis.
Die Aufsicht erstreckt sich auf die Rechtmäßigkeit des Verwaltungshandelns, aber
auch die Zweckmäßigkeit (vgl. § 8 Abs. 2 AZG, § 10 Abs. 2 ASOG). Die Mittel der
Fachaufsicht sind das *Informationsrecht*, das *Weisungsrecht* und das *Eintrittsrecht*
(§ 8 Abs. 3 AZG, § 10 Abs. 3 ASOG). Das Informationsrecht beinhaltet das Recht,
Auskünfte, Berichte sowie die Vorlage von Akten und sonstigen Unterlagen zu fordern und Prüfungen anzuordnen. Das Weisungsrecht kann vorab generell und in
bereits laufenden Verwaltungsverfahren ausgeübt werden. Das Eintrittsrecht, also
das Ansichziehen der Zuständigkeit, kann nur ausgeübt werden, wenn eine Weisung
im Einzelfall nicht befolgt wird.

Nach § 8 Abs. 3 Buchstabe d AZG bzw. bei Ordnungsaufgaben nach § 10 Abs. 3 Nr. 4
ASOG kann die aufsichtsführende Senatsverwaltung die Kosten für Aufsichtsmaßnahmen, die über die allgemeinen Verwaltungskosten hinausgehen, der pflichtigen Behörde
auferlegen.

Die *Dienstaufsicht* über den Aufbau, die innere Ordnung, die allgemeine Geschäftsführung und Personalangelegenheiten führt ebenfalls die Fachaufsichtsbehörde.[21] Für den Bereich der nachgeordneten Ordnungsbehörden (§ 2 Abs. 3 ASOG)
ist dies in § 9 Abs. 1 S. 1 ASOG ausdrücklich geregelt. Im Übrigen ergibt sich die
Befugnis zur Dienstaufsicht aus der Organisationsgewalt des jeweiligen Senats-
bzw. Bezirksamtsmitglieds. Die Dienstaufsicht gegenüber dem Landesamt für Bür-
ger- und Ordnungsangelegenheiten und dem Polizeipräsidenten in Berlin liegt generell bei der für Inneres zuständigen Senatsverwaltung (§ 9 Abs. 2 ASOG).

2. Die Aufsicht gegenüber den Bezirken

a) Verfassungsrechtliche Grundlagen

Art. 67 Abs. 2 S. 2 und 3 VvB bestimmt, dass der Senat nicht nur generell die Ein-   234
haltung von Gesetzen durch die Bezirke beaufsichtigt, sondern auch die Einhaltung
von Grundsätzen und allgemeinen Verwaltungsvorschriften, die er für die Tätigkeit
der Bezirke erlassen kann.[22] Die Rechtsaufsicht gegenüber den Bezirken, die als
Bezirksaufsicht bezeichnet wird, geht also weiter als die Rechtsaufsicht gegenüber
den Gemeinden, da sie sich für den gesamten Bereich der bezirklichen Aufgaben
auch auf die *Einhaltung von Verwaltungsvorschriften* des Senats bezieht.[23] Da die
Verwaltungsvorschriften grundsätzlich auch Fragen der Zweckmäßigkeit betreffen
können, lässt also die Bezirksaufsicht die bezirkliche Ermessensfreiheit nur insoweit unberührt, als sie nicht durch Verwaltungsvorschriften bereits eingeschränkt

---

[21] *Zivier* (Fn. 1), Rz. 82.5.2. Die Senatsverwaltungen sind ferner Oberste Dienstbehörde für die
nachgeordneten Behörden ihres Geschäftsbereichs (§ 3 Abs. 1 Nr. 1 LBG).

[22] Siehe Rz. 171 ff.

[23] *Neumann* in Pfennig/Neumann, VvB, Art. 66, 67, Rz. 34.

ist.[24] Dabei ist allerdings zu berücksichtigen, dass einerseits der Erlass von Verwaltungsvorschriften mit Wirkung auf die Bezirke verschiedenen einfachgesetzlich geregelten Voraussetzungen und Beschränkungen unterliegt.[25] Andererseits ist die Bezirksaufsicht bezirksfreundlich auszuüben,[26] sodass in der Regel alleine wegen eines Verstoßes gegen Verwaltungsvorschriften keine Maßnahmen ergriffen werden. Die Verfassungslage dokumentiert aber ungeachtet dessen die Einbindung der Bezirke in die unmittelbare Landesverwaltung.

235 *Neben der Bezirksaufsicht* stellt die Verfassung dem Gesetzgeber in Art. 67 Abs. 1 S. 4 VvB zwei Modelle der Aufsicht zur Auswahl. Entweder kann wie gegenüber den Gemeinden in den Flächenländern für bestimmte Aufgabenbereiche der Bezirke eine *Fachaufsicht* vorgesehen werden. Davon kann jedoch abgesehen und stattdessen ein so genanntes *Eingriffsrecht* für alle Aufgabenbereiche der Bezirke normiert werden. Was ein Eingriffsrecht ist, sagt die Verfassung nicht. Es soll allerdings nur zum Zuge kommen, wenn *dringende Gesamtinteressen Berlins* beeinträchtigt werden.

236 Da in Art. 67 Abs. 2 S. 3 VvB die generelle Aufsicht über die Einhaltung von Gesetzen und Verwaltungsvorschriften durch die Bezirke vorgesehen ist, lässt sich gesetzessystematisch folgern, dass das Eingriffsrecht sich auf Fragen der Zweckmäßigkeit beziehen muss. Das Eingriffsrecht soll dem Senat einen Eingriff in die bezirkliche Zuständigkeit aus anderen Gründen als dem Verstoß gegen Rechts- und Verwaltungsvorschriften ermöglichen. Dies können nur Gründe der Zweckmäßigkeit sein. Damit wird deutlich, dass das Eingriffsrecht eine Art *fachaufsichtliche Maßnahme* ist, die im Gegensatz zur allgemeinen Fachaufsicht der tatbestandlichen Beschränkung auf Fälle unterliegt, in denen dringende Gesamtinteressen Berlins beeinträchtigt werden. Im Gegensatz zur Fachaufsicht, der stets nur bestimmte Aufgabenbereiche zugeordnet sein können, soll sich das Eingriffsrecht allerdings auf *alle bezirklichen Aufgaben* beziehen.

237 Die Regelung in Art. 67 Abs. 1 S. 4 VvB spiegelt die Unsicherheit des Verfassungsgesetzgebers wider. Bis zu ihrer Einfügung mit dem Zweiten Gesetz zur Änderung der Verfassung von Berlin vom 3. April 1998[27] unterstanden die Bezirke bei bestimmten Aufgaben der Bezirksaufsicht und bei anderen – gewissermaßen übertragenen – Aufgaben der Fachaufsicht. Die Neuregelung lässt auf der Verfassungsebene dieses Modell weiterhin zu. Man wollte sich dieses als eine Art „Rückfallposition" für den Fall offenhalten, dass sich das Eingriffsrecht nicht bewährt. Über die Tauglichkeit des neuartigen Eingriffsrechts war man offensichtlich noch im Zweifel.

238 Die einfachgesetzliche Abschaffung der Fachaufsicht und die Normierung eines Eingriffsrechts für alle bezirklichen Aufgaben im AZG war zum Zeitpunkt der

---

[24] Vgl. die Amtliche Begründung zum AZG (Kap. 1, Fn. 5), S. 15; *Machalet*, Die Bezirksverwaltung, S. 81; zur Bedeutung der Verwaltungsvorschriften nach Abschaffung der Fachaufsicht siehe *Pasutti*, LKV 2005, S. 247 ff., 248.

[25] Siehe Rz. 171.

[26] Siehe Rz. 244 ff.

[27] GVBl. S. 82.

Überlegungen für eine Verfassungsregelung bereits vorgesehen.[28] Dieses Modell fußt auf den Ergebnissen einer Arbeitsgruppe der damaligen Koalitionsfraktionen und hat Kompromisscharakter. Es kommt mit der Abschaffung der Fachaufsicht denjenigen entgegen, die die politische Einflussnahme auf die Bezirke durch den Senat im Rahmen der tatbestandlich nicht begrenzten Fachaufsicht kritisierten. Auf der anderen Seite berücksichtigt es mit dem Eingriffsrecht für alle Bezirksaufgaben diejenigen Stimmen, die eine gewisse Machtlosigkeit des Senats bei den früheren nur unter Bezirksaufsicht durchgeführten Bezirksaufgaben beklagten. Die Bezirke wurden bei der Wahrnehmung der früher unter Fachaufsicht durchgeführten Aufgaben gestärkt, weil sie insoweit jetzt nur noch der Bezirksaufsicht und dem Eingriffsrecht unterliegen. Andererseits wurden sie geschwächt, da für die Aufgaben, die früher nur der Bezirksaufsicht unterworfen waren, nun zusätzlich ein Eingriffsrecht besteht. In der Praxis wird das Eingriffsrecht allerdings so gut wie nicht angewandt, sodass die Bezirke ihre Aufgaben weitgehend von Aufsichtsmaßnahmen unbehelligt durchführen können. Der Senat setzte bisher eher auf Kooperation und Überzeugung als auf harte Aufsichtsmaßnahmen. Die Einführung des Eingriffsrechts hat deshalb eher zu einer Stärkung der Bezirke geführt.

239 Verfassungsrechtlich nicht unproblematisch und im Hinblick auf die begrenzten Aufsichtsmittel des Senats inkonsequent ist es allerdings, dass in Fällen, in denen eine Senatsverwaltung ausnahmsweise Widerspruchsbehörde in einer bezirklichen Aufgabe ist,[29] der Senat bezirkliche Entscheidungen ausheben kann. So kann z. B. im Geltungsbereich von Bebauungsplänen von außergewöhnlicher stadtpolitischer Bedeutung, für deren Planung und Festsetzung der Senat zuständig ist,[30] in bauaufsichtlichen Verfahren die Senatsverwaltung als Widerspruchsbehörde[31] Vorbescheide oder andere Genehmigungen erteilen, die das Bezirksamt als zuständige Ausgangsbehörde verweigert hat. Man kann dies nur damit begründen, dass die jeweilige bezirkliche Aufgabe von gesamtstädtischer Bedeutung ist und eigentlich auch von der Hauptverwaltung wahrgenommen werden könnte (Art. 67 Abs. 1 VvB).[32]

b) Bezirksaufsicht

240 Die Bezirke unterliegen bei der Wahrnehmung ihrer Aufgaben zunächst der Bezirksaufsicht (§ 9 Abs. 1 S. 1 AZG). Entsprechend der Bindung der Bezirke an Rechts- und Verwaltungsvorschriften (§ 7 Abs. 1 AZG) hat die Bezirksaufsicht nach § 9 Abs. 3 S. 1 AZG sicherzustellen, dass die Rechtmäßigkeit der Verwaltung gewahrt bleibt und die für die Bezirke geltenden Verwaltungsvorschriften eingehalten werden. Diese Vorschriften über die Aufsicht gelten auch für Ordnungsangelegenheiten der Bezirke (§ 9 Abs. 1 S. 2 ASOG). Bezirksaufsichtsbehörde ist die *für Inneres zuständige Senatsver-*

---

[28] Antrag der Fraktion der SPD über ein Drittes Verwaltungsreformgesetz vom 4.3.1998, Abghs-Drs. 13/2537.

[29] Siehe Rz. 157 ff.

[30] § 9 AGBauGB, siehe Rz. 179.

[31] § 88 Abs. 1 Nr. 1 BauO Bln, vgl. Rz. 157.

[32] Vgl. VG Berlin, Urt. v. 21.5.2003 – 19 A 442.02, LKV 2003, S. 568 f., 569; das VG sieht letztlich bei der Sachaufgabe eine gesamtstädtische Bedeutung, wie sich aus dem Hinweis auf den Beurteilungsspielraum des Gesetzgebers ergibt.

waltung, bestimmte Aufsichtsmaßnahmen kann aber nur der Senat ausüben (§ 9 Abs. 1 S. 2 AZG). Adressat der bezirksaufsichtlichen Maßnahme können sowohl das Bezirksamt als auch die Bezirksverordnetenversammlung sein, nicht jedoch einzelne Mitarbeiter des Bezirksamts. Den Senatsverwaltungen nachgeordnete Sonderbehörden haben gegenüber den Bezirken keine Befugnisse. Die Bezirksaufsicht wird also umfassend auf der Ebene des Senats ausgeübt. Über Maßnahmen der Bezirksaufsicht ist nach § 14 Abs. 3 AZG der Rat der Bürgermeister zu unterrichten.

241 Die Bezirksaufsicht umfasst ein *allgemeines Informationsrecht* nach § 10 AZG. Die für Inneres zuständige Senatsverwaltung kann Auskünfte, Berichte sowie die Vorlage von Akten und Unterlagen fordern. Auch für die übrigen Senatsverwaltungen besteht im Rahmen ihrer fachlichen Zuständigkeit ein Informationsrecht gegenüber den Bezirken (§ 7 Abs. 2 AZG). Die für Inneres zuständige Senatsverwaltung kann darüber hinaus nach § 10 S. 2 AZG im Einvernehmen mit der fachlich zuständigen Senatsverwaltung *Prüfungen* in den Bezirken anordnen. Daraufhin müssen die betroffenen Fachvorgänge bezirksintern einer Revision unterzogen werden, die anordnende Senatsverwaltung ist über das Ergebnis zu informieren.

242 Nur der Senat als Kollegialorgan kann im Rahmen der Bezirksaufsicht nach § 11 AZG Beschlüsse und Anordnungen bezirklicher Organe aufheben und verlangen, dass Maßnahmen rückgängig gemacht werden *(Aufhebungsrecht)*. Ebenfalls nur der Senat kann einen Bezirk nach § 12 AZG anweisen, bestimmte Beschlüsse zu fassen oder Anordnungen zu treffen *(Anweisungsrecht)*. Weigert sich das zuständige Organ, Maßnahmen rückgängig zu machen, aufgegebene Beschlüsse zu fassen oder Anordnungen zu treffen, kann der Senat nach § 13 AZG die Maßnahmen selbst rückgängig machen, die Beschlüsse fassen oder Anordnungen treffen *(Ersatzbeschlussfassungsrecht)*. Sofern Anordnungen des Senats nicht befolgt werden, kann er sie durch einen Beauftragten durchführen lassen *(Ersatzvornahme)*. Maßnahmen wie die generelle Bestellung eines Beauftragten („Staatskommissar") oder die Auflösung der Bezirksverordnetenversammlung sind nicht vorgesehen. Die Kosten für Aufsichtsmaßnahmen nach den §§ 11 bis 13, die über die allgemeinen Verwaltungskosten hinausgehen, können dem pflichtigen bezirklichen Organ auferlegt werden (§ 9 Abs. 4 AZG).

243 Abgesehen vom Informationsrecht sind die genannten Aufsichtsmittel repressiver Art. Es können also Bezirksaufsichtsmaßnahmen erst ergriffen werden, wenn der Bezirk bereits gehandelt hat oder beschlossen hat, bestimmte Maßnahmen nicht zu treffen, zu denen er verpflichtet ist. Die Bezirksaufsichtsbehörde kann aber gegen ein bevorstehendes Handeln eines Bezirks durch eine Aufforderung vorgehen, die beabsichtigte Maßnahme zu unterlassen. Im Übrigen kann sie zu jeder Zeit Hinweise geben und Rat erteilen (präventive Kontrolle).

244 Die Bezirksaufsicht darf bei ihrem Handeln die Entschlusskraft und Verantwortungsfreudigkeit der bezirklichen Organe nicht beeinträchtigen (§ 9 Abs. 3 S. 2 AZG). Dies wird zunächst dadurch sichergestellt, dass die Bezirksaufsichtsbehörde stets den Konsens mit den Bezirken sucht und, soweit es zeitlich möglich ist, die Bezirke vor etwaigen Maßnahmen anhört. Dabei ist zu berücksichtigen, dass ein Einschreiten im Ermessen des Senats steht.[33] Die meisten Problemfälle werden auf

---

[33] Zur entsprechenden Lage in den Flächenländern siehe Rz. 227.

diese Weise bereits informell gelöst. Ferner folgt schon aus der für die Maßnahmen nach den §§ 11 bis 13 AZG vorgesehenen Zuständigkeit des Senats, dass Aufsichtsmaßnahmen nicht übereilt ergriffen werden. Es bedarf für diese Maßnahmen eines *Senatsbeschlusses*. Ein solcher lässt sich nur mit einem gewissen Zeitaufwand herbeiführen. Ferner bedarf es einer fundierten, überzeugenden Begründung, damit die Senatsmitglieder der Beschlussvorlage überhaupt zustimmen. Hierdurch sind Maßnahmen der Bezirksaufsicht *kein kurzfristig einsetzbares Mittel*. Nicht zuletzt diese Schwerfälligkeit war ein Grund, die Bezirksaufsicht um ein Eingriffsrecht zu ergänzen. Die Zuständigkeit des Senats begründet im Übrigen die Gefahr, dass die Entscheidung über eine Aufsichtsmaßnahme durch die Verlagerung aus der verwaltungsrechtlichen Sphäre auf die politische Regierungsebene von politischen Überlegungen beherrscht wird. Dies muss als Systemfehler bezeichnet werden, da es lediglich um Rechtsverstöße der Bezirke geht, die behoben werden sollen.

Die Entschlusskraft und Verantwortungsfreudigkeit der bezirklichen Organe **245** wird ferner dadurch sichergestellt, dass die Bezirksaufsicht in der Regel in den Fällen zurücksteht, in denen durch andere Beteiligte in anderen Verfahren Rechtsverstößen begegnet werden kann. Dies betrifft zunächst die Beanstandungsverfahren nach §§ 18, 39 Abs. 4 BezVG.[34] Es obliegt zuvörderst den bezirklichen Organen, rechtswidrige Maßnahmen und Vorgänge auf der Bezirksebene zu rügen. Ferner sind in diesem Zusammenhang bezirkliche Einzelentscheidungen gegenüber dem Bürger zu nennen, gegen die dieser mit den Mitteln des Verwaltungsverfahrensrechts und der Verwaltungsgerichtsordnung vorgehen kann, also insbesondere Verwaltungsakte, gegen die Widerspruch und Klage erhoben werden kann. Die Bezirksaufsicht ist insofern keine Instanz, die jede Einzelentscheidung eines Bezirksamts gegenüber einem Bürger überprüft. In diesen Fällen wird in der Regel die Bezirksaufsicht einer Letztentscheidung durch die Gerichte nicht vorgreifen und es den Bezirken überlassen, ihre Rechtsauffassung durchzusetzen.

Betrachtet man die Praxis der letzten Jahre, so ist zu konstatieren, dass formelle bezirksaufsichtliche Maßnahmen nur selten ergriffen wurden.[35] Einer der letzten gerichtlich zu entscheidenden Fälle betraf die *Bezirksamtsbildung*.[36]

---

[34] Siehe Rz. 332 ff., 354 ff.

[35] Soweit ersichtlich gab es in der 15. Wahlperiode (5 Jahre) nur zwei Fälle, in denen bezirksaufsichtliche Maßnahmen vom Senat ergriffen wurden. Diese betrafen die Durchsetzung straßenverkehrsbehördlicher Anordnungen, siehe Landespressedienst vom 8. März 2005. In der 16. Wahlperiode gab es, soweit ersichtlich, nur in einem Fall eine bezirksaufsichtliche Maßnahme des Senats. Diese betraf eine Entscheidung des Bezirks Charlottenburg-Wilmersdorf zur Deutschlandhalle, die aufgehoben wurde. Das Bezirksamt hatte den Abriss der Deutschlandhalle aus denkmalschutzrechtlichen Gründen abgelehnt, siehe Landespressedienst vom 15 Juni 2010, zum Eingriffsrecht während der 17. Wahlperiode s. Antwort des Senats auf eine Schriftliche Anfrage – Drs. 18/18456, in der 18. Wahlperiode gab es ebenfalls nur einige wenige bezirksaufsichtliche Maßnahmen im Zusammenhang mit der SARS-CoV-2-Pandemie und im Zusammenhang mit bauordnungsrechtlichen Streitigkeiten mit dem Bezirksamt Friedrichshain-Kreuzberg;

[36] VG Berlin, Urt. v. 8.6.1998 – VG 26 A 43.96, n.v.; siehe Fall 5, Rz. 278.

246   Bezirksaufsicht ist nicht nur Kontrolle. Sie soll nach § 9 Abs. 2 AZG auch die Mitwirkung der Bezirke an der Verwaltung fördern und schützen. Dem trägt die Senatsverwaltung für Inneres dadurch Rechnung, dass sie auf Senatsebene die Rechte der Bezirke sichert, also z. B. für die Einschaltung des Rats der Bürgermeister sorgt, und die Interessen der Bezirke geltend macht, soweit diese nicht selbst an einem Verfahren beteiligt sind. Ferner hat die Bezirksaufsicht eine Beratungsfunktion und steht für Stellungnahmen zu bezirklichen Rechtsfragen zur Verfügung, wobei zuvor eine Klärung durch das bezirkliche Rechtsamt anzustreben ist.

c) Das Eingriffsrecht

247   Der Gesetzgeber hat, wie oben dargestellt,[37] von der Möglichkeit in Art. 67 Abs. 1 S. 4 VvB Gebrauch gemacht und die Fachaufsicht herkömmlicher Art für bestimmte Aufgaben durch ein Eingriffsrecht für alle Bezirksaufgaben[38] in § 13a AZG ersetzt. Das Eingriffsrecht ergänzt die Bezirksaufsicht und obliegt grundsätzlich dem für die *Sachaufgabe zuständigen Mitglied des Senats*. Es ist einzelfallbezogen, kann also nicht für eine Mehrheit ähnlich gelagerter Fälle gemeinsam ausgeübt werden. Durch die Verweisung auf die Befugnisse nach § 8 Abs. 3 AZG wird deutlich, dass das Eingriffsrecht nicht nur eine bestimmte Maßnahme (den Eingriff) zulässt, sondern die Ausübung von Befugnissen der Fachaufsicht ermöglicht, wie sie zwischen Senatsverwaltungen und nachgeordneten Sonderbehörden gegeben ist.[39] Die Ausübung eines Eingriffs ist also nichts anderes als die Ausübung eines der in § 8 Abs. 3 AZG vorgesehenen Mittel der Fachaufsicht. Da die Senatsverwaltungen nach § 7 Abs. 2 AZG ohnehin ein umfassendes Informationsrecht haben, kommen über das Eingriffsrecht zusätzlich die Mittel der *Anordnung einer Prüfung*, der *Einzelweisung* und des *Eintrittsrechts* in Betracht.

248   Das Besondere beim Eingriffsrecht im Gegensatz zur allgemeinen Fachaufsicht liegt somit nicht in der Rechtsfolge, sondern auf der Tatbestandsseite.[40] Im Gegensatz zur Fachaufsicht, bei der eine Rechtskontrolle erfolgt, aber auch alle denkbaren Gründe der Zweckmäßigkeit Maßnahmen rechtfertigen können, darf das Eingriffsrecht nur ausgeübt werden, wenn hierfür ein besonderer Grund vorliegt: Ein Handeln oder Unterlassen eines Bezirksamts muss im Einzelfall *dringende Gesamtinteressen Berlins beeinträchtigen*. Das Eingriffsrecht lässt sich insoweit mit den Regelungen der beschränkten Fachaufsicht bzw. des beschränkten Weisungsrechts, wie sie in einigen Flächenländern – z. B. in Bayern oder Brandenburg – für bestimmte Aufgaben bestehen, vergleichen. Wie oben dargestellt, ist dort die Fachaufsicht gegenüber den Gemeinden durch zusätzliche tatbestandliche Erfordernisse beschränkt.[41]

---

[37] Siehe Rz. 235 ff.
[38] Einschließlich der Ordnungsaufgaben, siehe § 9 Abs. 1 S. 2 ASOG.
[39] Siehe Rz. 232.
[40] Siehe auch *Collin/Zepf*, DÖV 2003, S. 1017 ff.
[41] Siehe Rz. 113 und 229.

aa) Der Tatbestand des Eingriffsrechts nach § 13a Abs. 1 AZG

(1) Ein Handeln oder Unterlassen eines Bezirksamts im Einzelfall
Der Tatbestand des Eingriffsrechts setzt ein Handeln oder Unterlassen eines *bezirk-*   249
lichen Organs voraus. Das Eingriffsrecht kann sich somit nicht nur auf gegen ein
Bezirksamt richten, sondern auch gegen ein Handeln oder Unterlassen einer Bezirksverordnetenversammlung.

Soweit es um „Handeln" geht, muss nach dem Wortlaut des Gesetzes das bezirkliche Organ bereits gehandelt haben. Im Ausnahmefall wird man allerdings einen
Vorabeingriff für zulässig halten müssen, wenn ein Handeln oder die Entscheidung
für ein Unterlassen unmittelbar bevorsteht und irreparable Beeinträchtigungen dringender Gesamtinteressen Berlins drohen.

(2) Dringende Gesamtinteressen Berlins
Das Eingriffsrecht setzt ferner voraus, dass dringende Gesamtinteressen Berlins   250
durch das Handeln oder Unterlassen des Bezirksamts beeinträchtigt werden. Es
handelt sich bei dem Terminus „dringende Gesamtinteressen Berlins" um einen unbestimmten Rechtsbegriff.

Als dringende Gesamtinteressen benennt § 13a Abs. 1 S. 2 AZG zunächst durch
eine *nicht abschließende, beispielhafte Aufzählung* Belange Berlins als Bundeshauptstadt (Nr. 1), die Ausübung von Befugnissen des Senats nach Bundesrecht,
europäischem Recht oder Staatsverträgen (Nr. 2), die Befolgung von Weisungen der
Bundesregierung nach Art. 84 Abs. 5 oder Art. 85 Abs. 3 GG (Nr. 3) sowie Angelegenheiten der Informations- und Kommunikationstechnik (IKT) der Bezirke, soweit
diese die einheitliche IKT-Steuerung, das E-Government oder die Informationssi-
cherheit der Berliner Landesverwaltung betreffen (Nr. 4).

Dringende Gesamtinteressen Berlins sind somit immer dann gegeben, wenn es   251
um *Belange Berlins als Bundeshauptstadt* geht. Erforderlich sind insoweit konkrete, sich auf Hauptstadtfunktionen beziehende Belange. Solche ergeben sich
insbesondere aus den für eine Zusammenarbeit zwischen Berlin und dem Bund vorgesehenen Aufgabenfeldern, die in Art. 1 Abs. 3 des Hauptstadtvertrags[42] genannt
sind. Steht ein bezirkliches Handeln oder Unterlassen solchen Belangen entgegen,
sind dringende Gesamtinteressen Berlins beeinträchtigt.

Ferner liegen dringende Gesamtinteressen immer dann vor, wenn der Senat von   252
in *Bundesrecht, europäischem Recht* oder *Staatsverträgen* geregelten Befugnissen
Gebrauch macht. In Betracht kommen insoweit fachaufsichtliche Befugnisse oder
bestimmte Zustimmungsvorbehalte zugunsten der Landesregierung. Verbleibt auf
Bezirksebene ein Vollzugsdefizit, sind kraft Gesetzes dringende Gesamtinteressen
Berlins beeinträchtigt. Ob diese Regelung in der Praxis Bedeutung haben kann, ist
fraglich. In der Regel sind die Befugnisse des Senats aus höherrangigen Rechtsvorschriften oder auch Staatsverträgen aus sich heraus ausreichend, um ggf. auf die
Bezirke einwirken zu können. Nur in Fällen, in denen die jeweiligen Befugnisse
unvollkommen geregelt sind, ist noch ein Rückgriff auf § 13a Abs. 1 S. 2 Nr. 2 AZG

---

[42] Vom 25.8.1992, Abghs-Drs. 12/1796.

denkbar. Der Vorschrift kommt deshalb vorwiegend eine *Klarstellungsfunktion* dahingehend zu, dass fachaufsichtliche Befugnisse des Senats, die sich aus Bundesrecht, europäischem Recht oder Staatsverträgen ergeben, unberührt bleiben.[43]

Dringende Gesamtinteressen Berlins sind ferner immer dann gegeben, wenn der Senat als Landesregierung seinerseits in der Pflicht steht, *Weisungen der Bundesregierung* im Rahmen der Bundesauftragsverwaltung oder ausnahmsweise sogar bei der Ausführung von Bundesrecht als eigene Angelegenheit umzusetzen. Fälle, in denen die Bezirke für Aufgaben zuständig sind, die dem Weisungsrecht des Bundes unterliegen, sind selten. In Betracht kommt dies z. B. bei den Aufgaben nach dem *Zivilschutz- und Katastrophenhilfegesetz*,[44] welches teilweise von den Ländern in Bundesauftragsverwaltung durchgeführt wird. In den Zivilschutz sind auch die Bezirke als Ordnungs- und Katastrophenschutzbehörden einbezogen. Läuft das bezirkliche Handeln oder Unterlassen der Bundesweisung entgegen, sind somit dringende Gesamtinteressen Berlins beeinträchtigt.

253   Schließlich ist vorgesehen, dass auch *Angelegenheiten der Informations- und Kommunikationstechnik* der Bezirke dringende Gesamtinteressen Berlins begründen können. Es geht hierbei insbesondere um die Einhaltung von nach § 21 Absatz 2 des E-Government-Gesetzes Berlin festgesetzten Standards für den IKT-Einsatz. Auch ein Verstoß gegen die Abnahmepflicht beim IT Dienstleistungszentrum Berlin (ITDZ Berlin) als zentraler Berliner IT-Dienstleister nach § 24 des E-Government-Gesetzes Berlin kann dringende Gesamtinteressen Berlins begründen.

254   Neben § 13a Abs. 1 AZG enthält auch § 7 Abs. 1 S. 3 AGBauGB eine Aufzählung von Fällen, in denen dringende Gesamtinteressen Berlins vorliegen können.[45] Diese beziehen sich auf bauplanerische Belange. Für den Bereich des *Bauplanungsrechts* finden sich also im AGBauGB eine § 13a AZG modifizierende Regelungen.[46] Für Baugenehmigungsverfahren gilt im Hinblick auf planerische Belange § 17 AGBauGB.[47]

Aber auch in anderen als den beschriebenen Fällen können dringende Gesamtinteressen Berlins beeinträchtigt sein. Der unbestimmte Rechtsbegriff bedarf deshalb der Auslegung.

255   Der Begriff „*dringend*" kann mit unterschiedlichem Bedeutungsgehalt verwandt werden.[48] Zum einen kann im Sinne einer *temporalen Bedeutung* gemeint sein, dass

---

[43] Vgl. Protokollnotiz der Koalitionsfraktionen im Gesetzgebungsverfahren zum 2. Gesetz zur Änderung der VvB, Abghs-Drs. 13/2567, zu Protokoll gegeben in der 2. Lesung (Protokoll der 43. Sitzung v. 26.3.1998, S. 3326; Senator Schönbohm und S. 3319; Abg. Jakesch: „Der neue Art. 67 verändert nicht die Zuständigkeiten und Befugnisse des Senats aus Bundesrecht, Staatsverträgen und dem Hauptstadtvertrag."

[44] S. § 2 des Zivilschutz- und Katastrophenhilfegesetzes vom 25.3.1997, BGBl. I S. 726, zul. geänd. d.G.v. 19.06.2020, BGBl. I S. 1328; siehe auch *Musil/Kirchner*, Die Verwaltung 39 (2006), S. 373 ff.

[45] Siehe Rz. 183.

[46] §§ 7 Abs. 1, 10 Abs. 3, 11 Abs. 1, 13 Abs. 1, 18, 30 AGBauGB.

[47] Für andere Belange z. B. des Bauordnungsrechts und für in § 17 AGBauGB nicht angesprochene Baugenehmigungsverfahren gilt allerdings § 13a AZG.

[48] *Neumann* (Fn. 23), Art. 66, 67, Rz. 33.

eine Angelegenheit keinen Aufschub duldet, also ein Eilfall vorliegt. „Dringend"
kann aber auch heißen, dass ein bestimmter Fall qualitativ aus der Masse vergleichbarer Fälle heraussticht und einer besonderen Behandlung bedarf. Insofern kann
von einer *inhaltlich-qualitativen Bedeutung* gesprochen werden. Die Rechtssprache
verwendet den Begriff „dringend" vorwiegend im letztgenannten Sinne. So wird der
Begriff der „dringenden Gefahr" in Art. 13 Abs. 4 GG in dem Sinne ausgelegt, dass
ein erhebliches Schadensausmaß drohen muss.[49] Im Polizeirecht, z. B. in § 36
Abs. 4 ASOG, beinhaltet „dringende Gefahr" ebenso einen qualitativ gesteigerten
Gefahrenzustand. Es kommt insoweit auf die Erheblichkeit des zu erwartenden
Schadens an.[50] Auch im Strafprozessrecht, z. B. in § 112 Abs. 1 StPO, steht hinsichtlich des dringenden Tatverdachts die qualitative Bedeutung im Vordergrund, da
hier die Wahrscheinlichkeit groß sein muss, dass jemand eine Straftat begangen
hat.[51] Im Bereich des Verwaltungsorganisationsrechts wird der Begriff z. B. in
Art. 87 Abs. 3 S. 2 GG verwendet. Hier ist ebenfalls die qualitative Bedeutung maßgebend, denn es muss ein spezifischer Bedarf für die Errichtung von bundeseigenen
Mittel- und Unterbehörden bestehen, damit von einem „dringenden Bedarf" gesprochen werden kann.[52] Eine besondere zeitliche Notwendigkeit im Sinne eines Eilfal-
les soll z. B. in Art. 84 Abs. 5 S. 2 und Art. 85 Abs. 3 S. 2 GG hinsichtlich von
Einzelweisungen der Bundesregierung an die Länder vorliegen, wenn diese nicht an
die obersten Landesbehörden gerichtet werden sollen.[53] Hierfür wird jedoch nicht
der Begriff „dringend", sondern der Begriff „dringlich" verwendet. In der Mehrzahl
der Fälle wird somit „dringend" nicht zeitlich, sondern qualitativ verstanden.

Dass der Begriff „dringend" auch in § 13a Abs. 1 AZG eine qualitativ-inhaltliche   **256**
Bedeutung hat, wird bei einem Blick auf § 13a Abs. 3 AZG deutlich. Nach § 13a
Abs. 3 S. 2 AZG bedarf in Fällen von grundsätzlicher Bedeutung der Eingriff keines
Senatsbeschlusses, wenn er zwingend keinen Aufschub verträgt. Damit wird als
Ausnahme ein Eilfall geregelt, und es lässt sich der Gegenschluss bilden, dass ei-
nem Eingriff normalerweise kein Eilfall zugrunde liegt, es insofern auf eine zeitli-
che Komponente bei den Eingriffsvoraussetzungen nicht ankommt.[54]

Dringende Gesamtinteressen sind somit *qualitativ besondere Gesamtinteressen*.   **257**
Es muss um wichtige oder erhebliche Gesamtinteressen Berlins gehen, die es rechtfertigen, in die bezirkliche Zuständigkeit einzugreifen.[55] Nicht jedes Gesamtinteresse Berlins ist ausreichend. Anzumerken ist allerdings, dass der Berliner Gesetzgeber bei seiner Wortwahl nicht konsequent war, da in § 13a Abs. 2 AZG der Begriff
„dringend", wie sich aus dem Regelungszusammenhang ergibt, mit einer zeitlichen

---

[49] *Papier* in Dürig/Herzog/Scholz, GG, Art. 13 Rz. 94.

[50] *Knape/Schönrock*, Allgemeines Polizei- und Ordnungsrecht für Berlin, § 36, Rz. 43.

[51] *Schmitt* in Meyer-Goßner/Schmitt, StPO, § 112, Rz. 5.

[52] *Broß/Mayer* in vMünch/Kunig, GG, Art. 87, Rz. 28.

[53] *Kirchhof* in Dürig/Herzog/Scholz, GG, Art. 85, Rz. 77 ff.

[54] A.A. *Michaelis/Krammerbauer* in Driehaus, VvB, Art. 67, Rz. 6.

[55] *Zivier* (Fn. 1), Rz. 73.6.2.2. Er sieht die Notwendigkeit einer Abwägung zwischen den Gesamtinteressen und den Bezirksinteressen, um festzustellen, ob erstere Vorrang haben; siehe auch *Mudra*,
VvB, S. 193.

Bedeutung verwendet wurde. Dieser Umstand hat indes auf das hier gefundene Auslegungsergebnis für § 13a Abs. 1 AZG keinen Einfluss, da das Wort „dringend" in Absatz 2 in anderem Zusammenhang steht.

258 Für den Begriff der *Gesamtinteressen Berlins* gibt es in der Gesetzgebung kein Vorbild. Gesamtinteressen Berlins sind Interessen der Stadt im Gegensatz zu den Interessen eines oder mehrerer Bezirke. Der Begriff ist nicht gleichzusetzen mit dem der „gesamtstädtischen Bedeutung" in Art. 67 Abs. 1 S. 1 VvB.[56] Diese Bedeutung rechtfertigt eine Zuständigkeit der Hauptverwaltung für eine Verwaltungsaufgabe. Beim Eingriff ist jedoch der Bezirk für die Aufgabe zuständig und es kann der Aufgabenwahrnehmung grundsätzlich *keine gesamtstädtische Bedeutung* zukommen. Gesamtinteressen Berlins können also eine geringere als eine gesamtstädtische Bedeutung haben. Es kommt nicht darauf an, ob durch das Handeln oder Unterlassen des Bezirks *unmittelbar* die Gesamtstadt betroffen ist. Auch eine Maßnahme, die nur in einem Bezirk wirkt, kann die Gesamtinteressen Berlins beeinträchtigen.[57] Es muss dafür eine Ausstrahlung auf die Stadt erfolgen, z. B. dadurch, dass Berlin als Ganzes mit der bezirklichen Maßnahme identifiziert oder sie ihr in der Öffentlichkeit zugerechnet wird. So kann die Beschädigung des Ansehens Berlins in der Bundesrepublik oder darüber hinaus ausreichen, um von der Beeinträchtigung dringender Gesamtinteressen auszugehen. Ein weiteres Beispiel bildet die Beeinträchtigung von Chancen Berlins bei der Bewerbung um internationale Veranstaltungen.[58] Denkbar sind auch Fälle, in denen sich aus bezirklichen Maßnahmen durch Folgelasten bzw. Einnahmeausfälle mittelbar finanzielle Belastungen für die Stadt oder die übrigen Bezirke ergeben oder Nachteile für den Wirtschaftsstandort, z. B. dadurch, dass Investoren Berlin verlassen oder Ansiedlungspläne konterkariert werden. Auch Nachteile für den Tourismus in Berlin oder die Beeinträchtigung der Einheitlichkeit der Lebensverhältnisse können ausreichen. Nicht ausreichend ist jedoch die bloße abweichende politische oder fachliche Beurteilung eines Sachverhalts durch die zuständige Senatsverwaltung. Zusammenfassend ist somit festzustellen: Wichtige oder erhebliche Interessen der Gesamtstadt Berlin können bezirklichen Interessen vorgehen.

259 Fraglich ist, ob dem jeweils zuständigen Senatsmitglied bei der Annahme dringender Gesamtinteressen Berlins ein *Beurteilungsspielraum* zuzubilligen ist, oder ob seine Entscheidung uneingeschränkt der gerichtlichen Überprüfung unterliegt.[59] Beurteilungsspielräume werden der Verwaltung von der Rechtsprechung nur in engen Grenzen eingeräumt.[60] Das *Bundesverfassungsgericht* führt hierzu aus, solche Spielräume kämen nur in Betracht, wenn unbestimmte Rechtsbegriffe wegen der hohen Komplexität und der besonderen Dynamik der geregelten Materie so vage und ihre Konkretisierung im Nachvollzug der Verwaltungsentscheidung so schwierig seien,

---

[56] Siehe Rz. 120 ff.

[57] *Zivier* (Fn. 1), Rz. 73.6.2.1.

[58] *Zivier* (Fn. 1), Rz. 73.6.2.1.

[59] Zur gerichtlichen Überprüfung von Eingriffsentscheidungen siehe Rz. 430 ff.

[60] Ausführlich *Maurer/Waldhoff*, Allgemeines Verwaltungsrecht, § 7, Rz. 26 ff.; siehe dort auch die Darstellung der Literatur, die bei der Annahme von Beurteilungsspielräumen großzügiger ist.

dass die gerichtliche Kontrolle an die Funktionsgrenzen der Rechtsprechung stößt.[61] Im Einzelnen werden Beurteilungsspielräume nur in bestimmten Fallgruppen anerkannt. Insbesondere sind dies Prüfungsentscheidungen, beamtenrechtliche Beurteilungen, Entscheidungen spezieller Sachverständigengremien sowie Prognoseentscheidungen und Risikobewertungen, die auch politische Wertungen einschließen.[62]

Keine der aufgezählten Fallgruppen ist vorliegend einschlägig. Zwar beinhaltet die Entscheidung, eine Maßnahme beeinträchtige dringende Gesamtinteressen Berlins, immer auch eine Bewertung auf der Grundlage politischer Einschätzungen. Diese Bewertung verlässt jedoch nicht den Rahmen dessen, was die Verwaltung immer bei der Auslegung unbestimmter Rechtsbegriffe zu leisten hat. Insbesondere gerät auch die Rechtsprechung nicht an ihre Funktionsgrenzen, wenn sie das Vorliegen dringender Gesamtinteressen Berlins überprüft. Es lassen sich, wie oben bereits angedeutet, klare Kriterien bilden, anhand derer eine Überprüfung möglich ist. Als Richtschnur können vor allem die vom Gesetzgeber normierten Fallgruppen dienen. Die Bewertung, ob die Voraussetzungen des Eingriffsrechts vorliegen, verlangt folglich keine derart komplexen Abwägungsprozesse, dass diese Abwägung im Nachhinein nicht mehr nachvollzogen und kontrolliert werden könnte.   260

Gegen dieses Ergebnis lässt sich auch nicht die Rechtsprechung der Berliner Gerichte zu anderen unbestimmten Rechtsbegriffen einwenden. Der Begriff der *„außergewöhnlichen stadtpolitischen Bedeutung"* in § 9 Abs. 1 Nr. 1 AGBauGB ist vom Oberverwaltungsgericht nur hinsichtlich des Teils „stadtpolitisch" für nicht justiziabel erklärt worden.[63] Dies ist unmittelbar einsichtig, da es im Unterschied zu § 13a AZG ausdrücklich um politische Wertungen geht. Der Verfassungsgerichtshof hat ferner dem Gesetzgeber bei der Beurteilung der *„gesamtstädtischen Bedeutung"* in Art. 51 VvB a. F. zwar einen Spielraum eingeräumt.[64] Jedoch ist das Verhältnis des Gesetzgebers zur Verfassungsgerichtsbarkeit ein anderes als das der Verwaltung zur Verwaltungsgerichtsbarkeit. Insoweit verbieten sich Rückschlüsse für das vorliegende Bewertungsproblem.   261

Da mithin kein von der Rechtsprechung anerkannter Ausnahmefall vorliegt, ist die Auslegung des Begriffs der „dringenden Gesamtinteressen Berlins" durch die Senatsmitglieder *gerichtlich uneingeschränkt überprüfbar.*[65]

(3) Beeinträchtigung

Die dringenden Gesamtinteressen Berlins müssen durch das bezirkliche Handeln oder Unterlassen beeinträchtigt werden. Dies setzt eine *bereits eingetretene* Beeinträchtigung voraus. Allerdings wird man nach dem Sinn und Zweck des Eingriffsrechts, die Gesamtinteressen vor Schäden zu schützen, folgern können, dass auch die Gefahr einer Beeinträchtigung ausreichend ist, wenn diese unmittelbar bevorsteht   262

---

[61] BVerfG, Beschl. v. 17.4.1991 – 1 BvR 419/81, 1 BvR 213/83, BVerfGE 84, 34, 50.

[62] Vgl. *Maurer/Waldhoff* (Fn. 60), Rz. 37 ff.

[63] OVG Berlin, Urt. v. 31.8.1999 – 2 B 13.99, LKV 2000, S. 453 ff.

[64] BerlVerfGH, Urt. v. 10.5.1995 – VerfGH 14/95, LVerfGE 3, 28, 31.

[65] Ebenso *Collin/Zepf*, DÖV 2003, S. 1017 ff., 1021 f.

oder mit Sicherheit zu erwarten ist.[66] Insoweit besteht auch ein Zusammenhang mit der Notwendigkeit eines Handelns oder Unterlassens des Bezirksamts, welches grundsätzlich bereits erfolgt sein muss. Wie ausgeführt reicht jedoch ein bevorstehendes Handeln, wenn irreparable Beeinträchtigungen dringender Gesamtinteressen drohen.[67]

(4) Kein Vorrang der Bezirksaufsicht bei gleichzeitigem Verstoß gegen Rechts- und Verwaltungsvorschriften

263 Wie bereits oben dargestellt,[68] ergänzt das Eingriffsrecht die Bezirksaufsicht. Nicht jede Rechtswidrigkeit bzw. jeder Verstoß gegen Verwaltungsvorschriften begründet ein dringendes Gesamtinteresse. Liegt neben dem dringenden Gesamtinteresse allerdings auch ein solcher Verstoß vor, besteht seit einer Änderung von § 13a Abs. 1 AZG im Jahre 2021[69] kein Vorrang der Bezirksaufsicht mehr. Im Gegenteil, dem Eingriffsrecht der Fachverwaltung wird ein Vorrang gegenüber Bezirksaufsichtsmaßnahmen eingeräumt. Wenn dringende Gesamtinteressen in Gesetzen oder Verwaltungsvorschriften zu Norminhalten verfestigt sind, kann ihre Beeinträchtigung somit auch ein Anlass für einen Eingriff der Fachverwaltung sein. Bis zu der Gesetzesänderung war in diesem Fall die Bezirksaufsicht mit ihrem Instrumentarium und ihren Verfahrensvorschriften vorrangig zuständig. Die Neuregelung entspricht den Regelungen der allgemeinen Fachaufsicht, die neben der Zweckmäßigkeits- auch die Rechtmäßigkeitskontrolle umfasst. Wenn ein dringendes Gesamtinteresse beeinträchtigt ist, kommt es also für die Zuständigkeit nicht darauf an, ob dies auch ein rechtswidriges Handeln des Bezirks bedeutet. Zuständig ist dann die für die einschlägige Aufgabe zuständige Senatsverwaltung. § 13a Abs. 1 Satz 4 AZG stellt aber klar, dass die Befugnisse der Bezirksaufsicht nach den §§ 9 bis 13 unberührt bleiben. Die Bezirksaufsicht kann also handeln, wenn die Fachverwaltung vom Eingriffsrecht keinen Gebrauch macht.

(5) Vergeblicher Verständigungsversuch mit dem Bezirksamt

264 Die zuständige Senatsverwaltung muss vor Ausübung des Eingriffsrechts versuchen, mit dem bezirklichen Organ eine Verständigung zu erzielen. Der Verständigungsversuch muss erfolglos geblieben sein.

Der Verständigungsversuch ist mehr als eine bloße Anhörung. Verständigung suchen heißt, dass die Senatsverwaltung auch bezirkliche Interessen beachten und kompromissbereit sein muss.[70] Durch diese Notwendigkeit wird auch sichergestellt, dass ggf. die Billigung der bezirklichen Entscheidung durch das Bezirksamt bzw. das zuständige Bezirksamtsmitglied oder die Bezirksverordnetenversammlung feststeht. Für Eilfälle ist keine Entbehrlichkeit eines Verständigungsversuchs

---

[66] Ebenso *Zivier* (Fn. 1), Rz. 73.6.2.1.

[67] Siehe Rz. 249.

[68] Siehe Rz. 236.

[69] Gesetz zur Änderung des Bezirksverwaltungsgesetzes und anderer Gesetze vom 27.8.2021, GVBl. S. 982.

[70] *Zivier* (Fn. 1), Rz. 73.6.3.2.

vorgesehen. Er muss deshalb auch in diesen Fällen erfolgen, beispielsweise telefo-
nisch. Die Fachverwaltung muss dem Bezirksamt für den Verständigungsversuch
eine Frist setzen. Die notwendige Dauer hängt von den Umständen des Einzel-
falles ab.

bb) Die Rechtsfolge des Eingriffsrechts

Die Ausübung des Eingriffsrechts steht im *Ermessen* der zuständigen Behörde. Es   265
besteht also keine Verpflichtung, Maßnahmen zu ergreifen. Das Eingriffsrecht ermöglicht es, die Befugnisse nach § 8 Abs. 3 AZG auszuüben. Dies sind, wie bereits
oben dargestellt,[71] die Mittel der Fachaufsicht des Senats gegenüber den nachgeordneten Sonderbehörden und nichtrechtsfähigen Anstalten. Im Vordergrund steht das
Einzelweisungsrecht und für den Fall, dass eine Einzelweisung nicht befolgt wird,
das *Eintrittsrecht*. Mit dem Eintrittsrecht kann die zuständige Senatsverwaltung in
die bezirkliche Zuständigkeit eintreten und den Einzelfall selbst entscheiden. Adressat des Eingriffs ist das Bezirksamt oder ggf. der Vorsteher der Bezirksverordnetenversammlung. Direkte Weisungen an Bezirksamtsmitglieder oder gar einzelne Mitarbeiter der Bezirksverwaltung oder die Fraktionen der BVV sind nicht statthaft.
Die Kosten für die Ausübung des Eingriffsrechts, die über die allgemeinen Verwaltungskosten hinausgehen, können nach § 13a Abs. 5 AZG dem pflichtigen Organ
auferlegt werden. So soll vermieden werden, dass das bezirkliche Organ einer Weisung nicht folgt, in der Hoffnung, wegen eines Selbsteintritts der Senatsverwaltung
Kosten zu sparen.

cc) Zuständigkeit für das Eingriffsrecht und Verfahren

Die Zuständigkeit für die Ausübung des Eingriffsrechts liegt bei dem für die betrof-   266
fene Sach- bzw. Rechtsmaterie *fachlich zuständigen Senatsmitglied*. Eine Eingriffsentscheidung bedarf also stets der Billigung des Senatsmitglieds, im Vertretungsfall
seines Staatssekretärs.[72] Eine Ausnahme besteht für bezirkliche Ordnungsaufgaben
des Einwohnerwesens (Nr. 22a ZustKatOrd). Für diese Aufgaben kann auch das
Landesamt für Bürger- und Ordnungsangelegenheiten einen Eingriff vornehmen
(§ 9 Abs. 4 ASOG).[73] Vor der Ausübung des Eingriffsrechts muss die für Inneres
zuständige Senatsverwaltung beteiligt werden (§ 13a Abs. 1 Satz 1 AZG).[74] Das
Gesetz sprach früher von „Information" und jetzt von „Benehmen". Die Unter-
schiede sind marginal. Die Bezirksaufsichtbehörde muss dem Eingriff nicht zustimmen. Es soll ihr aber Gelegenheit gegeben werden, dafür zu sorgen, dass die
Mitwirkung der Bezirke an der Verwaltung gefördert und geschützt sowie die
Entschlusskraft und Verantwortungsfreudigkeit der bezirklichen Organe nicht beeinträchtigt wird (§ 13a Abs. 3 AZG). Dies erfolgt z. B. dadurch, dass sie Argu-

---

[71] Siehe Rz. 232.

[72] Diese Billigung sollte in der Regel durch eine Schlusszeichnung der Eingriffsentscheidung nach
außen dokumentiert werden, vgl. § 49 Abs. 1 Nr. 13 GGO I.

[73] Diese Ausnahme folgt daraus, dass das Landesamt für Bürger- und Ordnungsangelegenheiten
zentral das Melderegister führt und insoweit eine sog. Kopfstellenfunktion für die Bezirke ausübt.

[74] S. Fall 8.

mente gegen die Ausübung des Eingriffsrechts vorträgt oder auf Verfahrensfehler hinweist. In Eilfällen ist das Benehmen sogar entbehrlich und es reicht eine unverzügliche nachträgliche Information an die Bezirksaufsichtsbehörde (§ 13a Abs. 1 Satz 2 AZG)

268   Nach § 13a Abs. 4 AZG kann der Senat getroffene Eingriffsmaßnahmen aufheben oder ändern, soweit ein Eingriff gegen die Richtlinien der Regierungspolitik verstoßen hat oder die Auswirkungen auf den Geschäftsbereich anderer Senatsmitglieder nicht hinreichend beachtet worden sind. Durch den Eingriff bereits entstandene Rechte Dritter bleiben allerdings unberührt.

267   Über die Eingriffsentscheidung ist der *Rat der Bürgermeister* nachträglich zu unterrichten (§ 14 Abs. 3 AZG). Dieser kann ein Verlangen nach § 16a Abs. 1 AZG stellen und z. B. eine Besprechung mit dem Senat verlangen.

dd) Das Eingriffsrecht der Bezirksaufsicht

269   Nach § 13a Abs. 2 AZG kann in Eilfällen auch die *Bezirksaufsichtsbehörde* einen Eingriff vornehmen. Ein Eilfall liegt vor, wenn dringend gebotene Maßnahmen der Bezirksaufsicht nicht rechtzeitig wirksam würden. Dies ist insbesondere der Fall, wenn die Zeit nicht ausreicht, um den für die Bezirksaufsichtsmaßnahmen nach den §§ 11 bis 13 AZG erforderlichen Senatsbeschluss herbeizuführen. Die Vornahme eines Eingriffs kommt in einem solchen Fall aber lediglich als Ausnahme in Betracht, zumal ein Senatsbeschluss ausnahmsweise auch im Umlaufverfahren herbeigeführt werden kann.

270   Bei der Verweisung auf § 13a Abs. 1 AZG handelt es sich um eine *Rechtsfolgenverweisung*. Der Eingriff kann also erfolgen, ohne dass dringende Gesamtinteressen Berlins beeinträchtigt sind. Es müssen aber die Voraussetzungen für eine Bezirksaufsichtsmaßnahme vorliegen, also ein Verstoß gegen Rechts- oder Verwaltungsvorschriften.

d) Dienstaufsicht

271   Eine Dienstaufsicht[75] des Senats, wie sie gegenüber den nachgeordneten Sonderbehörden und nicht rechtsfähigen Anstalten besteht, ist gegenüber den Bezirken nicht gegeben. Aufsichtsmaßnahmen sind im Bereich der durch eine Dienstaufsicht betroffenen Aufgaben somit nur im Rahmen der Bezirksaufsicht möglich, wenn der Bezirk gegen Rechtsvorschriften oder verbindliche Vorgaben in Verwaltungsvorschriften verstößt.[76] Hinsichtlich *Personalangelegenheiten* besteht lediglich eine Zuständigkeit der für Inneres zuständigen Senatsverwaltung als oberste Dienstbehörde (§ 3 Abs. 1 Nr. 6 LBG) und soweit nach Nummer 4 Abs. 3 und 4 ZustKatAZG der Hauptverwaltung Zuständigkeiten vorbehalten sind.[77]

272   Der *Bezirksbürgermeister* untersteht der Dienstaufsicht des Regierenden Bürgermeisters (Art. 75 Abs. 2 S. 1 VvB). Es geht insoweit aber nur um die persönlichen Dienstpflichten des Bezirksbürgermeisters. Bei deren Verletzung kann der Regie-

---

[75] Siehe Rz. 233.

[76] *Zivier* (Fn. 1), Rz. 77.1.1; siehe auch Rz. 240 ff.

[77] *Zivier* (Fn. 1), Rz. 77.1.1.

rende Bürgermeister ein Disziplinarverfahren einleiten. Die politische Verantwortlichkeit des Bezirksbürgermeisters darf hierdurch nicht berührt werden (§ 1 Abs. 2 S. 4 BAMG). Weisungen können nicht erteilt werden.

3. Die Staatsaufsicht

Die Staatsaufsicht über die landesunmittelbaren Körperschaften, rechtsfähigen Anstalten und rechtsfähigen Stiftungen ist *Rechtsaufsicht* (§ 28 Abs. 3 AZG). Dementsprechend kann sich die Aufsichtsbehörde der Aufsichtsmittel der Bezirksaufsicht nach den §§ 10 bis 13 AZG bedienen, nicht jedoch des Eingriffsrechts nach § 13a AZG (§ 28 Abs. 4 S. 2 AZG). Zusätzlich besteht nach § 28 Abs. 5 AZG die Möglichkeit, *Beauftragte* zu *bestellen*, die einzelne oder alle Befugnisse der Organe der juristischen Person ausüben können. Aufsichtsbehörde ist die jeweils fachlich zuständige Senatsverwaltung, es sei denn, in einem Gesetz ist ein Bezirksamt hierzu bestimmt (§ 28 Abs. 4 S. 1 AZG). Im Gegensatz zur Bezirksaufsicht bedarf es für die einzelnen Maßnahmen keines Senatsbeschlusses.   **273**

Teilweise sind die Aufsichtsmittel in spezialgesetzlichen Regelungen modifiziert (vgl. § 28 Abs. 6 AZG). So besteht z. B. nach § 115 Abs. 2 HandwO die Möglichkeit der *Auflösung der Vollversammlung der Handwerkskammer* durch die Aufsichtsbehörde. Ferner bedürfen Satzungen der *Bestätigung bzw. Zustimmung* durch den Senat bzw. der zuständigen Senatsverwaltung.[78]   **274**

Ist spezialgesetzlich ausnahmsweise eine Fachaufsicht für bestimmte Aufgaben vorgesehen, findet § 8 Abs. 2 und 3 AZG entsprechende Anwendung (§ 28 Abs. 7 AZG). Dies gilt z. B. bei den Hochschulen[79] für die als staatlich qualifizierten Aufgaben der Personalverwaltung, der Wirtschaftsverwaltung, der Haushalts- und Finanzverwaltung, der Gebührenerhebung und der Krankenversorgung.[80] Insoweit unterstehen die Hochschulen der Fachaufsicht der zuständigen Senatsverwaltung.[81] Auch dem Studentenwerk wurden zusätzliche Aufgaben übertragen, für die eine Fachaufsicht besteht.[82]   **275**

Eine *Dienstaufsicht* des Senats besteht nicht. Die Einrichtungen der mittelbaren Landesverwaltung haben in Berlin häufig Dienstherrenfähigkeit und sind selbst Arbeitgeber. Beamte der Einrichtungen sind mittelbare Landesbeamte (§ 2 Abs. 2 S. 2   **276**

---

[78] Z. B. § 90 Abs. 1 des Berliner Hochschulgesetzes (BerlHG) i. d. F. v. 26.7.2011. GVBl. S. 378, zul. geänd. d.G.v. 14.09.2021, GVBl. S. 1039, § 8 Abs. 2 des Studierendenwerksgesetzes v. 18.12.2004, GVBl. S. 521, zul. geänd. d.G.v. 25.2.2016, GVBl. S. 58.

[79] § 1 Abs. 2 i. V. m. § 89 Abs. 2 BerlHG.

[80] Siehe § 2 Abs. 3 BerlHG.

[81] Siehe § 89 Abs. 2 BerlHG.

[82] § 2 Abs. 3 des Studierendenwerksgesetz i. V. m. § 2 der Verordnung zur Durchführung des Bundesausbildungsförderungsgesetzes vom 28.9.1971, GVBl. S 1818, zul. geänd. d. Art. 6 d.G.v. 25.2.2016, GVBl. S. 58.

LBG). Dienstbehörde und Oberste Dienstbehörde ist jeweils das hierfür bestimmte Organ (§ 3 Abs. 1 Nr. 7, § 4 Abs. 4 LBG). Für die Hochschulen ist dies z. B. der Präsident (§ 67 Abs. 1 BerlHG).

277   Im Rahmen der Staatsaufsicht getroffene Maßnahmen können, soweit keine Fachaufsicht besteht, je nach deren Art Verwaltungsakte sein, da sich zwei Rechtsträger gegenüberstehen und den Maßnahmen Außenwirkung zukommt. Gegen Aufsichtsmaßnahmen kann Klage vor dem Verwaltungsgericht erhoben werden.

Fall 5: Die fehlerhafte Bezirksbürgermeisterwahl

278   Nach der Wahl zum Abgeordnetenhaus und zu den Bezirksverordnetenversammlungen am 26. September 2021 hat die Bezirksverordnetenversammlung des Bezirks X folgende Zusammensetzung: Auf die Linke entfallen 26 Sitze, auf die SPD 19 und auf die CDU 10 Sitze. SPD und CDU entschließen sich, bei der Wahl des Bezirksbürgermeisters am 15. Dezember in der Bezirksverordnetenversammlung eine Zählgemeinschaft zu bilden. Die Linke möchte dies nicht hinnehmen und erreicht, dass am 8. Dezember in der Bezirksverordnetenversammlung folgender Beschluss gefasst wird:

„Die Wahl des Bezirksbürgermeisters wird bei Bestehen einer Zählgemeinschaft mit konkurrierenden Kandidaten durchgeführt."

Bei der Wahl wurden je zwei Stimmzettel an die Bezirksverordneten ausgegeben, die jeweils die Möglichkeit zur Zustimmung, Ablehnung und Enthaltung für je einen der beiden Kandidaten enthielten. Der Kandidat der Zählgemeinschaft erhielt 27 Ja- und 28 Nein-Stimmen, der Kandidat der Linken 28 Ja- und 27 Nein-Stimmen. Daraufhin wurde die Wahl des Kandidaten der Linken zum Bezirksbürgermeister festgestellt.

Durch Senatsbeschluss vom 19. Januar 2022 wurden der Beschluss der Bezirksverordnetenversammlung vom 8. Dezember sowie die Wahl des Bezirksbürgermeisters aufgehoben. Zur Begründung wird ausgeführt, aufgrund der Bestimmungen von VvB und BezVG hätte nur ein Kandidat aufgestellt werden dürfen. Eine konkurrierende Wahl sei nicht zulässig. Deshalb seien Maßnahmen der Bezirksaufsicht erforderlich. In der Folge wurde der von der Zählgemeinschaft nominierte Kandidat gewählt und zum Bezirksbürgermeister ernannt.

Die Bezirksverordnetenversammlung erstrebt mit ihrer am 30. Januar erhobenen Klage die Feststellung, dass die Aufhebung des Beschlusses vom 8. Dezember sowie der Wahl vom 15. Dezember durch den Senat rechtswidrig waren. Wie wird das Verwaltungsgericht entscheiden? ◄

Lösungsvorschlag

Das Verwaltungsgericht wird der Klage stattgeben, wenn sie zulässig und begründet ist. Zu differenzieren ist zwischen dem Teil des Antrags, der sich gegen die Aufhebung des Beschlusses richtet, und demjenigen Teil, der die Aufhebung der Wahl zum Gegenstand hat.

1. Teil: Die Aufhebung des Beschlusses vom 8. Dezember

I. Zulässigkeit

1. Verwaltungsrechtsweg

Hinsichtlich desjenigen Teils des Antrags, der sich gegen die Aufhebung des Beschlusses vom 8. Dezember 2021 richtet, müsste zunächst der Verwaltungsrechtsweg eröffnet sein. Da keine aufdrängende Sonderzuweisung ersichtlich ist, ist § 40 Abs. 1 VwGO anzuwenden. Da die streitentscheidenden Normen, §§ 9 ff. AZG, als Vorschriften über die Bezirksaufsicht dem öffentlichen Recht angehören, ist auch die Streitigkeit selbst öffentlich-rechtlicher Natur. Streitigkeiten über Aufsichtsmaßnahmen der höheren Behörde haben auch keinen verfassungsrechtlichen Charakter, da die Bezirke keine Verfassungsorgane sind und diesen auch nicht gleichstehen. Schließlich sind abdrängende Sonderzuweisungen nicht einschlägig. Der Verwaltungsrechtsweg ist gem. § 40 Abs. 1 VwGO eröffnet.

2. Statthafte Klageart, feststellungsfähiges Rechtsverhältnis

Die statthafte Klageart richtet sich nach dem Begehren des Klägers, §§ 88, 86 Abs. 3 VwGO. Vorliegend hat die Bezirksverordnetenversammlung einen Antrag auf Feststellung erhoben, dass der Senatsbeschluss rechtswidrig gewesen sei. Mit dem Antrag wird die Feststellung eines hinreichend konkreten Rechtsverhältnisses begehrt (43 Abs. 1 VwGO), da es um einen einzelnen Senatsbeschluss und die Befugnis des Senats, den Beschluss der Bezirksverordnetenversammlung aufzuheben, geht. Eine Feststellungsklage ist statthaft.

3. Subsidiarität

Jedoch ist die Subsidiaritätsklausel des § 43 Abs. 2 S. 1 VwGO zu beachten. Danach kann die Feststellungsklage nicht erhoben werden, wenn Gestaltungs- oder Leistungsklage rechtsschutzintensiver sind. Eine Anfechtungsklage kommt indes bereits deshalb nicht in Betracht, weil der Senatsbeschluss mangels Außenwirkung kein Verwaltungsakt ist (§ 35 S. 1 VwVfG). Da die Bezirke keine Rechtspersönlichkeit besitzen (vgl. § 2 Abs. 1 BezVG), verlässt eine Aufsichtsmaßnahme niemals den Rechtskreis des Landes Berlin.[83] Auch die Möglichkeit der Erhebung einer Leistungsklage steht der Zulässigkeit nicht entgegen, da sie nicht rechtsschutzintensiver wäre. Die Beurteilung der Rechtmäßigkeit der Aufsichtsmaßnahme lässt sich abschließend mit der Feststellungsklage klären. Somit ist im Ergebnis die Feststellungsklage die statthafte Klageart.

---

[83] So auch VG Berlin, Urt. v. 8.6.1998 – VG 26 A 43.96, S. 6 f.

4. Feststellungsinteresse und Klagebefugnis

Voraussetzung für die Erhebung einer Feststellungsklage ist gem. § 43 Abs. 1 VwGO, dass die Bezirksverordnetenversammlung ein berechtigtes Interesse an der baldigen Feststellung der Rechtswidrigkeit des Beschlusses hat. Ein berechtigtes Interesse ist jedes nach der Sachlage anzuerkennende schutzwürdige Interesse rechtlicher, wirtschaftlicher oder ideeller Art. Ein Interesse an baldiger Feststellung ist zu bejahen, wenn eine Gefährdung der Rechtsstellung des Klägers zu besorgen ist. Vom Bundesverwaltungsgericht wird über das berechtigte Interesse hinaus gefordert, dem Kläger müsse auch im Rahmen der Feststellungsklage die Klagebefugnis analog § 42 Abs. 2 VwGO zustehen.[84] Nur subjektiv-öffentliche Rechte können die Klagebefugnis begründen. Andere halten die Übertragung von § 42 Abs. 2 VwGO auf die Feststellungsklage für überflüssig.[85]

Eine Entscheidung der Frage kann indes unterbleiben, wenn die Bezirksverordnetenversammlung ein subjektiv-öffentliches Recht geltend machen kann, mithin sowohl ein berechtigtes Interesse als auch die Klagebefugnis zu bejahen sind. Ein subjektiv-öffentliches Recht wird nicht bereits dadurch ausgeschlossen, dass der Bezirk keine Rechtspersönlichkeit besitzt (§ 2 Abs. 1 BezVG), es sich in der vorliegenden Konstellation also um einen so genannten Insichprozess innerhalb eines Verwaltungsträgers handelt. Einen solchen Insichprozess lässt die Rechtsprechung zu, wenn entweder der Gesetzgeber ihn ausdrücklich normiert hat oder im Wege der Auslegung der einschlägigen Bestimmungen ermittelt werden kann, dass eine Rechtsverletzung des Rechtsträgers oder der Behörde durch die angegriffene Entscheidung möglich ist, weil den entsprechenden Wahrnehmungskompetenzen Wehrfähigkeit zukommt.[86]

Fraglich ist demnach, ob sich durch Auslegung ermitteln lässt, dass vorliegend wehrfähige Rechtspositionen der Bezirksverordnetenversammlung bestehen. Dies ist dann der Fall, wenn ihr die Kompetenz zur Wahl des Bezirksbürgermeisters nicht bloß im Interesse der Arbeitsteilung, sondern als Kontrastorgan zur Schaffung einer verwaltungsinternen Machtbalance verliehen wurde.[87] Nach Art. 69 S. 2 VvB und § 35 Abs. 1 BezVG ist es das Recht der Bezirksverordnetenversammlungen, den Bezirksbürgermeister zu wählen. Art. 72 VvB erklärt die Bezirksverordnetenversammlung zum Organ bezirklicher Selbstverwaltung. Die Verfassung und das einfache Gesetz geben also zu erkennen, dass mit dem Recht zur Wahl des Bezirksbürgermeisters ein Teilhaberecht eines Organs bezirklicher Selbstverwaltung und der darin repräsentierten Bezirkseinwohnerschaft an der personellen Bestimmung der

---

[84] BVerwG, Urt. v. 6.2.1986 – 5 C 40/84, BVerwGE 74, 1, 4; Urt. v. 29.6.1995 – 2 C 32/94, BVerwGE 99, 64, 66; Urt. v. 26.1.1996 – 8 C 19/94, juris, Rz. 20.

[85] So *Hufen*, Verwaltungsprozessrecht, § 18, Rz. 17 ff., s. a. *Kopp/Schenke*, VwGO, § 42 Rz. 63.

[86] BVerwG, Urt. v. 21.6.1974 – IV C 17.72, BVerwGE 45, 207, 209 f.; vgl. ausführlich Rz. 399 ff.

[87] Siehe Rz. 406.

Bezirksamtsmitglieder begründet werden soll. Dieses Teilhaberecht kann insbesondere verletzt sein, wenn es darum geht, welche Wahlmöglichkeiten aufgrund der genannten Vorschriften zur Verfügung stehen. Genau um den Umfang des Wahlrechts geht es aber in dem vorliegenden Streit. Mithin erscheint es möglich, dass durch die Aufhebung des Beschlusses der Bezirksverordnetenversammlung, der das Wahlprozedere festlegte, deren subjektiv-öffentliches Recht auf die Wahl der Bezirksamtsmitglieder verletzt wurde. Damit ließe sich unter dem Aspekt des subjektiven Rechts sowohl ein berechtigtes Interesse als auch eine Klagebefugnis bejahen.

Problematisch könnte aber noch sein, dass durch die Wahl eines neuen Bürgermeisters der Senatsbeschluss möglicherweise erledigt ist. Erledigung tritt dann ein, wenn die Beschwer des Klägers, die von dem angegriffenen Akt ausgeht, wegfällt. Jedoch ist anerkannt, dass eine Erledigung nicht per se das berechtigte Interesse des Klägers wegfallen lässt. Insbesondere in Fällen der Wiederholungsgefahr, des Rehabilitationsinteresses und der Präjudizität kann ein berechtigtes Interesse auch über die Erledigung hinaus fortbestehen. Vorliegend erscheint es möglich, dass sich die im Streit stehende Konstellation jederzeit wiederholt. Mithin kann offenbleiben, ob sich der Senatsbeschluss durch die Neuwahl tatsächlich erledigt hat. Jedenfalls bestünde das berechtigte Interesse wegen Wiederholungsgefahr fort.[88]

Im Ergebnis sind somit sowohl die Klagebefugnis analog § 42 Abs. 2 VwGO als auch ein berechtigtes Interesse gem. § 43 Abs. 1 VwGO gegeben.

5. Beteiligte des Rechtsstreits

Die Bezirksverordnetenversammlung ist zwar keine Vereinigung gem. § 61 Nr. 2 VwGO, denn § 61 VwGO gilt nur für Außenrechtsberechtigte unmittelbar.[89] Jedoch muss sie, um ihre Rechte geltend machen zu können, analog dieser Bestimmung beteiligtenfähig sein können, soweit ihr ein Recht zustehen kann. Dies ist, wie gesehen, der Fall. Beklagter ist in Abweichung vom Rechtsträgerprinzip der Senat von Berlin, da ihm gegenüber die beanspruchte Innenrechtsposition bestehen soll. Er ist ebenfalls analog § 61 Nr. 2 VwGO beteiligtenfähig.

6. Ergebnis

Die Feststellungsklage ist zulässig.

II. Begründetheit

Die Klage ist begründet, wenn der Teil des Senatsbeschlusses vom 19. Januar 2022 durch den der Bezirksamtsbeschluss vom 8. Dezember 2021 aufgehoben wurde, rechtswidrig war.

---

[88] Ebenso VG Berlin (Fn. 83), S. 7.
[89] Siehe Rz. 410.

1. Rechtsgrundlage

Rechtsgrundlage für die Aufhebung des Beschlusses der Bezirksverordnetenversammlung sind die §§ 9 Abs. 1, 11 AZG.

2. Formelle Rechtmäßigkeit

Der Sachverhalt gibt keinen Anlass zu Zweifeln an der formellen Rechtmäßigkeit
des Senatsbeschlusses. Insbesondere musste gem. § 11 AZG der Senat als
Kollegialorgan handeln, um den Beschluss aufzuheben. Dies hat er vorliegend
getan.

3. Materielle Rechtmäßigkeit

Gem. § 11 S. 1 AZG kann der Senat Beschlüsse bezirklicher Organe, die das
geltende Recht verletzen, aufheben. Fraglich ist demnach, ob der Beschluss der
Bezirksverordnetenversammlung vom 8. Dezember 2021 seinerseits rechtmäßig
war. Dies wäre dann der Fall, wenn die VvB und das BezVG konkurrierende
Wahlvorschläge bei der Wahl des Bezirksbürgermeisters zulassen.

In dem dem vorliegenden Fall zugrunde liegenden Verfahren ist von der
Bezirksverordnetenversammlung des betroffenen Bezirks vertreten worden,
durch § 35 Abs. 2 S. 2 BezVG werde für die Wahl des Bezirksbürgermeisters ein
gegenüber den übrigen Bezirksamtsmitgliedern abweichendes Wahlverfahren
normiert. Zwar seien konkurrierende Kandidaten durch die Formulierung in § 35
Abs. 2 S. 1 BezVG für „normale" Bezirksamtsmitglieder ausgeschlossen. Satz 1
sei jedoch nicht auf den Bezirksbürgermeister anzuwenden, da insoweit die
Sonderregelung des Satzes 2 gelte. Dieser verbiete konkurrierende Kandidaten
nicht. Im Gegenteil sei eine sogenannte Teilpolitisierung des Bezirksamts
seinerzeit bei der Neuregelung des Wahlverfahrens ausdrücklich angestrebt
worden. Dem trage eine konkurrierende Kandidatur besser Rechnung als eine
Bestimmung des Bürgermeisters nach dem Höchstzahlverfahren.[90]

Dieser Argumentation ist das VG Berlin nicht gefolgt.[91] Es führt aus, der Wortlaut
und die Systematik des § 35 Abs. 2 BezVG sprächen dafür, dass die Wahl der
Bezirksamtsmitglieder einheitlich durchzuführen sei. Einzige Ausnahme sei die in
Satz 2 zugelassene Bildung von Zählgemeinschaften. Im Übrigen unterscheide sich
die Bürgermeisterwahl aber nicht von der Wahl der übrigen Bezirksamtsmitglieder.

Der Argumentation des Verwaltungsgerichts ist zuzustimmen. Die Einbindung
der Zulassung von Zählgemeinschaften in die Gesamtnormierung von § 35
Abs. 2 BezVG spricht dagegen, dass die Wahl der Bezirksbürgermeister eine
vollständig andersartige Regelung als die sonstige Wahl erfahren sollte. Eine
solche Systemdifferenz hätte der Gesetzgeber etwa durch eine Trennung von
Absätzen deutlich machen müssen. Dem Ziel der Teilpolitisierung wird bereits
durch die Zulassung von Zählgemeinschaften selbst Rechnung getragen. Gilt

---

[90] Bezirksverordnetenversammlung Prenzlauer Berg in VG Berlin (Fn. 83), S. 3 f.
[91] VG Berlin (Fn. 83), S. 7 ff.

demnach § 35 Abs. 2 S. 1 BezVG auch für die Wahl zum Bezirksbürgermeister, so steht einer Zählgemeinschaft das Nominierungsrecht für die Bezirksbürgermeisterwahl zu. Konkurrierende Kandidaturen sind also auch bei dieser Wahl unzulässig.

Mithin war der Beschluss der Bezirksverordnetenversammlung vom 8. Dezember rechtswidrig, da er gegen § 35 Abs. 2 S. 1 BezVG verstieß. Der Senat durfte ihn gem. § 11 S. 1 AZG aufheben. Ermessensfehler bei der Aufhebungsentscheidung sind nicht ersichtlich. Der Beschluss stellt sich in seinem ersten Teil als rechtmäßig dar.

4. Ergebnis

Die Klage der Bezirksverordnetenversammlung ist hinsichtlich des ersten Teils zwar zulässig, aber unbegründet.

2. Teil: Die Aufhebung der Wahl zum Bezirksbürgermeister

I. Zulässigkeit

Der Verwaltungsrechtsweg ist auch für den zweiten Teil der Klage eröffnet. Auch ist die Feststellungsklage insoweit die statthafte Klageart. Fraglich ist jedoch, ob die Bezirksverordnetenversammlung mit Blick auf die Aufhebung der Bezirksbürgermeisterwahl ein berechtigtes Interesse gem. § 43 Abs. 1 VwGO geltend machen kann. Unter dem Gesichtspunkt der Wiederholungsgefahr besteht ein solches Interesse nicht, da nicht die Gefahr besteht, dass sich der konkrete Wahlakt in dieser Form noch einmal wiederholt. Weiterhin spricht gegen die Annahme eines berechtigten Interesses, dass durch die Wahl des neuen Bürgermeisters, der der Zählgemeinschaft angehört, die Stelle des Bürgermeisters für die laufende Wahlperiode endgültig besetzt ist. Daran würde auch die Feststellung der Rechtswidrigkeit der Wahlaufhebung nichts ändern. Diese hätte nämlich nicht die Wirkung, dass nunmehr die zweite Wahl ungültig würde. Vielmehr ist diese nach der Aufhebung der ersten Wahl durch den Senatsbeschluss ordnungsgemäß zustande gekommen.[92] Mithin lässt sich unter keinem Gesichtspunkt ein berechtigtes Interesse bejahen.

II. Ergebnis

Der zweite Teil der Klage, der sich auf die Aufhebung der Wahl des Bezirksbürgermeisters am 15. Dezember bezieht, ist bereits unzulässig.

Fall 6: World Wheel

Eine internationale Investorengruppe möchte auf dem ehemaligen Bahngelände   279
am Gleisdreieck im Bezirk Friedrichshain-Kreuzberg ein Riesenrad mit einem Durchmesser von 175 Metern errichten. Dieses „World Wheel Berlin" soll ein

---

[92] Ebenso VG Berlin (Fn. 83), S. 10.

neuer Touristenmagnet für Berlin werden. Weil der Investor im Gegenzug die Schaffung von 150 Arbeitsplätzen in Aussicht gestellt hat, ist der Bezirk sehr an dem Projekt interessiert. Die Eigentümer der angrenzenden Häuser sind empört. Durch das Vorhaben würden infolge der Verunstaltung der Umgebung die Wohnqualität der Häuser und damit die zu erzielenden Mieten stark gemindert. Es gebe einen Alternativstandort, der geringere optische Beeinträchtigungen für die Nachbarn bedeuten würde. Dieser Standort ist allerdings für die Verkehrsanbindung des World Wheel erheblich ungünstiger, weshalb sich der Investor geweigert hatte, diesen zu akzeptieren.

Ungeachtet der Bedenken möchte der Bezirk nunmehr die Baugenehmigung schnell erteilen, um den Investor nicht wieder zu verlieren. Zwar liege formal ein Verstoß gegen das Verunstaltungsverbot des § 9 Abs. 2 BauO vor und das Vorhaben füge sich auch nicht in die vorhandene Bebauung ein (§ 34 Abs. 1 BauGB). Jedoch sei wegen der Atypik des Vorhabens eine Abweichung gem. § 67 BauO sowie eine Befreiung gem. § 31 Abs. 2 i. V. m. § 34 Abs. 2 BauGB von den genannten Vorschriften möglich und nach Abwägung aller Umstände auch zu erteilen. Befreiung und Baugenehmigung sollen dementsprechend erteilt werden. Es ist davon auszugehen, dass die Befreiung ermessensfehlerfrei vorbereitet ist und das Vorhaben im Übrigen mit öffentlich-rechtlichen Vorschriften übereinstimmt.

Der zuständige Senator für Stadtentwicklung, der zunächst für das Projekt war, hat sich von den Anwohnern umstimmen lassen und möchte deshalb die Baugenehmigung verhindern. Er ist überdies der Meinung, ein derart monströses Bauwerk passe nicht zu dem sich entwickelnden Erscheinungsbild und zu der Konzeption ihrer Behörde, derartige Großeinrichtungen der Freizeitgestaltung eher am Stadtrand zu platzieren. Nach fehlgeschlagenem Einigungsversuch macht er von seinem Eingriffsrecht Gebrauch. In diesem Rahmen weist er den Bezirk an, die Baugenehmigung abzulehnen. Als dieser sich weigert, versagt er selbst die Genehmigung. Die Senatsverwaltung für Inneres wurde nicht informiert.

Hat eine Klage des Bezirks gegen den Eingriff Aussicht auf Erfolg? ◄

Lösungsvorschlag
Die Klage hat Aussicht auf Erfolg, wenn sie zulässig und begründet ist.

I. Zulässigkeit

1. Verwaltungsrechtsweg

Der Verwaltungsrechtsweg ist gem. § 40 Abs. 1 VwGO in allen öffentlich-rechtlichen Streitigkeiten nicht verfassungsrechtlicher Art gegeben. Da § 13a AZG als streitentscheidende Norm eine solche des öffentlichen Rechts ist, die ein Mitglied des Senats als Träger öffentlicher Gewalt berechtigt, einen Eingriff gegenüber einem bezirklichen Organ vorzunehmen, liegt eine öffentlich-rechtliche Streitigkeit vor. Diese ist auch nicht verfassungsrechtlicher Art. Zwar sind der Senat und dessen einzelne Mitglieder Verfassungsorgane. Den Bezirken kommt eine solche Stellung jedoch nicht zu, denn sie sind als untere Ebene in die Verwaltungshierarchie eingegliedert.[93] Schließlich sind abdrängende Sonderzuweisungen nicht einschlägig. Der Verwaltungsrechtsweg ist somit eröffnet.

2. Statthafte Klageart

Die Klageart richtet sich nach dem Begehren des Klägers, §§ 88, 86 Abs. 3 VwGO. Zu beachten ist, dass sich vorliegend ein Bezirk gegen eine Aufsichtsmaßnahme eines Senatsmitglieds zur Wehr setzen will. Es handelt sich um einen sogenannten In-sich-Prozess, denn sowohl das Bezirksamt als auch der Senator sind Organe der juristischen Person Land Berlin (interkommunaler Intraorganstreit). Die Maßnahme hat somit keine Außenwirkung und stellt keinen Verwaltungsakt im Sinne von § 35 VwVfG dar, sodass Anfechtungs- und Verpflichtungsklage von vornherein ausscheiden.[94] Mithin ist die Feststellungsklage gem. § 43 VwGO die richtige Klageart.

3. Feststellungsfähiges Rechtsverhältnis

Vorliegend geht es um die Frage, ob der Senator zu Recht von ihrem Eingriffsrecht Gebrauch gemacht und über den Bauantrag selbst entschieden hat. Dabei handelt es sich um ein hinreichend konkretes feststellungsfähiges Rechtsverhältnis.

4. Subsidiarität

Die Subsidiarität der Feststellungsklage gem. § 43 Abs. 2 VwGO steht nicht entgegen, da keine andere Klageart zur Verfügung steht.

5. Feststellungsinteresse, Klagebefugnis

Fraglich ist aber, ob der Bezirk ein Feststellungsinteresse bzw. noch weitergehend eine Klagebefugnis analog § 42 Abs. 2 VwGO geltend machen kann. Grundsätzlich haben Teile der Verwaltung nämlich nur Wahrnehmungskompetenzen, die keine Klagemöglichkeit vor dem Verwaltungsgericht begründen. Nur wenn die Kompetenz zu dem Zweck der Schaffung eines Kontrastorgans, das der innerkörperschaftlichen Machtbalance dient, verliehen wurde, kann von einer wehrfähigen Rechtsposition ausgegangen werden.[95] Der Bezirk möchte sich vorliegend dagegen wehren, dass der Senator einen Eingriff gem. § 13a AZG vorgenommen und die Baugenehmigung an seiner Stelle abgelehnt hat. Denkbar sind zwei Rügen: Zum einen kann moniert werden, dass bereits die Voraussetzungen eines Eingriffs nicht vorgelegen hätten, zum anderen kann aber auch die inhaltliche Richtigkeit der nachfolgenden Genehmigungsentscheidung angezweifelt werden.

Hinsichtlich der ersten denkbaren Rüge muss eine bezirkliche Klagebefugnis bejaht werden. Die Bezirke haben ein verfassungskräftiges Recht darauf, dass die gesetzlich vorgesehene Zuständigkeitsabgrenzung beachtet wird (vgl. Art. 84

---

[93] Vgl. Rz. 399 ff.
[94] Siehe Rz. 417 und 402.
[95] Siehe Rz. 406.

Abs. 2 Nr. 3 VvB). Das Eingriffsrecht ermöglicht es der Hauptverwaltung, in allen Aufgabenbereichen, für die die Bezirke zuständig sind, auf bezirkliche Entscheidungen Einfluss zu nehmen. Um die Bezirke vor einer zu weitreichenden Beeinflussung durch die Hauptverwaltung zu schützen, hängt das Eingriffsrecht von einschränkenden Voraussetzungen ab. Damit diese ihre Schutzwirkung entfalten können, muss ihre Handhabung durch die eingreifenden Senatsmitglieder gerichtlicher Überprüfung zugänglich sein. Die Bezirke müssen zumindest überprüfen lassen können, ob die formellen und materiellen Voraussetzungen eines Eingriffs vorlagen.[96]

Demgegenüber besitzen die Bezirke bei der Erteilung von Baugenehmigungen keine verselbstständigte Stellung. Sie sind lediglich zum Zwecke der Arbeitsteilung für diese Aufgabe zuständig. Es handelt sich um eine typische Aufgabe des Verwaltungsvollzugs. Die inhaltliche Richtigkeit einer Baugenehmigung bzw. hier die ablehnende Entscheidung des Senators kann der Bezirk nicht gerichtlich überprüfen lassen. Im Ergebnis besteht eine Klagebefugnis und damit auch ein Feststellungsinteresse nur hinsichtlich der Voraussetzungen eines Eingriffs gem. § 13a AZG.

6. Beteiligte des Rechtsstreits

§ 61 VwGO gilt für Außenrechtsstreitigkeiten, nicht aber unmittelbar bei Innenrechtsstreitigkeiten.[97] Jedoch besteht Einigkeit, dass zur Durchsetzung wehrfähiger Rechtspositionen auch die Möglichkeit einer Beteiligung an einem Rechtsstreit bestehen muss. Analog § 61 Nr. 2 VwGO ist damit der Bezirk als Kläger beteiligtenfähig.[98] Der Senator für Stadtentwicklung handelte hier nicht als Person, sondern als Organ. Seine Beteiligtenfähigkeit ergibt sich deshalb aus § 61 Nr. 2 VwGO analog.

7. Ergebnis

Die Klage des Bezirks Friedrichshain-Kreuzberg ist als Feststellungsklage zulässig.

II. Begründetheit

Die Klage ist begründet, wenn die Voraussetzungen für einen Eingriff gem. § 13a AZG nicht vorlagen.

1. Rechtsgrundlage

Rechtsgrundlage für einen Eingriff ist § 13a Abs. 1 AZG. Zwar ist vorliegend denkbar, dass auch § 17 AGBauGB anwendbar ist. Bei dieser Vorschrift handelt es sich jedoch ausweislich ihres Wortlauts nicht um eine Rechtsgrundlage für behördliches Handeln, sondern um eine modifizierende Regelung des nach wie vor anwendbaren § 13a AZG.

---

[96] Siehe Rz. 432 f.
[97] Siehe Rz. 410.
[98] Siehe Rz. 413.

2. Formelle Rechtmäßigkeit

a) Zuständigkeit

Gem. § 13a Abs. 1 S. 1 AZG muss das zuständige Senatsmitglied gehandelt haben. Die Senatsverwaltung für Stadtentwicklung ist nach Abschnitt VII der Geschäftsverteilung des Senats[99] auch für das Bauwesen zuständig.

b) Verfahren – Fehlende Information der Senatsverwaltung für Inneres

Die Senatsverwaltung für Inneres wurde nicht informiert. Fraglich ist, ob hierin ein Verfahrensfehler liegt. Dies ist dann nicht der Fall, wenn § 17 AGBauGB Anwendung findet. In § 17 S. 3 AGBauGB wird unter anderem auf § 7 Abs. 1 S. 2 AGBauGB verwiesen, wonach es eines Benehmens mit der Senatsverwaltung für Inneres nicht bedarf.

Die Genehmigung des World Wheel müsste unter die Voraussetzungen des § 17 S. 1 AGBauGB fallen. In Betracht kommt eine Qualifikation als vergleichbares Vorhaben im Sinne von § 17 S. 1 Nr. 3 a. E. AGBauGB. Die Anlagen, die Nr. 3 als Vergleichsmaßstab nennt, haben gemeinsam, dass es sich um Vergnügungs- oder Freizeitanlagen von großer räumlicher Ausdehnung handelt. Zwar ist nicht davon auszugehen, dass das World Wheel eine große Grundfläche in Anspruch nimmt. Wegen seiner außergewöhnlichen Höhe und Markanz für die Umgebung ist dennoch von einer Vergleichbarkeit auszugehen. Mithin ist § 17 AGBauGB anwendbar, einer Information der Senatsverwaltung für Inneres bedurfte es nicht.

c) Weiteres Verfahren

Der nach § 13a Abs. 1 S. 1 AZG erforderliche Einigungsversuch mit dem Bezirksamt Mitte ist gescheitert. Im Laufe des weiteren Verfahrens hat der Senator zunächst eine Einzelweisung gem. § 8 Abs. 3 Buchst. b AZG erteilt und war nach deren Nichtbefolgung gem. § 8 Abs. 3 Buchst. c AZG berechtigt, die Genehmigung im Wege des Eintrittsrechts selbst abzulehnen. Im Ergebnis bestehen damit keine Bedenken gegen die formelle Rechtmäßigkeit des Eingriffs.

3. Materielle Rechtmäßigkeit

In materieller Hinsicht ist erforderlich, dass die Versagung der Genehmigung durch das Bezirksamt Mitte dringende Gesamtinteressen Berlins beeinträchtigte.

a) Dringende Gesamtinteressen Berlins

Es ist zunächst zu prüfen, ob die Erteilung der Baugenehmigung dringende Gesamtinteressen Berlins berührte. Abzustellen ist zunächst auf die Aufzählung in § 7 Abs. 1 S. 4 AGBauGB. Zwar liegt keiner der dort genannten Beispielsfälle vor. Die Aufzählung ist indes nicht abschließend.[100] Zu prüfen ist, ob ein sonstiger Fall dringender Gesamtinteressen vorliegt.

---

[99] Siehe 3. Kapitel, Fn. 72.
[100] Siehe Rz. 183.

Ein Gesamtinteresse Berlins kann vorliegen, wenn durch die Maßnahme die Interessen der Gesamtstadt im Gegensatz zum bloßen Bezirksinteresse betroffen sind.[101] Vorliegend geht es um ein Gebiet, das am Rande des Stadtzentrums gelegen ist. Potsdamer Platz und Kulturforum sowie das Museum für Verkehr und Technik befinden sich in der Nähe. Das Vorhaben wirkt sich durch die räumlichen Ausmaße sowie die Höhe unmittelbar optisch dominierend auf diese Bereiche aus. Ferner soll das seiner Art nach in Berlin einzigartige Vorhaben sich zu einem neuen Anziehungspunkt für Besucher der Stadt und auch die gesamten Einwohner Berlins entwickeln. Es ist deshalb stadtentwicklungspolitisch von besonderer Bedeutung und es berührt die Interessen der Gesamtstadt, ob das Vorhaben in dem ohnehin schon florierenden Innenstadtbereich angesiedelt wird oder eher in den touristisch bisher nicht entwickelten Stadtrandgebieten, die durch ein solches Großprojekt der Freizeitgestaltung aufgewertet werden. Unter diesen Blickwinkeln lässt sich das Vorhandensein eines Gesamtinteresses bejahen.

Fraglich ist aber, ob diese Gesamtinteressen auch dringend waren. Der Begriff „dringend" ist nicht in zeitlicher, sondern in qualitativer Hinsicht zu verstehen.[102] Es muss sich also um ein qualitativ gesteigertes Gesamtinteresse Berlins handeln. Die optischen Auswirkungen im Innenstadtbereich, die stadtpolitisch besondere Bedeutung und der sich daraus ergebende überörtliche Charakter lassen im Ergebnis die Gesamtinteressen als dringend erscheinen.

b) Beeinträchtigung

Weiterhin müssen nach dem Gesetzeswortlaut die dringenden Gesamtinteressen auch beeinträchtigt sein. Vorliegend hat der Bezirk die Baugenehmigung noch nicht erteilt. Dies könnte gegen die Zulässigkeit eines Eingriffs sprechen, weil der Wortlaut von § 13a Abs. 1 AZG eigentlich nahelegt, dass eine Beeinträchtigung bereits vorliegen muss. Eine solche Betrachtung würde allerdings dazu führen, dass man die Senatorin zwänge, erst eine für falsch gehaltene bezirkliche Entscheidung abzuwarten, um sie dann wieder aufzuheben. Man wird § 13a AZG vor diesem Hintergrund so verstehen müssen, dass er schon dann einen Eingriff erlaubt, wenn eine Beeinträchtigung unmittelbar bevorsteht.[103] Dies ist hier der Fall, weil der Bezirk die Genehmigung schnell erteilen will, um den Investor nicht zu verlieren.

Ob inhaltlich eine Beeinträchtigung vorliegt, ist weitgehend eine Frage fachlich-politischer Wertung. Die Erwägungen des Senators, das Bauwerk an diesem Standort nicht für sinnvoll zu erachten und generell den Stadtrand zu bevorzugen, sind der vorliegend maßgeblichen rechtlichen Bewertung nur insoweit zugänglich, als Ermessensfehler unterlaufen sind. Solche Fehler sind vorliegend aber nicht ersichtlich.

III. Ergebnis

Der Eingriff des Senators war rechtmäßig. Die Klage des Bezirks ist unbegründet.

---

[101] Ausführlich Rz. 258 ff.
[102] Ausführlich Rz. 255 ff.
[103] Siehe Rz. 249, 262.

Im Berliner Bezirk B steht ein großes Gerichtsgebäude, das um 1900 gebaut und   **280**
im Jahr 1995 vom Senat unter Denkmalschutz gestellt wurde. Da das Gebäude
die Anforderungen an ein modernes Gericht nicht mehr erfüllt, steht es schon seit
einigen Jahren leer. Im Jahr 2020 wird es von der I-Wohnungsbau-GmbH erwor-
ben, die es nach der ursprünglichen Planung denkmalgerecht sanieren und in
exklusive Wohnungen umwandeln wollte. Allerdings stellt sich bald heraus, dass
sich das Vorhaben in der ursprünglich geplanten Form nicht wirtschaftlich umsetzen lässt.

Daher beantragt die I-GmbH, vertreten durch ihren Geschäftsführer G, beim
zuständigen Bezirk B die Genehmigung zum Abriss des Gerichts (§ 11 Abs. 1
DSchG), um es durch preiswerte Neubauwohnungen zu ersetzen. Das Bezirksamt von B ersucht als untere Denkmalschutzbehörde das Landesdenkmalamt,
das Einvernehmen für den Erhalt des Gebäudes zu erteilen, weil es das Gebäude
als Denkmal erhalten will. Aufgrund von Missverständnissen ergeht aber keine
Stellungnahme des Landesdenkmalamts, sodass das Einvernehmen des Amtes
nach Ablauf der Äußerungsfrist (§ 6 Abs. 5 Satz 2 DSchG) fingiert wird. B lehnt
daraufhin den Antrag auf Abriss mit Bescheid vom 8. November 2021 ab.

G erhebt als Vertreter der I-GmbH fristgemäß Widerspruch gegen den Ableh-
nungsbescheid. In einem weiteren Schreiben vom 24. November 2021 begründet
G den Widerspruch u. a. damit, dass die Kosten für die Instandsetzung des Gebäudes knapp 20 Millionen Euro betragen würden. Außerdem legt er ausführlich
dar, warum die ursprünglich geplante Nutzung wirtschaftlich nicht umsetzbar
sei. Beide Begründungen sind weit ausführlicher und detaillierter als die Angaben im ursprünglichen Antrag auf Abriss.

Mit Bescheid vom 18. Februar 2022 weist das Bezirksamt von B den Widerspruch zurück, ohne zuvor erneut Kontakt mit dem Landesdenkmalamt aufgenommen zu haben.

Als die Innenverwaltung davon erfährt, ruft der für die Bezirksaufsicht zuständige Mitarbeiter der Senatsverwaltung am 1. März 2022 beim Bezirksstadtrat
von B an. Auf Nachfrage erklärt dieser, dass er keinen Rechtsverstoß erkennen
könne. Insbesondere seien die Vorgaben des Denkmalschutzrechts eingehalten
worden. Es sei nämlich nicht notwendig, auch im Widerspruchsverfahren das
Einvernehmen mit dem Landesdenkmalamt herzustellen. Die entsprechende
Vorschrift beziehe sich nur auf Entscheidungen der unteren Denkmalschutzbehörde, nicht aber auf Entscheidungen des Bezirksamts als Kollegialorgan im Widerspruchsverfahren. Insoweit sei die Zuständigkeit des Bezirksamts für den
Erlass des Widerspruchsbescheids im ASOG abschließend geregelt. Allein durch
die Ausführungsvorschrift, die als Verwaltungsvorschrift zur denkmalrechtlichen
Einvernehmenserteilung erlassen worden sei („AV Einvernehmen"), könne von
dieser Zuständigkeitsverteilung nicht abgewichen werden. Der Bezirksstadtrat
erklärt weiter, dass er das Landesdenkmalamt nicht freiwillig erneut um die Erteilung des Einvernehmens ersuchen werde.

Daraufhin fordert die Senatsverwaltung für Inneres und Sport am 2. März 2022 das Bezirksamt von B auf, bis zum 9. März noch einmal schriftlich Stellung zu nehmen. Gleichzeitig regt sie mit dem Schreiben an, die Einbeziehung des Landesdenkmalamts nachzuholen und – soweit dieses das Einvernehmen nicht erteile – den Widerspruchsbescheid aufzuheben. Ebenfalls mit Datum vom 2. März 2022 teilt das Landesdenkmalamt dem Bezirksamt mit, dass es das Einvernehmen mit dem erlassenen Widerspruchsbescheid vom 18. Februar 2022 nicht erteilen würde, weil es keine Gründe für eine Versagung der beantragten Abrissgenehmigung gebe. Am 9. März 2022 antwortet die Bezirksbürgermeisterin von B der Innenverwaltung und teilt mit, dass sie keine Veranlassung sehe, das Einvernehmen mit dem Landesdenkmalamt nachträglich einzuholen. Zudem habe die I-GmbH keine neuen rechtlich relevanten Tatsachen vorgetragen und könne sich auch nicht auf Zumutbarkeitsregelungen berufen.

Angesichts der klaren Haltung des Bezirks beschließt der Senat am 15. März 2022, den Widerspruchsbescheid vom 18. Februar 2022 aufzuheben. Außerdem wird das Bezirksamt B angewiesen, dem Landesdenkmalamt binnen zwei Wochen einen Vorschlag zur Entscheidung über den Widerspruch gegen den Bescheid vom 8. November 2021 mit der Bitte um Erteilung des Einverständnisses zum Abriss des Gerichtsgebäudes vorzulegen. Für den Fall, dass der Bezirk dieser Anweisung nicht fristgemäß nachkommt, wird die Senatsverwaltung für Stadtentwicklung beauftragt, dem Landesdenkmalamt den entsprechenden Vorschlag vorzulegen.

Sind die Maßnahmen bzw. Beschlüsse des Senats vom 15. März 2022 rechtmäßig? Auf die materielle Rechtmäßigkeit des Widerspruchsbescheids ist nicht einzugehen. ◄

Auszug aus den Ausführungsvorschiften zur Beteiligung der Denkmalfachbehörden[104]
Aufgrund des § 6 Absatz 2 Buchstabe a AZG in Verbindung mit § 20 DSchG Bln wird zur Ausführung des § 6 Absatz 5 Satz 1 in Verbindung mit § 5 Absatz 2 Nummer 13 DSchG Bln Folgendes bestimmt:

[…]

1. *Einvernehmen nach § 6 Absatz 5 Satz 1 DSchG Bln*

   (1) *Nach § 6 Absatz 5 Satz 1 DSchG Bln haben die unteren Denkmalschutzbehörden ihre Entscheidungen als Ordnungsbehörden im Einvernehmen mit dem Landesdenkmalamt zu treffen; entsprechend obliegt dem Landesdenkmalamt gemäß § 5 Absatz 2 Nummer 13 DSchG Bln die Entscheidung über die Zustimmung nach § 6 Absatz 5 Satz 1 DSchG Bln.*

---

[104] Ausführungsvorschriften zu § 6 Absatz 5 Satz 1 DSchG Bln über die Beteiligung des Landesdenkmalamtes an den Entscheidungen der unteren Denkmalschutzbehörden (AV-Einvernehmen) vom 01.06.2021 (ABl. S. 3541).

(2) *Die Entscheidung über die Herstellung des Einvernehmens erfolgt grundsätzlich zu jeder Entscheidung der unteren Denkmalschutzbehörde im Einzelfall („Einzelfall-Einvernehmen"), soweit das Einvernehmen nicht vorab durch allgemeine Vorgaben für eine Vielzahl von Fällen erteilt worden ist („pauschaliertes Einvernehmen") oder es durch Fristablauf gemäß § 6 Absatz 5 Satz 2 DSchG Bln als erteilt gilt.*

(3) *[…]*

2. *Einzelfall-Einvernehmen*

(1) *Das Landesdenkmalamt trifft seine Entscheidungen über die Zustimmung grundsätzlich einzelfallbezogen*

a) *durch formularmäßige Bestätigung oder Mitzeichnung der von der unteren Denkmalschutzbehörde gefertigten Stellungnahme oder Protokolle gemeinsamer Besprechungen,*

b) *durch Bestätigung im elektronischen Genehmigungsverfahren oder*

c) *durch förmliches Schreiben an die untere Denkmalschutzbehörde.*

[…]

4. Einvernehmen im Widerspruchsverfahren

1) *Für das Einvernehmen im Widerspruchsverfahren gelten die Ziffern 1 bis 3 entsprechend.*

2) *Die Entscheidung des Landesdenkmalamtes im Rahmen des Einzelfall-Einvernehmens erfolgt durch förmliches Schreiben oder im elektronischen Genehmigungsverfahren. Die Entscheidung ist zu begründen.*

Lösungsvorschlag

I. Aufhebung des Widerspruchsbescheids

Die Aufhebung des Widerspruchsbescheids ist rechtmäßig, wenn der Senat zur Aufhebung berechtigt war. Da es sich hier um eine Maßnahme der Bezirksaufsicht handelt, müssen die Voraussetzungen der §§ 9 ff. AZG vorliegen.

1. Rechtsgrundlage der Aufhebung

Mangels spezialgesetzlicher Regelungen im Denkmalschutzrecht kommt als Rechtsgrundlage für die Aufhebung nur § 11 S. 1 AZG in Betracht. Danach kann der Senat Beschlüsse und Anordnungen bezirklicher Organe, die das bestehende Recht verletzen oder gegen Verwaltungsvorschriften verstoßen, aufheben und verlangen, dass Maßnahmen, die aufgrund derartiger Beschlüsse und Anordnungen getroffen sind, rückgängig gemacht werden.

2. Formelle Rechtmäßigkeit der Aufhebung

a) Zuständigkeit des Senats

Gem. § 11 S. 1 AZG muss der Senat als Kollegialorgan handeln, um den Beschluss aufzuheben. Dies hat er vorliegend getan.

b) Verfahren und Form

Der Sachverhalt gibt auch hinsichtlich des Verfahrens und der Form keinen Anlass, an der formellen Rechtmäßigkeit des Senatsbeschlusses zu zweifeln. Insbesondere wurde der Bezirk zuvor angehört.[105] Die Aufhebung ist daher formell rechtmäßig.

3. Materielle Rechtmäßigkeit der Aufhebung

In materieller Hinsicht ist gemäß § 11 S. 1 AZG erforderlich, dass der Widerspruchsbescheid als bezirkliche Maßnahme gegen Rechts- oder Verwaltungsvorschriften verstößt, konkret gegen das Denkmalschutzgesetz Berlin (DSchG)[106] oder gegen die dazu erlassene Ausführungsvorschrift („AV Einvernehmen"). Da auf die materielle Rechtmäßigkeit des Widerspruchsbescheids laut Bearbeiter-vermerk nicht einzugehen ist, kommt zur Begründung der Aufsichtsmaßnahme nur ein formeller Fehler des Bescheids in Betracht.

a) Rechtmäßigkeit des Widerspruchsbescheids

Grundlage für die denkmalschutzrechtliche Entscheidung über den Abriss des unter Denkmalschutz stehenden Gerichtsgebäudes ist § 11 DSchG. Gemäß § 11 Abs. 1 S. 1 Nr. 2 DSchG darf ein Denkmal nur mit Genehmigung der zuständigen Denkmalbehörde ganz oder teilweise beseitigt werden. Die Genehmigung ist zu erteilen, wenn Gründe des Denkmalschutzes nicht entgegenstehen oder ein überwiegendes öffentliches Interesse die Maßnahme verlangt (§ 11 Abs. 1 S. 3 DSchG). Bei ihrer Entscheidung muss die Denkmalschutzbehörde zudem die einschlägigen Verwaltungsvorschriften beachten.

aa) Formelle Rechtmäßigkeit des Widerspruchsbescheids (DSchG)

(1) Allgemeine Zuständigkeit des Bezirksamts

Das DSchG enthält keine ausdrücklichen Zuständigkeitsregelungen für den Erlass von Widerspruchsbescheiden gegen Entscheidungen des Bezirksamts in Denkmalschutzsachen. Insbesondere ist der zuständigen Senatsverwaltung als der obersten Denkmalschutzbehörde (siehe § 6 Abs. 2 DSchG) keine Funktion als Widerspruchsbehörde bei der Anfechtung von Verwaltungsakten anderer Behörden übertragen worden.[107] Auch die Spezialnorm des § 88 BauO, nach der

---

[105] Siehe dazu Rz. 244.
[106] Gesetz zum Schutz von Denkmalen in Berlin (Denkmalschutzgesetz Berlin – DSchG Bln) vom 24. April 1995, GVBl. S. 274, zul. geänd. d. Art. 2 d.G.v. 27.9.2021, GVBl. S. 1167.
[107] *Haspel/Martin/Wenz/Drewes*, Denkmalschutzrecht in Berlin, § 6 Anm. 2.4.

in bestimmten Fällen die Senatsverwaltung für die Widerspruchsentscheidung zuständig ist, ist nicht einschlägig, da es nicht um ein bauordnungsrechtliches Verfahren geht.[108]

Es gelten daher die allgemeinen Bestimmungen des § 73 Abs. 1 VwGO i. V. m. § 67 Abs. 1 S. 2 ASOG und § 27 Abs. 1 b) AZG. Danach ist grundsätzlich das Bezirksamt für den Erlass des Widerspruchsbescheids zuständig.[109]

(2) Zuständigkeit der obersten Denkmalschutzbehörde (Senatsverwaltung)

Fraglich ist allerdings, ob im konkreten Fall nicht doch eine besondere Zuständigkeit nach dem DSchG begründet ist. Sie könnte sich hier aus § 6 Abs. 5 S. 3 DSchG i. V. m. § 2 Abs. 4 S. 1 ASOG und Nr. 4 Abs. 3 ZustKatOrd ergeben. Nach § 6 Abs. 5 S. 3 DSchG „trifft die oberste Denkmalschutzbehörde als zuständige Behörde die Entscheidung", sofern „kein Einvernehmen zustande" kommt. Oberste Denkmalschutzbehörde ist gem. § 6 Abs. 2 DSchG die zuständige Senatsverwaltung, sodass hier zwei unterschiedliche Behörden für den Widerspruch zuständig wären und die Frage entschieden werden muss.

Das die Zuständigkeit der Senatsverwaltung nach § 6 Abs. 5 S. 3 DSchG begründende Tatbestandsmerkmal des fehlenden Einverständnisses bezieht sich auf § 6 Abs. 5 S. 1 DSchG. Danach entscheiden die unteren Denkmalschutzbehörden im Einvernehmen mit der Denkmalfachbehörde. Denkmalfachbehörde ist das Landesdenkmalamt, eine gemäß § 5 Abs. 1 DSchG der zuständigen Senats-verwaltung nachgeordnete Behörde, die gemäß § 5 Abs. 2 Nr. 13 DSchG u. a. über die Zustimmung nach § 6 Abs. 5 S. 1 DSchG entscheidet. Der Bezirk vertritt allerdings die Ansicht, dass § 6 Abs. 5 DSchG im Widerspruchsverfahren überhaupt nicht anwendbar sei und die Zuständigkeitsnormen der §§ 67 S. 2 ASOG und 27 Abs. 1 b) AZG daher auch nicht „aushebeln" könne.

Die Pflicht, gemäß § 6 Abs. 5 S. 1 DSchG im Einvernehmen mit der Fachbehörde zu „entscheiden", erfasst in jedem Fall die erste Entscheidung von Erlass des entsprechenden Bescheids.[110] Hier geht es allerdings nicht um die Erstent-scheidung, sondern um die Entscheidung im Widerspruchsverfahren. Der Wortlaut des § 6 Abs. 5 DSchG ist nicht eindeutig; weder wird das Widerspruchsverfahren ausdrücklich genannt, noch wird es ausdrücklich ausgeschlossen. Er steht aber der Anwendung des § 6 Abs. 5 S. 1 DSchG auch im Widerspruchsverfahren nicht zwingend entgegen, was grundsätzlich für dessen allgemeine Anwendbarkeit in allen Abschnitten des Verfahrens und damit auch im Widerspruchsverfahren spricht. Verstärkt wird dies in entscheidender Weise durch den Sinn und Zweck der Norm. § 6 Abs. 5 S. 1 DSchG soll die sachliche Richtigkeit der Entscheidung durch die Mitwirkung des Landesdenkmalamts mit

---

[108] Siehe dazu *Haspel/Martin/Wenz/Drewes*, Denkmalschutzrecht in Berlin, § 6 Anm. 3.3.

[109] Im Ergebnis ebenso *Haspel/Martin/Wenz/Drewes*, Denkmalschutzrecht in Berlin, § 6 Anm. 2.4. Allgemein zur Zuständigkeit für Widerspruchsbescheide siehe Rz. 138 ff.

[110] Zu grundlegenden Fragen des denkmalbehördlichen Einvernehmens siehe *Zepf*, LKV 2013, S. 17 ff.

seinen Fachkenntnissen gewährleisten. Das kann aber nur geschehen, wenn das Landesdenkmalamt den Sachverhalt vollständig kennt und die maßgeblichen Gesichtspunkte bei der Entscheidung nach § 11 DSchG abwägen kann. Daher ist eine Beteiligung grundsätzlich auch im Widerspruchsverfahren erforderlich. Das Landesdenkmalamt ist gemäß § 6 Abs. 5 S. 1 DSchG in jedem Falle dann erneut zu beteiligen, wenn im Widerspruchsverfahren neue Tatsachen vorgebracht werden.[111] Die I-GmbH hat zur Begründung ihres Widerspruchs weit ausführlicher und detaillierter als im Ausgangsverfahren vorgetragen, was die Erhaltung des Gebäudes kosten würde und warum die ursprünglich geplante Nutzung nicht umsetzbar sei. Daher ergeben sich gegenüber dem ursprünglichen Verfahren neue Tatsachen, die eine andere Beurteilung des Antrags rechtfertigen könnten. Nach dem oben Gesagten musste das Bezirksamt daher gemäß § 6 Abs. 5 S. 1 DSchG im Einvernehmen mit dem Landesdenkmalamt entscheiden. Einvernehmen bedeutet in diesem Zusammenhang, dass das Landesdenkmalamt der Entscheidung zustimmen muss; eine bloße Beteiligung am Verfahren genügt nicht.[112]

Eine solche Zustimmung des Landesdenkmalamts im Widerspruchsverfahren fehlt hier. Das Bezirksamt hat sich allerdings zuvor geweigert, das Landesdenkmalamt zu befragen. Fraglich ist nun, was sich daraus für die Zuständigkeit gemäß § 6 Abs. 5 S. 3 DSchG ergibt. Wie oben bereits angesprochen, ist der Wortlaut hinsichtlich des Widerspruchsverfahrens unklar. Wenn aber § 6 Abs. 5 S. 1 im Widerspruchsverfahren grundsätzlich anzuwenden ist, erscheint es nur konsequent, auch die Folgeregelung des Satzes 3 für den Fall des Dissenses zwischen unterer Denkmalschutzbehörde und Landesdenkmalamt im Widerspruchverfahren fruchtbar zu machen, auch wenn dadurch die Zuständigkeit ggf. entgegen § 67 S. 2 ASOG und § 27 Abs. 1 b) AZG vom Bezirk auf die Senatsverwaltung verlagert wird. Zum einen zeigt der bereits angesprochene § 88 BauO, dass Ausnahmen von der allgemeinen Zuständigkeit des Bezirks grundsätzlich möglich sind.[113] Außerdem spricht der Begriff „entscheidet" in § 6 Abs. 5 S. 3 DSchG, der den Wortlaut des § 6 Abs. 5 S. 1 DSchG aufnimmt, dafür, dass es um die Entscheidung in der Sache selbst und nicht bloß um eine Teilentscheidung über das Einvernehmen geht, die nach außen über den Widerspruchsbescheid des Bezirksamts wirksam wird. Die Entscheidung durch die oberste Behörde bei fehlendem Einvernehmen entspricht ferner dem allgemeinen Grundprinzip einer hierarchisch aufgebauten Verwaltung, nach dem die jeweils höhere Behörde entscheiden muss, wenn sich die – insofern gleichberechtigten – unteren Stellen nicht einigen können oder wollen.

Nach § 6 Abs. 5 S. 3 DSchG muss somit bei der hier vorliegenden Konstellation mit neuen Tatsachen im Widerspruchsverfahren die oberste Denkmalschutzbehörde

---

[111] *Haspel/Martin/Wenz/Drewes*, Denkmalschutzrecht in Berlin, § 6 Anm. 5.4.

[112] *Haspel/Martin/Wenz/Drewes*, Denkmalschutzrecht in Berlin, § 6 Anm. 5.1.

[113] Grundlage hierfür ist § 185 Abs. 2 VwGO. Dies betrifft neben § 88 BauO u. a. auch § 26 Abs. 2 BerlStrG, siehe Rz. 157.

entscheiden, wenn kein Einvernehmen zustande kommt.[114] Das Zustandekommen des Einvernehmens setzt voraus, dass überhaupt der Versuch unternommen wurde, das Einvernehmen zu erzielen. Daran fehlt es hier, sodass bei enger wörtlicher Auslegung zweifelhaft sein könnte, ob der Tatbestand des § 6 Abs. 5 S. 3 DSchG hier erfüllt ist, obwohl nach Aussage der beteiligten Ämter objektiv ein Dissens besteht. Gegen eine solch enge Auslegung spricht allerdings, dass der Fehler des Bezirksamts – also die Nichtbeteiligung des Landesdenkmalamts – nicht dazu führen darf, dass als Folge auch noch die falsche Behörde entscheidet. Daher muss, auch wenn kein ausdrücklicher Dissens innerhalb des Widerspruchs-verfahrens zutage trat, § 6 Abs. 5 S. 3 DSchG auch in diesem Fall angewandt werden.

Daher war hier nicht das Bezirksamt, sondern die oberste Denkmalbehörde für die Entscheidung über den Widerspruch zuständig. Der Widerspruchsbescheid ist daher formell rechtswidrig.

(3) Verfahren

In der fehlenden Einbeziehung des Landesdenkmalamts, die hier nach dem oben gesagten auch im Widerspruchsverfahren notwendig gewesen wäre, liegt gleichzeitig ein Verfahrensfehler, die den Widerspruchsbescheid ebenfalls for-mell rechtswidrig macht. Der Umstand, dass dieser Fehler grundsätzlich gemäß § 1 Abs. 1 VwVfGBln i. V. m. § 45 Abs. 1 Nr. 5, Abs. 2 VwVfG noch geheilt werden könnte,[115] steht dem nicht entgegen, zumal der Bezirk angekündigt hat, das Landesdenkmalamt auch weiterhin nicht beteiligen zu wollen.

(4) Form

Der Sachverhalt gibt hinsichtlich der Form keinen Anlass, an der formellen Rechtmäßigkeit des Widerspruchsbescheids zu zweifeln.

(5) Zwischenergebnis

Der Widerspruchsbescheid vom 18. Februar 2022 ist formell rechtswidrig.

bb) Materielle Rechtmäßigkeit des Widerspruchsbescheids (DSchG)

Materiellrechtliche Fragen des Widerspruchsbescheids sind laut Bearbeiter-vermerk nicht zu prüfen.

cc) Verstoß gegen Verwaltungsvorschriften („AV Einvernehmen")

Zu prüfen bleibt, ob das Bezirksamt auch gegen Verwaltungsvorschriften verstoßen hat. Hier hat die nach Nr. IX. 34. der Geschäftsverteilung des Senats[116]

---

[114] Insofern eher unklar bei *Haspel/Martin/Wenz/Drewes*, Denkmalschutzrecht in Berlin, § 6 Anm. 2.1 und 5.4.

[115] Siehe dazu ausführlich *Haspel/Martin/Wenz/Drewes*, Denkmalschutzrecht in Berlin, § 6 Anm. 5.2.

[116] Geschäftsverteilung des Senats, Rz. 95, Fn. 72.

für den Denkmalschutz zuständige Senatsverwaltung für Stadtentwicklung nach § 20 DSchG eine Ausführungsvorschrift zu § 6 Abs. 5 S. 1 DSchG erlassen („AV Einvernehmen"). Nach Nr. 1 Abs. 1 S. 1 AV Einvernehmen haben die unteren Denkmalschutzbehörden ihre Entscheidungen als Ordnungsbehörden im Einvernehmen mit dem Landesdenkmalamt zu treffen. Nach Abs. 2 ergeht die Entscheidung über die Herstellung des Einvernehmens grundsätzlich zu jeder Entscheidung der unteren Denkmalschutzbehörde im Einzelfall („Einzelfall-Einvernehmen"). Nach Nr. 4 1) gelten diese Bestimmungen für das Widerspruchsverfahren entsprechend.

Hier hat das Bezirksamt in seiner Eigenschaft als untere Denkmalschutzbehörde gemäß § 6 Abs. 3 DSchG i. V. m. § 2 Abs. 4 S. 1 ASOG und Nr. 22 ZustKatOrd als Ordnungsbehörde über den Antrag nach § 11 Abs. 1 Nr. 2 DSchG entschieden. Wie oben dargelegt, hat es dabei das Landesdenkmalamt im Widerspruchsverfahren nicht einbezogen. In der Nichteinholung des Einvernehmens im Widerspruchsverfahren liegt somit gleichzeitig ein Verstoß gegen die AV Einvernehmen und damit gegen eine Verwaltungsvorschrift.

dd) Zwischenergebnis

Der Widerspruchsbescheid verstößt sowohl gegen § 6 Abs. 5 S. 1 und 3 DSchG als auch gegen Nr. 1 Abs. 1 und 2 Abs. 1 AV Einvernehmen. Der Tatbestand für eine Aufsichtmaßnahme nach § 11 AZG ist daher erfüllt.

b) Rechtsfolge/Ermessen

Nach § 11 S. 1 AZG „kann" der Senat bezirkliche Maßnahmen im Wege der Aufsicht aufheben. Es handelt sich somit um eine Ermessensvorschrift.[117] Zu den bei der Abwägung zu berücksichtigenden Punkten gehört u. a., dass die Entschlusskraft und Verantwortungsfreudigkeit der bezirklichen Organe nicht mehr als unbedingt notwendig beeinträchtigt werden darf. Die Bezirksaufsicht muss daher in der Regel zurückstehen, wenn dem Rechtsverstoß durch die Beteiligten des Verfahrens selbst begegnet werden kann.[118] Dies ist hier der Fall, da die I-GmbH selbst (Verpflichtungs-)Klage (auf Erteilung der denkmalrechtlichen Beseitigungsgenehmigung) vor dem Verwaltungsgericht erheben und so die Rechtmäßigkeit des Widerspruchsbescheids prüfen lassen könnte. Daher könnte die Aufhebung des Bescheids ermessensfehlerhaft sein, weil sich der Senat im Verfahren zwischen der I-GmbH und dem Bezirk „ungefragt" de facto auf die Seite der I-GmbH und gegen das Bezirksamt stellt. Anders zu beurteilen wäre die Ermessensausübung allerdings, wenn auch ein überwiegendes öffentliches Interesse für die Aufhebung sprechen würde. Denn das öffentliche Interesse rechtfertigt – neben anderen Faktoren – in Form des „dringenden Gesamtinteresses" gemäß § 13a AZG sogar den Eingriff in rechtmäßige Handlungen eines Bezirks.[119]

---

[117] Siehe dazu Rz. 244.
[118] Siehe dazu Rz. 245.
[119] Siehe dazu Rz. 247 ff. sowie Fall 6 World Wheel.

Dann muss es aber erst recht das Einschreiten bei – wie hier – rechtswidrigen bezirklichen Maßnahmen erlauben.

Hier hat das Bezirksamt den § 6 Abs. 5 DSchG falsch angewandt und den Widerspruchsbescheid selbst erlassen, statt die eigentlich zuständige oberste Denkmalschutzbehörde entscheiden zu lassen. Damit hat es nicht bloß einen „einfachen" Rechtsanwendungsfehler begangen, sondern in dessen Folge auch seine Zuständigkeiten überschritten. Auch eine Heilung dieses Fehlers ist nicht zu erwarten: Zum einen hat das Bezirksamt mitgeteilt, dass es kein Einvernehmen mit dem Landesdenkmalamt herstellen wolle, und zum anderen hat das Landesdenkmalamt seinerseits erklärt, anderer Ansicht als der Bezirk zu sein, sodass auch inhaltlich tatsächlich kein Einvernehmen besteht. An der Einhaltung verfahrensrechtlicher Vorschriften, bei deren Verletzung eine Heilung rechtlich ausgeschlossen oder tatsächlich aussichtslos ist, besteht aber grundsätzlich ein öffentliches Interesse. Es muss sichergestellt werden, dass die bei einer Verweigerung des Einvernehmens des Landesdenkmalamts für die Widerspruchsentscheidung zuständige oberste Denkmalschutzbehörde die Möglichkeit erhält, selbst zu entscheiden. Auch die sowohl für die Interessen der Öffentlichkeit am Denkmalschutz als auch für den Eigentümer erhebliche Tragweite der Entscheidung über die Beseitigung bzw. Erhaltung eines Denkmals fordert, dass sie von der zuständigen Behörde getroffen wird, zumal dabei eine komplizierte Abwägung der widerstreitenden Interessen vorzunehmen ist. Außerdem sind weder auf Seiten der I-GmbH als Adressatin des Bescheids noch auf Seiten des Bezirks schutzwürdige Belange zu erkennen, die hier eine Aufrechterhaltung des Widerspruchsbescheids fordern würden. Bei der I-GmbH ergibt sich das bereits zwanglos aus der Tatsache, dass ihr Antrag durch den Widerspruchsbescheid abgelehnt wurde. Da der Bezirk entgegen § 6 Abs. 5 DSchG und der AV Einvernehmen entschieden hat und auch nicht gewillt ist, diesen Fehler freiwillig zu korrigieren oder wenigstens zu versuchen, das Einvernehmen noch herzustellen, ist auch ein legitimes bezirkliches Interesse an dem Widerspruchbescheid zu verneinen. Hinzu kommt, dass mit der Aufhebung des Widerspruchsbescheids noch keine Entscheidung über die Beseitigung des Denkmals selbst erfolgt. Das Verfahren wird auf diese Weise vielmehr nur in einen Zustand „zurückversetzt", in dem es nunmehr korrekt, d. h. unter Einbeziehung des Landesdenkmalamts, durchgeführt werden kann.

Im Rahmen der Ermessensausübung bei der Bezirksaufsicht war der Senat daher berechtigt, den Widerspruchsbescheid aufzuheben, auch wenn die I-GmbH dessen Rechtmäßigkeit auch ohne Aufsichtsmaßnahme gerichtlich prüfen lassen kann.

c) Ergebnis

Die Aufhebung des Widerspruchsbescheids ist daher rechtmäßig.

II. Anweisung an den Bezirk

Gemäß § 12 AZG kann der Senat einem zuständigen bezirklichen Organ, das es unterlässt, Beschlüsse zu fassen oder Anordnungen zu treffen, die zur Erfüllung rechtlicher Verpflichtungen oder zur Einhaltung von Verwaltungsvorschriften erforderlich sind, aufgeben, innerhalb bestimmter Fristen die erforderlichen Beschlüsse zu fassen oder die erforderlichen Anordnungen zu treffen.

Hier hat es das Bezirksamt als untere Denkmalschutzbehörde unterlassen, das Einvernehmen mit dem Landesdenkmalamt herzustellen, und damit sowohl gegen § 6 Abs. 5 DSchG als auch gegen die AV Einvernehmen verstoßen (siehe oben). Es ist auch weiterhin nicht gewillt, sich um das Einvernehmen zu bemühen. Die Voraussetzungen für eine Anweisung sind daher gegeben.

Auch bei § 12 AZG handelt es sich um eine „kann"-Vorschrift und somit um eine Ermessensentscheidung. Wie oben gezeigt, liegt die Aufhebung des Widerspruchbescheids im öffentlichen Interesse. Die Aufhebung allein stellt allerdings nicht sicher, dass das Bezirksamt nunmehr das Landesdenkmalamt um die Erteilung des Einvernehmens ersucht, zumal sich der Bezirk bereits anderweitig geäußert hat. Es besteht daher die Gefahr, dass der Bezirk das Landesdenkmalamt nicht freiwillig in das Verfahren einbeziehen wird. Die Anweisung ist daher geeignet und notwendig, um das mit der Aufhebung des Widerspruchsbescheids verfolgt Ziel durchzusetzen. Auch die Frist von zwei Wochen erscheint angemessen, zumal dem Bezirksamt keinerlei inhaltliche Vorgaben gemacht werden. Es wird insbesondere nicht gezwungen, dem Widerspruch stattzugeben, und kann gegenüber dem Landesdenkmalamt daher inhaltlich auch bei seiner bisherigen Haltung bleiben. Zudem sind alle maßgeblichen Tatsachen schon seit mehreren Monaten bekannt, sodass innerhalb von zwei Wochen sowohl eine inhaltliche Entscheidung getroffen als auch das Landesdenkmalamt befragt werden kann und die Frist nicht zu kurz bemessen ist.

Daher ist auch dieser Beschluss ermessensfehlerfrei und rechtmäßig.

III. Beauftragung der Senatsverwaltung für Stadtentwicklung

Nach § 13 AZG kann der Senat Beschlüsse fassen oder Anordnungen treffen sowie Anordnungen durch einen Beauftragten durchführen lassen, sofern sich das zuständige bezirkliche Organ weigert, die nach § 12 AZG aufgegebenen Beschlüsse zu fassen oder Anordnungen zu treffen.

Als Folgemaßnahme der nach § 12 AZG zulässigen Anweisung ist auch die Beauftragung der Senatsverwaltung für Stadtentwicklung, die Anordnungen zu treffen, soweit der Bezirk die Anweisung nicht befolgt, rechtlich nicht zu beanstanden, zumal diese im Falle des Dissenses nach § 6 Abs. 5 Satz 3 DSchG ohnehin zuständig ist.

Auch dieser Beschluss ist daher ermessensfehlerfrei und rechtmäßig.

IV. Gesamtergebnis

Die Beschlüsse des Senats vom 15. März 2022 sind als Maßnahmen der Bezirksaufsicht gemäß den §§ 11 bis 13 AZG rechtmäßig.

Fall 8: Kontroverse um den Dinkel-Park

Das Bezirksamt des Bezirks B plant Baumaßnahmen in der bezirklichen Grünanlage „Dinkel-Park". Diese Grünanlage wurde 1903 vom bekannten Gartenarchitekten Ludwig von Birkenau, der später auch Ehrenbürger von Berlin wurde, gestaltet. Urheberrechtliche Ansprüche bestehen aber nicht mehr. In der Vergangenheit haben Spaziergänger abseits der Wege zur Abkürzung verschiedene Grünflächen und auch die große Liegewiese überquert. Trampelpfade sind entstanden. Deshalb soll das Wegesystem geändert und dem tatsächlichen Nutzungsverhalten angepasst werden. Nachdem der zuständige Bezirksstadtrat den zuständigen Ausschuss der Bezirksverordnetenversammlung (BVV) über die geplanten Maßnahmen unterrichtet hat, beginnen die Bauarbeiten.

Von den Bauarbeiten überrascht spricht sich die spontan gebildete Bürgerinitiative „Rettet den Dinkel-Park" gegen die Baumaßnahmen mit den Abweichungen von der historischen Parkgestaltung aus. Durch die Bürgerinitiative erhält auch die Senatsverwaltung für Stadtentwicklung und Umwelt erstmals Kenntnis von den Baumaßnahmen. Dort ist man über das Vorhaben des Bezirksamtes ebenfalls empört und fordert eine sofortige Baueinstellung. Dem Bezirksamt gehe es nur darum, die Pflege der Grünflächen zu erleichtern. Die Planung zerstöre die historisch einmalige Parkanlage, die letzte noch erhaltene ihrer Art. Die Grünanlage sei ein besonderes Zeugnis der Schaffenskraft des berühmten Ehrenbürgers Berlins von Birkenau. Der Respekt vor dem Künstler fordere eine Beibehaltung der bisherigen Gestaltung des Parks.

Das Bezirksamt bleibt trotz der Proteste der Bürgerinitiative bei seiner Linie und lehnt auch das in einem Schreiben des Senators für Stadtentwicklung und Umwelt dem Bezirksamt mit Fristsetzung für eine Verständigung mitgeteilte Ansinnen der Senatsverwaltung ab.

Der Senator für Stadtentwicklung und Umwelt übt daraufhin, ohne mit der Bezirksaufsichtsbehörde Kontakt aufgenommen zu haben, sein Eingriffsrecht nach § 13a Abs. 1 AZG aus und erteilt dem Bezirksamt nach § 8 Abs. 3 Buchst. b AZG die Weisung, die Bauarbeiten sofort einzustellen und die Erneuerung der Wege an der historischen Wegeführung zu orientieren. Die große Liegewiese am Spielplatz müsse ganzflächig erhalten bleiben. Das Bezirksamt stellt daraufhin die Bauarbeiten ein, informiert die BVV und beschließt eine Neuplanung entsprechend dem historischen Wegesystem.

Die BVV unterstützt jedoch nach wie vor die ursprüngliche Planung des Bezirksamtes, da diese die Reinigungs- und Erhaltungskosten des Parks verringern werde und dem Nutzungsverhalten der Spaziergänger entspreche. Die Bürgerinitiative spreche nicht für alle Bürger. Sie ersucht daher das Bezirksamt, an der ursprünglichen Planung festzuhalten. Das Bezirksamt teilt der BVV daraufhin

281

mit, dass es sich an die Weisung der Senatsverwaltung halte und nunmehr die Wege wieder entsprechend der historischen Wegeführung erneuern werde. Bereits vorgenommene Baumaßnahmen würden zurückgebaut. Dem Ersuchen der BVV könne nicht gefolgt werden.

Die BVV beschließt daraufhin in der folgenden Plenumssitzung am 15. Dezember 2021: „Die Baumaßnahmen im ‚Dinkel-Park' zur Erneuerung der Wege sind entsprechend der ursprünglichen Planung wie eingeleitet fortzuführen." Zur Begründung verweist die BVV auf die Gründe für ihr Ersuchen. Ergänzend meint die BVV, die Voraussetzungen für die Ausübung des Eingriffsrechts nach § 13a AZG lägen nicht vor. Es sei nicht ersichtlich, dass die Umgestaltung des Wegesystems der Parkanlage dringende Gesamtinteressen Berlins beeinträchtige. Im Übrigen sei die Bezirksaufsichtsbehörde nicht informiert worden und bei einem Rückbau der bereits ausgeführten ersten Baumaßnahmen würden erhebliche Mehrkosten entstehen. Das Eingriffsrecht sei daher rechtswidrig ausgeübt worden und damit unbeachtlich. Das Bezirksamt beschließt fristgerecht, diesen Beschluss der BVV zu beanstanden.

Kann die BVV mit Erfolg gegen den Beschluss des Bezirksamtes vorgehen, um ihre Gestaltungspläne doch noch durchzusetzen? ◄

Lösungsvorschlag

Für die Bezirksverordnetenversammlung (BVV) kommt in Betracht, nach § 18 S. 2 BezVG binnen eines Monats die Entscheidung der Bezirksaufsichtsbehörde, also der Senatsverwaltung für Inneres und Sport (§ 9 Abs. 1 S. 2 AZG), zu beantragen.[120] Diese wird die Beanstandung des Beschlusses der BVV vom 15. Dezember 2021 durch das Bezirksamt aufheben, wenn diese rechtswidrig ist. Maßstab für die Rechtmäßigkeit der Beanstandung ist § 18 S. 1 BezVG. Die Beanstandung eines Beschlusses der BVV darf nur erfolgen, wenn dieser gegen Rechts- oder Verwaltungsvorschriften oder gegen eine Eingriffsentscheidung nach § 13 a AZG verstößt. Es kommt vorliegend also darauf an, ob der Beschluss der BVV vom 15. Dezember 2021 gegen Rechts- oder Verwaltungsvorschriften oder gegen eine Eingriffsentscheidung nach § 13 a AZG verstößt.

I. Verstoß gegen Rechts- oder Verwaltungsvorschriften

Zu prüfen ist zunächst, ob die BVV gegen Rechts- oder Verwaltungsvorschriften verstoßen hat.

1. Formelle Rechtmäßigkeit

Die BVV müsste für den Beschluss vom 15. Dezember 2021 über die Baumaßnahmen in der Grünanlage zuständig sein. Die Zuständigkeit könnte sich aus § 12 Abs. 3 S. 1 BezVG ergeben.

Voraussetzung hierfür ist zunächst, dass der Bezirk überhaupt zuständig ist. Die bezirkliche Zuständigkeit ergibt sich aus § 4 Abs. 1 S. 2 AZG. Eine abweichende

---

[120] Siehe zum Beanstandungsverfahren Rz. 357.

Zuständigkeit der Hauptverwaltung für allgemeine Grünanlagen ist in der einschlägigen Nummer 11 ZustKatAZG nicht geregelt. Innerbezirklich ergibt sich eine originäre Zuständigkeit der BVV nach § 12 Abs. 2 BezVG nicht. Grundsätzlich war also das Bezirksamt als Verwaltungsbehörde des Bezirks (§ 36 Abs. 1 S. 1 BezVG) zuständig. Die BVV könnte jedoch nach § 12 Abs. 3 S. 1 BezVG zuständig sein. Danach besteht ein Selbstentscheidungsrecht der BVV im Fall des § 13 Abs. 2 BezVG, wenn Maßnahmen des Bezirksamtes einem angeregten Verwaltungshandeln nicht voll entsprechen. Vorliegend hatte die BVV das Bezirksamt ersucht, an der ursprünglichen Planung festzuhalten. Das Bezirksamt hat dies abgelehnt. Da eine Ausnahme vom Selbstentscheidungsrecht der BVV nach § 12 Abs. 3 S. 2 BezVG vorliegend nicht gegeben ist, konnte die BVV von ihrem Selbstentscheidungsrecht Gebrauch machen. Sie war daher für den Beschluss vom 15. Dezember 2021 über die Baumaßnahmen in der Grünanlage zuständig.

2. Materielle Rechtmäßigkeit

Der Beschluss der BVV darf nicht gegen Rechts- oder Verwaltungsvorschriften verstoßen. Hierfür liegen keine Anhaltspunkte vor. Für die Erneuerung der Wege einer Grünanlage finden sich insbesondere keine planungsrechtlichen Vorschriften, gegen die die ursprüngliche Planung des Bezirksamtes, die die BVV nach wie vor unterstützt, verstoßen könnte. Die Planung einer Grünanlage ist eine typische in bezirklicher Selbstverwaltung vorzunehmende freie Abwägungsentscheidung. Eine Beteiligung der Bürger bei der Planung mag wünschenswert sein, ist aber nicht zwingend vorgeschrieben. Lediglich gegen Haushaltsrecht darf nicht verstoßen werden. Davon ist nicht auszugehen. Das neue Wegesystem soll im Übrigen gerade die Reinigungs- und Erhaltungskosten des Parks verringern. Auch ein Verstoß gegen Vergaberecht ist nicht ersichtlich. Urheberrechtliche Ansprüche des Gartenarchitekten bestehen laut Sachverhalt ebenfalls nicht. Ein etwaiger Verstoß des Beschlusses gegen die im Rahmen der Ausübung des Eingriffsrechts erteilte Weisung des Senators für Stadtentwicklung und Umwelt kann nicht zur Rechtswidrigkeit führen, da in § 18 Satz 1 BezVG ausdrücklich zwischen einem Rechtsverstoß und einem Verstoß gegen eine Eingriffsentscheidung unterschieden wird.

II. Verstoß gegen eine Eingriffsentscheidung nach § 13a AZG

Der Beschluss der BVV könnte gegen die Eingriffsentscheidung nach § 13a AZG verstoßen.[121] Hier hat der Senator für Stadtentwicklung und Umwelt von seinem Eingriffsrecht Gebrauch gemacht und eine Weisung erteilt, mit der der Beschluss der BVV nicht vereinbar ist.

Fraglich ist jedoch, ob die Weisung bindend ist. Sie könnte rechtswidrig sein. Das wäre der Fall, wenn vom Eingriffsrecht nach § 13a Abs. 1 AZG in rechtswidriger Weise Gebrauch gemacht wurde. Zunächst ist daher die Rechtmäßigkeit des Eingriffs zu prüfen.

---

[121] Siehe zum Eingriffsrecht Rz. 247 ff.

1. Formelle Rechtmäßigkeit des Eingriffs

Die Zuständigkeit des Senators für Stadtentwicklung und Umwelt für Grünanlagen ist nach der Geschäftsverteilung des Senats (Abschnitt IX) gegeben. Anlass zur Annahme, dass nach § 13a Abs. 3 AZG wegen grundsätzlicher Bedeutung ein Senatsbeschluss notwendig gewesen wäre, besteht nicht. Eine Fristsetzung gegenüber dem Bezirksamt ist erfolgt, ohne dass es zu einer Verständigung gekommen ist.

Unterblieben ist jedoch das nach § 13a Abs. 1 AZG erforderliche Benehmen mit der für Inneres zuständigen Senatsverwaltung als Bezirksaufsichtsbehörde (§ 9 Abs. 1 S. 2 AZG). Fraglich ist, ob deshalb der Eingriff rechtswidrig ist. Dies hängt davon ab, ob es sich bei der Pflicht um eine bloße Ordnungsvorschrift oder eine wesentliche Verfahrensvorschrift handelt. Maßgebend hierfür ist, ob sie vom Gesetzgeber als zwingend einzuhaltende Verfahrensvorschrift Dritten subjektive Rechte verleiht und einen eigenen Rechtsschutzgehalt hat.[122] Die Beteiligung soll der Bezirksaufsichtsbehörde Gelegenheit geben, dafür zu sorgen, dass die Mitwirkung der Bezirke an der Verwaltung gefördert und geschützt sowie die Entschlusskraft und Verantwortungsfreudigkeit der bezirklichen Organe nicht beeinträchtigt wird (§ 13a Abs. 4 AZG). Die Pflicht dient damit der Bezirksaufsichtsbehörde, ihre Aufgabe nach § 9 Abs. 2 AZG wahrnehmen zu können. Es ist aber nicht vorgesehen, dass die Bezirksaufsichtsbehörde ein Veto einlegen oder sonst unmittelbar in die Ausübung des Eingriffsrechts eingreifen kann. Durch die Information wird sie lediglich in die Lage versetzt, auf etwaige Bedenken hinzuweisen. Rechtsschutzfähige subjektive Rechte bestehen zwischen Senatsverwaltungen von vornherein nicht. Dass die Bezirke durch die Informationspflicht geschützt werden, begünstigt diese nur mittelbar, ohne dass sie hieraus ein subjektives Recht auf die Einhaltung der Informationspflicht ableiten können. Die Vorschrift kann damit für niemanden einen Rechtsschutzgehalt haben und die Einhaltung der Vorschrift ist für die Rechtmäßigkeit der Eingriffsentscheidung nicht maßgebend. Es handelt sich damit um eine bloße Ordnungsvorschrift. Damit kann die fehlende Beteiligung der Bezirksaufsichtsbehörde den Eingriff vorliegend nicht rechtswidrig machen.

2. Materielle Rechtmäßigkeit des Eingriffs

Das Eingriffsrecht nach § 13a AZG darf nur ausgeübt werden, wenn ein Handeln oder Unterlassen eines Bezirksamtes dringende Gesamtinteressen Berlins beeinträchtigt. Fraglich ist, ob die ursprüngliche Planung des Bezirksamtes, das Wegesystem zu ändern und dem tatsächlichen Nutzungsverhalten anzupassen, dringende Gesamtinteressen Berlins beeinträchtigt hat. Dies begründet der Senator damit, die neue Wegeführung zerstöre die historisch einmalige Parkanlage und widerspreche dem Respekt vor dem Ehrenbürger von Birkenau.

Ein Fall der gesetzlich vorgesehenen Fälle dringender Gesamtinteressen nach § 13a Abs. 1 Nr. 1 bis 3 AZG liegt nicht vor. Es kommt also darauf an, ob ein

---

[122] Vgl. BVerwG, Beschl. v. 31.1.2012 – 2 WD 4/11, juris, Rz. 9 f.

sonstiger Fall vorliegt. Der Terminus „dringende Gesamtinteressen Berlins" ist ein unbestimmter Rechtsbegriff.[123] Ein Beurteilungsspielraum des zuständigen Fachsenators besteht nicht. Gesamtinteressen Berlins sind wichtige Interessen der Stadt im Gegensatz zu den Interessen eines oder mehrerer Bezirke. Auch eine Maßnahme, die nur in einem Bezirk wirkt, kann aber die Gesamtinteressen Berlins beeinträchtigen. Es muss dafür eine Ausstrahlung auf die Stadt erfolgen, z. B. dadurch, dass Berlin als Ganzes mit der bezirklichen Maßnahme identifiziert oder sie ihr in der Öffentlichkeit zugerechnet wird. Bei den Baumaßnahmen im „Dinkel-Park" handelt es sich um eine bezirkliche Maßnahme, die im Rahmen der bezirklichen Gestaltungsfreiheit geplant wurde. Die Änderung des Wegesystems hat keine unmittelbaren Auswirkungen über den Bereich des Parks hinaus, etwa durch geänderte Verkehrsströme. Die Öffentlichkeitswirksamkeit folgt nur daraus, dass die historische Parkgestaltung geändert wird. Die Zweckmäßigkeit der Abweichung vom historischen Vorbild ist alleine fachlich zu beurteilen. Dass aber fachliche Entscheidungen umstritten sind – auch zwischen Senat und Bezirk – ist ein normaler Vorgang. Das Bezirksamt kann für seine Planung schlüssige Gründe anführen, wie das tatsächliche Nutzungsverhalten der Bürger und die Senkung der Reinigungs- und Erhaltungskosten. Das Eingriffsrecht soll es dem Senat nicht ermöglichen, seine fachliche Auffassung an diejenige eines Bezirksamtes zu setzen. Anderenfalls könnte die gesetzlich geregelte Zuständigkeitsverteilung zwischen Haupt- und Bezirksverwaltung ausgehebelt werden. Für das Vorliegen von „dringenden Gesamtinteressen" muss also eine besondere Bedeutung hinzukommen. Diese könnte hier daraus resultieren, dass der Gartenarchitekt Ehrenbürger Berlins geworden ist. Da aber urheberrechtlich keine Ansprüche bestehen, kann alleine dieser Umstand nicht bedeuten, dass von dieser Person gestaltete Grünanlagen für immer unveränderbar sind. Und der Gesamtstadt oder dem Senat von Berlin wird die Planung des Bezirksamtes nicht zugerechnet. Dem Senator ging es lediglich darum, der Bürgerinitiative zu folgen und seine fachliche Auffassung durchzusetzen. Somit kann von „dringenden Gesamtinteressen Berlins" nicht die Rede sein. Die Voraussetzungen von § 13a AZG lagen nicht vor. Der Eingriff ist rechtswidrig erfolgt.

3. Bindung der BVV an eine rechtswidrige Eingriffsentscheidung?

Obwohl der Eingriff somit rechtswidrig erfolgt ist, könnte jedoch eine Bindung der BVV an die Eingriffsentscheidung bestehen. Dies könnte daraus folgen, dass die Weisung solange im Verhältnis zwischen Bezirk und Senat wirksam und maßgebend ist, bis ein Gericht das Gegenteil feststellt. Aufsichtsmaßnahmen des Senats gegenüber den Bezirken sind nicht als Verwaltungsakte zu qualifizieren, da es an einer Außenwirkung der Maßnahme mangelt.[124] Die Grundsätze über die Wirksamkeit und ggf. Anfechtbarkeit von Verwaltungsakten lassen sich also nicht unmittelbar anwenden. Bezirksämter können aber gleichwohl als

---

[123] Siehe zur Auslegung des Begriffs Rz. 250 ff.
[124] Siehe Rz. 402 und 411 ff.

Verwaltungsbehörde des Bezirks gegen Eingriffsentscheidungen nach § 13a AZG Klage vor dem Verwaltungsgericht erheben[125] und auch einstweiligen Rechtsschutz beantragen. Sie haben es also in der Hand, eine Rechtswidrigkeit vom Gericht feststellen zu lassen. Solange eine solche Feststellung nicht erfolgt, ist nach dem Grundsatz der Organtreue[126] die Aufsichtsmaßnahme zu befolgen.

Das Bezirksamt ist vorliegend nicht gegen die Weisung vorgegangen. Geht das Bezirksamt nicht dagegen vor, bleibt die Eingriffsentscheidung trotz ihrer Rechtswidrigkeit im Verhältnis zum Senat somit verbindlich. Daran ist auch die BVV gebunden. Folglich musste sich die BVV hier an die Weisung halten, und der Beschluss der BVV vom 15. Dezember 2021 verstieß gegen die Eingriffsentscheidung nach § 13 a AZG.

III. Gesamtergebnis

Die BVV kann nach § 18 S. 2 BezVG binnen eines Monats die Entscheidung der Bezirksaufsichtsbehörde beantragen. Der Antrag wird jedoch keinen Erfolg haben. Die Bezirksaufsichtsbehörde wird die Beanstandung des Beschlusses der BVV vom 15. Dezember 2021 durch das Bezirksamt bestätigen, da dieser Beschluss gegen die Eingriffsentscheidung nach § 13 a AZG verstoßen hat.

---

[125] Siehe zum Klagerecht der Bezirke beim Eingriffsrecht Rz. 430.
[126] Siehe hierzu OVG Berlin-Brandenburg, Beschl. v. 30.4.2015 – OVG 12 S 57.14, juris, Rz. 6.

7 Die Bezirksverfassung

282 Das Kapitel über die Bezirksverfassung handelt von der *inneren Organisation* der Bezirke. Es geht also darum, welche Stellung und welche Aufgaben den bezirklichen Organen – Bezirksamt und Bezirksverordnetenversammlung – zukommen und welches Verhältnis sie zueinander haben. Das Organisationsrecht der kommunalen Selbstverwaltungskörperschaften wird üblicherweise als *kommunales Verfassungsrecht* bezeichnet. In Anlehnung hieran hat sich der Begriff Bezirksverfassungsrecht herausgebildet. Es sei aber klargestellt, dass es sich bei den Rechtsnormen der Bezirksverfassung grundsätzlich nicht um Verfassungsrecht, sondern um einfaches Verwaltungsrecht handelt. In Berlin haben jedoch die grundlegenden Organisationsnormen Eingang in die Verfassung gefunden und stellen damit zumindest formelles Verfassungsrecht dar (vgl. Art. 69 ff. VvB). Die einfach-gesetzlichen Regelungen finden sich im Bezirksverwaltungsgesetz (BezVG).[1]

I. Die Kommunalverfassungen in den Flächenländern

283 In den Flächenländern haben sich *vier Typen* von Kommunalverfassungen herausgebildet, die einige Gemeinsamkeiten, aber auch erhebliche Abweichungen aufweisen. Im Einzelnen sind dies die *süddeutsche Ratsverfassung*, die *norddeutsche Ratsverfassung*, die *Bürgermeisterverfassung* sowie die *Magistratsverfassung*.[2] Den Kommunalverfassungen ist gemeinsam, dass sie alle zumindest zwei Hauptorgane kennen: zum einen den *Rat* als Beschlussorgan und zum anderen ein Verwaltungsorgan, zumeist den *Bürgermeister*. Das hauptsächliche Unterscheidungskriterium zwischen den genannten Verfassungstypen ist die Frage, welche Stellung

---

[1] Bezirksverwaltungsgesetz (BezVG) i. d. F. v. 10.11.2011, GVBl. S. 692, geänd. d.G.v. 27.08.2021, GVBl. S. 982.

[2] Siehe die Übersicht bei *Schmidt*, Kommunalrecht, Rz. 376 f.

© Springer-Verlag GmbH Deutschland, ein Teil von Springer Nature 2022
A. Musil, S. Kirchner, *Das Recht der Berliner Verwaltung*, Springer-Lehrbuch,
https://doi.org/10.1007/978-3-662-65501-6_7

das Verwaltungsorgan neben der Volksvertretung hat, die aufgrund der Vorgabe aus Art. 28 Abs. 1 S. 2 GG in allen Kommunen vorhanden sein und eine dominante Stellung haben muss.

1. Die süddeutsche Ratsverfassung

Der mittlerweile am weitesten verbreitete Kommunalverfassungstyp ist die süd-   **284**
deutsche Ratsverfassung. Sie hat sich im Laufe des 19. Jahrhunderts in Bayern, Württemberg und Baden entwickelt. Die Kompetenzzuordnung ist *dualistisch* geprägt, das heißt, die kommunalen Erstzuständigkeiten sind auf zwei Gemeindeorgane verteilt. Das Hauptorgan ist der Gemeinderat. Daneben besitzt aber auch der Bürgermeister, der aus einer Direktwahl hervorgeht und somit unmittelbar demokratisch legitimiert ist, eine starke Stellung. Der Gemeinderat besitzt die Beschlusszuständigkeiten, während der Bürgermeister Vollzugs- und Vertretungsorgan sowie Leiter der Gemeindeverwaltung ist. Die süddeutsche Ratsverfassung gilt seit jeher in *Bayern* und *Baden-Württemberg*. Seit Mitte der neunziger Jahre haben aber auch die meisten übrigen Bundesländer dieses Verfassungssystem übernommen.[3] *Brandenburg*[4] hat sich für eine Mischform aus verschiedenen Kommunalverfassungen entschieden, in denen der hauptamtlich direkt gewählte Bürgermeister nicht von Amts wegen den Vorsitz im Rat hat.[5]

2. Die norddeutsche Ratsverfassung

Die Norddeutsche Ratsverfassung geht auf die Rechtsvorstellungen der Alliierten,   **285**
insbesondere der britischen Besatzungsmacht zurück. Sie ist im Grundansatz *monistisch* geprägt, das heißt, die Gemeindevertretung ist das zentrale Organ. Der Bürgermeister, der von der Gemeindevertretung gewählt wird, ist lediglich ehrenamtlich tätig. Er sitzt dem Gemeinderat vor und vertritt die Gemeinde nach außen. Weitere Kompetenzen besitzt er nicht. Die Verwaltung wird von einem *Gemeindebzw. Stadtdirektor*, einem Wahlbeamten auf Zeit, geführt, allerdings nicht aus eigener Kompetenz, sondern immer nur in Vertretung des Rates. Dieses Modell galt bis 1994 in *Nordrhein-Westfalen*, bis 1996 in *Niedersachsen*, allerdings mit zahlreichen Modifikationen. Heute ist es in keinem Bundesland mehr vertreten.

3. Die Bürgermeisterverfassung

Die Bürgermeisterverfassung folgt teils französischer, teils rheinischer Tradition.   **286**
Hier besitzt wiederum der Bürgermeister neben dem Gemeinderat eine eigenständige Stellung, da er mit zahlreichen eigenen Kompetenzen ausgestattet ist. Es han-

---

[3] insb. in den neuen Bundesländern.
[4] Zur alten Rechtslage *Nierhaus*, Kommunalrecht für Brandenburg, Rz. 342.
[5] *Schmidt* in Bauer/Häde/Peine, Landesrecht Brandenburg, § 4, Rz. 65.

delt sich demnach um ein *dualistisches* Modell. Der Unterschied zur süddeutschen Ratsverfassung besteht darin, dass der Bürgermeister nicht vom Volk, sondern vom Gemeinderat gewählt wird. Von echter Bürgermeisterverfassung spricht man, wenn der Bürgermeister Stimmrecht im Gemeinderat hat, von unechter, wenn dies nicht der Fall ist. Die Bürgermeisterverfassung galt bis in die neunziger Jahre – zumindest teilweise – in *Rheinland-Pfalz*, im *Saarland* und in *Schleswig-Holstein*. Zurzeit folgt kein Bundesland diesem Modell.

4. Die Magistratsverfassung

87 Die Magistratsverfassung, die ebenfalls *dualistisch* geprägt ist, hat ihren Ursprung in der preußischen Städteordnung. Als Haupt- und Beschlussorgan fungiert wiederum die Gemeindevertretung. Von dieser wird ein *Magistrat* gewählt, der aus dem Bürgermeister und weiteren Mitgliedern, so genannten Gemeinde- oder Stadträten, besteht. Der Magistrat erledigt in eigener Kompetenz die Verwaltungs- und Vertretungsaufgaben. Daneben besitzt aber auch der Bürgermeister einzelne eigene Kompetenzen, weshalb die Magistratsverfassung in gewissem Umfang trialistische Züge trägt. Der Bürgermeister ist Vorsitzender des Magistrats, nicht aber der Gemeindevertretung. Dieser sitzt ein ehrenamtlicher Vorsteher vor. Bei der echten Magistratsverfassung bedürfen Beschlüsse der Gemeindevertretung der Zustimmung des Magistrats. Deshalb verstößt diese gegen Art. 28 Abs. 1 S. 2 GG, der eine unabhängige Stellung des Vertretungsorgans fordert. Die unechte Magistratsverfassung kennt dieses Erfordernis nicht. Sie gilt heute noch in *Hessen*, allerdings mit der Einschränkung, dass der Bürgermeister direkt gewählt wird, sowie in *Bremerhaven*.

II. Die Einordnung der Bezirksverfassung

1. Grundlegende Organisationsnormen in der Verfassung von Berlin

88 Nachdem die vier Grundtypen der Kommunalverfassung skizziert sind, kann die Bezirksverfassung einem der Typen zugeordnet werden. Grundlegende Vorschriften zur Organisation der Bezirke finden sich in den Art. 69 ff. VvB. Gemäß Art. 69 S. 1 VvB wird in jedem Bezirk eine Bezirksverordnetenversammlung gewählt. Diese wählt gemäß Art. 69 S. 2 VvB die Mitglieder des Bezirksamts. Die Bezirksverordnetenversammlung besteht nach Art. 70 Abs. 2 S. 1 VvB aus 55 Mitgliedern. Sie kontrolliert gemäß Art. 72 Abs. 1 VvB die bezirkliche Verwaltung, beschließt den Bezirkshaushaltsplan und entscheidet in den ihr zugewiesenen Angelegenheiten. Nach Art. 72 Abs. 2 VvB können Bürgerentscheide der Wahlberechtigten an die Stelle von Beschlüssen der Bezirksverordnetenversammlung treten.[6] Das Bezirksamt besteht nach Art. 74 Abs. 1 VvB aus dem Bezirksbürgermeister und den Bezirksstadträten. Gemäß Art. 74 Abs. 2 VvB ist das Bezirksamt die Verwaltungsbehörde des Bezirks und

---

[6] Siehe hierzu die Rz. 373 ff.

vertritt Berlin in Angelegenheiten des Bezirks. Der Bezirksbürgermeister übt gemäß Art. 75 Abs. 2 S. 2 VvB die Dienstaufsicht über die übrigen Bezirksamtsmitglieder aus. Gemäß Art. 75 Abs. 2 S. 3 VvB leitet jedes Mitglied seinen Geschäftsbereich eigenverantwortlich.

2. Einordnung als unechte Magistratsverfassung

Von der Norddeutschen Ratsverfassung unterscheidet sich die Bezirksverfassung grundlegend darin, dass das Bezirksamt ein selbstständiges Organ neben der Bezirksverordnetenversammlung ist, was in der Aufgabenzuweisung des Art. 74 Abs. 2 VvB zum Ausdruck kommt. Der grundlegende Unterschied zur süddeutschen Ratsverfassung liegt in der Wahl des Bezirksamts und somit auch des Bezirksbürgermeisters durch die Bezirksverordnetenversammlung (Art. 69 S. 2 VvB). Zur Bürgermeisterverfassung besteht der Hauptunterschied darin, dass das Bezirksamt als Kollegialorgan und nicht der Bürgermeister an der Spitze der Verwaltung steht (Art. 74 Abs. 2 VvB). Aufgrund der Regelung in Art. 75 Abs. 2 VvB, die den Bürgermeister als *„primus inter pares"* erscheinen lässt, ähnelt das Bezirksamt einem Magistrat. Auch im Übrigen bestehen starke Übereinstimmungen mit dem Modell der Magistratsverfassung, so in der *dualistischen Aufgabenverteilung* und der *indirekten Wahl des Verwaltungsorgans*. Es handelt sich um eine *unechte Magistratsverfassung*, da Beschlüsse der Bezirksverordnetenversammlung nicht der Zustimmung des Bezirksamts bedürfen. Dieses Ergebnis verwundert kaum, entspringt die Magistratsverfassung doch preußischer Verwaltungstradition. Das Kollegialprinzip der Bezirksämter geht bereits auf die Stadtverfassung von 1920 zurück.[7]

289

III. Die Bezirksverordnetenversammlung

Die Bezirksverordnetenversammlung entspricht dem Gemeinderat in den Gemeinden. Sie hat jedoch kein Satzungsrecht[8] und auch nur eingeschränkte Entscheidungsrechte. Ihre Hauptaufgabe liegt in der *Kontrolle des Bezirksamtes*. Im Rahmen ihrer Kontrollaufgaben besteht allerdings in verschiedenen Fällen ein so genanntes Selbstentscheidungsrecht, das heißt, sie kann Entscheidungen des Bezirksamts aufheben und selbst in der Sache entscheiden.

290

Wenn es in Art. 72 VvB heißt, die Bezirksverordnetenversammlung sei ein Organ der bezirklichen Selbstverwaltung, folgt hieraus nicht, dass die Bezirke körperschaftlich verfasst sind.[9] Mit dieser Formulierung bringt die Verfassung lediglich zum Ausdruck, dass über die Bezirksverordnetenversammlung die Bezirkseinwohner an der Wahrnehmung der Bezirksaufgaben beteiligt sind.

291

Die Bezirksverordnetenversammlung gehört zur vollziehenden Gewalt, ist also *Verwaltungsorgan*. Die Bezirksverordneten gehören somit der Verwaltung an, sind

---

[7] *Neumann* in Pfennig/Neumann, VvB, Art. 74, Rz. 1.

[8] Siehe Rz. 53, 62.

[9] Siehe Rz. 17.

aber keine Angehörigen des öffentlichen Dienstes.[10] Die Mitwirkung der Bürger an der Tätigkeit der Bezirksverordnetenversammlung ist im 6. Abschnitt des BezVG geregelt.[11]

1. Die Wahl der Bezirksverordnetenversammlung

92 Die Wahlen zu den Bezirksverordnetenversammlungen finden stets zusammen mit den Wahlen zum Abgeordnetenhaus statt (Art. 70 Abs. 1 S. 1 VvB). Hintergrund der *Koppelung beider Wahlen* ist wiederum die besondere Rechtsstellung der Bezirke.[12] Gesondert durchgeführte Bezirkswahlen würden zu einer Hervorhebung der bezirklichen Interessen sowie Probleme und damit zu einer Politisierung der Bezirksebene führen. Die mit einer Politisierung einhergehende Aufwertung der Bezirksebene soll vermieden werden.[13] Um den gemeinsamen Wahltermin zu ermöglichen, ist ergänzend in Art. 71 VvB bestimmt, dass mit dem Ende der Wahlperiode des Abgeordnetenhauses auch diejenige der Bezirksverordnetenversammlungen endet, die Wahlperioden also übereinstimmen. Die Wahlperiode beträgt somit 5 Jahre (Art. 54 Abs. 1 S. 1 VvB). § 5 Abs. 1 S. 2 BezVG greift die Verfassungsregelungen auf. In § 5 Abs. 2 BezVG wird ergänzend klargestellt, dass die Koppelung der Wahlperioden auch bei einem vorzeitigen Ende der Wahlperiode des Abgeordnetenhauses durch Volksentscheid (Art. 63 Abs. 3 VvB) oder Selbstauflösung (Art. 54 Abs. 2 VvB) gilt. Auf der anderen Seite kann konsequenterweise die Bezirksverordnetenversammlung weder durch eigenen Beschluss noch durch Volksentscheid aufgelöst werden (§ 5 Abs. 2 S. 1 BezVG). Auch eine Auflösung durch die Bezirksaufsicht kann nicht erfolgen. Da nach Art. 54 Abs. 1 S. 2 VvB die neue Wahlperiode erst mit dem ersten Zusammentritt des neu gewählten Abgeordnetenhauses beginnt, dürfen sich die neugewählten Bezirksverordnetenversammlungen nach § 6 Abs. 1 BezVG erst nach diesem Zeitpunkt konstituieren. Im Fall einer Wiederholungswahl nach § 21 LWahlG nach einem erfolgreichen Einspruch im Wahlprüfungsverfahren nach § 40 Abs. 1 VerfGHG erfolgt die Wahl stets für den Rest der bereits aufgrund der angefochtenen Wahl laufenden Wahlperiode (vgl. für Hamburg: Hamburgisches Verfassungsgericht, Urteil v. 4. Mai 1993 -3/92-, juris Rz. 174). Dies gilt für die Bezirksverordnetenversammlungen aber auch das Abgeordnetenhaus. Auch in diesem Fall kommt es also nicht zu einem Auseinanderfallen der Wahlperioden. Damit bleiben auch alle gewählten Organe im Amt, selbst wenn die Wiederholungswahl zu einer Änderung der Mehrheitsverhältnisse führt, eine Abwahl nach den allgemeinen Regelungen ist allerdings möglich.

93 Die Wahl zu den Bezirksverordnetenversammlungen erfolgt nach den in Bund und Ländern geltenden *allgemeinen Wahlgrundsätzen* (Art. 70 Abs. 1 S. 1 VvB) als Listenwahl. Vorschlagsberechtigt sind Parteien und Wählergemeinschaften (§ 23 Abs. 1 LWahlG). Die Verteilung der Sitze erfolgt nach § 22 Abs. 1 LWahlG anders

---

[10] *Neumann* (Fn. 7), Art. 72, Rz. 1.

[11] Siehe Rz. 373 ff.

[12] S. zu den Wahlen zur 18. Wahlperiode *Wolf*, LKV 2017, S. 299 ff.

[13] *Magen* in Pfennig/Neumann, VvB, Art. 70, Rz. 2 f.; kritisch zum derzeit geltenden Bezirkswahlrecht *Holste*, LKV 2007, S. 69 ff.

als bei der Abgeordnetenhauswahl[14] nach dem *d'Hondtschen Höchstzahlverfahren*.[15] Hierbei besteht eine *3 %-Klausel* (Art. 70 Abs. 2 S. 2 VvB), das heißt, auf Bezirkswahlvorschläge, für die weniger als 3 % der Stimmen abgegeben werden, entfallen keine Sitze. Bis 1997 galt – wie noch heute bei der Abgeordnetenhauswahl (siehe Art. 39 Abs. 2 VvB) – eine 5 %-Klausel. In seinem Urteil vom 17. März 1997 hat der Berliner Verfassungsgerichtshof die Verfassungswidrigkeit der seinerzeitigen Regelung in § 22 Abs. 2 LWahlG festgestellt.[16] Vor dem Hintergrund der in Art. 70 Abs. 1 VvB geregelten Wahlrechtsgleichheit und der ebenfalls landesverfassungsrechtlich verbürgten Chancengleichheit der Parteien seien zwingende Gründe erforderlich, wenn durch eine Sperrklausel eine Differenzierung des Erfolgswerts von Wählerstimmen erfolgen solle. Hierfür reiche nicht die abstrakte, theoretische Möglichkeit der Beeinträchtigung der Funktionsfähigkeit der Bezirksverordnetenversammlung durch Einzelmitglieder oder kleine Fraktionen aus; vielmehr müsse die konkrete, mit einiger Wahrscheinlichkeit zu erwartende Möglichkeit einer Beeinträchtigung dargetan werden. Gesichtspunkte, die eine solche Prognose des Gesetzgebers rechtfertigen könnten, lägen in Anbetracht der begrenzten Zuständigkeiten der Bezirksverordnetenversammlungen nicht vor.[17]

Die jetzt geltende 3 %-Klausel ist im Gegensatz zur früheren Regelung unmittelbar in der Verfassung vorgesehen. Hierdurch hat sich der Maßstab für die Zulässigkeit der Sperrklausel verschoben. Der Berliner Verfassungsgerichtshof hat sie für verfassungsgemäß erklärt.[18] Bei der Prüfung, ob die Mindeststimmenzahl der 3 %-Sperrklausel über- oder unterschritten ist, sind alle abgegebenen – gültigen wie ungültigen – Stimmen einzubeziehen.[19] **294**

Wahlberechtigt ist, wer am Tage der Wahl das *16. Lebensjahr* vollendet hat (Art. 70 Abs. 1 Satz 2 VvB) und mit der *Hauptwohnung* im melderechtlichen Sinn in dem jeweiligen Bezirk gemeldet ist (§ 22 Abs. 1 i. V. m. § 1 Abs. 1 u. 2 LWahlG). Die *Wählbarkeit* setzt dagegen *keinen Wohnsitz* in dem jeweiligen Bezirk voraus. Diese Regelung ist darin begründet, dass sich in einem Stadtstaat der Ort des Wohnsitzes und des bezirkspolitischen Interesses nicht decken müssen, sondern z. B. durch berufliche Tätigkeit oder Mitgliedschaft in einer bestimmten Untergliederung einer Partei leicht auseinander fallen können.[20] **295**

Wahlberechtigt und wählbar sind bei den Wahlen zur Bezirksverordnetenversammlung unter den gleichen Voraussetzungen wie Deutsche (§ 1 Abs. 1 LWahlG) auch *EU-Ausländer* (Art. 70 Abs. 1 S. 2 VvB i. V. m. § 22a LWahlG). Das in Art. 22 Abs. 1 AEUV vorgesehene und durch die Richtlinie 94/80/EG des Rates vom 19. Dezember 1994[21] konkretisierte Kommunalwahlrecht für Unionsbürger wird also auf die Bezirksverordnetenversammlungen bezogen, obwohl es sich bei den Wahlen nicht um **296**

[14] Hier kommt das Hare/Niemeyer-Verfahren zur Anwendung, § 17 LWahlG.

[15] BerlVerfGH, Urt. v. 16.11.2016 – VerfGH 160 A/16, juris. Rz.4.

[16] BerlVerfGH, Urt. v. 17.3.1997 – VerfGH90/95, 87/95, LVerfGE 6, 32.

[17] BerlVerfGH (Fn. 13), S. 42; siehe auch Fall 1.

[18] BerlVerfGH, Urt. v. 13.5.2013 – VerfGH 155/11, juris.

[19] BerlVerfGH, Beschl. v. 24.1.2012 – VerfGH 150/11, juris, Rz. 13.

[20] *Magen* (Fn. 13), Art. 70, Rz. 7.

[21] ABl.EG L 368/38, zul. geänd. d. Richtlinie 2006/106/EG v. 20.11.2006 L 363/409.

eigenständige Kommunalwahlen handelt[22] und Art. 28 Abs. 1 S. 3 GG deshalb nicht unmittelbar für die Wahlen zu den Bezirksverordnetenversammlungen gilt.

Andere Ausländer sind nicht wahlberechtigt. Sie sind auch nicht wählbar, können aber als Bürgerdeputierte an der Arbeit der Ausschüsse der Bezirksverordnetenversammlung teilnehmen (siehe § 20 S. 2 BezVG).[23]

2. Die Mitglieder der Bezirksverordnetenversammlung

97 Die Bezirksverordnetenversammlung besteht aus *55 Bezirksverordneten* (Art. 70 Abs. 2 S. 1 VvB i. V. m. § 5 Abs. 1 S. 1 BezVG). Die Bezirksverordneten sind Mitglieder der Verwaltung, unterliegen aber nicht dem öffentlichen Dienstrecht. Sie sind *ehrenamtlich* tätig und erhalten lediglich eine *Aufwandsentschädigung* sowie Erstattung von Reisekosten (§ 11 Abs. 5 BezVG). Das Nähere der Entschädigung ist im Gesetz über die Entschädigung der Mitglieder der Bezirksverordnetenversammlung, der Bürgerdeputierten und sonstiger ehrenamtlich tätiger Personen[24] geregelt. Demnach erhalten sie eine Grundentschädigung, Sitzungsgelder und eine Fahrgeldentschädigung. Die Grundentschädigung beträgt monatlich 15 % der Abgeordnetenentschädigung, z. Zt. also 875 Euro.[25] Die Sitzungsgelder betragen für Plenarsitzungen 31 Euro und für Ausschusssitzungen 20 Euro; die Fahrgeldentschädigung beträgt 41 Euro monatlich.[26]

98 Wie in allen Gemeindeordnungen[27] besteht ein *Verbot der Entlassung* bzw. Kündigung wegen der Tätigkeit als Bezirksverordneter (§ 10 BezVG). Dies schließt eine Kündigung aus anderen Gründen nicht aus.[28] Ferner wird aus Art. 19 Abs. 1 VvB grundsätzlich ein Anspruch auf *Arbeitsbefreiung* für die Wahrnehmung des Mandats hergeleitet. Nach Art. 19 Abs. 1 VvB darf niemand an der Wahrnehmung staatsbürgerlicher Rechte oder öffentlicher Ehrenämter gehindert werden, insbesondere nicht durch sein Arbeitsverhältnis. Dieses Recht gilt jedoch nur innerhalb der Regelungen des Arbeits- und Dienstrechts.[29] Es dürfen deshalb keine wichtigen Interessen des Arbeitgebers bzw. Dienstherren entgegenstehen. Ein Anspruch auf Lohn- und Gehaltsfortzahlung besteht grundsätzlich nicht, es sei denn, er ist einzel- oder tarifvertraglich geregelt.[30]

---

[22] Ausführlich *Mehde* in Dürig/Herzog/Scholz, GG, Art. 28 Abs. 1, Rz. 93.

[23] Siehe Rz. 311.

[24] Gesetz über die Entschädigung der Mitglieder der Bezirksverordnetenversammlung, der Bürgerdeputierten und sonstiger ehrenamtlich tätiger Personen vom 29.11.1978, GVBl. S. 2214, zul. d.G.v. 08.07.2018, GVBl. S. 463; s. ausführlich Ottenberg/Wolf, Das Bezirksverwaltungsgesetz, § 11 Abs. 5 und Erläuterungen zum BezVEG.

[25] Siehe im Einzelnen § 2 Abs. 1 des Gesetzes i. V. m. § 6 Abs. 1 d. Landesabgeordnetengesetzes v. 09.10.2019, GVBl. S. 674, zul. geänd. d.G.v. 10.03.2022, GVBl. S. 106.

[26] Siehe §§ 3, 4 des Gesetzes.

[27] *Gern/Brüning*, Deutsches Kommunalrecht, Rz. 458.

[28] Arbeitsgericht Berlin, Urt. v. 15.10.1991 – 96 Ca 7959/91, NZA 1992, S. 843 ff., 844.

[29] Zu Art. 19 VvB: *Driehaus/Quabeck* in Driehaus, VvB, Art. 19, Rz. 3 ff.; *Zivier*, Verfassung und Verwaltung von Berlin, Rz. 35.1.3.2; *Stöhr* in Pfennig/Neumann, VvB, Art. 19, Rz. 4 ff.

[30] *Mudra*, VvB, S. 71; *Driehaus* (Fn. 29), Rz. 3 ff.

Die Bezirksverordneten werden vom Vorsteher auf die gewissenhafte Erfüllung   **29**
ihrer Obliegenheiten verpflichtet (§ 7 Abs. 2 S. 2 BezVG), denn sie nehmen Aufgaben der öffentlichen Verwaltung wahr und unterliegen dem Verpflichtungsgesetz.[31]
Besondere Rechte wie *Immunität* und *Indemnität* stehen den Bezirksverordneten
nicht zu.[32] Sie sind *keine Parlamentarier*.

Bezirksamtsmitglieder sowie Beamte und Angestellte des Bezirksamts dürfen   **300**
nicht Mitglied der Bezirksverordnetenversammlung desselben Bezirks sein (§ 26
Abs. 4 LWahlG).[33] Die *Inkompatibilitätsregelung* dient hinsichtlich der Bezirksamtsmitglieder der Trennung von Amt und Mandat zur Vermeidung von Interessen-
konflikten, fußt aber auch auf magistratsverfassungsrechtlichen Grundsätzen. Eine
gleichzeitige Mitgliedschaft in einer Bezirksverordnetenversammlung und im Abgeordnetenhaus ist ausgeschlossen (§§ 6 Abs. 1 Nr. 7, 22 Abs. 3 LWahlG). Nach
§ 11 Abs. 3 BezVG sind Bezirksverordnete unter denselben Voraussetzungen wie in
Verwaltungsverfahren Tätige von der Mitwirkung an Beratungen und Entscheidungen ausgeschlossen (§§ 20 ff. VwVfG).[34] Ein Bezirksverordneter ist also von der
Mitwirkung z. B. ausgeschlossen, wenn er von einem Bebauungsplanverfahren als
Eigentümer eines Grundstücks betroffen ist.

3. Die Geschäftsordnung

Die Bezirksverordnetenversammlung hat, wie dargestellt, kein Satzungsrecht.[35] Sie   **301**
hat jedoch wie alle Exekutivorgane kraft ihrer Organisationsgewalt die Befugnis,
intern verbindliche Festlegungen für ihre Aufgabenwahrnehmung zu treffen.[36]
Diese Befugnis wird in § 8 Abs. 1 BezVG ausdrücklich bestätigt. Danach gibt sich
die Bezirksverordnetenversammlung eine Geschäftsordnung. Aufgrund dieser Formulierung besteht nicht nur eine Berechtigung, sondern auch eine Verpflichtung,
eine Geschäftsordnung zu erlassen. Die Geschäftsordnung hat den Charakter einer
Verwaltungsvorschrift eigener Art, die die Bezirksverordnetenversammlung im
Rahmen ihres Selbstorganisationsrechts erlassen muss, um intern verbindliche Festlegungen über das Verfahren ihrer Aufgabenwahrnehmung, aber auch die Aufgaben,
Rechte und Pflichten der Bezirksverordneten, der Fraktionen und der sonstigen Organe der Bezirksverordnetenversammlung zu treffen.[37] Die Regelungsbefugnis besteht nur, soweit in der Verfassung oder dem einfachen Gesetz nichts Entgegenste-
hendes geregelt ist.

---

[31] Vom 2.3.1974, BGBl. I S. 469, 547, geänd. d.G.v. 15.8.1974, BGBl. I S. 1942.

[32] *Neumann* (Fn. 7), Art. 72, Rz. 1; vgl. § 36 StGB.

[33] Eine Ausnahme besteht nach § 26 Abs. 4 S. 2 LWahlG in der Übergangszeit nach einer Neuwahl
der BVV, s. Rz. 320; die Inkompatibilitätsregelung gilt auch für Berufsrichter, den Berliner Beauftragten für Datenschutz und Informationsfreiheit und seine Mitarbeiter sowie für Prüfer des Rechnungshofs; vgl. *Magen* (Fn. 13), Rz. 12.

[34] Zum Mitwirkungsverbot für Bezirksverordnete und dem Verfahren s. *Wolf*, LKV 2015, S. 208.

[35] Siehe Rz. 53, 62.

[36] Siehe Rz. 169.

[37] *Neumann* (Fn. 7), Art. 72, Rz. 18; *Zivier* (Fn. 29), Rz. 86.3.

02 Solche gesetzlichen Regelungen über das *Verfahren in der Bezirksverordneten-versammlung* finden sich z. B. in den §§ 6 ff. BezVG. Insbesondere ist die Bezirks-verordnetenversammlung nach § 6 Abs. 2 BezVG mindestens in jedem zweiten Monat einzuberufen. Sie ist nach § 6 Abs. 3 BezVG unverzüglich einzuberufen, wenn ein Fünftel der Bezirksverordneten oder das Bezirksamt es fordern. Die Be-zirksverordnetenversammlung ist nach § 8 Abs. 2 BezVG beschlussfähig, wenn mehr als die Hälfte der Mitglieder anwesend ist. Die Bezirksverordnetenversamm-lung beschließt nach § 8 Abs. 4 BezVG grundsätzlich mit einfacher Stimmenmehr-heit. Die Verhandlungen sind nach § 8 Abs. 6 BezVG grundsätzlich öffentlich, die Öffentlichkeit kann aber ausgeschlossen werden. In der Geschäftsordnung sind die Voraussetzungen zu regeln, unter denen Dritten in öffentlicher Sitzung das Wort erteilt werden kann (§ 8 Abs. 1 Satz 2 BezVG).[38] Nach § 8 Abs. 7 BezVG sind grundsätzlich Bildübertragungen der Sitzungen zulässig. § 11 Abs. 1 und 2 BezVG verbürgt dem Bezirksverordneten das Recht, Anträge zu stellen und Anfragen an das Bezirksamt zu richten sowie in Akten des Bezirksamtes Einsicht zu nehmen.[39] Dieses Recht kann also in der Geschäftsordnung nicht nur Fraktionen vorbehalten werden. Kraft Verfassungsrechts muss die Bezirksverordnetenversammlung bei den Geschäftsordnungsregelungen den Grundsatz der Funktionsfähigkeit der Verwal-tung beachten.[40] Die Geschäftsordnungsregelungen haben also auch eine funktions-sichernde Bedeutung und müssen ein geordnetes Verfahren sicherstellen. Da die Geschäftsordnung nur interne Festlegungen treffen kann, ist eine Begründung von Rechten oder Pflichten für Dritte nicht möglich.[41] Regelbar ist allerdings die Teil-nahme der Bürger an den Sitzungen der Bezirksverordnetenversammlung. Hinsicht-lich der Bezirksamtsmitglieder trifft § 8 Abs. 1 Satz 1 BezVG allerdings eine Aus-nahme. Kraft Gesetzes werden diese an die Geschäftsordnung gebunden, soweit es um ihre Teilnahme an Sitzungen und die Beantwortung von Anfragen geht.

03 Ein *Verstoß gegen die Geschäftsordnung* begründet nicht ohne weiteres die Rechtswidrigkeit eines daraufhin ergangenen Beschlusses. Vielmehr muss der Ver-stoß *wesentlich* sein,[42] darf also keine bloße Ordnungsvorschrift betreffen. Mit Blick auf Außenrechtsstreitigkeiten ist die betreffende Geschäftsordnungsvorschrift dann als wesentlich anzusehen, wenn sie subjektive Rechtspositionen gestaltet.

4. Die Organe der Bezirksverordnetenversammlung

04 Die Organe der Bezirksverordnetenversammlung sind der Bezirksverordnetenvor-steher, sein Stellvertreter, der Vorstand, der Ältestenrat, die Ausschüsse und die Fraktionen.

---

[38] Zur Einwohnerfragestunde und Einwohnerversammlung siehe unten Rz. 373 ff.

[39] Zum Fragerecht der Bezirksverordneten s. *Husein*, LKV 2018, S. 351 ff.

[40] Grundsatz der Funktionsfähigkeit der Verwaltung als Bestandteil des Rechtsstaatsprinzips, Art. 20 Abs. 3 GG; vgl. hierzu BVerfG, Urt. v. 27.4.1959 – 2 BvF 2/58, BVerfGE 9, 268, 281.

[41] Neumann (Fn. 7), Rz. 18.

[42] Hierzu *Gern/Brüning* (Fn. 27), Rz. 588.

a) Der Bezirksverordnetenvorsteher und der Vorstand

Der *Bezirksverordnetenvorsteher leitet die Sitzungen* der Bezirksverordnetenver-   305
sammlung, *vertritt* diese in allen Angelegenheiten und übt das *Hausrecht* in den
Räumen der Bezirksverordnetenversammlung aus (§ 7 Abs. 2 S. 1 BezVG).[43] Er
wird wie sein Stellvertreter und die übrigen Mitglieder des Vorstandes von der Bezirksverordnetenversammlung aus ihrer Mitte für die Dauer der Wahlperiode gewählt (§ 7 Abs. 1 BezVG). Zwar wird traditionell in vielen Bezirken entsprechend
parlamentarischen Gepflogenheiten der Vorsteher von der *stärksten Fraktion* nomi-
niert. Es gibt jedoch keinen dahingehenden gewohnheitsrechtlichen Anspruch.[44]
Auch der Bewerber einer anderen Fraktion kann zum Vorsteher gewählt werden.

Die *übrigen Vorstandsmitglieder* unterstützen den Vorsteher und seinen Stellver-   306
treter bei der Leitung der Sitzungen der Bezirksverordnetenversammlung und üben
die Funktion des *Schriftführers* aus. Für die Feststellung des Verlusts des Sitzes als
Bezirksverordneter bedarf es nach § 6 Abs. 3 Nr. 5 LWahlG in bestimmten Fällen
eines Beschlusses des gesamten Vorstandes.

Ob der Vorsteher *abgewählt* werden kann, ist umstritten. Eine gesetzliche Rege-   307
lung findet sich nicht.[45] § 7 Abs. 1 BezVG spricht lediglich davon, dass die Wahl für
die Dauer der Wahlperiode erfolge. Hieraus wird teilweise geschlossen, dass eine
Abwahl nicht möglich sei.[46] Das Fehlen einer entgegenstehenden gesetzlichen Regelung spricht jedoch gerade für die Möglichkeit einer Abwahl.[47] Es kommt das
Selbstorganisationsrecht der Bezirksverordnetenversammlung zum Zuge. Die Bezirksverordnetenversammlung kann ihre inneren Angelegenheiten selbst regeln, soweit keine gesetzlichen Vorschriften entgegenstehen. Dies gilt auch für den Fall,
dass derjenige, der sie vertritt und ihre Plenarsitzungen leitet, nicht mehr ihr Vertrauen genießt. Aus der Regelung, dass die Wahl für die Dauer der Wahlperiode erfolgt, ergibt sich demnach lediglich, dass sie nicht von vornherein auf eine kürzere
Amtsdauer ausgerichtet ist. Allerdings muss bei einer Abwahl der Grundsatz der
Funktionsfähigkeit der Bezirksverordnetenversammlung[48] beachtet werden. Es darf
nicht zu einem häufigen Wechsel im Amt des Vorstehers kommen, der die ordnungsgemäße Aufgabenerledigung durch die Bezirksverordnetenversammlung gefährdet.
Darüber hinaus soll der Vorsteher sein Amt objektiv ausüben und muss deshalb vor
einer permanenten Abwahlgefahr, die seine Unparteilichkeit beeinträchtigen kann,
geschützt werden.

---

[43] Zum Hausrecht des Bezirksverordnetenvorstehers siehe VG Berlin, Beschl. v. 5.5.2020 – 2 L
68/20, juris Rn. 7 ff; zum Hausrecht des Bezirksamtes auch gegenüber Bezirksverordneten siehe
VG Berlin, Beschl. v. 12.04.2022 - 2L147/22, juris Rn. 10 ff.

[44] OVG Berlin, Beschl. v. 21.12.1992 – 8 S 349.92, OVGE 20, 165, 168; VG Berlin, Beschl. v.
28.10.1992 – VG 1 A 356.92; vgl. zum stellvertretenden Vorsteher VG Berlin, Urt. v. 29.6.1998 –
VG 26 A 30.96.

[45] Für das Präsidium des Abgeordnetenhauses wurde 2004 in Art. 41 Abs. 3 VvB eine Regelung
getroffen.

[46] *Neumann* (Fn. 7), Art. 72, Rz. 3 ff.

[47] Ebenso *Zivier* (Fn. 29), Rz. 86.2.1; *Machalet*, Die Berliner Bezirksverwaltung, S. 119 Fn. 127;
Mudra, BezVerwG, S. 50 f.

[48] Siehe Rz. 302.

Es gilt deshalb der Grundsatz der Kontinuität und an eine Abwahl müssen besondere Anforderungen gestellt werden. Sie bedarf eines zwingenden Anlasses.[49] Erforderlich ist deshalb ein *wichtiger Grund*. Insoweit lässt sich der Rechtsgedanke von § 86 VwVfG heranziehen, der allerdings auf den Vorsteher nicht unmittelbar anwendbar ist.[50] Der Vorsteher muss also seine Pflichten gröblich verletzt oder sich als unwürdig erwiesen haben oder seine Tätigkeit nicht mehr ordnungsgemäß ausüben können. Die Abwahl erfolgt nach *Zivier* durch die Neuwahl eines anderen Vorstehers.[51] Dem ist jedoch nicht zuzustimmen. Erforderlich ist aus Gründen der Rechtsklarheit zunächst eine Abwahl. Erst dann kann eine Neuwahl erfolgen. Unabhängig von der Abwahlmöglichkeit kann ein Vorsteher jederzeit von seinem Amt zurücktreten.[52]

08 Die Bezirksverordnetenvorsteher bilden nach § 7a BezVG den Rat der Vorsteherinnen und Vorsteher. Diesem Rat ist insbesondere Gelegenheit zu geben, im Rat der Bürgermeister zu den grundsätzlichen Fragen der Gesetzgebung und Verwaltung Stellung zu nehmen, soweit sie den Organisationsbereich der Bezirksverordnetenversammlungen betreffen. Die Regelung betrifft nur Vorgänge, mit denen der Rat der Bürgermeister befasst ist und die die abstrakte Organisation der Bezirksverordnetenversammlung und die abstrakte Durchführung ihrer Aufgaben unmittelbar betreffen, also deren organschaftliche Stellung, nicht aber solche, die nur in die Zuständigkeit der Bezirksverordnetenversammlungen fallen.[53]

b) Der Ältestenrat

09 Die Bildung eines Ältestenrates ist in § 9 Abs. 1 BezVG vorgesehen. Er besteht üblicherweise aus dem Vorsteher, dessen Stellvertreter und weiteren von den Fraktionen benannten Mitgliedern, deren Anzahl in der Geschäftsordnung festgelegt wird.[54] Der Ältestenrat dient der Abstimmung der Fraktionen untereinander und der Fraktionen mit dem Vorstand sowie der Vorbereitung der Plenarsitzungen. Mit Zustimmung des Ältestenrates nimmt auch der Bezirksbürgermeister oder sein Stellvertreter an dessen Sitzungen teil.[55]

c) Die Ausschüsse

10 In den Ausschüssen der Bezirksverordnetenversammlung, die nach Art. 73 Abs. 1 VvB i. V. m. § 9 Abs. 1 BezVG zu bilden sind, wird die fachliche Hauptarbeit geleistet, auch wenn sie grundsätzlich *keine Beschlussrechte* haben. Durch sie übt die Bezirksverordnetenversammlung im Wesentlichen ihre *Kontrollfunktion* gegenüber dem Bezirksamt aus. Einem Ausschuss ist hierzu auf Verlangen vom Bezirksamt

---

[49] OVG Berlin, Beschl. v. 21.12.1992 – 8 S 349.92, OVGE 20, 165, 166.

[50] Die Tätigkeit der Bezirksverordnetenversammlung ist kein Verwaltungsverfahren im Sinne von § 9 VwVfG.

[51] *Zivier* (Fn. 29), Rz. 86.2.1.

[52] *Neumann* (Fn. 7), Art. 72, Rz. 6.

[53] Weiter: *Ottenberg/Wolf*, Bezirksverwaltungsrecht, § 7a Rz. 4 ff.

[54] *Zivier* (Fn. 29), Rz. 86.2.2.

[55] *Neumann* (Fn. 7), Art. 72, Rz. 24.

Auskunft zu erteilen und Einsicht in die Akten zu gewähren (§ 17 Abs. 2 BezVG). Die Ausschüsse können sachkundige Personen und Betroffene hinzuziehen und mit Zustimmung des Vorstehers auch Sachverständige (§ 9 Abs. 4 BezVG). Sie tagen grundsätzlich öffentlich (§ 9 Abs. 3 S. 2 BezVG) und können wie die Bezirksverordnetenversammlung die Anwesenheit der Bezirksamtsmitglieder fordern (§ 14 Abs. 2 BezVG).

Die Ausschussmitglieder werden nicht von der Bezirksverordnetenversammlung **311** gewählt, sondern von den Fraktionen entsandt. Die *Verteilung der Sitze* auf die Fraktionen ergibt sich aus § 9 Abs. 2 S. 2 BezVG und richtet sich nach den Mehrheits- und Stärkeverhältnissen in der Bezirksverordnetenversammlung.[56] Jeder Fraktion kommt dabei ein *Grundmandat* in jedem Ausschuss zu (§ 9 Abs. 2 S. 1 BezVG). Die Größe der Ausschüsse soll regelmäßig *17 Bezirksverordnete* nicht überschreiten (§ 9 Abs. 1 S. 5 BezVG). Die Fraktionen können die entsandten Mitglieder jederzeit austauschen.[57] In den Ausschüssen können bis zu *6 Bürgerdeputierte* mit Stimmrecht mitwirken. Dies sind sachkundige Bürger, auch nichtdeutsche Personen, die mindestens 16 Jahre alt sind und die, ohne Mitglied der Bezirksverordnetenversammlung zu sein, von der Bezirksverordnetenversammlung in die Ausschüsse gewählt werden (Art. 73 Abs. 2 VvB, § 9 Abs. 1 S. 2 BezVG i. V. m. §§ 20 ff. BezVG).[58] Eine solche Zuwahl ist aber nicht zwingend.. Ändern sich während der Wahlperiode die Stärkeverhältnisse der Fraktionen z. B. durch Fraktionswechsel, muss die Ausschussbesetzung angepasst werden.[59] Es ist dabei zulässig, dass eine Fraktion auf ihr Kontingent an Ausschussmitgliedern einen fraktionslosen Bezirksverordneten in einen Ausschuss als dann auch stimmberechtigtes Mitglied entsendet.

An den Ausschusssitzungen kann jeder Bezirksverordnete als Gast teilnehmen **312** (§ 9 Abs. 5 BezVG). Das gilt auch für *fraktionslose Bezirksverordnete*. Diese sind aber, da sie bei der Verteilung der Ausschusssitze nicht berücksichtigt werden, in keinem Ausschuss stimmberechtigt. In mindestens einem Ausschuss ihrer Wahl haben sie jedoch Rede- und Antragsrecht (§ 9 Abs. 6 BezVG); durch Beschluss der Bezirksverordnetenversammlung kann dieses Recht auf weitere Ausschüsse erweitert werden.

Wie viele Ausschüsse eingerichtet werden, entscheidet die Bezirksverordneten- **313** versammlung. In der Regel werden für jeden Geschäftsbereich des Bezirksamtes mehrere Ausschüsse eingerichtet, sodass die Gesamtzahl *mindestens 12* beträgt. Vorgeschrieben ist ein *Ausschuss für Eingaben und Beschwerden* (§ 17 Abs. 3 BezVG). Dieser Ausschuss hat erweiterte Rechte. Er kann insbesondere Auskünfte von allen Behörden Berlins und den juristischen Personen des öffentlichen Rechts

---

[56] Es gibt dabei keine Festlegung auf das Höchstzahlenverfahren nach d'Hondt, VG Berlin, Beschl. v. 9.1.2006 – 2 A 153.05, juris, s. a. OVG Berlin, Beschl. v. 22.2.1996 – 8 S 37.96, juris.

[57] *Neumann* (Fn. 7), Art. 73, Rz. 4.

[58] Siehe zu den Voraussetzungen für Bürgerdeputierte § 22 BezVG; *Zivier* (Fn. 29), Rz. 86.2.3.2; *Neumann* (Fn. 7), Art. 73, Rz. 8.

[59] *Zivier* (Fn. 29), Rz. 86.2.3.5.

verlangen (§ 17 Abs. 3 Buchst. b BezVG). Er hat aber keine unmittelbaren Entscheidungsrechte, sondern kann dem Bezirksamt lediglich Empfehlungen geben oder Aufträge erteilen. Ferner zwingend einzurichten sind ein Ausschuss für Partizipation und Integration (§ 32) sowie der Jugendhilfeausschuss (§ 33).

14   Von besonderer Bedeutung ist der in § 33 BezVG vorgesehene *Jugendhilfeausschuss*.[60] Er ist einerseits Ausschuss der Bezirksverordnetenversammlung, gleichzeitig aber auch Teil des in jedem Bezirk einzurichtenden *Jugendamtes* (§ 34 Abs. 1 AGKJHG i. V. m. §§ 69, 70 Abs. 1 SGB VIII).[61] Auf ihn sind die für alle Ausschüsse geltenden Vorschriften anzuwenden, soweit in § 35 AGKJHG nichts anderes bestimmt ist. Er hat demnach im Gegensatz zu den übrigen Ausschüssen insbesondere *eigene Entscheidungskompetenzen*, denn er beschließt im Rahmen der verfügbaren Haushaltsmittel und der von der Bezirksverordnetenversammlung gefassten Beschlüsse über die Angelegenheiten der Jugendhilfe (§ 35 Abs. 2 S. 2 AGKJHG i. V. m. § 71 Abs. 3 SGB VIII). Seine Zusammensetzung weicht von der der übrigen Ausschüsse ab. Ihm gehören nach § 35 Abs. 5 bis 7 AGKJHG neun Bezirksverordnete, sechs Bürgerdeputierte und verschiedene weitere beratende Mitglieder an. Für jede Fraktion besteht wie bei allen Ausschüssen nach § 9 Abs. 2 S. 1 BezVG ein Grundmandat.[62] Den Jugendhilfeausschuss können fraktionslose Bezirksverordnete nicht als Ausschuss ihrer Wahl nach § 9 Abs. 6 BezVG bestimmen.[63]

d) Die Fraktionen

15   Eine Fraktion kann nach § 5a Abs. 1 BezVG gebildet werden aus *mindestens drei Mitgliedern* der Bezirksverordnetenversammlung, die derselben Partei oder Wählergemeinschaft angehören oder auf denselben Wahlvorschlag hin gewählt worden sind.[64] Liegen diese Voraussetzungen nicht vor, müssen die betroffenen Bezirksverordneten als Fraktionslose tätig sein. Ändern sich die Voraussetzungen z. B. durch Parteiaustritt während der Wahlperiode und wird die erforderliche Mitgliederzahl dadurch unterschritten, ist die Fraktion aufgelöst.

16   Die in § 5a Abs. 1 BezVG vorgesehene Regelung schließt es im Gegensatz zur früheren Regelung[65] nicht mehr aus, dass ein Parteimitglied unter Beibehaltung seiner Mitgliedschaft aus der Fraktion ausscheidet. Andererseits besteht auch die Möglichkeit eines Fraktionsausschlusses, ohne dass hierfür auch ein Parteiausschluss vorliegen muss. Insoweit sind die für Gemeindefraktionen geltenden Grundsätze

---

[60] Hierzu *Mudra*, BezVerwG, S. 87 f.

[61] Siehe das Gesetz zur Ausführung des Kinder- und Jugendhilfegesetzes (AGKJHG) i. d. F. v. 27.4.2001, GVBl. S. 134, zul. geänd. d.G.v. 27.08.2021, GVBl. S. 995; Achtes Buch Sozialgesetzbuch – Kinder und Jugendhilfe – i. d. F. d. Bekanntmachung vom 11.09.2012, BGBl. I S. 2022, zul. geänd. d.G.v. 05.10.2021, BGBl. I S. 4607.

[62] OVG Berlin, Beschl. v. 24.3.2000 – 8 SN 45.00, LKV 2001, S. 131 f.

[63] Siehe ausführlich zum Jugendhilfeausschuss *Ottenberg/Wolf*, BezVG, § 33.

[64] Siehe hierzu OVG Berlin – Brandenburg, Beschl. v. 17.10.2016 – OVG 12 S 68.16, juris: Kein Fortbestand, wenn eines von drei verbleibenden Mitgliedern einer Partei beitritt, die mit einer eigenen Fraktion in der BVV vertreten ist.

[65] *Zivier* (Fn. 29), Rz. 86.2.4.1.

anzuwenden, nach denen Fraktionen Mitglieder ausschließen dürfen.[66] Dementsprechend müssen vor dem Hintergrund der Arbeitsfähigkeit der Fraktion besondere formelle und materielle Anforderungen erfüllt sein. Insbesondere muss ein
wichtiger Ausschlussgrund vorliegen.[67] Letzteres ist z. B. gegeben, wenn das Ver-
trauensverhältnis nachhaltig und derart gestört ist, dass den übrigen Fraktionsmit-
gliedern eine weitere Zusammenarbeit nicht mehr zugemutet werden kann.[68]

Fraktionen haben *besondere Rechte*. Insbesondere entsenden nur sie Mitglieder   317
in die Ausschüsse und den Ältestenrat und benennen die Mitglieder des Vorstands
der Bezirksverordnetenversammlung. Nur sie können Wahlvorschläge für Bezirksamtsmitglieder einreichen (§ 35 Abs. 2 BezVG). Darüber hinaus erhalten nach § 8a
Abs. 1 des Gesetzes über die Entschädigung der Mitglieder der Bezirksverordnetenversammlung, der Bürgerdeputierten und sonstiger ehrenamtlich tätiger Personen[69]
nur Fraktionen zur Durchführung ihrer Aufgaben Zuschüsse für den personellen
und sachlichen Aufwand einschließlich der Unterhaltung von Fraktionsbüros. Zusätzlich können sie Personalmittel für die Beschäftigung von Mitarbeitern erhalten
(§ 8a Abs. 4 des genannten Gesetzes).

5. Die Zuständigkeiten der Bezirksverordnetenversammlung

Die Verwaltungsbehörde des Bezirks ist das Bezirksamt. Dieses vertritt Berlin in   318
Angelegenheiten des Bezirks (Art. 74 Abs. 2 VvB). Außenzuständigkeiten und Ver-
waltungsbefugnisse liegen auf Bezirksebene also beim Bezirksamt. Nur dieses handelt gegenüber dem Bürger. Die Bezirksverordnetenversammlung hat primär eine
verwaltungsinterne Funktion. Sie soll das Handeln des Bezirksamtes unter bezirkspolitischen Zweckmäßigkeitsgesichtspunkten kritisch begleiten und ggf. gegen die
Führung der Geschäfte Einwendungen erheben (§ 17 Abs. 1 BezVG). Darüber hinaus kann sie Verwaltungshandeln des Bezirksamtes anregen. Entscheidungsrechte
bestehen für die Bezirksverordnetenversammlung nur in den gesetzlich vorgesehenen Fällen. In der Regel bedürfen diese Entscheidungen, insbesondere wenn sie bür-
gerbezogen sind und die Außenvertretung berühren, noch einer Umsetzung durch
das Bezirksamt. Eine generelle Mitwirkung der Bezirksverordnetenversammlung im
Verwaltungsvollzug durch das Bezirksamt ist ausgeschlossen und wäre eine unzuläs-
sige Mitverwaltung. Insbesondere in bürgerbezogenen Einzelverwaltungsverfahren,
in denen bezirkspolitische Zweckmäßigkeitserwägungen nicht zum Tragen kommen
können, kann die Bezirksverordnetenversammlung keine Mitwirkungsrechte geltend
machen. Bei ihrer Tätigkeit ist die Bezirksverordnetenversammlung wie das Bezirks-

---

[66] OVG Berlin Beschl. v. 19.8.1997 – 8 SN 295.97, NVwZ 1998, S. 197 f., 198; vgl. OVG Saarlouis, Beschl. v. 29.9.1995 – 1 W 12/95, NVwZ-RR 1996, S. 462; OVG NW, Beschl. v. 20.7.1992 –
15 B 1643/92, NVwZ 1993, S. 399 f.

[67] OVG Berlin (Fn. 66), S. 198.

[68] *Ottenberg/Wolf* (Fn 63) § 5a, Rz. 8; OVG Saarlouis (Fn. 66), S. 462.

[69] Gesetz vom 29.11.1978, GVBl. S. 2214, zul. geänd. d.G.v. 08.07.2018, GVBl. S. 463.

amt an Rechts- und Verwaltungsvorschriften gebunden (§ 12 Abs. 1 S. 1 BezVG, § 7 Abs. 1 AZG).

19 Die Zuständigkeiten der Bezirksverordnetenversammlung sind in § 12 Abs. 1 BezVG zusammengefasst. Sie bestimmt die *Grundlinien der Verwaltungspolitik* des Bezirks, *regt* Verwaltungshandeln des Bezirksamts *an*, *kontrolliert* die Führung der Geschäfte durch das Bezirksamt, *entscheidet* in den ihr vorbehaltenen Angelegenheiten und führt die vorgesehenen *Wahlen* durch.

20 Für die Kontrolle des Bezirksamts verfügen die Bezirksverordnetenversammlung als solche sowie die Bezirksverordneten und die Ausschüsse über *umfassende Informations- und Auskunftsrechte* gegenüber dem Bezirksamt (§ 11 Abs. 1, § 12 Abs. 1 S. 3, § 15, § 17 Abs. 2 BezVG). Jedem Mitglied und auch den Ausschüssen ist vom Bezirksamt grundsätzlich Einsicht in die Akten zu gewähren (§ 11 Abs. 2, § 17 Abs. 2 BezVG).[70] Die Bezirksverordnetenversammlung und ihre Ausschüsse können die Anwesenheit der Mitglieder des Bezirksamts fordern (§ 14 Abs. 2 BezVG).

21 Bei *Regionalisierungen*[71] soll die Kontrolle des Bezirksamts im Benehmen mit der Bezirksverordnetenversammlung des Bezirks erfolgen, dessen Einwohner von der Aufgabenwahrnehmung betroffen werden (§ 39a Abs. 1 BezVG). Vorrangig obliegt die Kontrolle aber der Bezirksverordnetenversammlung des zuständigen Bezirks.

a) Bestimmung der Grundlinien der Verwaltungspolitik des Bezirks

22 Die Kompetenz zur Bestimmung der Grundlinien der Verwaltungspolitik des Bezirks (§ 12 Abs. 1 S. 1 BezVG) entspricht der Funktion der Bezirksverordnetenversammlung als *Vertretungsorgan der Bezirkseinwohner*. Sie kann insofern ein Arbeitsprogramm für die Wahlperiode entwerfen und die Grundlinien ihrem Handeln, z. B. bei der Wahrnehmung ihrer Initiativrechte, zugrunde legen. Rechtliche Verbindlichkeit haben die Festlegungen gegenüber dem Bezirksamt nicht,[72] in der Praxis ist jedoch eine politische Bindung des Bezirksamts gegeben.[73]

b) Empfehlungen und Ersuchen

23 Als Initiativrechte sind in § 13 BezVG Empfehlungen und Ersuchen vorgesehen. Hierdurch soll ein bestimmtes Verwaltungshandeln angeregt werden. Die Abgrenzung beider Anregungsformen ist nicht eindeutig. Beide haben für denjenigen, dem die Anregung gilt, keinen verbindlichen Charakter. Ein Ersuchen betont eine besondere Dringlichkeit und Bedeutung der Anregung.[74] In der Praxis werden an das Bezirksamt Ersuchen gerichtet.[75] Für andere Stellen sieht § 13 Abs. 3 BezVG die Form

---

[70] Siehe zum Informationsanspruch der Bezirksverordneten, *Husein*, LKV 2015, S. 349, siehe zum Akteneinsichtsrecht für Abgeordnete nach Art. 45 Abs. 2 VvB, welches sich auch auf Akten der Bezirke bezieht, Rz. 207 f., s.a. Husein, LKV 2018, S. 351.

[71] Siehe Rz. 145 ff.

[72] *Machalet* (Fn. 47), S. 125; *Zivier* (Fn. 29), Rz. 86.4.2.

[73] *Ottenberg/Wolf* (Fn. 63), § 12 Rz. 4.

[74] *Machalet* (Fn. 47), S. 127; *Zivier* (Fn. 29), Rz. 86.4.3.1.

[75] *Mudra*, BezVerwG, S. 67 ff.

der Empfehlung vor. In Einzelpersonalangelegenheiten sind Empfehlungen und
Ersuchen ausgeschlossen (§ 13 Abs. 1 S. 4 BezVG).

Ersuchen sind somit Anregungen der Bezirksverordnetenversammlung an das   **324**
Bezirksamt in Angelegenheiten, die in die *bezirkliche Zuständigkeit* fallen. Das Bezirksamt wird aufgefordert, in einer von ihm zu treffenden Entscheidung nach den
Vorstellungen der Bezirksverordnetenversammlung zu verfahren. Das Bezirksamt
muss unverzüglich über die getroffenen Maßnahmen berichten und ggf. die Gründe
dafür mitteilen, dass dem Ersuchen nicht entsprochen wird (§ 13 Abs. 1 S. 2 BezVG). Außer in Eilfällen oder in den in § 12 Abs. 3 S. 2 BezVG genannten Fällen[76]
dürfen Maßnahmen, die dem Ersuchen nicht entsprechen, nicht vollzogen werden,
bis die Bezirksverordnetenversammlung hierüber informiert wurde. Dies dient der
Sicherung des Selbstentscheidungsrechts[77] der Bezirksverordnetenversammlung.
Das Bezirksamt muss auch prüfen, ob alternative Maßnahmen zur vollständigen
oder teilweisen Erreichung des Gegenstandes des Ersuchens in Betracht kommen
(§ 13 Abs. 1 Satz 2 BezVG).

In Angelegenheiten, die zwar für den Bezirk von Bedeutung sind, deren Wahr-   **325**
nehmung aber *nicht in die bezirkliche Zuständigkeit* fällt, kann die Bezirksverordnetenversammlung *Empfehlungen* aussprechen (§ 13 Abs. 3 BezVG). Das Bezirksamt muss sich bei den zuständigen Stellen (also z. B. Senatsverwaltungen,
Abgeordnetenhaus, Bundesministerien) für die Verwirklichung der Empfehlung
einsetzen und die Bezirksverordnetenversammlung über das Ergebnis unterrichten. Durch das Erfordernis der *„Bedeutung für den Bezirk"* wird sichergestellt,
dass die Empfehlung innerhalb der Befassungskompetenz der Bezirksverordnetenversammlung liegt. Diese besteht nur, wenn die Angelegenheit, die ja nicht in die
bezirkliche Zuständigkeit fällt, Auswirkungen auf den Bezirk hat.[78] Erforderlich ist
insoweit ein *bezirklicher Anknüpfungspunkt*.[79] Diese Einschränkung folgt aus dem
fehlenden allgemeinpolitischen Mandat der Bezirksverordnetenversammlung.[80]
Besteht kein bezirklicher Anknüpfungspunkt, darf das Bezirksamt die Empfehlung
nicht weiterleiten. Die Einschränkungen greifen ohne weiteres auch, wenn die Bezirksverordnetenversammlung von einer konkreten Empfehlung absieht und sich
lediglich in Form einer *Resolution*[81] zu nicht in die bezirkliche Zuständigkeit fal-
lenden Angelegenheiten äußert.[82]

Ein Beispiel für eine Anregung nach § 13 Abs. 1 BezVG bildet das Ersuchen an   **326**
das Bezirksamt, die Öffnungszeiten der bezirklichen Stadtbücherei an bestimmten
Tagen zu erweitern. Die Festlegung der Öffnungszeiten fällt in die bezirkliche Zuständigkeit.[83]

---

[76] Siehe Rz. 329.

[77] Siehe Rz. 329 f.

[78] *Neumann* (Fn. 7), Art. 72, Rz. 14.

[79] *Srocke*, Bezirksverwaltungsgesetz, Erl. zu § 13 III BezVG.

[80] *Neumann* (Fn. 7), Art. 72, Rz. 13.

[81] *Mudra*, BezVerwG, S. 67 ff.

[82] Zur Beanstandung von rechtswidrigen Ersuchen und Beschlüssen siehe Rz. 334.

[83] Siehe Fall 10, Rz. 379.

Ein Beispiel für eine Empfehlung nach § 13 Abs. 3 BezVG wäre die Aufforderung an das Bezirksamt, sich bei der zuständigen Senatsverwaltung dafür einzusetzen, dass eine bezirkliche Freifläche zu einem Landschaftsschutzgebiet erklärt wird. Solche Schutzgebiete sind nach § 21 des Berliner Naturschutzgesetzes[84] von der Senatsverwaltung durch Rechtsverordnung festzusetzen. Da es um eine bezirkliche Fläche geht, besteht der erforderliche Anknüpfungspunkt.

Andere Beispiele sind Aufforderungen an das Bezirksamt, sich bei der BVG für die Verlängerung einer Buslinie im Bezirk einzusetzen oder beim Polizeipräsidenten als Straßenverkehrsbehörde für die Einrichtung einer Busspur auf einer im Bezirk verlaufenden Straße.

27 Nicht in die bezirkliche Zuständigkeit im Sinne des § 13 Abs. 3 BezVG fallen ferner Entscheidungen betreffend die landeseigenen Kindertagesstätten, die in bezirklichen Eigenbetrieben zusammengefasst wurden.[85] Für solche Entscheidungen sind nicht mehr die Bezirksämter zuständig, sondern die Organe des Eigenbetriebs.[86] Die Bezirksverordnetenversammlung kann also insoweit nur Empfehlungen an das Bezirksamt richten.[87]

c) Entscheidungsbefugnisse

28 *Originäre Entscheidungsrechte* hat die Bezirksverordnetenversammlung nur in den in § 12 Abs. 2 BezVG aufgeführten Fällen. Dies betrifft insbesondere die Entscheidung über den Bezirkshaushaltsplan, der jedoch erst durch das Haushaltsgesetz verbindlich wird,[88] sowie die Beschlussfassung über Rechtsverordnungen zur Festsetzung von Bebauungs- und Landschaftsplänen sowie anderen bauplanungs- und naturschutzrechtlichen Akten.[89] Hinzu kommen im Haushaltsbereich die Genehmigung von über- und außerplanmäßigen Ausgaben, die Verwendung von nicht titelgebundenen Sondermitteln sowie die Genehmigung der Bezirkshaushaltsrechnung nach Abschluss des Haushaltsjahres. Die Bezirksverordnetenversammlung entscheidet darüber hinaus über die Errichtung, Übernahme und Auflösung bezirklicher Einrichtungen oder ihre Übertragung auf andere Träger. Ferner muss die Bezirksverordnetenversammlung den Betriebssatzungen bezirklicher Eigenbetriebe sowie dem Erwerb oder der Veräußerung der vom Bezirk verwalteten Beteiligung an privatwirtschaftlichen Unternehmen zustimmen.[90] Auch die Zustimmung zu Grenzänderungen von geringer Bedeutung nach § 1 Abs. 2 S. 2 BezVG obliegt der Bezirksverordnetenversammlung. Neu in die Entscheidungszuständigkeit wurden u. a. die bezirkliche Kitaentwicklungsplanung, die bezirkliche Schulentwicklungs-

---

[84] In der Fassung vom 3.11.2008, GVBl. S. 378, zul. geänd. d.G.v. 27.09.2021, GVBl. S. 1166.

[85] Siehe Rz. 88.

[86] Die Regelungen des Kindertagesförderungsgesetzes (Rz. 88, Fn. 45) und des Eigenbetriebsgesetzes (Rz. 83, Fn. 30) gehen dem BezVG vor.

[87] Zu erwägen ist lediglich ein Ersuchen an das Bezirksamt betreffend die Vertreter des Bezirksamts in den Organen des Eigenbetriebs.

[88] Siehe Rz. 479.

[89] Siehe Rz. 186.

[90] Siehe Rz. 533 ff.

planung, die bezirklichen sozialen Infrastrukturkonzepte, der bezirkliche Fußverkehrsplan sowie der bezirkliche Radverkehrsplan aufgenommen (§ 12 Abs. 2 Nr. 10 BezVG). Durch besondere Rechtsvorschrift zugewiesen (vgl. § 12 Abs. 2 Nr. 11 BezVG) ist der Bezirksverordnetenversammlung z. B. die Beschlussfassung über die bezirkliche Jugendhilfeplanung nach § 41 Abs. 2 AGKJHG. Ein weiteres Beispiel ist die Zustimmung zur Vorschlagsliste für ehrenamtliche Richter beim Verwaltungsgericht nach § 28 S. 4 i. V. m. § 185 Abs. 1 VwGO.

Neben den genannten originären Entscheidungs- bzw. Mitentscheidungsrechten **329** hat die Bezirksverordnetenversammlung in bestimmten Fällen im Rahmen ihrer Kontrollfunktion ein so genanntes *Selbstentscheidungsrecht*. Dieses ist in § 12 Abs. 3 BezVG geregelt. Es kommt in zwei Fällen zum Tragen. Entweder hat das Bezirksamt eine bestimmte Entscheidung getroffen und die Bezirksverordnetenversammlung in Ausübung der Kontrolle nach § 17 Abs. 1 BezVG gegen diese Entscheidung Einwendungen erhoben. Oder das Bezirksamt hat einem Ersuchen nicht oder nicht voll entsprochen. In beiden Fällen kann die Bezirksverordnetenversammlung die Entscheidung des Bezirksamts *aufheben und selbst entscheiden*. Das Bezirksamt ist dann verpflichtet, diese Entscheidung umzusetzen, es sei denn, sie verstößt gegen Rechts- oder Verwaltungsvorschriften.[91] *Ausgeschlossen* ist das Selbstentscheidungsrecht allerdings nach § 12 Abs. 3 S. 2 BezVG in Einzelpersonalangelegenheiten, bei Erwerb oder Veräußerung von Grundstücken, ärztlich bestimmten Tätigkeiten, bei Maßnahmen der Erfüllung der Schulpflicht und im Bereich der Ordnungsaufgaben des Bezirks. Die *Ordnungsaufgaben* sind von vornherein ausgenommen, weil es hier häufig um schnell zu treffende Entscheidungen geht. Ferner betreffen sie in der Regel Einzelfälle des Gesetzesvollzugs (z. B. Erteilung einer Baugenehmigung, Untersagungsverfügungen im Umweltbereich), die nicht Gegenstand einer bezirkspolitischen Auseinandersetzung sein sollen. Hier muss das Bezirksamt als Verwaltungsbehörde des Bezirks die Verwaltungsentscheidungen eigenverantwortlich treffen.

Ausgeschlossen vom Selbstentscheidungsrecht der Bezirksverordnetenversamm- **330** lung sind ferner solche Entscheidungen des Bezirksamts, die ausschließlich ihm zugewiesen sind oder das Selbstorganisationsrecht des Bezirksamts betreffen. Hierzu gehören z. B. die Aufgaben des Bezirkswahlamts bei der Vorbereitung und Durchführung der Wahlen, die durch das Landeswahlgesetz[92] und die Landeswahlordnung[93] bestimmt sind. Das Selbstorganisationsrecht des Bezirksamts ist z. B. bei seiner Organisation und der Festlegung der Geschäftsbereiche der Stadträte betroffen (s. § 36 Abs. 2 Buchst. k und n, § 37 Abs. 6, § 38 Abs. 1 BezVG). Auch die Festlegung des Abstimmungsverhaltens des Bezirksbürgermeisters im Rat der Bürgermeister[94] kann nicht im Wege des Ersuchens mit anschließender Selbstentscheidung von der Bezirksverordnetenversammlung bestimmt werden.[95]

---

[91] Dann bedarf es einer Beanstandung nach § 18 BezVG, siehe Rz. 332 ff.

[92] Landeswahlgesetz vom 25.9.1987, GVBl. S. 2370, zul. geänd. d.G.v. 04.05.2021, GVBl. S. 430.

[93] Landeswahlordnung i. d. F. v. 9.3.2006, GVBl. S. 224, zul. geänd. d. VO v. 09.03.2021, GVBl. S. 286.

[94] Siehe Rz. 369 ff.

[95] *Magen* (Fn. 13), Art. 68, Rz. 5; *Mudra*, VvB, S. 194.

Hat die Bezirksverordnetenversammlung eine Selbstentscheidung getroffen und muss das Bezirksamt diese Entscheidung umsetzen, dann ist gegen einen insoweit zu erlassenden Verwaltungsakt ausnahmsweise *kein Widerspruch* gegeben (§ 26 Abs. 3 AZG).

d) Wahlrechte

31 Die Bezirksverordnetenversammlung wählt die in § 16 Abs. 1 BezVG genannten Personen, insbesondere die Mitglieder des Bezirksamts[96] und die Bürgerdeputierten. Auch deren Abwahl ist zulässig. Weitere Wahlbefugnisse sind spezialgesetzlich geregelt (z. B. Wahl der Schiedsperson nach § 3 des Schiedsamtsgesetzes[97]).

6. Beanstandung von Beschlüssen

32 In allen Gemeindeordnungen finden sich Vorschriften über Widerspruchsrechte gegen Beschlüsse des Gemeinderats, die teils der Verwaltungsleitung, teils dem Ratsvorsitzenden zustehen. Sie kommen dann zum Zuge, wenn Beschlüsse des Gemeinderats nach Meinung des berechtigten Organs rechtswidrig sind oder das Wohl der Gemeinde gefährden,[98] und dienen mithin der außergerichtlichen innergemeindlichen Rechtskontrolle. Der Widerspruch hat aufschiebende Wirkung und der Gemeinderat hat über den Gegenstand der Beschlussfassung erneut zu befinden. Bestätigt er den Beschluss, ist die Entscheidung der Rechtsaufsichtsbehörde einzuholen.[99]

33 Auch im Bezirksverwaltungsgesetz ist für Beschlüsse der Bezirksverordnetenversammlung ein vergleichbares Verfahren geregelt. Das Bezirksamt muss nach § 18 BezVG *Beschlüsse der Bezirksverordnetenversammlung beanstanden*, die gegen Rechtsvorschriften, Verwaltungsvorschriften oder gegen eine im Rahmen der Aufsicht des Senats über die Bezirke ergangene Eingriffsentscheidung nach § 13a AZG[100] verstoßen. Die Beanstandung muss binnen zwei Wochen nach der Beschlussfassung erfolgen und hat *aufschiebende Wirkung*. Gegen den Beanstandungsbeschluss des Bezirksamts kann die Bezirksverordnetenversammlung nach § 18 S. 2 BezVG binnen eines Monats die *Entscheidung der Bezirksaufsichtsbehörde* beantragen. Dies ist nach § 9 Abs. 1 S. 2 AZG die für Inneres zuständige. Sie entscheidet nach Anhörung beider Seiten und ggf. Stellungnahme der für die umstrittene Sachmaterie zuständigen Senatsverwaltung. Die fehlende Außenvertretung der Bezirksverordnetenversammlung wird wiederum dadurch deutlich, dass selbst die Anrufung der Bezirksaufsichtsbehörde formal über das Bezirksamt zu leiten ist. Allerdings ist es dem Bezirksamt somit nochmals möglich, seine Beanstandung zu überprüfen und ggf. zurückzunehmen.

---

[96] Siehe Rz. 338.

[97] Vom 7.4.1994, GVBl. S. 109, zul. geänd. d. Art. 3 d.G.v. 17.3.2014, GVBl. S. 70.

[98] *Gern/Brüning* (Fn. 27), Rz. 666.

[99] *Gern/Brüning* (Fn. 27), Rz. 671.

[100] Siehe Rz. 247 ff.

Wird die Beanstandung von der Bezirksaufsichtsbehörde bestätigt, ist der Beschluss der Bezirksverordnetenversammlung endgültig unwirksam. Im umgekehrten Fall ist er ex tunc wirksam.

Beschlüsse von Ausschüssen können vom Bezirksamt nicht beanstandet werden.[101] Fraglich ist, ob *Ersuchen und Empfehlungen* der Bezirksverordnetenversammlung beanstandungsfähig sind. Relevant wird diese Problemstellung insbesondere, wenn die Bezirksverordnetenversammlung beim Bezirksamt ein rechtswidriges Handeln anregt oder eine Empfehlung beschließt, die außerhalb ihrer Befassungskompetenz liegt, da kein bezirklicher Anknüpfungspunkt besteht. Teilweise wird eine Beanstandungsfähigkeit generell abgelehnt, da es sich um keine Entscheidungen der Bezirksverordnetenversammlung handele, sondern nur um Anregungen.[102] Dem kann in dieser Allgemeinheit nicht zugestimmt werden. Zwar ist es richtig, dass keine Vollzugspflicht oder Bindung des Bezirksamts besteht. Dieses kann die Anregungen ignorieren bzw. braucht sie nicht an die zuständigen Stellen weiterzuleiten. Gleichwohl kann im Einzelfall eine Beanstandung eines Ersuchens im Interesse der Handlungsfähigkeit des Bezirksamts sowie aus Gründen der Rechtssicherheit geboten sein. Beabsichtigt die Bezirksverordnetenversammlung nämlich, von ihrem Selbstentscheidungsrecht Gebrauch zu machen, falls das Bezirksamt dem Ersuchen nicht folgt, kann diesem Vorgehen durch eine Beanstandung des Ersuchens die Grundlage entzogen werden. Auch nur in diesem Fall entfällt die Verpflichtung des Bezirksamts zum Zuwarten nach der Vorschrift des § 13 Abs. 2 S. 1 BezVG.

Auch die Beanstandung einer rechtswidrigen Empfehlung kann notwendig sein, obwohl das Bezirksamt die Empfehlung nicht weiterzuleiten braucht. Dies ist dann der Fall, wenn schon der Beschluss über die Empfehlung erhebliche Ausstrahlung in die Öffentlichkeit hat. Dann hat er auch ohne die Weiterleitung der Empfehlung an die zuständige Stelle eine politische Bedeutung, die einer Resolution, die außerhalb des Befassungsrechts der Bezirksverordnetenversammlung beschlossen wird, gleichkommt. Aus Gründen der Rechtssicherheit und zur Einhaltung des Kompetenzgefüges ist in beiden Fällen eine Beanstandung notwendig und zulässig.

IV. Das Bezirksamt

Das Bezirksamt ist die *Verwaltungsbehörde des Bezirks* und ihm obliegt *die Außenvertretung Berlins* in bezirklichen Angelegenheiten (Art. 74 Abs. 2 VvB). Deshalb ist dem Bezirksamt die Durchführung der bezirklichen Verwaltungsaufgaben zugewiesen, soweit nicht ausnahmsweise die Bezirksverordnetenversammlung zuständig ist. Durch die genannte Verfassungsvorschrift ist auch festgelegt, dass das Bezirksamt eine *einheitliche Behörde* ist. Die Untergliederungen, also die Abteilungen und Ämter, sind keine eigenen Behörden.[103]

334

335

336

---

[101] *Neumann* (Fn. 7), Art. 72, Rz. 21.

[102] So insbesondere *Neumann* (Fn. 7), Rz. 21; *Srocke* (Fn. 79), Erl. zu § 12 Abs. 1, *Ottenberg/Wolf* (Fn. 63), § 18 Rz. 4.

[103] *Neumann* (Fn. 7), Art. 74, Rz. 1.

37 Das Bezirksamt ist eine *kollegiale Verwaltungsbehörde*. Es besteht aus dem Bezirksbürgermeister und fünf Bezirksstadträten, von denen einer zum stellvertretenden Bezirksbürgermeister gewählt wird (Art. 74 Abs. 1 VvB i. V. m. § 34 Abs. 1 BezVG).[104] Aus allen Organisationseinheiten des Bezirks werden sechs Geschäftsbereiche gebildet, die den sechs Bezirksamtsmitgliedern zugeordnet werden (§ 37 Abs. 1 i. V. m. § 38 Abs. 1 i. V. m. der Anlage zu § 37 Abs. 1 Satz 1 BezVG). Jedes Mitglied leitet seinen Geschäftsbereich in *eigener Verantwortung*[105] im Namen des Bezirksamtes,[106] soweit nicht das Bezirksamt als Kollegialorgan aufgrund gesetzlicher Regelungen entscheiden muss, sich Entscheidungen vorbehält oder Meinungsverschiedenheiten[107] zwischen den Mitgliedern des Bezirksamts bestehen (Art. 75 Abs. 2 S. 3 u. 4 VvB, §§ 36 Abs. 3, 38 Abs. 2 BezVG). Bei Stimmengleichheit im Bezirksamt gibt die Stimme des Bezirksbürgermeisters den Ausschlag (§ 39 Abs. 1 Satz2 BezVG).

1. Die Wahl und Abwahl der Bezirksamtsmitglieder

38 Die Bezirksamtsmitglieder werden von der Bezirksverordnetenversammlung für die Dauer der Wahlperiode gewählt (Art. 69 S. 2 VvB i. V. m. § 35 Abs. 1 BezVG). Nach Art. 74 Abs. 1 S. 2 VvB i. V. m. § 35 Abs. 2 BezVG soll die Wahl aufgrund der Wahlvorschläge der Fraktionen erfolgen, wobei die Vorschlagsrechte entsprechend ihrem *Stärkeverhältnis* in der Bezirksverordnetenversammlung verteilt sind. Das Stärkeverhältnis wird auf der Grundlage der jeweiligen Sitzanzahl nach dem *d'Hondtschen Höchstzahlverfahren* ermittelt. Die Wahl erfolgt also nicht aufgrund von konkurrierenden Kandidaturen bzw. Kandidaturen frei zu bildender Koalitionen, sondern von Nominierungsrechten einzelner Fraktionen. Für jede zu besetzende Bezirksamtsposition ist jeweils nur eine Fraktion vorschlagsberechtigt. Gegenkandidaturen sind ausgeschlossen. Nur für die Wahl des Bezirksbürgermeisters können sich nach Artikel 74 Abs. 1 S. 3 VvB i. V. m. § 35 Abs. 2 BezVG mehrere Fraktionen zu so genannten *Zählgemeinschaften* zusammenschließen, sodass sie für die Berechnung des Stärkeverhältnisses wie eine Fraktion angesehen werden.[108] Auch in diesem Fall ist eine Gegenkandidatur aber unzulässig.[109]

---

[104] Bis zur 18. Wahlperiode waren neben dem Bezirksbürgermeister vier Stadträte vorgesehen.

[105] Siehe auch Rz. 156.

[106] Siehe § 38 Abs. 2 S. 1 BezVG; siehe auch *Mudra*, VvB, S. 222.

[107] Meinungsverschiedenheiten müssen aus der jeweiligen Ressortzuständigkeit heraus begründet sein; es genügen also nicht unterschiedliche politische Ansichten über eine Einzelentscheidung, denn sonst liefe das verfassungsrechtlich verbürgte Ressortprinzip leer. Dadurch, dass sich das Bezirksamt in der Geschäftsordnung Entscheidungen vorbehalten kann, wird aber deutlich, dass das Ressortprinzip in das Kollegialprinzip eingebettet ist.

[108] OVG Berlin, Beschl. v. 9.11.1992 – 8 S 281.92, OVGE 20, 101, 106.

[109] VG Berlin, Urt. v. 8.6.1998 – 26 A 43.96; siehe auch Fall 5, Rz. 278.

a) Verfassungsentscheidung gegen das politische Bezirksamt

Die Regelung des Art. 74 Abs. 1 S. 2 bis 4 VvB hat die frühere textgleiche Über-   339
gangsregelung in Artikel 99 VvB abgelöst. Durch sie wird in Verbindung mit der
ergänzenden Regelung in § 35 Abs. 2 BezVG weiterhin das sogenannte *politische
Bezirksamt* ausgeschlossen, denn die Soll-Vorschrift ist entsprechend der bisherigen
Staatspraxis, die der Verfassungsgesetzgeber fortgeführt wissen wollte, wie eine
Muss-Vorschrift anzuwenden.[110] „Politisches Bezirksamt" bedeutet im Gegensatz
zum sog. *Proporzbezirksamt*, dass Koalitionen und Gegenkandidaturen möglich
sind und das Bezirksamt durch politische Mehrheiten in der Bezirksverordnetenversammlung gewählt wird.[111] Hierdurch würde die Bezirksebene politisiert und dadurch zumindest in der Außenwirkung in ihrer Bedeutung aufgewertet. Es bestünde
von Fall zu Fall die Gefahr einer gewissen Frontstellung zwischen Bezirksämtern
und Senat.[112] Dies wollten die die Verfassungsregelung tragenden Fraktionen des
Abgeordnetenhauses vermeiden.[113] Bestrebungen zur Einführung des politischen
Bezirksamtes und zur Ermöglichung echter Koalitionen in den Bezirken sind nie
verstummt. Im Gegenteil, die Idee findet verstärkt Zuspruch. In der neuen Koaliti-
onsvereinbarung für die 19. Legislaturperiode wird die Diskussion einer entsprechenden Verfassungsänderung angekündigt.[114]

Ein weiterer Grund gegen das politische Bezirksamt war und ist aber auch die   340
Befürchtung einzelner Parteien, durch Koalitionsbildungen von der Vertretung im
Bezirksamt in einigen Bezirken ausgeschlossen zu sein. An der Besetzung des Bezirksamts sollen deshalb alle in der Bezirksverordnetenversammlung vertretenen
Fraktionen zumindest ab einer bestimmten Stärke teilhaben. Die Bezirksamtsmitglieder sind so zur Berücksichtigung aller in der Bezirksverordnetenversammlung
vertretenen Interessen gezwungen. Durch diesen *Zwang zum Konsens* sollen bei der
Aufgabenwahrnehmung auf Bezirksebene Sachgesichtspunkte im Vordergrund stehen und nicht parteipolitische. Lediglich bei der Wahl des Bezirksbürgermeisters,
dem insbesondere wegen seiner Repräsentationsaufgaben besondere Bedeutung zukommt, ist eine eingeschränkte Koalitionsbildung durch Zählgemeinschaften möglich. So kann für dieses Amt eine klare politische Mehrheitsentscheidung getroffen werden.

---

[110] Siehe Begründung zur Verfassungsänderung Abghs. Drs. 16/2807; vgl. OVG Berlin, Beschl. v.
30.12.1999 – 8 SN 319.99, LKV 2000, S. 215 ff., 216; zur früheren textgleichen Regelung; siehe
ferner *Husein*, LKV 2013, S. 164 ff., 166; *Wolf*, LKV 2012, S. 248 ff., 252; *Kuprath*, LKV 2001,
S. 341 ff., 344.

[111] Siehe hierzu auch *Musil*, Probleme und Perspektiven bezirklicher Selbstverwaltung, in: Baßeler/
Heintzen/Kruschwitz (Hrsg.), Berlin – Finanzierung und Organisation einer Metropole,
S. 185 ff., 196 ff.

[112] *Neumann* (Fn. 7), Art. 99, Rz. 6.

[113] Vgl. auch OVG Berlin, Beschl. v. 30.12.1999 – 8 SN 319.99, LKV 2000, S. 215 ff., 216.

[114] Koalitionsvertrag zwischen: Sozialdemokratische Partei Deutschlands (SPD) Landesverband
Berlin und Bündnis 90/Die GRÜNEN Landesverband Berlin und DIE LINKE. Landesverband
Berlin für die Legislaturperiode 2021–2026, Seite 126; abrufbar unter: https://www.berlin.de/rb-
mskzl/regierende-buergermeisterin/senat/koalitionsvertrag/.

b) Das Wahlverfahren im Einzelnen

41 § 35 Abs. 2 BezVG ergänzt die Verfassungsregelung. Ergeben sich bei der Berechnung des Stärkeverhältnisses aufgrund der Fraktionssitze gleiche Höchstzahlen, ist die Berechnung auf der Grundlage der erzielten Wählerstimmen durchzuführen. Ergeben sich wiederum gleiche Höchstzahlen, so entscheidet das Los. Ein Gestaltungsfreiraum der Bezirksverordnetenversammlung zur Abweichung von diesen Regelungen besteht nicht.[115]

42 Die *Veränderung der Stärkeverhältnisse* der Fraktionen (z. B. durch Parteiaustritte) während der Wahlperiode lässt die Zusammensetzung eines bestehenden Bezirksamts unberührt. Relevant ist die Veränderung allerdings, wenn noch Bezirksamtsmitglieder nachzuwählen oder nach einer Abwahl neu zu wählen sind.[116]

43 Die Wahl erfolgt durch *einfache Stimmenmehrheit* (§ 8 Abs. 4 BezVG). Die Bezirksverordnetenversammlung muss das *Nominierungsrecht* respektieren und hat nur die Möglichkeit, den vorgeschlagenen Kandidaten zu wählen oder nicht. Es kann deshalb der Fall auftreten, dass der Kandidat einer Fraktion nicht gewählt wird. Dies lässt das Nominierungsrecht der Fraktion unberührt. Sie muss entscheiden, ob sie denselben Kandidaten nochmals zur Wahl vorschlägt. Für den Fall, dass die Fraktion trotz mehrfacher Nichtwahl auf ihrem Kandidaten beharrt, wird in der Literatur teilweise eine Verwirkung des Nominierungsrechts angenommen.[117] Diese Ansicht findet jedoch keine Stütze im Gesetz. Der Gesetzgeber hat die Gefahr einer Nichtbesetzung von Bezirksamtsposten gesehen. In § 34 Abs. 1 S. 2 BezVG ist geregelt, dass die Amtszeit des neuen Bezirksamts beginnt, sobald der Bezirksbürgermeister und mindestens zwei weitere Bezirksamtsmitglieder gewählt und ernannt sind. Eine Fraktion kann also durch das Beharren auf einem Kandidaten in der Regel nicht die Aufnahme der Geschäfte durch das Bezirksamt verhindern. Sie muss entscheiden, ob sie einen anderen Kandidaten präsentiert oder nicht an der Bezirksamtsarbeit beteiligt bleibt. Es besteht allerdings eine Verpflichtung zur unverzüglichen Nachwahl. Der Gesetzgeber vertraut somit auf den faktischen Zwang zur Einigung.

44 Anders ist die Situation, wenn die nominierungsberechtigte Fraktion nach der Ablehnung eines Kandidaten durch die Bezirksverordnetenversammlung einen neuen Kandidaten vorschlägt, der ebenfalls nicht gewählt wird. Zumindest wenn die Bezirksverordnetenversammlung beharrlich unterschiedliche Kandidaten einer Fraktion ablehnt, kann dies je nach Lage des Einzelfalls die Annahme begründen, die Bezirksverordnetenversammlung missachte das Nominierungsrecht der Fraktion. Das wäre ein Verstoß gegen § 35 Abs. 2 S. 1 BezVG, der mit den Mitteln der Bezirksaufsicht[118] gerügt werden könnte.[119] Die Ersetzung der Wahl durch eine Ersatzbeschlussfassung des Senats im Rahmen der Bezirksaufsicht (§ 13 AZG) schei-

---

[115] OVG Berlin, Beschl. v. 30.12.1999 – 8 SN 319.99, LKV 2000, S. 215 ff., 216.
[116] VG Berlin, Urt. v. 30.11.1994 – 26 A 4.93, LKV 1995, S. 437 f., 438; *Mudra*, VvB, S. 212.
[117] *Zivier* (Fn. 29), Rz. 87.2.4; *Neumann* (Fn. 7), Art. 74, Rz. 6; *Mudra*, VvB, S. 214.
[118] Siehe Rz. 240 ff.
[119] *Zivier* (Fn. 29), Rz. 87.2.4; *Mudra*, VvB, S. 214, s. a. Rz. 319.

det allerdings aus, da Art. 69 S. 2 VvB eine Wahl und damit die demokratische Legitimation der Bezirksamtsmitglieder zwingend vorsieht. Möglich ist insofern nur eine Anweisung zur Wahl nach § 12 AZG, ohne dass damit jedoch eine bestimmte Person gewählt werden muss.[120]

Für die *Wahl des Bezirksbürgermeisters* gilt Folgendes: Grundsätzlich hat die **345** stärkste Fraktion das Nominierungsrecht für den Bezirksbürgermeister und die zweitstärkste dasjenige für den stellvertretenden Bezirksbürgermeister. Die stärkste Fraktion stellt auch den stellvertretenden Bürgermeister, wenn ihr ausnahmsweise nach dem Höchstzahlverfahren aufgrund ihrer Stärke auch diese Position zusteht.[121] Verschiedene Fraktionen können sich aufgrund der Öffnungsklausel allerdings zu Zählgemeinschaften zusammenschließen und werden rechnerisch dann wie eine Fraktion behandelt. Das Vorschlagsrecht für den Bezirksbürgermeister steht dann der Zählgemeinschaft zu, dasjenige für den stellvertretenden Bezirksbürgermeister der an sich stärksten Fraktion.[122] Das Vorschlagsrecht der Zählgemeinschaft ist einem der Nominierungsrechte der beteiligten Fraktionen anzurechnen. An der Zählgemeinschaft können sich auch Fraktionen beteiligen, die selbst über kein Nominierungsrecht verfügen. Wenn auch häufig der von der Zählgemeinschaft Vorgeschlagene aus der stärksten der an der Zählgemeinschaft beteiligten Fraktionen stammt, so ist dies nicht zwingend. Es kann also über die Zählgemeinschaft auch eine kleine Fraktion den Bezirksbürgermeister stellen, der ohne diese nicht einmal das Nominierungsrecht für den stellvertretenden Bezirksbürgermeister zustünde.

Wird der Kandidat der Zählgemeinschaft wiederholt abgelehnt, kann dies Indiz für das Scheitern der Zählgemeinschaft sein, sodass die Nominierung wieder der stärksten Fraktion obliegt.

c) Die Abwahl von Bezirksamtsmitgliedern

Die Abwahl von Bezirksamtsmitgliedern ist zulässig. Art. 76 S. 1 VvB fordert hier- **346** für die *Zweidrittelmehrheit* der Bezirksverordneten. Nach § 35 Abs. 3 BezVG darf über die Abwahl erst nach zweimaliger Beratung abgestimmt werden. Die zweite Beratung darf frühestens zwei Wochen nach der ersten erfolgen. Die Abwahl bedarf keiner Begründung.[123] Dem Grundsatz der Funktionsfähigkeit der Verwaltung[124] wird durch die qualifizierte Mehrheit Rechnung getragen.

---

[120] Ablehnend *Ottenberg/Wolf* (Fn. 63), § 35, Rdnr. 12; *Siegel/Waldhoff*, Öffentliches Recht in Berlin, § 1 Rz. 316; s.a. ausführlich Ottenberg/Wolf, LKV 2022, S. 152ff., S.157.

[121] OVG Berlin, Beschl. v. 9.11.1992 – 8 S 181.92, OVGE 20, 101, 105 f.; Beschl. v. 30.12.1999 – 8 SN 319.99, LKV 2000, S. 215 ff., 216.

[122] Dies gilt für den (regulären) Fall, dass die stärkste Fraktion nicht an der Zählgemeinschaft beteiligt ist; in der Praxis werden aus politischen Gründen gelegentlich auch Zählgemeinschaften gebildet, an denen die stärkste Fraktion beteiligt ist, dann stellt die zweitstärkste Fraktion den stellvertretenden Bürgermeister.

[123] *Neumann* (Fn. 7), Art. 76, Rz. 2.

[124] Siehe Rz. 293.

2. Die Rechtsstellung der Bezirksamtsmitglieder

47   Die Rechtsstellung der Bezirksamtsmitglieder ergibt sich aus dem Bezirksamtsmitgliedergesetz.[125] Sie sind nach § 1 Abs. 1 BAMG als *Beamte auf Zeit* hauptamtlich
tätig. Der Ernennungszeitraum entspricht grundsätzlich der Wahlperiode.[126] Die
Mitglieder des Bezirksamts unterstehen nach Art. 75 Abs. 2 S. 2 VvB i. V. m. § 2
Abs. 1 BAMG der Dienstaufsicht des Bezirksbürgermeisters. Dieser untersteht nach
Art. 75 Abs. 2 S. 1 VvB i. V. m. § 2 Abs. 1 BAMG der Dienstaufsicht des Regierenden Bürgermeisters. Wegen der politischen Stellung der Bezirksamtsmitglieder ist
die Dienstaufsicht allerdings von vornherein beschränkt.[127] Sie darf die politische
Verantwortlichkeit nicht berühren (§ 1 Abs. 2 S. 4 BAMG). Der Regierende Bürger-
meister hat gegenüber den Bezirksbürgermeistern kein Weisungsrecht.

48   In § 1 Abs. 3 BAMG sind die besonderen Wahlvoraussetzungen für Bezirksamtsmitglieder normiert. Sie stellen in der Praxis keine hohe Hürde für Bewerber dar.
Gewählt werden darf nur, wer die *erforderliche Sachkunde* sowie *allgemeine Berufserfahrung* vorweist. Ferner besteht ein Mindestalter von 27 Jahren. Die Voraussetzung, das 57. Lebensjahr noch nicht vollendet zu haben, ist in der 16. Wahlperiode abgeschafft worden. Die Möglichkeit zur Ernennung als Bezirksamtsmitglied
sollte vom Erwerb von Pensionsansprüchen getrennt werden. Solche Ansprüche
kann man nach § 3a Abs. 2 BAMG – bis zur Vollendung des fünfundsechzigsten
Lebensjahrs – nur erwerben, wenn man acht Jahre Mitglied des Bezirksamtes war.

49   Die erforderliche Sachkunde muss sich nur auf die Tätigkeit als Stadtrat allgemein beziehen, also nicht auf einen bestimmten Geschäftsbereich, denn über die
Geschäftsbereiche entscheidet das Bezirksamt nach der Wahl selbst (§ 38 Abs. 1 BezVG).[128] Unter allgemeiner Berufserfahrung ist eine berufliche Tätigkeit nach einer
abgeschlossenen Ausbildung oder mit einer vergleichbaren praktischen Erfahrung zu
verstehen. Es obliegt der Bezirksverordnetenversammlung, das Vorliegen dieser Voraussetzungen zu prüfen. Sie hat insoweit einen Beurteilungsspielraum, denn schon
die Feststellung der Voraussetzungen unterliegt einer auch politisch bestimmten Einschätzung. Wenn eine Bezirksverordnetenversammlung einen nominierten Kandidaten ablehnt, weil sie ihm die erforderliche Sachkunde oder allgemeine Berufserfahrung abspricht, kann dies somit nur ausnahmsweise bezirksaufsichtliche Maßnahmen
nach sich ziehen, wenn diese Annahme eindeutig sachwidrig ist.[129]

50   Da für die Bezirksamtsmitglieder beamtenrechtliche Vorschriften Anwendung
finden, soweit nicht die Eigenart des Dienstverhältnisses entgegensteht (§ 1 Abs. 2
S. 2 und 3 BAMG), müssen sie auch die *allgemeinen Einstellungsvoraussetzungen*
nach § 7 BeamtStG erfüllen. Bewerber müssen also insbesondere Deutsche oder

---

[125] Bezirksamtsmitgliedergesetz (BAMG) i. d. F. v. 1.4.1985, GVBl. S. 958, zul. geänd. d.G.v.
13.10.2010, GVBl. S. 464.

[126] § 1 Abs. 1 BAMG: Ein Zeitraum von 55 Monaten ab Beginn der Wahlperiode, ggf. verlängert
sich die Amtszeit bis zum Beginn der Amtszeit des neuen Bezirksamts.

[127] Siehe Rz. 272.

[128] *Machalet* (Fn. 47), S. 151; *Mudra*, BezVerwG, S. 95.

[129] Vgl. Rz. 344.

EU-Ausländer sein und die Gewähr dafür bieten, jederzeit für die freiheitliche demokratische Grundordnung einzutreten.

Alle Überlegungen, an Bezirksamtsmitglieder strengere Anforderungen, also **351** z. B. die Befähigung zum höheren Verwaltungsdienst, zu stellen, sind bisher ohne Ergebnis geblieben.[130] Dies erklärt sich daraus, dass oft parteipolitische Überlegungen im Vordergrund stehen. Da allerdings aufgrund von Absprachen in der Regel schon bei der Wahl feststeht, für welchen Geschäftsbereich ein Kandidat vorgesehen ist, können auch bei der geltenden Regelung fachliche Kenntnisse durchaus berücksichtigt werden. Dies stärkt letztlich die Position des Stadtrats gegenüber seiner Verwaltung, da er ihr in fachlicher Hinsicht nicht ausgeliefert ist. Erforderlich sind auch Führungsqualitäten, denn ein Stadtrat ist oft Vorgesetzter mehrerer hundert Beschäftigter.

Zur rechtlichen und fachlichen Unterstützung der Bezirksamtsmitglieder ist in **352** § 34 Abs. 3 BezVG die beratende Teilnahme der Leitung *des Rechtsamtes* und des *Steuerungsdienstes* oder von Stellvertretungen an den Bezirksamtssitzungen vorgesehen. Dieses Teilnahmerecht kann nicht durch Bezirksamtsbeschluss ausgeschlossen werden.

Bezirksamtsmitglieder können nicht gleichzeitig Mitglieder der Bezirksverord- **353** netenversammlung sein (§ 26 Abs. 4 LWahlG).[131] Eine Ausnahme besteht nur für die *Übergangszeit* zwischen dem Beginn der Wahlperiode und der Ernennung der neuen Bezirksamtsmitglieder. Deshalb können die bei Beginn der Wahlperiode amtierenden Bezirksamtsmitglieder an den ersten Sitzungen einer neu gewählten Bezirksverordnetenversammlung als Bezirksverordnete teilnehmen und, wenn sie nicht wiedergewählt werden, in der Bezirksverordnetenversammlung verbleiben. Auch Mitglied des Abgeordnetenhauses dürfen Bezirksamtsmitglieder nicht sein (§ 26 Abs. 1 Nr. 5 LWahlG). Wird ein Beamter, Angestellter oder Arbeiter des Landes Berlin oder einer dem Land unterstehenden Körperschaft, Anstalt oder Stiftung des öffentlichen Rechts als Mitglied eines Bezirksamts ernannt, ist er aus seinem bisherigen Dienstverhältnis kraft Gesetzes entlassen (§ 3 Abs. 1 BAMG), hat aber grundsätzlich einen Rückkehranspruch (§ 3b Abs. 1 BAMG). Ein Rücktrittsrecht haben Bezirksamtsmitglieder nicht.[132] Als Beamte können sie nur die Entlassung aus dem Dienst beantragen (§ 23 Abs. 1 Nr. 4 BeamtStG[133]).

3. Die Aufgaben des Bezirksamts und das Beanstandungsverfahren

In § 36 Abs. 2 BezVG sind verschiedene Aufgaben des Bezirksamts aufgelistet. Da, **354** wie bereits ausgeführt, das Bezirksamt die Verwaltungsbehörde des Bezirks ist (§ 36 Abs. 1 S. 1 BezVG), obliegt ihm ohnehin die Wahrnehmung der Bezirksauf-

---

[130] Vgl. Schlussbericht der Enquete-Kommission zur Verwaltungsreform vom 30.5.1984, S. 23, Abghs-Drs. 9/1829.

[131] Siehe Rz. 300.

[132] *Neumann* (Fn. 7), Art. 76, Rz. 9.

[133] Beamtenstatusgesetz v. 17. Juni 2008, BGBl. I S. 1010, geänd. d.G.v. 28.06.2021, BGBl. I S. 2250.

gaben, soweit nicht im Ausnahmefall die Bezirksverordnetenversammlung zuständig ist, und die Außenvertretung.[134] § 36 Abs. 3 BezVG bestimmt, in welchen Fällen zwingend ein Beschluss des Kollegialorgans ergehen muss. Ein Kollegialbeschluss ist erforderlich für die Einbringung von Vorlagen in die Bezirksverordnetenversammlung, die Beanstandung von Beschlüssen der Bezirksverord-netenversammlung nach § 18 BezVG, die Entscheidung über Meinungsverschiedenheiten im Bezirksamt und die Festsetzung von Bebauungsplänen, Landschaftsplänen und anderen baurechtlichen Akten durch Rechtsverordnung nach Zustimmung der Bezirksverordnetenversammlung.[135] Zu den vom Kollegialorgan zu beschließenden Aufgaben gehört darüber hinaus die Verteilung der Geschäftsbereiche im Bezirksamt nach § 38 Abs. 1 i. V. m. der Anlage zu § 37 Abs.1 Satz 1 BezVG.[136] Dem Bezirksamt obliegen ferner die Aufgaben der Dienstbehörde und der Personalstelle für die Beschäftigten des Bezirks (s. auch § 4 Abs. 3 LBG).

55   Für die Durchführung seiner Aufgaben gibt sich das Bezirksamt eine *Geschäftsordnung* (§ 36 Abs. 1 S. 2 BezVG). Hierin kann es sich die Erledigung weiterer Geschäfte vorbehalten (§ 38 Abs. 2 S. 2 BezVG).

56   Bei den nicht öffentlichen Bezirksamtssitzungen führt der Bezirksbürgermeister den Vorsitz. Im Falle von Stimmengleichheit gibt seine Stimme den Ausschlag (§ 39 Abs. 1 BezVG). Die Mitglieder des Bezirksamts sind an die Beschlusslage im Bezirksamt gebunden, dürfen also nicht gegenüber der Bezirksverordnetenversammlung oder der Öffentlichkeit abweichende Auffassungen vertreten oder Meinungsverschiedenheiten austragen. Der Bezirksbürgermeister übt die Dienstaufsicht über die Mitglieder des Bezirksamtes aus.

57   Auch für rechtswidrige Beschlüsse des Bezirksamts ist ein *Beanstandungsverfahren* vorgesehen. Der Bezirksbürgermeister *muss* nach § 39 Abs. 4 BezVG binnen zwei Wochen rechtswidrige Bezirksamtsbeschlüsse oder solche, die gegen Verwaltungsvorschriften oder eine Eingriffsentscheidung des Senats[137] verstoßen, beanstanden. Die Beanstandung hat *aufschiebende Wirkung*, d. h. der Beschluss ist zunächst schwebend unwirksam. Gegen die Beanstandung kann das Bezirksamt binnen zwei Wochen eine Entscheidung der *Bezirksaufsichtsbehörde*, also der für Inneres zuständigen Senatsverwaltung (§ 9 Abs. 1 AZG), beantragen. Diese entscheidet nach Anhörung beider Seiten endgültig. Hebt sie die Beanstandung auf, ist der Bezirksamtsbeschluss ex tunc wirksam. Hinsichtlich des Beanstandungsverfahrens hat der Bezirksbürgermeister eine verobjektivierte Stellung, die die Gesetzmäßigkeit der Verwaltung sichern soll. Es kann vorkommen, dass der Bezirksbürgermeister dem beanstandeten Beschluss selbst zugestimmt hat, gleichwohl aber – nach Beratung durch das Rechtsamt – eine Beanstandung vornehmen muss.[138] Problematisch sind Fälle, in denen der Bezirksbürgermeister etwaige Bedenken seines Rechtsamtes nicht teilt und eine Beanstandung ablehnt. In solchen Fällen haben sich

---

[134] Siehe Rz. 336.
[135] Siehe Rz. 186, 332 ff.
[136] *Zivier* (Fn. 29), Rz. 87.6.1.
[137] Siehe Rz. 247 ff.
[138] *Neumann* (Fn. 7), Art. 75, Rz. 5.

Rechtsamtsleiter verschiedentlich an die Bezirksaufsicht gewandt mit dem Ziel, dass diese von sich aus bezirksaufsichtliche Maßnahmen ergreift. Vereinzelt wurde auch Dienstaufsichtsbeschwerde gegen den Bezirksbürgermeister erhoben.

Das Bezirksamt wird nach § 14 Abs. 1 BezVG zu den *Sitzungen der Bezirksver-*   **358** *ordnetenversammlung* und ihrer Ausschüsse eingeladen. Der Bezirksbürgermeister kann vor Eintritt in die Tagesordnung das Wort ergreifen. Darüber hinaus ist jedem Mitglied des Bezirksamts auf Verlangen jederzeit zu den Tagesordnungspunkten das Wort zu erteilen (§ 14 Abs. 3 BezVG).

4. Organisation der Bezirksverwaltung und die Verwaltungsreform

Die Organisation des Bezirksamts unterliegt detaillierten Vorgaben. Es unterteilt   **359** sich in die sechs Geschäftsbereiche der Bezirksamtsmitglieder.. Die Gliederung der Abteilungen in bestimmte Ämter, Serviceeinheiten, sonstige Organisationseinheiten und Beauftragte einschließlich deren Aufgaben wird im Einzelnen in §§ 37 und 38 Abs. 1 BezVG und der *Anlage zu § 37 Absatz 1 Satz 1 BezVG* vorgegeben. Es sollen so einheitliche Bezirksverwaltungsstrukturen geschaffen werden, die es dem Bürger erleichtern, seine Anliegen bei der richtigen Stelle anzubringen, und die die amts- und ebenenübergreifende Zusammenarbeit zwischen den Bezirken und mit dem jeweiligen Fachsenatsmitglied verbessert.[139] Die Organisationsgewalt der Bezirke ist damit kraft Gesetzes erheblich eingeschränkt. Das ist nur möglich, da die Bezirke über keine Organisationshoheit verfügen, die derjenigen der Gemeinden vergleichbar wäre. Diese gibt den Gemeinden die Befugnis, die Angelegenheiten ihrer eigenen Verwaltungsorganisation grundsätzlich nach eigenem Ermessen zu regeln.[140] Die Rechtsstellung der Bezirke wird noch dadurch gemindert, dass nach § 37 Abs. 1 S. 2 BezVG *der Senat durch Rechtsverordnung* die Gliederung des Bezirksamts ändern und damit den Bezirksämtern Organisationsvorgaben machen kann.[141] Hierzu bedarf es lediglich einer Beratung mit dem Rat der Bürgermeister, nicht jedoch dessen Zustimmung bzw. der Zustimmung der Bezirke. Durch diese Regelung wird die besondere Verantwortung des Senats für die Gesamtstadt deutlich.

a) Verwaltungsreform

Unter dem Schlagwort „*Unternehmen Verwaltung*" und mit dem Ziel einer Verbes-   **360** serung der Wirtschaftlichkeit und der Bürgerorientierung der Berliner Verwaltung erfolgte seit den Neunziger Jahren insbesondere in den Bezirken die Einführung eines Führungs- und Steuerungssystems einschließlich einer betriebswirtschaftlichen Kostenrechnung.

---

[139] Siehe amtliche Begründung Abghs. Drs. 16/1235, S. 8 sowie Drs. 18/3283, S. 35; s. zur Größe und Struktur des Bezirksamtes Ottenberg/Wolf (Fn.120), S. 154 f.

[140] *Gern/Brüning* (Fn. 27), Rz. 99, 200; siehe Rz. 60

[141] Siehe z. B. VO über die Gliederung des Bezirksamtes vom 7.1.2014, GVBl. S. 22, aufgehoben mit Wirkung vom 04.11.2021 d.G.v. 27.08.2021, GVBl. S. 982.

61   Während das bisher in der Verwaltung praktizierte *kamerale System* nur Einnahmen und Ausgaben darstellt, sollen insbesondere mit einer Kostenrechnung die Kosten verursachungs- und periodengerecht den von der Verwaltung für die Bürger oder intern für andere Verwaltungsbereiche erbrachten Leistungen zugeordnet werden. Auf diese Weise soll feststellbar sein, was bestimmte Leistungen tatsächlich kosten.[142] Dies ist eine wesentliche Entscheidungsgrundlage für die Frage, ob die entsprechende Leistung von der Verwaltung überhaupt noch erbracht werden soll, wie sie ggf. kostengünstiger erledigt werden kann und ob sie ggf. auf Dritte, insbesondere Private, übertragen werden sollte. Über die *Kosten- und Leistungsrechnung* mit einem darauf aufbauenden Controlling können aber auch insoweit zumindest Einsparpotenziale festgestellt werden. Um alle in der Berliner Verwaltung erbrachten Leistungen zusammenzufassen, wurde ein so genannter *Kostenträgerkatalog* erstellt, in dem alle Leistungen als Kostenträger dargestellt sind.[143]

62   Die *Kostenrechnung* wird für die Haushaltswirtschaft nutzbar gemacht (§ 7 Abs. 3, § 7 a LHO). Eine leistungsbezogene Darstellung ist Bestandteil des Haushaltsplans. Die Haushaltsmittel sollen den Behörden nicht mehr nach bestimmten Ausgabenarten (Titeln) zugewiesen werden (Personal- und Sachmittel), sondern nach den Kosten für die jeweiligen Leistungen, die sie erbringen. Budgetüberschreitungen müssen im Rahmen der dezentralen Ressourcenverantwortung von den Organisationseinheiten durch managementbedingte Mehreinnahmen oder Minderausgaben ausgeglichen werden. Überschüsse können, soweit dies die Haushaltslage zulässt, zumindest anteilig bei der Organisationseinheit verbleiben. Die Bezirke sind für den wirksamen und wirtschaftlichen Einsatz der Mittel selbst verantwortlich und werden so an den positiven und negativen Ergebnissen ihres Handelns beteiligt.

63   Bei den Bezirken erfolgt die Zuweisung für die jeweiligen Leistungen auf Basis der mittleren Verwaltungskosten aller Bezirke. Hierdurch werden Anreize für mehr Wirtschaftlichkeit und Qualität bei der Leistungserstellung gesetzt. Jeder Bezirk, dessen Produktstückkosten unterhalb dieses Preises liegen, kann den Differenzbetrag in voller Höhe behalten und eigenverantwortlich verwenden. Umgekehrt zwingt eine Überschreitung des Durchschnittspreises die betroffenen Bezirke dazu, Maßnahmen zur Verbesserung ihrer Wirtschaftlichkeit zu ergreifen.

64   Die Verwaltungsreform nach dem Muster des Steuerungsmodells wirft eine Reihe von *verfassungsrechtlichen Fragen* auf. Produkt- und Kostenorientierung können zum Beispiel potenziell in einen Widerstreit zum Prinzip der Gesetzmäßigkeit der Verwaltung geraten, wenn der einzelne Amtswalter in einen Zwiespalt zwischen Gesetzesbindung und Kostendruck gerät.[144] Eine zu weitreichende Budgetierung von Haushaltsmitteln kann das Budgetrecht des Parlaments gefährden.[145]

---

[142] Auskunft über die Kosten für bestimmte bezirkliche Leistungen gibt die Broschüre der Senatsverwaltung für Finanzen: „Was kostet wo wie viel? Berliner Bezirke im Kostenvergleich": https://www.berlin.de/sen/finanzen/haushalt/downloads/artikel.6347.php

[143] Kostenträger sind Produkte, Projekte und sog. ministerielle Geschäftsfelder; Produkte sind zählbare, sich wiederholende Leistungen; Projekte sind zählbare einmalige Leistungen; ministerielle Geschäftsfelder sind sich wiederholende, aber nicht zählbare Leistungen im politisch-administrativen Bereich der Senatsverwaltungen.

[144] *Musil*, Wettbewerb in der staatlichen Verwaltung, S. 195 ff.

[145] *Musil* (Fn. 144), S. 205 ff.

b) Einzelne Organisationseinheiten

In der Anlage zu § 37 Abs. 1 Satz 1 BezVG sind alle bezirklichen Ämter aufgeführt. Die meisten sind darin bestimmten Geschäftsbereichen zugeordnet. Der Bezirksbürgermeister leitet den Geschäftsbereich, dem insbesondere der Steuerungsdienst, das Rechtsamt und die Serviceeinheiten Finanzen und Personal zugeordnet sind. Neben den fest zugeordneten Ämtern gibt es weitere Ämter und Beauftragte, die das Bezirksamt im Rahmen der Festlegung der Geschäftsbereiche zuordnen kann.

Es muss. als zentrale Anlaufstelle ein *Bürgeramt* eingerichtet werden, in dem die   365 hauptsächlichen bürgerbezogenen Verwaltungsleistungen des Bezirksamts zur Vermeidung zusätzlicher Behördengänge zusammengefasst werden sollen (§ 37 Abs. 2 BezVG).[146] In diesem Bürgeramt sind auch die den Bezirken obliegenden Aufgaben auf den Gebieten des Melde-, Pass-, Ausweis- und Verkehrswesens wahrzunehmen. Ziel ist es, dass der Bürger insbesondere die Verwaltungsleistungen des Massengeschäfts aus einer Hand erhält, also z. B. gleichzeitig Ummeldungen vornehmen sowie einen internationalen Führerschein beantragen kann. Die beschränkte Rechtsstellung der Bezirke wird dadurch deutlich, dass nach § 37 Abs. 2 Satz 4 BezVG der Senat die in jedem Bürgeramt mindestens zu erledigenden Aufgaben durch Verwaltungsvorschriften bestimmen kann. Für die bezirklichen Ordnungsaufgaben, die die Sicherstellung der öffentlichen Ordnung im öffentlichen Raum betreffen, ist ein *Ordnungsamt* einzurichten (§ 37 Abs. 1 BezVG i. V. m. Nr. III. der Anlage zum BezVG).[147] Für ordnungsrechtliche Genehmigungsverfahren, z. B. die Erteilung von Baugenehmigungen, muss es eine zentrale Anlaufstelle geben, die allerdings, wenn mehrere Ämter zu beteiligt sind, nur koordinierende und überwachende Funktion hat (§ 37 Abs. 4 BezVG).

Die in § 37 Abs. 3 BezVG angesprochene und in jedem Bezirk einzurichtende   366 *Organisationseinheit für Wirtschaftsförderung* berät in wirtschaftsrelevanten Angelegenheiten insbesondere Unternehmen sowie Existenzgründer und fördert wirtschaftlich bedeutsame Vorhaben im Bezirk. Zur Erfüllung der Aufgaben ist sie insbesondere berechtigt, bestehende Bearbeitungsfristen zu überwachen und interne Fristen zur Bearbeitung und Stellungnahme zu setzen sowie Einigungskonferenzen einzuberufen und durchzuführen. Wenn eine Verständigung zwischen den betroffenen Bezirksamtsmitgliedern nicht zustande kommt, wird der Vorgang in das Bezirksamt zur Entscheidung eingebracht.

Als *sonstige Organisationseinheiten* sieht die Anlage zu § 37 Abs. 1 Satz 1 Be   367 zVG unter anderem den als *Stabsstelle* beim Bezirksbürgermeister fungierenden *Steuerungsdienst* und das *Rechtsamt* vor. Der Steuerungsdienst nimmt insbesondere Controlling-Aufgaben wahr. Er stellt Abweichungen von den festgelegten Leistungs- und Finanzzielen fest und erarbeitet Vorschläge für deren Einhaltung. Im Rahmen eines umfassenden Berichtswesens werden vom Steuerungsdienst aussa-

---

[146] Siehe zu den Bürgerämtern: *Kuprath* (Fn. 110), S. 344.

[147] Vgl. zu den Aufgaben und Befugnissen des bezirklichen Ordnungsdienstes die Ordnungsdiensteverordnung vom 1.9.2004, GVBl. S. 364, geänd. d. VO v. 17.12.2021, GVBl. S. 14; es geht z. B. um Parkverstöße, Verstöße gegen Lärmvorschriften und Verstöße gegen das Berliner Straßengesetz.

gefähige Zahlen aufbereitet, um der Behördenleitung Entscheidungsgrundlagen für kurzfristige Steuerungsmaßnahmen oder auch längerfristige Grundsatzentscheidungen zu liefern. Das Rechtsamt berät die Bezirksamtsmitglieder in rechtlicher Hinsicht. Die Teilnahme der Leiter des Rechtsamts und des Steuerungsdienstes an den Bezirksamtssitzungen ist zwingend (§ 34 Abs. 3 BezVG).[148]

68 Als Beauftragte vorgesehen sind Datenschutzbeauftragte, Beauftragte für Menschen mit Behinderungen, Integrationsbeauftragte, Frauen- und Gleichstellungsbeauftragte, EU-Beauftragte, Beauftragte für Partnerschaften sowie Klimaschutzbeauftragte.

V. Der Rat der Bürgermeister

69 Art. 68 Abs. 1 VvB sieht vor, dass den Bezirken die Möglichkeit zu geben ist, zu den grundsätzlichen Fragen der Verwaltung und Gesetzgebung Stellung zu nehmen. Hierzu besteht der Rat der Bürgermeister, in dem der Regierende Bürgermeister und einer der Bürgermeister (Art. 55 Abs. 2 VvB) als Vertreter des Senats sowie die Bezirksbürgermeister als Vertreter der Bezirke mindestens einmal monatlich gemeinsame Besprechungen abhalten (Art. 68 Abs. 2 VvB).

70 Es handelt sich grundsätzlich nur um ein *Konsultationsorgan mit beratender Funktion*.[149] Das Gremium dient der Geltendmachung bezirklicher Interessen und der Nutzbarmachung der Verwaltungserfahrung der Bezirksverwaltungen bei grundlegenden Entscheidungen des Senats wie z. B. Beschlussfassungen über Rechtsverordnungen oder Gesetzentwürfe. Aus der Funktion des Rats der Bürgermeister folgt, dass es sich dabei aber um Entscheidungen handeln muss, die Bezirksinteressen berühren. Besondere Bedeutung hat ein mit Dreiviertelmehrheit zustande gekommener Beschluss des Rats der Bürgermeister, mit dem dieser der Feststellung des Senats nach § 9 Abs. 1 AGBauGB, ein Gebiet sei von außergewöhnlicher stadtpolitischer Bedeutung, widerspricht.[150] Dann bedarf der Senatsbeschluss der Zustimmung des Abgeordnetenhauses.

Der Regierende Bürgermeister und der Bürgermeister sind zwar Mitglieder im Rat der Bürgermeister. Sie haben als Vertreter des Senats dort allerdings kein Stimmrecht, weil dies der Funktion, bezirkliche Interessen geltend zu machen, zuwiderliefe.[151]

Die Einbindung des Rats der Bürgermeister in Senatsbeschlüsse erfolgt, indem der Senat seinen jeweiligen Beschluss erst fasst, nachdem der Rat der Bürgermeister die Möglichkeit der Stellungnahme zu der Beschlussvorlage hatte. Darüber hi-

---

[148] Siehe Rz. 352.

[149] *Zivier* (Fn. 29), Rz. 47.1.

[150] Siehe Rz. 179.

[151] § 7 Abs. 3 GORdB v. 19.4.2007, ABl. S. 1230, zul. geänd. d. Beschluss am 17.02.2022, aktuelle Fassung einsehbar unter https://www.berlin.de/rbmskzl/regierende-buergermeisterin/buergermeister-von-berlin/rat-der-buergermeister/geschaeftsordnung/; vgl. Amtliche Begründung zum Entwurf des AZG (Kap. 1, Fn. 5), S. 18.

naus können in bestimmten Fällen nach § 16 a Abs. 1 AZG Beauftragte des Rats der Bürgermeister an der Senatssitzung teilnehmen. Ggf. kann auch eine gemeinsame Sitzung beider Organe gefordert werden. Ferner kann der Rat der Bürgermeister dem Senat selbst Vorschläge für Rechts- und Verwaltungsvorschriften unterbreiten, die den Aufgabenbereich der Bezirksverwaltungen betreffen (§ 14 Abs. 2 AZG). Vorschläge und Stellungnahmen des Rats der Bürgermeister sind für den Senat nicht verbindlich. In der Praxis werden Änderungsvorschläge oder Anregungen vom Senat nicht immer aufgegriffen.

Eine Vertretung des Rats der Vorsteherinnen und Vorsteher nach § 7a BezVG ist   **371**
berechtigt, mit Rede- und Antragsrecht, jedoch ohne Stimmrecht an den Sitzungen des Rats der Bürgermeister teilzunehmen, soweit der Organisationsbereich der Bezirksverordnetenversammlungen betroffen ist (§ 15 Abs. 3 AZG).[152]

Gegenüber dem Abgeordnetenhaus werden die Interessen des Rats der Bürger-   **372**
meister dadurch geltend gemacht, dass seine Stellungnahmen nach § 16a Abs. 2 AZG den Beschlussvorlagen des Senats an das Abgeordnetenhaus beizufügen sind. So wird das Abgeordnetenhaus über bezirkliche Bedenken informiert. Darüber hinaus hat das Abgeordnetenhaus in seiner Geschäftsordnung dem Rat der Bürgermeister das Recht eingeräumt, Beauftragte zu Ausschusssitzungen, in denen Themen mit bezirklicher Bedeutung behandelt werden, zu entsenden.[153] Auf Verlangen des Abgeordnetenhauses haben diese die Pflicht zur Teilnahme.

VI. Mitwirkung der Einwohnerschaft – Bürgerbegehren

Die Mitwirkung der Einwohnerinnen und Einwohner der Bezirke an der bezirkli-   **373**
chen Selbstverwaltung ist im letzten Jahrzehnt erheblich ausgeweitet worden.[154] Möglich sind *Einwohnerversammlungen* (§ 42 BezVG), in denen wichtige Bezirksangelegenheiten erörtert werden. Die Bezirksverordnetenversammlung soll ferner *Einwohnerfragestunden* (§ 43 BezVG) durchführen, in denen das Bezirksamt zu Fragen der Einwohner Stellung nehmen muss. Nach § 44 BezVG können schließlich als Empfehlungen *Einwohneranträge* an die Bezirksverordnetenversammlung gerichtet werden, über die diese entscheiden muss, wenn sie von mindestens 1000 der über sechzehnjährigen Einwohner des Bezirks gestellt werden. Einwohner sind in allen genannten Fällen jeweils Bewohner des Bezirks, die dort gemeldet sind, ohne dass es auf die Staatsbürgerschaft ankommt.[155] § 41 BezVG verpflichtet das Bezirksamt, die Einwohner über bedeutsame Angelegenheiten sowie wichtige Pla-

---

[152] Vgl. Rz. 307.

[153] § 25 Abs. 5 GOAbghs i. d. F. v. 04.11.2021; vgl. § 16 a Abs. 3 AZG.

[154] Siehe insbesondere das Siebte Gesetz zur Änderung des BezVG vom 7.7.2005, GVBl. S. 390.

[155] Nach der Gesetzesbegründung zum neuen 6. Abschnitt des BezVG (Abghs-Drs. 15/3708) soll es, um Einwohner zu sein, unabhängig vom Wohnsitz auch ausreichen, im Bezirk ein Gewerbe zu betreiben.

nungen und Vorhaben des Bezirks zu unterrichten.[156] Auch die Bezirksverordnetenversammlung muss über ihre Arbeit informieren.

74   Ferner gibt es *Bürgerentscheide* mit vorangehenden *Bürgerbegehren*, welche nur die Wahlberechtigten eines Bezirks beantragen bzw. unterstützen können.[157] Die Bedeutung dieser Instrumente direkter Demokratie[158] ist einerseits wegen der Möglichkeit, landesweite Volksinitiativen nach Art. 61 VvB oder Volksbegehren und Volksentscheide nach Art. 62 f. VvB durchzuführen,[159] andererseits wegen der beschränkten Entscheidungsrechte der Bezirksverordnetenversammlung begrenzt. Der zuletzt genannte Aspekt folgt daraus, dass ein erfolgreicher Bürgerentscheid die Rechtswirkung eines Beschlusses der Bezirksverordnetenversammlung hat (Art. 72 Abs. 2 Satz 1 VvB i. V. m. § 47 Abs. 3 BezVG). Wie oben dargestellt,[160] haben die Beschlüsse jedoch in vielen Fällen nur empfehlenden oder ersuchenden Charakter. Eine für das Bezirksamt verbindliche Entscheidung kann in einem Bürgerentscheid nur in solchen Fällen getroffen werden, in denen die Bezirksverordnetenversammlung nach § 12 Abs. 2 BezVG Entscheidungsrechte hat oder in denen, wie im Verfahren nach § 12 Abs. 3, § 13 Abs. 2 BezVG, in einem ersten Bürgerentscheid zunächst ein Ersuchen an das Bezirksamt gerichtet wurde, welchem das Bezirksamt nicht gefolgt ist (*zweiter Bürgerentscheid* als Selbstentscheidung[161]). Nach § 45 Abs. 2 Satz 2 BezVG haben die Initiatoren eines Bürgerbegehrens Anspruch auf eine Beratung auch über die Bindungswirkung ihres Antrags. Hierdurch kann von vornherein eine „Enttäuschung" über die in vielen Fällen rechtlich nur unverbindliche Wirkung eines Bürgerentscheides vermieden werden. Die Praxis zeigt allerdings, dass die Bezirksämter sich an einen ein Ersuchen der Bezirksverordnetenversammlung ersetzenden Bürgerentscheid häufig politisch gebunden fühlen und ihn befolgen.

75   Im Übrigen können den *Bezirkshaushaltsplan* und die Verwendung von Sondermitteln betreffende Bürgerbegehren bzw. Bürgerentscheide nach § 45 Abs. 1 Satz 2 BezVG keinen verbindlichen Charakter haben. Gleiches gilt für die in § 12 Abs. 3 Nr. 1 bis 5 BezVG genannten Aufgaben, über die auch die Bezirksverordnetenversammlung nicht verbindlich entscheiden kann. Zur inhaltlichen Gestaltung von Bebauungsplänen oder zu sonstigen in einem Abwägungsprozess erfolgenden Planungen können ebenfalls nur Empfehlungen abgegeben werden (§ 45 Abs. 1 Satz 3 BezVG). In vielen Fällen wird somit ein recht aufwändiges Bürgerbegehren mit folgendem Bürgerentscheid im Ergebnis nur eine *für das Bezirksamt rechtlich un-*

---

[156] Siehe dazu VG Berlin, Urt. v. 23.9.2013 – 1 K 280.12, juris, die Gebote der Sachlichkeit und Neutralität sind dabei zu beachten.

[157] Hierzu ausführlich *Platter*, LKV 2006, S. 295 ff.

[158] Vgl. Art. 3 Abs. 1 Satz 1 VvB.

[159] Vgl. *Ziekow*, LKV 1999, S. 89 ff., 94.

[160] Siehe Rz. 318 ff.

[161] Siehe Fall 10, Rz. 379; *Platter* (Fn. 157), S. 300 hält es nicht für zulässig, auf diese Weise „Rechte der zweiten Ebene" (Selbstentscheidung) zum Gegenstand von Bürgerbegehren zu machen.

verbindliche Aufforderung erbringen, die allenfalls politische Bedeutung hat.[162] Eine verbindliche Entscheidung kann aber z. B. in einem Bürgerentscheid getroffen werden, der die Errichtung oder Schließung einer bezirklichen Einrichtung zum Gegenstand hat, denn dies gehört zu den Entscheidungsrechten der Bezirksverordnetenversammlung (§ 12 Abs. 2 Nr. 10 BezVG). Bürgerbegehren sind aber nicht alleine deshalb unzulässig, weil sie finanzwirksam sind (§ 45 Abs. 1 S. 4 BezVG).

Das *Bürgerbegehren* nach § 45 BezVG ist gewissermaßen das Antragsverfahren für einen *Bürgerentscheid*. Es kommt zustande, wenn es innerhalb von sechs Monaten nach Feststellung der Zulässigkeit von drei Prozent der Wahlberechtigten des Bezirks unterstützt wird (§ 45 Abs. 10 BezVG). Die Unterstützungsunterschriften sind von den Vertrauensleuten in eigener Sammlung beizubringen. Nach Zustandekommen des Bürgerbegehrens ist innerhalb von vier Monaten ein Bürgerentscheid durchzuführen, es sei denn, die Bezirksverordnetenversammlung stimmt dem Anliegen des Bürgerbegehrens zu und beschließt entsprechend (§ 46 Abs. 1 BezVG). Der Bürgerentscheid wird vom Bezirksamt organisiert. Er ist erfolgreich, wenn er von einer Mehrheit der Teilnehmer und zugleich vom mindestens 10 % der Wahlberechtigten unterstützt wird (§ 47 Abs. 1 BezVG). Ist das Zustandekommen eines Bürgerbegehrens festgestellt, dürfen das Bezirksamt und die Bezirksverordnetenversammlung bis zur Durchführung des Bürgerentscheides keine entgegenstehenden Entscheidungen treffen oder mit dem Vollzug einer solchen Entscheidung beginnen, es sei denn, es besteht hierzu eine rechtliche Verpflichtung (§ 45 Abs. 12 BezVG). Durch den Verweis auf § 13 Abs. 2 BezVG wird klargestellt, dass sich die Sperrwirkung nur auf Fälle bezieht, in denen der Bürgerentscheid mehr als nur eine empfehlende Wirkung hat.[163] Die Sperrwirkung greift also nicht für Bürgerbegehren, die ohnehin nur empfehlenden Charakter haben. Die Bezirksverordnetenversammlung kann mit einer Zweidrittelmehrheit auch von sich aus einen Bürgerentscheid initiieren (§ 46 Abs. 4 BezVG).

Aufsichts- und Eingriffsrechte des Senats nach §§ 9 bis 13a AZG und § 7 des AGBauGB sowie die Einleitung eines Feststellungsverfahrens nach § 9 AGBauGB sind nach § 46 Abs. 5 BezVG bis zum Abschluss des Bürgerbegehrens oder des Bürgerentscheids ausgeschlossen, es sei denn, die tatsächlichen oder rechtlichen Rahmenbedingungen ändern sich wesentlich. Hierdurch soll verhindert werden, dass der Senat sich noch kurzfristig die Zuständigkeit insbesondere im Bauplanungsbereich sichert, sodass das Bürgerbegehren oder der Bürgerentscheid ins Leere liefe.   376

Ein *erfolgreicher Bürgerentscheid* kann, da das Ergebnis einem Beschluss der Bezirksverordnetenversammlung gleichsteht, bei Rechtswidrigkeit von der Bezirksaufsicht aufgehoben werden. Allerdings dürfte dieser Fall nicht praktisch werden, da ein Rechtsmangel schon in der Zulässigkeitsprüfung des Bürgerbegehrens durch das Bezirksamt festzustellen wäre (§ 45 Abs. 4 Satz 2 BezVG). Eine *Aufhebung des*   377

---

[162] Ähnliche die Bewertung bei *Platter* (Fn 157), S. 300.

[163] Siehe Begründung zum Entwurf eines Zehnten Gesetz zur Änderung des Bezirksverwaltungsgesetzes, Abghs. Drs. 16/3309, S. 8.

Ergebnisses des Bürgerentscheids durch die Bezirksverordnetenversammlung selbst ist möglich, denn sie ist vom Gesetz nicht ausgeschlossen worden und die Bezirksverordnetenversammlung kann auch ihre eigenen Beschlüsse jederzeit revidieren. Ein Ausschluss durch Gesetz wie in anderen Bundesländern[164] hätte die Bedeutung des Bürgerentscheids sicherlich verstärkt. So können die Initiatoren lediglich darauf setzen, dass sich die Bezirksverordnetenversammlung nicht über den politischen Willen der Bürger hinwegsetzt.

Fall 9: Handyverbot

B ist Bezirksverordneter im Bezirk X. Da er selbstständiger Versicherungsvertreter ist, hat er während der Sitzungen der Bezirksverordnetenversammlung schon häufiger sein Handy benutzt, um mit Kunden zu telefonieren. Mehrere Bezirksverordnete verschiedener Fraktionen haben sich bereits wegen Beeinträchtigung ihrer Konzentrationsfähigkeit beim Vorsteher beschwert. Auf der Sitzung der Bezirksverordnetenversammlung am 17. Januar 2022 kommt es zum Eklat. Als B wiederum laut telefoniert, fordert ihn der Vorsteher auf, das Handy auszuschalten. B lehnt dies mit dem Hinweis ab, dass er für seine Kunden rund um die Uhr erreichbar sein müsse, da er diese anderenfalls als Kunden verliere. Der Vorsteher fordert B daraufhin auf, den Bezirksverordnetenversammlungssaal zum Telefonieren zu verlassen. Nach einigem Hin und Her verlässt B den Saal, ist jedoch empört. Er fühlt sich in seinem freien Mandat und in seinen Grundrechten auf freie Entfaltung der Persönlichkeit sowie freie Berufsausübung beeinträchtigt. Obwohl er nach einigen Minuten wieder an der Sitzung teilnimmt, will er sich gegen die Maßnahme des Vorstehers zur Wehr setzen, da er in zukünftigen Fällen mit weiteren Maßnahmen rechnet. In der Geschäftsordnung der Bezirksverordnetenversammlung finden sich zum Thema Handynutzung keine Regelungen. ◄

78 **Abwandlung**

Zuhörer Z wird vom Vorsteher V aus dem Saal der Bezirksverordnetenversammlung verwiesen, weil er während der Sitzung auf der Besuchertribüne telefoniert. Da Z regelmäßig an Sitzungen der Bezirksverordnetenversammlung teilnimmt und in Zukunft mit ähnlichen Maßnahmen rechnet, begehrt er Rechtsschutz. Er hält das Vorgehen für unverhältnismäßig, zumal sich niemand beklagt hat.

Lösungsvorschlag

Ausgangsfall

Eine Klage des B vor dem Verwaltungsgericht hat Aussicht auf Erfolg, wenn sie zulässig und begründet ist.

---

[164] Siehe die Übersicht über die anwendbaren Normen bei *Schmidt*, Kommunalrecht, Rz. 599.

I. Zulässigkeit

1. Verwaltungsrechtsweg

Der Verwaltungsrechtsweg gem. § 40 Abs. 1 VwGO muss eröffnet sein. Hierzu müsste es sich um eine öffentlich-rechtliche Streitigkeit nicht verfassungsrechtlicher Art handeln. Kommunalverfassungsrecht zählt zum spezifisch öffentlichen Recht, denn es betrifft als Sonderrecht die Struktur von Entscheidungsträgern, wie sie im Privatrecht gerade nicht vorkommen. Für das Bezirksverfassungsrecht gilt nichts anderes. Vorliegend handelt es sich um einen bezirksverfassungsrechtlichen Streit, denn mit B als Bezirksverordnetem und dem Vorsteher streiten zwei Bezirksorgane um ihre Rechte und Pflichten. Da es sich bei Organstreitigkeiten im bezirklichen Bereich auch nicht um verfassungsrechtliche Streitigkeiten im Sinne von § 40 Abs. 1 VwGO handelt,[165] ist der Verwaltungsrechtsweg eröffnet.

2. Statthafte Klageart

Die Zulässigkeit der gegen den Bezirksverordnetenvorsteher gerichteten Klage beurteilt sich nach den von der Rechtsprechung entwickelten Grundsätzen des kommunalverfassungsrechtlichen Organstreits.[166] Dieser betrifft ausschließlich die aus dem kommunalen Organisationsrecht folgenden und den organschaftlichen Funktionsablauf bestimmenden Befugnisse und Pflichten kommunaler Organe untereinander (Interorganstreit) oder – wie hier – innerhalb eines kommunalen Organes (Intraorganstreit) und damit allein die Innenrechtsbeziehungen.

Fraglich ist in diesem Zusammenhang die statthafte Klageart. Verwaltungsgerichtliche Organklagen stellen keine eigene Klageart dar.[167] Sie sind vielmehr in das System der üblichen Klagearten einzuordnen.[168] Maßgebend für die Klageart ist das Begehren des Klägers. Vorliegend möchte B das Handeln des Vorstehers gerichtlich überprüfen lassen. Um die richtige Klageart bestimmen zu können, ist zunächst die Rechtsnatur dieses Handelns zu ermitteln.

Die Maßnahme des Vorstehers ist als Verhängung eines Telefonierverbots im Sitzungssaal gegen B anzusehen. Es handelte sich nicht um einen Sitzungsausschluss. Zwar wurde B aufgefordert, den Saal zu verlassen. Dies bezog sich jedoch nur auf die Fortsetzung des Telefonierens. B hätte also im Saal bleiben können, wenn er sofort das Telefonieren eingestellt hätte.

Bei der Verhängung eines Telefonierverbotes an B handelte es sich um eine so genannte sitzungsleitende Ordnungsmaßnahme. Die hierfür erforderliche Ordnungsgewalt des Vorstehers leitet sich wie auch beim Gemeinderatsvorsitzenden aus dessen öffentlich-rechtlicher Funktion als Vorsitzender der

---

[165] Siehe Rz. 401.
[166] Siehe Rz. 399 ff.
[167] *Schoch*, JuS 1987, S. 783 ff., 787.
[168] OVG Berlin, Urt. v. 11.05.1983 – 3 B 30.82, OVGE 17, 12, 13.

Bezirksverordnetenversammlung ab, der für einen reibungslosen, geordneten und störungsfreien Ablauf der Sitzung Sorge zu tragen hat.[169] Diese Ordnungsgewalt ist von dem Hausrecht zu unterscheiden, das nach § 7 Abs. 2 S. 1 BezVG ebenfalls dem Vorsteher obliegt.[170] Die Ordnungsgewalt ist nach innen gerichtet. Erfasst werden nur Personen, die dem Vertretungsorgan angehören und die dessen Selbstorganisationsrecht und damit insbesondere der Geschäftsordnung unterfallen. Das Hausrecht dient demgegenüber der Abwehr von Störungen, die von Außenstehenden, also z. B. von Zuhörern, verursacht werden.[171]

Eine solche sitzungsleitende Maßnahme ist in der Regel in ihrem Regelungsgehalt auf den organinternen Rechtskreis begrenzt und nicht auf unmittelbare Wirkung nach außen gerichtet, denn sie betrifft lediglich die Mitgliedschaftsrechte des Betroffenen. Etwas anderes gilt nur, wenn subjektive Außenrechte betroffen werden. Dies ist jedoch beim Telefonierverbot gegenüber einem Ratsmitglied nicht der Fall. Zwar mag das Recht zu telefonieren nicht unmittelbar Teil der Mitgliedschaftsrechte sein. Der sich hieraus ergebende Zwang, den Saal zu verlassen, gestaltet jedoch unmittelbar die Wahrnehmung des Mitgliedschaftsrechts. Das Telefonierverbot ist somit kein Verwaltungsakt, sondern schlichtes Verwaltungshandeln.[172]

Weiterhin ist zu beachten, dass die Sitzung, in der das Verbot verhängt wurde, bereits beendet ist. Von ihm gehen keinerlei unmittelbaren Rechtswirkungen für B mehr aus, sodass es sich bereits erledigt hat. Vor dem Hintergrund der Erledigung kommt somit nur die Feststellungsklage nach § 43 Abs. 1 VwGO als zulässige Klageart in Betracht.

3. Feststellungsfähiges Rechtsverhältnis

Der Rechtsstreit betrifft die Reichweite der Mitgliedschaftsrechte und -pflichten des B. Es geht um die Frage, ob die Mitgliedschaftsrechte das Recht umfassen, während der Sitzung in der Bezirksverordnetenversammlung zu telefonieren, oder ob eine Pflicht besteht, auf andere Bezirksverordnete Rücksicht zu nehmen, welche der Vorsteher durch eine sitzungsleitende Maßnahme durchsetzen kann. Der Streit betrifft somit das organschaftliche Verhältnis von B zu den anderen Bezirksverordneten und dem Vorsteher und damit ein feststellungsfähiges Rechtsverhältnis. Dieses ist auch hinreichend konkret, da die dargestellten

---

[169] *Schmidt*, Kommunalrecht, Rz. 415; *Rothe*, NVwZ 1992, S. 529 ff., 533.

[170] *Neumann* in Pfennig/Neumann, VvB, Art. 72, Rz. 9.

[171] *Schmidt*, Kommunalrecht, Rz. 417; Rothe (Fn. 169), S. 535: Nach *Rothe* kann im Ausnahmefall das Hausrecht auch gegenüber einem Mitglied des Vertretungsorgans greifen, wenn dieses als Ordnungsmaßnahme mit einem Sitzungsausschluss belegt wurde, sich aber weigert, den Saal zu verlassen.

[172] Vgl. OVG Münster, Urt. v. 10.9.1982 – 15 A 1223/80, JZ 1983, S. 25; *Rothe* (Fn. 176), S. 534; vgl. auch *Neumann* (Fn. 170), Art. 72, Rz. 10.

Rechtsfragen sich anlässlich eines einzelnen Vorfalles in der Bezirksverordnetenversammlung stellen.

4. Subsidiarität

Gem. § 43 Abs. 2 VwGO kann die Feststellung des Bestehens oder Nichtbestehens eines Rechtsverhältnisses nicht begehrt werden, soweit der Kläger seine Rechte durch Gestaltungs- oder Leistungsklage verfolgen kann oder hätte verfolgen können. Diese Subsidiaritätsbestimmung dient in erster Linie dazu, die Umgehung der besonderen Sachentscheidungsvoraussetzungen von Anfechtungs- und Verpflichtungsklage zu verhindern. Solche Klagen kommen aber vorliegend gar nicht in Betracht, da die Maßnahme des Vorstehers nicht als Verwaltungsakt zu qualifizieren ist. Wegen der Erledigung der Maßnahme kommt auch keine Leistungsklage in Form der Unterlassungsklage in Betracht.

5. Klagebefugnis

Auch bei der Feststellungsklage wird überwiegend eine Klagebefugnis analog § 42 Abs. 2 VwGO verlangt.[173] Diese ist unproblematisch gegeben, da B geltend machen kann, durch die Maßnahme des Vorstehers in seinen Mitgliedschaftsrechten verletzt zu sein. Mitgliedschaftsrechte sind nach den Grundsätzen des kommunalen Organstreits als wehrfähig anerkannt.[174]

6. Feststellungsinteresse

B muss ein berechtigtes Interesse an der begehrten Feststellung geltend machen (§ 43 Abs. 1 VwGO). Da er auch bei zukünftigen Sitzungen der Bezirksverordnetenversammlung mit entsprechenden Maßnahmen des Vorstehers rechnen muss, besteht bei B ein berechtigtes Interesse, die Befugnis des Vorstehers zur Verhängung eines solchen Verbots zu klären.

7. Beteiligte des Rechtsstreits

Die Beteiligtenfähigkeit im bezirksverfassungsrechtlichen Organstreit ist wie auch beim kommunalverfassungsrechtlichen Organstreit problematisch. Die Organe führen dabei einen Rechtsstreit um ihre Innenrechtsbeziehungen. Die Regelung der Beteiligtenfähigkeit in § 61 VwGO ist hierauf nicht zugeschnitten, denn diese geht von Außenrechtsbeziehungen aus.[175] Selbst für natürliche Personen wird insofern § 61 Nr. 1 VwGO für nicht unmittelbar anwendbar gehalten, soweit es um ihre Mitgliedschaftsrechte geht und nicht um Rechte und Pflichten, die jedermann zustehen.[176] Es besteht aber im Ergebnis Einigkeit, dass die Beteiligtenfähigkeit bestehen muss, um die nach den Grundsätzen des zulässigen In-sich-Prozesses wehrfähigen Innenrechte in den gerichtlichen Rechtsschutz einzubeziehen.

---

[173] BVerwG, Urt. v. 26.1.1996 – 8 C 19/94, BVerwGE 100, 262, 271.

[174] *Schmidt*, Kommunalrecht, Rz. 534; siehe Rz. 407 f.

[175] Siehe Rz. 406 ff.

[176] *Gern/Brüning* (Fn. 27), Rz. 713 f.; *Kopp/Schenke*, VwGO, § 61, Rz. 11.

Obwohl also weder die Bezirksverordnetenversammlung noch der Bezirk Rechtsfähigkeit besitzen und sich Streitigkeiten bezirklicher Organe mithin innerhalb der juristischen Person Land Berlin abspielen, können bezirkliche Organe bzw. Organteile somit nach den Grundsätzen des Kommunalverfassungsstreits beteiligtenfähig sein. Je nachdem ob es sich um Einzelpersonen (z. B. Bezirksverordneter, Vorsteher) handelt oder Personenmehrheiten (z. B. die Bezirksverordnetenversammlung oder deren Fraktionen) ist § 61 Nr. 1 oder 2 VwGO analog anzuwenden.[177] Sowohl B als auch der Vorsteher sind somit nach § 61 Nr. 1 VwGO analog fähig, am vorliegenden Verfahren beteiligt zu sein.

8. Ergebnis

Die Klage des B ist zulässig.

II. Begründetheit

Die Klage ist begründet, wenn der Vorsteher Mitgliedschaftsrechte des B verletzt hat. Dies ist der Fall, wenn das Verhalten des B keinen Anlass zu der vom Vorsteher ergriffenen Maßnahme gab.

Der Vorsteher hat den ordnungsmäßigen Ablauf der Sitzung sicherzustellen und Störungen zu unterbinden. Die Maßnahme des Vorstehers wäre mithin rechtmäßig, wenn B durch sein Verhalten eine Störung verursacht hat und sich das Verbot als angemessene Maßnahme zur Sicherstellung eines ordnungsgemäßen Ablaufs der Sitzung darstellt.

1. Störung der Ordnung

Eine rechtserhebliche Störung könnte darin zu sehen sein, dass das Telefonieren während der Sitzungen, sofern sich auch nur ein Bezirksverordneter dadurch belästigt fühlt, gegen die Sitzungsordnung verstößt, deren Einhaltung der Vorsteher im Rahmen seiner Leitungs- und Ordnungsgewalt im Interesse eines ordnungsgemäßen Sitzungsablaufs zu gewährleisten hat. Der Begriff der „Ordnung" umfasst auch die innerorganisatorischen Verhaltensregeln, die für einen reibungslosen Geschäftsablauf notwendig sind. Derartige auch auf die Leitungspflicht des Vorstehers einwirkende Verhaltensregeln beruhen darauf, dass ein kollegiales Gremium, in dem viele einzelne Interessen zu einem organschaftlichen Gesamtwillen zusammengefasst werden sollen, nicht ohne eine selbstorganisierte Ordnung von Rechten und Pflichten seiner Mitglieder auskommen kann.[178] Zum unabdingbaren Bestand dieser Verhaltensregeln gehört u. a. das Gebot der gegenseitigen Rücksichtnahme, um die schutzwürdigen Funktionsinteressen der Bezirksverordneten untereinander auszugleichen und Kollisionen auszuschließen.

---

[177] *Gern/Brüning* (Fn. 27), Rz. 714; a. A. OVG Münster (Fn. 172), S. 25; *Kopp/Schenke* (Fn. 176), Rz.11: auch bei Einzelpersonen § 61 Nr. 2 VwGO analog. In VG Berlin, Urt. v. 30.11.1994 – 26 A 4.93, LKV 1995, S. 437 wird eine unmittelbare Anwendbarkeit von § 61 Nr. 1 und 2 VwGO angenommen, ebenso in OVG Berlin, Urt. v. 11.05.1983 – 3 B 30.82, OVGE 17, 12, 14.

[178] OVG Münster (Fn. 172), S. 26.

2. Gebot der Rücksichtnahme

Für die Feststellung, ob ein Verstoß gegen das Gebot der Rücksichtnahme vorliegt, kommt es auf die Abwägung dessen an, was einerseits dem Begünstigten und andererseits dem Belasteten nach Lage der Dinge billigerweise zugemutet werden kann.[179] Fest steht, dass das Telefonieren andere Bezirksverordnete stören kann, da sie durch die Gespräche des B der Sitzung nicht uneingeschränkt folgen können. Schon die bloße Belästigung ist dabei stets rechtserheblich, da die daraus resultierende mögliche Minderung der Konzentrationsfähigkeit und des Leistungsvermögens einzelner Bezirksverordneter das Funktionsinteresse der Bezirksverordnetenversammlung insgesamt gefährdet. Demgegenüber sind die Bedürfnisse des B nicht durch das Funktionsinteresse der Bezirksverordnetenversammlung gedeckt. Es geht alleine um die beruflich-privaten Interessen des B. Im Übrigen kann er seine Telefonate ggf. auch außerhalb der Sitzung, gegebenenfalls in den Pausen, hinreichend nachkommen. Die Abwägung führt mithin dazu, dass im Hinblick auf das Funktionsinteresse der Bezirksverordnetenversammlung dem schutzwürdigen Wunsch eines Bezirksverordneten, störungsfrei „zu sitzen", grundsätzlich der Vorrang einzuräumen ist. Mit der Verletzung des Gebots der Rücksichtnahme geht zugleich ein Verstoß gegen die Sitzungsordnung einher.[180]

Da sich andere Bezirksverordnete bereits beschwert haben, lag eine Belästigung anderer vor. Damit wurde von B gegen das Gebot der Rücksichtnahme verstoßen. Die Sitzungsordnung war damit gestört. Hieraus folgte für den Vorsteher eine Reaktionspflicht, um die mitgliedschaftsrechtliche Position der belästigten Bezirksverordneten zu schützen.

3. Verhältnismäßigkeit der Maßnahme

Fraglich ist, ob das vom Vorsteher verhängte Verbot dem Grundsatz der Verhältnismäßigkeit entsprach. Es war geeignet, die Belästigung der anderen Bezirksverordneten zu unterbinden. Die Maßnahme war auch erforderlich. Eine regelmäßige mehrfache Unterbrechung der Sitzung würde B zwar das Telefonieren und die dauernde Teilnahme an der Sitzung ermöglichen und die Belästigung anderer ausschließen. Mehrfache Unterbrechungen der Sitzung beeinträchtigen jedoch deren Ablauf und den Fortgang der Diskussionen. Sie führen darüber hinaus zu einer unnötigen Verlängerung der Gesamtdauer der Sitzung.

Schließlich ist zu prüfen, ob unangemessen in die Rechtsposition des B eingegriffen wurde. Im Hinblick auf die verletzungsfähige Rechtsposition ist beim Kommunalverfassungsstreit streitig, ob sich Ratsmitglieder im Rahmen ihrer organinternen Amtsausübung überhaupt auf Grundrechte – hier also Art. 12 Abs. 1 und Art. 2 Abs. 1 GG – berufen können. Teilweise wird dies verneint, da

---

[179] OVG Münster, Urt. v. 27.7.1990 – 15 A 709/88, NVwZ-RR 1991, S. 260 ff., 261.
[180] OVG Münster, Urt. v. 10.9.1982 – 15 A 1223/80, JZ 1983, S. 25 ff., 26.

sie im Hinblick auf die Modalitäten ihrer organinternen Amtsausübung nicht grundrechtsfähig seien.[181] Vorliegend kann dies jedoch dahinstehen, denn die Beeinträchtigung des B durch das Verbot ist vergleichsweise gering. Er hat im Einzelfall die Wahl, sein Handy auszustellen und der Sitzung zu folgen oder für die Zeit des Telefonierens den Saal zu verlassen. Demgegenüber ist das schutzwürdige Interesse der anderen Bezirksverordneten, der Sitzung ungestört folgen zu können, höherrangig. Vor diesem Hintergrund stellt sich das Verbot als angemessen dar, auch wenn B sich auf grundrechtlichen Schutz berufen kann.

III. Ergebnis

Die Maßnahme des Vorstehers gegenüber B in der Sitzung der Bezirksverordnetenversammlung am 17. Januar 2022 war wegen der sich aus dem Verhalten des B ergebenden Belästigungen anderer Bezirksverordneter rechtmäßig und hat Mitgliedschaftsrechte des B nicht verletzt. Eine Feststellungsklage des B wäre somit unbegründet und hätte keine Aussicht auf Erfolg.

Abwandlung

Eine Klage des Z hat Aussicht auf Erfolg, wenn sie zulässig und begründet ist.

I. Zulässigkeit

1. Verwaltungsrechtsweg

Der Verwaltungsrechtsweg ist nach § 40 Abs. 1 VwGO eröffnet, wenn es sich um eine öffentlich-rechtliche Streitigkeit handelt. Die Maßnahme des Vorstehers diente der Abwehr einer von außen verursachten Störung. Insoweit kommt das dem Vorsteher obliegende Hausrecht zum Tragen (§ 7 Abs. 2 S. 1 BezVG).[182] Das Hausrecht in öffentlichen Gebäuden steht im Zusammenhang mit privatrechtlichen Besitz- und Eigentumsrechten, aber auch mit der Durchführung der Verwaltungsaufgaben, die in dem betreffenden Verwaltungsgebäude durchgeführt werden. Streitigkeiten um die Ausübung des Hausrechts durch ein Hausverbot können deshalb privatrechtlichen oder öffentlich-rechtlichen Charakter haben. Teilweise wird auf den Zweck des Besuchs des Betroffenen abgestellt, der durch das Hausverbot unterbunden werden soll (z. B. Besuch zwecks Antragstellung öffentlich-rechtlich; Besichtigung des Gebäudes privatrechtlich).[183] Nach anderer Ansicht kommt es auf den Zweck der Maßnahme des

---

[181] OVG Münster (Fn. 179), S. 27; Urt. v. 27.7.1990 – 15 A 709/88, NVwZ-RR 1991, S. 260 ff., 261; zweifelnd *Knemeyer*, Bayerisches Kommunalrecht, Rz. 768; *Gern/Brüning* (Fn. 27), Rz. 709 geht ohnehin z. B. beim Rauchverbot von einer Außenrechtsbeziehung aus, bejaht einen Verwaltungsakt und dürfte insoweit keine Zweifel an einer Grundrechtsbindung haben.

[182] Siehe Rz. 305.

[183] BGH, Urt. v. 26.10.1960 – V ZR 122/59, BGHZ 33, 230, 232; OVG Münster, Beschl. v. 8.10.1997 – 25 B 2208/97, NJW 1998, S. 1425.

Hausrechtsinhabers an.[184] Danach haben Streitigkeiten um das Hausrecht überwiegend öffentlich-rechtlichen Charakter, weil die Maßnahmen in der Regel der Unterbindung oder Beseitigung von Störungen der Verwaltungsfunktion dienen. Etwas anderes kann beispielsweise gelten, wenn jemand am Wochenende illegal in das Gebäude eindringt.

Hinsichtlich des Hausrechts des Vorsitzenden der Gemeindevertretung kann dieser Meinungsstreit aber dahinstehen. Dieses Hausrecht ist in den Gemeindeordnungen als Sonderrecht öffentlich-rechtlicher Natur, denn es ist nicht als Ausfluss der Eigentumsrechte am Gebäude geregelt, sondern dient nur der Abwehr von Störungen des ordnungsgemäßen Ablaufs der Gemeindeversammlung, unabhängig davon, aus welchem Grund der Besuch des Betroffenen erfolgt. Gleiches gilt für die Bezirksverordnetenversammlung. Die Maßnahme des Vorstehers gegenüber Z hatte also als Maßnahme des besonderen Hausrechts nach § 7 Abs. 2 S. 1 BezVG öffentlich-rechtlichen Charakter. Eine öffentlich-rechtliche Streitigkeit liegt damit vor. Der Verwaltungsrechtsweg ist gegeben.

2. Statthafte Klageart

Das Hausrecht umfasst das Recht, über den Zutritt und das Verweilen von Personen im Sitzungssaal bestimmen zu können, um die aufgabenmäßige Verwaltungstätigkeit der Bezirksverordnetenversammlung gegen Außenstörungen schützen zu können.[185] Die Ausübung des Hausrechts durch den Vorsteher betrifft den Außenrechtskreis des Bezirks, hat also Außenwirkung. Damit stellt sich die Maßnahme des Vorstehers als ein Verwaltungsakt dar, der sich jedoch mit dem Ende der Sitzung der Bezirksverordnetenversammlung erledigt hat. Für den hier vorliegenden Fall der Erledigung vor Klageerhebung wendet die noch herrschende Meinung § 113 Abs. 1 S. 4 VwGO analog an und hält eine Fortsetzungsfeststellungsklage für statthaft. Demgegenüber tendiert das Bundesverwaltungsgericht neuerdings zur Feststellungsklage gem. § 43 VwGO.[186] Der Streit bleibt in der Praxis weitgehend ohne Folgen, sodass er hier auf sich beruhen kann. Im Folgenden werden die Voraussetzungen der Fortsetzungsfeststellungsklage geprüft.

3. Klagebefugnis

Auch bei der Fortsetzungsfeststellungsklage bedarf es einer Klagebefugnis nach § 42 Abs. 2 VwGO, da sie die Fortführung einer Anfechtungsklage ist. Ein subjektives Recht des Z, welches verletzt sein könnte, kann sich zunächst aus dem Grundsatz der Öffentlichkeit der Sitzungen der Bezirksverordnetenversammlung

---

[184] VG Berlin, Beschl. v. 21.10.1981 – 1 A 245/81, NVwZ 1982, S. 326 f., 327; *Kopp/Schenke* (Fn. 176), § 40, Rz. 22.

[185] *Rothe* (Fn. 169), S. 535.

[186] BVerwG, Urt. v. 14.7.1999 – 6 C 7/98, DVBl. 1999, S. 1660 ff., 1661 = BVerwGE 109, 203, 208 f.

nach § 8 Abs. 6 S. 1 BezVG ergeben. Fraglich ist, ob dieser Grundsatz ein Recht auf Teilnahme begründet. Der Grundsatz der Öffentlichkeit der Sitzungen der kommunalen Vertretungskörperschaften ist verfassungsrechtlich im Demokratieprinzip nach Art. 20 Abs. 2 GG verortet. Die Bevölkerung soll die Möglichkeit erhalten, die kommunalen Willensbildungsprozesse persönlich mit zu verfolgen. Nur so kann die Tätigkeit der Gemeindevertretung einer öffentlichen Kontrolle unterzogen werden. Der Grundsatz der Öffentlichkeit hat somit nicht nur eine objektivrechtliche Bedeutung, sondern begründet grundsätzlich ein subjektives Recht auf Teilnahme an den Sitzungen als Zuhörer.[187] Auch § 8 Abs. 6 S. 1 BezVG begründet somit ein subjektives Teilnahmerecht. Durch die Maßnahme des Vorstehers könnte Z in diesem Recht verletzt sein. Darüber hinaus könnte er auch in seinem Grundrecht aus Art. 2 Abs. 1 GG verletzt sein.

4. Vorverfahren, Klagefrist

Bei Erledigung eines Verwaltungsaktes vor Eintritt der Bestandskraft ist die Notwendigkeit eines Vorverfahrens nach den §§ 68 ff. VwGO umstritten. In der Literatur wird die Durchführung eines Vorverfahrens auch in diesen Fällen befürwortet.[188] Dieser Streit kann jedoch dahinstehen, da es nach § 26 Abs. 3 S. 1 AZG bei anfechtbaren Maßnahmen des Vorstehers nie eines Vorverfahrens bedarf.

Die Einhaltung einer Klagefrist nach § 74 Abs. 1 S. 1 VwGO ist bei der Erledigung vor Eintritt der Bestandskraft ebenfalls umstritten.[189] Das BVerwG hält einen Kläger in diesen Fällen für nicht an die Klagefrist gebunden.[190] Vorliegend betrüge die Frist mangels Belehrung nach § 58 Abs. 2 S. 1 VwGO ohnehin ein Jahr.

5. Fortsetzungsfeststellungsinteresse

Z kann sich für das nach § 113 Abs. 1 S. 4 VwGO analog erforderliche Fortsetzungsfeststellungsinteresse auf die Wiederholungsgefahr berufen. Da Z auch in Zukunft an Sitzungen der Bezirksverordnetenversammlung teilnehmen will, muss er auch in Zukunft damit rechnen, vom Vorsteher des Saales verwiesen zu werden, wenn er telefoniert.

6. Beteiligte des Rechtsstreits

Z ist als natürliche Person beteiligtenfähig (§ 61 Nr. 1 VwGO). Da Z nicht Mitglied der Bezirksverordnetenversammlung ist, geht es nicht um die Innenrechtsbeziehungen innerhalb des Organs. Für den Beklagten ist deshalb auf die juristische Person abzustellen, für die der Vorsteher gehandelt hat. Weder die

---

[187] *Gern/Brüning* (Fn. 27), Rz. 711; Begrenzungen ergeben sich aus den vorhanden Sitzplätzen.

[188] Sog. Fortsetzungsfeststellungswiderspruchsbescheid, vgl. *Kopp/Schenke* (Fn. 176), Vor § 68, Rz. 2.

[189] *Kopp/Schenke* (Fn. 176), § 74, Rz. 2 und § 113, Rz. 128.

[190] BVerwG, Urt. v. 14.7.1999 – 6 C 7/98, BVerwGE 109, 203, 206 f. Dies folgt schon daraus, dass es in diesen Fällen die Sachurteilsvoraussetzungen der Feststellungsklage anwendet.

Bezirksverordnetenversammlung noch der Bezirk sind rechtsfähig (vgl. § 2 Abs. 1 BezVG). Abzustellen ist deshalb auf das Land Berlin, welches als juristische Person beteiligtenfähig ist (§ 61 Nr. 1 VwGO). Es wird vertreten durch die Bezirksverordnetenversammlung als betroffenem Organ des Bezirks. Diese wird wiederum durch den Vorsteher vertreten (§ 7 Abs. 2 S. 1 BezVG i. V. m. § 62 Abs. 1 Nr. 1 VwGO).

7. Ergebnis

Die Klage des Z ist zulässig.

II. Begründetheit

Die Klage ist begründet, wenn der Vorsteher rechtswidrig gehandelt hat und Z dadurch in seinen Rechten verletzt wurde (§ 113 Abs. 1 S. 1 VwGO).

1. Rechtsgrundlage

Als Rechtsgrundlage für die Maßnahme des Vorstehers kommt § 7 Abs. 2 S. 1 BezVG in Betracht.

2. Formelle Rechtmäßigkeit

Hinsichtlich der formellen Rechtmäßigkeit der Maßnahme bestehen keine Bedenken, insbesondere war der Vorsteher gem. § 7 Abs. 2 S. 1 BezVG für die Ausübung des Hausrechts zuständig.

3. Materielle Rechtmäßigkeit

Die Maßnahme des Vorstehers war rechtswidrig, wenn sie nicht vom Hausrecht gedeckt war. Das Hausrecht dient der Abwehr von Störungen der Sitzung, die durch nicht der Ordnungsgewalt des Vorstehers unterliegende Personen erfolgen. Es ist räumlich auf den Sitzungssaal und zeitlich auf die Dauer der Sitzung beschränkt.

Fraglich ist insoweit lediglich, ob Z die Sitzung der Bezirksverordnetenversammlung gestört hat. Ein Verstoß gegen das Gebot der Rücksichtnahme kommt vorliegend nicht in Betracht, da dieses nur die Verhaltensregeln der Mitglieder der Bezirksverordnetenversammlung untereinander betrifft. Eine Störung kann aber ungeachtet dessen aus Belästigungen für die Bezirksverordneten oder auch Zuhörer durch das Telefonieren folgen. Hinsichtlich des Z ist aber zu beachten, dass sich niemand über Störungen beklagt hat. Dies hat Bedeutung für die Annahme von Belästigungen, denn dieses Merkmal hat einen subjektiven Einschlag.[191] Eine zu beachtende Beeinträchtigung anderer liegt somit nur vor, wenn sie vom Betroffenen geltend gemacht wird. Für den Vorsteher ist wegen der individuell sehr unterschiedlichen und von vielfältigen äußeren Umständen abhängigen Auswirkungen des Telefonierens nicht von vornherein anhand

---

[191] OVG Münster (Fn. 172), S. 26.

objektiver Kriterien erkennbar, ob es tatsächlich belästigend wirkt.[192] Etwas anderes würde nur gelten, wenn die Bezirksverordnetenversammlung aufgrund einer abstrakten Abwägung in ihrer Geschäftsordnung ein Handyverbot im Saal der Bezirksverordnetenversammlung festgelegt hätte. Dann würde schon aus dem Verstoß gegen die Geschäftsordnungsregelung die Störung der Sitzung resultieren, ohne dass es auf den Einzelfall ankäme. Dieses beträfe auch Zuhörer, obwohl diese als Dritte nicht dem Selbstorganisationsrecht der Bezirksverordnetenversammlung unterliegen. Es handelte sich insoweit um eine Regelung im Rahmen des Hausrechts und der Hausordnung während der Sitzungen der Bezirksverordnetenversammlung.

Da sich niemand über das Verhalten von Z beklagt hat, konnte der Vorsteher nicht ohne weiteres von einer Störung der Sitzung ausgehen. Der Tatbestand für eine Maßnahme des Hausrechtes lag somit nicht vor. Hierfür wäre es gerade im Hinblick auf das Teilnahmerecht erforderlich gewesen, die Teilnehmer der Sitzung zunächst zu fragen, ob sie sich beeinträchtigt fühlen und ein Unterbinden des Telefonierens auf der Besuchertribüne fordern.

III. Ergebnis

Die Maßnahme des Vorstehers war somit rechtswidrig. Eine Verletzung des Teilnahmerechts des Z liegt vor. Die Klage des Z wäre somit begründet.

Fall 10: Streit um die Stadtbücherei

79 Beim Bezirksamt X gehen Beschwerden von Bürgern ein, dass die bezirkliche Stadtbücherei zu selten in den Abendstunden geöffnet habe. Berufstätigen sei es nur an zwei Tagen möglich, die Bücherei noch nach 18.00 Uhr zu benutzen. Aufgrund dieses Schreibens beschließt das Bezirksamt am 15. Januar 2022, dass die bezirkliche Stadtbücherei nun auch mittwochs statt bis 18.00 Uhr zusätzlich bis 20.00 Uhr geöffnet bleiben soll.

Im Ausschuss für Bildungsangelegenheiten der Bezirksverordnetenversammlung wird dieser Beschluss am 23. Januar 2022 beraten. Dabei berichtet Bezirksverordneter B, dass sich die Mitarbeiter der Bücherei über den Bezirksamtsbeschluss beklagt hätten. Ihnen sei nicht zuzumuten, nun auch noch mittwochs länger zu arbeiten. Im Übrigen sei die Benutzung ihrer Bücherei nach 18.00 Uhr ihrer Erfahrung nach nicht besonders stark. Der Ausschuss empfiehlt daraufhin der Bezirksverordnetenversammlung, gegen den Bezirksamtsbeschluss Einwendungen zu erheben und es bei den alten Öffnungszeiten zu belassen. Die Bezirksverordnetenversammlung folgt dem und beschließt nach eingehender Diskussion auf ihrer Sitzung am 31. Januar 2022.

„Der Beschluss des Bezirksamts vom 15. Januar 2022 über eine zusätzliche Spätöffnungszeit wird aufgehoben. Es verbleibt bei den bisherigen Spätöffnungszeiten."

---

[192] OVG Münster (Fn. 172), S. 26.

1. Kann das Bezirksamt mit Erfolg gegen den Beschluss der Bezirksverordnetenversammlung vom 31. Januar 2022 vorgehen?
2. Können die Bürger ihr Anliegen einer zusätzlichen Spätöffnung selbst durchsetzen, wenn Bezirksamt und Bezirksverordnetenversammlung dem Anliegen nicht entsprechen? ◄

Lösungsvorschlag
Frage 1

In Betracht kommt eine Beanstandung des Beschlusses vom 31. Januar 2022 durch das Bezirksamt nach § 18 S. 1 BezVG. Eine solche Beanstandung muss binnen zwei Wochen erfolgen, wenn ein Beschluss der Bezirksverordnetenversammlung gegen Rechts- oder Verwaltungsvorschriften oder gegen eine Eingriffsentscheidung nach § 13a AZG verstößt.

I. Verstoß gegen Rechts- oder Verwaltungsvorschriften

Zu prüfen ist, ob die Bezirksverordnetenversammlung gegen Rechts- oder Verwaltungsvorschriften verstoßen hat. Eine Eingriffsentscheidung des Senats nach § 13a AZG gegen die der Beschluss verstoßen könnte, liegt erkennbar nicht vor.

1. Formelle Rechtmäßigkeit

Die Bezirksverordnetenversammlung müsste für den Beschluss über die Öffnungszeit der Stadtbücherei zuständig sein. Hierfür ist unabhängig von den innerbezirklichen Zuständigkeiten zunächst erforderlich, dass der Bezirk selbst zuständig ist. Bei der Festlegung der Öffnungszeiten der Stadtbücherei muss es sich also um eine Bezirksaufgabe handeln. Andernfalls wäre der Beschluss der Bezirksverordnetenversammlung, aber auch der Bezirksamtsbeschluss vom 15. Januar 2022 rechtswidrig.

Welche Aufgaben Bezirksaufgaben sind, bestimmt das AZG (§ 3 Abs. 2 Buchst. a BezVG). Maßgeblich ist § 4 AZG. § 4 Abs. 1 AZG betrifft allgemeine Verwaltungsaufgaben. § 4 Abs. 2 AZG verweist für Polizei- und Ordnungaufgaben auf das ASOG und den ZustKatOrd. Da es sich bei den Aufgaben im Zusammenhang mit den Stadtbüchereien um allgemeine Verwaltungsaufgaben handelt, ist § 4 Abs. 1 AZG anzuwenden. Nach § 4 Abs. 1 S. 2 AZG sind alle nicht im ZustKatAZG aufgeführten Aufgaben Bezirksaufgaben.

Büchereien und Bibliotheken gehören zum Aufgabenbereich Nr. 17 ZustKatAZG, der unter anderem Wissenschaft, Forschung, Kunst und Kultur betrifft. In Nr. 17 Abs. 1 ZustKatAZG sind nur die Landesbibliotheken, also z. B. die Senatsbibliothek, angesprochen, nicht jedoch die bezirklichen Stadtbüchereien. Diese gehören nicht zur Hauptverwaltung, sondern zur Bezirksverwaltung, und die mit ihnen im Zusammenhang stehenden Verwaltungsaufgaben sind nach § 4 Abs. 1 S. 2 AZG Bezirksaufgaben. Dies betrifft auch die Festlegung der Öffnungszeiten. Es handelt sich auch nicht um eine Grundsatzangelegenheit des Bibliothekwesens. Der Bezirk ist also zuständig.

Eine originäre Zuständigkeit der Bezirksverordnetenversammlung für die Bestimmung der Öffnungszeiten von bezirklichen Einrichtungen besteht nach § 12 Abs. 2 BezVG nicht. Hierfür ist das Bezirksamt als Verwaltungsbehörde des Bezirks (§ 36 Abs. 1 S. 1 BezVG) zuständig. Die Bezirksverordnetenversammlung könnte aber von ihrem Selbstentscheidungsrecht nach § 12 Abs. 3 S. 1 BezVG Gebrauch gemacht haben. Hierdurch kann sie Entscheidungen des Bezirksamts aufheben und selbst entscheiden. Eine Entscheidung des Bezirksamts lag durch den Beschluss vom 15. Januar 2022 vor. Dieser ist im Rahmen der Sitzung des Ausschusses für Bildungsangelegenheiten am 23. Januar 2022 und in der Sitzung der Bezirksverordnetenversammlung am 31. Januar 2022 beraten und damit einer Kontrolle nach § 17 BezVG unterzogen worden, sodass die Verfahrensvoraussetzungen für ein Selbstentscheidungsrecht vorlagen. Da die Festlegung der Öffnungszeiten der Stadtbücherei nicht zu den nach § 12 Abs. 3 S. 2 BezVG vom Selbstentscheidungsrecht ausgenommenen Aufgaben gehört, konnte die Bezirksverordnetenversammlung eine Selbstentscheidung vornehmen und war somit für den Beschluss vom 31. Januar 2022 zuständig. Sonstige Bedenken gegen die formelle Rechtmäßigkeit ergeben sich nicht.

2. Materielle Rechtmäßigkeit

Der Beschluss ist rechtmäßig, wenn er nicht gegen Rechts- oder Verwaltungsvorschriften verstößt. Eine gesetzliche Regelung gibt es nicht. In den Benutzungsbedingungen des Senats für die Öffentlichen Bibliotheken des Landes Berlin finden sich ebenfalls keine Regelungen zu den Öffnungszeiten.[193]

Im Bezirk X ist die Bücherei bereits an zwei Abenden bis 20.00 Uhr geöffnet. Von Gesetzes wegen ist eine dritte Spätöffnung der Stadtbücherei im Bezirk X nicht zwingend. Die Gestaltung der Öffnungszeiten steht somit im Ermessen des Bezirks. Auch Verwaltungsvorschriften über die Öffnungszeiten sind nicht erlassen worden. Die Festlegung einer zusätzlichen Spätöffnungszeit oblag mithin einer freien bezirkspolitischen Entscheidung. Der Beschluss der Bezirksverordnetenversammlung hat weder gegen Rechts- noch Verwaltungsvorschriften verstoßen.

II. Ergebnis

Die Bezirksverordnetenversammlung hat mit ihrem Beschluss vom 31. Januar 2022 von ihrem Selbstentscheidungsrecht nach § 12 Abs. 3 S. 1 BezVG Gebrauch gemacht. Ein Verstoß gegen Rechts- oder Verwaltungsvorschriften oder eine Eingriffsentscheidung erfolgte dabei nicht. Eine Beanstandung des Bezirksamts nach § 18 BezVG ist deshalb nicht zu erheben. Das Bezirksamt ist an den Beschluss der Bezirksverordnetenversammlung gebunden; die Öffnungszeiten der Stadtbücherei im Bezirk X bleiben unverändert.

---

[193] Benutzungs- und Entgeltordnung für die Öffentlichen Bibliotheken des Landes Berlin (BÖBB) v. 24. April 2018, ABl. S 3174.

Frage 2

Die Durchsetzung einer zusätzlichen Spätöffnung durch die Bürger selbst kann nur durch ein Bürgerbegehren mit anschließendem Bürgerentscheid (§§ 45 ff. BezVG) erfolgen. Wie sich zeigt, sind für eine verbindliche Entscheidung durch die Bürger selbst vorliegend jedoch zwei Bürgerbegehren notwendig.

I. Bürgerbegehren und Bürgerentscheid: Verfahren 1

Ein erfolgreicher Bürgerentscheid hat nach § 47 Abs. 3 BezVG die Rechtswirkung eines Beschlusses der Bezirksverordnetenversammlung (Entscheidung, Empfehlung, Ersuchen). Da es vorliegend um eine Aufgabe geht, welche nicht zu den Entscheidungszuständigkeiten der Bezirksverordnetenversammlung nach § 12 Abs. 2 BezVG gehört, denn für die Öffnungszeiten der Stadtbücherei ist das Bezirksamt zuständig, kann der Bürgerentscheid zunächst nicht eine Entscheidung zum Gegenstand haben, sondern nur ein Ersuchen (§ 13 Abs. 1 BezVG). Nur in den Fällen des § 12 Abs. 2 BezVG kann der Bürgerentscheid, so wie ein Beschluss der Bezirksverordnetenversammlung selbst, eine unmittelbar entscheidende Wirkung haben, wobei allerdings § 45 Abs. 1 S. 2 und 3 BezVG (z. B. beim Bezirkshaushaltsplan) davon noch Ausnahmen vorsieht.

Das Bürgerbegehren müsste also, um in der Beschlusskompetenz der Bezirksverordnetenversammlung zu bleiben, wie folgt formuliert sein:

„Mit diesem Bürgerbegehren soll im Bezirk X ein Bürgerentscheid mit folgender Frage herbeigeführt werden: Stimmen Sie für das Ersuchen an das Bezirksamt, die Stadtbücherei zusätzlich auch mittwochs bis 20 Uhr zu öffnen?"

Das Bürgerbegehren kommt nach § 45 Abs. 7 BezVG zustande, wenn es spätestens sechs Monate nach der Feststellung der Zulässigkeit von drei Prozent der bei der letzten Wahl der Bezirksverordnetenversammlung festgestellten Zahl der Wahlberechtigten unterstützt worden ist. Die Unterstützung erfolgt durch Unterschriftsleistung bei von den Veranstaltern durchgeführten Unterschriftensammlungen. Eine Unzulässigkeit folgt vorliegend nicht aus einer etwaigen Finanzwirksamkeit, z. B. wegen erhöhter Personal- und Betriebskosten (§ 45 Abs. 1 S. 6 BezVG).

Spätestens vier Monate nach der Entscheidung des Bezirksamts über das Zustandekommen des Bürgerbegehrens muss durch das Bezirksamt an einem festzusetzenden Abstimmungstermin ein Bürgerentscheid durchgeführt werden. Die Vorlage ist angenommen, wenn sie von einer Mehrheit der Teilnehmer und mindestens 10 % der Wahlberechtigten angenommen wurde. Vorliegend hätte der Bürgerentscheid die Wirkung eines Ersuchens an das Bezirksamt, die Stadtbücherei zusätzlich auch mittwochs bis 20 Uhr zu öffnen.

II. Bürgerbegehren und Bürgerentscheid: Verfahren 2

Wenn das Bezirksamt dem Ersuchen nicht folgt, gilt folgendes: Aus der Regelung in § 47 Abs. 3 BezVG folgt, dass der Bürgerentscheid stets die

Rechtswirkung eines Beschlusses der Bezirksverordnetenversammlung hat. Dies führt dazu, dass der erste Bürgerentscheid vorliegend wie ein Beschluss der Bezirksverordnetenversammlung nach § 13 Abs. 1 BezVG nur ersuchenden Charakter hat. Aus der Gleichstellung des Bürgerentscheides mit Beschlüssen der Bezirksverordnetenversammlung folgt jedoch auch, dass mit einem *weiteren Bürgerentscheid* wie bei einem vom Bezirksamt nicht befolgten Beschluss der Bezirksverordnetenversammlung eine *Selbstentscheidung* herbeigeführt werden kann (§ 12 Abs. 3, § 13 Abs. 2 BezVG). So können also Bürgerentscheide selbst in solchen Fällen, in denen die Bezirksverordnetenversammlung nicht selbst für die Entscheidung zuständig ist, zu einer konkreten, unmittelbaren, das Bezirksamt verpflichtenden Entscheidung führen. Das Selbstentscheidungsrecht der Bezirksverordnetenversammlung ist nach § 12 Abs. 3, § 13 Abs. 2 BezVG also auch auf Bürgerbegehren anzuwenden. Ausgenommen sind nur die in § 45 Abs. 1 Satz 2 und 3 BezVG genannten Aufgaben, bei denen der Gesetzgeber eine Entscheidung durch Bürgerentscheid generell ausgeschlossen hat sowie in den in § 12 Abs. 3 Satz 2 Nr. 1 bis 5 BezVG genannten Fällen, in denen auch die Bezirksverordnetenversammlung kein Selbstentscheidungsrecht hat.

Sollte also das Bezirksamt dem Ersuchen des ersten Bürgerentscheids nicht folgen, könnte ein zweites Bürgerbegehren mit anschließendem Bürgerentscheid eingeleitet werden. Es könnte wie folgt formuliert sein:

„Mit diesem Bürgerbegehren soll im Bezirk X, nachdem das Bezirksamt dem mit Bürgerentscheid vom … beschlossenen Ersuchen nicht gefolgt ist, ein zweiter Bürgerentscheid mit folgender Frage herbeigeführt werden: Soll die Stadtbücherei zusätzlich auch mittwochs bis 20 Uhr geöffnet sein?"

III. Ergebnis

Es bedarf zweier Bürgerbegehren mit zwei Bürgerentscheiden, um das Anliegen durchzusetzen. Dies macht deutlich, dass es sich in Fällen, in denen die Bezirksverordnetenversammlung nicht originär nach § 12 Abs. 2 BezVG für Entscheidungen zuständig ist, um ein langwieriges umständliches Verfahren handelt, um ein Anliegen konkret durchzusetzen.

8 Rechtsschutz der Bezirke

380 In den vorangegangenen Kapiteln hat sich immer wieder die Frage gestellt, ob und ggf. wie sich die Bezirke gegen sie betreffende Maßnahmen sei es des Senats oder des Abgeordnetenhauses gerichtlich zur Wehr setzen können. Im Folgenden sollen die Möglichkeiten bezirklichen Rechtsschutzes dargestellt werden. Zum einen geht es hierbei um verfassungsgerichtlichen Rechtsschutz, zum anderen um solchen vor den Verwaltungsgerichten.

Einen weiteren Themenbereich stellen die innerbezirklichen Auseinandersetzungen dar. Diese können als sogenannte Bezirksverfassungsstreitigkeiten vor den Verwaltungsgerichten ausgetragen werden. Der Bezirksverfassungsstreit ist vor dem verwaltungsgerichtlichen Rechtsschutz der Bezirke gegen Maßnahmen des Senats darzustellen, da die seit langem anerkannten Grundsätze des Bezirksverfassungsstreits auch auf Streitigkeiten mit dem Senat übertragen werden können. Zum besseren Verständnis wird zunächst aber die Rechtslage in den Flächenländern skizziert.

I. Der Rechtsschutz in den Flächenländern

1. Verfassungsgerichtlicher Rechtsschutz

381 Gem. Art. 93 Abs. 1 Nr. 4 b GG, §§ 13 Nr. 8a, 91 ff. BVerfGG besteht für die Gemeinden und Gemeindeverbände die Möglichkeit, eine sogenannte *kommunale Verfassungsbeschwerde* gegen ein Gesetz vor dem Bundesverfassungsgericht zu erheben. Es kann geltend gemacht werden, das Gesetz verletze die Kommune in ihrem Selbstverwaltungsrecht aus Art. 28 Abs. 2 GG. Dieses besondere Verfahren wurde in das Grundgesetz eingefügt, da die Kommunen *nicht grundrechtsfähig* sind und ihnen somit die Verfassungsbeschwerde gem. Art. 93 Abs. 1 Nr. 4 a GG nicht zur Verfügung steht.[1] Die kommunale Verfassungsbeschwerde ähnelt von ihrer Ausgestaltung

---

[1] *Voßkuhle* in vMangoldt/Klein/Starck, GG, Art. 93, Rz. 173, 196.

© Springer-Verlag GmbH Deutschland, ein Teil von Springer Nature 2022
A. Musil, S. Kirchner, *Das Recht der Berliner Verwaltung*, Springer-Lehrbuch,
https://doi.org/10.1007/978-3-662-65501-6_8

her eher einem Normenkontrollverfahren denn einer Verfassungsbeschwerde und
dient dem Schutz der institutionellen Garantie der kommunalen Selbstverwaltung,
welche gerade kein Grundrecht bzw. grundrechtsgleiches Recht ist.[2] Sie hat indes
nur geringe praktische Bedeutung, da sie bei Landesgesetzen gegenüber den speziel-
leren Antragsverfahren der Landesverfassungen subsidiär ist (vgl. Art. 93 Abs. 1
Nr. 4 b a. E. GG). Erfolgreiche kommunale Verfassungsbeschwerden vor dem
BVerfG betrafen in der Vergangenheit unter anderem Einschränkungen der Kommunalen Planungshoheit[3] oder Bestands-bzw. Gebietsänderungen[4] der Kommune.[5]

In allen Flächenländern besteht die Möglichkeit für die Kommunen, gegen Ver-   382
letzungen ihres Selbstverwaltungsrechts Rechtsschutz vor dem *Landesverfassungs-
gericht* zu suchen. Die Regelungen sind im Einzelnen sehr heterogen. Meist kann
auf Landesebene eine kommunale Verfassungsbeschwerde erhoben werden, mit der
Landesgesetze angegriffen werden können.[6]

2. Verwaltungsgerichtlicher Rechtsschutz

Der Verwaltungsrechtsweg steht den Gemeinden gem. § 40 Abs. 1 VwGO grund-   383
sätzlich in allen öffentlich-rechtlichen Streitigkeiten nicht verfassungsrechtlicher
Art offen. Besonderes Augenmerk verdient hierbei immer die Sachentscheidungs-
voraussetzung der *Klagebefugnis*. Es muss gem. § 42 Abs. 2 VwGO die Möglichkeit
bestehen, dass die Gemeinde durch den angegriffenen Akt in ihren eigenen subjektiv-öffentlichen Rechten verletzt ist.

In diesem Zusammenhang gewinnt Art. 28 Abs. 2 GG wiederum entscheidende   384
Bedeutung. Ist das *Selbstverwaltungsrecht* einer Gemeinde durch einen Hoheitsakt
berührt, so kann diese hiergegen verwaltungsgerichtlich vorgehen. Den Gemeinden
steht in diesem Zusammenhang als möglicher Rechtsbehelf die Anfechtungsklage
offen gegen Verwaltungsakte, die sie möglicherweise in ihrem Selbstverwaltungsrecht betreffen. Möglich erscheint daneben die Verpflichtungsklage auf Erlass eines
Verwaltungsaktes, dessen Ablehnung oder Unterlassung die Gemeinde in ihrem
Selbstverwaltungsrecht verletzen kann.[7] Dies gilt auch bei einem Verstoß gegen
Verfassungsrechtsnormen, die das *Bild der Selbstverwaltung mitbestimmen*.[8] Daneben kann auch die Verletzung einfachen Rechts gerügt werden, sofern dieses zumindest auch den Schutz der Gemeinden bezweckt. Die Grundrechte vermitteln den
Gemeinden demgegenüber keine subjektiv-öffentlichen Rechte, und zwar auch

---

[2] *Voßkuhle* (Fn. 1), Rz. 196.
[3] BVerfG, Beschl. v. 07.10.1980 – 2 BVR 584/76, 2 BvR 598/76, 2 BvR 599/76, 2 BvR 604/76, juris.
[4] BVerfG, Beschl. v. 12.05.1992 – 2 BvR 470/90, 2 BvR 650/90, 2BvR 707/90, juris.
[5] Zusammenfassend *Wieland* in: Sachs, GG, § 93 Rz. 97.
[6] Siehe die Übersicht bei *Schmidt*, Kommunalrecht, Rz. 106, Fn. 21.
[7] *Lange*, Kommunalrecht, S. 64.
[8] So etwa Art. 120 GG, vgl. BVerfG, Urt. v. 20.3.1952 – 1 BvR 267/51, BVerfGE 1, 181; Entsch.
v. 24.3.1981 – 2 BvR 215/81, BVerfGE 56, 398; daneben Verfahrensrechte, wie etwa Art. 19 Abs. 4
GG, Art. 101 Abs. 1 S. 2 GG, Art. 103 Abs. 1 GG

dann nicht, wenn sie in ihrer Eigenschaft als privater Eigentümer auftreten oder Rechte ihrer Bürger geltend machen wollen.[9] Letzteres ist den Gemeinden nicht erlaubt. Anlass für verwaltungsgerichtliche Streitigkeiten bilden oft staatliche Aufsichtsmaßnahmen, sodass diese im Folgenden näher zu behandeln sind.

a) Rechtsschutz gegen Maßnahmen der Rechtsaufsicht

85 Wie bereits dargestellt, stellen Verfügungen der Aufsichtsbehörde im Rahmen der Rechtsaufsicht in der Regel Verwaltungsakte dar.[10] Es ist daher insbesondere die Anfechtungsklage statthaft. Die gem. § 42 Abs. 2 VwGO erforderliche Klagebefugnis ergibt sich aus Art. 28 Abs. 2 GG und den entsprechenden Bestimmungen der Landesverfassungen, da die Rechtsaufsicht immer nur im Bereich der Selbstverwaltungsaufgaben zum Tragen kommt. Richtiger Klagegegner ist grundsätzlich der Rechtsträger der Aufsichtsbehörde, welche die Aufsichtsverfügung erlassen hat, § 78 Abs. 1 Nr. 1 VwGO. Zumeist ist dies das Land.[11] Ein Vorverfahren ist nach den meisten Gemeindeordnungen erforderlich, nach wenigen ist es demgegenüber entbehrlich.[12]

b) Rechtsschutz gegen Maßnahmen der Fachaufsicht

86 Nach der Rechtsprechung können Maßnahmen der Fachaufsicht von den Gemeinden in der Regel nicht gerichtlich angefochten werden, da durch sie nicht in gemeindliche Rechtspositionen eingegriffen werde.[13] Auf der Grundlage des dualistischen Konzepts gemeindlicher Aufgabenwahrnehmung (staatliche Aufgaben einerseits und Selbstverwaltungsaufgaben andererseits) verneinen die Gerichte für den Regelfall eine gemeindliche Klagebefugnis. Auch fehlt es nach dieser Auffassung Maßnahmen der Fachaufsicht grundsätzlich an der Außenwirkung, sodass diese keine Verwaltungsaktqualität besitzen. Lediglich für den Ausnahmefall, dass eine fachaufsichtliche Maßnahme *in den Selbstverwaltungsbereich übergreift*, wird den Gemeinden ein Klagerecht zugestanden. Nach richtiger Ansicht des Bundesverwaltungsgerichts[14] liegt in einem solchen Fall auch ein mit der Anfechtungsklage anzugreifender Verwaltungsakt vor, da Maßnahmen, die in den Selbstverwaltungsbereich eingreifen, stets Außenwirkung besitzen.

87 Die Gegenauffassung,[15] die auf der Grundlage des Monismus argumentiert (und damit alle Aufgaben als gemeindliche Aufgaben ansieht), bejaht hingegen auch gegenüber Maßnahmen der Fachaufsicht ein *uneingeschränktes Klagerecht*. Insbeson-

---

[9] So die ganz h. M., siehe nur *Schmidt*, Kommunalrecht, Rz. 90 f.; a. A. für die bayerische Verfassung BayVerfGH, Entsch. v. 16.12.1992 – Vf. 14-VI-90, NVwZ-RR 1993, S. 422.

[10] Siehe Rz. 227.

[11] *Gern/Brünng*, Deutsches Kommunalrecht, Rz. 356.

[12] Vgl. etwa § 119 Satz 1 BbgKV, § 126 GO NRW.

[13] BVerwG, Urt. v. 14.12.1994 – 11 C 4/94, DVBl. 1995, S. 744; Urt. v. 29.6.1983 – 7 C 102/82, NVwZ 1983, S. 610 ff., 611.

[14] BVerwG, Urt. v. 14.12.1994 – 11 C 4/94, DVBl. 1995, S. 744.

[15] *Knemeyer*, HkWP, Bd. 1, S. 241; *Erichsen*, Kommunalrecht des Landes Nordrhein-Westfalen, S. 357, m. w. N.

dere Weisungen beträfen die Gemeinden immer als Träger eigener Rechte und Pflichten und besäßen damit auch interpersonale Wirkung. Folglich sei die Anfechtungsklage generell die richtige Klageart.[16]

3. Der Kommunalverfassungsstreit

Eine weitere Gruppe von Streitigkeiten, an denen gemeindliche Organe beteiligt sind, stellen die sogenannten Kommunalverfassungsstreitverfahren dar. Hier geht es um Meinungsverschiedenheiten zwischen verschiedenen Organen innerhalb ein und derselben Gemeinde, die diese gerichtlich austragen können müssen. Der Kommunalverfassungsstreit wird dementsprechend definiert als eine Streitigkeit zwischen Organen, Organvertretern oder Organteilen kommunaler Gebietskörperschaften wegen einer möglichen Verletzung der ihnen als kommunales Verfassungsorgan bzw. Organteil zustehenden Einzelrechte oder Gruppenrechte im Innenrechtsverhältnis.[17] Zur Verfügung steht hier der Verwaltungsrechtsweg gem. § 40 Abs. 1 VwGO. Das Kommunalverfassungsstreitverfahren stellt als *Insichprozess* einen Sonderfall innerhalb des Verwaltungsprozessrechts dar. Seine Besonderheiten werden anhand der Darstellung der Berliner Rechtslage beim Bezirksverfassungsstreit erörtert.

388

II. Rechtsschutz der Bezirke, Bezirksverfassungsstreit

1. Verfassungsgerichtlicher Rechtsschutz der Bezirke

Die Berliner Bezirke haben nicht die Möglichkeit, Rechtsschutz vor dem Bundesverfassungsgericht zu suchen. Es steht kein Verfahren zur Verfügung, in dem sie beteiligtenfähig wären. Insbesondere haben sie nicht die Möglichkeit der Kommunalen Verfassungsbeschwerde, da sie nicht geltend machen können, in einem Recht aus Art. 28 Abs. 2 GG verletzt zu sein.[18] Damit ist das Augenmerk auf den Rechtsschutz vor dem Berliner Verfassungsgerichtshof zu richten.

389

a) Keine Verfassungsbeschwerde für die Bezirke
In Betracht kommt zunächst eine Verfassungsbeschwerde der Bezirke oder bezirklicher Organe vor dem Verfassungsgerichtshof gem. Art. 84 Abs. 2 Nr. 5 VvB i. V. m. §§ 14 Nr. 6, 49 ff. VerfGHG.[19] Legt man das grundgesetzliche Verständnis der Verfassungsbeschwerde zugrunde, so muss man von vornherein eine *Beteiligtenfähigkeit der Bezirke* oder ihrer Organe im Verfassungsbeschwerdeverfahren

390

---

[16] *Erichsen* (Fn. 15), S. 357.

[17] Ausführlich *Bethge*, HkWP Bd. 1, § 28, Rz. 1 ff.

[18] Siehe Rz. 34.

[19] Gesetz über den Verfassungsgerichtshof v. 8.11.1990, GVBl. S. 2246, zul. geänd. d. Art. 2 d.G.v. 22.01.20121, GVBl. S. 75.

verneinen.[20] Organen der unmittelbaren Staatsverwaltung stehen Grundrechte oder grundrechtsgleiche Rechte nicht zu. Jedoch ist zu bedenken, dass der Verfassungsgerichtshof in einer seiner ersten Entscheidungen die Verfassungsbeschwerde einer Fraktion einer Bezirksverordnetenversammlung für zulässig erachtet hat.[21] Dies könnte die Annahme begründen, das Verfassungsbeschwerdeverfahren nach Berliner Landesrecht stehe einem weiteren Beteiligtenkreis offen als das grundgesetzliche und damit möglicherweise auch den Bezirken und ihren Organen. Dabei ist zu berücksichtigen, dass weder Art. 84 Abs. 2 Nr. 5 VvB noch § 49 Abs. 1 VerfGHG – anders als die bundesrechtliche Regelung in Art. 93 Abs. 1 Nr. 4a GG, § 90 Abs. 1 BVerfGG – die Zulässigkeit einer Verfassungsbeschwerde vom Wortlaut her auf das Geltendmachen der Verletzung von Grundrechten oder grundrechtsgleichen Rechten beschränkt.

91   Der Gerichtshof begründete seine Entscheidung damit, dass *„Jedermann"* im Sinne von § 49 Abs. 1 VerfGHG auch eine Fraktion der Bezirksverordnetenversammlung sein könne. Diese könne das Grundrecht auf Chancengleichheit der von ihr repräsentierten Partei geltend machen. Insoweit wird auf den Wortlaut von § 49 Abs. 1 VerfGHG verwiesen, wonach die Verletzung jedes in der Verfassung von Berlin enthaltenen Rechtes gerügt werden könne. Hierzu gehöre auch das genannte Recht einer Partei. Die Fraktion könne in diesem Zusammenhang mit einer Partei gleichgesetzt werden.

92   Diese Auffassung ist jedoch abzulehnen.[22] Insbesondere kann eine Fraktion einer Bezirksverordnetenversammlung nicht mit der sie tragenden Partei gleichgesetzt werden. Während die Partei als juristische Person des Privatrechts Grundrechtsträger ist, stellt die Fraktion einen Teil eines Verwaltungsorgans, also einer staatlichen Einrichtung dar. Als solcher kann sie nicht Träger staatsgerichteter Grundrechte sein. Beachtet man die gebotene rechtliche Trennung von Partei und Fraktion, so kann letztere auch nicht Trägerin des Rechts auf Chancengleichheit der Parteien sein. Insoweit ist festzustellen, dass das Urteil eher auf einer nicht nachvollziehbaren Ausweitung des rechtlichen Status einer Fraktion beruht[23] als auf einer erweiterten Auslegung des Verfassungsbeschwerdeverfahrens.

93   Die Verfassungsbeschwerde gem. Art. 84 Abs. 2 Nr. 5 VvB, §§ 14 Nr. 6, 49 ff. VerfGHG hat vielmehr einen mit der grundgesetzlichen Verfassungsbeschwerde *vergleichbaren Anwendungsbereich.*[24] Allein die Tatsache, dass § 49 Abs. 1 VvB keine Benennung der rügefähigen Rechte enthält, spricht nicht für eine erweiterte

---

[20] So vier Richter des BerlVerfGH, Beschl. v. 15.6.2000 – VerfGH 47/99, n. v., S. 8.

[21] BerlVerfGH, Entsch. v. 19.10.1992 – VerfGH 24/92, LVerfGE 1, 9.

[22] Ebenso *Kunig* und *Dittrich*, Sondervoten zu BerlVerfGH, Entsch. v. 19.10.1992 – VerfGH 24/92, LVerfGE 1, 9, 25; *Uerpmann*, LKV 1996, S. 225 ff., 228; *Michaelis-Merzbach*, Rechtspflege und Verfassung von Berlin, S. 190.

[23] Ebenso *Kunig* (Fn. 22), S. 27 ff.

[24] Ebenso vier Richter des BerlVerfGH, Beschl. v. 15.6.2000 – VerfGH 47/99, n. v., S. 8, das Gericht als Ganzes hat die Frage ausdrücklich offengelassen; ausdrücklich offengelassen auch in BerlVerfGH, Beschl. v. 8.10.2001 – VerfGH 131 A/01, 131/01, n. v., S. 5.

Auslegung dieser Bestimmung.[25] Vielmehr deutet die Tatsache, dass der Begriff „Verfassungsbeschwerde" verwandt und in § 49 Abs. 1 VerfGHG ausdrücklich auf „Jedermann" verwiesen wird, darauf hin, dass das Berliner Landesrecht sich *an das Grundgesetz anlehnt* und deshalb auch nur Grundrechte oder grundrechtsgleiche Rechte von deren Trägern geltend gemacht werden können.[26] Die Bezirke und ihre Organe können demnach *keine Beteiligten* eines Verfassungsbeschwerdeverfahrens vor dem Verfassungsgerichtshof sein.[27]

b) Keine Beteiligtenfähigkeit der Bezirke im Organstreitverfahren

Auch im Organstreitverfahren gem. Art. 84 Abs. 2 Nr. 1 VvB, §§ 14 Nr. 1, 36 ff.   **394** VerfGHG sind die Bezirke nach richtiger Auffassung des Verfassungsgerichtshofs *nicht beteiligtenfähig*.[28] Zwar erwähnt Art. 84 Abs. 2 Nr. 1 auch „andere Beteiligte", die in der Verfassung mit eigenen Rechten ausgestattet sind. Jedoch hat der Verfassungsgerichtshof festgestellt, dass damit nur solche Beteiligten gemeint sein könnten, die den obersten Verfassungsorganen in Rang und Funktion dadurch gleichkommen, dass sie materiell Träger vergleichbarer Rechte sind.[29] Zunächst wurde für die Bezirksverordnetenversammlung[30] und ihre Fraktionen[31] eine solche vergleichbare Stellung ausdrücklich abgelehnt. Diese Aussage hat der Verfassungsgerichtshof nunmehr verallgemeinert und generell auf die Bezirke erstreckt.[32] Sie besitzen auf Landesebene nicht den Rang oberster Verfassungsorgane, sondern sind als untere Ebene in die Verwaltungshierarchie eingegliedert.

c) Die Normenkontrolle der Zuständigkeitsabgrenzung

Die einzige Verfahrensart, die den Bezirken vor dem Verfassungsgerichtshof zur   **395** Verfügung steht, ist die sogenannte Normenkontrolle der Zuständigkeitsabgrenzung gem. Art. 84 Abs. 2 Nr. 3 VvB, §§ 14 Nr. 8, 57 VerfGHG. Sie wurde im Zuge der Verwaltungsreform 1994 in die VvB aufgenommen, um die Rechtsstellung der Bezirke zu stärken.[33] Antragsberechtigt sind *ausschließlich die Bezirke* (vgl. § 57 Abs. 1 VerfGHG). Streitgegenstand kann nur ein förmliches Landesgesetz sein, das die *Zuständigkeitsverteilung zwischen Haupt- und Bezirksverwaltung* regelt.

---

[25] Anders *Böckstiegel*, LKV 1994, S. 355 ff., 357, allerdings zur Rechtslage vor der Verfassungsnovelle.

[26] *Kunig* (Fn. 22), S. 26 f.

[27] Zusammenfassend *Michaelis/Rind* in: Driehaus, VvB, Art. 84 Rz. 38 ff.

[28] BerlVerfGH, Beschl. v. 15.6.2000 – VerfGH 47/99, n. v., S. 6; Beschl. v. 8.10.2001 – VerfGH 144 A/01, 144/01, n. v., S. 5.

[29] BerlVerfGH, Urt. v. 19.10.1992 – VerfGH 39/92, LVerfGE 1, 40, 41.

[30] BerlVerfGH, Beschl. v. 6.10.1998 – VerfGH 46/98, LKV 1999, S. 102.

[31] BerlVerfGH, Urt. v. 19.10.1992 – VerfGH 39/92, LVerfGE 1, 40.

[32] BerlVerfGH, Beschl. v. 15.6.2000 – VerfGH 47/99, n. v., S. 6; ebenso *Neumann* in Pfennig/Neumann, VvB, Art. 66/67, Rz. 23; vgl. *Wille*, Der Berliner Verfassungsgerichtshof, S. 135.

[33] *Von Lampe* in Pfennig/Neumann, VvB, Art. 84, Rz. 80; relativierend *Michaelis/Rind* in Driehaus (Hrsg.), VvB, Art. 84, Rz. 20.

96 Der betroffene Bezirk muss weiterhin *antragsbefugt* sein.[34] Dies ergibt sich aus § 57 Abs. 1 VerfGHG, wonach der Bezirk die Zuständigkeitsabgrenzung nicht nur für nichtig halten, sondern zusätzlich geltend machen muss, dadurch in seinen Rechten aus Art. 51 (jetzt Art. 67) VvB verletzt zu sein. § 57 Abs. 1 VerfGHG enthält also gegenüber dem Text von Art. 84 Abs. 2 Nr. 3 VvB eine zusätzliche Voraussetzung. Man wird jedoch nach dem Sinn und Zweck des Verfahrens als *Rechtsschutzverfahren* für die Bezirke diese Voraussetzung als dem Verfassungstext immanent ansehen müssen. Durch das Erfordernis der Geltendmachung einer Rechtsverletzung wird das Normenkontrollverfahren nach Art. 84 Abs. 2 Nr. 3 zu einem subjektiven Rechtsschutzverfahren im Unterschied zur abstrakten Normenkontrolle gem. Art. 84 Abs. 2 Nr. 2 VvB, die lediglich ein objektives Beanstandungsverfahren darstellt. Aufgrund dieses Umstandes wird deutlich, dass das Verfahren nach Art. 84 Abs. 2 Nr. 3 VvB nicht so sehr in der abstrakten Normenkontrolle, sondern vielmehr in der *kommunalen Verfassungsbeschwerde* ihr Vorbild hat.[35] Auch dort geht es um die Prüfung, ob ein Gesetz wegen der Verletzung gemeindlicher Rechte nichtig ist. Nicht zu verkennen ist allerdings, dass die Normenkontrolle der Zuständigkeitsabgrenzung mit der Beschränkung des Prüfungsmaßstabes auf Art. 67 VvB nur einen Teilausschnitt der kommunalen Verfassungsbeschwerde abdeckt. Relevant wird das Erfordernis einer subjektiven Rechtsverletzung in Fällen, in denen die Aufgabenabgrenzung zwar gegen Art. 67 VvB verstößt, aber keine bezirklichen Rechte verletzen kann. Dies kann etwa der Fall sein, wenn die Zuständigkeitsabgrenzung zu Lasten des Senats vorgenommen wird.

97 Als letzte Voraussetzung statuiert § 57 Abs. 2 VerfGHG eine *Sechs-Monats-Frist* seit dem Inkrafttreten des angegriffenen Gesetzes. Die für die abstrakte Normenkontrolle geltenden Vorschriften der §§ 44, 45 VerfGHG sind gem. § 57 Abs. 3 VerfGHG entsprechend anwendbar.

98 Prüfungsmaßstab des Normenkontrollverfahrens ist als zentrale die Zuständigkeitsabgrenzung regelnde Norm Art. 67 VvB. Der Verfassungsgerichtshof hat eine Erweiterung dahingehend vorgenommen, dass als Maßstabsnormen auch solche anderen Verfassungsbestimmungen in Betracht kommen, die ihrem Inhalt nach die Aufgabenverteilung in Art. 67 VvB mitbestimmen.[36] Zu denken ist hier insbesondere an Art. 66 Abs. 2 VvB. In dem bisher einzigen zu entscheidenden Fall einer Normenkontrolle der Zuständigkeitsabgrenzung, der sogenannten *Landesschulamts-Entscheidung*, blieb der Antrag der Bezirke erfolglos.[37]

2. Das Bezirksverfassungsstreitverfahren

99 Bevor auf den verwaltungsgerichtlichen Rechtsschutz der Bezirke – insbesondere im Zusammenhang mit Aufsichtsmaßnahmen des Senats – eingegangen werden

---

[34] *Michaelis/Rind* (Fn. 33), Rz. 22; *Siegel/Waldhoff*, Öffentliches Recht in Berlin, § 1 Rz. 216.

[35] Anders *Remmert*, LKV 2003, S. 258 ff., 260; darauf antwortend *Musil*, LKV 2003, S. 262.

[36] BerlVerfGH, Urt. v. 10.5.1995 – VerfGH 14/95, LVerfGE 3, 28, 31.

[37] BerlVerfGH, Urt. v. 10.5.1995 – VerfGH 14/95, LVerfGE 3, 28; siehe Fall 3, Rz. 162.

kann, soll zunächst das Bezirksverfassungsstreitverfahren dargestellt werden. Dessen Grundsätze lassen sich nämlich teilweise auf den bezirklichen Rechtsschutz übertragen. In beiden Fällen handelt es sich um Innenrechtsstreitigkeiten, sogenannte *Insichprozesse*.

Im Rahmen des Bezirksverfassungsstreitverfahrens geht es um Streitigkeiten zwischen Organen, Organteilen und einzelnen Vertretern innerhalb eines Bezirks über den Inhalt und den Umfang der ihnen jeweils zugeordneten Rechtskreise. In der Praxis handelt es sich meist um Streitigkeiten zwischen Mitgliedern und Organen der *Bezirksverordnetenversammlung*. Insoweit unterscheidet sich das Bezirksverfassungsstreitverfahren nicht vom Kommunalverfassungsstreitverfahren.[38] Problematisch sind die genannten Streitigkeiten deshalb, weil die VwGO auf Streitigkeiten zwischen Rechtssubjekten zugeschnitten ist und sich infolgedessen Anwendungsprobleme stellen. So steht eine spezielle Klageart für Innenrechtsstreitigkeiten nicht zur Verfügung. Auch erkennt die Verwaltungsgerichtsordnung im Rahmen der Klagebefugnis nur subjektiv-öffentliche Rechte an, die im Außenverhältnis wirksam sind. Schließlich sind die Vorschriften über die Beteiligten- und Prozessfähigkeit nicht ohne weiteres anwendbar. Im Ergebnis besteht aber Einigkeit, dass Kommunalverfassungsstreitverfahren und damit auch Bezirksverfassungsstreitverfahren zulässigerweise vor den Verwaltungsgerichten ausgetragen werden können.[39] Der Bezirksverfassungsstreit ist seit langem in Rechtsprechung[40] und Literatur[41] allgemein anerkannt.

a) Verwaltungsrechtsweg

Der Verwaltungsrechtsweg ist gem. § 40 Abs. 1 VwGO für Bezirksverfassungsstreitigkeiten eröffnet. Problematisch ist bereits das Merkmal der „Streitigkeit" im Sinne des § 40 Abs. 1 VwGO. Zwar sind Organe und Organteil einer oder verschiedener juristischer Personen mit eigenen Aufgaben ausgestattet, sie sind jedoch nicht selbst rechtsfähig. Es handelt sich bei dem Kommunal- bzw. Bezirksverfassungsstreit dennoch nicht um einen unzulässigen Insichprozess, weil auch Aufbau und Organisation verschiedener Hoheitsträger Gegenstand rechtlicher Würdigung sein kann. Eine Streitigkeit im Sinne des § 40 Abs. 1 VwGO ist folglich auch eine solche des Innenrechts. Streitigkeiten innerhalb eines Verwaltungsträgers können nur aufgrund von Normen des öffentlichen Rechts gelöst werden. In Bezirksverfassungsstreitigkeiten wird in der Regel das *Bezirksverwaltungsgesetz*[42] als öffentlich-rechtliches Regelungswerk streitentscheidend sein. Damit ist auch die Streitigkeit selbst öffentlich-rechtlicher Natur.

400

---

[38] Zu dessen Definition siehe Rz. 388.

[39] *Bethge* (Fn. 17), Rz. 1.

[40] Z. B. OVG Berlin, Urt. v. 11.05.1983 – 3 B 30.82, OVGE 17, 12; Beschl. v. 24.3.2000 – 8 SN 45.00, LKV 2001, S. 131; VG Berlin, Urt. v. 30.11.1994 – 26 A 4.93, LKV 1995, S. 437.

[41] *Hurnik*, HkWP Bd. 1, § 26a, Rz. 38.

[42] Bezirksverwaltungsgesetz vom 10.11.2011, GVBl. 692, zuletzt geänd. d.G.v. 27.08.2021, GVBl. 982, 1239.

01 Trotz der insoweit irreführenden Bezeichnung Bezirks „verfassungs" streit handelt es sich bei diesen Verfahren nicht um verfassungsrechtliche Streitigkeiten. Bezirkliche Organe oder Organteile sind keine Verfassungsorgane Berlins und stehen diesen dem Rang nach auch nicht gleich.[43] Damit handelt es sich um Streitigkeiten nicht verfassungsrechtlicher Art.

b) Statthafte Klageart

02 Fraglich ist, welche Klageart den bezirklichen Organen im Falle von Innenrechtsstreitigkeiten zur Verfügung steht. *Anfechtungs- und Verpflichtungsklage* scheiden von vornherein aus, da Streitigkeiten um Organrechte und -pflichten den Innenbereich der juristischen Person Land Berlin nicht verlassen. Die Maßnahmen eines Organs gegenüber einem anderen haben somit keine Außenwirkung im Sinne von § 35 S. 1 VwVfG und stellen keine Verwaltungsakte dar.

03 Für Binnenrechtsstreitigkeiten der vorliegenden Art wird eine *Klage sui generis* diskutiert, die es ermöglicht, die Maßnahme eines Organs gerichtlich aufheben zu lassen.[44] Für eine solche besteht indes kein Bedürfnis, da das jeweilige Organ auch dazu verurteilt werden kann, die Maßnahme selbst rückgängig zu machen. Statthaft kann insoweit die *allgemeine Leistungsklage* sein.

04 Schließlich kann auch eine *Feststellungsklage* statthaft sein, die auf die Feststellung der Nichtberechtigung des Organs bzw. Rechtswidrigkeit der getroffenen Maßnahme gerichtet ist. Die Subsidiaritätsklausel des § 43 Abs. 2 VwGO steht nicht entgegen, da die Leistungsklage weder rechtsschutzintensiver ist noch die Sachurteilsvoraussetzungen anderer Klagearten umgangen werden.[45]

05 Als statthafte Klagearten kommen mithin je nach Fallkonstellation allgemeine Leistungsklage[46] und Feststellungsklage[47] in Betracht. Im Bezirksverfassungsstreit kann die allgemeine Leistungsklage erhoben werden, um den Klagegegner zu einem Handeln, Dulden oder Unterlassen zu verpflichten. Die Feststellungsklage gem. § 43 VwGO kann gewählt werden, um eine zwischen Organen oder Organteilen strittige Rechtsfrage in Anbetracht einer konkreten Fallkonstellation gerichtlich verbindlich klären zu lassen.

c) Klagebefugnis

06 Besonderes Augenmerk ist im Rahmen eines Innenrechtsstreits auf die Klagebefugnis zu richten. Die Rechtsprechung verlangt mittlerweile auch im Rahmen von allgemeiner Leistungs- und Feststellungsklage die Geltendmachung einer Rechtsverletzung analog § 42 Abs. 2 VwGO. Es fehlt Verwaltungsorganen und ihren Teilen aber an im Außenrechtskreis wirksamen subjektiv-öffentlichen Rechten. Sie besitzen grundsätzlich nur *Wahrnehmungszuständigkeiten*, die in der Regel *nicht wehrfähig* sind. Eine Ausnahme besteht aber dann, wenn die Kompetenzzuweisung nicht

---

[43] Siehe Rz. 394.
[44] Vgl. *Hufen*, Verwaltungsprozessrecht, § 21, Rz. 9, 14.
[45] Siehe Fall 7, Rz. 280
[46] VG Berlin, Urt. v. 30.11.1994 – 26 A 4.93, LKV 1995, S. 437.
[47] VG Berlin, Urt. v. 29.6.1998 – 26 A 30.96, n. v., S. 3.

nur im Interesse des Gesamtorganismus, sondern zur Konstituierung von *subjektiv-rechtlich schutzwürdigen Kontrastorganen* erfolgt ist, die eine *inneradministrative Machtbalance* gewährleisten sollen.[48] Dem einzelnen Organ müssen bestimmte mitgliedschaftliche oder organschaftliche Rechte nicht nur zur Wahrung öffentlicher Interessen, sondern auch im Interesse der *Sicherung eines pluralistisch strukturierten Willensbildungsprozesses* eingeräumt worden sein. Handelt es sich lediglich um eine Kompetenzzuweisung im Interesse der Arbeitsteilung, so ist die Wehrfähigkeit zu verneinen.[49]

Es ist somit bei einem Bezirksverfassungsstreit immer zu entscheiden, ob das **407** klagende Organ im Rahmen der zu entscheidenden Streitfrage als Kontrastorgan fungiert und somit wehrfähige Innenrechtspositionen geltend macht. Dies ist in der Regel bei Rechtsstreitigkeiten innerhalb der Bezirksverordnetenversammlung der Fall.

So lässt sich eine Klagebefugnis wie beim Kommunalverfassungsstreit[50] bei- **408** spielsweise bejahen hinsichtlich von *Teilnahme-, Wahl-, Mitwirkungs- und Rederechten* in der Bezirksverordnetenversammlung. Solche Rechtsstreitigkeiten betreffen z. B. Meinungsverschiedenheiten zwischen Fraktionen bzw. zwischen Fraktionen und der Bezirksverordnetenversammlung um Wahlvorschlagsrechte z. B. für Bezirksamtsmitglieder[51] oder Mitglieder des Vorstands der Bezirksverordnetenversammlung, insbesondere den Vorsteher.[52] oder Entsendungsrechte für Ausschüsse.[53] Denkbar sind auch Streitigkeiten zwischen Bezirksverordneten und Fraktionen z. B. beim Fraktionsausschluss[54] oder von Bezirksverordneten und der Bezirksverordnetenversammlung bzw. deren Vorstand um Teilhabe- oder andere Mitgliedschaftsrechte.

Die Verletzung des *objektiven Rechts* oder von *Rechten Dritter* kann hingegen **409** nicht geltend gemacht werden.[55] Kein Klagerecht besteht ferner, soweit besondere Verfahrensvorschriften die Anrufung des Verwaltungsgerichts ausschließen. Dies betrifft insbesondere Streitigkeiten zwischen Bezirksverordnetenversammlung und Bezirksamt, wenn das Bezirksamt eine Beanstandung nach § 18 BezVG vornehmen muss. Das *Beanstandungsverfahren* schließt einen gerichtlichen Rechtsschutz aus. Die Letztentscheidung der Aufsichtsbehörde ist verbindlich. Im Anwendungsbereich

---

[48] So *Röhl* in Schoch, Besonderes Verwaltungsrecht, 2. Kap., Rz. 126; im Einzelfall kann ein Insichprozess unabhängig von subjektiv-öffentlichen Rechten allerdings spezialgesetzlich zugelassen sein, siehe BVerwG, Urt. v. 21.6.1974 – IV C 17.72, BVerwGE 45, 207, 210.

[49] Siehe ausführlich *Burgi*, Kommunalrecht, § 14, Rz. 13 ff.

[50] Beispiele bei *Burgi*, Kommunalrecht, § 14, Rz. 14.

[51] OVG Berlin, Beschl. v. 30.12.1999 – 8 SN 319.99, LKV 2000, S. 215; VG Berlin, Urt. v. 30.11.1994 – 26 A 4.93, LKV 1995, S. 437.

[52] OVG Berlin, Beschl. v. 21.12.1992 – 8 S 349.92, OVGE 20, 165; VG Berlin, Urt. v. 29.6.1998 – 26 A 30.96.

[53] OVG Berlin, Urt. v. 11.05.1983 – 3 B 30.82, OVGE 17, 12; Beschl. v. 24.3.2000 – 8 SN 45.00, LKV 2001, S. 131.

[54] OVG Berlin, Beschl. v. 19.8.1997 – 8 SN 295.97, NVwZ 1998, S. 197.

[55] *Hufen* (Fn. 44), § 21, Rz. 15.

des Beanstandungsverfahrens sind Bezirksamt und Bezirksverordnetenversammlung auf ihre Rechte in diesem Verfahren angewiesen und einer gemeinsamen Spitze unterstellt, der die Letztentscheidung zugewiesen ist. In diesen Fällen fehlt es den Organen an einem Rechtsschutzinteresse.[56]

d) Beteiligtenfähigkeit

10   Auch die Beteiligtenfähigkeit im Insichprozess ist problematisch. Als beteiligte Organe kommen die Bezirksverordnetenversammlung, deren Fraktionen, aber auch einzelne Bezirksverordnete in Betracht. Richtigerweise ist davon auszugehen, dass § 61 VwGO den Innenrechtsstreit direkt nicht regelt. Zwar besteht das beteiligte Organ in der Regel aus einer bestimmten Anzahl natürlicher Personen. Deren Rechte als Personen werden jedoch im Bezirksverfassungsstreit nicht relevant, sondern lediglich diejenigen des Organs, das sie bilden. Wegen Vorliegens einer *planwidrigen Regelungslücke* ist § 61 VwGO deshalb analog anzuwenden.[57] Beteiligtenfähig ist das Organ bzw. Organteil im Sinne des § 61 Nr. 2 VwGO analog in der Regel als „Vereinigung", welches ein auf Dauer angelegtes, rechtlich verselbstständigtes, zur eigenen Willensbildung fähiges Gebilde darstellt, dass prinzipiell vom Bestand seiner Mitglieder unabhängig ist. Das Oberverwaltungsgericht und das Verwaltungsgericht Berlin gehen allerdings – im Gegensatz zu Streitigkeiten zwischen Bezirken und dem Senat – von einer direkten Anwendung von § 61 Nr. 1 VwGO für Bezirksverordnete und § 61 Nr. 2 VwGO für andere Organe bzw. Organteile aus.[58]

3. Verwaltungsgerichtlicher Rechtsschutz der Bezirke

a) Der Meinungsstand hinsichtlich eines bezirklichen Klagerechts

11   Die Frage, ob und ggf. in welchem Umfang die Bezirke wie die Gemeinden bei Aufsichtsmaßnahmen oder in anderen Fällen gegen Maßnahmen des Senates oder einzelner Senatsmitglieder bzw. Senatsverwaltungen verwaltungsgerichtlichen Rechtsschutz suchen können, ist bis heute noch nicht abschließend geklärt. Die Möglichkeit, vor dem Verwaltungsgericht zu klagen, würde ihre Rechtsstellung nicht unerheblich stärken, denn Senatsentscheidungen könnten im Ernstfall auf den gerichtlichen „Prüfstand" gestellt werden. Das Rechtsschutzproblem hat mithin eine starke politische Dimension und ist dementsprechend umstritten. Prozessrechtlich besteht das Problem, dass es sich bei solchen Streitigkeiten wie beim Bezirksverfassungsstreit und im Unterschied zur Rechtslage in den Flächenstaaten um einen *Insichprozess* handelt, denn sowohl der Senat als auch die Bezirke sind Organe

---

[56] *Kopp/Schenke*, VwGO, § 63, Rz. 7; *Martensen*, JuS 1995, S. 1077 ff., 1078; a. A. *Neumann*, (Fn. 32), Art. 66, 67, Rz. 20; vgl. auch VG Berlin, Beschl. v. 21.10.1981 – 1 A 245/81, NVwZ 1982, S. 326 f., 327 für den Fall, dass das Bezirksamt sein Anliegen durch VA durchsetzen kann.

[57] Ebenso *Gern/Brüning*, Deutsches Kommunalrecht, Rz. 714.

[58] Siehe insbesondere OVG Berlin, Urt. v. 11.05.1983 – 3 B 30.82, OVGE 17, 12, 14; in diesem Sinne für den Kommunalverfassungsstreit auch *Burgi*, Kommunalrecht, § 14, Rz. 12.

der juristischen Person Berlin. Ein solcher Rechtsstreit betrifft also von vornherein die Innenrechtsbeziehungen Berlins. Es stehen sich nicht zwei Rechtssubjekte gegenüber, sondern Organe einer Körperschaft (Intrasubjektiver Interorganstreit). Problematisch ist deshalb wiederum insbesondere die Klagebefugnis sowie die Beteiligtenfähigkeit der Bezirke im verwaltungsgerichtlichen Verfahren. Im Unterschied zum Bezirksverfassungsstreit ist ein bezirkliches Klagerecht im Verhältnis zum Senat und der Hauptverwaltung noch nicht allgemein anerkannt.

Die *ältere Literatur* lehnt ein Klagerecht der Bezirke generell ab.[59] Die Bezirke **412** besäßen keine eigene Rechtspersönlichkeit und seien vollständig in die Verwaltungshierarchie Berlins eingebunden. Es fehle daher sowohl an einer Beteiligtenfähigkeit als auch an einer Klagebefugnis. Die Funktionsfähigkeit der Verwaltung werde empfindlich gestört, wenn man die untere Instanz gegen Maßnahmen der vorgesetzten Stelle klagen lasse. Auf diesen Standpunkt stellten sich anlässlich der Einführung des Eingriffsrechts gegenüber den Bezirken auch die die Regelung tragenden Fraktionen des Abgeordnetenhauses.[60]

Demgegenüber hat die *Rechtsprechung* der letzten Jahre in verschiedenen Fällen **413** ein bezirkliches Klagerecht gegen Maßnahmen des Senats bejaht. So bejahte das VG Berlin 1995[61] bei einem Antrag eines Bezirks auf einstweiligen Rechtsschutz, der sich dagegen wandte, dass der Senat die außergewöhnliche stadtpolitische Bedeutung eines Gebietes nach § 9 AGBauGB (ehemals § 4c) festgestellt hatte und dem Bezirk damit die Kompetenz für die Bauleitplanung entzog, die Wehrfähigkeit des insoweit betroffenen bezirklichen Zuständigkeitsbereichs. In einem vergleichbaren Fall aus dem Jahre 1999 ließ das OVG Berlin[62] ausdrücklich offen, ob es ein generelles Klagerecht der Bezirke aufgrund eines etwaigen Selbstverwaltungsrechts geben könne. Jedenfalls im Bereich der Bauleitplanung sei ein solches anzuerkennen, da die Bezirke hier eine weitgehend verselbstständigte Stellung besäßen. Das VG Berlin hat 1998[63] in einer Entscheidung, in der es um die Frage der Rechtmäßigkeit von Aufsichtsmaßnahmen des Senats gegenüber einer Bezirksbürgermeisterwahl ging, ein bezirkliches Klagerecht angenommen. In einer im Verfahren des einstweiligen Rechtsschutzes ergangenen Entscheidung aus dem Jahre 2003 hat das OVG seine Feststellungen aus dem Jahre 1999 bekräftigt, ihre Übertragung auf weitere Sachbereiche aber im Ergebnis offengelassen.[64] Schließlich hat das VG Berlin

---

[59] *Kreutzer*, DÖV 1959, S. 429 ff., 434; *Machalet*, Die Berliner Bezirksverwaltung, S. 82 f.; *Breitfeld*, Die verfassungsrechtliche Stellung der Berliner Bezirke, S. 16, 61 f.; *Hantel*, JuS 1988, S. 512 ff., 518.

[60] Protokollnotiz der Koalitionsfraktionen zitiert vom Abg. Jakesch und zu Protokoll gegeben von dem damaligen Innensenator Schönbohm in der 43. Sitzung des Abgeordnetenhauses am 26. März 1998 (siehe 6. Kap., Fn. 36): „... gegen Maßnahmen der Bezirksaufsicht oder der Ausübung des Eingriffsrechts (ist) weder (der) Rechtsweg zum VerfGH noch zur Verwaltungsgerichtsbarkeit eröffnet."; „Eine Klagebefugnis der Bezirke gegen Aufsichtsentscheidungen wird (damit) nicht konstituiert."

[61] VG Berlin, Beschl. v. 20.9.1995 – 19 A 1766.95, LKV 1996, S. 106.

[62] OVG Berlin, Urt. v. 31.8.1999 – 2 B 13.99, LKV 2000, S. 453 ff.

[63] VG Berlin, Urt. v. 8.6.1998 – 26 A 43.96.

[64] OVG Berlin, Urt. v. 19.8.2003 – 2 S 27.03, n. v.

in einem Urteil aus dem Jahre 2005 ausgeführt, dass verwaltungsgerichtliche Klagen der Bezirke in Teilbereichen möglich seien.[65] Allen erwähnten Urteilen liegt die Erwägung zugrunde, dass die fehlende Rechtspersönlichkeit der Bezirke allein nicht gegen ein Klagerecht sprechen könne. Der sogenannte Insichprozess innerhalb ein und desselben Verwaltungsträgers sei unter bestimmten Voraussetzungen zulässig. Diese seien für die Bezirke in den zu entscheidenden Fällen erfüllt. So sei § 61 Nr. 2 VwGO für die Bezirke analog anzuwenden. Die erforderliche Klagebefugnis lasse sich aus den jeweils einschlägigen Rechtsvorschriften herleiten.

14 Bemerkenswert ist in diesem Zusammenhang ein Urteil des *Bundesverwaltungsgerichts* aus dem Jahr 2012.[66] Im zugrunde liegenden Fall hatte sich das Bezirksamt Friedrichshain-Kreuzberg gegen einen Planfeststellungsbeschluss der Senatsverwaltung für Stadtentwicklung zum Weiterbau der Bundesautobahn A 100 gewandt. Das Gericht verneinte bereits eine bezirkliche Klagebefugnis. Eine gemeindliche Planungshoheit im Sinne von Art. 28 Abs. 2 GG stehe ihm nicht zu. Auch aus der Verfassung von Berlin oder anderen Rechtspositionen folge kein Klagerecht. So begründe Art. 64 Abs. 2 Satz 1 VvB keine originäre Trägerschaft der Bezirke für die Regelung der Bodennutzung in ihrem Gebiet. Ein Bezirk könne sich auch nicht unter Berufung auf andere Rechtspositionen gegen einen Planfeststellungsbeschluss der Hauptverwaltung wenden. Insbesondere vermittle eine abgeleitete organisationsrechtliche Kompetenz für die Bauleitplanung kein solches Abwehrrecht. Es möge sein, dass sich ein Bezirk im „Innenrechtsstreit" gegen die Verletzung dieser Kompetenz wehren könne. Vorliegend stehe jedoch nicht in Streit, welche Stelle nach den landesrechtlichen Regelungen für eine bestimmte Bauleitplanung zuständig sei. Vielmehr mache der klagende Bezirk ein Abwehrrecht gegen eine fremde Fachplanung geltend.

15 Ein Teil der *neueren Literatur* bejaht ein generelles bezirkliches Klagerecht gegen Maßnahmen des Senats und seiner Mitglieder.[67] Dies wird damit begründet, dass es – zumindest seit den Verwaltungsreformen der neunziger Jahre – ein Recht auf bezirkliche Selbstverwaltung gebe, das die Bezirke jedweder Art von Maßnahmen entgegenhalten könnten.

b) Beschränktes bezirkliches Klagerecht als Lösung

16 Die letztgenannte Auffassung ist als zu weitgehend abzulehnen. Wie bereits oben dargestellt, gibt es *kein generelles Recht der Bezirke auf Selbstverwaltung.*[68] Mit dem Verfassungsgerichtshof ist davon auszugehen, dass das Prinzip der Einheitsgemeinde einer weitgehenden Selbstverwaltung der Bezirke entgegensteht. Selbstverwaltungsrechte können nur so weit gehen, wie sie einen reibungslosen Verwaltungsablauf innerhalb des einheitlichen Verwaltungsträgers Berlin nicht gefährden. Den

---

[65] VG Berlin, Urt. v. 23.11.2005 – 1 A 216.02, juris, Rz. 21, vgl. Fall 11; im Ergebnis wurde eine Klagemöglichkeit im konkreten Fall aber verneint.

[66] BVerwG, Urt. v. 10.10.2012 – 9 A 10.11, NVwZ 2013, S. 662.

[67] *Neumann* (Fn. 32), Art. 66, 67, Rz. 20; *Haaß*, LKV 1996, S. 84 ff., 86; *Deutelmoser*, Die Rechtsstellung der Bezirke in den Stadtstaaten Berlin und Hamburg, S. 135 f.

[68] Siehe Rz. 38.

Bezirken fehlt eben eine wesentliche Voraussetzung für eine umfassende Eigenverantwortlichkeit, nämlich die organisatorische Verselbstständigung. Nur in Teilbereichen können deshalb Selbstverwaltungsrechte bestehen.

Aber auch der entgegengesetzten Ansicht kann nicht gefolgt werden. Sie berück-   **417**
sichtigt zu wenig, dass unter bestimmten Voraussetzungen auch innerhalb eines Verwaltungsträgers Rechtsschutz möglich ist. So ist der Bezirksverfassungsstreit ein
Insichprozess, der schon seit langem allgemein für zulässig erachtet wird.[69] Ein
generelles *Verbot des Insichprozesses* gibt es nicht.[70] Insbesondere müssen die Regelungen der VwGO über die Beteiligtenfähigkeit der Analogie zugänglich sein,
wenn andernfalls anerkennenswerte Rechtspositionen nicht durchsetzbar wären.
Berlin selbst ist nach Art. 1 Abs. 1 VvB auch eine Stadt, weshalb es naheliegt, die
zum Kommunal- und Bezirksverfassungsstreit entwickelten Grundsätze nicht nur
auf Streitigkeiten zwischen bezirklichen Organen, sondern auch auf solche der Bezirke mit dem Senat und der Hauptverwaltung anzuwenden.

Die skizzierte Entscheidung des Bundesverwaltungsgerichts aus dem Jahr 2012   **418**
lässt sich mit Blick auf die Frage eines bezirklichen Klagerechts *nicht verallgemei-
nern.* Es wurde bereits an anderer Stelle ausgeführt, dass sich die Bezirke nicht auf
Art. 28 Abs. 2 GG berufen können. Auch gewährt ihnen Art. 64 Abs. 2 VvB kein
unmittelbar anzuwendendes subjektives Recht, da die Vorschrift der gesetzgeberischen Umsetzung bedarf. Indes ist diese Umsetzung dahingehend erfolgt, dass den
Bezirken für den Regelfall die Kompetenz für die Bauleitplanung auf ihrem Gebiet
eingeräumt wird. Lediglich in bestimmten Fällen ist die Senatsverwaltung zuständig. Aufgrund der tatbestandlichen Fassung der gesetzlichen Zuständigkeitsabgrenzung kann es im Einzelfall zu Abgrenzungsschwierigkeiten kommen. Dem klagenden Bezirk ging es im zu entscheidenden Fall ersichtlich um die Klärung dieser sich
stellenden Zuständigkeitsfrage. Deshalb ist die Aussage des Gerichts, es gehe nicht
um Zuständigkeiten, sondern um die Geltendmachung eines Abwehrrechts gegen
eine fremde Fachplanung, nicht nachvollziehbar. Sie beruht möglicherweise auf der
Annahme, der Bezirk habe sich wie ein Privater gegen eine sein Gebiet betreffende
Bauleitplanung zur Wehr setzen wollen. Diese Annahme lässt sich allerdings schwer
mit der Sachverhaltsschilderung im Tatbestand in Einklang bringen.

Entscheidend ist demnach die Frage, inwieweit den Bezirken wehrfähige Rechts-   **419**
positionen zustehen können, die der verwaltungsgerichtlichen Durchsetzungsmög-
lichkeit bedürfen. Damit sind die Voraussetzungen angesprochen, die für die Zulässigkeit eines Insichprozesses entwickelt wurden.[71] Mit Blick auf Streitigkeiten
zwischen Bezirken und Senat bzw. Hauptverwaltung bedeutet dies, dass jede einzelne Kompetenzzuweisung darauf zu untersuchen ist, ob sie erfolgt ist, um den
Bezirken eine *eigenständige, selbstverwaltete Aufgabenerfüllung* zu ermöglichen
und damit eine wehrfähige Innenrechtsposition zuzuweisen. In diesem Sinne sind
auch die Verwaltungsgerichte in ihren erwähnten Entscheidungen verfahren. Die
hier vertretene Auffassung liegt demnach auf einer Linie mit der verwaltungsge-

---

[69] Siehe Rz. 399.
[70] *Sommer*, JR 1995, S. 397 ff., 400.
[71] Siehe Rz. 400 ff.

richtlichen Rechtsprechung. Die Klagebefugnis ist immer dann zu bejahen, wenn und soweit die Bezirke als *Kontrastorgane zum Senat und der Hauptverwaltung* auftreten. Folgerichtig muss dann auch die Beteiligtenfähigkeit analog § 61 VwGO bejaht werden.[72] Auf den wichtigsten Anwendungsfall bezirklicher Klagerechte, nämlich die Aufsicht durch den Senat oder ein Senatsmitglied, werden diese Erkenntnisse im Folgenden angewandt. Sie kommen aber, wie die oben genannten Entscheidungen des VG und des OVG Berlin[73] im Zusammenhang mit § 9 Abs. 1 AGBauGB zeigen, auch in anderen Fällen zum tragen, in denen Senatsentscheidungen bezirkliche Interessen beeinträchtigen. Ist der Rechtsweg nicht eröffnet, kann in *vermögensrechtlichen Streitigkeiten* ein besonderes Schlichtungsverfahren bei der Senatsverwaltung für Finanzen beantragt werden.[74]

c) Rechtsschutz gegen Maßnahmen der Bezirksaufsicht

20 Im Rahmen der Bezirksaufsicht haben die Aufsichtsbehörde bzw. der Senat die in den §§ 10 bis 13 AZG geregelten Rechte.[75] Das AZG und die darin enthaltenen Regelungen gehören unproblematisch dem öffentlichen Recht an, sodass der Verwaltungsrechtsweg gem. § 40 Abs. 1 VwGO eröffnet ist. Im Hinblick auf die statthafte Klageart kann auf die Ausführungen zum Bezirksverfassungsstreit verwiesen werden.

21 Hinsichtlich der Klagebefugnis analog § 42 Abs. 2 VwGO wäre nun entsprechend dem oben Gesagten zu entscheiden, ob wehrfähige Rechtspositionen der Bezirke vorliegen, deren Verletzung möglich erscheint. Der bloße Verweis auf ein bezirkliches Recht auf Selbstverwaltung reicht hierfür nicht aus, denn eine solche umfassende subjektive Rechtsposition der Bezirke besteht nicht.

22 In Übereinstimmung mit der verwaltungsgerichtlichen Rechtsprechung[76] sind solche subjektiven Rechtspositionen im Bereich der *Bauleitplanung* regelmäßig zu bejahen. Den Bezirken wurde im Zuge der Verwaltungsreform das grundsätzliche Recht verliehen, die Bauleitplanung eigenverantwortlich durchzuführen.[77] Dies kommt deutlich in Art. 64 Abs. 2 S. 1 VvB zum Ausdruck, in dem die Möglichkeit eröffnet wird, Rechtsverordnungen der Bezirke zur Festsetzung von Bebauungsplänen zuzulassen, wovon der einfache Gesetzgeber in § 6 AGBauGB auch Gebrauch gemacht hat. Durch das Recht, eigenständig Recht zu setzen, sind die bezirklichen Kompetenzen in diesem Bereich zum Zwecke der Machtverschiebung hin zur örtlichen Ebene so verdichtet, dass von einem Kontrastorgan gesprochen werden kann.

---

[72] Ebenso ausdrücklich OVG Berlin, Urt. v. 31.8.1999 – 2 B 13.99, LKV 2000, S. 453; VG Berlin, Urt. v. 8.6.1998 – 26 A 43.96.

[73] Siehe Fn. 61 und 62.

[74] Siehe die Grundsätze über die Schlichtung von vermögensrechtlichen Streitigkeiten innerhalb der Berliner Verwaltung vom 31.3.1992, DBl. I S. 63.

[75] Siehe Rz. 241 ff.

[76] Siehe Rz. 413.

[77] Siehe Rz. 177.

Ein weiterer Bereich, in dem ein bezirkliches Klagerecht gegen Aufsichtsmaß-   **423**
nahmen zu bejahen ist, ist die *Wahl des Bezirksamts* durch die Bezirksverordnetenversammlung.[78] Durch dieses Wahlrecht wird ein originäres Teilhaberecht der Bezirksverordnetenversammlung als Organ der bezirklichen Selbstverwaltung und
damit mittelbar für die darin repräsentierte Bezirkseinwohnerschaft an der personellen Bestimmung der Bezirksamtsmitglieder begründet, welchem bereits ein sub-
jektiv öffentlich-rechtlicher Charakter zukommt. Es handelt sich insoweit nicht nur
um eine Zuweisung von Zuständigkeiten im Rahmen der üblichen inneradministrativen Arbeitsteilung. Wenn und soweit eine bezirksaufsichtliche Maßnahme in dieses Wahlrecht eingreift, besteht mithin eine Beteiligtenfähigkeit der Bezirksverordnetenversammlung analog § 61 Nr. 2 VwGO und auch eine Klagebefugnis analog
§ 42 Abs. 2 VwGO. Die Bezirksverordnetenversammlung nimmt in diesen Fällen
die bezirklichen Rechte wahr.

Die für die Wahl des Bezirksamts gewonnene Erkenntnis lässt sich auf weitere   **424**
originäre Zuständigkeiten und Befugnisse der Bezirksverordnetenversammlung
ausdehnen. Zunächst kommt auch den anderen Wahlrechten der Bezirksverordnetenversammlung nach § 16 Abs. 1 BezVG ein subjektiv-rechtlicher Charakter zu,
denn auch insoweit handelt es sich um besondere Teilhaberechte außerhalb der Organisation hierarchisch-administrativer Willensbildung. Auch andere Wahlrechte
der Bezirksverordnetenversammlung für ihre eigenen Organe (z. B. den Vorsteher)
bzw. die Bildung von Ausschüssen und des Ältestenrates nach § 9 Abs. 1 BezVG
sind hier zu nennen.

Schlussendlich muss man alle *originären Entscheidungsrechte* der Bezirksver-   **425**
ordnetenversammlung nach § 12 Abs. 2 BezVG ebenfalls als subjektive Rechtspositionen anerkennen. Zwar sind diese Entscheidungsrechte zuvörderst im Rahmen
des Verhältnisses der Bezirksverordnetenversammlung zum Bezirksamt zu sehen.
Gleichwohl kommt diesen Entscheidungsrechten gegenüber den sonstigen vom Bezirksamt als Verwaltungsbehörde des Bezirks durchzuführenden Bezirksaufgaben
eine besondere Bedeutung zu. Es handelt sich um grundlegende Entscheidungen
des Bezirks, bei denen die Repräsentation der Bezirkseinwohner durch die Bezirksverordnetenversammlung auch im Verhältnis zum Senat eine hervorgehobene Bedeutung hat. Deshalb besteht ein Klagerecht gegen Maßnahmen der Bezirksaufsicht
auch, wenn diese z. B. im Zusammenhang mit der *Aufstellung des Bezirkshaushaltsplans* stehen.[79] Dies kann z. B. dann zum Tragen kommen, wenn eine Bezirksverordnetenversammlung einen Bezirkshaushaltsplan nicht fristgerecht zu den
Haushaltsberatungen des Abgeordnetenhauses vorlegt und der Senat deshalb bezirksaufsichtliche Mittel ergreift.[80] Dass subjektive Rechte im Zusammenhang der
Beschlussfassung der Bezirksverordnetenversammlung über Bebauungspläne,
Landschaftspläne und andere baurechtliche Akte bestehen, folgt schon aus den obigen Ausführungen zur Bauleitplanung. Subjektive Rechte der Bezirksverordneten-

---

[78] VG Berlin, Urt. v. 8.6.1998 – 26 A 43.96, n. v., S. 6.
[79] Siehe aber Fn. 83.
[80] Siehe Rz. 479.

versammlung sind auch betroffen, soweit Aufsichtsmaßnahmen sich gegen ihre im Rahmen ihres Selbstorganisationsrechts zu erlassende Geschäftsordnung (§ 8 Abs. 1 BezVG) richten. Dies kann zum Tragen kommen, wenn der Senat bestimmte Geschäftsordnungsregelungen mit der Begründung aufhebt, sie seien rechtswidrig.

26   In diesem Zusammenhang ist auch die Aufgabe des Bezirksamts zu nennen, die *Organisation der Bezirksverwaltung* im gesetzlichen Rahmen festzulegen (§ 37 Abs. 9 S. 1 BezVG). Auch insoweit besteht eine wehrfähige Rechtsposition des Bezirks, wenn in diesen Aufgabenbereich bezirksaufsichtliche Maßnahmen eingreifen. Dies betrifft auch die in § 12 Abs. 2 Nr. 10 BezVG der Bezirksverordnetenversammlung vorbehaltene Entscheidung über die Errichtung, Übernahme und Auflösung bezirklicher Einrichtungen oder ihre Übertragung an andere Träger.

27   In *Personalangelegenheiten* normiert Art. 77 Abs. 1 S. 2 VvB das Recht der Bezirke, über Einstellungen, Versetzungen und Entlassungen von Bezirksbediensteten im Regelfall eigenständig zu entscheiden. Diese Vorschrift will sicherstellen, dass die Bezirksverwaltungen einen maßgeblichen Einfluss auf ihre eigene Personalausstattung ausüben können. Auch hier wurde eine klare Verfassungsentscheidung zugunsten dezentraler Machtstrukturen und gegen eine zentrale Entscheidungsgewalt der Hauptverwaltung getroffen. Soweit also im Aufgabenbereich der Personalangelegenheiten der Dienstkräfte der Bezirke nicht nach § 4 Abs. 1 S. 1 i. V. m. Nr. 4 Abs. 1 bis 4 ZustKatAZG die Hauptverwaltung zuständig ist, sind bei bezirksaufsichtlichen Maßnahmen – also nicht solchen, die aus der Funktion als Oberste Dienstbehörde nach § 3 Abs. 1 Nr. 5 LBG folgen – subjektive Rechte des Bezirks betroffen.

28   Nach dem Muster dieser Beispielsfälle ist jeweils zu entscheiden, ob herausgehobene bezirkliche Kompetenzen bestehen, die einem gerichtlichen Rechtsschutz zugänglich sind. *Keine subjektiven Rechte* der Bezirke können tangiert sein, wenn bezirksaufsichtliche Maßnahmen den weiten Bereich der von den Bezirken wahrzunehmenden Aufgaben im reinen Verwaltungsvollzug betreffen, wie insbesondere Ordnungsaufgaben. Diese Aufgaben werden von den Bezirken nicht wie Selbstverwaltungsaufgaben der Gemeinden wahrgenommen, auch wenn sie den Bezirken nach Art. 67 Abs. 2 S. 1 VvB obliegen und abgesehen vom Eingriffsrecht nach § 13a AZG nur der Bezirksaufsicht, also einer Art Rechtsaufsicht, unterliegen.[81] Hier werden lediglich Zuständigkeiten für die Bezirke begründet. Sie sind dabei in eine Verwaltungshierarchie eingebunden, innerhalb derer der Senat als Exekutivspitze befugt ist, im Rahmen seiner Aufsichtsrechte im Streitfall abschließend und verbindlich zu entscheiden, ohne dass diese Entscheidung justiziabel ist. In einem Beschluss[82] hat das OVG Berlin darüber hinaus die Aufgabe der Bezirke, bestimmte landeseigene Grundstücke zu verwalten (*Verwaltungsvermögen des Bezirks*), ohne abschlie-

---

[81] Dabei ist zu beachten, dass in bestimmten Fällen sogar eine Zuständigkeit der Senatsverwaltung für Widersprüche gegen bezirkliche Verwaltungsakte besteht (s. Rz. 157 und 239), in diesen Fällen kann letztlich ohnehin die Senatsverwaltung entscheiden.

[82] OVG Berlin, Beschl. v. 19.8.2003 – 2 S 27.03, n. v.; zu beachten ist dabei, dass in Nr. 6 Abs. 5 ZustKatAZG für bestimmte bezirkliche Grundstücke betreffende Maßnahmen eine Zuständigkeit der Hauptverwaltung besteht.

ßende Entscheidung eher nicht zu den wehrfähigen Aufgabenzuweisungen gerechnet. Das VG Berlin hat in seinem Urteil[83] festgestellt, dass die gesetzlichen Regelungen über die *Ausstattung der Bezirke mit Finanzmitteln* keine wehrfähige Rechtsposition einräumen.

Es ist also in jedem Einzelfall zu entscheiden, ob wehrfähige Rechtspositionen   **429** der Bezirke vorliegen. In den Flächenländern besteht eine solche Einzelfalldifferenzierung nicht. Hierbei ist zu beachten, dass die bezirklichen Rechte nur punktuell dem Recht der Gemeinden auf Selbstverwaltung entsprechen und deshalb auch nur punktuell wehrfähige subjektive Rechte der Bezirke bestehen.[84]

d) Rechtsschutz gegen das Eingriffsrecht

Eine Fachaufsicht über die Bezirke besteht wie dargestellt[85] nicht. An ihre Stelle ist   **430** das Eingriffsrecht nach § 13a AZG getreten. Es stellt sich die Frage, ob und inwieweit die Bezirke klageberechtigt sind, wenn von dem Eingriffsrecht Gebrauch gemacht wird. Die Rechtsprechung hat sich bisher zu dem Problem nicht äußern müssen. In der Literatur wird die Auffassung vertreten, im Falle eines Eingriffs bestehe ein umfassendes bezirkliches Klagerecht.[86]

Wie im Rahmen der Bezirksaufsicht kann dem in dieser Allgemeinheit nicht   **431** gefolgt werden. Es besteht ein *Klagerecht wie im Rahmen der Bezirksaufsicht*, wenn den Bezirken in einem Sachbereich *wehrfähige Rechtspositionen* zustehen, die durch einen Eingriff des zuständigen Senatsmitglieds möglicherweise verletzt wurden. Entsprechend dem oben Gesagten betrifft dies insbesondere die Bauleitplanung, die Bezirksamtsbildung sowie weitere Fragen der innerbezirklichen Organisation und Personalangelegenheiten. Wenn insoweit ein Klagerecht bei Maßnahmen der Bezirksaufsicht besteht, muss dieses erst recht gegeben sein, wenn das Bezirksamt rechtmäßig gehandelt hat und ein Eingriff erfolgt.

Über diese Fälle hinausgehend können die Bezirke aber unabhängig von der betroffenen Sach- oder Rechtsmaterie möglicherweise noch in einem weiteren Fall   **432** klagen: Dann nämlich, wenn die *Voraussetzungen für einen Eingriff* gem. § 13a AZG nicht vorlagen und das Senatsmitglied dennoch einen solchen vorgenommen hat. Dies ergibt sich aus der Überlegung, dass das Eingriffsrecht gegenständlich nicht auf bestimmte Aufgabenbereiche beschränkt ist. In jedem Sachbereich steht das bezirkliche Handeln unter dem Vorbehalt eines Eingriffs und damit letztlich eines Eintrittsrechts des zuständigen Senatsmitglieds, obwohl der Bezirk rechtmäßig gehandelt hat. Dadurch kann in die gesetzlich geregelte Zuständigkeitsverteilung zwischen Haupt- und Bezirksverwaltung eingegriffen werden.[87]

---

[83] VG Berlin, Urt. v. 23.11.2005 – 1 A 216.02, juris, Rz. 24 ff.; eine Besonderheit liegt in diesem Fall daran, dass ein Bezirk gegen einen anderen geklagt hat, mit dem Ziel eine Ermäßigung für Straßenreinigungsentgelte zu erhalten.

[84] Siehe Rz. 67.

[85] Siehe Rz. 247.

[86] *Neumann* (Fn. 32), Art. 66, 67, Rz. 34.

[87] Siehe Rz. 119 ff.

33   Es ist augenfällig, dass aufgrund dieser Ausgestaltung des Eingriffsrechts die *Gefahr einer zu weitgehenden Einflussnahme* des Senats auf die bezirkliche Aufgabenerfüllung besteht. Diese Gefahr wurde indes gesehen und ihr wurde durch die Ausgestaltung des Eingriffsrechts in der Verfassung und im AZG Rechnung getragen. Damit diese Einflussnahme nicht ausufern kann, wurde die Ausübung des Eingriffsrechts an beschränkende Voraussetzungen geknüpft. Deren wichtigste, die der *„dringenden Gesamtinteressen Berlins"* wurde in Art. 67 Abs. 1 S. 4 VvB Bestandteil der Verfassung. Das Eingriffsrecht durfte nur unter der Voraussetzung eingeführt werden, dass es gesetzlich unter den Vorbehalt dringender Gesamtinteressen gestellt wird. Wie auch die übrigen Begrenzungen in § 13a AZG dienen die Voraussetzungen des Eingriffsrechts somit dem *Schutz der Bezirke*. Angesichts des Fehlens aufgabenbezogener Grenzlinien soll zumindest eine *tatbestandliche Begrenzung* erfolgen. Der so bewirkte Schutzmechanismus wäre weitgehend wirkungslos, könnte er von den Bezirken nicht vor Gericht geltend gemacht werden. Es unterläge dann der nicht justiziablen Beurteilung des zuständigen Senatsmitglieds, wann ein Fall des Eingriffsrechts gegeben ist. Damit wäre dem Sinn und Zweck der Regelung in Art. 67 Abs. 1 S. 4 VvB und § 13a AZG nicht genügt. Folglich ist den Bezirken hinsichtlich der Voraussetzungen des Eingriffsrechts gem. § 13a AZG stets ein Klagerecht zuzubilligen.[88]

---

[88] Ebenso *Michaelis/Krammerbauer* in Driehaus, VvB, Art. 67, Rz. 5; *Siegel/Waldhoff,* Öffentliches Recht in Berlin, § 1 Rz. 360 f.; vgl. auch *Musil,* LKV 2003, S. 262 ff., 264; vgl. auch *Hurnik* (Fn. 41), Rz. 39.

9 Die Einnahmewirtschaft

I. Allgemeines

434 Die folgenden drei Kapitel beschäftigen sich mit der Ausgestaltung des *Finanzwesens* in Berlin, wobei sich die Darstellung auf seine wesentlichen Kernelemente beschränkt. Zunächst wird in Kap. 9 die *Einnahmewirtschaft* Berlins dargestellt. Sodann behandelt Kap. 10 in Grundzügen das *Haushaltswesen*. Schließlich soll in Kap. 11 als besonders praxis- und prüfungsrelevanter Teilbereich des Finanzwesens das Recht der *wirtschaftlichen Betätigung* Berlins skizziert werden. Zur Verdeutlichung wird in jedem Kapitel auf das Recht der Flächenländer eingegangen. Dabei ist zu berücksichtigen, dass Berlin Land und Gemeinde gleichzeitig ist. Die Darstellung hat sich daher nicht nur auf das Finanzwesen der Gemeinden, sondern teilweise auch auf das der Länder selbst zu erstrecken.

Voraussetzung eines eigenständigen Finanzwesens ist die sogenannte *Finanzhoheit*. In den folgenden Kapiteln wird immer wieder auf die Frage zurückzukommen sein, wie die Finanzhoheit in Berlin verteilt ist. Zur Finanzhoheit gehören die *Einnahme- und Ausgabehoheit* sowie die *Finanzverwaltungshoheit*. Die Einnahmehoheit umfasst das Recht auf eigenverantwortliche Gestaltung der Einnahmepolitik. Man kann sie weiter unterteilen in die *Gesetzgebungshoheit,* die *Abgabenhoheit* sowie die *Ertragshoheit*.[1] Die Ausgabehoheit hingegen beinhaltet das Recht auf eigenverantwortliche Verwendung des zur Verfügung stehenden Finanzvolumens. Die Finanzverwaltungshoheit schließlich betrifft zum einen die Verwaltung der zugewiesenen Einnahmequellen, zum anderen die Verwaltung der Einnahme- und Ausgabewirtschaft im Übrigen, bezeichnet als *Haushaltshoheit*.[2]

Im Kapitel über die Einnahmewirtschaft Berlins geht es um die Frage, wie sich der Stadtstaat Berlin und insbesondere seine Bezirke finanzieren. Nachdem die begrifflichen und verfassungsrechtlichen Rahmenbedingungen der Fragestellung

---

[1] Zu einer etwas anderen Einteilung gelangt *Stern*, Staatsrecht I, S. 413 f.

[2] Einteilung in Anlehnung an *Erichsen*, Kommunalrecht des Landes Nordrhein-Westfalen, S. 163 f.

© Springer-Verlag GmbH Deutschland, ein Teil von Springer Nature 2022
A. Musil, S. Kirchner, *Das Recht der Berliner Verwaltung*, Springer-Lehrbuch,
https://doi.org/10.1007/978-3-662-65501-6_9

abgesteckt sind, wird zunächst die Grundstruktur der Einnahmewirtschaft in den Flächenländern dargestellt. Anschließend können die Berliner Besonderheiten herausgearbeitet werden.

II. Grundbegriffe der Einnahmewirtschaft

Die öffentliche Hand kann ihren Finanzbedarf auf unterschiedliche Art und Weise decken. Haupteinnahmequelle sind die *Abgaben*, die sich unterteilen lassen in *Steuern, Gebühren, Beiträge* und *Sonderabgaben*.[3] Hinzu kommen *Umlagen, Finanzzuweisungen, Vermögenserträge* und *Veräußerungserlöse* sowie nicht zuletzt *Kredite*.[4] Vorliegend sollen vor allem die Abgaben interessieren, da es sich hierbei um das klassische Finanzierungsinstrument handelt. Die Behandlung der mit Sonderabgaben verbundenen Probleme würde den Rahmen der vorliegenden Darstellung sprengen.[5] Gleiches gilt für Finanzzuweisungen und Kredite.[6] Umlagen haben im Rahmen der Berliner Verwaltung keine Bedeutung. Die Problematik der Einnahmeerzielung durch Vermögenserträge und Veräußerungserlöse wird im Abschnitt über die wirtschaftliche Betätigung behandelt.   **435**

Der Terminus „*Abgabe*" meint alle Geldleistungen, die der Staat oder ein anderer Hoheitsträger kraft öffentlichen Rechts zur Erzielung von Einnahmen in Anspruch nimmt[7] und ist ein Oberbegriff für Steuern, Gebühren und Beiträge. *Steuern* sind nach dem verfassungsrechtlichen Steuerbegriff, der in § 3 Abs. 1 S. 1 2. Hs. AO zum Ausdruck kommt, Geldleistungen, die nicht eine Gegenleistung für eine besondere Leistung darstellen und von einem öffentlich-rechtlichen Gemeinwesen zur Erzielung von Einnahmen allen auferlegt werden, bei denen der Tatbestand zutrifft, an den das Gesetz die Leistungspflicht knüpft.[8] Bei *Gebühren* handelt es sich um Geldleistungen, die als Gegenleistung für eine besondere Leistung – Amtshandlung oder sonstige Tätigkeit – der Verwaltung (Verwaltungsgebühren, vgl. § 2 GebBeitrG[9]) oder für die Inanspruchnahme öffentlicher Einrichtungen (Benutzungsgebühren, vgl. § 3 GebBeitrG) erhoben werden. *Beiträge* werden gem. § 4 GebBeitrG zur Deckung der Kosten für die Herstellung und die Unterhaltung der durch ein öffentliches Interesse bedingten Anlagen von den Grundeigentümern und Gewerbetreibenden erhoben, denen durch die Maßnahmen besondere wirtschaftliche Vorteile erwachsen (z. B. Erschließungsbeiträge).   **436**

---

[3] *Lange*, Kommunalrecht, S. 1001 f.

[4] Siehe auch die Darstellung bei *Erichsen* (Fn. 2), S. 164 f.

[5] Siehe hierzu *Heintzen* in vMünch/Kunig, GG, Art. 105, Rz. 26 ff.; *Lange*, Kommunalrecht, S. 1080 ff.

[6] Zur Kreditfinanzierung siehe *Korbmacher/Rind* in Driehaus, VvB, Art. 87, Rz. 10 ff.; zu den Finanzzuweisungen siehe *Weinzen*, Berlin und seine Finanzen, S. 47 ff.

[7] *Lange*, Kommunalrecht, S. 1001.

[8] BVerfG, Urt. v. 24.06.1986 – 2 BvF 1,5,6/83, 1/84, 2/85, BVerfGE 72, 330; hierzu *Birk/Desens/Tappe*, Steuerrecht, Rz. 97 ff.

[9] Gesetz über Gebühren und Beiträge vom 22. Mai 1957, GVBl. S. 516, zuletzt geänd. durch Art. 3 d.G.v. 05.06.2019, GVBl. S. 284.

III. Verfassungsrechtliche Grundlagen

1. Konnexitätsprinzip und Recht auf angemessene Finanzausstattung

37 Aus dem sogenannten *Konnexitätsprinzip* des Art. 104 a Abs. 1 GG ergibt sich, dass Bund und Länder gesondert die Ausgaben zu tragen haben, die sich aus der Wahrnehmung ihrer Aufgaben ergeben. Dieses Prinzip gilt nicht nur im Verhältnis Bund – Länder, sondern auch für die Gemeinden.[10] Verwaltungskompetenz und Ausgabenlast gehören demnach untrennbar zusammen. Die Gemeinden können ihre Aufgaben folglich nur dann eigenverantwortlich wahrnehmen, wenn ihnen auch ein bestimmter *Grundbestand an Einnahmen* verbürgt ist. Eine grundgesetzliche Garantie finanzieller Eigenverantwortung findet sich in Art. 28 Abs. 2 S. 3 GG. Aber auch nach allen Landesverfassungen haben die Länder für eine angemessene Finanzausstattung der Gemeinden zu sorgen.[11]

2. Gesetzgebungskompetenz der Länder im Bereich der Abgaben

38 Die Gesetzgebungskompetenz der Länder im Bereich der Steuern ist begrenzt. Nach Art. 105 Abs. 1 und 2 GG steht das Gesetzgebungsrecht weitgehend dem Bund zu. Lediglich die *örtlichen Verbrauch- und Aufwandsteuern* können gem. Art. 105 Abs. 2a GG von den Ländern geregelt werden, solange und soweit sie nicht bundesgesetzlich geregelten Steuern gleichartig sind.[12] Verbrauchsteuern sind Steuern, deren Erhebung an den Übergang einer Sache aus dem steuerlichen Zusammenhang in den nicht gebundenen Verkehr anknüpft (z. B. Getränkesteuer, Energiesteuer, Tabaksteuer).[13] Es handelt sich bei der Besteuerung dieser Güter um Waren, die zum kurzfristigen Gebrauch oder baldigen Verzehr geeignet sind. Sie Besteuerung knüpft an das Verbringen des Wirtschaftsguts in den allgemeinen Verkehr an.[14] Aufwandsteuern sind Steuern auf die in der Einkommensverwendung für den persönlichen Lebensbedarf zum Ausdruck kommende wirtschaftliche Leistungsfähigkeit (z. B. Hundesteuer, Jagdsteuer, Zweitwohnungssteuer).[15] Eine örtliche Steuer liegt dann vor, wenn an örtliche Gegebenheiten, vor allem an die Belegenheit einer Sache oder an einen Vorgang im Gebiet der steuererhebenden Gemeinde angeknüpft wird.[16] Beim Begriff der Gleichar-

---

[10] Allgemeine Auffassung, siehe BVerfG, Beschl. v. 24.5.1975 – 2 BvL 11/74, BVerfGE 44, 351, 364; *Erichsen* (Fn. 2), S. 173; *Gern/Brüning*, Deutsches Kommunalrecht, Rz. 1132 m. w. N.

[11] Siehe hierzu *Nierhaus*, LKV 2005, S. 1 ff.; auch *Schmidt*, Kommunalrecht, Rz. 89 mit Aufzählung der Verfassungsbestimmungen.

[12] Siehe den Überblick bei *Birk/Desens/Tappe*, Steuerrecht, Rz. 117 ff.; auch ausführlich *Wernsmann*, DStJG 35 (2012), 95 ff.

[13] BFH, Urt. v. 30.4.1953 – V 84/51 S, BStBl. III 1953, 183 = BFHE 57, 473, 489.

[14] BVerfG, Urt. v. 7.5.1998 – 2 BvR 1991/95, BVerfGE 98, 106.

[15] BVerfG, Beschl. v. 7.5.1963 – 2 BvL 8/61, 2 BvL 10/61, BVerfGE 16, 64, 74.

[16] Ausführlich *Heintzen* in vMünch/Kunig, GG, Art. 105, Rz. 63.

tigkeit in Art. 105 Abs. 2a GG ist danach zu differenzieren, ob es sich um eine herkömmliche Verbrauch- und Aufwandsteuer handelt oder nicht. Da mit der Einführung des Art. 105 Abs. 2a GG die zum damaligen Zeitpunkt (1. Januar 1970) bestehenden Ländersteuern nicht angetastet werden sollten, ist das Gleichartigkeitsverbot nicht auf diese anzuwenden. Anderes gilt für neu eingeführte Steuern. Diese sind als mit Bundessteuern gleichartig und damit unzulässig anzusehen, wenn sie dieselben leistungsfähigkeitsrelevanten wirtschaftlichen Lebenssachverhalte belasten.[17]

Die Gesetzgebungskompetenz für die übrigen Abgaben, also *Gebühren und Beiträge*, ist im Grundgesetz nicht explizit geregelt. Sie ergibt sich als *Annex* aus der jeweiligen Sachregelungskompetenz.

Den Kommunen steht kein originäres Steuerfindungsrecht zu. Zwar umfasst das **439** in § 28 Abs. 2 GG statuierte Satzungsrecht ein Recht zum Erlass von Steuersatzungen, es besteht dagegen aus rechtsstaatlichen Gründen kein eigenes Recht der Kommunen zur Erschließung neuer Steuerquellen. Dagegen spricht bereits die Existenz des Art. 105 GG, welche die Steuergesetzgebung auf Bund und Länder verteilt. Die Norm der Finanzverfassung ist abschließend zu verstehen, sodass ein Rückgriff auf Art. 28 Abs. 2 GG ausgeschlossen ist. Die Vorgaben der Art. 105, 106 GG eröffnen den Kommunen lediglich eine von den Ländern abgeleitete Kompetenz mit denen sich aus ihnen ergebenden Grenzen.[18]

3. Ertragshoheit von Ländern und Kommunen

Die Ertragshoheit für eine bestimmte Abgabe steht einem bestimmten Verwaltungs- **440** träger insoweit zu, als er deren Aufkommen zugewiesen erhält. Der Umfang der Ertragshoheit von Ländern und Kommunen für die Steuern ergibt sich aus Art. 106, 107 GG.[19]

Den *Ländern* steht das Aufkommen der in Art. 106 Abs. 2 GG aufgeführten Steu- **441** ern allein zu. Von den in Art. 106 Abs. 3 GG genannten *Gemeinschaftsteuern* (Einkommensteuer, Körperschaftsteuer, Umsatzsteuer) steht den Ländern das Aufkommen teilweise zu. Gem. Art. 106 Abs. 6 S. 4 GG können die Länder über eine Umlage am Gewerbesteueraufkommen beteiligt werden.

Die *Gemeinden* erhalten ebenfalls einen eigenständigen Anteil an den Gemein- **442** schaftsteuern (vgl. Art. 106 Abs. 5 und 5a GG). Zusätzlich fließt ihnen gem. Art. 106 Abs. 7 GG ein bestimmter Hundertsatz des Länderanteils am Gesamtaufkommen der Gemeinschaftsteuern zu. Gem. Art. 106 Abs. 6 S. 1 GG besitzen die Gemeinden die Ertragshoheit für die *Grundsteuer und Gewerbesteuer*[20]; die Ertragshoheit über die *örtlichen Verbrauch- und Aufwandsteuern* steht ebenfalls den Gemeinden oder

---

[17] Ausführlich *Heintzen* (Fn. 16), Rz. 66.

[18] *Siekmann* in Sachs, GG, Art. 105 Rz. 48; vertiefend *Lange*, Kommunalrecht, S. 1020 ff.

[19] Ausführlich *Heintzen* in vMünch/Kunig, GG, Art. 106, 107, passim.

[20] Ob diese sogenannten Realsteuern durch Art. 106 Abs. 6 S. 1 GG in ihrem Bestand geschützt sind, ist umstritten; siehe hierzu *Heintzen* in vMünch/Kunig, GG, Art. 105, Rz. 49; *Schwarz* in vMangoldt/Klein/Starck, GG, Art. 106, Rz. 100.

nach Maßgabe der Landesgesetzgebung auch den Gemeindeverbänden zu. Art. 106 Abs. 6 S. 2 GG verbürgt den Gemeinden das Hebesatzrecht für Grund- und Gewerbesteuer. Bestehen in einem Bundesland keine Gemeinden, so steht das Aufkommen der in Art. 106 Abs. 6 S. 1 genannten Steuern dem Land zu. Gem. Art. 106 Abs. 8 GG können für bestimmte durch den Bund verursachte Sonderbelastungen Ausgleichszahlungen verlangt werden.[21] Auf die Regelungen zum Finanzausgleich (vgl. z. B. Art. 107 GG) kann vorliegend nicht eingegangen werden.

Der Ertrag der erhobenen Gebühren und Beiträge steht naturgemäß dem Verwaltungsträger zu, der sie erhoben hat, da sie Gegenleistungen für erbrachte Dienste oder Vorteile darstellen.

4. Verwaltungshoheit von Ländern und Kommunen

43 Art. 108 GG regelt die Verwaltungskompetenzverteilung im Bereich der Steuern. Danach liegt das Schwergewicht der Steuerverwaltung bei den Ländern (vgl. Art. 108 Abs. 2 und 3 GG).[22] Die Kommunen besitzen keine originären Verwaltungskompetenzen für die Steuern. Jedoch ist gem. Art. 108 Abs. 4 S. 2 GG eine Übertragung der Verwaltungskompetenz auf die Gemeinden und Gemeindeverbände dann möglich, wenn ihnen der Ertrag einer Steuer vollständig zufließt. Die Kompetenz für die Verwaltung der übrigen Abgaben ergibt sich wiederum aus einem Annex zur Sachkompetenz.

IV. Die Grundzüge der kommunalen Einnahmewirtschaft

44 Das *kommunale Abgabenrecht* der Flächenländer findet sich in verschiedenen Gesetzeswerken. So enthalten das Grund- sowie das Gewerbesteuergesetz des Bundes Regelungen über die Beteiligung der Gemeinden an der Erhebung dieser Steuern. Örtliche Verbrauch- und Aufwandsteuern können landesgesetzlich speziell geregelt werden, auch wenn dies nur ausnahmsweise geschieht.[23] Schließlich haben alle Flächenbundesländer *Kommunalabgabengesetze* erlassen, in denen den Gemeinden das Recht eingeräumt wird, örtliche Verbrauch- und Aufwandsteuern aufgrund von Satzungen zu erheben (vgl. nur § 3 Abs. 1 S. 1 KAG Bbg[24]). Auch Gebühren und Beiträge können aufgrund von Ermächtigungen in den Kommunalabgabengesetzen erhoben werden (§§ 4 Abs. 1, 8 Abs. 1 KAG Bbg).

---

[21] Siehe zusammenfassend *Gern/Brüning*, Deutsches Kommunalrecht, Rz. 1145.

[22] Siehe auch *Heintzen* in vMünch/Kunig, GG, Art. 108, Rz. 20 ff.; *Kirchhof* in vMangoldt/Klein/Starck, GG, Art. 108, Rz. 47.

[23] So etwa die Vergnügungssteuer in Berlin, vgl. Vergnügungssteuergesetz vom 20.10.2009, GVBl. S. 479, zul. geänd. d.G.v. 17.12.2020, GVBl. S. 1484; die Vergnügungssteuergesetze für das Land Brandenburg vom 27.6.1991, GVBl. S. 205, und für das Land Bremen vom 14.12.1990, BremGBl. S. 467 wurden hingegen zwischenzeitlich aufgehoben.

[24] Kommunalabgabengesetz für das Land Brandenburg i. d. F. v. 31.3.2004, GVBl. I, S. 174, zul. geänd. d.G.v. 19.06.2019, GVBl. I, Nr. 36.

Naturgemäß steht den Gemeinden und Gemeindeverbänden damit zwar keine   445
Gesetzgebungskompetenz im Bereich der Abgaben zu. Jedoch ist ihnen die sogenannte *Abgabenhoheit* verbürgt. Darunter versteht man die Befugnis der Kommunen, ihnen zugewiesene Steuer-, Beitrags- und Gebührenquellen im Rahmen der
Gesetze eigenverantwortlich auszuschöpfen. Soweit die Ermächtigung in den
jeweiligen Kommunalabgabengesetzen reicht, können sie damit Gemeindesteuer-
satzungen erlassen.[25] So gibt es in den meisten Gemeinden beispielsweise Hunde-
steuersatzungen.[26] Weitere Beispiele bilden die Zweitwohnungsteuer und die
Übernachtungsteuer.[27]

Entsprechend den verfassungsrechtlichen Rahmenbedingungen aus Art. 106 GG   446
erhalten die Gemeinden einen Anteil an den Gemeinschaftsteuern sowie das Aufkommen der Grund- und Gewerbesteuer. Das Aufkommen an den örtlichen Ver-
brauch- und Aufwandsteuern wird von Bundesland zu Bundesland unterschiedlich
auf Gemeinden und Gemeindeverbände verteilt. Als Verbrauch- und Aufwandsteuern werden derzeit beispielsweise erhoben[28]: die Hundesteuer, die Vergnügungsteuer,
die Zweitwohnungsteuer, die Jagdsteuer, die Getränkesteuer, die Verpackungsteuer
und als Schöpfung aus neuerer Zeit die Bettensteuer.[29] Zu den Steuererträgen kommen noch Einnahmen aus den erhobenen Gebühren und Beiträgen hinzu.

Die *Verwaltungshoheit* für die örtlichen Verbrauch- und Aufwandsteuern liegt   447
entsprechend den Kommunalabgabengesetzen oder den existierenden Sondergeset-
zen bei den Gemeinden (vgl. nur § 1 Abs. 1 KAG Bbg). Bei Grund- und Gewerbesteuer ist die Verwaltungskompetenz geteilt. Die Finanzämter als Behörden der
Länder stellen den sogenannten Steuermessbetrag fest und setzen ihn im Steuer-
messbescheid fest. Sodann wenden die Gemeinden den von ihnen festgesetzten He-
besatz auf den Steuermessbetrag an und setzen die sich so ergebende Steuer im
endgültigen Steuerbescheid (Grund- oder Gewerbesteuerbescheid) fest.[30] Weitere
Verwaltungszuständigkeiten im Bereich der Steuern besitzen die Gemeinden nicht.
Für die Verwaltung der Gebühren und Beiträge sind die Gemeinden hingegen uneingeschränkt zuständig (vgl. § 1 Abs. 1 KAG Bbg). Auf das Verwaltungsverfahren in
Kommunalabgabenangelegenheiten ist in der Regel die Abgabenordnung entsprechend anzuwenden (vgl. etwa § 12 KAG Bbg). *Rechtsschutz* im Zusammenhang mit
Kommunalabgaben ist nicht vor den Finanzgerichten, sondern vor den Verwal-
tungsgerichten zu suchen (vgl. § 33 FGO).

---

[25] Ob die Gemeinden darüber hinaus befugt sind, neuartige Steuern zu erfinden, ist umstritten; vgl.
Becker, BB 2011, S. 1175 ff., m. w. N.

[26] Zur Problematik der sogenannten Kampfhundesteuer vgl. BVerwG, NVwZ 2000, S. 929 ff.

[27] Zur Übernachtungsteuer in Potsdam siehe OVG Berlin-Brandenburg, Urt. v. 29.9.2015 – 9 A
7.14, juris; zur allgemeinen verfassungsrechtlichen Problematik ausführlich *Musil/Schulz*, StuW
2017, S. 17 ff.

[28] Ausführlich *Erichsen* (Fn. 2), S. 180 ff.; *Gern/Brüning* (Fn. 10), Rz. 1331.

[29] Dazu OVG Rh-Pf., Urteil v. 17.5.2011 – 6 C 11408/10, juris; OVG Berlin-Brandenburg, Urt. v.
29.9.2015 – 9 A 7.14, juris; BVerwG, Beschl. v. 13.10.2016 – 9 BN 1/16, juris; zur allgemeinen
verfassungsrechtlichen Problematik ausführlich *Musil/Schulz*, StuW 2017, S. 17 ff.

[30] Zum Verfahren bei der Gewerbesteuer siehe im Einzelnen *Birk/Desens/Tappe*, Steuerrecht, Rz.
1334 ff.

V. Die Einnahmewirtschaft in Berlin

1. Einnahmewirtschaft und Verfassung von Berlin

48 In der Verfassung von Berlin finden sich lediglich drei Bestimmungen, die sich auch auf die Einnahmewirtschaft beziehen, nämlich Art. 85 Abs. 2 sowie 87 Abs. 1 und 2 VvB. Art. 85 Abs. 2 VvB regelt die Zuweisung von Globalsummen an die Bezirke,[31] Art. 87 Abs. 1 VvB unterstellt die Erhebung aller Abgaben einem Gesetzesvorbehalt. Art. 87 Abs. 2 VvB schließlich behandelt die Kreditaufnahme.

2. Gesetzgebungskompetenz und Abgabenhoheit

49 Entsprechend Art. 87 Abs. 1 VvB sind alle Steuern, für die Berlin die Gesetzgebungskompetenz besitzt, durch Landesgesetz geregelt.[32] Der Steuerbegriff der Verfassung von Berlin stimmt mit dem Begriff aus § 3 Abs. 1 AO überein.[33] Art. 87 Abs. 1 VvB betrifft ausschließlich Landessteuern, mithin örtliche Verbrauchs- und Aufwandsteuern, soweit diese nicht bundesgesetzlich geregelten Steuern gleichartig sind, Art. 105 Abs. 2a S. 1 GG.[34] Von seiner Gesetzgebungskompetenz hat das Land Berlin durch Erlass des *Hundesteuergesetzes*,[35] des *Zweitwohnungsteuergesetzes*,[36] des *Vergnügungsteuergesetzes*,[37] des *Übernachtungsteuergesetzes*[38] und des *Spielbankengesetzes*[39] Gebrauch gemacht. Gebühren und Beiträge haben durch das Gesetz über Gebühren und Beiträge eine grundlegende Regelung erfahren.[40] Auf der Grundlage von § 6 Abs. 1 GebBeitrG[41] erlässt der Senat durch Rechtsverordnung Gebühren- und Beitragsordnungen. Schließlich ist noch das

---

[31] Siehe Rz. 480 ff.

[32] Ausführlich *Weinzen*, Berlin und seine Finanzen, S. 157, 195 ff.

[33] Siehe Rz. 435.

[34] *Korbmacher/Rind* in Driehaus, VvB, Art. 87 Rz. 4.

[35] Gesetz über das Halten und Führen von Hunden in Berlin (HundeG) vom 22.07.2016, GVBl. 2016 S. 436.

[36] Gesetz zur Einführung der Zweitwohnungsteuer im Land Berlin vom 19.12.1997, GVBl. S. 687, zuletzt geänd. d. Art. 1 d.G.v. 19.12.2017, GVBl. S. 707.

[37] Gesetz über eine Vergnügungsteuer in Berlin vom 20.10.2009, GVBl. S. 479, zuletzt geänd. d.G.v. 17.12.2020, GVBl. S. 1484.

[38] Gesetz über eine Übernachtungsteuer in Berlin (Übernachtungssteuergesetz) vom 18.12.2013, GVBl. S. 924, zuletzt geänd. d.G.v. 02.02.2018, GVBl. S. 160; hierzu FG Berlin-Brandenburg, Beschluss v. 2.6.2015 – 5 V 10344/14, juris.

[39] Gesetz über die Zulassung öffentlicher Spielbanken in Berlin vom 8.2.1999, GVBl. S. 70, geänd. d.G.v. 12.10.2020, GVBl. S. 807; siehe zur Spielbankenabgabe *Korbmacher* (Fn. 6), Rz. 4 mit Hinweis auf BFHE 177, 286.

[40] Siehe Fn. 8.

[41] Gesetz über Gebühren und Beiträge vom 22.05.1957, GVBl. S. 516, zuletzt geänd. d.G.v. 05.06.2019, GVBl. S. 284.

Erschließungsbeitragsgesetz[42] (siehe hierzu die Vorschrift des § 22 Abs. 1 AG-BauGB) zu nennen. Bereits diese Aufzählung zeigt, dass Gesetzgebungs- und Abgabenhoheit einheitlich beim Land Berlin liegen. Es existiert weder ein mit den Kommunalabgabengesetz vergleichbares Gesetz noch Abgabensatzungen. Die Bezirke besitzen keine eigene Abgabenhoheit. Selbst für Gebühren und Beiträge können sie keine eigenen Gebühren- und Beitragsordnungen erlassen. Hierfür ist ausschließlich der Senat zuständig.

3. Ertragshoheit

Auch die Ertragshoheit für die Steuern liegt einheitlich beim Land Berlin.[43] Berlin erhält das Aufkommen der in Art. 106 Abs. 2 GG genannten Steuern sowie den Länderanteil an den Gemeinschaftsteuern. Hinzu kommen die normalerweise den Gemeinden zufließenden Erträge, also ihre Anteile an den Gemeinschaftsteuern sowie das Aufkommen von Grund- und Gewerbesteuer und der örtlichen Verbrauch- und Aufwandsteuern. Für die Gemeinschaftsteuern ergibt sich dies aus der Gemeindeeigenschaft Berlins (vgl. Art. 1 Abs. 1 VvB), für die anderen genannten Steuerarten enthält Art. 106 Abs. 6 S. 3 GG eine ausdrücklich dahin gehende Regelung. Die Bezirke haben hingegen *keine eigenen Steuereinnahmen*. Eigene Einnahmequellen der Bezirke sind lediglich bei Gebühren und Beiträgen vorhanden.[44] Dazu bestimmt nämlich § 11 Abs. 1 GebBeitrG, dass die Heranziehung zu Gebühren und Beiträgen durch diejenige Verwaltungsstelle erfolgt, die die gebührenpflichtige Amtshandlung vornimmt oder durch die die benutzte Einrichtung verwaltet wird.

450

In der Praxis reichen die Berlin zufließenden Abgaben bei weitem nicht aus, um den Finanzbedarf der Stadt zu decken. Daher ist sie mehr als andere Bundesländer auf den Länderfinanzausgleich sowie die Ergänzungszuweisungen des Bundes angewiesen. Hinzu kommen noch Sonderzahlungen des Bundes aufgrund von Vereinbarungen nach Art. 6 Abs. 2 des Hauptstadtvertrages,[45] mit denen der Bund seiner Verpflichtung aus Art. 106 Abs. 8 GG nachkommt.[46] Diese zusätzlichen Finanzierungsmittel machen rund die Hälfte der Einnahmen Berlins aus.

451

---

[42] Erschließungsbeitragsgesetz vom 12.7.1995, GVBl. S. 444, zul. geänd. d.G.v. 12.10.2020, GVBl. S. 807.

[43] *Korbmacher/Rind* in Driehaus, VvB, Art. 85, Rz. 17; siehe auch die Übersicht bei *Pfennig* in Pfennig/Neumann, VvB, Vor Art. 85, Rz. 10.

[44] *Neumann* in Pfennig/Neumann, VvB, Art. 66, 67, Rz. 15.

[45] Hauptstadtvertrag vom 25. August 1992, Abgh.-Drs. 12/1796.

[46] Solche Vereinbarungen sind die Hauptstadtfinanzierungsverträge vom 30.6.1994, vom 30.11.2007 sowie vom 8. 5. 2017; die Vereinbarungen sind einsehbar unter: https://www.berlin.de/rbmskzl/politik/hauptstadtvertraege/. Die hauptstadtbedingten Ausgaben des Landes sind dargestellt in der Abgh.-Drs. 17/2542; in Art. 22 Abs. 1 GG ist die Verantwortung des Bundes für Repräsentationsaufgaben des Gesamtstaates ausdrücklich festgeschrieben.

52   Wegen seiner chronisch schlechten Finanzlage hat das Land Berlin das *Bundes-verfassungsgericht* angerufen, um weitere Sanierungshilfen durch den Bund zu erhalten. Das Gericht hat in seiner Entscheidung vom 19. Oktober 2006[47] einen Anspruch Berlins auf zusätzliche *Ergänzungszuweisungen* gem. Art. 107 Abs. 2 S. 3 GG verneint. Eine extreme Haushaltsnotlage, die einen solchen Anspruch gegebenenfalls auslösen könne, bestehe in Berlin noch nicht, weil kein *bundesstaatlicher Notstand* vorliege. Dieser setze voraus, dass das betroffene Land alle denkbaren Sparanstrengungen unternommen habe. Dies sei im Falle Berlins nicht erfolgt. Mit dem Urteil hat das Bundesverfassungsgericht die in einer Entscheidung aus dem Jahre 1992[48] aufgestellten Voraussetzungen für die Gewährung von Sanierungshilfen erheblich verschärft. Weitere Klagen, auch anderer Bundesländer, werden vor diesem Hintergrund kaum erfolgreich sein.

4. Finanzverwaltung und Rechtswegfragen

53   In Berlin werden die Steuern ausschließlich durch die Finanzämter als Behörden der Hauptverwaltung verwaltet. Eine eigene Steuerverwaltung der Bezirke gibt es nicht. Dies ist ausdrücklich in Art. 67 Abs. 1 Nr. 2 VvB, § 3 Abs. 1 Nr. 2 AZG geregelt. Das im Rahmen von Grund- und Gewerbesteuer bestehende Hebesatzrecht wird in Berlin vom Abgeordnetenhaus, und zwar im Haushaltsgesetz, ausgeübt (vgl. §§ 1 Abs. 2 GrStG, 4 Abs. 2 GewStG).[49] Gem. § 1 Abs. 1 AOAnwG[50] findet auf die Steuerverwaltung durch Berliner Landesbehörden, soweit die Steuern nicht bundesrechtlich geregelt sind, die Abgabenordnung Anwendung. Sind die Steuern bundesrechtlich geregelt, so ist die Abgabenordnung ohnehin anzuwenden (vgl. § 1 Abs. 1 AO).

54   Aus dieser Verwaltungsverteilung ergibt sich eine von den Flächenländern abweichende Gerichtszuständigkeit für *Rechtsschutz* im Zusammenhang mit solchen Abgaben, die normalerweise durch die Gemeinden verwaltet werden. Da in Berlin alle Steuern durch Landesbehörden verwaltet werden, ist für Rechtsstreitigkeiten in Steuersachen immer das *Finanzgericht*, niemals das Verwaltungsgericht zuständig. Für bundesgesetzlich geregelte Steuern wie Grund- und Gewerbesteuer ergibt sich dies aus § 33 Abs. 1 Nr. 1 FGO, für landesgesetzlich geregelte Steuern aus § 33 Abs. 1 Nr. 2 FGO i. V. m. § 1 Nr. 1 AOAnwG.

55   Gebühren und Beiträge werden von derjenigen Verwaltungsstelle verwaltet, bei der sie anfallen (§ 11 Abs. 1 GebBeitrG), sofern nicht gem. § 11 Abs. 2 GebBeitrG etwas anderes vorgesehen ist. Rechtsstreitigkeiten über solche Abgaben gehören vor die Verwaltungsgerichte.

---

[47] BVerfG, Urt. v. 19.10.2006 – 2 BvF 3/03, BVerfGE 116, 327.

[48] BVerfG, Urt. v. 27.5.1992 – 2 BvF 1/88 u. a., BVerfGE 86, 148.

[49] *Pfennig* (Fn. 43), Rz. 10.

[50] Gesetz über den Anwendungsbereich der Abgabenordnung i. d. F. v. 21.6.1977, GVBl. S. 1394, geänd. d.G.v. 02.02.2018, GVBl. S. 160.

5. Die Stellung der Bezirke in der Einnahmewirtschaft

Haupteinnahmequelle der Bezirke sind – wie bereits angedeutet – die *Globalsum-*   **45(**
men gem. Art. 85 Abs. 2 VvB. Globalsumme bedeutet, dass den Bezirken ihre Haushaltsmittel nicht nach Kapiteln und Titeln aufgeschlüsselt, sondern in einer einzigen
ungeteilten Summe zugewiesen werden. Die genannte Regelung wurde im Zuge der
Verwaltungsreform 1994 in die Verfassung von Berlin aufgenommen.[51] Sie verleiht
den Bezirken eine gewisse finanzielle Eigenverantwortung, da durch das Globalsum-
mensystem Spielräume bei der Aufstellung der Bezirkshaushaltspläne zur Umsetzung und Finanzierung eigener Vorstellungen entstehen.[52] Aus dem Wortlaut in § 85
Abs. 2 VvB ergibt sich, dass die Globalsummenzuweisung und die Feststellung der
Bezirkshaushaltspläne im Haushaltsplan des Landes Berlin erfolgt.[53] Das Verfahren
zur Festsetzung der bezirklichen Globalsummen wird im Kapitel über die Haushaltswirtschaft näher dargestellt.

Die größere Eigenständigkeit, die die Bezirke durch die Einführung der Global-   **45?**
summen gewonnen haben, ist in der Praxis durch verschiedene Faktoren begrenzt.
Zum einen hängt der Umfang der Globalsummen stark von der Finanzkraft der
Gesamtstadt ab. Weiterhin sind bis zu 85 % der zugewiesenen Mittel bereits im
Vorhinein insbesondere durch Personalkosten und gesetzesgebundene Ausgaben
(z. B. Sozialhilfe) festgelegt.[54]

Neben den Globalsummen können sich die Bezirke aus der Vereinnahmung von   **45§**
Gebühren und Beiträgen finanzieren. Hinzu kommen Verwarnungs- und Bußgelder.
Privatrechtliche Einnahmequellen stellen etwa Miet- und Pachtzinsen, z. B. aus der
Überlassung bezirklicher Räume, oder sonstige privatrechtliche Entgelte (z. B. Eintritt für bezirkliche Einrichtungen) dar. Zu nennen sind hier auch die bezirklichen
Anteile aus Grundstücksverkäufen und anderen Vermögensveräußerungen. Dabei
ist aber zu beachten, dass die genannten Einnahmen teilweise auf die Globalsumme
angerechnet werden (sog. Einnahmevorgabe). Weitergehende Finanzierungsmittel
stehen den Bezirken nicht zur Verfügung.

Im Ergebnis lässt sich sagen, dass die Bezirke im Rahmen der Einnahmewirt-   **45§**
schaft eine *weitgehend unselbstständige Stellung* haben.[55] Sie besitzen keine Abgabenhoheit wie die Gemeinden.[56] Die Ertragsoheit steht ihnen nur bezüglich bestimmter Gebühren und Beiträge und der anderen oben genannten Einnahmequellen
zu. Auch die Verwaltungshoheit besteht nur hinsichtlich der Gebühren und Beiträge.
Die als Ersatz für die weitgehend fehlende Einnahmen- und Finanzverwaltungsho-

---

[51] 28. Gesetz zur Änderung der VvB v. 6.7.1994, GVBl. S. 217; *Zivier*, Verfassung und Verwaltung
von Berlin, Rz. 69.

[52] So *Korbmacher/Rind* (Fn. 43), Rz. 17.

[53] *Korbmacher/Rind* (Fn. 43), Rz. 18.

[54] Das betonen auch *Korbmacher/Rind* (Fn. 43), Rz. 17.

[55] Hierzu *Musil*, Probleme und Perspektiven bezirklicher Selbstverwaltung, in: Baßeler/Heintzen/
Kruschwitz (Hrsg.), Berlin – Finanzierung und Organisation einer Metropole, 2006, S. 185 ff., 190 f.

[56] *Neumann* (Fn. 44), Rz. 15.

heit eingeführten Globalsummen stellen ein unselbstständiges Finanzierungsinstrument dar. Die Höhe der Globalsummen wird vom Abgeordnetenhaus festgelegt.[57]

60   Es stellt sich in diesem Zusammenhang die Frage, ob die Bezirke *Rechtsschutz* gegen die Globalsummenzuweisung im Haushaltsgesetz erlangen können. Hier ist bereits problematisch, in welchem Verfahren eine solche Klage erhoben werden könnte. Bei dem Haushaltsgesetz handelt es sich um ein förmliches Parlamentsgesetz. Als solches kann es nur vor dem Verfassungsgerichtshof angegriffen werden. Wie bereits dargestellt,[58] steht den Bezirken vor dem Verfassungsgerichtshof nur die Normenkontrolle der Zuständigkeitsabgrenzung gem. Art. 84 Abs. 2 Nr. 3 VvB zur Verfügung. In diesem Verfahren kann die Rechtmäßigkeit einer Globalsummenzuweisung aber nicht überprüft werden. Auch verwaltungsgerichtlicher Rechtsschutz gegen das Haushaltsgesetz scheidet von vornherein aus. Es gibt im Ergebnis kein Verfahren, in dem die Bezirke eine Globalsummenzuweisung überprüfen lassen könnten.[59]

61   Fraglich ist, ob unabhängig von der gerichtlichen Durchsetzbarkeit ein *materieller Anspruch auf eine Globalsumme* in bestimmter Höhe besteht. Man könnte daran denken, den Bezirken in Anlehnung an die Rechtsstellung der Gemeinden einen Anspruch auf eine *finanzielle Mindestausstattung* zuzusprechen.[60] Indes kann ein solcher Anspruch nicht aus einem bezirklichen Selbstverwaltungsrecht fließen. Ein solches ist, wie bereits ausgeführt, nicht anzuerkennen.[61] Aber auch dem Ansatz *Remmerts,* wonach ein Anspruch auf Mindestausstattung aus der Tatsache folge, dass den Bezirken in bestimmten Kompetenzbereichen Letztentscheidungsrechte eingeräumt wurden, kann nicht gefolgt werden.[62] Der Schluss von der Zuweisung bestimmter Entscheidungskompetenzen auf eine korrespondierende Pflicht zur Mittelausstattung ist nicht zwingend. Im Gegenteil ist davon auszugehen, dass die gerichtliche Wehrfähigkeit einzelner Entscheidungsbefugnisse noch nicht bedeutet, dass die Befugnisse auch finanziell gesichert sein müssten. Eine solche finanzielle Unterfütterung könnte nur einer – hier bereits abgelehnten – generellen verfassungsrechtlichen Selbstverwaltungsgarantie entspringen.

---

[57] Siehe Rz. 480 ff.

[58] Siehe Rz. 389 ff.

[59] Siehe BerlVerfGH, Beschl. v. 15.6.2000, VerfGH 47/99, n. v.; vgl. hierzu *Korbmacher/Rind* (Fn. 6), Art. 85, Rz. 19.

[60] So *Korbmacher/Rind* (Fn. 6), Art. 85, Rz. 19; zu einem entsprechenden Anspruch der Gemeinden siehe *Nierhaus*, LKV 2005, S. 1 ff.

[61] Siehe bereits Rz. 38.

[62] *Remmert*, LKV 2003, S. 258 ff.; ebenso *Korbmacher/Rind* (Fn. 6), Art. 85, Rz. 19.

10 Das Haushaltswesen

462 Das Kapitel über das Haushaltswesen beschäftigt sich mit den Grundzügen der Haushaltswirtschaft in Berlin. Unter *Haushaltswirtschaft* versteht man die Gesamtheit der auf die staatlichen Einnahmen und Ausgaben bezogenen haushälterischen Vorgänge, mithin die im aufgestellten Haushaltsplan dokumentierte und auf seiner Grundlage sich vollziehende öffentliche Einnahmen- und Ausgabenwirtschaft.[1] In den Flächenländern ist das Haushaltswesen von Land und Kommunen voneinander getrennt. In Berlin hingegen gibt es nur ein Haushaltsgesetz, in dem der Landeshaushalt und die Bezirkshaushalte zusammengefasst sind. Dementsprechend wird das Berliner Haushaltswesen zusammen dargestellt. Zuvor werden jedoch die Rechtsquellen des Haushaltsrechts identifiziert sowie die Haushaltsgrundsätze dargestellt, die alle öffentlichen Haushalte zu beachten haben. Im Anschluss wird kurz auf die Rechtslage in den Flächenländern eingegangen.

I. Die Rechtsquellen des Haushaltsrechts

1. Bundesrecht und Europarecht

463 Im Grundgesetz finden sich die Bestimmungen über das Haushaltswesen in den Art. 109 ff. GG. Diese betreffen überwiegend den Haushalt des Bundes, sind also für die vorliegende Darstellung nicht relevant. Lediglich Art. 109 GG ist von Bedeutung. Nach dessen Absatz 2 haben Bund und Länder bei ihrer Haushaltswirtschaft den Erfordernissen des *gesamtwirtschaftlichen Gleichgewichts* Rechnung zu tragen. Unter gesamtwirtschaftlichem Gleichgewicht versteht man gem. § 1 StabG die Stabilität des Preisniveaus, hohen Beschäftigungsgrad, außenwirtschaftliches Gleichgewicht sowie ein angemessenes Wirtschaftswachstum. Diesem sogenannten

---

[1] Zu den verschiedenen Rechtsbegriffen der Haushaltswirtschaft siehe *G. Kirchhof* in vMangoldt/Klein/Starck, GG, Art. 109, Rz. 6 ff.

© Springer-Verlag GmbH Deutschland, ein Teil von Springer Nature 2022
A. Musil, S. Kirchner, *Das Recht der Berliner Verwaltung*, Springer-Lehrbuch,
https://doi.org/10.1007/978-3-662-65501-6_10

„magischen Viereck" sind alle öffentlichen Haushalte verpflichtet.[2] In Art. 109 Abs. 3 GG ist seit 2009 eine sogenannte „Schuldenbremse" geregelt, die den Ländern eine Neuverschuldung nur in engen Grenzen erlaubt.[3] Art. 109 Abs. 4 GG sichert ein gewisses Mindestmaß an Einheitlichkeit jeglicher öffentlicher Haushaltsführung, indem er den Bund ermächtigt, auf gesetzlicher Grundlage allgemeine Haushaltsgrundsätze zu normieren. Dies ist mit dem Gesetz zur Förderung der Stabilität und des Wachstums der Wirtschaft (StabG)[4] sowie dem Gesetz über die Grundsätze des Haushaltsrechts des Bundes und der Länder (HGrG)[5] geschehen. Weitere übergeordnete Vorgaben für die Haushaltswirtschaft von Ländern und Kommunen ergeben sich aus dem *Vertrag über die Arbeitsweise der Europäischen Union (AEUV)*. Art. 126 AEUV (ex-Art. 104 EG) schreibt den Mitgliedstaaten und damit auch ihren Untergliederungen ein Mindestmaß an Haushaltsdisziplin vor. Nach Unionsrecht stellt ein Verstoß eines Landes oder einer Kommune gleichzeitig einen Verstoß des Gesamtstaates dar.

2. Landesrecht und Ortsrecht

Die wesentlichen Grundsätze des Haushaltsrechts der Länder sind in deren Verfassungen geregelt. In Berlin finden sich Bestimmungen über den Haushalt in Art. 85 ff. VvB. Anders als andere Länder hat Berlin keine eigenen verfassungsrechtlichen Regelungen zur Schuldenbremse erlassen. Zur detaillierten Regelung des Landeshaushaltsrechts haben alle Länder *Landeshaushaltsordnungen* erlassen.[6] Das Haushaltsrecht der Kommunen hingegen findet sich in den Flächenländern in den *Gemeindeordnungen und Kommunalverfassungen*.[7] Nähere Regelungen enthalten die *Gemeindehaushaltsverordnungen*.[8]   **464**

Das eigentliche Kernstück des Haushaltsrechts, nämlich der *Haushaltsplan*, ist auf der Grundlage aller vorgenannten Rechtsquellen zu erstellen. Die Haushaltspläne der Länder ergehen in Gesetzesform als *Haushaltsgesetze* (vgl. z. B. Art. 85 Abs. 1 VvB), während die Haushaltspläne der Gemeinden in Form von Satzungen erlassen werden *(Gemeindehaushaltssatzung)*. Die Haushaltsgesetze bzw. -satzungen fungieren als eigentliche Grundlage der Einnahme- und Ausgabewirtschaft. In Berlin gibt es nur ein einheitliches Haushaltsgesetz des Landes.   **465**

---

[2] *Heintzen* in vMünch/Kunig, GG, Art. 109, Rz. 20 ff.

[3] Dazu ausführlich *Heintzen* in vMünch/Kunig, GG, Art. 109, Rz. 29 ff.

[4] Vom 8.6.1967, BGBl. I, S. 582, zul. geänd. d. Art. 267 d. V.v. 31.8.2015, BGBl. I, S. 1474.

[5] Vom 19.8.1969, BGBl. I, S. 1273 zul. geänd. d. Art. 10 d.G.v. 14.8.2017, BGBl. I, S. 3122.

[6] In Berlin Landeshaushaltsordnung in der Fassung vom 30.1.2009, GVBl. S. 31, 486, zuletzt geänd. Art. 1 d.G.v. 17.12.2020, GVBl. S. 1482.

[7] Vgl. in Brandenburg etwa §§ 63 ff. KVerf.

[8] Vgl. in Brandenburg Gemeindehaushaltsverordnung vom 26.6.2002, GVBl. II, zul. geänd. d. VO v. 28. Juni 2010 (GVBl.II/10, [Nr. 37]).

II. Grundsätze der Haushaltswirtschaft

1. Allgemeine Grundsätze

66 Zu den allgemeinen Grundsätzen der Haushaltswirtschaft gehören die *Sparsamkeit und Wirtschaftlichkeit*. Diese Prinzipien sind in § 6 Abs. 1 HGrG normiert und gelten für alle öffentlichen Haushalte. Das Prinzip der Wirtschaftlichkeit wirkt in zwei Richtungen. Zum einen soll die Ausgabenbelastung zur Erfüllung eines bestimmten Zwecks möglichst gering gehalten werden – Kostenminimierungsgrundsatz –, zum anderen soll mit den eingesetzten Mitteln der größtmögliche Nutzen erzielt werden – Nutzenmaximierungsgrundsatz.[9] Durch diese Ausgestaltung ähnelt das Wirtschaftlichkeitsprinzip dem Verhältnismäßigkeitsgrundsatz, da mit dem geringstbelastenden Mittel der größtmögliche Nutzen erzielt werden soll.[10] Das Prinzip der Sparsamkeit erscheint hierbei als identisch mit der Kostenminimierungskomponente des Wirtschaftlichkeitsprinzips. Seine Erwähnung in § 6 Abs. 1 HGrG hat demnach nur deklaratorische Bedeutung.

67 Weiterhin ist das Prinzip der *Ausgeglichenheit des Haushalts* von Bedeutung. Es besagt, dass grundsätzlich alle Ausgaben durch Einnahmen gedeckt sein müssen.[11]

68 Bereits erwähnt wurde der Grundsatz der *Förderung des gesamtwirtschaftlichen Gleichgewichts*.[12] Die Statuierung dieses Grundsatzes in Art. 109 Abs. 2 GG ermöglicht es den öffentlichen Haushalten, in gewissem Umfange Konjunkturpolitik zu betreiben. Allerdings ist die Bedeutung des Fördergebots im Zuge der Föderalismusreform 2009 stark relativiert worden. Es wird seither auch textlich eingehegt durch die Bezugnahme auf *europarechtliche Stabilitätsvorgaben* und *Begrenzungen der Neuverschuldung*.[13]

69 Bei der Aufstellung des Haushaltsplans sind weitere Prinzipien zu beachten. Es handelt sich um die folgenden: *Jährlichkeit, Vorherigkeit, Vollständigkeit, Kassenwirksamkeit, Bruttoveranschlagung, sachliche Spezifizierung, Gesamtdeckung, Publizität, Haushaltsklarheit, Haushaltswahrheit*.[14] Diese Prinzipien werden im Einzelnen bei der Darstellung der Berliner Rechtslage behandelt.

---

[9] *Schwarz* in vMangoldt/Klein/Starck, GG, Art. 114, Rz. 87.

[10] Zum Wirtschaftlichkeitsprinzip siehe ausführlich *Musil*, Wettbewerb in der staatlichen Verwaltung, S. 72 ff.

[11] Zu den Ausnahmen siehe Rz. 487.

[12] Zu diesem Begriff ausführlich *Heintzen* in vMünch/Kunig, GG, Art. 109, Rz. 23 ff.

[13] *Heintzen* in vMünch/Kunig, GG, Art. 109, Rz. 3.

[14] Ausführlich *Heintzen* in vMünch/Kunig, GG, Art. 110, Rz. 6 ff.; *Korbmacher/Rind* in Driehaus, VvB, Art. 85, Rz. 4 ff.; *Schmidt*, Kommunalrecht, Rz. 932.

2. Haushaltskreislauf

Jeder Haushalt durchläuft *drei Hauptphasen*. Die Abfolge dieser Phasen kann man **470** als Haushaltskreislauf bezeichnen.[15]

Zunächst ist die Phase der *Planung und Aufstellung* des Haushaltsplans zu nennen. Dieser Abschnitt beginnt mit der *mittelfristigen Finanzplanung*. In ihr werden die Investitionsvorhaben der kommenden fünf Jahre verzeichnet und wird die Einnahme- und Ausgabesituation prognostiziert. Auf der Grundlage der Finanzplanung wird für jedes Jahr ein Haushaltsplan erstellt, der konkrete Festsetzungen hinsichtlich der zu erwartenden Einnahmen und Ausgaben enthält. Der Haushaltsplan wird durch seine Einbeziehung in das jeweilige Haushaltsgesetz bzw. die Haushaltssatzung verbindlich.

Der Planungsphase schließt sich die Phase der *Planausführung* an. In ihr werden die Positionen des Haushaltsplans umgesetzt.

Schließlich tritt der Haushalt in das Stadium der *Kontrolle der Planausführung*. Hier erlangt auf Landesebene der *Rechnungshof* eine besondere Bedeutung.

III. Die Haushaltswirtschaft in den Flächenländern

In den Flächenländern ist zwischen der Haushaltswirtschaft des Landes und der der **471** Kommunen zu differenzieren. Das Haushaltsrecht der Länder soll vorliegend außer Betracht bleiben.

Die Kommunen sind bei der Gestaltung ihrer Haushaltswirtschaft grundsätzlich frei. Ihnen steht die *Haushaltshoheit* als Ausfluss ihrer Finanzhoheit zu. Sie haben den Haushaltsplan auf der Grundlage der Gemeindeordnung, der Gemeindehaushaltsverordnung sowie der oben dargestellten übergeordneten Vorgaben aufzustellen und als Teil der Haushaltssatzung festzusetzen.[16] Im Rahmen des Festsetzungsverfahrens unterliegen Teile des Haushalts der Genehmigung durch die Aufsichtsbehörde. Teilweise wird vertreten, diese Genehmigung stelle nicht bloß einen Akt der Rechtsaufsicht dar, sondern könne die Haushaltswirtschaft der Kommunen auch in fachlicher Hinsicht beeinflussen.[17] Damit würde sie zu den Maßnahmen der Fachaufsicht zählen. Die Gegenansicht erwidert zu Recht, dass der Erlass der Haushaltssatzung zum *weisungsfreien Bereich der Finanzhoheit* gehöre. Es gebe keine Rechtfertigung für eine „Hochzonung" dieser Aufgabe, insbesondere seien keine überwiegenden Belange des Allgemeinwohls ersichtlich.[18]

Im Anschluss an die Planaufstellung wird der Plan vollzogen. Für den Vollzug **472** sind die nach der Gemeindeordnung zuständigen Organe verantwortlich.[19] Stellt

---

[15] Siehe nur *Schmidt*, Kommunalrecht, Rz. 908 ff.

[16] Zum Verfahren im Einzelnen siehe *Schmidt*, Kommunalrecht, Rz. 909.

[17] So OVG NW, Urt. v. 22.1.1988 – 15 A 2874/84, DÖV 1988, S. 648.

[18] Zu Kontrollmaßstäben im Rahmen der Rechtsaufsicht *Gern/Brüning*, Deutsches Kommunalrecht, Rz. 325.

[19] *Schmidt*, Kommunalrecht, Rz. 911 ff.

sich in dieser Phase ein vom Haushaltsplan abweichender Finanzbedarf heraus, so gibt es nach den Gemeindeordnungen die Möglichkeit des Erlasses von *Nachtragssatzungen*.[20] In den letzten Jahren haben sich im Zusammenhang mit dem Haushaltsvollzug eine Vielzahl von Veränderungen ergeben. So wurden und werden im Rahmen des sogenannten *Neuen Steuerungsmodells* neue Formen der Haushaltswirtschaft eingeführt.[21] Insbesondere geht es um eine Budgetierung des Haushalts, um die Einführung der Doppik und eine dezentrale Ressourcenbewirtschaftung und -verantwortung.[22]

73   Im Stadium der Kontrolle der Planausführung haben die Kommunen einen sogenannten *Jahresabschluss* zu erstellen (vgl. etwa § 82 KVerf Bbg). Anhand dieses Jahresabschlusses überprüft die Aufsichtsbehörde die Rechtmäßigkeit des Haushaltsvollzugs.[23]

IV. Die Haushaltswirtschaft in Berlin

74   Im Folgenden wird der Haushaltskreislauf in Berlin dargestellt. Da es nur ein einheitliches Haushaltsgesetz gibt (vgl. Art. 85 Abs. 1 VvB), erfolgt eine gemeinsame Darstellung von Landes- und Bezirkshaushaltsrecht.

1. Die Planungsphase bis zum Beschluss des Haushaltsgesetzes

a) Die Finanzplanung
Am Anfang der Planungsphase steht gem. Art. 86 Abs. 3 VvB die fünfjährige Finanzplanung. Sie ist dem Abgeordnetenhaus spätestens mit dem Entwurf des Haushaltsgesetzes für das nächste Haushaltsjahr vorzulegen. Gem. § 31 LHO wird sie von der Senatsverwaltung für Finanzen erstellt und vom Senat beschlossen. Sie enthält eine Darstellung der voraussichtlichen Einnahmen- und Ausgabensituation für die nächsten fünf Jahre.

b) Grundlegendes zum Haushaltsplan
75   Auf der Grundlage der Finanzplanung wird der Haushaltsplan erstellt. Gem. Art. 85 Abs. 1 S. 1 VvB müssen in ihm alle Einnahmen und Ausgaben eines Rechnungsjahres veranschlagt werden. Die Bedeutung des Haushaltsplans definiert § 1 Abs. 1 LHO dahingehend, dass der Haushaltsplan zur Feststellung und Deckung des Finanzbedarfs dient, der zur Erfüllung der Aufgaben Berlins im Bewilligungszeitraum voraussichtlich notwendig ist. Nach herkömmlichem Verständnis handelt es

---

[20]Vgl. etwa § 68 KVerf Bbg.
[21]Siehe ausführlich *Gröpl*, Haushaltsrecht und Reform, S. 226 ff., sowie *Hill*, DÖV 2001, S. 793 ff.; *Musil* (Fn. 10), S. 170 ff.; *Schmidt*, Kommunalrecht, Rz. 879 ff.
[22]Siehe Rz. 360, sowie zur Doppik *Schmidt*, Kommunalrecht, Rz. 879 ff.
[23]*Gern/Brüning*, Deutsches Kommunalrecht, Rz. 1206 ff.; zur überörtlichen Haushaltsprüfung siehe *Lange*, Kommunalrecht, S. 1172.

sich beim Haushaltsplan um einen Wirtschafts- und Finanzplan basierend auf den Grundsätzen der *Kameralistik*. Ein genereller Übergang der Buchführung zu den Grundsätzen der Doppik ist in Berlin derzeit noch nicht vorgesehen (vgl. aber § 7 LHO). Der Haushaltsplan wird im Haushaltsgesetz festgestellt (Art. 85 Abs. 1 S. 1 2. Hs. VvB). Da Haushaltsplan und Haushaltsgesetz eine Einheit bilden, ist der Plan seiner Rechtsnatur nach ein *einfaches Landesgesetz*, das im förmlichen Gesetzgebungsverfahren beschlossen wird. Der Haushaltsplan enthält den politischen Handlungsrahmen für die Regierung. Er ist ein *staatsleitender Hoheitsakt in Gesetzesform*.[24] Rechtsbegründende Wirkung entfaltet er nur im Verhältnis von Exekutive und Legislative. Gem. § 3 Abs. 1 LHO wird nämlich der Senat ermächtigt, Ausgaben zu leisten sowie Verpflichtungen einzugehen. Hingegen werden durch den Haushaltsplan gem. § 3 Abs. 2 LHO Ansprüche oder Verbindlichkeiten gegenüber Dritten weder begründet noch aufgehoben.

c) Grundsätze der Haushaltswirtschaft

Die oben dargestellten Grundsätze der Haushaltswirtschaft sind in Berlin ausdrücklich in der Landeshaushaltsordnung, teilweise auch in der Verfassung selbst normiert. So findet sich der Grundsatz der Sparsamkeit in Art. 86 Abs. 2 VvB.[25] Zusammen mit dem Grundsatz der Wirtschaftlichkeit wird er im Rahmen einer ausführlichen Normierung nochmals in § 7 LHO erwähnt. Der Grundsatz der Ausgeglichenheit des Haushalts ist nicht ausdrücklich geregelt, liegt jedoch Art. 90 Abs. 2 VvB erkennbar zugrunde.[26] § 1 Abs. 1 S. 3 LHO verpflichtet den Haushaltsplan auf die Förderung des gesamtwirtschaftlichen Gleichgewichts. **47**

d) Das Verfahren der Planaufstellung

Das Verfahren zur Aufstellung des Haushaltsplans beginnt mit der Übersendung von Voranschlägen der einzelnen Stellen an die Senatsverwaltung für Finanzen (vgl. § 27 LHO). Die Senatsverwaltung für Finanzen stellt sodann den *Entwurf des Haushaltsplans* auf, in dem allerdings die *Bezirkshaushaltspläne nicht enthalten* sind (§ 28 Abs. 1 LHO).[27] Der Entwurf des Haushaltsplans (ohne Bezirkshaushaltspläne) sowie der Entwurf des Haushaltsgesetzes werden vom Senat beschlossen und vor Beginn des Haushaltsjahres beim Abgeordnetenhaus eingebracht (§§ 29, 30 LHO). Die *Budgetinitiative* liegt damit beim Senat.[28] Dies ergibt sich ausdrücklich aus Art. 86 Abs. 3 S. 2 VvB. Der Wortlaut dieser Vorschrift zeigt, dass es sich bei der Budgetinitiative nicht nur um ein Recht, sondern auch um eine Pflicht handelt.[29] Gem. Art. 85 Abs. 1 VvB wird der Haushaltsplan vom Abgeordnetenhaus im Haushaltsgesetz festgesetzt. Darin manifestiert sich das *Budgetrecht des Parlaments*. **47**

---

[24] BVerfG, Urt. v. 25.5.1977 – 2 BvE 1/74, BVerfGE 45, 1, 32.

[25] Dazu *Korbmacher/Rind* in Driehaus, VvB, Art. 86, Rz. 3.

[26] Ebenso *Pfennig* in Pfennig/Neumann, VvB, Art. 85, Rz. 20.

[27] Zu den Bezirkshaushaltsplänen s. Rz. 479 ff.

[28] Ausnahme: die Bezirkshaushaltspläne.

[29] *Pfennig* (Fn. 26), Art. 85, Rz. 26.

78   In VvB und LHO befassen sich zahlreiche Vorschriften mit dem Verfahren bei vom Normalfall abweichenden Sachverhalten. So behandelt Art. 88 VvB das Vorgehen bei Haushaltsüberschreitungen. Art. 89 VvB ermächtigt zu vorläufigen Regelungen bei verspäteter Verabschiedung des Haushaltsplans. Art. 90 VvB regelt das Vorgehen bei Abweichungen vom Haushaltsplan durch Einzelvorlagen und -anträge. Detaillierte Bestimmungen finden sich sodann in der LHO.

e) Die Stellung der Bezirke im Rahmen der Planaufstellung

79   Im Rahmen des Verfahrens zur Haushaltsaufstellung nehmen die Bezirke eine Sonderstellung ein. Für sie werden Bezirkshaushaltspläne aufgestellt (§ 26a Abs. 1 LHO). Zwar sind diese *keine selbstständigen Haushaltspläne* wie die der Gemeinden. Dies ergibt sich aus Art. 85 Abs. 1 VvB, der die Einheit des Haushaltsplans, und zwar für die gesamte Berliner Verwaltung, statuiert. Die Bezirkshaushaltspläne sind Bestandteil des Haushaltsplans von Berlin und werden von der Feststellungswirkung des Haushaltsgesetzes erfasst (vgl. § 13 Abs. 1 LHO).[30] Dennoch kommt den Bezirken bei der Aufstellung ihrer Haushaltspläne eine gewisse Selbstständigkeit zu, da sie den *Entwurf* ihres Bezirkshaushaltsplans eigenständig erstellen und beschließen (vgl. §§ 4 Abs. 1, 12 Abs. 2 Nr. 1 BezVG) und dem Abgeordnetenhaus zuleiten (§ 30 S. 2 LHO). Die Senatsverwaltung für Finanzen kann dem Abgeordnetenhaus lediglich für erforderlich gehaltene Änderungen mitteilen. Das *Spannungsverhältnis* zwischen Einheit des Haushaltsplans einerseits und bezirklichen Gestaltungsspielräumen andererseits führt zu einem *kooperativen Verfahren der Planaufstellung*, in dem die Handelnden – Bezirke, Abgeordnetenhaus und Senatsverwaltung für Finanzen – voneinander abhängig und aufeinander angewiesen sind. Die Letztverantwortung für die Festsetzung der Haushaltsmittel, auch für die Bezirke, liegt jedoch immer beim Abgeordnetenhaus. Dieses hat auch das Recht, die Bezirkshaushaltspläne zu ändern.

80   In dem Haushaltsgesetz werden den Bezirken gem. Art. 85 Abs. 2 VvB i. V. m. § 4 Abs. 1 BezVG *Globalsummen* zur Deckung der Bezirkshaushaltspläne und damit zur Erfüllung ihrer Aufgaben zugewiesen.[31] Diese Zuweisung hat nur haushaltsinterne Wirkung, denn gleichzeitig wird ja über die vorliegenden Bezirkshaushaltspläne und damit über die veranschlagten Mittel entschieden. Die Globalsumme hat eher bei der Haushaltsplanaufstellung Bedeutung, denn *die zu erwartende Globalsumme* bildet die Grundlage für die bezirkliche Haushaltsplanung und Haushaltsentwurfserstellung. Die Höhe der Globalsumme wird zwar mit den Bezirken abgestimmt, letztlich jedoch von der Senatsverwaltung für Finanzen vorgegeben.[32] Gem. § 26 a Abs. 2 S. 1 LHO sind hierbei der Umfang der Bezirksaufgaben sowie die eigenen Einnahmemöglichkeiten der Bezirke zugrunde zu legen. Jedoch sind gem. § 26 a Abs. 2 S. 2 LHO auch übergeordnete Zielvorstellungen von Abgeord-

---

[30] Unselbstständige Teile des Gesamthaushaltsplans, vgl. VG Berlin, Urt. v. 23.11.2005 – 1 A 216.02, juris, Rz. 25; *Pfennig* (Fn. 26), Art. 85, Rz. 49.

[31] Vgl. *Pfennig* (Fn. 26), Art. 85, Rz. 48.

[32] Siehe auch Nr. 5 Abs. 1 ZustKatAZG

netenhaus und Senat sowie die Deckungsmöglichkeiten des Gesamthaushalts zu berücksichtigen. Schließlich ist gem. Art. 85 Abs. 2 S. 2 VvB ein gerechter Ausgleich unter den Bezirken vorzunehmen. Das Abgeordnetenhaus wird von der Senatsverwaltung für Finanzen frühzeitig von den beabsichtigten Globalsummen unterrichtet, um diesem noch die Möglichkeit der Einflussnahme zu geben.

Zu der Globalsumme kommen so genannte *Einnahmevorgaben*, die festlegen,   481
welche Beträge die Bezirke durch eigene Einnahmequellen wie z. B. Gebühren und Beiträge oder Vermietungen vereinnahmen sollen, hinzu. Außerdem wird gem. Art. 85 Abs. 2 S. 3 VvB das erwirtschaftete Jahresergebnis auf das Folgejahr vorgetragen. Nicht ausgegebene Haushaltsmittel verbleiben also beim Bezirk (vgl. § 4 Abs. 3 BezVG).

Nach § 12 Abs. 2 Nr. 1 BezVG entscheidet auf Bezirksebene die *Bezirksverord-*   482
netenversammlung über den Bezirkshaushaltsplan. Es handelt sich dabei um das wichtigste Recht der Bezirksverordnetenversammlung. Der beschlossene Bezirkshaushaltsplan besitzt aber, wie ausgeführt, noch keine Verbindlichkeit, sondern hat *Entwurfscharakter*.[33]

Im Anschluss an den Beschluss wird der Bezirkshaushaltsplan dem Abgeordne-   483
tenhaus zugeleitet (§ 30 S. 2 LHO). Dort wird er im Hauptausschuss einer Beratung unterzogen. Dabei können einzelne Veranschlagungen geändert werden. Ohne weitere Beteiligung des Bezirks wird dann der endgültige Bezirkshaushaltsplan als Teil des Haushaltsgesetzes vom Abgeordnetenhaus beschlossen. Zugleich wird die endgültige Globalsumme im Haushaltsgesetz festgesetzt. Solche Vorhaben, die im Gesetzgebungsverfahren durch Änderung von Ansätzen aus dem Bezirkshaushaltsplan gestrichen wurden, kann der Bezirk nur im Rahmen des Haushaltsvollzugs unter Einhaltung der Globalsumme bzw. Vergrößerung seiner Einnahmen umsetzen, soweit dies haushaltsrechtlich zulässig ist. Ferner gibt es so genannte *Sondermittel der Bezirksverordnetenversammlung* (vgl. § 12 Abs. 2 Nr. 2 BezVG), die zweckungebunden sind und über die sie im Haushaltsvollzug frei verfügen kann.

Auch in diesem Verfahren kommt wiederum die Zwitterstellung der Bezirke zum   484
Tragen. Sie besitzen zwar keine formale Selbstständigkeit, haben aber in Teilbereichen, hier der Haushaltsplanaufstellung, bestimmte Rechte. Diese Rechte können wiederum durch Mitwirkungsrechte des Senats, im Rahmen des Haushaltsrechts insbesondere der Senatsverwaltung für Finanzen, eingeschränkt werden. Die Unabhängigkeit der Bezirke in der Haushaltswirtschaft hängt deshalb weitgehend davon ab, inwieweit sie einvernehmlich mit dem Senat zusammenwirken und sich das Abgeordnetenhaus bei den Beratungen der von den Bezirksverordnetenversammlungen beschlossenen Haushaltspläne mit Änderungen zurückhält.

f) Inhaltliche Vorgaben für den Haushaltsplan

Inhaltlich gliedert sich der Haushaltsplan in die *Einzelpläne* und den *Gesamtplan*   485
(§ 13 Abs. 1 LHO). Die weiteren inhaltlichen Vorgaben ergeben sich teilweise aus den Art. 85 ff. VvB sowie aus den §§ 11 ff. LHO. Bei der Aufstellung des Plans sind

---

[33] Ebenso VG Berlin, Urt. v. 23.11.2005 – 1 A 216.02, juris, Rz. 25; *Korbmacher/Rind*, VvB, § 85 Rz. 17 ff.

verschiedene Grundsätze zu beachten.[34] Nach dem Grundsatz der *Vollständigkeit* aus Art. 85 Abs. 1 S. 1 VvB, § 11 LHO müssen alle Einnahmen und Ausgaben im Haushaltsplan veranschlagt werden. Das *Bruttoprinzip* gem. § 15 Abs. 1 LHO verlangt die getrennte Veranschlagung aller Einnahmen und Ausgaben. Aus Art. 85 Abs. 1 S. 1 VvB ergibt sich das Erfordernis der *Haushaltseinheit*. Dieses Prinzip soll die Zerfaserung des Haushalts durch Nebenhaushalte verhindern.[35] Der Grundsatz der *Vorherigkeit* bedeutet, dass der Haushaltsplan grundsätzlich vor Beginn des Haushaltsjahres festgesetzt sein muss. Dieser Grundsatz lässt sich einem Umkehrschluss aus Art. 89 VvB entnehmen, da dieser Sonderregelungen für den Verspätungsfall enthält. Weiterhin ergibt sich aus § 17 Abs. 1 LHO das Prinzip der *Einzelveranschlagung*, das die Veranschlagung der Einnahmen nach ihrem Entstehungsgrund, der Ausgaben nach ihren Zwecken getrennt sichert. Der Grundsatz der *Jährlichkeit* führt zu einer Veranschlagung des Haushaltsplans für ein Jahr. Er ergibt sich aus Art. 85 Abs. 1 S. 1 VvB, § 11 Abs. 1 LHO. Art. 85 Abs. 1 S. 2 VvB, § 12 Abs. 1 LHO ermöglichen aber auch die Erstellung sogenannter Doppelhaushalte. § 45 LHO enthält das Prinzip der *sachlichen und zeitlichen Bindung der Exekutive*, indem er diese auf die im Haushaltsplan genannten Zwecke festlegt. Das Prinzip der *Gesamtdeckung* in § 8 LHO bedeutet, dass alle Einnahmen grundsätzlich zur Deckung aller Ausgaben dienen müssen, eine Zweckbindung zunächst also nicht erfolgen darf. Die Grundsätze der *Haushaltswahrheit* und *Haushaltsklarheit* stellen sicher, dass der Haushaltsplan nur richtige Daten in einer verständlichen Form enthält. Der Grundsatz der *Publizität* schließlich wird in Berlin bereits durch den Charakter des Haushaltsplans als Parlamentsgesetz gewahrt.[36]

Die eine *inhaltliche Vorgabe für den Haushaltsplan* ergibt sich aus Art. 87 Abs. 2 VvB. Nach dessen Satz 1 dürfen Kredite nur aufgenommen werden, wenn andere Mittel zur Deckung nicht vorhanden sind. Satz 2 bestimmt, dass die Einnahmen aus Krediten die Summe der im Haushaltsplan veranschlagten *Investitionen* nicht überschreiten darf. Ausnahmen hiervon sind nach Art. 87 Abs. 2 S. 2, 2. Hs. VvB zulässig zur Abwehr einer *Störung des gesamtwirtschaftlichen Gleichgewichts*. In der Vergangenheit wurde die Kreditgrenze des Satzes 2 durch den Berliner Haushaltsgesetzgeber oft nicht beachtet.[37] Dies führte zu einem Normenkontrollantrag der Opposition gegen den Doppelhaushalt 2002/2003 vor dem Verfassungsgerichtshof. Der Gerichtshof erklärte den Doppelhaushalt für verfassungswidrig. Zwar sei eine Abweichung von der verfassungsrechtlichen Kreditgrenze unter den Voraussetzungen des Satzes 2, 2. Hs. zulässig. Eine weitere Ausnahme könne sich ergeben, wenn sich das Land in einer *extremen Haushaltsnotlage* befinde. Der Haushaltsgesetzgeber

---

[34] Zu den Grundsätzen im Einzelnen *Heintzen* in vMünch/Kunig, GG, Art. 110, Rz. 6 ff.; *Korbmacher/Rind* (Fn. 33), Rz. 4 ff.

[35] *Pfennig* (Fn. 26), Art. 85, Rz. 6.

[36] *Pfennig* (Fn. 26), Art. 85, Rz. 17.

[37] Zur Situation siehe *Sarrazin*, Finanzpolitische Perspektiven für Berlin, in Baßeler/Heintzen/Kruschwitz, Berlin – Finanzierung und Organisation einer Metropole, S. 11 ff.; *Weinzen*, Berlin und seine Schulden, passim.

habe jedoch nicht in ausreichendem Maße dargelegt, dass die Voraussetzungen der Ausnahmetatbestände in den Jahren 2002/2003 vorgelegen hätten.[38]

Neben dieser in der Berliner Verfassung vorgesehenen Begrenzung der Möglich- **48€**
keit einer Kreditaufnahme steht aber noch die in Artikel 109 Abs. 3 GG vorgesehene bundesrechtliche „Schuldenbremse". Diese begrenzt die Schuldenaufnahme der Länder sowohl hinsichtlich einer konjunkturellen als auch einer strukturellen Schuldenaufnahme. Als eines der wenigen Länder hat Berlin die nach Artikel 109 Abs. 3 Satz 4 GG erforderliche Ausgestaltung der Schuldenbremse nicht in der Verfassung vorgenommen, sondern nur einfachgesetzlich geregelt.[39]

2. Der Vollzug des Haushaltsplans und Verwaltungsreform

Die Regeln über die Ausführung des Haushaltsplans finden sich in den §§ 34 ff. **48°**
LHO. Der Haushaltsvollzug erfolgt weitgehend durch die Exekutive. Von besonderer Bedeutung sind insbesondere die Instrumentarien, die ein Abweichen vom Haushaltsplan ermöglichen. Stellt sich im Rahmen des Haushaltsvollzugs heraus, dass der Haushaltsplan nicht den tatsächlichen Erfordernissen entspricht, so besteht beispielsweise die Möglichkeit, *über- oder außerplanmäßige Ausgaben* vorzunehmen (vgl. § 37 LHO, siehe auch die Grundsatzregelung in Art. 88 VvB[40]). Sie bedürfen der Einwilligung der Senatsverwaltung für Finanzen. Weiterhin kann zur Bewältigung unvorhergesehener Ausgaben ein *Nachtragshaushalt* beschlossen werden (§ 33 LHO). Eine in den letzten Jahren in Berlin häufig praktizierte Maßnahme der Kontrolle des Haushaltsvollzugs ist die *haushaltswirtschaftliche Sperre* gem. § 41 LHO. Sie führt dazu, dass die Eingehung von Verpflichtungen oder die Tätigung von Ausgaben von der Genehmigung der Senatsverwaltung für Finanzen abhängig wird. Diese Sperre gilt auch für die Bezirke.

Haushaltssperren der Senatsverwaltung für Finanzen gegenüber einem Bezirk **48£**
sind in der Praxis das Mittel der Wahl, um gegen Verstöße gegen haushaltsrechtliche Regelungen vorzugehen. Von den theoretisch bei Rechtsverstößen anwendbaren Mitteln der Bezirksaufsicht oder gar des Eingriffsrechts nach den §§ 9 ff. AZG wird dagegen im Haushaltswesen kein Gebrauch gemacht. Wenn also ein Bezirk z. B. keinen Bezirkshaushaltsplan vorlegt oder dieser den Rahmen der Globalsumme nicht einhält, wird der Bezirk mit einer Haushaltssperre belegt und damit letztlich „in die Knie gezwungen". Auf diese Weise bleibt der Bezirk in der Pflicht und kann nicht die politische Verantwortung auf den Senat verlagern, indem dieser etwa eine Ersatzbeschlussfassung vornehmen muss.

Die teilselbstständige Stellung der Bezirke im Rahmen der Haushaltswirtschaft **48°**
wird auch beim Haushaltsvollzug deutlich. Die Bezirke sind für die Ausführung des Bezirkshaushaltsplans zuständig (§ 4 Abs. 2 BezVG). So tritt bei über- oder außerplanmäßigen Ausgaben an die Stelle der Einwilligung der Senatsverwaltung für Finanzen diejenige des Bezirksamtes (Art. 88 Abs. 4 VvB, § 37 Abs. 7 LHO). Jedoch

---

[38] BerlVerfGH, Urt. v. 31.10.2003 – VerfGH 125/02, LVerfGE 14, 104.

[39] Gesetz zur landesrechtlichen Umsetzung der Schuldenbremse vom 25.11.2019, GVBl. S. 742.

[40] *Korbmacher/Rind*, VvB, § 88, Rz. 2 ff.

können diese Ausgaben zusätzlich von der Genehmigung der Senatsverwaltung abhängig gemacht werden (§ 37 Abs. 7 S. 2 LHO). Weiterhin besteht gem. § 33 Abs. 2 LHO für die Bezirke die Möglichkeit zum Erlass so genannter Ergänzungspläne, die dem Instrument des Nachtragshaushalts auf Landesebene entsprechen. Diese Möglichkeit wird jedoch in § 33 Abs. 2 S. 2 LHO für Teilbereiche wieder ausgeschlossen. Darüber hinaus müssen Vorgaben von Senat und Abgeordnetenhaus berücksichtigt werden. Das Mittel der haushaltswirtschaftlichen Sperre schließlich steht gem. § 41 Abs. 2 LHO auch dem Bezirksamt zu. Dieses kann davon Gebrauch machen, wenn nicht schon die Senatsverwaltung für Finanzen eine Sperre verhängt hat.

90   Wie bereits angedeutet, werden in jüngerer Zeit im Zusammenhang mit der Verwaltungsreform mehr und mehr Elemente der *Dezentralisierung* in die Haushaltswirtschaft eingeführt, die den Haushaltsvollzug, aber auch bereits die Planungsphase verändern. Grundlage ist der mit Gesetz vom 22. Dezember 1997[41] eingefügte § 6 a HGrG. Im Anschluss hieran sieht § 7a LHO eine leistungsbezogene Planaufstellung und -bewirtschaftung vor. Die Veranschlagung der Einnahmen, Ausgaben und Verpflichtungsermächtigungen soll dezentral durch die jeweils verantwortlichen Organisationseinheiten erfolgen (§ 7a Abs. 1 S. 1 u. 2 LHO, vgl. auch § 20 LHO). Die fachlich verantwortliche Einheit soll auch die finanzielle Verantwortung tragen. Der Kontrolle der Ausgabenwirtschaft dienen spezielle Informations- und Steuerungsinstrumente (§ 7a Abs. 1 S. 3 LHO). Die von der jeweiligen Organisationseinheit zu erbringenden Leistungen[42] sind durch so genannte *Zielvereinbarungen* festzulegen (§ 7a Abs. 1 S. 4 LHO).[43] Die LHO sieht in § 7 Abs. 3 im Rahmen der Haushaltswirtschaft den ergänzenden Einsatz betriebswirtschaftlicher Grundsätze vor. Gem. § 7a Abs. 3 LHO kann die Senatsverwaltung für Finanzen darüber hinausgehende betriebswirtschaftliche Steuerungsinstrumente einführen. Die in § 7a LHO niedergelegten Regeln berühren nicht das oben beschriebene grundsätzliche Verfahren der Planaufstellung. Vielmehr greifen die geschilderten Instrumente bereits im Vorfeld der Entwurfsaufstellung durch die Senatsverwaltung für Finanzen, aber auch im Haushaltsvollzug.

91   Insbesondere für die Bezirksebene ist im Rahmen der Kosten- und Leistungsrechnung das rein kamerale Haushaltssystem vollständig durch ein System der Produktbudgetierung ersetzt worden.[44] Für alle bezirklichen Verwaltungsleistungen (Produkte) werden „Preise" kalkuliert. Auf deren Grundlage werden die Globalsummen der Bezirke errechnet. Dabei werden aber für alle Bezirke die gleichen „durchschnittlichen" Zuweisungspreise zugrunde gelegt. Bezirke, die die Leistung „billiger" erbringen können, dürfen den Differenzbetrag in voller Höhe behalten. So wird ein Anreiz für mehr Wirtschaftlichkeit gesetzt. Die Reformen in diesem Bereich sind noch nicht abgeschlossen. Es bleibt abzuwarten, ob sich die erhofften Effizienz- und Rationalitätsgewinne einstellen.

---

[41] BGBl. I S. 3251.

[42] Siehe Rz. 360 ff.

[43] Zum Instrument der Zielvereinbarung und seinen verfassungsrechtlichen Problemen siehe *Musil* (Fn. 10), S. 179 ff., s. a. Rz. 232.

[44] Siehe Rz. 361 f.

3. Die Kontrolle des Haushaltsvollzugs

Der Senat legt gem. Art. 94 Abs. 1 VvB, §§ 70 ff. LHO dem Abgeordnetenhaus im **492**
Laufe der ersten neun Monate des folgenden Rechnungsjahres über das Haushaltsjahr Rechnung.[45] Hierzu stellt die Senatsverwaltung für Finanzen insbesondere
gem. § 82 LHO den *kassenmäßigen Abschluss* sowie gem. § 83 LHO den *Haushaltsabschluss* auf. Kassenmäßiger Abschluss und Haushaltsabschluss sind gem.
§ 84 LHO in einem Bericht zu erläutern. Diese Abschlüsse bilden die Grundlage für
die Rechnungsprüfung durch den *Rechnungshof* gem. Art. 94 Abs. 2 VvB. Die Einzelheiten der Prüfung sind in den §§ 88 ff. LHO geregelt. Nach der Prüfung der
vorgelegten Rechnung durch Rechnungshof und Abgeordnetenhaus kann gem.
Art. 94 Abs. 2 S. 1 VvB die *Entlastung des Senats* durch das Abgeordnetenhaus
erfolgen. Gem. Art. 94 Abs. 2 S. 2 VvB können hierbei auch einzelne Sachverhalte
ausdrücklich missbilligt werden.

Fall 11: Teure Sauberkeit[46]

In Berlin befindet sich der Verladehafen T, welcher von der Betreibergesellschaft **493**
B-AG (B-AG) betrieben wird. Die Grundstücke auf denen sich der Verladehafen
befindet, hat die B-AG angemietet. Ein Teil der Grundstücke stehen im Eigentum
der X-Flächenverwertungsgesellschaft mbH (X-GmbH).

Um auf der Grundlage der Härtefallregelung in § 5 Abs. 3 StReinG[47] eine
teilweise Befreiung von der Straßenreinigungspflicht und damit eine Minderung
des Straßenreinigungsentgeltes zu erreichen, wendet sich die X-GmbH an das
hierfür gem. § 1 Nr. 8 lit. b *ZustVO Bezirksaufgaben*[48] zuständige Bezirksamt
L. Dem Begehren der X-GmbH wird daraufhin mit der Begründung stattgege-
ben, dass in Bezug auf die zu reinigenden Flächen des Verladehafens eine Atypik
und damit eine unzumutbare Härte vorliege, schließlich sei die Grundstücksflä-
che so beschaffen, dass die von ihr ausgehende Kostenverursachung außerge-
wöhnlich gering sei.

Auch das Land Berlin ist Eigentümerin eines Teils der Fläche des Verladehafens. Verwaltet werden diese Grundstücke durch den Bezirk R. Im Zuge dessen
ist der Bezirk R auch verpflichtet, die anfallenden Straßenreinigungsentgelte zu
entrichten.

Als das Bezirksamt R in 2021 von der Praxis gegenüber der X-GmbH Kenntnis erhält, wendet es sich mit Schreiben vom 26. April 2021 an das Bezirksamt L
mit dem Antrag auf Anerkennung einer unzumutbaren Härte gem. § 5 Abs. 3
StReinG auch für die landeseigenen, von ihm verwalteten Flächen. Der Bezirk R

---

[45] *Pfennig* (Fn. 26), Art. 85, Rz. 31 ff.

[46] Fall nach VG Berlin, Urt. v. 23.11.2005 – 1 A 216.02, juris.

[47] Straßenreinigungsgesetz (StReinG) vom 19. Dezember 1978, GVBl. S. 2501, zul. geänd. durch
Art. 3 d.G.v. 02.12.2021, GVBl. S. 1444, Auszug nachfolgend.

[48] Verordnung über die Zuständigkeit für einzelne Bezirksaufgaben vom. 5. Dezember 2000, GVBl.
S. 513, zul. geänd. d.G.v. 27.09.2021, GVBl. S. 1114.

bezweckt dabei, ebenso wie die X-GmbH, durch eine teilweise Befreiung von der Straßenreinigungspflicht letztlich eine Minderung des Straßenreinigungsentgeltes zu erreichen.

Der Antrag des Bezirksamts R wird jedoch mit Schreiben vom 18. Oktober 2021 mit Begründung zurückgewiesen. Nochmals wendet sich das Bezirksamt R mit Schreiben vom 29. Oktober 2021 an das Bezirksamt L mit der Bitte, die Entscheidung zu revidieren, da es durch die Mehrausgaben für die Straßenreinigung zu einer übermäßigen Belastung seines Gesamthaushalts zu Lasten der anderen Aufgaben komme. Zudem sei es willkürlich, die teilweise Befreiung von der Straßenreinigungspflicht nicht auch auf die landeseigenen Grundstücke zu erstrecken.

Daraufhin teilt das Bezirksamt L am 31. Januar 2022 mit, dass es an der Entscheidung festhalte, zu einer Befreiung des Landes Berlin als Eigentümer von den Straßenreinigungsentgelten gem. § 5 Abs. 3 StReinG komme es nicht. Ein formeller Bescheid wird mit der Begründung nicht erlassen, Berliner Behörden könnten gegeneinander keine anfechtbaren und rechtsbehelfsfähigen Bescheide erlassen. Ein Streit müsse zur Not im Aufsichtsweg durch das zuständige Senatsmitglied oder den Senat selbst geklärt werden.

Am 22. Juli 2022 erhebt der Bezirk R gegen das Land Berlin, vertreten durch den Bezirk L, Klage vor dem Verwaltungsgericht.

Hat die Klage Aussicht auf Erfolg? ◄

Auszug aus dem Straßenreinigungsgesetz (StRReinG) [49]
§ 4 Straßenreinigungspflichtige

(1) [1]Die ordnungsmäßige Reinigung der in den Straßenreinigungsverzeichnissen A und B aufgeführten Straßen für Anlieger und Hinterlieger obliegt den Berliner Stadtreinigungsbetrieben (BSR). Sie nehmen diese Aufgabe mit Ausschließlichkeitswirkung im Wege des Anschluss- und Benutzungszwangs nach Maßgabe der einschlägigen Bestimmungen wahr. [...] [3]Soweit Anlieger und Hinterlieger fehlen sowie in den Fällen des Absatzes 6 und des § 5 Abs. 3, obliegt die ordnungsmäßige Reinigung der in den Straßenreinigungsverzeichnissen aufgeführten öffentlichen Straßen den Berliner Stadtreinigungsbetrieben (BSR).

§ 5 Anlieger und Hinterlieger

(1) Anlieger sind Eigentümer der an eine öffentliche Straße angrenzenden Grundstücke. ...

(2) ...

(3) Die zuständige Behörde kann, wenn sich aus der Anwendung der Absätze 1 oder 2 für Anlieger und Hinterlieger unzumutbare Härten ergeben, im Einvernehmen mit den Berliner Stadtreinigungsbetrieben (BSR) von den mit der Anlieger- und Hinterliegereigenschaft verbundenen Verpflichtungen ganz oder teilweise Ausnahmen zulassen.

---

[49] Straßenreinigungsgesetz (StReinG) vom 19.Dezember 1978, GVBl. S. 2501, zul. geänd. d. Art. 3 d.G.v. 02.12.2021, GVBl. S. 1444.

§ 7 Kosten der Straßenreinigung

(1) Die Kosten der von den Berliner Stadtreinigungsbetrieben (BSR) durchzuführenden ordnungsmäßigen Reinigung mit Ausnahme der Kosten nach Absatz 6 sind zu 75 v. H. durch Gebühren zu decken; die restlichen 25 v. H. der
Kosten trägt das Land Berlin.

Lösungsvorschlag

Die Klage hat Aussicht auf Erfolg soweit sie zulässig und begründet ist.

I. Zulässigkeit

1. Verwaltungsrechtsweg

Der Verwaltungsrechtsweg könnte mangels aufdrängender Sonderzuweisung gem.
§ 40 Abs. 1 S. 1 VwGO eröffnet sein. Dann müsste es sich vorliegend um eine
öffentlich-rechtliche Streitigkeit handeln. Eine solche liegt nach der herrschenden
mod. Subjektstheorie vor, wenn die streitentscheidende Norm ausschließlich einen
Träger öffentlicher Gewalt berechtigt oder verpflichtet.[50] Streitentscheidende Norm
ist hier § 5 Abs. 3 StReinG. Hierdurch wird die zuständige Behörde berechtigt,
über die Ausnahmen von der Straßenreinigungspflicht bei unzumutbaren Härten zu
entscheiden. Damit liegt eine öffentlich-rechtliche Streitigkeit vor. Diese ist mangels
doppelter Verfassungsunmittelbarkeit[51] auch nicht verfassungsrechtlicher Art, da es
sich bei den beteiligten Bezirken weder um Verfassungsorgane handelt,[52] noch eine
Streitigkeit über Verfassungsrecht vorliegt. Eine abdrängende Sonderzuweisung
liegt nicht vor. Folglich ist der Verwaltungsrechtsweg eröffnet.

2. Statthafte Klageart

Die statthafte Klageart bestimmt sich nach dem Begehren des Klägers, § 88
VwGO. Der Bezirk R begehrt eine teilweise Befreiung von der Straßenreinigungspflicht und folglich eine Minderung des Straßenreinigungsentgelts bei
den von ihm verwalteten Flächen durch das zuständige Bezirksamt L.[53] Eine
solche Befreiung von der Straßenreinigungspflicht hätte keinen über den
verwaltungsinternen Bereich hinausgreifenden Regelungsinhalt.[54] Damit fehlt
einer solchen Maßnahme die Außenwirkung und die begehrte Maßnahme stellt
keinen VA dar.[55] Statthaft ist mithin die allgemeine Leistungsklage.[56]

---

[50] M. w. N. *Schenke*, Verwaltungsprozessrecht, Rz. 118.

[51] *Hufen*, Verwaltungsprozessrecht, § 11 Rz. 49.

[52] Siehe Rz. 394.

[53] Möglichkeit von *Insichprozessen* auch zwischen Organen ein und derselben juristischen Person,
wenn es um Streitigkeiten aufgrund von Übergriffen in Zuständigkeits- und Organrechte eines
anderen repräsentativen Organs geht, siehe hierzu *Burgi*, Kommunalrecht, § 14.

[54] *Maurer/Waldhoff*, Allgemeines Verwaltungsrecht, § 9 Rz. 24 ff.

[55] Solche innerorganschaftlichen Maßnahmen stellen in der Regel auch dann keine Verwaltungsakte dar, wenn sie Organrechte verletzen, die das verletzte Organ im Wege eines Innenrechtsstreits
verteidigen kann, hierzu: *Stelkens* in Stelkens/Bonk/Sachs, VwVfG, § 35 Rz. 191.

[56] So auch VG Berlin, Urt. v. 23.11.2005 – 1 A 216.02, juris, Rz. 23.

3. Klagebefugnis

a) Klagebefugnis für die Bezirke?

Für die Zulässigkeit der allgemeinen Leistungsklage ist nach einhelliger Auffassung das Vorliegen einer Klagebefugnis analog § 42 Abs. 2 VwGO zu fordern.[57] Folglich muss der Bezirk R die Verletzung eines eigenen Rechts geltend machen. Nach der Rechtsprechung des Bundesverwaltungsgerichts ist die Klagebefugnis nur dann ausgeschlossen, wenn offensichtlich und eindeutig nach keiner Betrachtungsweise dem Kläger die von ihm geltend gemachten Rechte bestehen oder ihm zustehen können.[58] Wenn umgekehrt also zumindest die Möglichkeit einer Verletzung eigener Rechte in Betracht kommt, ist von einem Bestehen der Klagebefugnis auszugehen.[59]

Dazu muss sich ein Bezirk aber zunächst auf eigene Rechte berufen können. Dies erscheint fraglich, da Berlin als einheitliche Gebietskörperschaft (Art. 1, Art. 3 Abs. 2 VvB) ausgestaltet ist und den Bezirken keine Rechtspersönlichkeit (§ 2 Abs. 1 BezVG) zukommen soll.[60] Dennoch können bei einer organisatorischen Zuordnung von Aufgaben an die Bezirke den Bezirken auch wehrfähige Rechte gegenüber der Hauptverwaltung zukommen, wenn eine eigenständige, selbstverwaltete Aufgabenerfüllung nach den Grundsätzen von Art. 66 Abs. 2 VvB ermöglicht werden soll.[61]

b) Verletzung des Rechts der Bezirke auf angemessene Finanzausstattung

Der Bezirk R macht eine Verletzung seiner Rechte durch die Mehrausgaben für die Straßenreinigung geltend, welche sich im Rahmen seines Globalhaushalts, vgl. Art. 85 Abs. 2 S. 1 VvB, zu Lasten der Erfüllung anderer Aufgaben auswirken. Dazu müssten die gesetzlichen Regelungen den Bezirken überhaupt ein Recht auf angemessene Ausstattung mit Finanzmitteln einräumen und den Bezirken somit wehrfähige Rechte gegenüber dem Land zustehen.

Die Bezirkshaushaltspläne haben zunächst lediglich Entwurfscharakter[62] und sind unselbstständige Teile des Gesamthaushaltsplans (vgl. § 13 Abs. 1 LHO), welcher als Haushaltsgesetz vom Abgeordnetenhaus verabschiedet wird.[63] Die Höhe der Zuweisung der Globalsumme, welche die wesentliche Einnahmequelle der Bezirke darstellt, wird dabei allerdings nicht von den Bezirken, sondern letztlich von der Senatsverwaltung für Finanzen vorgegeben.[64] Insoweit soll

---

[57] BVerwG, Beschl. v. 24.1.1991 – 8 B 164/90, NVwZ 1991, 574, 575; *Schenke*, Verwaltungsprozessrecht, Rz. 431, 516 m. w. N.

[58] BVerwG, Urt. v. 20.3.1964 – VII C 10.61, BVerwGE 18, 154; Urt. v. 22.2.1994 – 1 C 24/92, BVerwGE 95, 133.

[59] *Schenke*, Verwaltungsprozessrecht, Rz. 517 ff.

[60] Siehe Rz. 34.

[61] Siehe Rz. 419 sowie OVG Berlin, Urt. v. 31.08.1999 – 2 B 13/99, LKV 2000, 453.

[62] Siehe Rz. 482.

[63] Siehe Rz. 479 sowie VG Berlin, Urt. v. 23.11.2005 - 1 A 216.02, juris, Rz. 25.

[64] Siehe Rz. 480; die Letztentscheidung liegt dabei beim Haushaltsgesetzgeber dem Abgeordnetenhaus, vgl. Rz. 456 ff. und 479 ff.

zwar der Bemessung der Globalsumme, der Umfang der Bezirksaufgaben und die Einnahmemöglichkeiten der Bezirke zugrunde gelegt werden (§ 26a Abs. 2 S. 1 LHO), es sind aber auch die übergeordneten Zielvorstellungen von Abgeordnetenhaus und Senat sowie insbesondere die Deckungsmöglichkeit des Gesamthaushaltes zu berücksichtigen (§ 26a Abs. 2 S. 1 LHO).[65]

Bei der Wahrnehmung ihrer Aufgaben können die Bezirke im Rahmen der gesetzlichen Verpflichtungen mit den ihnen zugewiesenen Mitteln frei verfügen. Dies führt bei ihnen insoweit zwar zu einer eingeschränkten Finanzautonomie im Rahmen der Globalsumme.[66] Alleine durch die Verpflichtung zur Zahlung von Straßenreinigungsentgelten für von ihnen verwaltete Grundstücke kann diese jedoch nicht betroffen sein. Aufgabenbedingte hohe Belastungen der Bezirke werden bei der Festsetzung der Globalsumme berücksichtigt.[67]

Somit lassen sich hier wehrfähige Rechte weder aus den Regelungen über die Finanzausstattung der Bezirke noch aus der beschränkten Finanzautonomie, welche bei den Bezirken in Bezug auf die auszuführenden Aufgaben besteht, herleiten. Eine Verletzung des Rechts des Bezirks R auf angemessene Ausstattung mit Finanzmitteln kommt nicht in Betracht.

c) Fehlerhafte Anwendung des § 5 Abs. 3 StReinG

Allerdings könnte eine Kostenpflicht wegen einer fehlerhaften Anwendung des § 5 Abs. 3 StReinG zu einer Verletzung eigener Rechte des Bezirks führen. Dies setzt zunächst voraus, dass die Möglichkeit der Befreiung von der Straßenreinigungspflicht gem. § 5 Abs. 3 StReinG auf den Bezirk R überhaupt angewendet werden kann.

Das Land Berlin ist zwar Eigentümer der Grundstücke, Einnahmeausfälle der Stadtreinigung, welche durch Befreiungen nach § 5 Abs. 3 StReinG bedingt sind, werden im Ergebnis aber ebenfalls vom Land Berlin getragen. So obliegt die ordnungsgemäße Reinigung der Berliner Stadtreinigung (BSR) auch nach § 4 Abs. 1 S. 3 StReinG, wenn ein Anlieger von seiner Straßenreinigungspflicht gem. § 5 Abs. 3 StReinG ganz oder teilweise befreit wurde. Die Berliner Stadtreinigung stellt eine rechtsfähige Anstalt des öffentlichen Rechts des Landes Berlin dar.[68] § 4 Abs. 1 S. 3 StReinG kann nur so verstanden werden, dass das Land die zusätzlichen Kosten in den Fällen des § 5 Abs. 3 StReinG trägt.[69] Somit würde sich eine Befreiung des Bezirks R und damit des Landes Berlin zu Lasten des Landes Berlin auswirken, da dieses insoweit verpflichtet ist die zusätzlichen Kosten in den Fällen des § 5 Abs. 3 StReinG zu tragen. Eine solche Befreiung

---

[65] Siehe Rz. 480.
[66] VG Berlin, Urt. v. 23.11.2005 – 1 A 216.02, juris, Rz. 26.
[67] Siehe Rz. 480 sowie VG Berlin, Urt. v. 23.11.2005 – 1 A 216.02, juris, Rz. 26.
[68] Siehe Rz. 508.
[69] VG Berlin, Urt. v. 23.11.2005 – 1 A 216.02, juris, Rz. 28.

des Landes Berlin zu Lasten des Landes Berlin widerspräche letztlich dem Sinn und der Konzeption des Gesetzes.[70] Es wäre widersinnig, wenn ein kostenträchtiges Verwaltungsverfahren in Gang gesetzt werden müsste, obwohl letztlich der Berliner Landeshaushalt nicht entlastet würde.

Folglich kann § 5 Abs. 3 StReinG nicht auf die Bezirke angewendet werden. Die Frage, ob § 5 Abs. 3 StReinG richtig angewendet wurde, ist insoweit nicht relevant. Damit kann die Möglichkeit einer Rechtsverletzung auch nicht dargelegt werden, sodass eine Klagebefugnis nicht besteht.

Gleichwohl soll geprüft werden, ob die Klage auch aus anderen Gründen unzulässig ist.

4. Beteiligtenfähigkeit

Der Bezirk R macht vorliegend die Verletzung eigener Rechte geltend. Ob die Bezirke in solchen Fällen vor dem Verwaltungsgericht beteiligtenfähig sind, ist umstritten.[71] Nach h. M. können sie in entsprechender Anwendung von § 61 Nr. 2 VwGO beteiligtenfähig sein, soweit sie sich auf eigene Rechte berufen.[72] Zwar bestehen im konkreten Fall keine subjektiven Rechte auf die sich der Bezirk berufen kann.[73] Für die Frage der Beteiligtenfähigkeit ist es allerdings ausreichend, dass den Bezirken zur Ausbalancierung von innerkörperschaftlichen Macht- und Interessengegensätzen die eigenständige Bewältigung bestimmter Aufgabenbereiche anvertraut ist und sich insoweit eine klagbare Wahrnehmungszuständigkeit der Bezirke ergibt.[74] Damit ist der Bezirk R, der nach Art. 66 Abs. 2 VvB seiner Aufgaben nach den Grundsätzen der Selbstverwaltung erfüllt, in entsprechender Anwendung von § 61 Nr. 2 VwGO beteiligtenfähig.[75] Von der Beteiligtenfähigkeit des Bezirks R ist folglich auszugehen.

Der Bezirk L tritt hingegen auf der Beklagtenseite nicht in Wahrnehmung eigener Rechte im Sinne des § 61 Nr. 2 VwGO, sondern in seiner Aufgabenwahrnehmung gem. § 1 Nr. 8 lit. b ZustVO Bezirksaufgaben für das Land Berlin als Vertreter des Landes auf.[76] Das Land Berlin, vertreten durch das Bezirksamt von L, ist gemäß § 61 Nr. 1, 2. Alt VwGO beteiligtenfähig.[77]

---

[70] VG Berlin, Urt. v. 23.11.2005 – 1 A 216.02, juris, Rz. 28.

[71] Siehe zum Streitstand Rz. 411 ff.

[72] OVG Berlin, Urt. v. 31.8.1999 – 2 B 13.99, LKV 2000, S. 453; VG Berlin, Urt. v. 23.11.2005 – 1 A 216.02, juris, Rz. 20.

[73] Siehe oben zur Klagebefugnis.

[74] OVG Berlin, Urt. v. 31.8.1999 – 2 B 13.99, LKV 2000, S. 453; VG Berlin, Urt. v. 23.11.2005 – 1 A 216.02, juris, Rz. 21.

[75] VG Berlin, Urt. v. 23.11.2005 – 1 A 216.02, juris, Rz. 19.

[76] VG Berlin, Urt. v. 23.11.2005 – 1 A 216.02, juris, Rz. 22.

[77] Bier/Steinbeiß/Winkelmann in Schoch/Schneider, VwGO, § 61 Rn. 4.

5. *Allgemeines Rechtsschutzbedürfnis*

Fraglich ist zudem, ob bei dem klagenden Bezirk R ein Rechtsschutzbedürfnis für eine gerichtliche Klärung bestünde, wenn von dem Vorliegen wehrfähiger eigener Rechte des Bezirks auszugehen wäre. Ein Rechtsschutzbedürfnis liegt insbesondere dann nicht vor, wenn dem Kläger einfachere bzw. effektivere Möglichkeiten zur Realisierung seines Klageziels zur Verfügung stehen.[78] Hier könnte in Gestalt der Bezirksaufsicht nach §§ 9 ff. AZG eine gemeinsame Entscheidungsspitze innerhalb der Verwaltung zur Verfügung stehen, die eine streitbeendende verbindliche Entscheidung treffen kann.[79] Alternativ ist auch an eine Schlichtung in vermögensrechtlichen Streitigkeiten durch die Hauptverwaltung gem. Nr. 6 Abs. 9 ZustKat AZG zu denken.

Gerade bei Streitigkeiten hinsichtlich der auch den Bezirken in Teilbereichen zustehenden Selbstverwaltungsrechte[80] erscheint eine Entscheidung durch das Verwaltungsgericht allerdings geeigneter, eine neutrale, das *bezirkliche Selbstverwaltungsrecht*[81] besser sichernde Entscheidung zu erreichen.[82] Des Weiteren erscheint es zweifelhaft, dem Bezirk R hier das Rechtschutzbedürfnis abzusprechen, wenn man in der gleichen Situation Privaten und anderen Rechtsträgern den gerichtlichen Rechtschutz nicht versagt.[83] Somit ist hier nicht davon auszugehen, dass die Möglichkeit, im Wege der Bezirksaufsicht eine streitbeendende verbindliche Entscheidung zu erreichen bzw. ein Schlichtungs-verfahren gem. Nr. 6 Abs. 9 ZustKat AZG anzustrengen, eine effektivere Möglichkeit zur Erreichung des Klageziels des Bezirks R darstellt. Folglich läge hier beim Bezirk R ein Rechtsschutzbedürfnis für eine gerichtliche Klärung vor.

II. Ergebnis

Da die Klagebefugnis des Bezirks R nicht vorliegt, ist die Klage bereits nicht zulässig.

---

[78] *Schenke*, Verwaltungsprozessrecht, Rz. 640 ff.

[79] VG Berlin, Urt. v. 23.11.2005 – 1 A 216.02, juris, Rz. 29.

[80] Siehe Rz. 416.

[81] Siehe Rz. 48 ff.

[82] In VG Berlin, Urt. v. 23.11.2005 – 1 A 216.02, juris, Rz. 29 wird die Frage des Vorliegens des Rechtschutzbedürfnisses mangels Entscheidungserheblichkeit offengelassen.

[83] OVG Berlin, Urt. v. 2.12.1998 – 1 B 79/94, NVwZ-RR 2000, S. 462.

11 Die wirtschaftliche Betätigung

I. Grundlagen

1. Der Begriff der wirtschaftlichen Betätigung

494 Berlin nimmt in vielfacher Art und Weise am Wirtschaftsleben teil. So tritt die Stadt als Nachfrager von Waren und Dienstleistungen auf, versucht über Wirtschaftsförderung, bestehende Unternehmen zu unterstützen oder neue Unternehmen zur Ansiedlung in Berlin zu bewegen, fungiert als Verkäufer stadteigenen Vermögens (sogenannte *„Vermögensaktivierung"*) und bietet Waren und Dienstleistungen am Markt an. Nur die Eigenschaft Berlins als *Anbieter von Waren und Dienstleistungen* soll im folgenden Abschnitt interessieren, da diese Form der wirtschaftlichen Betätigung der öffentlichen Hand in jüngerer Zeit eine Vielzahl von Streitfragen aufgeworfen hat.

495 In diesem Sinne umfasst wirtschaftliche Betätigung den Betrieb von Unternehmen, die als Hersteller, Anbieter oder Verteiler von Gütern oder Dienstleistungen am Markt tätig werden, sofern die Leistung ihrer Art nach auch von einem Privaten mit der Absicht der Gewinnerzielung erbracht werden könnte.[1] Unter diese Definition lassen sich eine Vielzahl von Tätigkeiten fassen, wie etwa die Versorgung mit Elektrizität, Gas, Fernwärme und Wasser, die Abfallbeseitigung, die Straßenreinigung, der Nahverkehr, der Betrieb von Sparkassen, Versicherungen, Messen, Märkten, Theatern, Opern, Bestattungsunternehmen, Reisebüros, Wohnungsvermittlung, Schlachthöfen u.s.w., aber auch einzelne Tätigkeiten wie die Vermietung von Werbeflächen oder die Reparatur privater Fahrzeuge in Werkstattbetrieben der öffentlichen Hand.

---

[1]Vgl. auch die Legaldefinition in § 91 Abs. 1 KVerf Bbg.

2. Mögliche Organisationsformen wirtschaftlicher Betätigung

Im Rahmen der *Leistungsverwaltung* darf die öffentliche Hand die Organisations-   **496**
form für die Erfüllung ihrer Aufgaben im Rahmen der Gesetze grundsätzlich frei
wählen. Dementsprechend stehen für die wirtschaftliche Betätigung sowohl
öffentlich-rechtliche als auch privatrechtliche Organisationsformen zur Verfügung.
Öffentlich-rechtliche Organisationsformen sind zunächst die rechtsfähigen öffentlich-rechtlichen Körperschaften, Anstalten und Stiftungen.[2] Hinzu kommen die
nicht rechtsfähigen Regie- und Eigenbetriebe. An *privatrechtlichen Formen* sind
etwa zu nennen die Aktiengesellschaft, die GmbH, die Genossenschaft, die KG sowie die KGaA. Ist der sich wirtschaftlich betätigende Verwaltungsträger alleiniger
Gesellschafter des Unternehmens, so spricht man von einer Eigengesellschaft. Liegen die Anteile bei mehreren Verwaltungsträgern, so handelt es sich um ein ge-
mischt öffentliches Unternehmen. Sind sowohl Verwaltungsträger als auch Privat-
rechtssubjekte an einem Unternehmen beteiligt, bezeichnet man dieses als
gemischt-wirtschaftliches Unternehmen.[3]

3. Schranken der wirtschaftlichen Betätigung

Die öffentliche Hand ist zwar grundsätzlich berechtigt, sich in bestimmtem Umfang   **497**
wirtschaftlich zu betätigen. Sie darf dies indes nicht schrankenlos tun. Es ist augenfällig, dass die öffentliche Hand im Rahmen ihrer wirtschaftlichen Betätigung not-
wendigerweise in *Konkurrenz zu privaten Anbietern* tritt. Es fragt sich, ob und inwieweit sich Private gegen staatliche Konkurrenz zur Wehr setzen können. Auf der
anderen Seite birgt jede wirtschaftliche Betätigung auch Risiken. So können Ver-
luste auftreten, die das jeweilige Gemeinwesen und damit auch dessen Mitglieder
zu tragen haben. Auch dieser Aspekt kann möglicherweise zu einer Begrenzung der
wirtschaftlichen Betätigungsfreiheit der öffentlichen Hand führen.

Entsprechend diesem Konfliktpotenzial ist die wirtschaftliche Betätigung in ein   **498**
Netz rechtlicher Vorgaben eingesponnen. Solche Vorgaben ergeben sich aus dem
Verfassungsrecht, einfachem Gesetzesrecht, hier vor allem dem *Wettbewerbs- und
Vergaberecht*, und dem *Europäischen Unionsrecht*. Die Kommunen bindet zusätz-
lich das in allen Flächenländern in den Gemeindeordnungen geregelte *kommunale
Wirtschaftsrecht*. Die Schranken der wirtschaftlichen Betätigung wirken auf zwei
Ebenen. Zunächst gibt es Vorschriften, die *unabhängig von der Rechtsform* die wirt-
schaftliche Betätigung als solche reglementieren. Andere Vorschriften beziehen sich
auf die *Wahl der Rechtsform*, in der sich ein Verwaltungsträger wirtschaftlich betätigen will.

---

[2] Siehe Rz. 69 ff.; Eine der wenigen Anwendungsfälle für rechtsfähige Anstalten auf kommunaler
Ebene sind die Sparkassen.
[3] Dazu ausführlich *Berger*, Staatseigenschaft gemischtwirtschaftlicher Unternehmen, 2006, passim.

II. Die wirtschaftliche Betätigung der Kommunen

99 Vor allem am kommunalen Wirtschaftsrecht der Flächenländer hat sich in den letzten Jahren wissenschaftlicher Streit entfacht. Dies hat seinen Grund darin, dass private Anbieter, meist aus dem Mittelstand, in der Regel mit *kommunalen Unternehmen* und nicht mit solchen der Länder oder des Bundes konkurrieren.

1. Privatisierung versus Rekommunalisierung

In den letzten Jahren hat der Umfang kommunaler Teilnahme am Wirtschaftsleben stetig zugenommen. Dies resultiert aus der Tatsache, dass die Kommunen aufgrund von sinkenden Einnahmen aus den klassischen Finanzierungsquellen gezwungen sind, sich neue Finanzierungsmittel zu erschließen. Dies ist durch Privatisierung möglich, die sich dadurch auszeichnet, dass Kommunen öffentliche Aufgaben vollständig oder teilweise in den privaten Bereich verlagern bzw. ein privates Rechtssubjekt mit ihrer Erfüllung betrauen.[4] Viele Städte und Gemeinden haben in der Vergangenheit private Gesellschaften gegründet, die ihre bisher öffentlich-rechtlich erledigten Aufgaben übernommen haben. So gibt es Gebäudereinigungs-GmbHs, Gartenbau-GmbHs[5] etc., teilweise wurden sogar ganze Gesellschaftsgeflechte geschaffen, die dann mit der Bezeichnung „Konzern Stadt" belegt wurden. Diese privatisierten Gesellschaften beschränken sich meist nicht auf die Erledigung zugewiesener Aufgaben, sondern versuchen, zusätzlich in bisher privatwirtschaftlich dominierte Marktsegmente vorzudringen.

00 Es lassen sich verschiedene Formen der Privatisierung unterscheiden, wobei sich die wirtschaftliche Betätigung durch Kommunen in drei Kategorien untergliedern lässt. Im Falle materieller Privatisierung – auch Aufgabenprivatisierung – überträgt die Kommune ihre öffentliche Aufgabe vollständig dem privaten Unternehmen. Zu dieser Maßnahme wird vermehrt im Bereich der Energieversorgung sowie im Telekommunikationswesen gegriffen. Die formelle Privatisierung dagegen zeichnet sich dadurch aus, dass eine öffentliche Aufgabe und ihre Erfüllung an ein privates Rechtssubjekt übertragen, welches vollständig von der öffentlichen Hand getragen wird (Regiebetriebe).[6] Folglich wird lediglich die Rechtsform geändert, in der die Kommune ihre Aufgabe wahrnimmt.[7] Den Mittelweg zwischen dem hohen Verantwortungstransfer der materiellen Privatisierung und geringen Verantwortungsübertragung im Rahmen der formellen Privatisierung ermöglicht die Erfüllungsprivatisierung (funktionale Privatisierung). Bei Letzterer wird ein zumindest partiell von der Kommune unabhängiges Unternehmen in die Erfüllung öffentlicher Aufgaben

---

[4] *Ziekow*, Öffentliches Wirtschaftsrecht, § 8 Rz. 1.

[5] Vgl. den mittlerweile berühmten Gelsengrün-Fall, OLG Hamm, Urt. v. 23.9.1997 – 4 U 99/97, JZ 1998, S. 576 ff.; weitere Fundstellen zu einschlägigen Gerichtsentscheidungen bei *Faßbender*, DÖV 2005, S. 89 ff., 90, insb. Fn. 16.

[6] Siehe Rz. 495.

[7] *Lange*, Kommunalrecht, S. 745.

mit einbezogen, indem beispielsweise private Abschleppunternehmen im Polizei-
recht im Rahmen einer unselbstständigen Verwaltungshilfe eingeschaltet werden.
Teils öffentlich-rechtlich, teils privatrechtlich geführt sind etwa die kommunalen
Verkehrsbetriebe. In jüngster Zeit gewannen sogenannte Public Private Partnerships
(PPP) an Relevanz, bei denen Private und öffentliche Hand auf vertraglicher Basis
zur Erreichung eines konkreten Ziels zusammenwirken.[8]

Mittlerweile ist aber auch ein gegenläufiger Trend zu beobachten. Unter dem   **501**
Stichwort *„Rekommunalisierung"* (oder *„Reetatisierung"* bzw. *„Publizisierung")*
lassen sich verstärkt zu beobachtende Tendenzen zusammenfassen, vorgenommene
Privatisierungen wieder rückgängig zu machen und bestimmte Aufgaben wieder in
öffentlich-rechtlichen Formen zu erledigen.[9] Häufig haben sich die mit der Privatisierung verbundenen Ertragserwartungen nicht erfüllt oder politische Steuerungs-
defizite führten zur einer Umkehrentscheidung. Weniger als Rekommunalisierung,
sondern vielmehr als „Kommunalisierung" wirken Entscheidungen der Gemeinden
und Städte, sich einer Aufgabe, die bisher ausschließlich durch private Unternehmen (insb. im Rahmen der Energieversorgung) wahrgenommen wurde, erstmals
anzunehmen und sie an sich zu ziehen.[10]

2. Grundlagen wirtschaftlicher Betätigung der Kommunen

Nach allgemeiner Auffassung ist die wirtschaftliche Betätigung der Kommunen von   **502**
der *Selbstverwaltungsgarantie* des Art. 28 Abs. 2 GG geschützt. Sie gehört insoweit
sogar zu deren Kernbereich, als es den Kommunen in Bereichen mit traditionell
kommunaler Prägung – etwa der Daseinsvorsorge[11] – möglich sein muss, eigenverantwortlich tätig zu werden.[12] Jedoch gilt diese Gewährleistung aus Art. 28 Abs. 2
GG nicht schrankenlos.

3. Schranken der Kommunalwirtschaft

a) Geltung allgemeiner Schranken für die Kommunen

Zunächst gelten die Schranken, die jedem Träger öffentlicher Verwaltung für die   **503**
wirtschaftliche Betätigung gezogen sind, auch für die Gemeinden. Insbesondere
sind auch sie nach hier vertretener Auffassung an die Berufsfreiheit privater Konkurrenten gebunden. Gegen diese Sichtweise spricht auch nicht Art. 28 Abs. 2 GG,

---

[8] *Ziekow*, Öffentliches Wirtschaftsrecht, § 8 Rz. 6 ff.; ausführlich auch *Gern/Brüning*, Deutsches
Kommunalrecht, Rz. 1077 ff.

[9] Siehe grundlegend *Bauer*, JZ 2014, S. 1017 ff.; *Schmidt*, DÖV 2014, S. 357 ff.

[10] *Gern/Brüning*, Deutsches Kommunalrecht, Rz. 1089.

[11] Insb. Energieversorgung einschließlich Energieerzeugung, öffentliche Trinkwasserversorgung
oder Dienstleistungen im Bereich der Telekommunikation; *Mehde* in Dürig/Herzog/Scholz, GG,
Art. 28 Abs. 2, Rz. 93.

[12] *Gern/Brüning*, Deutsches Kommunalrecht, Rz. 718.

da diese Vorschrift das Selbstverwaltungsrecht *nur gegenüber dem Staat*, nicht gegenüber der bürgerlichen Freiheitssphäre schützt.[13] Im Einzelnen werden diese Schranken im Zusammenhang mit der Berliner Rechtslage dargestellt.[14]

b) Kommunales Wirtschaftsrecht

04 Zusätzliche Schranken gemeindlichen Wirtschaftens ergeben sich aus dem kommunalen Wirtschaftsrecht in den Gemeindeordnungen. Zunächst normieren die Gemeindeordnungen rechtsformunabhängige Voraussetzungen wirtschaftlicher Betätigung. Die wichtigste ist, dass die Betätigung einem *öffentlichen Zweck* dienen muss (z. B. § 91 Abs. 2 Nr. 1 KVerf Bbg).[15] Weiterhin muss sie in einem angemessenen Verhältnis zur *wirtschaftlichen Leistungsfähigkeit* der Gemeinde stehen (z. B. § 91 Abs. 2 Nr. 2 KVerf Bbg). Schließlich darf sich die Gemeinde in der Regel nur wirtschaftlich betätigen, wenn die Aufgabe nicht besser und wirtschaftlicher durch private Anbieter erledigt werden kann (sog. *Subsidiaritätsgrundsatz*).[16]

Der Inhalt des Kriteriums des öffentlichen Zwecks wird nicht einheitlich bestimmt. Die hierzu vertretenen Auffassungen korrelieren mit der Beurteilung der verfassungsrechtlichen Ausgangslage. Hält man die Gemeinden für an Art. 12 Abs. 1 GG gebunden, so dient das Zweckkriterium der Ausgestaltung des grundrechtlichen Schutzbereichs betroffener Konkurrenten und ist dementsprechend von diesem determiniert. Großzügiger kann man das Kriterium interpretieren, wenn man eine Grundrechtsbindung verneint. Jedenfalls einheitlich kann der öffentliche Zweck als gegeben angesehen werden, wenn sich die wirtschaftliche Betätigung der Gemeinde an der dem Art. 28 Abs. 2 GG immanenten Aufgabenstellung orientiert. Als weite Umgrenzung des öffentlichen Zwecks dienen Betätigungen, die den Interessen und Bedürfnissen der Einwohner der Kommunen entsprechen und damit jedenfalls ein Allgemeininteresse erfüllen.[17] Weitgehend einig ist man sich noch darin, dass die *bloße Gewinnerzielung* kein hinreichender öffentlicher Zweck ist (so auch § 91 Abs. 2 Nr. 1 KVerf Bbg).[18] Im Einzelnen wird die Frage der Reichweite des öffentlichen Zwecks im Zusammenhang mit der Berliner Rechtslage dargestellt.

05 Die Gemeinden dürfen keine Aufgaben wahrnehmen, die ihre wirtschaftliche Leistungsfähigkeit übersteigen, wobei der Rahmen durch sachliche, finanzielle und personelle Ressourcen vorgegeben wird. Setzen landesrechtliche Normen das Kriterium wirtschaftlicher Leistungsfähigkeit voraus, handelt es sich um einen unbestimmten Rechtsbegriff mit Beurteilungsspielraum. Durch die Kommune ist eine

---

[13] Ebenso *Heintzen*, Rechtliche Grenzen und Vorgaben für eine wirtschaftlichen Betätigung von Kommunen im Bereich der gewerblichen Gebäudereinigung, S. 37 ff.

[14] Siehe Rz. 514 ff.

[15] Dazu *Schmidt*, Kommunalrecht, Rz. 947.

[16] Dieses Erfordernis ist in allen Gemeindeordnungen enthalten (mit Ausnahme der BbgKVerf), gilt aber ohnehin lediglich als Ausprägung des Erfordernisses eines öffentlichen Zwecks, vgl. ausführlich und m. w. N. *Schmidt*, Kommunalrecht, Rz. 949.

[17] *Gern/Brüning*, Deutsches Kommunalrecht, Rz. 999.

[18] Siehe *Burgi*, Kommunalrecht, § 17, Rz. 24; *Schmidt*, Kommunalrecht, Rz. 947; a. A. *Cremer*, DÖV 2003, S. 921; *Gern/Brüning*, Deutsches Kommunalrecht, Rz. 1001.

Prognoseentscheidung erforderlich, deren gerichtliche Überprüfbarkeit nur eingeschränkt besteht.[19]

Sollen Unternehmen in Privatrechtsformen gegründet werden, so müssen zusätz-   **506**
lich die hierfür aufgestellten Vorgaben der Gemeindeordnungen erfüllt sein. Sie dienen weitgehend dem Zweck, die gemeindliche Einflussnahme auf das entstehende
Privatrechtssubjekt zu sichern und finanzielle Risiken zu minimieren (vgl. § 96
KVerf Bbg).

4. Schranken der Rekommunalisierung

Im Zuge einer sogenannten „Rekommunalisierung" versuchen viele Kommunen,   **507**
insbesondere die *Energienetze* wieder in die eigenen Hände zu bekommen. Nach
Auslaufen entsprechender Konzessionsverträge mit privaten Betreibern sollen kommunale Unternehmen die Aufgabe wieder übernehmen. Allerdings sehen sich die
Kommunen erheblichen rechtlichen Hürden gegenüber. Insbesondere das *Vergaberecht* und das *Beihilferecht* müssen beachtet werden.[20] Die Vorgaben des GWB werden spezialgesetzlich insbesondere in § 46 EnWG konkretisiert. Von besonderer
Bedeutung ist hierbei das Diskriminierungsverbot, das es verbietet, im Rahmen einer Rekommunalisierung private Mitbewerber schlechter zu stellen als ein kommunales Unternehmen. Das Energiewirtschaftsgesetz schreibt ein diskriminierungs-
freies, transparentes Verfahren zur Neuvergabe vor, welches den Zielen aus § 1
EnWG genügen muss.[21] Da die Kommune im Rahmen des Vergabeverfahrens sowohl als Bieter als auch als Vergabestelle auftritt, steht sie bei der Rekommunalisierung unter besonderem Rechtfertigungsdruck. In jüngerer Zeit haben sowohl das
Bundeskartellamt als auch die Zivilgerichte das Diskriminierungsverbot gegen re-
kommunalisierungwillige Kommunen angewandt.[22] Dies ist in der Literatur auf
Kritik gestoßen.[23] Das Bundesverfassungsgericht hat eine entsprechende Verfassungsbeschwerde einer betroffenen Kommune nicht zur Entscheidung angenommen.[24] Letztlich sind hier noch viele Detailfragen ungeklärt. In Berlin stellen sich
im Wesentlichen dieselben Fragen wie bei Kommunen in den Flächenländern. Die
konkreten Probleme werden sogleich dargestellt.[25]

---

[19] *Gern/Brüning*, Deutsches Kommunalrecht, Rz. 1002 f.

[20] Dazu ausführlich *Correll*, DVBl. 2016, S. 338 ff.

[21] *Lange*, Kommunalrecht, S. 751, 973.

[22] Siehe LG Berlin, Urt. v. 9.12.2014 – 16 O 224/14 Kart, juris; *Podszun/Palzer*, NJW 2015,
S. 1496 ff.; weiterführen KG Berlin, Urt. v. 04.04.2019 – 2 U 5/15 Kart, juris; BGH, URt. v.
09.03.2021 – KZR 55/19, juris

[23] Kritisch *Hellermann*, Anmerkung zur Entscheidung des LG Berlin, Urt. v. 09.12.2014 – 16 O
224/14, EnWZ 2015, S. 239 f.; differenzierend *Correll*, DVBl. 2016, S. 338 ff., 343.

[24] BVerfG, Beschl. v. 22.8.2016 – 2 BvR 2953/14, juris.

[25] Siehe Rz. 531 f.

III. Die wirtschaftliche Betätigung Berlins

1. Die wirtschaftlichen Unternehmen Berlins

08 Die Verfassung von Berlin enthält für den öffentlich-rechtlichen Bereich der wirtschaftlichen Betätigung nur wenige Vorgaben. So müssen die Rechtsverhältnisse von Eigenbetrieben Berlins gem. Art. 92 S. 1 VvB durch Gesetz geregelt werden.[26] Satz 2 enthält Vorgaben für das Rechnungswesen solcher Betriebe. Gem. Art. 93 Abs. 1 VvB bedarf die Umwandlung von Eigenbetrieben in juristische Personen eines Beschlusses des Abgeordnetenhauses. Weitere Vorgaben für den Betrieb wirtschaftlicher Unternehmen enthält die Verfassung nicht.

09 Teilweise werden die wirtschaftlichen Unternehmen Berlins in *öffentlich-rechtlichen Formen* geführt. Insbesondere sind hier zu nennen die als rechtsfähige Anstalten des öffentlichen Rechts organisierten und im Berliner Betriebe-Gesetz[27] aufgeführten Unternehmen. Es sind dies die Berliner Stadtreinigungsbetriebe (BSR), die Berliner Verkehrsbetriebe (BVG) sowie die Berliner Wasserbetriebe (BWB). Die Geschäfte dieser Anstalten sind grundsätzlich nach kaufmännischen Grundsätzen zu führen. Die Anstalten sollen einen angemessenen Gewinn erzielen, den sie an das Land Berlin abzuführen haben.

10 Für die *Berliner Wasserbetriebe* wurde eine *Teilprivatisierung* vorgenommen.[28] Sie wurden als öffentlich-rechtliche Anstalt in einen privatrechtlichen Konzern (Berlinwasser Holding GmbH) integriert, unterliegen aber weiterhin der Rechtsaufsicht der zuständigen Senatsverwaltung.[29] Nach § 2 Absatz 1 des Berliner Betriebe-Gesetzes können die Berliner Wasserbetriebe juristischen Personen des privaten oder öffentlichen Rechts Beteiligungen als stille Gesellschafter einräumen. Die Vereinbarkeit dieser Privatisierung mit dem *Demokratieprinzip* ist verschiedentlich bestritten worden.[30] Hierzu hat der Berliner Verfassungsgerichtshof entschieden, dass die Unterstellung der Leitung einer Anstalt des öffentlichen Rechts unter eine juristische Person des Privatrechts dann mit dem Demokratieprinzip vereinbar sei, wenn sichergestellt ist, dass die Entscheidung über die Erteilung von Weisungen an die Anstalt letztlich in der Hand des Landes Berlin verbleibt.[31] Dies ist nach § 2 Abs. 2 Satz 2 und 3 des Berliner Betriebe-Gesetzes der Fall. Insgesamt wurde die Teilprivatisierung für zulässig gehalten. Nach der sog. Rekommunalisierung hat das Land Berlin die Berlinwasser Holding GmbH vollständig selbst übernommen. Die Berliner Wasserbetriebe bleiben aber in die Konzernstruktur eingebunden.

---

[26] Eigenbetriebsgesetz, siehe Rz. 83 und 88.

[27] Berliner Betriebe-Gesetz vom 14.7.2006, GVBl. S. 827, zul. geänd. d. Art. 1 d.G.v. 02.12.2020, GVBl. S. 1444; siehe auch die Einführung von *Lehnert*, LKV 2007, S. 64 ff.

[28] Vgl. Rz. 90, zu den Einzelheiten s. die grundlegende Entscheidung des BerlVerfGH, Urt. v. 21.10.1999 – VerfGH42/99, NVwZ 2000, S. 794; hierzu *Wolfers*, NVwZ 2000, S. 765 ff.

[29] § 21 des Berliner Betriebe-Gesetzes.

[30] Vgl. ausführlich *Ochmann*, Rechtsformwahrende Privatisierung von öffentlich-rechtlichen Anstalten, dargestellt am Holdingmodell zur Teilprivatisierung der Berliner Wasserbetriebe, passim.

[31] BerlVerfGH (Fn. 19), S. 794, Ls. 1 = JR 2001, S. 320.

Weitere wichtige rechtsfähige Anstalten sind die *Investitionsbank Berlin*,[32] die **511**
Berliner Sparkasse[33] und die *Berliner Bäder-Betriebe*.[34] Die Investitionsbank Berlin
ist die Struktur- und Förderbank des Landes Berlin. Dementsprechend ist der Ge-
schäftsbetrieb zwar nach kaufmännischen Gesichtspunkten zu führen, er ist aber
nicht auf Gewinnerzielung ausgerichtet.[35] Die Berliner Sparkasse ist in die Landesbank Berlin AG eingegliedert. Diese ist mit der Trägerschaft der Sparkasse beliehen.[36] Die Mehrheit der Anteile wird von einer Erwerbsgemeinschaft von 420 deutschen Sparkassen gehalten. Die Berliner Bäder-Betriebe betreiben die Berliner
Schwimmbäder.

Zahlreiche wirtschaftliche Unternehmen Berlins werden in *privater Rechtsform* **512**
geführt. Im Eigentum des Landes stehen z. B. die Gesobau AG und die Berlinwasser
Holding GmbH, die Tourismus-Marketing-GmbH und verschiedene Wohnungsbaugesellschaften. Die Bewag und die Gasag, die ursprünglich mehrheitlich dem Land
Berlin gehörten, wurden mittlerweile veräußert.

Einen Überblick über die Beteiligungen Berlins an privaten und öffentlichen Un- **513**
ternehmen gibt der jährlich erscheinende *Beteiligungsbericht*.[37]

2. Schranken der wirtschaftlichen Betätigung Berlins

a) Verfassungsrecht

Zunächst können sich Grenzen des wirtschaftlichen Handlungsspielraums Berlins **514**
aus dem Grundgesetz ergeben. Umstritten ist, ob die öffentliche Hand bei ihrer
wirtschaftlichen Betätigung an das *bundesstaatliche Kompetenzgefüge* des Grundgesetzes gebunden ist. Dies wird teilweise mit dem Argument verneint, dass nur für
genuin staatliche Aufgaben ein Kompetenztitel erforderlich sei. Solche Aufgaben,
die auch ein Privater erledigen könne, bedürften demgegenüber keiner Regelung der
Zuständigkeit.[38] Dem wird zu Recht entgegengehalten, dass es keine vom Staat
übernommene Aufgabe geben kann, die nicht der Legitimation anhand der Verfassung bedarf. Dann muss aber auch die von der Verfassung vorgenommene
Zuständigkeitsabgrenzung auf die wirtschaftliche Betätigung grundsätzlich Anwendung finden.[39]

---

[32] Investitionsbankgesetz vom 07.06.2021, GVBl. S. 624, 626.

[33] Siehe Rz. 90.

[34] Siehe Bäder-Anstaltsgesetz vom 25.9.1995, GVBl. S. 617, zul. geänd. d. d.G.v. 14.09.2021,
GVBl. S. 1072.

[35] Siehe § 12 Abs. 1 des Investitionsbankgesetzes.

[36] § 3 Abs. 2 des Berliner Sparkassengesetzes vom 28. Juni 2005, GVBl. S. 346.

[37] Beteiligungsberichte des Landes Berlin, eingestellt unter https://www.berlin.de/sen/finanzen/
vermoegen/downloads/artikel.7206.php.

[38] *Dickersbach*, WiVerw 1983, S. 187 ff., 194; so auch *Ossenbühl*, Deutsche Bundespost, S. 131;
ähnlich *Püttner*, Die öffentlichen Unternehmen, S. 164.

[39] So *Heintzen* (Fn. 13), S. 39 ff., *ders.*, NVwZ 2000, S. 743 ff.

15 Weiterhin ist umstritten, ob sich private Konkurrenten gegenüber wirtschaftlicher Betätigung der öffentlichen Hand auf die *Berufsfreiheit* gem. Art. 12 Abs. 1 GG, die *Eigentumsgarantie* gem. Art. 14 Abs. 1 GG oder den *Gleichheitssatz* gem. Art. 3 Abs. 1 GG berufen können. Insbesondere die Anwendbarkeit von Art. 12 Abs. 1 GG wird uneinheitlich beurteilt.

16 Das *Bundesverwaltungsgericht* hat in einer Leitentscheidung zum kommunalen Wirtschaftsrecht ausgeführt: „*Art. 12 Abs. 1 GG schützt nicht vor Konkurrenz, auch nicht vor dem Wettbewerb der öffentlichen Hand.*"[40] Dem Grundgesetz lasse sich kein verfassungskräftiges Bekenntnis für ein bestimmtes Wirtschaftssystem entnehmen. Die Berufsfreiheit könne erst tangiert sein, wenn durch die wirtschaftliche Betätigung der öffentlichen Hand jede private Konkurrenz unmöglich gemacht werde. Die Verwaltungsgerichte sowie ein Teil der Literatur schließen sich dieser Sichtweise mit der Erwägung an, dass der Schutz vor Konkurrenz inhaltlich nicht in den Schutzbereich von Art. 12 Abs. 1 GG falle.[41]

17 Die *Gegenmeinung* bezieht den Konkurrentenschutz in den Schutzbereich von Art. 12 Abs. 1 GG mit ein.[42] Die Rechtsprechung des Bundesverwaltungsgerichts sei nicht mehr zeitgemäß, da mittlerweile auch erwerbswirtschaftliches Handeln des Staates als grundrechtsrelevant und -gebunden angesehen werden müsse. Im Übrigen sei die Aussage, die Wirtschaftsordnung der Bundesrepublik sei indifferent, mit Blick auf Art. 119 Abs. 1 und 120 AEUV sowie Art. 1 Abs. 3 EinVertr in dieser Allgemeinheit nicht haltbar.[43]

Der letztgenannten Auffassung gebührt der Vorzug. Sie trägt besser der Erkenntnis Rechnung, dass der Staat *nicht nur durch finale Akte* der Eingriffsverwaltung den bürgerlichen Freiheitsraum beschränken kann. Vielmehr sind andere Formen der Beeinträchtigung oft weitaus gravierender für den Einzelnen. Dies trifft auch für staatliche Wirtschaftsteilnahme zu. Es ist nicht ersichtlich, warum der Staat keiner Grundrechtsbindung unterliegen soll, nur weil er sich wie ein Privater verhält. Allerdings ist bei nur mittelbaren Eingriffen in einem zweiten Schritt zu prüfen, ob diesen eine berufsregelnde Tendenz zukommt. Nur dann muss sich die staatliche Maßnahme vor Art. 12 Abs. 1 GG rechtfertigen.[44] Die Rechtfertigung ist durch verfassungsimmanente Schranken denkbar, im Speziellen die grundgesetzliche Garantie kommunaler Selbstverwaltung, die die wirtschaftliche Betätigung der Gemeinden mit umfasst.[45] Beide Grundrechtspositionen müssen gegeneinander abgewogen werden, wobei nur bei einer besonders gravierenden Beeinträchtigung der Berufs-

---

[40] BVerwG, Urt. v. 22.2.1972 – I C 24.69, BVerwGE 39, 329, 336.

[41] OVG NW, Beschl. v. 13.8.2003 – 15 B 1137/03, DVBl. 2004, S. 133 ff., 137; OVG NW, Urt. v. 2.12.1985 – 4 A 2214/84, DÖV 1986, S. 339 ff., 341; VGH Baden-Württ., Beschl. v. 6.3.2006 – 1 S 2490/05, GewArch 2006, S. 211 ff.; *Pieroth/Hartmann*, DVBl. 2002, S. 421 ff.; *Püttner* (Fn. 38), S. 91; *Gerke*, Jura 1985, S. 349 ff. 356; *Otting*, DVBl. 1997, S. 1258 ff., 1260.

[42] *Faßbender*, DÖV 2005, S. 89 ff., 97 ff.; *Heintzen* (Fn. 13), S. 23 ff.; differenzierend *Ehlers*, DVBl. 1998, S. 497 ff., 502; *Röhl* in Schoch, Besonderes Verwaltungsrecht, 2. Kap., Rz. 191.

[43] *Heintzen* (Fn. 13), S. 47 ff.

[44] Zu verschiedenen Eingriffsbegriffen *Pieroth/Hartmann*, DVBl. 2002, S. 421 ff., 424.

[45] Siehe Rz. 503.

freiheit erhöhte Anforderungen an die wirtschaftliche Tätigkeit zu stellen sind. Die Gewichtung entspricht der gängigen Rechtsprechung des BVerfG zu Rechtfertigung von Eingriffen in Art. 12 Abs. 1 GG.[46]

Durch kommunale Wirtschaftstätigkeiten ist im Weiteren das Eigentumsrecht Privater aus Art. 14 GG nicht berührt. Art. 14 GG schützt das Erworbene – das Ergebnis der wirtschaftlichen Betätigung – und umfasst keine Wettbewerbs- oder Erwerbschancen, sodass auch kein Schutz vor Konkurrenz aus dem Grundrecht abgeleitet werden kann.[47] Sollten kommunale Unternehmen eine Monopolstellung für sich beanspruchen und eine Versorgung mit einem Anschluss- und Benutzungszwang der Einwohner verbunden werden, kommt dagegen ein Eingriff in Art. 14 GG in Betracht.[48]

Art. 3 Abs. 1 GG kommt zur Anwendung, wenn durch die wirtschaftliche Betätigung der Gemeinde das Recht Privater am Wettbewerb willkürlich beeinträchtigt wird. Die Grenze kommunaler Betätigung zieht das Willkürverbot.[49] Sollte sich eine rechtliche relevant Ungleichbehandlung begründen lassen und die Diskriminierung Privater drohen, genügt als sachlicher Grund der kommunalen Wirtschaftstätigkeit jedenfalls die Erfüllung eines öffentlichen Zwecks.[50]   **518**

Schon im Zusammenhang mit den *Berliner Wasserbetrieben* wurde das Problem   **519** angesprochen, inwieweit insbesondere das Demokratieprinzip aus Art. 20 Abs. 1 und 2 GG bestimmten Privatisierungsformen Schranken setzt. Vor allem bei *gemischt-wirtschaftlichen Unternehmen* stellt sich die Frage, welchen Einfluss der Staat in den Organen solcher Unternehmen behalten muss.[51] Teilweise wird vertreten, von Verfassungs wegen seien nur staatliche Mehrheitsbeteiligungen an privatrechtlich organisierten Unternehmen zulässig.[52] Dem ist entgegenzuhalten, dass sich die Bindung an das Demokratieprinzip und korrespondierend auch die Grundrechtsbindung in gemischt-wirtschaftlichen Unternehmen nicht auf dessen Organe insgesamt, sondern nur auf die staatlichen Vertreter dort erstreckt.[53] Es sind also auch *Minderheitsbeteiligungen* zulässig.

b) Das Kriterium des öffentlichen Zwecks

Bejaht man eine Grundrechtsbindung Berlins, so stellt sich folgendes Problem: Das   **520** kommunale Wirtschaftsrecht der Flächenländer kennt durchgehend die Begrenzung der wirtschaftlichen Betätigung durch einen öffentlichen Zweck. In Berlin ist ein solches Kriterium *nicht einfach-gesetzlich normiert.* Fraglich ist, ob die wirtschaft-

---

[46] *Lange*, Kommunalrecht, S. 920.

[47] BVerwG, Beschl. v. 01.03.1978 – 7 B 144/76, juris; BVerwG, Urt. v. 22.02.1972 – I C 24/69, juris; *Papier/Shirvani* in Dürig/Herzog/Scholz, GG, Art. 14 Rz. 206.

[48] *Gern/Brüning*, Deutsches Kommunalrecht, Rz. 1011; siehe Rz. 557.

[49] *Gern/Brüning*, Deutsches Kommunalrecht, Rz. 1013.

[50] Siehe dazu auch Rz. 519 f.; *Lange*, Kommunalrecht, S. 921.

[51] Dazu umfassend *Berger*, Staatseigenschaft gemischtwirtschaftlicher Unternehmen, passim.

[52] So insbesondere *Gersdorf*, Öffentliche Unternehmen, S. 166.

[53] So auch *Heintzen*, VVDStRL 62 (2003), S. 220 ff., 249; *Mehde*, VerwArch 91 (2000), S. 540 ff., 559; siehe auch *Musil*, Wettbewerb in der staatlichen Verwaltung, S. 101 f.

liche Betätigung Berlins deshalb – weitergehend als die der Kommunen – auch ohne öffentlichen Zweck möglich ist, ob also in der Konsequenz auch eine reine Einnahmeerzielung angestrebt werden dürfte. Ein solches Ergebnis widerspräche der Bindung Berlins an die Grundrechte privater Konkurrenten, insbesondere deren Berufsfreiheit. Staatliches Handeln ist vor dem Hintergrund der Grundrechte nämlich nur dann gerechtfertigt, wenn ein legitimer Zweck angegeben werden kann, dem das Handeln dient. Dieser deckt sich im Rahmen der wirtschaftlichen Betätigung mit dem Kriterium des öffentlichen Zwecks in den Gemeindeordnungen.[54] Folglich ergibt sich das Erfordernis eines Zweckkriteriums unmittelbar aus Art. 12 Abs. 1 GG. Auch Berlin muss einen *öffentlichen Zweck* angeben können, wenn es sich wirtschaftlich betätigt.

21 Die begrenzende Kraft dieses Kriteriums darf indes nicht überschätzt werden.[55] Für das kommunale Wirtschaftsrecht findet sich oft die Formulierung, das Bedürfnis für eine wirtschaftliche Betätigung müsse sich von außen ergeben und dürfe nicht nur dem Wunsch gemeindlicher Organe entspringen. Die Gemeinde dürfe den rechtfertigenden Zweck nicht selbst schaffen, sondern sei darauf angewiesen, dass er sich aus den Bedürfnissen der örtlichen Gemeinschaft ableiten lasse.[56] Diese Formulierungen bedürfen ihrerseits der Konkretisierung. In vielen Fällen wird die öffentliche Hand unschwer einen öffentlichen Zweck angeben können, der ihre wirtschaftliche Betätigung rechtfertigt. So kann ein solcher etwa in der sozialen Sicherung der Einwohner oder der Belebung der Konjunktur liegen. Letztlich sichert dieses Kriterium eine *Plausibilitäts- und Willkürkontrolle*, die private Konkurrenten vor den schwersten Auswüchsen wirtschaftlicher Betätigung durch die öffentliche Hand schützt. Das BVerwG eröffnet der Gemeinde bei Ihrer Begründung eines öffentlichen Zwecks einen weiten Gestaltungsspielraum und setzt als Kriterium lediglich, die Entscheidung müsse sich im Rahmen einer sachgerechten Kommunalpolitik bewegen.[57] Außerdem ist das Kriterium des öffentlichen Zwecks betriebs- und nicht handlungsbezogen. Das heißt, dass es auf den Unternehmensgegenstand insgesamt und nicht etwa auf einzelne Handlungen ankommt.[58]

22 Vor dem Hintergrund von Art. 12 Abs. 1 GG erscheint es gleichwohl bedenklich, wenn § 3 Abs. 1 S. 3 BerlBetrG ohne jede Einschränkung normiert, die in dem Gesetz genannten Betriebe könnten am marktwirtschaftlichen Wettbewerb teilnehmen. Man wird dies verfassungskonform dahingehend auslegen müssen, dass § 3 Abs. 1 S. 3 BerlBetrG *keine Generalermächtigung für Wettbewerbsteilnahme* sein soll. Andernfalls wäre die Vorschrift verfassungswidrig. Vielmehr können die genannten Betriebe nur so lange am marktwirtschaftlichen Wettbewerb teilnehmen, wie diese Tätigkeit von den öffentlichen Zwecken gedeckt ist, die in den weiteren Absätzen

---

[54] So auch *Lange*, Kommunalrecht, S. 920.

[55] So auch *Burgi*, Kommunalrecht, § 17, Rz. 43.

[56] OLG Hamm, Urt. v. 23.9.1997 – 4 U 99/97, JZ 1998, S. 576 ff., 577; *Heintzen* (Fn. 13), S. 81 ff., m. w. N.

[57] BVerwG, Urt. v. 22.02.1972 – I C 24/69; vertiefend *Ruthig/Storr*, Öffentliches Wirtschaftsrecht, Rz. 705.

[58] Ausführlich OVG NW, Beschl. v. 13.8.2003 – 15 B 1137/03, DVBl. 2004, S. 133 ff., 135.

von § 3 BerlBetrG konkretisiert sind. Die bloße Absicht der Einnahmeerzielung reicht insoweit nicht.

Grundsätzlich unbedenklich sind in diesem Zusammenhang solche wirtschaftli-   523
che Betätigungen, die sich nur als Ausnutzung ansonsten brachliegender öffentlicher Ressourcen darstellen.[59] So lässt sich ein öffentlicher Zweck – nämlich die
sparsame und wirtschaftliche Betriebsführung – unproblematisch bejahen, wenn
etwa die BVG ihre Fahrzeuge als Werbeträger zur Verfügung stellt oder die BSR
ihre Werkstatt auch privaten Kunden öffnet. Derartige *Randnutzungen* dürfen aber
einen bestimmten Umfang nicht überschreiten, sich insbesondere nicht organisatorisch verselbstständigen.[60]

c) Die Bedeutung von § 65 LHO

Während das Kriterium des öffentlichen Zwecks unabhängig von der Rechtsform   524
bereits das „Ob" wirtschaftlicher Betätigung reglementiert, ergeben sich *rechts-
formbezogene Schranken* der wirtschaftlichen Betätigung Berlins aus § 65
LHO. Diese Vorschrift handelt von der Beteiligung an privatrechtlichen Unternehmen und unterwirft diese bestimmten materiellen Voraussetzungen. Zu nennen ist
hier insbesondere, dass gem. § 65 Abs. 1 Nr. 1 LHO ein *wichtiges Interesse Berlins*
die Beteiligung rechtfertigen muss und sich der erstrebte Zweck nicht auf andere
Weise besser erreichen lässt. Die übrigen Bestimmungen von § 65 LHO wollen
insbesondere den Einfluss Berlins auf ein privatrechtliches Unternehmen sichern.

Das Erfordernis des *wichtigen Interesses* ähnelt auf den ersten Blick dem des   525
öffentlichen Zwecks. Jedoch ist zu beachten, dass der Anwendungsbereich beider
Kriterien nicht übereinstimmt. Während sich der öffentliche Zweck auf die wirtschaftliche Betätigung als solche bezieht, muss ein wichtiges Interesse an einer Betätigung *gerade in privater Rechtsform* bestehen. Beide Begriffe stehen also auto-
nom nebeneinander. Bei dem Merkmal „wichtiges Interesse" handelt es sich um
einen ausfüllungsbedürftigen unbestimmten Rechtsbegriff. Die Rechtsprechung
gesteht dem Staat bei der Beurteilung des wichtigen Interesses einen *weiten Spielraum* zu.[61] Ein wichtiges Interesse könne sich aus einer Vielzahl von Gesichtspunkten ergeben. So könne auch ein wirtschaftliches Interesse im Vordergrund stehen,
etwa die kostengünstigere Aufgabenerledigung durch Einschaltung eines Privatrechtssubjekts. Aber auch andere Aspekte kämen in Betracht, wie z. B. größere Autonomie und Flexibilität bei der Aufgabenerfüllung, Abkoppelung vom öffentlichen
Dienst-, Organisations-, und Haushaltsrecht, leichtere Gewinnung qualifizierten
Fachpersonals.[62] Dieser weiten Auslegung ist zuzustimmen.[63] Da § 65 Abs. 1 LHO
und die entsprechenden haushaltsrechtlichen Bestimmungen ausschließlich den

---

[59] Ebenso *Ehlers*, Jura 1999, S. 212 ff., 214.
[60] Siehe Fall 12, Rz. 536.
[61] OVG NW, Urt. v. 2.12.1985 – 4 A 2214/84, DÖV 1986, S. 339 ff., 341; Urt. v. 15.12.1994 – 9 A
2251/93, OVGE 44, 211, 213.
[62] OVG NW (Fn. 44), S. 213.
[63] *Wernsmann* in Gröpl, BHO/LHO, § 65 Rz 5 f.

Landeshaushalt selbst und nicht etwa Rechte Dritter schützen wollen, kann man den für den Haushalt Verantwortlichen hier auch einen weiten Spielraum zubilligen.[64]

d) Wettbewerbsrecht, Europarecht, Vergaberecht

26 Weitere Bindungen der wirtschaftlichen Betätigung Berlins können sich aus dem UWG ergeben. Dessen Vorschriften sind grundsätzlich auf wirtschaftliche Unternehmen der öffentlichen Hand anwendbar, wenn sie mit privatwirtschaftlichen Unternehmen in einem Wettbewerbsverhältnis stehen.[65] Zu prüfen war bis zur Neufassung des UWG,[66] ob die Tätigkeit des Unternehmens im Sinne von § 1 UWG gegen die guten Sitten verstieß. Der BGH hatte den Anwendungsbereich der Vorschrift im Zusammenhang mit wettbewerblicher Betätigung der öffentlichen Hand erheblich eingeschränkt.[67] Die Generalklausel des § 1 UWG ist in der Neufassung durch konkrete Fälle unlauterer Handlungen ersetzt worden. Nunmehr ist unter anderem zu prüfen, ob das Unternehmen im Sinne von § 3a UWG einer gesetzlichen Vorschrift zuwiderhandelt, die auch dazu bestimmt ist, im Interesse der Marktteilnehmer das Marktverhalten zu regeln, und der Verstoß geeignet ist, die Interessen von Verbrauchern, sonstigen Marktteilnehmern oder Mitbewerbern spürbar zu beeinträchtigen. Als verletzte Vorschriften mag man die Regelungen des kommunalen Wirtschaftsrechts ins Auge fassen. Legt man die Rechtsprechung des BGH zugrunde, so reicht indes ein bloßer Verstoß gegen diese Vorschriften nicht aus, um eine unlautere Handlung zu begründen.

Schließlich können sich Schranken wirtschaftlicher Tätigkeit aus dem Europarecht sowie dem Vergaberecht ergeben. Im Rahmen des Europäischen Unionsrechts sind vor allem die Beihilfevorschriften der Art. 107, 108 AEUV (ex-Art. 87, 88 EG) zu beachten.[68]

27 Vergaberechtliche Grenzen kommunaler Wirtschaftstätigkeiten ergeben sich, wenn der Träger öffentlicher Verwaltung bei der Auftragsvergabe, z. B. Beschaffung sachlicher Mittel oder Leistungen zur Erfüllung der ihm obliegenden öffentlichen Aufgabe Grenzen zu beachten hat, die eine chancengleiche, wirtschaftliche und sachgerechte Verteilung von Aufträgen am Markt gewährleisten sollen.[69] Das Vergaberecht ist in den §§ 97 ff. GWB, der Vergabeverordnung (VgV) und in den entsprechenden Verdingungsordnungen für Bau- oder Dienstleistungen (VOB und VOL) geregelt.

---

[64] Der Senat hat Hinweise für Beteiligungen des Landes Berlin an Unternehmen beschlossen; darin wird ausführlich auch auf die Voraussetzungen für eine Beteiligung eingegangen; siehe www.berlin.de/sen/finanzen/vermoegen/downloads/artikel.7236.php.

[65] *Heintzen* (Fn. 13), S. 102, m. w. N.

[66] Vgl. Gesetz gegen den unlauteren Wettbewerb vom 3.7.2004, BGBl. I S. 1414 ff.; i. d. F. d. Bek. v. 3.3.2010, BGBl. I S. 254 zul. geänd. d. Art. 4 d.G.v. 10.08.2021, BGBl. I S. 3540.

[67] BGH v. 25.4.2002, I ZR 250/00, BGHZ 150, 343 = NJW 2002, S. 2645 ff.; siehe hierzu ausführlich Rz. 528 ff.

[68] Vertiefend in *Lange*, Kommunalrecht, S. 974 ff.; *Ruthig/Storr*, Öffentliches Wirtschaftsrecht, § 9 Rz. 897 ff.; zu weiteren europarechtlichen Grenzen siehe *Frenz*, GewArch 2006, S. 100 ff., 102 ff.

[69] *Burgi*, Kommunalrecht, § 12 Rz. 1 ff.

3. Rechtsschutz privater Konkurrenten

Rechtsschutz privater Konkurrenten ist sowohl vor den Verwaltungsgerichten als   **528**
auch vor den Zivilgerichten denkbar.

Rügt ein privater Konkurrent in den Flächenländern die Verletzung von Normen
des kommunalen Wirtschaftsrechts, so ist der *Verwaltungsrechtsweg* wegen deren
öffentlich-rechtlichen Charakters eröffnet (§ 40 Abs. 1 VwGO). Gegenstand des
klägerischen Begehrens ist in der Regel der rechtswidrige Markzutritt der Gemeinde, sodass die allgemeine Leistungsklage in Form der Unterlassungsklage als
statthafte Klageart in Betracht kommt.[70] Problematisch ist jedoch die *Klagebefugnis*
gem. § 42 Abs. 2 VwGO (analog), die voraussetzt, dass ein subjektives Recht des
Konkurrenten möglicherweise verletzt ist. Die Frage, ob die Normen des kommunalen Wirtschaftsrechts drittschützenden Charakter haben, wird von den Verwaltungsgerichten derzeit nicht einheitlich beantwortet.[71] Dies liegt zum Teil an den
unterschiedlichen Formulierungen der einschlägigen Gemeindeordnungen. Zum
Teil ist die Uneinheitlichkeit wohl aber auch Ausdruck eines Umdenkprozesses in
der Verwaltungsgerichtsbarkeit. Hatten die Verwaltungsgerichte bis vor kurzem
noch einhellig daran festgehalten, dass die Normen des kommunalen Wirtschaftsrechts *nicht drittschützend* seien, sondern nur die Gemeindehaushalte schützen
wollten,[72] so kommen sie nunmehr immer häufiger zum gegenteiligen Ergebnis.[73]
So hat das OVG Münster in einem Beschluss vom 13. August 2003 ausgesprochen,
private Konkurrenten könnten sich auf das Erfordernis des öffentlichen Zwecks in
§ 107 Abs. 1 Nr. 1 GO NW berufen, um sich gegen unzulässigen Wettbewerb von
Seiten kommunaler Unternehmen zu wehren.[74] Auf längere Sicht wird sich diese
Sichtweise vermutlich durchsetzen, auch wenn einige landesrechtliche Markzu-
gangsregelungen (noch) den Drittschutz verneinen, indem das geregelte öffentliche
Interesse, unter dessen Bedingung gemeindliche Wirtschaftstätigkeit steht, sich auf
den Schutz der Gemeinde und nicht auf Dritte erstrecken soll.[75] Bejaht man im Übrigen eine Klagebefugnis, so können sich private Konkurrenten sowohl gegen die
Gründung als auch gegen die Tätigkeit der öffentlichen Unternehmen zur Wehr
setzen. Allerdings richtet sich der Kontrollmaßstab des Gemeindewirtschaftsrechts
nicht gegen einzelne Wettbewerbshandlungen kommunaler Unternehmen, sondern
knüpft an den Unternehmensgegenstand an. In Berlin, wo es kein kommunales
Wirtschaftsrecht gibt, kann man Verwaltungsrechtsweg und Klagebefugnis bejahen,
wenn man auf einen *grundrechtlichen Abwehranspruch* für private Konkurrenten
abhebt, der öffentlich-rechtlicher Natur ist.

---

[70] *Gern/Brüning*, Deutsches Kommunalrecht, Rz. 1018; *Lange*, Kommunalrecht, S. 913.

[71] Zusammenfassend *Jungkamp*, NVwZ 2010, S. 546 ff.

[72] BVerwG, Urt. v. 22.2.1972 – I C 24.69, BVerwGE 39, 329, 336.

[73] Ausführlich *Mann*, DVBl. 2009, S. 817 ff.

[74] OVG NW, Beschl. v. 13.8.2003 – 15 B 1137/03, DVBl. 2004, S. 133 ff.

[75] Vgl. ausdrücklich § 91 Abs. 1 S. 2 BbgKVerf; VG Potsdam, Beschl. v. 29.07.2004 – 12 L
631/04, juris.

Vor den *Zivilgerichten* war eine Klage privater Konkurrenten bis vor wenigen Jahren recht erfolgversprechend.[76] Die Zivilgerichte hielten auf § 1 UWG gestützte Klagen privater Mitbewerber ohne weiteres für zulässig und je nach Sachlage auch für zumindest teilweise begründet.[77] Dieser Rechtsprechung hat der BGH in einer Leitentscheidung aus dem Jahre 2002 weitgehend den Boden entzogen.[78] Er führt dort aus, das UWG regele nicht den Zugang zum Wettbewerb, sondern die Art und Weise der Beteiligung am Wettbewerb. Die Vorschriften des kommunalen Wirtschaftsrechts seien demgegenüber zugangsbezogen. Verstöße gegen sie könnten keine Sittenwidrigkeit nach UWG begründen. Diese Rechtsprechung lässt sich auch auf die neu gefassten Vorschriften des UWG übertragen,[79] sodass im Ergebnis einer Klage gegen den rechtswidrigen Marktzutritt von Kommunen vor den Zivilgerichten weiterhin ausscheidet. Sollte der Kommune im Rahmen ihrer Wirtschaftstätigkeit dagegen ein unlauteres Wettbewerbsverhalten gem. § 3 Abs. 1 und 2 UWG zur Last gelegt werden, ergibt sich aus § 8 Abs. 1 S. 1, Abs. 3 Nr. 1 UWG ein Konkurrentenschutz, gerichtet auf Beseitigung, Unterlassung (bei Wiederholungsgefahr) oder ggf. Schadensersatz (§ 9 UWG).

Der private Konkurrent bleibt vor dem Zivilrechtsweg bei Verstößen gegen den rechtswidrigen Marktzugang von Kommunen allerdings nicht gänzlich ohne Rechtsschutz. Steht ein Unternehmen ganz oder teilweise im Eigentum der öffentlichen Hand oder wird von ihr verwaltet oder betrieben, muss es sich gem. § 185 Abs. 1 S. 1 GWB an §§ 19, 20 GWB messen lassen. Kommt ein Verstoß in Betracht – der auch in der rechtswidrigen Verschaffung des Marktzutritts bestehen kann – steht dem privaten Konkurrenten der Zivilrechtsweg offen, wobei er gem. § 33 Abs. 1 und 3 GWB Beseitigung, Unterlassung oder Schadensersatz verlangen kann.[80]

Überdies könnte sich der private Unternehmer bei Verstoß gegen gemeinderechtliche Zulässigkeitsvoraussetzungen kommunaler Wirtschaftstätigkeit auch auf § 823 Abs. 2 BGB i. V. m. einem Schutzgesetz berufen. Dafür müssten die einschlägigen Regelungen kommunalen Wirtschaftsrechts als Schutzgesetz zu qualifizieren sein. Jedenfalls liegt es nicht fern, die als drittschützend qualifizierten kommunalrechtlichen Vorschriften auch als Schutzgesetze im Sinne des § 823 Abs. 2 BGB anzusehen. Der private Konkurrent kann über die Normen der unerlaubten Handlung allerdings keinen Unterlassungsanspruch herleiten – in entsprechender Anwendung des § 1004 BGB –, da dieser bereits aus den einschlägigen (drittschützenden) gemeinderechtlichen Normen besteht und andernfalls eine überflüssige Verdopplung des Rechtsschutzes vor den ordentlichen Gerichten entstünde, der gemeinderechtlichen Fragen ferner liegt.[81] Bei Unterlassungsbegehren bleibt dem Konkurrenten der Rechtschutz vor den Verwaltungsgerichten.

---

[76] Siehe hierzu auch *Burgi*, Kommunalrecht, § 17, Rz. 58 ff.

[77] OLG Hamm, Urt. v. 23.9.1997 – 4 U 99/97, JZ 1998, S. 576 ff.; OLG Düsseldorf, Urt. v. 10.10.1996 – 2 U 65/96, NWVBl. 1997, S. 353 ff.

[78] BGH v. 25.4.2002, BGHZ 150, 343 = NJW 2002, S. 2645 ff.

[79] Vgl. bereits Rz. 526.

[80] *Gern/Brüning*, Deutsches Kommunalrecht, Rz. 1022.

[81] Ausführlich in *Lange*, Kommunalrecht, S. 922 f.

Klagegegner vor dem Verwaltungsgericht kann jeweils nur Berlin selbst sein, da   **530**
nur ein Hoheitsträger Adressat eines grundrechtlichen Abwehranspruchs ist. Hingegen könnten die öffentlichen Unternehmen selbst nur vor dem Zivilgericht verklagt
werden. Eine Ausnahme kann sich ergeben, wenn einem in öffentlich-rechtlicher
Organisationsform geführten Unternehmen direkte Grundrechtsverstöße zur Last
gelegt werden.

4. Probleme der Rekommunalisierung in Berlin

Die Diskussion um rechtliche Schranken der Rekommunalisierung hat sich in Ber-   **531**
lin vor allem an einem konkreten Fall entzündet, mit dem in letzter Instanz auch der
BGH beschäftigt war. Das Land Berlin wollte den *Betrieb des Gasversorgungsnet-*
zes wieder in Eigenregie durchführen. Zu diesem Zweck wurde ein Vergabeverfahren für den entsprechenden Konzessionsvertrag initiiert und gleichzeitig ein rechtlich unselbstständiger Landesbetrieb nach § 26 LHO[82] gegründet, der sich an diesem
Vergabeverfahren beteiligte. Nachdem sich abzeichnete, dass dieser Betrieb den
Zuschlag erhalten sollte, klagte ein Mitbewerber vor dem Landgericht Berlin.[83] Dieses gab dem Kläger weitgehend Recht und löste damit eine bundesweite Debatte
aus. Das Landgericht hat zwar nicht ausgeschlossen, dass Kommunen berechtigt
sind, sich mit einem eigenen Unternehmen am Konzessionierungswettbewerb zu
beteiligen. Dazu müsse das kommunale Unternehmen indes eine eigene Rechtspersönlichkeit oder zumindest eine funktionale Eigenständigkeit wie z. B. bei einem
Eigenbetrieb aufweisen. Das sei hier nicht der Fall. Die *Neutralitätspflicht* sei bereits dann verletzt, wenn die Kommune wegen der fehlenden Unselbstständigkeit
als „Richter in eigener Sache" über die Konzessionierung eines eigenen Unternehmens entscheide. Zusätzliche Anhaltspunkte für eine Diskriminierung Dritter oder
einen unzulässigen Wissenstransfer seien nicht erforderlich.

Als Berufungsinstanz folgte das Kammergericht den Erwägungen des Landgerichts im Wesentlichen, wobei es herausstellt, dass ein Verstoß gegen das Diskriminierungsverbot dann droht, wenn sich das Land Berlin auf beiden Seiten des Vergabeverfahrens beteiligt, sodass bei der Eigenbewerbung eine strikte organisatorische
und personelle Trennung zwischen verfahrensleitender Kommune und Bieter
gewährleistet sein muss.[84] Insgesamt resultiert der Unterlassungsanspruch des
konkurrierenden Bieters aus § 33 Abs. 1, 2 GWB, § 19 Abs. 1, 2 GWB, § 46 Abs. 1
S. 1, Abs. 1 S. 1 EnWG. In Ergänzung zur Entscheidung des Landgerichts stellt das
KG klar, dass der Konkurrent nicht unmittelbar einen Anspruch auf Abschluss des
Konzessionsvertrages aus § 33 Abs. 1, § 19 GWB ableiten könne. Dem ist zwar
grundsätzlich zuzustimmen, da es dem Land Berlin nach vergaberechtlichen Grundsätzen offensteht, das Konzessionsvergabeverfahren (teilweise) zu wiederholen oder
die Gaskonzession neu auszuschreiben. Der BGH stellte in letzter Instanz jedoch

---

[82] Dies ist kein Eigenbetrieb nach dem Berliner Eigenbetriebsgesetz, vgl. Rz. 87 und 90.
[83] LG Berlin, Urt. v. 9.12.2014 – 16 O 224/14 Kart, EnWZ 2015, S. 230 ff.
[84] KG Berlin, Urt. v. 05.04.2019 – 2 U 5/15 Kart, juris.

fest, dass das Land verpflichtet ist, das laufende Konzessionsverfahren durch Abschluss des Vertrages mit dem Konkurrenten zu beenden. Die Entscheidung resultiert aus der Besonderheit bei Strom- und Gasnetzkonzessionen, deren gesetzliche Regelung in § 46 EnWG bezweckt, den Wettbewerb um das Netz in der gebotenen Weise jedenfalls alle 20 Jahr rechtzeitig zu eröffnen und nach Durchführung des Verfahrens eine Entscheidung zu treffen. Sollte das Verfahren fehlerhaft gewesen sein, besteht ein Anspruch des Konkurrenten auf Erteilung der Konzession, wenn sich die Auswahlmöglichkeiten der Gemeinde unter den besonderen Umständen dahingehend verdichtet haben, dass trotz fehlerhaften Verfahrens eine Entscheidung zugunsten des einzig verbleibenden Bewerbers ermessenfehlerfrei möglich ist.[85]

32   Mit dieser Entscheidung haben die Gerichte das *vergaberechtliche Diskriminierungsverbot*, das im konkreten Fall aus § 46 EnWG folgt, sehr eng zu Lasten der beteiligten Kommune ausgelegt. Praktisch bedeutet die Entscheidung, dass hohe Hürden für eine Rekommunalisierung aufgestellt werden. Zwar ist aufgrund des potenziellen Interessenskonflikts auf Seiten der kommunalen Vergabestelle eine erhöhte Wachsamkeit angezeigt. Das darf aber nicht dazu führen, dass die Kommune unter Generalverdacht gestellt wird und im praktischen Ergebnis eine Diskriminierung des kommunalen Mitbewerbers erfolgt. Die Entscheidungen zeigen insbesondere die Gefahren auf, die auch für kleinere Kommunen im Rahmen der Konzessionsvergabe bestehen. Insgesamt stellt sich die Frage, ob der Aufwand, den sich die Kommunen zur diskriminierungsfreien Vergabe nach § 46 EnWG ausgesetzte sehen, in einem angemessenen Verhältnis zum Nutzen der Betreibung des örtlichen Energienetzes stehen. Die Entscheidungen sind deshalb in der Literatur zu Recht kritisiert worden.[86]

5. Die Stellung der Bezirke bei der wirtschaftlichen Betätigung

33   Die Bezirke nehmen im Rahmen der wirtschaftlichen Betätigung Berlins eine *untergeordnete Stellung* ein. Dies liegt zunächst an ihrer mangelnden Rechtsfähigkeit (vgl. § 2 Abs. 1 BezVG). Wer nicht rechtsfähig ist, kann auch keine neuen Rechtssubjekte schaffen. *Bezirkliche Unternehmen* sind also formal immer dem Land Berlin zugeordnet. Hierzu bestimmt § 65 Abs. 2 S. 1 LHO, dass Beteiligungen an privatrechtlichen Unternehmen für Bezirksaufgaben das Bezirksamt erwirbt, verwaltet und veräußert. Liegt eine Aufgabe in bezirklicher Verantwortung,[87] kann das Bezirksamt also privatrechtliche Unternehmen nur für das Gebiet eines bestimmten Bezirks gründen. Es bedarf hierzu der Zustimmung der Bezirksverordnetenver-

---

[85] BGH, Urt. v. 09.03.2021 – KZR 55/19, juris; zur strikten Auslegung des Diskriminierungsverbots durch den BGH siehe *Lange* in Jaeger/Kokott/Pohlmann/Schroeder, Frankfurter Kommentar zum Kartellrecht, Bd. VII, Energiewirtschaft, Rz. 65.

[86] Kritisch *Hellermann*, Anmerkung zur Entscheidung des LG Berlin, Urteil vom 09.12.2014 – 16 O 224/14, EnWZ 2015, S. 239 f.; differenzierend *Correll*, DVBl. 2016, S. 338 ff., 343; *Trautner*, Anmerkungen zur Entscheidung des BGH, Urteil vom 09.03.2021, jurisPR-VergR 11/2021.

[87] Siehe Rz. 119 ff.

sammlung und der Zustimmung des Abgeordnetenhauses oder, wenn diese nicht erforderlich ist, des Einvernehmens der Senatsverwaltung für Finanzen (§ 65 Abs. 7 LHO). Momentan gibt es zwar einige Unternehmen in Privatrechtsform mit bezirklichem Bezug. Zu nennen sind beispielsweise einige Wohnungsbaugesellschaften (z. B. WBM). Aber diese sind keine Unternehmen im Sinne von § 65 Abs. 2 S. 1 LHO, denn sie werden von der zuständigen Senatsverwaltung verwaltet. Lediglich im Aufsichtsrat sitzen einige Bezirksvertreter. Einige andere Wohnungsbaugesellschaften mit ehemals bezirklichem Bezug wie die Wohnungsbaugesellschaft im Prenzlauer Berg (WIP) wurden mittlerweile mit gesamtstädtischen Gesellschaften (hier GEWOBAG) zusammengeführt.

Den Bezirken verbleibt ein bescheidenes Feld eigener wirtschaftlicher Betäti-   534 gung im Bereich der bereits beschriebenen *Randnutzungen*.[88] So können etwa bezirkliche Räumlichkeiten an Private vermietet werden, um zusätzliche Einnahmen zu erzielen.

Will das Bezirksamt bei Bezirksaufgaben einen *Eigenbetrieb* gründen, bedarf es   535 nach dem eigens erlassenen Eigenbetriebsgesetz (EigG)[89] der Zustimmung der Bezirksverordnetenversammlung und des Abgeordnetenhauses zur Betriebssatzung (§ 2 Abs. 1 EigG). Mehrere Bezirke können einen gemeinsamen Eigenbetrieb gründen (§ 2 Abs. 2 EigG). Teilweise sind die bezirklichen Kindertagesstätten in der Rechtsform des Eigenbetriebs zusammengefasst worden.[90]

Fall 12: Ärger mit der GartenNeukölln GmbH

Der Bezirk Neukölln sucht nach Möglichkeiten, die Verwaltung effizienter zu   536 gestalten und neue Einnahmequellen für den Bezirkshaushalt zu erschließen. Zu diesem Zweck wird unter anderem das bezirkliche Naturschutz- und Grünflächenamt aufgelöst und mit Zustimmung des Abgeordnetenhauses und der Bezirksverordnetenversammlung zu einer auf dem ganzen Bezirksgebiet und darüber hinaus tätigen GartenNeukölln GmbH zusammengeführt. Die Anteile an der GmbH hält zu 100 % das Land Berlin, vertreten durch den Bezirk Neukölln.

Entsprechend der Satzung der neuen GmbH hat sie die Aufgabe, die der Allgemeinheit zugänglichen Garten- und Grünanlagen im Bezirk Neukölln sowie sonstige Anlagen auf im Landeseigentum stehenden Grundstücken zu erhalten und zu pflegen. Darüber hinaus soll die GartenNeukölln GmbH aber auch Aufträge von Dritten annehmen können und ihre Dienste frei am Markt anbieten. Als Gesellschaftszweck ist weiterhin angegeben, die Beschäftigungsverhältnisse der bisher bei den bezirklichen Stellen Angestellten in sozial abgesicherter Form weiterzuführen. Durch die Ausgestaltung der Satzung ist sichergestellt, dass den Anforderungen von § 65 Abs. 1 Nr. 2 bis 6 LHO Genüge getan ist.

Die Vorteile der GmbH gegenüber den bisherigen Ämtern werden in einem flexibleren Marktverhalten gesehen. Durch die Annahme von Drittaufträgen

---

[88] Siehe Rz. 523.
[89] Gesetz über die Eigenbetriebe des Landes Berlin vom 13.7.1999, GVBl. S. 374.
[90] Siehe Rz. 86; bzw. *Hundt*, LKV 2009, S. 17 ff.

sollen vorhandene Material- und Personalressourcen besser genutzt und insbesondere Überkapazitäten abgebaut werden. Darüber hinaus will man die Lage der im Gartenbausektor Beschäftigten insgesamt verbessern, von denen derzeit viele arbeitslos sind oder unter Tarif arbeiten. Die GmbH soll hier eine Trendwende herbeiführen. Nicht zuletzt wird durch die Drittaufträge und die Effizienzsteigerung eine spürbare Entlastung für den Bezirkshaushalt erwartet.

Die GartenNeukölln GmbH entwickelt sich zu einem Erfolg für den Bezirk. Die gute Auslastung führt bald zu Neueinstellungen und -investitionen. Die Ausführung von Fremdaufträgen macht mittlerweile 20 % des gesamten Geschäftsvolumens aus und wirft gute Gewinne ab. Es werden hierbei zunehmend auch Aufträge Privater aus anderen Bezirken und dem Umland angenommen. Einige private Konkurrenten sind durch die Tätigkeit der GmbH bereits in wirtschaftliche Bedrängnis geraten.

1. Prüfen Sie die Rechtmäßigkeit der Gründung und der Tätigkeit der Garten-Neukölln GmbH.
2. Kann sich ein privater Konkurrent gegen die Tätigkeit der GmbH gerichtlich wehren? ◄

Lösungsvorschlag
Frage 1

Die Frage nach der Rechtmäßigkeit der GartenNeukölln GmbH macht die Prüfung von einfachem Recht und von Verfassungsrecht erforderlich. Im Einzelnen muss die Vereinbarkeit mit Landeshaushaltsrecht, mit Wettbewerbsrecht und mit den Grundrechten privater Konkurrenten geprüft werden.[91] Demgegenüber gibt es in Berlin im Unterschied zu den Flächenländern kein Gemeindewirtschaftsrecht, sodass die sich in diesem Bereich stellenden Probleme[92] in Berlin nur partiell zum Tragen kommen.[93]

I. Vereinbarkeit mit der Landeshaushaltsordnung

Zunächst ist fraglich, ob die Gründung der GartenNeukölln GmbH mit der Landeshaushaltsordnung, insbesondere § 65 LHO, vereinbar ist.

1. Formelle Voraussetzungen der GmbH -Gründung

Für die Gründung zuständig ist gem. § 65 Abs. 2 LHO das Bezirksamt Neukölln, wenn es sich bei der Pflege von Grünanlagen um eine Bezirksaufgabe handelt. Dies ist der Fall, da diese Aufgabe als allgemeine Verwaltungsaufgabe nicht im ZustKatAZG erwähnt ist. Damit sind gem. § 4 Abs. 1 S. 2 AZG die Bezirke zuständig.

---

[91] Für die Prüfung europäischer Beihilfevorschriften ergeben sich demgegenüber aus dem Sachverhalt keine Anhaltspunkte.
[92] Siehe Rz. 504 ff.
[93] Siehe Rz. 520 ff.

Gem. § 65 Abs. 6 S. 1 Nr. 1 LHO ist für die Gründung der GartenNeukölln GmbH die Zustimmung des Abgeordnetenhauses erforderlich. Diese liegt laut Sachverhalt vor. Auch die gem. § 65 Abs. 7 S. 1 LHO erforderliche Zustimmung der Bezirksverordnetenversammlung ist gegeben.

2. Materielle Voraussetzungen der GmbH -Gründung

§ 65 Abs. 1 LHO formuliert die materiellen Voraussetzungen für die GmbH-Gründung. Laut Sachverhalt ist den Anforderungen des § 65 Abs. 1 Nr. 2 bis 6 LHO Genüge getan. Fraglich ist aber, ob für die Gründung auch ein wichtiges Interesse Berlins gem. § 65 Abs. 1 Nr. 1 LHO vorliegt und sich der angestrebte Zweck nicht besser und wirtschaftlicher auf andere Weise erreichen lässt.

Bei dem Merkmal „wichtiges Interesse" handelt es sich um einen aus-füllungsbedürftigen unbestimmten Rechtsbegriff. Die Rechtsprechung gesteht dem Staat bei der Beurteilung des wichtigen Interesses einen weiten Spielraum zu.[94] Ein wichtiges Interesse könne sich aus einer Vielzahl von Gesichtspunkten ergeben. So könne auch ein wirtschaftliches Interesse im Vordergrund stehen, etwa die kostengünstigere Aufgabenerledigung durch Einschaltung eines Privatrechtssubjekts. Aber auch andere Aspekte kämen in Betracht, wie z. B. größere Autonomie und Flexibilität bei der Aufgabenerfüllung, Abkoppelung vom öffentlichen Dienst-, Organisations-, und Haushaltsrecht, leichtere Gewinnung qualifizierten Fachpersonals.[95] Dieser weiten Auslegung folgt zu Recht die Literatur.[96] Da § 65 Abs. 1 LHO und die entsprechenden haushaltsrechtlichen Bestimmungen ausschließlich den Landeshaushalt selbst und nicht etwa Rechte Dritter schützen wollen, kann man den für den Haushalt Verantwortlichen hier auch einen weiten Spielraum zubilligen.

Dieser Spielraum ist vorliegend nicht überschritten. Insbesondere kann der Bezirk Neukölln das Interesse der effizienteren Aufgabenerfüllung und der Kostenersparnis geltend machen. Auch das zweite Kriterium des § 65 Abs. 1 Nr. 1 LHO ist erfüllt, da sich bereits gezeigt hat, dass die GmbH besser funktioniert als das vormalige Naturschutz- und Grünflächenamt.

3. Ergebnis

Aus haushaltsrechtlicher Sicht bestehen gegen die Gründung der GartenNeukölln GmbH keine Bedenken.

II. Wettbewerbsrecht

Weiterhin ist zu prüfen, ob die Tätigkeit der GartenNeukölln GmbH gegen Vorschriften des Wettbewerbsrechts verstößt.

---

[94] OVG NW, Urt. v. 2.12.1985 – 4 A 2214/84, DÖV 1986, S. 339 ff., 341; Urt. v. 15.12.1994 – 9 A 2251/93, OVGE 44, 211, 213.

[95] OVG NW (Fn. 94), S. 213.

[96] *Wernsmann* in Gröpl, BHO/LHO, § 65 Rz 5 f.

1. Anwendbarkeit des UWG auf bezirkliche Unternehmen

Das UWG ist nach ganz herrschender Meinung grundsätzlich auf öffentliche und kommunale Unternehmen anwendbar, wenn sie mit privatwirtschaftlichen Unternehmen in einem Wettbewerbsverhältnis stehen.[97] Dies ist laut Sachverhalt bei der GartenNeukölln der Fall.

2. Vorliegen einer unlauteren Handlung

Unter Geltung des alten UWG war zu prüfen, ob die Tätigkeit der GmbH im Sinne von § 1 UWG gegen die guten Sitten verstieß. Die Rechtsprechung hatte, um dieses Kriterium handhabbar zu machen, Fallgruppen entwickelt, in denen sich die Sittenwidrigkeit bejahen ließ. Die Neufassung enthält nunmehr eine Aufzählung von Fällen, in denen eine unlautere Handlung vorliegt. Vorliegend könnte § 3a UWG einschlägig sein. Danach ist erforderlich, dass das Unternehmen im Sinne von § 3a UWG einer gesetzlichen Vorschrift zuwiderhandelt, die auch dazu bestimmt ist, im Interesse der Marktteilnehmer das Marktverhalten zu regeln. Legt man die Rechtsprechung des BGH zum alten § 1 UWG zugrunde, so reicht ein bloßer Verstoß gegen Vorschriften des Wirtschaftsrechts nicht aus, um eine unlautere Handlung anzunehmen.[98] Dementsprechend liegt kein Verstoß gegen das UWG vor.

III. Verfassungsrecht

1. Art. 12 Abs. 1 GG

Da kein Verstoß gegen einfachgesetzliche Vorschriften vorliegt, ist nunmehr Verfassungsrecht zu prüfen. Die Frage, ob sich private Konkurrenten gegenüber der wirtschaftlichen Betätigung der öffentlichen Hand auf die Grundrechte berufen können, ist umstritten. Nach hier vertretener Auffassung begründet die wirtschaftliche Betätigung der öffentlichen Hand einen Eingriff in den Schutzbereich der Berufsfreiheit privater Mitbewerber, wenn eine berufsregelnde Tendenz festzustellen ist.[99] Dies lässt sich vorliegend mit der Erwägung bejahen, dass der Bezirk bewusst auf den Markt für Gartenbau einwirkt, um die Situation der dort Beschäftigten zu verbessern. Im Übrigen hat der Geschäftsumfang eine Intensität erreicht, die die Beeinträchtigung der privaten Konkurrenten als erheblich erscheinen lässt. Betroffen ist die Berufsausübung. Dieser Eingriff muss sich rechtfertigen lassen. Art. 12 Abs. 1 S. 2 GG statuiert einen einfachen Gesetzesvorbehalt. Diesem ist durch die Ermächtigung zur Gründung privater GmbHs in § 65 LHO Genüge getan.

---

[97] Siehe nur *Gern/Brüning*, Deutsches Kommunalrecht, Rz. 1020 f.; *Heintzen*, Rechtliche Grenzen und Vorgaben für eine wirtschaftliche Betätigung von Kommunen im Bereich der gewerblichen Gebäudereinigung, S. 102, m. w. N.

[98] Ausführlich Rz. 526.

[99] Siehe Rz. 517.

a) Territorialitätsprinzip

Problematisch könnte jedoch sein, dass die GartenNeukölln GmbH auch Aufträge Privater aus anderen Bezirken und dem Umland annimmt. Hierin könnte eine Überschreitung der Kompetenzen des Bezirks Neukölln zu sehen sein. Ein nicht kompetenzgemäßes Verhalten kann vor dem Hintergrund von Art. 12 Abs. 1 GG nicht gerechtfertigt sein. In den Flächenländern wird überwiegend vertreten, dass die kommunale Wirtschaftstätigkeit durch das sogenannte Territorialitätsprinzip aus Art. 28 Abs. 2 GG begrenzt sei. Dieses Territorialitätsprinzip gilt für die Abgrenzung der Zuständigkeiten zwischen den Bezirken so nicht. Die Frage, ob das Territorialitätsprinzip auch für die Berliner Bezirke gilt, kann vorliegend aber auf sich beruhen, da es nur um die Annahme von Aufträgen Privater geht. Diese Aufträge unterliegen nicht einer bestimmten Aufgabenzuweisung zwischen den Bezirken. Das Territorialitätsprinzip ist die räumliche Ausprägung der Kompetenzabgrenzung zwischen verschiedenen Verwaltungsträgern. Ein Verstoß gegen das Territorialitätsprinzip kann daher nur vorliegen, wenn in den Aufgabenbereich des betroffenen Verwaltungsträgers eingegriffen wird. Hierzu zählen alle Aufgaben die gemeinschaftsbezogen sind wie etwa die Pflege öffentlicher Grünanlagen. Etwas anderes gilt, wenn bloß private Belange verfolgt werden, etwa die Pflege eines privaten Anwesens oder des Fuhrparks eines Unternehmers. Hier kann man keinen Verstoß gegen das Territorialitätsprinzip annehmen, da insoweit keine Zuständigkeit anderer Verwaltungsträger besteht.

b) Öffentlicher Zweck

Jedoch wurde bereits ausgeführt, dass sich in Berlin, das keine einfachgesetzliche Normierung des Kriteriums des „öffentlichen Zwecks" kennt, dieses Kriterium in verfassungskonformer Ergänzung unmittelbar aus Art. 12 Abs. 1 GG ableitet. Folglich ist eine wirtschaftliche Betätigung der öffentlichen Hand und damit der Eingriff in Art. 12 Abs. 1 GG auch in Berlin nur gerechtfertigt, wenn ein öffentlicher Zweck sie erfordert.

Fraglich ist, ob die Gründung und Betätigung der GartenNeukölln GmbH durch einen öffentlichen Zweck gedeckt ist. Unproblematisch ist dies für die Pflege städtischer Anlagen, die entweder der Allgemeinheit offenstehen oder sonst im Eigentum Berlins stehen. Es liegt im öffentlichen Interesse, dass diese Anlagen auch weiterhin durch das Land Berlin ordnungsgemäß unterhalten werden.

Anders verhält es sich mit der Pflege privater Gärten und Grünanlagen. Da man sich einig ist, dass allein die Einnahmeerzielung kein öffentlicher Zweck sein kann, muss der Bezirk darüber hinausgehende Zwecke angeben können, die mit der Teilnahme am privaten Wettbewerb erfüllt werden.

In Betracht kommt hier der Zweck besserer Ressourcennutzung. In der Tat wird man es der öffentlichen Hand nicht verwehren können, eventuelle Kapazitätsüberhänge durch Aufgabenerledigung auch für Private zu nutzen. Jedoch muss sich diese Nutzung auf den Abbau solcher Überhänge beschränkt bleiben und darf ein bestimmtes Volumen nicht überschreiten. Ein Anteil von 20 % erscheint vor diesem Hintergrund bereits als zu hoch. Hinzu kommt, dass im Hinblick auf die Auftragsannahme von Privaten bereits selbstständige Einstellungen und Investitionen erforderlich wurden. Somit lässt sich die Tätigkeit der GmbH nicht mehr mit dem Argument besserer Ressourcennutzung begründen.

In Betracht kommt weiterhin das Argument der Sicherung der Beschäftigungsverhältnisse der im Gartenbausektor Tätigen. Die Kommunen können wegen ihres begrenzten Spielraums zu eigenständiger Arbeitsmarktpolitik auf dieses Argument nur begrenzt zurückgreifen. Anders liegt es für das Land Berlin. Berlin ist im Rahmen seiner Haushaltswirtschaft zur Wahrung des gesamtwirtschaftlichen Gleichgewichts verpflichtet. Dazu gehört auch eine aktive Arbeitsmarktpolitik. Es kann also durchaus als ausreichender öffentlicher Zweck gewertet werden, wenn das Land Berlin oder einer seiner Bezirke durch wirtschaftliche Betätigung in einem Teilbereich des Arbeitsmarktes eine Situationsverbesserung herbeiführen will. Insoweit ist es vom öffentlichen Zweck gedeckt, wenn der Bezirk Neukölln innerhalb der GartenNeukölln GmbH gesicherte Arbeitsplätze schafft und so die Konkurrenten zwingt, ihrerseits verbesserte Arbeits- und Lohnbedingungen zu schaffen. Ob sich tatsächlich eine spürbare Verbesserung des Arbeitsmarktes einstellt, ist unerheblich, da insoweit ein weiter Prognosespielraum der bezirklichen Organe besteht.[100]

Zur Erreichung des genannten öffentlichen Zwecks ist die Gründung und Betätigung der GartenNeukölln GmbH auch ein verhältnismäßiges Mittel. Insbesondere ist die Tatsache, dass einige private Konkurrenten wirtschaftlich in Bedrängnis geraten sind, noch kein Argument gegen die Angemessenheit der Tätigkeit der GmbH. Auf dem Markt gibt es immer Betriebe, die durch Marktveränderungen, seien sie auch noch so gering, in die Gefahr der Verdrängung geraten. Erst wenn die GmbH eine spürbare Marktschieflage verursachte, wäre die Angemessenheit ihrer Betätigung zu verneinen.

Im Ergebnis ist daher die Betätigung Neuköllns im Rahmen der GmbH als von Art. 12 Abs. 1 GG gedeckt anzusehen.

2. Art. 14 Abs. 1 GG und Art. 3 Abs. 1 GG

Auch eine Verletzung von Art. 14 Abs. 1 GG und Art. 3 Abs. 1 GG scheidet mangels konkreter Sachverhaltsangaben aus.

3. Zwischenergebnis

Im Ergebnis ist damit die Tätigkeit der GartenNeukölln GmbH verfassungsrechtlich nicht zu beanstanden.

---

[100] Siehe Rz. 521.

IV. Endergebnis

Die Gründung und Betätigung der GartenNeukölln GmbH stellen sich als insgesamt rechtmäßig heraus. Es liegt weder ein Verstoß gegen einfaches noch gegen Verfassungsrecht vor.

Frage 2

Fraglich ist, ob sich ein betroffener Konkurrent gerichtlich gegen die Tätigkeit der GartenNeukölln GmbH zur Wehr setzen kann. In Betracht kommen Klagen vor dem Verwaltungsgericht gegen das Land Berlin oder dem Zivilgericht gegen die GmbH selbst. Vorliegend ist nur nach deren Zulässigkeit gefragt.

I. Zulässigkeit einer verwaltungsgerichtlichen Klage

1. Verwaltungsrechtsweg

Der Verwaltungsrechtsweg ist mangels aufdrängender Sonderzuweisung gem. § 40 Abs. 1 VwGO für öffentlich-rechtliche Streitigkeiten nicht verfassungsrechtlicher Art eröffnet, sofern keine abdrängende Sonderzuweisung eingreift. Nach der Sonderrechtstheorie ist die Natur der Streitigkeit öffentlich-rechtlich, wenn die streitentscheidende Norm dem öffentlichen Recht entstammt. In den Flächenländern kann sich eine Klage beispielsweise auf das kommunale Wirtschaftsrecht stützen, das zweifellos dem öffentlichen Recht entstammt. In Berlin besteht diese Möglichkeit nicht. Jedoch kann sich ein Konkurrent auf einen grundrechtlichen Abwehranspruch aus Art. 12 GG berufen, der ebenfalls öffentlich-rechtlicher Natur ist.[101] Mithin ist auch für Klagen von Konkurrenten in Berlin eine öffentlich-rechtliche Streitigkeit gegeben.[102] Anderes gilt, sofern die Klage auf § 3a UWG gestützt ist. Diese Norm richtet sich an jedermann und ist somit privatrechtlicher Natur. Klagen, die auf § 3a UWG gestützt sind, gehören vor die Zivilgerichte. Da der Konkurrent vorliegend den grundrechtlichen Abwehranspruch geltend macht, ist der Verwaltungsrechtsweg gem. § 40 Abs. 1 VwGO eröffnet.

2. Statthafte Klageart

Als statthafte Klageart kommt vorliegend die allgemeine Leistungsklage in Form der Unterlassungsklage in Betracht, da das Klagebegehren auf Unterlassung eines schlichten Verwaltungshandelns gerichtet wäre.

3. Klagebefugnis

Weiterhin müsste der Konkurrent klagebefugt analog § 42 Abs. 2 VwGO sein. Es muss möglich erscheinen, dass er durch Gründung oder Betrieb der GmbH in einem subjektiv-öffentlichen Recht verletzt ist. Ob eine solche Möglichkeit besteht, ist umstritten.

---

[101] So auch *Erichsen*, Kommunalrecht des Landes Nordrhein-Westfalen, S. 290.

[102] In der Literatur wird teilweise vertreten, es müsse für den Rechtsweg entsprechend der aus dem Subventionsrecht geläufigen Zwei-Stufen-Theorie zwischen dem „Ob" und dem „Wie" der wirtschaftlichen Betätigung unterschieden werden; vgl. *Gerke*, Jura 1985, S. 349 ff., 357. Dies ist abzulehnen, da sich nicht scharf zwischen Beidem differenzieren lässt.

Die Verwaltungsgerichte und ihnen folgend ein Teil der Literatur gestehen privaten Mitbewerbern der öffentlichen Hand keine Klagebefugnis aus Grundrechten zu. Grundrechte könnten nur in Ausnahmefällen, wenn ein Verdrängungswettbewerb zu Lasten der Privatwirtschaft stattfinde, einen Abwehranspruch auslösen. Die Gegenansicht kritisiert diese Auffassung zu Recht.[103] Geht man mit der hier vertretenen Auffassung von der Grundrechtsrelevanz der wirtschaftlichen Tätigkeit der öffentlichen Hand aus, so lässt sich die Klagebefugnis ohne weiteres bejahen.[104]

4. Ergebnis

Da sich weitere Bedenken nicht ergeben, ist die Klage zulässig.

II. Zulässigkeit einer zivilgerichtlichen Klage

Gem. § 13 GVG ist der Zivilrechtsweg in allen bürgerlich-rechtlichen Streitigkeiten gegeben. Hierzu gehört auch eine Streitigkeit im Rahmen von § 3a UWG. Beruft sich ein Konkurrent auf eine Verletzung dieser Norm, so ist der Zivilrechtsweg eröffnet. Ob und inwieweit eine Verletzung vorliegt, ist eine Frage der Begründetheit. Im Rahmen der Zivilrechtswegs kann die Klage sowohl gegen die GmbH selbst als auch gegen das Land Berlin gerichtet werden, während vor den Verwaltungsgerichten nur das Land Berlin Klagegegner sein kann. Weitere Zulässigkeitsbedenken ergeben sich aus dem Sachverhalt nicht.

III. Ergebnis

Mithin stehen den Konkurrenten der Verwaltungs- und der Zivilrechtsweg offen je nachdem, auf welche Normen sie ihre Klage stützen. Jedoch ist der Zivilrechtsweg vor dem Hintergrund der einschlägigen BGH-Rechtsprechung wenig aussichtsreich.

---

[103] Zum Meinungsstand siehe Rz. 515 ff.
[104] *Heintzen* (Fn. 13), S. 25 und 95.

12 Die öffentlichen Einrichtungen

Das Recht öffentlicher Einrichtungen in Berlin unterscheidet sich kaum von dem der Flächenbundesländer, sodass auf eine zweigeteilte Darstellung verzichtet werden kann. Soweit nötig, wird auf die Berliner Besonderheiten eingegangen.

I. Grundbegriffe

1. Der Begriff der öffentlichen Einrichtung

Öffentliche Einrichtungen werden von den Trägern öffentlicher Verwaltung, insbesondere den Gemeinden, geschaffen, um ihre Aufgaben im Bereich der *Daseinsvorsorge* erfüllen zu können.[1] Unter einer öffentlichen Einrichtung versteht man eine organisatorische Zusammenfassung von Personen und Sachen, die von einem Verwaltungsträger im Rahmen seiner Verbandskompetenz geschaffen wird und die dem von dem Widmungszweck erfassten Personenkreis nach allgemeiner und gleicher Regelung zur Benutzung, sei es aufgrund freier Entschließung, sei es im Rahmen des Benutzungszwangs, offensteht.[2] Aufgrund seiner Weite fallen eine *Vielzahl von Einrichtungen* unter diesen Begriff. Als öffentliche Einrichtungen werden etwa bezeichnet die öffentliche Wasserversorgung, die Abfallbeseitigung, die Stromversorgung, Theater, Büchereien, Museen, Schwimmbäder, Freizeit-, Bildungs- und Begegnungsstätten, Messeplätze, Obdachlosenunterkünfte, Asylbewerberwohnheime, Plakatanschlagtafeln.[3] Die Liste ließe sich noch verlängern.

538 Abzugrenzen ist die öffentliche Einrichtung von der *privatrechtlichen Einrichtung*. Dies geschieht durch die *Widmung*. Die Widmung ist eine *öffentlich-rechtliche Willenserklärung*, die der Einrichtung einen öffentlich-rechtlichen Status verleiht.

---

[1] Zum Begriff der Daseinsvorsorge *Forsthoff*, Lehrbuch des Verwaltungsrechts, Band I, S. 368 ff.

[2] Siehe auch *Burgi*, Kommunalrecht, § 16, Rz. 5.

[3] *Gern/Brüning*, Deutsches Kommunalrecht, Rz. 919, m. w. N.

© Springer-Verlag GmbH Deutschland, ein Teil von Springer Nature 2022
A. Musil, S. Kirchner, *Das Recht der Berliner Verwaltung*, Springer-Lehrbuch,
https://doi.org/10.1007/978-3-662-65501-6_12

281

Die Widmung öffentlicher Einrichtungen ist nicht zu verwechseln mit der straßenrechtlichen Widmung. Letztere ist ein privatrechtsgestaltender Verwaltungsakt und
überführt eine Sache in das öffentliche Sachenrecht mit der Folge, dass die private
Eigentumsposition zurückgedrängt wird. Eine solch weitgehende Wirkung kommt
der Widmung öffentlicher Einrichtungen nicht zu. Sie legt lediglich den *öffentlich-
rechtlichen Leistungszweck* der Einrichtung fest.

Früher wurden die Begriffe „öffentliche Einrichtung" und *„öffentliche Anstalt"*   53⁹
weitgehend einheitlich verwendet. Dies ist ungenau, da eine öffentliche Anstalt eine
öffentliche Einrichtung sein kann, aber nicht sein muss. So ist eine unselbstständige
Anstalt dann öffentliche Einrichtung, wenn sie der Nutzung zugänglich ist
(z. B. Schule), nicht aber, wenn die Nutzbarkeit fehlt (z. B. Labor). Eine selbstständige Anstalt hingegen kann ohnehin nur Träger einer öffentlichen Einrichtung, nicht
aber öffentliche Einrichtung selbst sein.[4] Auch der Begriff der *öffentlichen Sache* ist
nicht deckungsgleich mit dem der öffentlichen Einrichtung. Öffentliche Sachen
können nur öffentliche Einrichtungen sein, wenn sie nicht bloß im Verwaltungsge-
brauch stehen, sondern der Einwohnerschaft zur Nutzung offenstehen. So ist etwa
ein Rathausgebäude nur Mittel zur Erfüllung der Amtsgeschäfte.

2. Die Widmung

Wie bereits gesehen, kommt der Widmung für die Entstehung einer öffentlichen   54⁰
Einrichtung entscheidende Bedeutung zu.[5] Es handelt sich um eine öffentlich-
rechtliche Willenserklärung, die den *Zweck der Einrichtung* und ihre *Freigabe zur
Nutzung* durch die Einwohner festlegt.[6] Die Widmung ist anders als diejenige des
Straßenrechts nicht an eine bestimmte Form gebunden. Sie kann durch Gesetz, Verwaltungsakt, schlichten Ratsbeschluss, inneradministrativen Akt oder durch Satzung erfolgen. Neben der ausdrücklichen ist auch eine konkludente Widmung möglich. Maßgebend ist die *Erkennbarkeit* des Behördenwillens aus der Sicht des
Einwohners, dass die Sache einem bestimmten öffentlichen Zweck dienen soll. Das
Vorliegen einer *konkludenten Widmung* kann aus bestimmten Indizien wie etwa aus
der bisherigen Zulassungspraxis oder einem bestimmten tatsächlichen Verhalten abgeleitet werden. Fehlen solche Indizien, so kann dennoch unter bestimmten Voraussetzungen eine Widmung angenommen werden. Es gilt nämlich die aus der Konsti-
tuierungs- und Disziplinierungsfunktion des öffentlichen Rechts abgeleitete
Vermutungsregel, dass ein Verwaltungsträger eine ihm zugewiesene öffentliche
Aufgabe auch mit Mitteln des öffentlichen Rechts erfüllen will. Es kann mithin
auch eine sogenannte *„vermutete Widmung"* geben.[7]

---

[4] *Burgi*, Kommunalrecht, § 16, Rz. 9.

[5] Siehe auch den berühmten Rheinwiesenfall, OVG NW, Urt. v. 16.9.1975 – III A 1279/75, NJW
1976, S. 820 ff.

[6] Ausführlich *Axer*, Die Widmung als Schlüsselbegriff des Rechts der öffentlichen Sachen,
S. 138 ff.

[7] So *Erichsen*, Kommunalrecht des Landes Nordrhein-Westfalen, S. 241, m. w. N.

II. Träger öffentlicher Einrichtungen

41   Nach allgemeiner Auffassung besteht hinsichtlich der Trägerschaft öffentlicher Einrichtungen *Wahlfreiheit*.[8] Die Gemeinde oder das Land sind nicht verpflichtet, selbst Träger einer öffentlichen Einrichtung zu sein. Vielmehr kann die Trägerschaft an andere Rechtssubjekte delegiert werden.

42   Ist eine *eigene Trägerschaft* gewollt, so werden öffentliche Einrichtungen oft als nicht rechtsfähige Anstalten des öffentlichen Rechts (z. B. Schulen), Regiebetriebe oder Eigenbetriebe geführt. Die Trägerschaft kann aber auch auf selbstständige Verwaltungsträger, z. B. rechtsfähige Anstalten des öffentlichen Rechts, übertragen werden. Ein Beispiel bilden in Berlin die im Berliner Betriebegesetz aufgeführten Anstalten (BSR, BVG, BWB) sowie der Rundfunk Berlin-Brandenburg. Schließlich ist es denkbar, die Trägerschaft *privatrechtlich organisierten Rechtssubjekten* zu überlassen. So können etwa ein Theater oder eine Stadthalle von einer GmbH betrieben werden (in Berlin etwa die Messehallen von der Messe Berlin GmbH). Auch die Gründung von Aktiengesellschaften ist denkbar. Bei privaten Rechtssubjekten kann unterschieden werden zwischen Eigengesellschaften und sonstigen privaten Unternehmen. Bei Eigengesellschaften ist der Verwaltungsträger selbst alleiniger Gesellschafter und kann dementsprechend auf die Gesellschaft Einfluss nehmen. Bei sonstigen Privatrechtssubjekten, insbesondere bei gemischtwirtschaftlichen Unternehmen, muss die Erfüllung der öffentlichen Aufgabe vertraglich besonders gesichert werden. Eine private und keine öffentliche Einrichtung liegt im Übrigen vor, wenn sich ein Privatrechtssubjekt vollständig in privater Hand befindet.[9]

43   Entscheidet sich der betreffende Verwaltungsträger, den Betrieb einer öffentlichen Einrichtung einem anderen Träger anzuvertrauen, so wird mit diesem in der Regel ein Vertrag geschlossen. Darin sind im Allgemeinen die Zustimmung des übernehmenden Trägers zur Widmung, seine Verpflichtung, den Einwohnern die Nutzung zu eröffnen, also ein Kontrahierungszwang, sowie die Vereinbarung über das für die Nutzung zu zahlende Entgelt enthalten. Der Vertrag kann aufgrund des bestehenden Formenwahlrechts in privatrechtlicher oder öffentlich-rechtlicher Form geschlossen werden. Bestehen *Zweifel* über die Rechtsform der Vereinbarung, so ist wegen der öffentlich-rechtlichen Natur des zugrunde liegenden Zwecks ein *öffentlich-rechtlicher Vertrag* anzunehmen mit der Folge, dass bei Streitigkeiten der Verwaltungsrechtsweg gem. § 40 Abs. 1 VwGO eröffnet ist.

---

[8] Siehe nur BVerwG, Beschl. v. 29.5.1990 – 7 B 30/90, NVwZ 1991, S. 59; Beschl. v. 18.10.1993 – 5 B 26/93, NJW 1994, S. 1169; *Röhl* in Schoch, Besonderes Verwaltungsrecht, 2. Kap., Rz. 167.

[9] Vgl *Burgi*, Kommunalrecht, § 16, Rz. 14.

III. Das Nutzungsverhältnis zum Bürger

1. Der Nutzungsanspruch

In der Regel besteht für die *Nutzer* der öffentlichen Einrichtung ein *Zugangs- und Nutzungsanspruch*. In den Flächenländern sind derartige Nutzungsansprüche für die öffentlichen Einrichtungen der Gemeinden und Kreise in den jeweiligen Gemeinde- und Landkreisordnungen geregelt (vgl. etwa § 12 Abs. 1 KVerf Bbg, für die Landkreise § 131 Abs. 1 KVerf Bbg). Weitere Anspruchsnormen finden sich in Spezialgesetzen, wie etwa § 5 PartG, § 22 PBefG und § 70 Abs. 1 GewO. Berechtigte des Anspruchs aus der Gemeinde- und Landkreisordnung sind jeweils die *Einwohner*. Im Falle der Spezialgesetze variiert der Kreis der Berechtigten je nach dem Zweck des Gesetzes.

Gem. § 12 Abs. 1 BbgKVerf ist *jedermann* berechtigt, Einrichtungen der Gemeinde zu nutzen. Brandenburg erweitert den Kreis der potenziell Nutzungsberechtigten. Das Land trägt damit dem Umstand Rechnung, dass gerade Verkehrsbetriebe, Theater, Museen oder Schwimmbäder, die als öffentliche Einrichtung geführt sind, von mehr als nur den Einwohnern der Kommune genutzt werden. Der Brandenburgische Gesetzgeber begründet die Ausweitung mit dem europarechtlichen Diskriminierungsverbot und gibt überdies landesplanerische Gründe an.[10]

Beschränkt sich der Wortlaut der übrigen Kommunalordnungen auf „Einwohner", ist dieser weit zu verstehen und erstreckt sich auch auf Einwohner des Umlandes, für die öffentliche Einrichtungen auch geschaffen wurden.[11] Gebietsfremden ist ein Nutzungsanspruch außerdem nicht von vornherein zu versagen. Zwar ist das Einwohnerprivileg in sämtlichen Kommunalordnungen mit dem unionsrechtlichen Diskriminierungsverbot vereinbar, allerdings steht gebietsfremden ein Anspruch auf ermessensfehlerfreie Entscheidung zu. Dabei kann der Grundsatz der Selbstbindung der Verwaltung dazu führen, dass sich dieser Anspruch in einen Zulassungs- und Nutzungsanspruch wandelt.[12]

Nutzungsberechtigt sind neben den Privatpersonen mithin auch juristische Personen, Personenvereinigungen und privatrechtlich organisierte Parteien.[13] Der Kreis der Nutzungsberechtigten kann letztendlich auch durch die Widmung begrenzt werden, die sich am Einrichtungszweck orientiert.[14]   **544**

In *Berlin* ergibt sich das Problem, dass es keinen einfach-gesetzlich normierten   **545** Anspruch der Einwohner Berlins auf Zugang zu den öffentlichen Einrichtungen der Stadt gibt. Dennoch liegt es auf der Hand, dass wie in den Flächenländern ein solcher Anspruch bestehen muss. Man wird daher auf die *Grundrechte der Einwohner* zurückgreifen müssen. Insbesondere kommt eine Anspruchsbegründung aus Art. 3

---

[10] Vgl. Landtag Brandenburg, Drucks. 4/5056, S. 138.

[11] *Schmidt*, Kommunalrecht, Rz. 619 ff.

[12] *Gern/Brüning*, Deutsches Kommunalrecht, Rz. 365.

[13] *Becker* in Schumacher u. a., Kommunalverfassungsrecht Brandenburg, § 12, 2.2.1.

[14] Siehe dazu vertiefend *Lange*, Kommunalrecht, S. 795.

Abs. 1 GG in Betracht. Dieses Grundrecht gewährt zwar in der Regel keine Leistungs- sondern nur *Teilhaberechte*. Jeder Bürger hat demnach lediglich einen Anspruch, ebenso behandelt zu werden wie die übrigen Einwohner, die zur Nutzung zugelassen sind. Dies ist indes im Rahmen des einfach-gesetzlichen Zugangsanspruchs in den Flächenländern nicht anders. Wer im Einzelnen zu der öffentlichen Einrichtung zugelassen ist, ergibt sich entsprechend dem oben Gesagten aus der Widmung. Gilt die Widmung – was bei allgemeinen öffentlichen Einrichtungen Berlins in der Regel der Fall sein wird – für einen unbestimmten Personenkreis, so besteht für jeden Einwohner ein *Nutzungsanspruch aus Art. 3 Abs. 1 GG in Verbindung mit der Widmung*. Auf diese Weise wird ein mit der Rechtslage in den Flächenländern vergleichbares Ergebnis erreicht. Der grundrechtliche Nutzungsanspruch ist sogar insofern weiter als der einfach-gesetzliche in den Flächenländern, als er nicht auf die Einwohner Berlins begrenzt ist.

46 Verpflichtete des Nutzungsanspruchs aus Gemeinde- und Kreisordnungen sind nach ganz überwiegender Auffassung ausschließlich die Gemeinden und Landkreise selbst.[15] Der Anspruch ist *öffentlich-rechtlicher Natur* und muss vor den Verwaltungsgerichten durchgesetzt werden. Ebenso liegt es mit dem im Land Berlin bestehenden Nutzungsanspruch aus Art. 3 Abs. 1 GG i. V. m. der Widmung. Ist ein anderes Rechtssubjekt Träger der öffentlichen Einrichtung, so kann der Anspruch gegen die Gemeinde, den Landkreis oder das Land nur auf *Verschaffung der Nutzung* gerichtet sein. Geht es um die Verschaffung des Zugangs oder der Nutzung als solche, so liegt stets eine öffentlich-rechtliche Streitigkeit vor, die gem. § 40 Abs. 1 VwGO vor den Verwaltungsgerichten auszutragen ist.

47 Zu diesem Ergebnis gelangt auch die in Rechtsprechung[16] und Lehre verbreitete sogenannte *Zwei-Stufen-Theorie*,[17] die zwischen der Frage des „Ob" des Zugangs zu einer öffentlichen Einrichtung und der des „Wie", also der Ausgestaltung des konkreten Nutzungsverhältnisses, unterscheidet. Während der Zugangsanspruch selbst stets öffentlich-rechtlicher Natur ist, kann das „Wie" der Nutzung sowohl öffentlich- als auch privatrechtlich ausgestaltet sein. Die Zwei-Stufen-Theorie wird als gekünstelt kritisiert, da sie einheitliche Rechtsverhältnisse auseinanderreiße.[18] Einheitliche Lebenssachverhalte sollten auch in einem Rechtsweg entschieden werden. Die Rechtsprechung hält indes nach wie vor an der Theorie fest, weil sie trotz der konstruktiven Bedenken zu sachgerechten Ergebnissen führt.[19]

48 Will der Nutzer den von der Gemeinde, dem Landkreis oder dem Land verschiedenen Träger auf Zulassung zur Nutzung verklagen, so kann er einen dementsprechenden Anspruch aus dem *drittschützenden Charakter* der zwischen Verwaltungsträger und Einrichtungsträger abgeschlossenen Vereinbarung oder aus bestimmten, den *Kontrahierungszwang* auslösenden Normen des Zivilrechts – etwa §§ 138, 826

---

[15] *Burgi*, Kommunalrecht, § 16, Rz. 17.

[16] BVerwG, Beschl. v. 29.5.1990 – 7 B 30/90, NVwZ 1991, S. 59.

[17] *Burgi*, Kommunalrecht, § 16, Rz. 34.

[18] So *Schmidt*, Kommunalrecht, Rz. 630.

[19] Siehe die Beispiele bei *Wolff/Bachof/Stober/Kluth*, Verwaltungsrecht I, § 22, Rz. 54 ff.

BGB – ableiten. In der Regel wird für derartige Klagen der *Zivilrechtsweg* eröffnet sein (§ 13 GVG). Anders liegt es, wenn die Vereinbarung als öffentlich-rechtlicher Vertrag einzuordnen ist.

2. Grenzen der Zulassung

Es ist augenfällig, dass eine Nutzung öffentlicher Einrichtungen nicht in unbegrenz-   54? tem Umfang möglich ist. Die Nutzungsmöglichkeit wird durch Existenz und *Kapazität* der Einrichtung begrenzt. Es besteht insoweit kein Anspruch auf Schaffung oder Erweiterung von öffentlichen Einrichtungen.[20] Zwischen mehreren Anspruchsberechtigten muss eine *sachgerechte Auswahl* getroffen werden. Die Auswahlkriterien haben sich an Art. 3 Abs. 1 GG zu orientieren. Bei der Auswahl zu beachten sind etwa das Prioritätsprinzip, der Grundsatz der Wirtschaftlichkeit sowie die Chancengleichheit der Bewerber. Grundsätzlich ist auch eine Auswahl nach dem Prinzip „bekannt und bewährt" sowie nach dem Losverfahren zulässig.[21] Der gebundene Anspruch auf Zulassung bei Vorliegen der Voraussetzungen der jeweiligen Anspruchsnorm wandelt sich bei begrenzter Kapazität folglich in einen Anspruch auf Ermessensfehlerfreie Auswahlentscheidung um.

Weiterhin besteht ein Zulassungsanspruch nur *im Rahmen des Widmungs-*   55? *zwecks*. Jede über den Widmungszweck hinausgehende Nutzung ist *Sondernutzung*, was zur Folge hat, dass die Zulassung im Ermessen des Einrichtungsträgers steht. Allgemeine Gemeindeeinrichtungen stehen beispielsweise nur den Gemeindeeinwohnern uneingeschränkt offen. Gebietsfremde haben keinen Zulassungsanspruch. Auch *in sachlicher Hinsicht* begrenzt der Widmungszweck die Zulassung. So ist eine Stadthalle meist nur für Veranstaltungen, nicht aber z. B. zur Übernachtung gewidmet. Die Ausgestaltung der Widmung im Einzelnen kann sich auch aus Verwaltungsvorschriften ergeben. In Berlin gibt es eine Reihe von Verwaltungsvorschriften, die sich mit der Nutzung öffentlicher Einrichtungen durch die Bürger befassen. Zu nennen sind beispielsweise die Sportanlagen-Nutzungsvorschriften – SPAN.[22]

Weitere Grenzen der Zulassung ergeben sich aus *höherrangigem Recht*. So kann die Zulassung versagt werden, wenn die Verwirklichung von Straftatbeständen durch den in Aussicht genommenen Nutzer oder eine Gefahr für die öffentliche Sicherheit oder Ordnung zu erwarten ist.

---

[20] OVG Koblenz, Urt. v. 9.5.1984 – 2 A 64/83, DVBl. 1985, S. 176; VGH BW, Urt. v. 30.3.1990 – 1 S 619/87, NVwZ-RR 1990, S. 502.

[21] *Schmidt,* Kommunalrecht, Rz. 636.

[22] Ausführungsvorschriften über die Nutzung öffentlicher Sportanlagen Berlins und für die Vermietung und Verpachtung landeseigener Grundstücke an Sportorganisationen in der Fassung vom 23.6.2020, einsehbar unter: http://www.berlin.de/sen/inneres/sport/sportmetropole-berlin/broschueren-flyer-rechtsvorschriften/

3. Die Ausgestaltung des Benutzungsverhältnisses

51 Das Benutzungsverhältnis zwischen Einrichtungsträger und Nutzer, also das „Wie" der Nutzung, kann sowohl öffentlich-rechtlich als auch privatrechtlich ausgestaltet sein. Ist der Einrichtungsträger ein Privatrechtssubjekt, so kommt mangels Hoheitsbefugnissen nur eine privatrechtliche Ausgestaltung in Betracht. Soweit in einem solchen Fall eine *allgemeine Benutzungsordnung* besteht, so handelt es sich bei dieser um *Allgemeine Geschäftsbedingungen*. Ist der Träger hingegen ein Hoheitsträger, so kann dieser nach allgemeiner Auffassung zwischen einer öffentlich-rechtlichen oder privatrechtlichen Ausgestaltung wählen. Hier ist durch Auslegung zu ermitteln, wie das Nutzungsverhältnis ausgestaltet ist. Kriterien sind etwa die Bezeichnung der Gegenleistung als Entgelt (dann privatrechtlich) oder Gebühr (dann öffentlich-rechtlich), die äußere Form der Benutzungsordnung (Satzung, öffentlich-rechtliche Anstaltsordnung oder allgemeine Benutzungsbedingungen), die Form der Veröffentlichung sowie ein etwaiger Hinweis auf Rechtsmittel. Lässt sich auch mit Hilfe dieser Kriterien kein eindeutiges Ergebnis erzielen, so ist von einer *öffentlich-rechtlichen Regelung* auszugehen.[23]

Bei öffentlich-rechtlicher Ausgestaltung ergeht die Benutzungsordnung in den Gemeinden und den anderen Trägern mit Satzungsgewalt in Form von Satzungen, ansonsten kommen bei bestehender Ermächtigung Rechtsverordnungen sowie Allgemeinverfügungen in Betracht.

52 Umstritten ist, woraus die Befugnis des öffentlich-rechtlichen Einrichtungsträgers zur *Abwehr von Störungen* des Betriebes durch einzelne Nutzer abzuleiten ist. Teilweise wird vertreten, diese ergebe sich als *Annexkompetenz* aus dem Recht zur Schaffung und dem Betrieb öffentlicher Einrichtungen.[24] An dieser Auffassung wird zu Recht kritisiert, dass sie den Grundsatz des *Vorbehalt des Gesetzes* für belastende Maßnahmen außer Acht lässt.[25] Als Rechtsgrundlage für die vorzeitige oder außerordentliche Beendigung eines öffentlich-rechtlich begründeten Benutzungsverhältnisses kommen vielmehr die §§ 48, 49 VwVfG oder die ordnungsbehördliche Generalklausel, in Berlin § 17 ASOG, in Betracht, soweit deren spezielle Voraussetzungen im Einzelfall gegeben sind. Öffentlich-rechtliche und privatrechtliche Verträge können unter Umständen auch nach den jeweils einschlägigen Bestimmungen über ein außerordentliches Kündigungsrecht beendet werden.

53 Kommt bei der Benutzung einer öffentlichen Einrichtung ein Nutzer zu Schaden, so hängt die *Haftung des Einrichtungsträgers* davon ab, in welcher Rechtsform das Benutzungsverhältnis ausgestaltet ist. Ist es privatrechtlich, so gelten uneingeschränkt die Regeln des Privatrechts über die vertragliche und die außervertragliche

---

[23] VGH BW, Beschl. v. 30.10.1986 – 9 S 2497/86, NVwZ 1987, S. 701; Beschl. v. 30.11.1988 – 2 S 1140/87, NVwZ-RR 1989, S. 267; VGH München, Urt. v. 14.6.1989 – 4 B 88.3280, NJW 1990, S. 2014 ff., 2015.

[24] OVG NW, Urt. v. 31.1.1995 – 13 A 2893/93, NWVBl. 1995, S. 313; ähnlich *Burgi*, Kommunalrecht, § 16, Rz. 31.

[25] *Erichsen* (Fn. 7), S. 253.

Haftung. Ist das Benutzungsverhältnis öffentlich-rechtlich, so kommen die privat-rechtlichen Regeln als Ausdruck allgemeiner Rechtsgrundsätze ebenfalls zur An-wendung.[26] Daneben kommt aber auch eine Haftung aus Amtshaftung gem. Art. 34 GG, § 839 BGB in Betracht.[27]

In der Praxis beschränken die Träger öffentlicher Einrichtungen ihre Haftung   **554** häufig auf *grobe Fahrlässigkeit und Vorsatz*. Dies ist mit Blick auf die vertragliche oder vertragsähnliche Haftung grundsätzlich zulässig.[28] Jedoch muss die Beschrän-kung durch sachliche Gründe gerechtfertigt und verhältnismäßig sein.[29] Eine Be-schränkung der Amtshaftung hingegen wird überwiegend wegen Verstoßes gegen den Gesetzesvorrang für unzulässig gehalten.[30]

IV. Der Anschluss- und Benutzungszwang

Alle Gemeindeordnungen geben den Gemeinden die Möglichkeit, bei öffentlichem   **555** Bedürfnis oder aus Gründen des Gemeinwohls vorzuschreiben, dass der Anschluss an die Wasserversorgung, die Abwasserbeseitigung, die Straßenreinigung und ähnli-che der Volksgesundheit dienende öffentliche Einrichtungen zwingend erfolgen muss (vgl. etwa § 12 Abs. 2 KVerf Bbg). Zusätzlich kann auch die Benutzung dieser Einrichtung sowie der Schlachthöfe und der Bestattungseinrichtungen vorgeschrie-ben werden. In Berlin wird die Möglichkeit eines Anschluss- und Benutzungszwangs in der Regel durch Spezialgesetz angeordnet. Ein Beispiel bilden § 3 Abs. 3 Nr. 1 und 2, Abs. 5 Nr. 1 und 2, § 4 Abs. 1 des Berliner Betriebe-Gesetzes (BerlBetrG). Danach nehmen die BSR sowie die BWB die Aufgaben der Abfallbeseitigung, der Straßen-reinigung, der Wasserversorgung sowie der Abwasserentsorgung im Wege des An-schluss- und Benutzungszwanges wahr. Die Regelung der §§ 3, 4 BerlBetrG tritt somit für wichtige Teilbereiche an die Stelle der einschlägigen Bestimmungen in den Gemeindeordnungen. Aus jüngerer Zeit bildet § 26 des Berliner Energiewendegeset-zes[31] (EWG Bln) ein Beispiel für einen spezialgesetzlich geregelten Anschluss- und Benutzungszwang. Nach dieser Vorschrift wird der Senat von Berlin dazu ermäch-tigt, durch Rechtsverordnung den Anschluss an die Benutzung von Einrichtungen für Nah- und Fernwärme bzw. Nah- und Fernkälte für bestimmte Gebiete zum Zwecke des Klima- und Ressourcenschutzes vorzuschreiben.

---

[26] BGH, Entsch. v. 4.10.1972 – VIII ZR 117/71, BGHZ 59, 303; Urt. v. 17.5.1973 – III ZR 68/71, BGHZ 61, 7; Urt. v. 5.10.1989 – III ZR 66/88, NJW 1990, S. 1167.

[27] BGH, Urt. v. 17.5.1973 – III ZR 68/71, BGHZ 61, 7; Urt. v. 5.10.1989 – III ZR 66/88, NJW 1990, S. 1167.

[28] BGH, Urt. v. 17.5.1973 – III ZR 68/71, BGHZ 61, 7, 13 m. w. N.

[29] *Gern/Brüning* (Fn. 3), Rz. 943.

[30] BGH, Urt. v. 17.5.1973 – III ZR 68/71, BGHZ 61, 7, 14; Urt. v. 7.7.1983 – III ZR 119/82, NJW 1984, S. 617; vgl. ausführlich *Erichsen* (Fn. 7), S. 263 ff.

[31] Berliner Klimaschutz- und Energiewendegesetz i. d. F. v. 22.03.2016, GVBl. 2016, 122, zul. geänd. d. Art. 1 d.G.v. 27.08.2021, GVBl. 2021, S. 989.

56   *Anschlusszwang* bedeutet, dass jeder Gebotsadressat die zur Herstellung des An-
schlusses notwendigen Vorrichtungen auf seine Kosten treffen muss. Der *Benutzungszwang* berechtigt und verpflichtet zur tatsächlichen Inanspruchnahme der Einrichtung und verbietet zugleich die Benutzung anderer ähnlicher Einrichtungen.
Anschluss- und Benutzungszwang müssen nicht zwangsläufig aufeinandertreffen.
So kann ein Anschlusszwang ohne gleichzeitigen Benutzungszwang und umgekehrt
angeordnet werden.

57   Im Einzelnen darf ein Anschluss- und Benutzungszwang für die der *Volksgesundheit bzw. dem öffentlichen Wohl* dienenden Einrichtungen angeordnet werden.[32]
Volksgesundheit bedeutet Förderung der Erhaltung der Gesundheit der Einwohner.
Der Begriff des öffentlichen Wohls ist ein unbestimmter Rechtsbegriff ohne Beurteilungsspielraum. Wann Gründe des öffentlichen Wohls vorliegen, lässt sich nicht
abstrakt sagen. Vielmehr ist in jedem Einzelfall zu prüfen, ob ein öffentliches Bedürfnis den Anschluss- und Benutzungszwang rechtfertigt. So ist zum Beispiel fraglich, ob allein energiepolitische Gründe einen Anschluss- und Benutzungszwang
erlauben.[33] Die Volksgesundheit bildet anerkanntermaßen einen Ausschnitt des Begriffs des öffentlichen Wohls. In folgenden Bereichen ist ein Anschluss- und Benutzungszwang bisher eingeführt worden: Abfallbeseitigung, Wasserversorgung,
Abwasserbeseitigung, Bestattungseinrichtungen, Schlachthöfe, Straßenreinigung,
Fernwärmeversorgung, Gasversorgung.

     Der Anschluss- und Benutzungszwang greift sowohl in die *Grundrechte der Ver-
pflichteten* als auch in die etwaiger privater Anbieter ein. Auf der Seite der Verpflichteten sind insbesondere Art. 12 Abs. 1 und 14 Abs. 1 GG betroffen. So können vorhandene eigene Versorgungs- und Entsorgungseinrichtungen wertlos werden und
sich das Erfordernis der Kündigung von entsprechenden Verträgen ergeben. Die
Anbieter der betroffenen Leistung können durch die Anordnung eines Anschluss-
und Benutzungszwangs ebenfalls in ihrer beruflichen Betätigung (Art. 12 Abs. 1
GG), schlimmstenfalls in ihrer wirtschaftlichen Existenz (dann zusätzlich Art. 14
Abs. 1 GG) betroffen sein. Der Anschluss- und Benutzungszwang stellt immer nur
eine Inhalts- und Schrankenbestimmung des Eigentums, niemals eine Enteignung
dar, da kein finaler Zugriff auf Eigentumspositionen erfolgt. Dies gilt selbst dann,
wenn vorhandene Anlagen entwertet werden. Der als Inhalts- und Schrankenbestimmung zu qualifizierende Anschluss- und Benutzungszwang konkretisiert die
Sozialpflichtigkeit des Eigentums gem. Art. 14 Abs. 2 GG. Damit ist ein Eingriff in
Art. 14 GG in der Regel gerechtfertigt.

58   Wird den Verpflichteten untersagt, den Bedarf anderweitig zu decken, kommt
auch eine Beeinträchtigung von Art. 2 Abs. 1 GG in Betracht. Bewegt sich die Anordnung des Anschluss- und Benutzungszwangs im Rahmen der durch formelles
Gesetz gesetzten Voraussetzungen, ist jedoch in der Regel ein Eingriff in Art. 2
Abs. 1 GG gerechtfertigt. [34]

---

[32] Im Einzelnen *Burgi*, Kommunalrecht, § 16, Rz. 64; *Schmidt*, Kommunalecht, Rz. 653.

[33] *Stober*, Kommunalrecht, S. 244.

[34] Ausführlich *Gern/Brüning*, Deutsches Kommunalrecht, Rz. 952 f.

Diese Grundrechtsrelevanz führt zu verschiedenen Bindungen bei der Anord-   **559**
nung eines Anschluss- und Benutzungszwangs.[35] So ergibt sich ein dahingehender
Parlamentsvorbehalt. Es bedarf aufgrund des Vorbehalts des Gesetzes einer formell-
gesetzlichen Ermächtigungsgrundlage. Der Anschluss- und Benutzungszwang kann
daher nicht allein auf die kommunale Selbstverwaltungsgarantie aus Art. 28 Abs. 2
GG gestützt werden.[36] Zusätzlich unterliegt die gemeindliche Anordnung einem
Satzungsvorbehalt. Bereits erwähnt wurde, dass die Anordnung nur aus Gründen
des öffentlichen Wohls erfolgen darf und zu diesem Zweck verhältnismäßig sein
muss. Aus dem Grundsatz der Verhältnismäßigkeit ergibt sich in bestimmten Fällen
das Erfordernis, die Benutzung bestehender Anlagen im Ausnahmefall weiter zu
gestatten. Ansonsten ist die Anordnung wegen enteignender Wirkung nichtig.[37]
Hierbei handelt es sich jedoch um Ausnahmen. Für den Normalfall geht die Rechtsprechung davon aus, dass ein Unternehmer, der eine bestimmte Ver- oder Entsor-
gungsleistung anbietet, dies nur unter dem Vorbehalt der *„Pflichtigkeit"* tun kann,
d. h. jederzeit damit rechnen muss, dass der Verwaltungsträger die Aufgabe an sich
zieht. Das Unternehmen hat lediglich eine *„Betätigungschance"* inne.[38]

Ausnahmen vom Anschluss und Benutzungszwang sehen die Gemeindeordnungen regelmäßig vor, indem der Zwang beispielsweise auf Teile des Gemeindege-
biets und auf Gruppen von Grundstücken beschränkt wird (z. B. § 12 Abs. 3
BbgKVerf).

Weitere Ausnahmen können sich aus Bundesrecht ergeben. So ist nach § 3 AVB-   **560**
WasserV[39] das Wasserversorgungsunternehmen verpflichtet, den Kunden im Rahmen des wirtschaftlich Zumutbaren die Möglichkeit einzuräumen, den Wasserver-
brauch auf einen von ihm gewünschten Verbrauchszweck oder einen Teilbedarf zu
beschränken. Dies bedeutet für den Träger der Wasserversorgung, dass er den An-
schluss- und Benutzungszwang nicht uneingeschränkt anordnen darf.[40]

Fall 13: Kein Herz für Studenten

Die XSA („X students association"), die Studentenorganisation der weltweit   **561**
operierenden X-Sekte, möchte zu Beginn des Jahres 2023 in Berlin ihren Welt-
kongress abhalten. Zu diesem Zweck sucht sie bereits im Laufe des Jahres 2021
geeignete Räumlichkeiten in der Stadt. Für die Plenarsitzungen hat man einen
Raum mit 1000 Sitzplätzen im Kongresszentrum, das für die Veranstaltung von
Kongressen gewidmet ist, in Aussicht genommen. Die Präsidiumssitzungen
würde die XSA gerne im repräsentativen Großen Ratssaal des Rathauses P
durchführen, der derzeit vom Bezirksamt P für feierliche Anlässe genutzt wird,
die meiste Zeit des Jahres aber auch Privaten zur Verfügung steht.

---

[35] *Burgi*, Kommunalrecht, § 16, Rz. 62 ff.

[36] *Gern/Brüning*, Deutsches Kommunalrecht, Rz. 946.

[37] BGH, Urt. v. 10.7.1980 – III ZR 160/78, BGHZ 78, 41, 45.

[38] BGH, Urt. v. 30.9.1963 – III ZR 125/62, BGHZ 40, 355, 365.

[39] Verordnung über allgemeine Bedingungen für die Versorgung mit Wasser v. 20.6.1980, BGBl. I
S. 750,1067, zul. geänd. d. Art. 8 d. V. v. 11.12.2014, BGBl. I S. 2010.

[40] Ausführlich *Gern/Brüning* (Fn. 3), Rz. 952.

Am 14. Juli 2021 wird ein Mietvertrag über den Saal im Kongresszentrum mit der Messe Berlin GmbH, einer 100 %-igen Eigengesellschaft des Landes Berlin und Betreiberin des Kongresszentrums, geschlossen. Gleichzeitig tritt man an das Bezirksamt P mit dem Ersuchen um Vergabe des Ratssaales gegen angemessenes Entgelt heran. Der Antrag wird von der zuständigen Dienststelle jedoch unter Erteilung einer Rechtsbehelfsbelehrung mit der Begründung abgelehnt, bei der X-Sekte und damit auch ihrer Studentenorganisation handele es sich um eine konfliktträchtige weltanschauliche Gruppe im Sinne von Ziffer 11 c) der nachstehenden Verwaltungsvorschriften. Sie sei daher von der Vergabe ausgeschlossen, auch wenn an dem fraglichen Tage noch keine andere Veranstaltung in dem Raum geplant sei.

Auch mit dem Mietvertrag für das Kongresszentrum bekommt die XSA Probleme. Nachdem der Verfassungsschutz auf das Gefährdungspotenzial durch die X-Sekte hingewiesen hat, beschließt der Senat von Berlin, dass Verwaltungsstellen und Unternehmen des Landes Berlin künftig keinerlei Beziehungen mehr zu dieser pflegen sollten. Bereits getroffene Vereinbarungen seien, wenn möglich, rückgängig zu machen. Insoweit sei auch von gesellschaftsrechtlichen Einwirkungsmöglichkeiten Gebrauch zu machen. Dementsprechend fordert der zuständige Senator in der Gesellschafterversammlung der Messe Berlin GmbH, den bereits mit der XSA geschlossenen Vertrag zu kündigen. Eine formelle Kündigung im Verhältnis zur XSA ist bisher noch nicht erfolgt.

Die XSA will sich mit den Gegebenheiten nicht abfinden und sucht nach Durchführung eines Vorverfahrens beim Bezirksamt P vor dem Verwaltungsgericht Rechtsschutz. Sie führt aus, was zutrifft, dass sie eine in Deutschland erlaubte Vereinigung darstelle, die hier in der Form des e.V. eingetragen sei und deren Mitglieder noch nie strafrechtlich in Erscheinung getreten seien. Ihre Diskriminierung beruhe vielmehr auf Panikmache in der Presse. Sie beantragt zum einen, dem Bezirksamt aufzugeben, an dem fraglichen Tag den Ratssaal an sie zu überlassen sowie dem zuständigen Senatsmitglied zu untersagen, weiterhin in der Gesellschafterversammlung auf die Kündigung des Vertrages hinzuwirken. Mit Erfolg? ◄

Auszug der im Bezirk P geltenden Generalanweisung [41]
V. Vergabe von Räumen und Freianlagen

10 – Gegenstand und Zuständigkeit

(1) Im Rahmen der Verfügbarkeit können Räume und Freianlagen (z. B. Höfe, Vorgärten, Pkw-Stellplätze) auf Dienstgrundstücken der Berliner Verwaltung einschließlich der Einrichtungs- und Ausstattungsgegenstände und der

---

[41] Tatsächlich entstammen diese Vorschriften Abschnitt V. der Allgemeinen Anweisung über die Bereitstellung und Nutzung von Diensträumen (Raumnutzungsanweisung – AllARaum) des Senats von Berlin vom 04.11.1997, ABl. 1998, S. 2722, die zum 31.12.2007 außer Kraft getreten ist. Einige Bezirke in Berlin wenden den Abschnitt V. der AllARaum in der bis zum 31.12.2007 geltenden Fassung jedoch weiterhin an und haben ergänzende Regelungen in „Nutzungs- und Entgeltordnungen für Räume und Freianlagen" erlassen.

damit gegebenenfalls verbundenen Zusatzleistungen kurzfristig einmalig oder periodisch an Dritte überlassen werden (Vergabe). Ein Anspruch auf Überlassung von Räumen oder sonstigen Flächen besteht nicht.

(2) Die Vergabe von Räumen oder sonstigen Flächen darf deren Eignung und Widmungszweck nicht widersprechen und die Belange der nutzenden Dienststelle oder Einrichtung sowie sonstige öffentliche Belange nicht beeinträchtigen.

(3) Die Entscheidung über die Vergabe obliegt der örtlich jeweils zuständigen Dienststelle, die auch das Vergabe-Verfahren regelt. …

11 – Ausschluss von der Vergabe

Von der Vergabe ausgeschlossen sind Vereinigungen und Organisationen,

a) die sich gegen die verfassungsmäßige Ordnung der Bundesrepublik Deutschland oder des Landes Berlin oder deren Verfassungsorgane richten,

b) deren Tätigkeit erhebliche Interessen der Bundesrepublik Deutschland beeinträchtigt oder

c) die sich als konfliktträchtige religiöse und weltanschauliche Gruppen oder Psychogruppen, Gruppen mit therapeutischem oder lebenshelfendem Anspruch betätigen und die für den einzelnen potenziell konfliktträchtige Merkmale, Strukturen, Praktiken oder Gefahrenaspekte aufweisen,

d) sowie Personen, die solchen Vereinigungen und Organisationen angehören.

12 – Nutzungsentgelte

…

Lösungsvorschlag

Das Verwaltungsgericht wird der Klage stattgeben, wenn sie zulässig und begründet ist. Die Anträge sind getrennt zu behandeln, da sie unterschiedliche Streitgegenstände mit unterschiedlichen Voraussetzungen betreffen.

Der Antrag hinsichtlich des Großen Ratssaals im Rathaus P

I. Zulässigkeit

1. Verwaltungsrechtsweg

Der Verwaltungsrechtsweg ist gem. § 40 Abs. 1 VwGO in allen öffentlich-rechtlichen Streitigkeiten nicht verfassungsrechtlicher Art gegeben. Fraglich ist zunächst, ob die Streitigkeit öffentlich-rechtlichen Charakter hat. Für den Zugang zu öffentlichen Einrichtungen ist in Rechtsprechung und Literatur die sogenannte Zwei-Stufen-Theorie entwickelt worden.[42] Danach ist die Entscheidung über das

---

[42] BVerwG, Beschl. v. 29.5.1990 – 7 B 30/90, NVwZ 1991, S. 59; siehe auch *Wolff/Bachof/Stober/ Kluth*, Verwaltungsrecht Bd. I, § 22, Rz. 51 ff., m. w. N.

„Ob" der Zulassung stets öffentlich-rechtlicher Natur, während die Modalitäten des „Wie" der Nutzung sowohl öffentlich-rechtlich als auch privatrechtlich ausgestaltet sein können.

Damit die Zwei-Stufen-Theorie Anwendung findet, muss es sich bei dem Ratssaal um eine öffentliche Einrichtung handeln. Darunter versteht man eine organisatorische Zusammenfassung von Personen und Sachen, die von einem Verwaltungsträger im Rahmen seiner Verbandskompetenz geschaffen wird und die dem von dem Widmungszweck erfassten Personenkreis nach allgemeiner und gleicher Regelung zur Benutzung offensteht.[43] Entscheidend ist, ob der Ratssaal zur Benutzung durch die Allgemeinheit gewidmet ist. Daran können Zweifel deshalb bestehen, weil es sich bei dem Saal um einen Dienstraum im Sinne der abgedruckten Generalanweisung handelt. Diensträume sind primär für den Dienstbetrieb gewidmet. Jedoch ergibt sich aus Ziffer 10 Abs. 1 dieser im Bezirk P geltenden Anweisung, dass diese Diensträume im Rahmen des Möglichen auch an Private überlassen werden können. Hierdurch wird der Widmungszweck in dem Sinne konkretisiert, dass eine Vergabe an Dritte grundsätzlich möglich ist. Mithin ist davon auszugehen, dass diese Räume zumindest partiell öffentliche Einrichtungen darstellen, für die die Zwei-Stufen-Theorie gilt.

Es geht im Streitfall um die Frage, ob die XSA die Räumlichkeiten überlassen bekommt oder nicht. Mithin ist die Frage des „Ob" der Zulassung betroffen und eine öffentlich-rechtliche Streitigkeit gegeben. Aber selbst wenn man mit Teilen der Literatur die Zwei-Stufen-Theorie ablehnt, kommt man zu keinem anderen Ergebnis, da das Bezirksamt vorliegend den Antrag durch Verwaltungsakt abgelehnt, sich also auf die Ebene des Verwaltungsrechts begeben hat. Dies wird daran ersichtlich, dass es der XSA eine Rechtsbehelfsbelehrung erteilt hat. Somit ist der Verwaltungsrechtsweg eröffnet.

2. Statthafte Klageart

Als statthafte Klageart kommt die Verpflichtungsklage gem. § 42 Abs. 1 Alt. 2 VwGO in Betracht. Voraussetzung ist, dass die XSA den Erlass eines Verwaltungsaktes erstrebt. Die Vergabeentscheidung des Bezirksamts P müsste hierfür die Kriterien des § 35 S. 1 VwVfG erfüllen. Dies ist der Fall, denn insbesondere soll eine einseitige verbindliche Entscheidung über die Saalvergabe und damit eine Regelung getroffen werden. Eine vertragliche Ausgestaltung des Zugangs scheidet deshalb aus, weil Ziffer 10 der maßgeblichen Verwaltungsvorschrift ein einseitiges Vergabeverfahren regelt. Mithin ist die Verpflichtungsklage statthaft.

3. Klagebefugnis

Weiterhin muss es gem. § 42 Abs. 2 VwGO möglich erscheinen, dass die XSA in einem subjektiv-öffentlichen Recht verletzt ist. Sie muss im Hinblick auf die

---

[43] Dazu Rz. 545.

Raumvergabe einen Anspruch geltend machen können. Einen ausdrücklich gesetzlich normierten Anspruch auf Überlassung des Ratssaals hat die XSA nicht. Jedoch ergibt sich aus Ziffer 10 Abs. 1 S. 1 der Anweisung, dass der Raum als Dienstraum grundsätzlich auch an Private vergeben wird. Im Rahmen der Widmung besteht daher in Verbindung mit Art. 3 Abs. 1 GG ein Anspruch darauf, bei der Vergabe ebenso behandelt zu werden wie andere Interessenten. Dieser Teilhabeanspruch muss gerichtlich durchsetzbar sein. Damit lässt sich eine Klagebefugnis bejahen.

4. Vorverfahren

Das gem. § 68 Abs. 1 VwGO erforderliche Vorverfahren wurde erfolglos durchgeführt.

5. Sonstige Zulässigkeitsvoraussetzungen, Ergebnis

Von der Einhaltung der sonstigen Zulassungsvoraussetzungen ist auszugehen. Insbesondere ist die deutsche Sektion der XSA als eingetragener Verein gem. § 61 Nr. 1 Alt. 2 VwGO beteiligtenfähig. Die Klage ist zulässig.

II. Begründetheit

Die Klage ist begründet, wenn die Versagung der Vergabe rechtswidrig war, die XSA dadurch in ihren Rechten verletzt wurde und die Sache spruchreif ist (§ 113 Abs. 5 VwGO). Dies ist dann der Fall, wenn sie einen Anspruch auf Überlassung des Ratssaales an dem gewünschten Datum hat.

1. Anspruch auf Überlassung

Ein solcher Anspruch auf Überlassung ergibt sich zunächst nicht aus einfachgesetzlichen Bestimmungen. Fehlen einfachgesetzliche Anspruchsnormen, so kann sich ein Anspruch jedoch aus der Widmung in Verbindung mit Art. 3 Abs. 1 GG ergeben. Bei diesem Anspruch handelt es sich um einen Teilhabeanspruch, der darauf gerichtet ist, ebenso behandelt zu werden wie andere Interessenten.

Anhand der Widmung ist zu ermitteln, ob die XSA anspruchsberechtigt ist. Aus Ziffer 10 Abs. 1 S. 1 ergibt sich, dass die Räume nur im Rahmen der Verfügbarkeit vergeben werden. Die Widmung enthält also einen unbedingten Vorrang für die dienstliche Nutzung. Dies betont noch einmal Ziffer 10 Abs. 1 S. 2, der formuliert, ein Vergabeanspruch bestehe nicht. Nach Ziffer 10 Abs. 2 dürfen die Belange der Dienststelle nicht beeinträchtigt werden. Dem Sachverhalt lässt sich indes kein dienstlicher Belang entnehmen, der einer Vergabe an dem fraglichen Tag entgegenstünde. Auch ein Verstoß gegen sonstige gesetzliche Vorschriften ist nicht ersichtlich.

2. Widmungsbegrenzung aus Ziffer 11 c) der Generalanweisung

Jedoch könnte die Vergabe an die XSA durch Ziffer 11 c) ausgeschlossen sein. Diese Vorschrift schränkt die Widmung dahingehend ein, dass bestimmte Personengruppen von der Vergabe ausgeschlossen sind. Bei der Anweisung handelt es sich lediglich um eine innenrechtliche Verwaltungsvorschrift. Dies hat zur Folge, dass sie im Außenverhältnis zu Privaten nicht unmittelbar gilt. Jedoch kann sie auch im Außenverhältnis indirekt wirken, wenn sie Ausdruck eines sachlichen Grundes zur Begrenzung des Teilhabeanspruchs aus Art. 3 Abs. 1 GG ist. Ein solcher sachlicher Grund könnte der XSA von der Behörde entgegengehalten werden.

Fraglich ist daher, ob Ziffer 11 c) eine den Zugangsanspruch der XSA begrenzende Wirkung haben kann. Hierzu müsste die Vorschrift ein im Rahmen von Art. 3 Abs. 1 GG zulässiges Differenzierungskriterium formulieren. Bereits der Terminus „konfliktträchtig" ist problematisch, da nicht deutlich wird, was damit gemeint ist. Konflikte sind im Rahmen der Rechtsordnung nicht per se als Gefährdung anzusehen. In einer solch weiten Auslegung wäre der Begriff nicht haltbar. Eine sinnvolle Begrenzung auf unerwünschte Konfliktlagen lässt sich ihm allerdings nicht entnehmen. Dieses Problem verschärft sich noch, da der Begriff zweimal im Rahmen der gleichen Bestimmung verwandt wird. Außerdem soll es ausreichen, wenn die Gruppierungen potenziell konfliktträchtige Auswirkungen haben kann. Eine derart unbestimmte Regelung wie die in Ziffer 11 c) muss als rechtswidrig und damit im Rahmen von Art. 3 Abs. 1 GG unbeachtlich betrachtet werden. Sie kann somit nicht Grundlage für den Ausschluss der XSA von der Vergabe sein.

Auch eine Anwendung von Ziffer 11 a) oder b) kommt nicht in Betracht, da die XSA bisher keinen Anlass zu in diese Richtung gehenden Schlüssen gegeben hat. Zwar hat der Verfassungsschutz Erkenntnisse über die XSA, die möglicherweise auf ein Gefährdungspotenzial schließen lassen, jedoch sind diese nach dem Sachverhalt viel zu vage, um sie als verfassungsfeindlich einstufen zu können.

Schließlich sind auch keine sonstigen Gründe ersichtlich, die für einen Ausschluss der XSA von dem zuzulassenden Personenkreis sprechen könnten. Insbesondere spricht die Sekteneigenschaft der Mutterorganisation allein nicht gegen eine Zulassung der XSA. Auch ist die XSA weder verboten noch sind ihre Mitglieder strafrechtlich auffällig geworden. Mithin gehört die XSA zu dem vom Widmungszweck erfassten Personenkreis.

3. Vergabeentscheidung

Das Bezirksamt muss, da keine gegen die XSA sprechenden Belange ersichtlich sind, den Raum grundsätzlich zu dem gewünschten Datum an diese vergeben. Ein Anspruch auf ermessensfehlerfreie Auswahlentscheidung besteht jedoch dann, wenn es zu dem fraglichen Termin noch andere Bewerber gibt. Dann wären bei der Bewerberauswahl bestimmte Kriterien wie Priorität oder Los anzuwenden. Vorliegend sind keine anderen Bewerber ersichtlich. Die ablehnende Entscheidung des Bezirksamts war damit rechtswidrig und verletzte den Anspruch der XSA auf Raumvergabe aus der Widmung in Verbindung mit Art. 3 Abs. 1 GG. Die Sache ist aufgrund des Anspruchs auch spruchreif.

III. Endergebnis

Die XSA hat einen Anspruch auf Überlassung des Ratssaals an dem fraglichen Tag. Die Klage ist hinsichtlich des ersten Antrages zulässig und begründet.

Der Antrag hinsichtlich des Kongresszentrums

I. Zulässigkeit

1. Verwaltungsrechtsweg

Auch hinsichtlich des zweiten Antrags muss der Verwaltungsrechtsweg gem. § 40 Abs. 1 VwGO eröffnet sein. Problematisch ist das Merkmal der öffentlich-rechtlichen Streitigkeit. Das VG Berlin hat hierzu in einer vergleichbaren Fallkonstellation die Auffassung vertreten, es handele sich um eine privatrechtliche Streitigkeit, die vor die Zivilgerichte gehöre.[44] Es gehe um die Einwirkung des Senators in seiner Eigenschaft als Gesellschafter der Messe GmbH auf deren Geschäftsleitung mit dem Ziel der Herbeiführung einer bestimmten geschäftspolitischen Entscheidung. Dadurch werde der Senator nicht hoheitlich, sondern privatrechtlich tätig.

Diese Auffassung verkennt jedoch, dass die XSA hier den öffentlich-rechtlichen Zulassungsanspruch geltend macht. Geht es um das „Ob" der Zulassung zu einer öffentlichen Einrichtung, so ist die hiermit verbundene Streitigkeit öffentlich-rechtlich. Das Kongresszentrum ist laut Sachverhalt als öffentliche Einrichtung gewidmet. Es handelt sich somit um ein öffentlich-rechtliches Streitverhältnis, wenn der Bürger den Verwaltungsträger, der hinter einem privatrechtlichen Unternehmen steht, dazu zwingen will, im Sinne seiner Zulassung mit Mitteln des Gesellschaftsrechts auf das Privatrechtssubjekt einzuwirken.[45] Darum geht es zwar vorliegend nicht unmittelbar, da der Antrag auf ein Unterlassen gerichtet ist. Jedoch möchte die XSA erreichen, dass ihr eine bereits erreichte Position erhalten bleibt und der Senator nicht gegenteilig auf die Gesellschaft Einfluss nimmt. In diesem Begehren kann qualitativ nichts anderes gesehen werden als ein Geltendmachen des als öffentlich-rechtlich beurteilten Zulassungsanspruchs. Mithin liegt eine öffentlich-rechtliche Streitigkeit vor. Der Verwaltungsrechtsweg ist eröffnet.

2. Statthafte Klageart

Die XSA begehrt vorliegend die Unterlassung der ihren Zulassungsanspruch beeinträchtigenden Einwirkung des Senators auf die Messe GmbH. Die schlichte Unterlassung kann mit der allgemeinen Leistungsklage in Form der Unterlassungsklage verfolgt werden.

---

[44]VG Berlin, VG 1 A 558.87, n.v.

[45] *Wolff/Bachof/Stober/Kluth* (Fn. 42), Rz. 63 ff.

3. Klagebefugnis

Weiterhin muss die XSA analog § 42 Abs. 2 VwGO auch klagebefugt sein. Es erscheint möglich, dass der Senator durch sein Verhalten als Gesellschafter den Zulassungsanspruch der XSA hinsichtlich des Kongresszentrums beeinträchtigt. Diese Möglichkeit reicht für die Annahme der Klagebefugnis aus.

4. Ergebnis

Da weitere Bedenken nicht bestehen, ist die allgemeine Leistungsklage zulässig.

II. Begründetheit

Die Klage ist begründet, wenn die XSA einen Anspruch auf die Unterlassung hat. Ein solcher besteht dann, wenn ein Anspruch auf Zugang zu den gemieteten Räumlichkeiten des Kongresszentrums besteht. An diesen öffentlich-rechtlichen Zulassungsanspruch wäre der Senator als Verwaltungsorgan gebunden. Dies stünde seinem Einwirken auf die Messe-GmbH entgegen. Aus dem Mietvertrag kann ein solcher nicht abgeleitet werden, da dieser nicht auf das öffentliche Recht einwirkt. Einfach-gesetzliche Anspruchsgrundlagen sind nicht ersichtlich. Jedoch kann sich ein Anspruch aus Art. 3 Abs. 1 GG in Verbindung mit der Widmung ergeben.

Der Saal des Kongresszentrums ist für die Durchführung von Kongressen gewidmet. Innerhalb dieses Widmungszwecks hält sich auch das Begehren der XSA. Der Teilhabeanspruch kann aber dann entfallen, wenn eine Vergabe gegen andere Rechtsvorschriften verstieße. So könnte die Zulassung etwa verwehrt werden, wenn andernfalls Gefahren für die öffentliche Sicherheit oder Ordnung drohten (§ 17 Abs. 1 ASOG). Vorliegend ist die XSA jedoch weder verboten noch besteht die konkrete Gefahr, dass ihre Mitglieder strafrechtlich auffällig werden. Allein die Tatsache, dass sie vom Verfassungsschutz beobachtet wird, reicht für eine Gefahrprognose nicht aus. Weiterhin ist nicht ersichtlich, dass einem Zulassungsanspruch etwaige Kapazitätsgesichtspunkte entgegenstehen. Andernfalls hätte die Messe Berlin GmbH den Mietvertrag nicht abgeschlossen.

Im Ergebnis besteht daher ein Teilhabeanspruch der XSA gem. Art. 3 Abs. 1 GG in Verbindung mit der Widmung. Dieser verdichtet sich vorliegend auf einen Zulassungsanspruch, da aus dem Sachverhalt keine Gesichtspunkte ersichtlich sind, die gegen eine Zulassung der XSA sprechen, insbesondere keine weiteren Bewerber vorhanden sind. Diesen Anspruch darf der Senator nicht vereiteln.

III. Endergebnis

Auch hinsichtlich des zweiten Antrags ist die Klage zulässig und begründet. Das Verwaltungsgericht wird das Senatsmitglied zur Unterlassung verurteilen.

Abwandlung zu Fall 13

Auch die bundesweit sehr umstrittene, aber nicht verbotene Y-Partei möchte den Großen Ratssaal im Bezirk P für die Durchführung ihres Bundesparteitages nutzen. Zu diesem Zweck stellt sie am 20. September 2021 beim zuständigen Bezirksamt P einen entsprechenden Antrag auf Überlassung des Saals für den 5. November 2021. Der zuständige Mitarbeiter des Bezirksamtes in P bestätigt, dass der Saal am 5. November 2021 frei sei, er müsse jedoch noch mit dem Vorsteher der BVV Rücksprache halten. Hiernach teilt das Bezirksamt P der Y-Partei mit, dass der Saal am beantragten Termin bereits anderweitig vergeben sei und lehnt folglich den Antrag auf Überlassung ab. Die Y-Partei fordert daraufhin das Bezirksamt P per Fax vom 4. Oktober 2021 auf, einen möglichen Ersatztermin für sämtliche Sonnabende und notfalls auch Sonntage in den Monaten November und Dezember zu nennen und beantragt vorsorglich eine entsprechende Raumreservierung.

Am 18. Oktober 2021 beschließt das Bezirksamt P mit sofortiger Wirkung und unter Aufhebung der oben abgedruckten Generalanweisung eine neue Nutzungs- und Entgeltordnung, deren § 2 Abs. 4 vorsieht, dass Räume an Parteien nur noch für Veranstaltungen der im Bezirk gebildeten Kreisverbände oder Bezirksgruppen vergeben werde. Nach seiner bis dato maßgeblichen Vergabepraxis stellte das Bezirksamt jedoch seinen Großen Ratssaal bereits mehrfach auch politischen Parteien für überbezirkliche Veranstaltungen zur Verfügung.

Unter Verweis auf § 2 Abs. 4 Nutzungs- und Entgeltordnung lehnt das Bezirksamt P Anfang November nunmehr den Antrag vom 4. Oktober 2021 per Verwaltungsakt, versehen mit einer Rechtsbehelfsbelehrung, ab.

Die Y-Partei, die erfahren hat, dass der Ratssaal am 27. November 2021 frei ist, ist empört und meint, sie habe einen Anspruch auf Raumüberlassung. Daher wendet sie sich unverzüglich an das zuständige Verwaltungsgericht, um zu erreichen, dass der Parteitag doch noch wie geplant stattfinden kann.

Hat das Begehren der Y-Partei Aussicht auf Erfolg?

Lösungsvorschlag Abwandlung

Um ihr Ziel erreichen zu können, den Parteitag am 27. November 2021 stattfinden zu lassen, müsste die Y-Partei beim VG einen Antrag auf vorläufigen Rechtsschutz stellen. Dieser hat Erfolg, wenn er zulässig und begründet ist.[46]

I. Zulässigkeit des Antrags auf vorläufigen Rechtsschutz

1. Verwaltungsrechtsweg

Der Rechtsweg richtet sich beim vorläufigen Rechtsschutz nach dem Rechtsweg in der Hauptsache. Daher kommt vorläufiger Rechtsschutz nach § 123 VwGO nur in Betracht, wenn der Verwaltungsrechtsweg nach § 40 Abs. 1 Satz 1 VwGO eröffnet ist. Nach der Zwei-Stufen-Theorie[47] ist die Entscheidung über den

---

[46] Diese Abwandlung ist angelehnt an OVG Berlin-Brandenburg, Beschl. v. 28.6.2010 – 3 S 40.10, NVwZ-RR 2010, S. 765 f.

[47] Siehe insoweit die Ausführungen zum „Verwaltungsrechtsweg" im Ausgangsfall.

Zugang zu öffentlichen Einrichtungen nach Maßgabe des öffentlichen Rechts zu beurteilen („Ob"), während die Modalitäten des „Wie" der Nutzung sowohl öffentlich-rechtlich als auch privatrechtlich ausgestaltet sein können. Hier geht es allein darum, ob die Y-Partei den Ratssaal, der eine partiell öffentliche Einrichtung darstellt, überhaupt nutzen darf, also um die Frage des „Ob" der Nutzung. Eine öffentlich-rechtliche Streitigkeit ist gegeben.

Nach Maßgabe der „doppelten Verfassungsunmittelbarkeit" ist die Beteiligung einer politischen Partei unschädlich für die Beurteilung einer nicht-verfassungs-rechtlichen Streitigkeit, da diese nur vorliegt, wenn auf beiden Seiten unmittelbar am Verfassungsleben beteiligte Rechtsträger stehen und die Streitigkeit inhaltlich Verfassungsrecht betrifft. Mithin ist der Verwaltungsrechtsweg nach § 40 Abs. 1 Satz 1 VwGO eröffnet.

2. Statthafte Verfahrensart

Eine einstweilige Anordnung nach § 123 Abs. 1 VwGO kommt gemäß § 123 Abs. 5 VwGO nur in Betracht, wenn kein Fall der §§ 80, 80a VwGO gegeben ist. §§ 80, 80a VwGO betreffen die aufschiebende Wirkung von Widerspruch und Anfechtungsklage (vgl. § 80 Abs. 1 Satz 1 VwGO). Die einstweilige Anordnung nach § 123 Abs. 1 VwGO sichert somit den vorläufigen Rechtsschutz bei allen Klagearten außer der Anfechtungsklage, z. B. bei Verpflichtungs-, allgemeiner Leistungs- und Feststellungsklage.

Hier geht es der Y-Partei darum, eine positive Zulassungsentscheidung zu erwirken, die das Bezirksamt verpflichtet, der Y-Partei zur Durchführung des Bundesparteitages den Großen Ratssaal zur Verfügung zu stellen. Also liegt kein Fall der §§ 80, 80a VwGO vor. Die einstweilige Anordnung nach § 123 Abs. 1 VwGO ist somit statthaft.

§ 123 Abs. 1 VwGO regelt zwei Arten der einstweiligen Anordnung, zum einen die sog. Sicherungsanordnung (§ 123 Abs. 1 Satz 1 VwGO), die der Auf-rechterhaltung des status quo dient, und zum anderen die sog. Regelungsan-ordnung (§ 123 Abs. 1 Satz 2 VwGO), bei der es um eine vorläufige Regelung („Veränderung des bestehenden Zustands") durch das Gericht zur Verhinderung von wesentlichen Nachteilen geht.

Die Y-Partei möchte erreichen, dass ihr der Saal zur Verfügung gestellt wird. Es geht also nicht um die Sicherung eines schon existierenden Nutzungsrechts, sondern um eine Veränderung des derzeit bestehenden Zustandes zugunsten der Y-Partei. Somit kommt eine Regelungsanordnung in Betracht. Das nach § 123 Abs. 1 Satz 2 VwGO streitige Rechtsverhältnis besteht zwischen der Y-Partei und dem Bezirksamt P hinsichtlich der Frage, ob für die Durchführung des Bundesparteitages ein Überlassungsanspruch für den Großen Ratssaal besteht.

3. Antragsbefugnis

§ 42 Abs. 2 VwGO gilt unmittelbar nur für die Klage, hier liegt ein Antrag nach § 123 Abs. 1 VwGO vor. Doch auch der vorläufige Rechtsschutz eröffnet nicht die Möglichkeit der Popularklage oder der Sicherung der Rechte eines anderen. Daher ist stets die Antragsbefugnis zu prüfen, für die der Maßstab des § 42 Abs. 2 VwGO gilt. Es muss also zumindest möglich erscheinen, dass der geltend gemachte Anspruch besteht. Einen ausdrücklich gesetzlich normierten Anspruch auf Überlassung des Ratssaals hat die Y-Partei nicht. Jedoch ergibt sich aus Ziffer 10 Abs. 1 S. 1 der Generalanweisung, dass der Saal als Dienstraum grundsätzlich auch an Private vergeben wird und laut Sachverhalt in der Vergangenheit bereits mehrfach an politische Parteien für überbezirkliche Veranstaltungen vergeben wurde.

Aus § 5 PartG in Verbindung mit Art. 3 Abs. 1 und Art. 21 Abs. 1 GG resultiert ein Anspruch der Y-Partei als politischer Partei darauf, bei der Raumvergabe gleich bzw. ebenso behandelt zu werden wie andere politische Parteien (zuvor). Wenn ein Träger öffentlicher Gewalt den (politischen) Parteien in der Vergangenheit Einrichtungen zur Verfügung gestellt hat, dann kann daraus ein Gleichbehandlungsanspruch aus § 5 PartG in Verbindung mit Art. 3 Abs. 1 und Art. 21 Abs. 1 GG resultieren. Das Gebot der Chancengleichheit der politischen Parteien gebietet es nämlich unter anderem, alle politischen Parteien bei der Vergabe von Stadthallen, Sälen und ähnlichen öffentlichen Einrichtungen gleich zu behandeln.[48] Dieser Anspruch muss gerichtlich durchsetzbar sein. Damit lässt sich eine Antragsbefugnis bejahen.

Im Verfahren des vorläufigen Rechtsschutzes muss zudem die besondere Dringlichkeit (Anordnungsgrund) hinzukommen. Hier ist nicht von vornherein ausgeschlossen, dass die Y-Partei einen Anspruch auf Nutzung/Überlassung des Ratssaals hat. Außerdem ist die Sache eilbedürftig, weil es bis zum geplanten Parteitag nur noch wenige Tage sind und der Y-Partei sonst schwere und unzumutbare Nachteile drohen, die durch die Entscheidung in der Hauptsache nicht mehr beseitigt werden können. Damit ist die Y-Partei antragsbefugt.

4. Sonstige Zulässigkeitsvoraussetzungen

Von der Einhaltung der sonstigen Zulässigkeitsvoraussetzungen ist auszugehen. Insbesondere ist die Y-Partei nach § 61 Nr. 2 VwGO beteiligtenfähig; es handelt sich jedenfalls um eine Personenvereinigung, der das in Frage kommende Recht (die Nutzung des Großen Ratssaals) zustehen kann. Ob es sich bei der Y-Partei auch um eine juristische Person i. S. d. § 61 Nr. 1 Alt. 2 VwGO handelt, lässt sich dagegen nicht sagen, weil der Sachverhalt dazu keine Angaben enthält. Das allgemeine Rechtsschutzbedürfnis ist zu bejahen, da die Y-Partei ihr Ziel auf andere Weise nicht einfacher und schneller erreichen kann.

5. Ergebnis Zulässigkeitsprüfung

Der Antrag der Y-Partei ist (als Antrag auf Erlass einer Regelungsanordnung) zulässig.

---

[48] BVerwG, Beschl. v. 27.8.1991 – 7 B 19/91, DVBl. 1992, S. 430 ff., 431.

II. Begründetheit des Antrags

Der Antrag nach § 123 Abs. 1 VwGO ist begründet, wenn die Y-Partei als Antragstellerin den erforderlichen Anordnungsanspruch und den notwendigen Anordnungsgrund glaubhaft macht (§ 123 Abs. 3 VwGO i. V. m. § 920 Abs. 2 ZPO).

1. Anordnungsanspruch (hier: Regelungsanordnung)

Ein Anordnungsanspruch ist gegeben, wenn das behauptete Recht besteht, also wenn die Y-Partei bei summarischer Prüfung einen Anspruch auf Überlassung der Halle hat.

a) Anspruchsgrundlage

Ein Anspruch der Y-Partei auf Nutzung des in Rede stehenden Saales könnte, wie im Rahmen der Antragsbefugnis bereits kurz angesprochen, aus § 5 PartG in Verbindung mit Art. 3 Abs. 1 und Art. 21 Abs. 1 GG Art. folgen. Art. 21 Abs. 1 GG räumt den politischen Parteien eine besondere verfassungsrechtliche Stellung und ein Recht auf Chancengleichheit bei der politischen Willensbildung ein, welches durch § 5 PartG bzgl. der Vergabe (von Leistungen) durch Gemeinden oder einen sonstigen Träger der öffentlichen Gewalt erwähnt und konkretisiert wird.

b) Versagung wegen der Nutzungs- und Entgeltordnung

Die am 18. Oktober 2021 vom Bezirksamt P mit sofortiger Wirkung beschlossene Nutzungs- und Entgeltordnung, nach deren § 2 Abs. 4 Räume an Parteien nur noch für Veranstaltungen der im Bezirk gebildeten Kreisverbände oder Bezirksgruppen vergeben werden, könnte dem Anspruch der Y-Partei auf Überlassung des Ratssaals entgegenstehen.

Der Beschluss des Bezirksamts P über die mit sofortiger Wirkung geltende Nutzungs- und Entgeltordnung ist in so engem zeitlichen Zusammenhang mit dem Antrag der Y-Partei ergangen, dass der Eindruck entsteht, die Y-Partei sollte absichtlich von der Saalnutzung ausgeschlossen werden. Das Bezirksamt P hat den Beschluss nämlich erst gefasst, nachdem die Y-Partei die Nutzung des Saales bereits per Fax vom 4. Oktober 2021 beantragt hat.

Wenn die Gemeinden und sonstigen Träger öffentlicher Gewalt, wie hier im Sachverhalt bisher geschehen, ihre Einrichtungen auch anderen politischen Parteien für überbezirkliche Veranstaltungen zur Verfügung stellen,[49] dann könnten sie (hier das Bezirksamt P) nach § 5 PartG in Verbindung mit Art. 3 Abs. 1 und Art. 21 Abs. 1 GG Art. auch im Fall der Y-Partei daran festzuhalten sein.

Dabei gilt es zu klären, ob es sich bei der Y-Partei überhaupt um eine Partei im Sinne des PartG handelt. § 2 Abs. 1 und 2 PartG definieren und regeln den Parteienbegriff. Danach sind Parteien Vereinigungen von Bürgern, die dauernd oder für längere Zeit auf die politische Willensbildung Einfluss nehmen und an

---

[49] BVerwG, Beschl. v. 21.7.1989 – 7 B 184/88, NJW 1990, S. 134 ff.,135.

der Vertretung des Volkes mitwirken wollen. Es bestehen – mangels entgegenstehender Angaben im Sachverhalt – in diesem Fall keine Zweifel daran, dass es sich bei der Y-Partei um eine Partei im Sinne des § 2 Abs. 1 und 2 PartG handelt.

Aus dem Gebot der Chancengleichheit politischer Parteien ergibt sich eine Neutralitätsverpflichtung der Träger öffentlicher Gewalt im Sinne von § 5 Abs. 1 PartG, die es nicht zulässt, die Vergabe öffentlicher Räumlichkeiten zum Teil des politischen Meinungskampfes zu machen.[50] Um den sich allein aus der zeitlichen Geschehensabfolge ergebenden Verdacht einer Änderung der Vergabepraxis ohne anzuerkennenden allgemeinen Grund und damit jeglichen „bösen Schein" einer politisch motivierten Einflussnahme auszuschließen, ist es geboten, einen bereits gestellten Überlassungsantrag nach den bisher geltenden Grundsätzen (also bis zum 18. Oktober 2021) zu bescheiden. Ein solches Vorgehen, die Änderung der Vergabepraxis zu einem Zeitpunkt, zu dem eine Partei die Überlassung von Räumlichkeiten bereits beantragt hat, kann mit dem Gebot der Chancengleichheit politischer Parteien, dem die Träger öffentlicher Gewalt nach § 5 PartG in Verbindung mit Art. 3 Abs. 1 und Art. 21 Abs. 1 GG unterliegen, nicht vereinbar sein[51] und dem Anspruch der Partei nicht entgegenstehen.

Abgesehen davon dürfte es vielfach ohne nähere, zeitaufwendige Aufklärung kaum möglich sein, abschließend zu bestimmen, ob die Änderung der Vergabepraxis auf einem anzuerkennenden allgemeinen Grund oder – auch – auf Gründen, die an dem Programm und der Zielrichtung der antragstellenden Partei orientiert sind, beruht.

Insoweit liegt hier eine Sondersituation vor, die die Rechtfertigung erlaubt, maßgeblich auf die Rechtslage im Zeitpunkt des Vergabeantrags (Antrag vom 4. Oktober 2021) abzustellen. Eine nach der Antragstellung eingetretene Änderung der Sach- oder Rechtslage bleibt daher also unbeachtlich.

Die Änderung der für die Vergabe von Räumen maßgebenden Nutzungs- und Entgeltordnung kann der Y-Partei folglich nicht entgegengehalten werden, weil diese zum Zeitpunkt des Antrags noch nicht gegolten hat und im Übrigen der Anschein entsteht, die Y-Partei solle absichtlich von der Raumnutzung ausgeschlossen werden. Ein solches Vorgehen ist jedenfalls mit dem strikten Gebot der Chancengleichheit politischer Parteien aus § 5 PartG in Verbindung mit Art. 3 Abs. 1 und Art. 21 Abs. 1 GG nicht zu vereinbaren.

c) Weitere Versagungsgründe

Weitere sachliche Versagungsgründe für die (Nicht)Zulassung zu öffentlichen Einrichtungen könnten sich unter anderem aus Terminüberschneidungen (Vergabe bereits an einen anderen Nutzer erfolgt), mangelnder Kapazität der

---

[50] OVG Berlin-Brandenburg (Fn. 46), S. 765 f.

[51] Zu dieser Problematik BVerwG, Urt. v. 28.3.1969 – VII C 49.67, BVerwGE 31, 368, 370; OVG Berlin-Brandenburg (Fn. 46), S. 765 f.

Einrichtung für die Veranstaltung oder einer (aus der Vergangenheit resultierenden) Unzuverlässigkeit des Antragstellers ergeben.

Diesbezüglich lässt sich dem Sachverhalt nur entnehmen, dass der begehrte Große Ratssaal zu dem genannten Zeitpunkt am 27. November 2021 im Rathaus zur Verfügung steht. Mangels anderweitiger Anhaltspunkte im Sachverhalt kann somit unterstellt werden, dass die Kapazität ausreichend und der Antragsteller als zuverlässig anzusehen ist.

d) Begrenzung des Anspruchs durch den Widmungszweck

Der nach den o. g. Normen in diesem Rahmen grundsätzlich gegebene Überlassungsanspruch besteht jedoch nicht unbeschränkt. Vielmehr wird er durch den Zweck der öffentlichen Einrichtung begrenzt. Der Zweck der öffentlichen Einrichtung wird von der Gemeinde oder einem sonstigen Träger öffentlicher Gewalt in der Regel in einer Benutzungssatzung, in einer Benutzungsordnung, einem Beschluss über die Widmung oder einer Widmung durch tatsächliches Überlassen festgelegt.

Der Bezirk P hat den Zweck der öffentlichen Einrichtung „Großer Ratssaal" durch die Generalanweisung bzgl. Zulassung und Benutzung näher bestimmt. Dieser Generalanweisung ist aber keine solche Begrenzung zuungunsten der Y-Partei zu entnehmen, sodass der Überlassungsanspruch bzw. Gleichbehandlungsanspruch aus § 5 PartG in Verbindung mit Art. 3 Abs. 1 und Art. 21 Abs. 1 GG besteht. Ein Anordnungsanspruch ist gegeben.

2. Anordnungsgrund

Die besondere Eilbedürftigkeit ist hier gegeben, da bis zur geplanten Durchführung des Bundesparteitages, welcher enormer logistischer und organisatorischer Vorbereitungen bedarf, nur wenige Tage verbleiben.

3. Verbot der Vorwegnahme der Hauptsache

Da es sich bei § 123 VwGO um ein vorläufiges Verfahren handelt, dürfen grundsätzlich auch nur vorläufige Regelungen getroffen werden. Es darf also nichts gewährt werden, was der Antragsteller nur im Hauptsacheverfahren erreichen könnte.

Wenn das Bezirksamt P im Wege der einstweiligen Anordnung verpflichtet wird, der Y-Partei am 27. November 2021 den Großen Ratssaal zu überlassen, ist der Zulassungsanspruch der Partei bereits erfüllt, weil sie auch im Hauptsacheverfahren nicht mehr erreichen könnte.

Eine Ausnahme vom Verbot besteht allerdings wegen Art. 19 Abs. 4 GG (Gebot des effektiven Rechtsschutzes), wenn bei der Verweisung auf den Rechtsschutz in der Hauptsache ein Rechtsverlust droht und ihm schwere bzw. unzumutbare Nachteile entstehen.

In der Abwandlung ist die Konstellation dergestalt, dass eine Hauptsacheentscheidung (also ein Urteil im Wege einer Verpflichtungsklage) nicht rechtzeitig zu erreichen ist, weil ein solcher Prozess zumindest einige Monate dauert. Daher müsste der termingebundene Parteitag ausfallen, der gemäß § 9 PartG in Verbindung mit Art. 21 Abs. 1 und. Art. 3 Abs. 1 GG von großer Bedeutung für eine Partei ist. Daher steht das Verbot hier ausnahmsweise nicht entgegen.

III. Ergebnis

Der Antrag auf vorläufigen Rechtsschutz ist begründet. Das VG wird das Bezirksamt P daher gemäß § 123 Abs. 1 Satz 1 VwGO im Wege der einstweiligen Anordnung vorläufig verpflichten, der Y-Partei den Großen Ratssaal am 27. November 2021 zur Durchführung des Bundesparteitags zu überlassen.

Literatur

Axer, Peter, Die Widmung als Schlüsselbegriff des Rechts der öffentlichen Sachen, Dissertation, Berlin 1994.

Baßeler, Ulrich/*Heintzen*, Markus/*Kruschwitz*, Lutz, Finanzierung und Organisation einer Metropole: Ringvorlesung der Fachbereiche Rechts- und Wirtschaftswissenschaft der Freien Universität Berlin im Sommersemester 2005, Berlin 2006.

Bauer, Hartmut/*Häde*, Ulrich/*Peine*, Franz-Joseph, Landesrecht Brandenburg, Studienbuch, 4. Aufl., Baden-Baden 2021.

Bauer, Hartmut, Publizisierung, JZ 2014, S. 1017–1025.

Bauer, Rolf-W./*Seidel*, Thomas, Zusammenarbeit der Länder Brandenburg und Berlin nach der Volksabstimmung über eine Fusion beider Länder am 5. Mai 1996, LKV 1999, S. 343–347.

Baumert, Marko, Gemeinsame Landesentwicklungspläne Berlin-Brandenburg 2009 und 2015 in der Normenkontrolle – methodische Fragen, LKV 2019, S. 534–542.

Berger, Ariane, Staatseigenschaft gemischtwirtschaftlicher Unternehmen, Dissertation, Berlin 2006.

Birk, Dieter/*Desens*, Marc/*Tappe*, Henning, Steuerrecht, 24. Aufl., Heidelberg 2021.

Blanke, Bernhard/*Nullmeier*, Frank/*Reichard*, Christoph/*Wewer*, Göttrik, Handbuch zur Verwaltungsreform, 4. Aufl., Wiesbaden 2011.

Böckstiegel, Martin, Der gesetzliche (Verfassungs-) Richter – ein Suchspiel?, LKV 1994, S. 355–360.

Boehme-Neßler, Volker, Electronic Government – Internet und Verwaltung, NVwZ 2001, S. 374–380.

Breitfeld, Arthur, Die verfassungsrechtliche Stellung der Berliner Bezirke, Berlin 1953.

Büchner, Christiane/*Musil*, Andreas (Hrsg.), Die Stadtverordnetenversammlung von Potsdam im Wandel der Zeit, Potsdam 2011.

Bull, Hans Peter/*Mehde*, Veith, Allgemeines Verwaltungsrecht mit Verwaltungslehre, 9. Aufl., Heidelberg 2015.

Burgi, Martin, Kommunalrecht, 6. Aufl., München 2019.

Busse, Volker, Der Kernbereich exekutiver Eigenverantwortung im Spannungsfeld der staatlichen Gewalten, DÖV 1989, S. 45–54.

Catrein, Andreas, Anmerkungen zum Entwurf eines Gesetzes zur Änderung der Verwaltungsverfahrensgesetze des Bundes und der Länder, NVwZ 2001, S. 413–414.

Collin, Peter/*Zepf*, Uwe, Die Flexibilisierung des Aufsichtsrechts als Problem des Verwaltungsrechts, DÖV 2003, S. 1017–1023.

Correll, Cathrin, Probleme der Rekommunalisierung von Energienetzen unter besonderer Berücksichtigung vergabe- und beihilferechtlicher Aspekte, DVBl. 2016, S. 338–344.

Cremer, Wolfram, Gewinnstreben als öffentliche Unternehmen legitimierender Zweck: Die Antwort des Grundgesetzes, DÖV 2003, S. 921–932.

Deutelmoser, Anna, Die Rechtsstellung der Bezirke in den Stadtstaaten Berlin und Hamburg, Dissertation, Berlin 2000.

© Springer-Verlag GmbH Deutschland, ein Teil von Springer Nature 2022
A. Musil, S. Kirchner, *Das Recht der Berliner Verwaltung*, Springer-Lehrbuch,
https://doi.org/10.1007/978-3-662-65501-6

Deutelmoser, Anna, Zur Garantie der bezirklichen Selbstverwaltung nach der Berliner Verfassung, LKV 1999, S. 350–351.

Dickersbach, Alfred, Die wirtschaftliche Betätigung der öffentlichen Hand im Verhältnis zur Privatwirtschaft aus öffentlichrechtlicher Sicht, WiVerw 1983, S. 187–211.

Dreier, Horst, Grundgesetz, Kommentar, Bd. 2, 3. Aufl., Tübingen 2015.

Driehaus, Hans-Joachim (Hrsg.), Die Verfassung von Berlin, Kommentar, 4. Aufl., Baden-Baden 2020.

Driehaus, Hans-Joachim, Berliner Straßenausbaubeitragsgesetz – halbherzig und mangelhaft, LKV 2009, S. 289–297.

Drügemöller, Albert, Die Verwaltungsstruktur Berlins, LKV 1995, S. 393–395.

Dürig, Günter/*Herzog*, Roman/*Scholz*, Rupert, Grundgesetz Kommentar Bd. III und IV, München St. Juli 2021.

Dürr, Hansjochen/*Korbmacher*, Andreas, Baurecht für Berlin, 2. Aufl., Baden-Baden 2001.

Durinke, Corinna/*Zepf*, Uwe, Einheit der Abwägung und bezirkliche Selbstverwaltung in Berlin bei der Aufstellung von Bebauungsplänen, LKV 2011, S. 385–394.

Ehlers, Dirk, Rechtsprobleme der Kommunalwirtschaft, DVBl. 1998, S. 497–508.

Ehlers, Dirk, Die Zulässigkeit einer erwerbswirtschaftlichen Betätigung der öffentlichen Hand, Jura 1999, S. 212–217.

Eiselt, Gerhard/*Heinrich*, Wolfgang, Grundriß des Schulrechts in Berlin, Neuwied, Darmstadt 1991.

Erichsen, Hans-Uwe, Kommunalrecht des Landes Nordrhein-Westfalen, 2. Aufl., Siegburg 1997.

Faßbender, Karl-Josef, Rechtsschutz privater Konkurrenten gegen kommunale Wirtschaftsbetätigung, DÖV 2005, S. 89–100.

Fock, Alexandra, Die Berliner Verwaltungsorganisationsreform, Dissertation, Berlin 2004.

Forsthoff, Ernst, Lehrbuch des Verwaltungsrechts, 10. Aufl., München 1973.

Franz, Thorsten, Die Staatsaufsicht über die Kommunen, JuS 2004, S. 937–942.

Frenz, Walter, Die Verhältnismäßigkeit von Steuern, GewArch Bd. 52 (2006), S. 282–287.

Gärtner, Wolfram, Die Bildung des Bundeslandes Berlin-Brandenburg, NJW 1996, S. 88–91.

Gerke, Jürgen, Die wirtschaftliche Betätigung der Gemeinden, Jura 1985, S. 349–358.

Gern, Alfons/*Brüning*, Christoph, Deutsches Kommunalrecht, 4. Aufl., Baden-Baden 2019.

Gersdorf, Hubertus, Öffentliche Unternehmen im Spannungsfeld zwischen Demokratie- und Wirtschaftlichkeitsprinzip, Eine Studie zur verfassungsrechtlichen Legitimation der wirtschaftlichen Betätigung der öffentlichen Hand, Berlin 2000.

Gmeiner, Robert, Grundbucheinsichtsrecht des Berliner Landtagsabgeordneten – Zugleich eine Anmerkung zu BGH, Beschl. v. 9. 1. 2020 – V ZB 98/19, LKV 2020, S. 305.

Gröpl, Christoph, Haushaltsrecht und Reform, Dogmatik und Möglichkeiten der Fortentwicklung der Haushaltswirtschaft durch Flexibilisierung, Dezentralisierung, Budgetierung, Ökonomisierung und Fremdfinanzierung, Tübingen 2001.

Gröpl, Christoph, Kommentar Bundeshaushaltsordnung/Landeshaushaltsordnungen, 2. Aufl., Passau, 2019.

Gundlach, Ulf, Die Außenvertretung der Gemeinde – unter besonderer Berücksichtigung des § 70 SachsAnhGO, LKV 2001, S. 385–390.

Haaß, Bernhard, Die Rechtsstellung der Bezirke Berlins nach der Verfassungsreform, LKV 1996, S. 84–87.

Hantel, Peter, Aufbau und Aufgabenverteilung in der Berliner Verwaltung, JuS 1988, S. 512–519.

Haspel, Jörg/*Martin*, Dieter/*Wenz*, Joachim/*Drewes*, Henrik, Denkmalschutzrecht in Berlin: Gesetz zum Schutz von Denkmalen in Berlin. Kommentar mit Hinweisen zum Steuerrecht und zu den Fördermöglichkeiten, Berlin 2008.

Heckelmann, Dieter, Konkurrentenschutz privater Makler gegenüber den öffentlich-rechtlichen Sparkassen im Bereich der Immobilienvermittlung, in Wilke, Dieter (Hrsg.), Festschrift zum 125-jährigen Bestehen der Juristischen Gesellschaft Berlin, Berlin, New York 1984, S. 245–264.

Heintzen, Markus, Beteiligung Privater an der Wahrnehmung öffentlicher Aufgaben und staatliche Verantwortung, VVDStRL Bd. 62 (2003), S. 220–265.

Heintzen, Markus, Die Hauptstadt Berlin im Bonner Grundgesetz, LKV, 2007, S. 49–51.

Heintzen, Markus, Rechtliche Grenzen und Vorgaben für eine wirtschaftliche Betätigung von Kommunen im Bereich der gewerblichen Gebäudereinigung, Berlin 1999.

Heintzen, Markus, Was ist eine Gliedkörperschaft? – Zu einem organisationsrechtlichen Experiment der Berliner Hochschulpolitik, LKV 2005, S. 438–440.

Heintzen, Markus, Zur Tätigkeit kommunaler (Energieversorgungs-) Unternehmen außerhalb der kommunalen Gebietsgrenzen, NVwZ 2000, S. 743–746.

Hellermann, Johannes, Anmerkung zur Entscheidung des LG Berlin, Urt. v. 09.12.2014 – 16 O 224/14, EnWZ 2015, 239–240.

Herrmann, Klaus, Straßenausbaubeiträge für die Herstellung von Erschließungsanlagen in Berlin?, LKV 2009, S. 114–117.

Hill, Hermann, Zur Sicherung des parlamentarischen Budgetrechts im Neuen Steuerungsmodell, DÖV 2001, S. 791–804.

Holste, Heiko, Berlin – Hauptstadt der Parteien? – Plädoyer für ein bürgerfreundliches Bezirkswahlrecht, LKV 2007, S. 69–73.

Hoppe, Werner, Berlin oder Bonn – Wer entscheidet über die städtebauliche Entwicklung Berlins als Hauptstadt Deutschlands?, DVBl. 1993, S. 573–583.

Hufen, Friedhelm, Verwaltungsprozessrecht, 11. Aufl., München 2019.

Hundt, Marion, Kita-Eigenbetrieb in Berlin, LKV 2009, S. 17–20.

Hurnik, Wolfgang, § 26a Berlin, in: Thomas Mann/Günter Püttner (Hrsg.), Handbuch der kommunalen Wissenschaft und Praxis, Bd. 1, 3. Aufl. 2007, S. 717–742.

Husein, Timur, Die Informationsfreiheitsgesetze der Länder Berlin, Brandenburg, Sachsen, Sachsen-Anhalt und Thüringen, LKV 2010, S. 337–344.

Husein, Timur, Nochmals: Die Wahl der Mitglieder der Berliner Bezirksämter – d'Hondt oder Hare-Niemeyer?, LKV 2013, S. 164–166.

Husein, Timur, Bürger vs. Bezirksverordnete – Welches Akteneinsichtsrecht geht weiter?, LKV 2015, S. 349–352.

Husein, Timur, Wenn Bezirksverordnete fragen-und das Bezirksamt nicht antwortet, LKV 2018, S. 351.

Ipsen, Jörn/*Kaufhold*, Ann-Katrin/*Wischmeyer*, Thomas Staatsrecht I, Staatsorganisationsrecht, 33. Aufl., München, Bielefeld 2021.

Jaeger, Wolfgang/*Kokott*, Juliane/*Pohlmann*, Petra/*Schroeder*, Dirk, Frankfurter Kommentar zum Kartellrecht, Köln, St. November 2021.

Jungkamp, Thomas, Rechtsschutz privater Konkurrenz gegen die wirtschaftliche Betätigung der Gemeinden – Eine Untersuchung des Drittschutzes der Schrankentrias in den verschiedenen Bundesländern, NVwZ 2010, S. 546–549.

Kipp, Jürgen, Die Verlobung – Das Oberverwaltungsgericht Berlin-Brandenburg nach der Fusion der Fachobergerichte, LKV 2005, S. 281–285.

Knape, Michael/*Schönrock*, Sabrina, Allgemeines Polizei- und Ordnungsrecht für Berlin, Kommentar, 11. Aufl., Hilden 2016.

Knemeyer, Franz-Ludwig, Bayerisches Kommunalrecht, 10. Aufl., Stuttgart 2000.

Knemeyer, Franz-Ludwig, Handbuch der kommunalen Wissenschaft und Praxis, Bd. 1, 2. Aufl., Berlin, Heidelberg, New York 1981.

Körting, Erhart, Die Regierungsbildung im Land Berlin, Berlin 1985.

Kommunale Gemeinschaftsstelle für Verwaltungsvereinfachung (KGSt), Das Neue Steuerungsmodell, Begründung, Konturen, Umsetzung, Bericht 5/1993.

Kopp, Ferdinand O./*Ramsauer*, Ulrich, Verwaltungsverfahrensgesetz, 22. Aufl., München 2021.

Kopp, Ferdinand O./*Schenke*, Wolf-Rüdiger, Verwaltungsgerichtsordnung, 27. Aufl., München 2021.

Kreutzer, Heinz, Die Neuordnung der Berliner Bezirksverwaltung, DÖV 1959, S. 429–438.

Kuhlmann, Sabine, Stellung der Bezirke in europäischen Hauptstädten: Berlin und Paris im Vergleich, LKV 2005, S. 493–495.

Kuprath, Horst, Die Reform der Berliner Bezirke, LKV 2001, S. 341–347.

Lange, Klaus, Kommunalrecht, 2. Aufl., Tübingen 2019.

Lehnert, Jörg, Das neue Berliner Betriebe-Gesetz, LKV 2007, S. 64–69.

Maaß, Volker, Experimentierklauseln für die Verwaltung, Dissertation, Berlin 2001.

Machalet, Eberhard, Die Berliner Bezirksverwaltung, 2. Aufl., Stuttgart 1974.

von Mangoldt, Hermann/*Klein*, Friedrich/*Starck*, Christian (Hrsg.), Das Bonner Grundgesetz, Kommentar, Bd. 2, 7. Aufl., München 2018.

von Mangoldt, Hermann/*Klein*, Friedrich/*Starck*, Christian (Hrsg.), Das Bonner Grundgesetz, Kommentar, Bd. 3, 7. Aufl., München 2018.

Mann, Thomas/*Püttner*, Günter (Hrsg.), Handbuch der kommunalen Wissenschaft und Praxis, Band 1: Grundlagen und Kommunalverfassung, 3. Aufl., Berlin, Heidelberg, New York 2007.

Mann, Rüdiger, Die drittschützende Wirkung der kommunalrechtlichen Subsidiaritätsregelung unter Berücksichtigung aktueller Fallbeispiele aus der Rechtsprechung, DVBl. 2009, S. 817 ff.

Martensen, Jürgen, Grundfälle zum Kommunalverfassungsstreit, JuS 1995, S. 1077–1080.

Maurer, Hartmut/*Waldhoff*, Christian, Allgemeines Verwaltungsrecht, 20. Aufl., München 2020.

Mehde, Veith, Ausübung von Staatsgewalt und Public Private Partnership, VerwArch Bd. 91 (2000), S. 540–565.

Mehde, Veith, Neues Steuerungsmodell und Demokratieprinzip, Berlin 2000.

Meyer-Goßner, Lutz/*Schmitt*, Bertram, Strafprozessordnung, Gerichtsverfassungsgesetz, Nebengesetze und ergänzende Bestimmungen, 63. Aufl., München 2020.

Michaelis-Merzbach, Petra, Rechtspflege und Verfassung von Berlin, Dissertation, Berlin 1999.

Mudra, Peter, Bezirksverwaltungsgesetz, Mit Kommentaren für die Praxis und Bezirksverordneten, 3. Aufl., Berlin 2011.

Verfassung von Berlin, Kommentar für Fachhochschule und Praxis, Berlin 2000.

Mueller-Thuns, Joerg/*Schubert*, Matthias, Aufbau der Verwaltung in Berlin, LKV 1999, S. 213–216.

von Münch, Ingo/*Kunig*, Philip (Hrsg.), Grundgesetz-Kommentar, Bd. 1, 7. Aufl., München 2021.

von Münch, Ingo/*Kunig*, Philip (Hrsg.), Grundgesetz-Kommentar, Bd. 2, 7. Aufl., München 2021.

Musil, Andreas, Der Rechtsschutz der Berliner Bezirke, LKV 2003, S. 262–264.

Musil, Andreas, Besprechung von: Alexandra Fock, Die Berliner Verwaltungsorganisationsreform, LKV 2005, S. 114.

Musil, Andreas, Probleme und Perspektiven bezirklicher Selbstverwaltung, in: Baßeler/Heint-zen/Kruschwitz (Hrsg.), Berlin – Finanzierung und Organisation einer Metropole, Ringvorlesung der Fachbereiche Rechts- und Wirtschaftswissenschaft der Freien Universität Berlin im Sommersemester 2005, Berlin 2006, S. 185–201.

Musil, Andreas, Wettbewerb in der staatlichen Verwaltung, Tübingen 2005.

Musil, Andreas/*Kirchner*, Sören, Katastrophenschutz im föderalen Staat, Die Verwaltung Bd. 39 (2006), S. 373–391.

Musil, Andreas/*Schulz*, Anforderungen an die Verfassungsmäßigkeit kommunaler Bettensteuersatzungen, StuW 2017, S. 17–26.

Neumann, Manfred J., Einbindung öffentlich-rechtlicher Einrichtungen in einen privatrechtlichen Konzern?, DB 1996, S. 1659–1662.

Nierhaus, Michael, Kommunalrecht für Brandenburg, Baden-Baden 2003.

Nierhaus, Michael, Verfassungsrechtlicher Anspruch der Kommunen auf finanzielle Mindestausstattung, LKV 2005, S. 1–7.

Ochmann, Daniela, Rechtsformwahrende Privatisierung von öffentlich-rechtlichen Anstalten, dargestellt am Holdingmodell zur Teilprivatisierung der Berliner Wasserbetriebe, Baden-Baden 2005.

Ossenbühl, Fritz, Bestand und Erweiterung des Wirkungskreises der Deutschen Bundespost, Berlin 1980.

Ottenberg, Peter/*Wolf*, Robert, Das Bezirksverwaltungsrecht nach den Wahlen vom 26.9.2021, LKV 2022, S. 152–157.

Ottenberg, Peter/*Wolf*, Robert, Das Bezirksverwaltungsgesetz, Praxiskommentar, 2022, https://bezirksverwaltungsrecht.berlin/.

Otting, Olaf, Öffentlicher Zweck, Finanzhoheit und fairer Wettbewerb – Spielräume kommunaler Erwerbswirtschaft, DVBl. 1997, S. 1258–1264.

Partsch, Christoph J., Das Gesetz zur Förderung der Informationsfreiheit in Berlin, LKV 2001, S. 98–102.

Pasutti, Manfred/*Mayr*, Simone, Bürokratieabbau in Berlin – Wunsch oder Wirklichkeit?, LKV 2005, S. 247–251.

Peine, Franz-Joseph/*Siegel*, Thorsten, Allgemeines Verwaltungsrecht, 13. Aufl., Heidelberg 2020.

Pestalozza, Christian, Auch haushälterische Not macht erfinderisch, LKV 2004, S. 63–65.

Pestalozza, Christian, Zur Verlobung: Gemeinsame Fachobergerichte Berlin-Brandenburg, LKV 2004, S. 396–400.

Pfennig, Gero/*Neumann*, Manfred J., Verfassung von Berlin, Kommentar, 3. Aufl., Berlin, New York 2000.

Pieroth, Bodo/*Hartmann*, Bernd J., Grundrechtsschutz gegen wirtschaftliche Betätigung der öffentlichen Hand, DVBl. 2002, S. 421–428.

Pietzner, Rainer/*Ronellenfitsch*, Michael, Das Assessorexamen im Öffentlichen Recht, Widerspruchsverfahren und Verwaltungsprozess, 14. Aufl., München 2018.

Platter, Julia, Der Bürgerentscheid in den Berliner Bezirken – Erweiterung demokratischer Teilhaberechte oder basisdemokratische Attrappe?, LKV 2006, S. 295–300.

Platter, Julia, Fälle zum Verwaltungsrecht auf der Grundlage des Berliner Landesrechts, unter Mitarbeit von Paula Hahn, Bonn 2005.

Podszun, Rupprecht/*Palzer*, Christoph, Machtprobe zwischen Markt und Staat? – Rekommunalisierung und Kartellrecht, NJW 2015, 1496 ff.

Püttner, Günter, Die Öffentlichen Unternehmen, 2. Aufl., Stuttgart 1985.

Ramsauer, Ulrich, Die Assessorprüfung im öffentlichen Recht, 7. Aufl., München 2009.

Remmert, Barbara, Der Anspruch der Berliner Bezirke auf eine finanzielle Mindestausstattung, LKV 2003, S. 258–262.

Remmert, Barbara, Zur Bedeutung der kommunalen Selbstverwaltungsgarantie des Art. 28 II 1 GG im Land und für das Land Berlin, LKV 2004, S. 341–345.

Rothe, Karl-Heinz, Die Rechte und Pflichten des Vorsitzenden des Gemeindrats, NVwZ 1992, S. 529–536.

Ruthig, Josef/*Storr*, Stefan, Öffentliches Wirtschaftsrecht, 5. Aufl., Heidelberg 2020.

Sachs, Michael, Grundgesetz, Kommentar, 9. Aufl., München 2021.

Sarrazin, Thilo, Finanzpolitische Perspektiven für Berlin, in: Baßeler/Heintzen/Kruschwitz (Hrsg.), Berlin – Finanzierung und Organisation einer Metropole, Ringvorlesung der Fachbereiche Rechts- und Wirtschaftswissenschaft der Freien Universität Berlin im Sommersemester 2005, Berlin 2006, S. 11–28.

Schenke, Wolf-Rüdiger, Verwaltungsprozessrecht, 17. Aufl., Heidelberg, 2021.

Schladebach, Marcus, Bauleitplanung in Berlin, LKV 2000, S. 433–435.

Schmidt, Thorsten Ingo, Kommunalrecht, 2. Aufl., Tübingen 2014.

Schmidt, Thorsten, Rechtliche Rahmenbedingungen und Perspektiven der Rekommunalisierung, DÖV 2014, S. 357–365.

Schoch, Friedrich (Hrsg.), Besonderes Verwaltungsrecht, Berlin 2018.

Schoch, Friedrich, Der Kommunalverfassungsstreit im System des verwaltungsgerichtlichen Rechtsschutzes, JuS 1987, S. 783–793.

Schoch, Friedrich/*Schneider*, Jens Peter, Verwaltungsgerichtsordnung, Kommentar, München St. Juli. 2021.

Schumacher, Paul (Hrsg.), Kommunalverfassung des Landes Brandenburg, Kommentar, Wiesbaden, St. Juli 2021

Sendler, Horst, Besprechung des Kommentars von Pfennig/Neumann, Verfassung von Berlin, ABl. 1979, S. 509–512.

Sendler, Horst, Veraltungsorganisation und Entwicklung der Verwaltung in Berlin seit 1945, JR 1985, S. 441–452.

Sendler, Horst, Neue Zeiten – alte Probleme, Verfassung und Verwaltung von Berlin in Vergangenheit und Zukunft, DÖV 1987, S. 366–376.

Sensburg, Patrick Ernst, Der Bürgermeister als falsus procurator, NVwZ 2002, S. 179–180.

Siegel, Thorsten, Digitalisierung des Verwaltungsverfahrens in Berlin, LKV 2020, S. 529–539.

Siegel, Thorsten/*Waldhoff*, Christian, Öffentliches Recht in Berlin, 3. Aufl., München 2020.

Silberg, Sebastian, Das neue Berliner Straßenausbaubeitragsgesetz (StrABG), LKV 2007, S. 51–58.

Sommer, Karsten, Die Berliner Verwaltung nach Vereinigung, Hauptstadtbeschluss und Verwaltungsreform, JR 1995, S. 397–403.

Srocke, Ernst, Bezirksverwaltungsgesetz, 2. Aufl., Berlin 1979.

Stelkens, Paul/*Bonk*, Heinz Joachim/*Sachs*, Michael, Verwaltungsverfahrensgesetz, Kommentar, 9. Aufl., München 2018.

Stern, Klaus, Staatsrecht I, 2. Aufl., München 1984.

Stober, Rolf, Kommunalrecht in der Bundesrepublik Deutschland, 3. Aufl., Stuttgart 1996.

Stollwerck, Christoph, Gesetz zur Förderung der Informationsfreiheit im Land Berlin – Eine praxisorientierte Handreichung, LKV 2016, S. 1–9.

Stollwerck, Christoph, Akteneinsichtsrecht der Mitglieder des Abgeordnetenhauses von Berlin nach Art. 45 II VvB – Ein Streifzug, LKV 2016, S. 298–301.

Thieme, Werner, Verwaltungsreformprobleme des Landes und der Stadt Bremen, DÖV 1993, S. 361–368.

Tölle, Antje, Gesetzgebung und Rechtsetzung im Land Berlin, Berlin, 2022.

Uerpmann, Robert, Vier Jahre Verfassungsrechtsprechung in Berlin, LKV 1996, S. 225–231.

Vogelgesang, Klaus/*Lübking*, Uwe/*Ulbrich*, Ina-Maria, Kommunale Selbstverwaltung, Rechtsgrundlagen – Organisation – Aufgaben – neue Steuerungsmodelle, 3. Aufl., Göttingen 2005.

Walus, Andreas, Katastrophennotstand in Berlin: Strukturen und Kompetenzkonflikte, LKV 2010, S. 152–159.

Weinzen, Hans Willi, Berlin und seine Finanzen, 3. Aufl., Berlin 2000.

Weinzen, Hans Willi, Berlin und seine Schulden, ein Land auf der Flucht vor der Wirklichkeit?, 2003.

Wille, Sebastian, Der Berliner Verfassungsgerichtshof, Dissertation, Berlin 1993.

Wimmer, Norbert, Raumordnung und Landesplanung in Berlin und Brandenburg, LKV 1998, S. 127–131.

Wolf, Robert, Das Berliner Bezirksverwaltungsrecht nach den Wahlen vom 18.9. 2011, LKV 2012, S. 248–253.

Wolf, Robert, Amtliche Kosten(ein)schätzungen bei Volks- und Bürgerbegehren nach dem Berliner Landesrecht, LKV 2014, S. 9–15.

Wolf, Robert, Mitwirkungsverbote für Bezirksverordnete, LKV 2015, S. 208–211.

Wolfers, Benedikt, Privatisierung unter Wahrung der öffentlich-rechtlichen Rechtsform – Der Modellfall Berliner Wasserbetriebe, NVwZ 2000, S. 765–767.

Wolff, Hans J., Die Grundlagen der Organisation der Metropole, Dissertation 1924.

Wolff, Hans J./*Bachof*, Otto/*Stober*, Rolf/*Kluth*, Winfried, Verwaltungsrecht I, 13. Aufl., München 2017.

Zepf, Uwe, Straßenausbaubeitrag im intertemporalen Recht, LKV 2009, S. 103–109.

Zepf, Uwe, Denkmalbehördliches Einvernehmen und bezirkliche Eigenständigkeit in Berlin, LKV 2013, S. 17–23.

Ziekow, Arne, Direkte Demokratie in Berlin, LKV 1999, S. 89–94.

Ziekow, Jan, Öffentliches Wirtschaftsrecht, 5. Aufl., München 2020.

Zivier, Ernst R., Verfassung und Verwaltung von Berlin, 4. Aufl., Berlin 2007.

Sachverzeichnis

© Springer-Verlag GmbH Deutschland, ein Teil von Springer Nature 2022   311
A. Musil, S. Kirchner, *Das Recht der Berliner Verwaltung*, Springer-Lehrbuch,
https://doi.org/10.1007/978-3-662-65501-6

The manufacturer's authorised representative in the EU is Springer
Nature Customer Service Centre GmbH, Europaplatz 3, 69115 Heidelberg,
Germany. If you have any concerns regarding our products, please
contact ProductSafety@springernature.com

Printed and bound by CPI Group (UK) Ltd, Croydon, CR0 4YY
24/04/2026
02096345-0009